二十一世纪普通高等院校实用规划教材　物流系列

物流管理

(第2版)

李　创　王丽萍　编　著

清华大学出版社
北　京

内 容 简 介

本书系统地阐述了物流的基本概念、基本理论与基本方法。通过学习，让学生正确理解物流学的基本原理，为以后从事相关工作打下良好的基础。全书共分为十八章，全面系统地介绍了现代物流的基本概念，物流系统的含义以及仓储、采购、运输、包装、装卸搬运、流通加工、配送、物流信息管理等环节的基本流程；同时，对国际物流、绿色物流、第三方物流、供应链管理、现代物流与电子商务、世界各国的物流产业、物流管理相关法律与政策、物流管理战略等方面也进行了介绍。

本书充分借鉴了国内外出版的物流类经典教材的优点，由长期从事物流教学与研究的教师编写，适于物流学专业的本科及研究生使用，并可用作广大物流工作者学习和参考用书。

图书在版编目(CIP)数据

物流管理/李创，王丽萍编著. —2 版. —北京：清华大学出版社，2016（2020. 1重印）
(二十一世纪普通高等院校实用规划教材　物流系列)
ISBN 978-7-302-44603-3

Ⅰ. ①物…　Ⅱ. ①李…　②王…　Ⅲ. ①物流—物资管理—高等学校—教材　Ⅳ. ①F252

中国版本图书馆 CIP 数据核字(2016)第 175384 号

责任编辑：陈冬梅　陈立静
封面设计：刘孝琼
责任校对：王　晖
责任印制：沈　露
出版发行：清华大学出版社
网　址：http://www.tup.com.cn, http://www.wqbook.com
地　址：北京清华大学学研大厦 A 座　　邮　编：100084
社 总 机：010-62770175　　邮　购：010-62786544
投稿与读者服务：010-62776969, c-service@tup.tsinghua.edu.cn
质量反馈：010-62772015, zhiliang@tup.tsinghua.edu.cn
课件下载：http://www.tup.com.cn, 010-62791865

印 装 者：北京富博印刷有限公司
经　销：全国新华书店
开　本：185mm×260mm　　印　张：30.25　　字　数：734 千字
版　次：2008 年 8 月第 1 版　2016 年 8 月第 2 版　　印　次：2020 年 1 月第 2 次印刷
定　价：59.00 元

产品编号：068375-01

第 2 版前言

随着我国经济的高速发展，物流业的发展也驶入了快车道。特别是在移动互联网、4G网络的推动下，以及电子商务高速发展的带动下，中国的物流产业产生了革命性的变化。新的物流理论不断发展、新的物流技术不断产生、新的物流业务不断涌现，这些变化都给物流相关专业的教学提出了新的问题，带来了新的挑战，这就要求我们要不断创新教学内容与教学方法，以适应新形势的要求。

本书第一版作为高等学校工商管理专业的立体化教材，自 2008 年 8 月出版至今已有 7 年多时间了，期间多次印刷，被国内多所高校选作工商管理专业本科教材，受到了众多读者的欢迎和喜爱。经过 7 年多的教学实践，作者认为有必要对本教材进行必要的修订和完善，以更好地适应物流管理专业教学发展的需要。

本次修订基本上保留了原书的体例和内容，主要对以下两点内容进行了修订：一是对原书的内容进行了适当的补充和完善，尽可能吸收该领域的最新研究成果；二是对原书中的一些错误进行了更正，并对一些案例资料进行了更新。

本书由河南理工大学的李创、王丽萍编著，其中第一章至第十五章由李创负责撰写，第十六章至第十八章由王丽萍负责撰写。

本书配有电子课件及习题答案，下载地址：www.tup.tsinghua.edu.cn。

本书的出版得到作者主持的 2016 年河南理工大学研究生教育教学改革基金项目和 2016 年河南理工大学专业学位研究生课程教学案例库建设项目的资助，在此表示感谢。

同时，本书的修订工作得到了清华大学出版社的大力支持和帮助，在此一并表示感谢。

由于时间仓促及编者水平有限，本书难免存在错误和不足之处，敬请各位读者、专家批评、指正。

编　者

目　　录

第十三章　第三方物流......341

第十四章　供应链管理......372

第一章　现代物流概论

本章导读：

随着世界经济的持续发展和科学技术的突飞猛进，现代物流作为现代经济的重要组成部分和工业化进程中最为经济合理的综合服务模式，正在全球范围内得以迅速发展。现代物流业已发展成为国民经济的支柱产业之一，物流科学也已成为当代最有影响的学科之一。物流管理、物流工程、物流科技已成为当今知识经济和全球经济一体化的重要内容。

学习目标：

通过对本章的学习，重点掌握物流的概念和功能，掌握物流对社会经济与组织的作用，尤其是物流的经济价值；同时掌握物流管理的核心内容，了解物流产生和发展的理论背景，尤其是中国物流的发展阶段和特点。通过对本章的学习，可以使初步学习物流的读者对现代物流具有宏观的认识，使抽象的概念具体化，为以后的学习储备必要的基础知识，起到铺垫的作用。

关键概念：

物流(Logistics)
物流管理(Logistics Management)
集成供应链(Integrated Supply Chain)

第一节　物流的产生与发展

一、物流理论的背景

什么是物流？自从美国人在 20 世纪初提出物流这个概念后，物流的概念得到了很快的发展。现代物流管理科学已经把现代技术科学与现代经济科学完美地结合起来，它融汇了资源配置科学、仓储科学、流通科学、环境科学、运输科学、搬运科学、营销科学、信息技术科学及系统科学等，是一门综合学科，这种综合学科的出现也是现代科学发展的必然趋势。物流科学是一门新兴的学科，它以物的动态流转过程为主要研究对象，揭示了物流活动(运输、配送、储存、包装、装卸搬运、流通加工、物流信息等)的内在联系，现已成为独立的研究领域和学科范围，而物流的活动构成了新的物流产业。物流科学是管理工程与技术工程相结合的综合学科，应用了系统工程的科学成果，提高了物流系统的效率，从而更好地实现了物流的时间效益和空间效益。

中国从 20 世纪 80 年代初引进了物流的概念，但一直没有得到人们的重视，与欧美、日本等发达国家和地区相比，中国物流的发展正处于起步阶段，人们对物流的认识也还处于初级阶段。尤其是中国物流领域的管理人员普遍缺乏现代物流管理和现代物流技术方面的系统科学的培训，这是中国物流发展的主要障碍之一。

近年来，由于“物流”特别是“现代物流”对社会商品生产、流通、消费的作用和影响日益明显，引起了人们的关注。纵观当今世界，凡是经济发展水平较高的地区和国家，物流的发展较快、水平也较高，物流业对国民经济的作用也较大，物流业也能够取得较好的经济效益，即物流业的发展水平是一个国家或地区综合竞争力的标志。

本章阐述了物流的产生与发展，现代物流的概念与功能，物流对经济、组织与社会的作用，物流管理的基本理论等，这些都是系统掌握现代物流理论、优化物流运作所必需的基础知识。

二、物流的产生

物流的产生历史悠久，自从有了人类，物流这种形态就存在于人类社会之中了。但是，由于人类初期的生产力水平低下，这一阶段的物流组织处于早期的原始状态。物流概念是在社会经济高度发展的条件下才出现的，它是市场经济发展的产物。大机器生产的出现，大大地提高了人们的劳动生产率。但是从整个社会来看，总的产品数量还很有限，一般来说，产品生产出来总可以分销出去。所以，人们的注意力都放在了怎样改进生产技术和多生产产品上，而不必过多担心产品分销不出去，进而也就不会过多地关心分销及其运输成本和效益，因此，也不会产生物流的概念。

现代“物流”最早出现于20世纪初的美国，被称为“Physical Distribution，PD”，即“实物分配”或“货物配送”。当时西方国家已开始出现生产大量过剩、需求严重不足的经济危机，迫切需要解决商品的销售和物资流通问题。直到20世纪初，在一些经济发达的国家，其生产力发展到较高的水平，社会总产品数量达到比较饱和的程度，社会总需求也相应有了较大程度的增长，市场竞争激烈，企业生产出来的产品不一定都能分销出去，而且再靠提高生产技术已经具有一定难度。这时，人们不得不关心分销工作，希望通过抓分销来打开市场。这样，降低分销成本，提高分销经济效益就成了企业关注的大事。由此，人们才逐渐关注分销物流，物流的概念开始萌芽。在这种背景下，1915年，美国市场营销学创始人阿奇·萧在《市场流通中的若干问题》中首次提出了Physical Distribution的概念，有人把它译成“实体分销”，也有的人译成“物流”，这就是最早的物流概念，其实质是“分销物流”。1935年，美国销售协会进一步阐述了物流(Physical Distribution)的概念：“物流是包含于销售之中的物质资料和服务在从生产场所到消费场所的流动过程中所伴随的种种经济活动。”

第二次世界大战中，针对战争中的物资供应问题，美国提出了“Logistics”的概念，其原意为“后勤”，也就是所谓的“军事后勤学”。它是指将战时的物资生产、采购、运输、配给等活动作为一个整体统一部署，使战略物资补给的费用更低、速度更快、服务更好。随后，在企业中开始广泛应用“后勤”的概念，它同时包含了生产过程和流通过程的物流管理。

“二战”后，发达国家的经济进一步发展，生产力水平进一步提高，需求规模进一步扩大，市场竞争进一步加剧，于是社会进入了大量生产、大量销售的时期。这时候，为了进一步扩大市场占有率、降低流通成本，企业和社会就更加关注“物流”，使PD的概念

更为系统化和普遍化。20 世纪 80 年代末，人们对“物流”的概念有了较为全面深刻的认识，认为原来的 Physical Distribution 作为“物流”的概念已经不够确切，因为它只描述了分销物流。实际上物流不仅包括分销物流，还包括购进物流、生产(制造)物流、回收物流、废弃物流、再生物流等。应该说，这是一个闭环的全过程，就像军事后勤管理(Logistics Management)所包含的内容一样广泛，于是在 20 世纪 80 年代末 90 年代初，人们正式把“Logistics”作为物流的概念。此后，Logistics 逐渐取代 PD，成为“物流”的概念和英文名词，这也是物流科学走向成熟的标志。

三、世界物流的发展阶段

根据物流实践的内容、应用技术、实现手段和方式特点等，可以将物流活动的发展分为两大阶段。其中，20 世纪 80 年代中期可以作为一个发展的时间阶段标志。

1. 传统物流阶段

传统物流阶段以手工作业、机械作业为主，重视物流的各项功能。从物流整体发展过程分析，传统物流阶段为 20 世纪 40 年代末至 80 年代中期，其中还可以进一步划分为若干个时期。其主要特点是专业化、机械化发展，以提高运输、仓储、配送、外购等各种物流环节的效率、效益为重点。

2. 现代物流阶段

现代物流阶段以电子信息技术为基础，注重服务、人员、技术、信息和管理的综合集成，是现代生产方式、现代管理手段、电子信息技术相结合在物流领域中的体现。在同一物流活动中，各运作主体依托电子信息技术，使物流活动能有效地在企业内部、多企业之间、区域、全国乃至国际展开经营活动。现代物流是在现代技术，如电子信息技术、准时制(JIT)、计算机集成制造系统(CIMS)等与现代经营管理，如市场营销、战略管理、全面质量管理等相互促进的过程中发展起来的，也可以说，它是现代技术、电子信息技术和现代管理理论综合应用的产物。

四、我国物流的发展阶段

我国物流业的发展历程可分为五个阶段，这五个阶段反映了物流与经济发展的密切联系。

1. 第一阶段——创建阶段(1949—1952)

我国的物流创建阶段为中国国民经济的恢复时期。当时由于刚解放，百废待兴，物流业也刚开始创建，其货物运输主要依靠铁路及部分公路。其特点是：多数是商物合一型、兼营型的物流企业，附属于专业公司或批发站(一些大城市除外)。在生产部门，物流问题还未提到日程上来。

2. 第二阶段——发展时期(1953—1965)

物流发展时期的初期，我国开始了第一个五年计划(1953—1957)。这一阶段国民经济发展迅速，交通运输建设也有了较大进展，通车里程大大增加，因此物流业也得到了相应的发展。在物资、商业、供销、粮食、外贸等流通部门相继成立了商物分离型、专业型的物流企业如储运公司、仓储公司、中转站等，以及附属于各专业公司、批发站的商物合一型、兼营型的物流企业，初步形成了物流业。

3．第三阶段——停滞阶段(1966—1977)

停滞阶段由于受众所周知的“文化大革命”的影响，物流业的发展处于停滞状态。

4．第四阶段——改革、开放阶段(1978—1998)

1978 年年底，中共第十一届三中全会决定进行经济体制改革和对外开放，并推行了一系列的政策和措施。中国的现代化建设得到了迅速发展，交通运输建设也加快了步伐，物流业有了很大进展，不仅流通领域的专业性、兼营性的物流企业有所增加，在生产部门也更重视物流合理化的研究，建设和加强了国有物流企业，还出现了集体和个体的物流企业或储运专业户，国内横向经济联合加强，物流打破了部门、地区的界限，走向更加专业化和社会化。

5．第五阶段——大发展和国际化阶段(1999—至今)

1999 年 11 月 25 日，时任国务院副总理的吴邦国在现代物流发展国际研讨会上指出：现代物流是一项跨行业、跨部门、跨地区，甚至跨国界的系统工程，现代物流作为一种先进的组织方式和管理技术，被广泛认为是企业在降低物资消耗、提高劳动生产率以外的重要利润源泉，在国民经济和社会发展中发挥着越来越重要的作用。这一重要讲话标志着我国政府开始重视现代物流的发展。随后各地区和城市纷纷制定物流发展规划，并积极开展国际物流业务，使我国物流开始向国际化方向迈进。

各国物流业的发展史都说明了一个问题，即物流业的发展取决于一个国家和地区的经济发展程度；而发展了的物流业又进一步促进了这个国家和地区的经济繁荣与发展。当然，经济体制的变革和科技进步、物流技术提高等，都会对物流业的发展起到重要作用。

五、我国物流发展的展望

相对于发达国家的物流产业而言，我国的物流产业尚处于起步和发展阶段。从物流的区域市场发展来看，经济发展迅速和比较活跃的地区，物流产业发展快于其他地区，特别是沿海开放城市、重要的枢纽城市和中心城市等将成为区域物流市场快速发展的主要基地。

从专业物流企业的发展来看，一是更多的外资物流企业进入中国。我国已加入 WTO，在公路货运、仓储设施等领域的开放，将为从事物流服务的外资提供多样化进入中国市场的可能。这些外资物流企业的进入在一定时期内仍将以服务外资企业，特别是跨国公司在中国的生产、销售和采购等方面的物流活动为主。外资物流企业的进入给国内物流企业带来了巨大的挑战和竞争压力，但同时也为国内物流企业提供了学习、借鉴其先进物流管理技术、经营经验的可能，对促进中国物流产业的整体发展是十分有益的。二是民营企业、多元化股权结构的新兴物流企业发展迅速。这类企业的经营观念、管理方式能够适应市场快速发展的要求，在合理使用和组织各种物流资源方面优势明显，企业规模和市场份额扩

展都十分迅速，是中国未来产业发展进程中最为活跃的部分。三是国有经济中的部分传统运输、批发企业，在其原有业务领域的基础上，通过向物流服务领域延伸，成为物流产业中强有力的竞争者，从中也会有一些企业脱颖而出，逐渐成为专业化物流服务企业。

可以认为，进入21世纪以后，随着中国经济的快速发展和经济体制改革的不断深化，中国的物流产业将出现加速发展的趋势，其在中国国民经济中的地位将不断提高，并成为国民经济中的一个重要组成部分和新的经济增长点。

第二节　物流的概念与功能

研究物流的定义与功能十分重要，因为物流定义的不同会影响到物流科学研究对象的不同。

引导案例

从商场的货架上随手取下一瓶洗发水，你能想到这瓶洗发水从走下流水线那一刻起，到你拿到手中为止，中间究竟被多少辆卡车运转到多少个物流配送中心？历经多少道批发商以及多少人的手才被送上货柜？它要经过多少道工序才变成你看到的样子？更重要的是，需要怎样做才能够更经济地将这瓶洗发水送到零售店里去？

在这每一道工序或环节中起到衔接、转运和增值作用的就是我们要说的“物流”。而且，这一物流现象与人们的日常生活息息相关，在一年中的52个周、一周的7天和一天的24小时内物流始终存在。例如，家中的纯净水用完了，打电话约定后，配送工会按时送来，并装到饮水机上；身在异地的大学生，在父母生日之时，可以通过“宅急送”送去一束保鲜的鲜花(还可以货到付款)；工厂里的半成品工件由上一道工序传到下一道工序、由一个车间传到另一个车间，是通过搬运小车在车间里穿来穿去；仓库里装卸工在忙着把货物从汽车上卸下来又堆放到仓库的货垛上；商店里，店员把从仓库里提出来的货物放到货架上，由售货员向顾客销售货物，并按顾客要求包装好，交到顾客手中。诸如此类人们习以为常的现象，都是物流现象。可以说如果没有物流的支持，营销和制造的具体实现就只能是天方夜谭了。

(资料来源：戢守峰. 物流管理新论. 北京：科学出版社，2004)

一、物流的定义

从上述案例中既可看出物流是“物”和“流”的简单组合，即实物流动，又可透视出它不是二者的单纯组合，它包含在实物流动中实现的经济价值。

对于前者的理解与物流形成期的定义相匹配。1915年，阿奇·萧在他的《市场流通中的若干问题》一书中指出：“在市场流通中存在两种活动，一种是创造需求，即通过市场分析、渠道、促销等手段，让更多的人购买企业的产品；另一种叫作产品实体分配(Physical Distribution of Goods)，即怎样更经济、更及时地将客户订购的产品送到客户手中。”实际上，这两种活动中一种是我们今天所说的商流，另一种是物流。

直至 20 世纪 80 年代初，各国给定的物流定义都是基于“Physical Distribution”做出的。例如，1935 年美国市场协会最早对物流的定义：“物流包含销售中的物质资料和服务从生产地到消费地流动过程中伴随的种种活动。”1963 年，刚刚引入物流概念的日本给出的定义是：“在连续生产和消费的过程中对物质履行保管、运输、装卸、包装、加工以及信息等功能，它在物质销售中起到了桥梁的作用。”

对于后者的理解可以说与物流成熟期的定义相吻合。20 世纪 80 年代起的物流已不再是“物”和“流”单纯的有机组合，而是从后勤保障系统演变到物流中，被广泛称为“现代物流”。现代物流是以满足消费者需求为目的，把制造、运输、销售等市场情况统一起来思考的一种战略措施，这与传统物流把它仅看作是“后勤保障系统”和“销售活动中起桥梁作用”的概念相比，在深度上更进一步。例如，1981 年，日本综合研究所编著的《物流手册》对其的定义是：“物质从供给者向需要者的物理性移动，是创造时间性、场所性价值的经济活动。”1985 年，美国物流管理协会(CLH)关于物流的定义是：“以满足客户需求为目的，对原材料、在制品、产成品以及相关信息从供应地到消费地的高效率、低成本流动和储存而进行的计划、实施和控制过程。”我国 20 世纪 80 年代初引入物流一词时就已是“Logistics”的概念了，2001 年 4 月，我国《物流术语》标准中将其定义为：“产品从供应地向接收地的实体流动过程。根据实际需要，将运输、储存、装卸、搬运、包装、流通加工、配送、信息处理等基本功能实现有机结合。”

各国、地区关于物流不同定义的比较如表 1.1 所示。

表 1.1 各国、地区物流定义比较表

国家(地区)		年 份	给出定义的组织	定 义
美国	管理派	1985	美国物流协会(CLM：Council of Logistics Management)	物流是对货物、服务及相关信息从起源地到消费地的有效率、有效益的流动和储存进行计划、执行和控制，以满足客户要求的过程。该过程包括进向、去向、内部和外部的移动以及以环境保护为目的的物料回收
	工程派	1974	美国物流工程师学会(SOLE：Society of Logistics Engineers)	物流是与需求、设计、资源供给与维护有关，以支持目标、计划及运作的科学、管理、工程及技术活动的艺术
	军事派	1981	美国空军(U.S Air Force)	物流是计划、执行的军队的调动与维护的科学，它涉及与军事物资、人员、装备和服务相关的活动
	企业派	1997	美国 KXEL	物流是与计划和执行供应链中物流公司商品及物料的搬运、储存及运输相关的所有活动，包括废弃物品及旧品的回收复用
加拿大		1985	加拿大物流管理协会(CALM：Canadian Association of Logistics Management)	物流是对原材料、在制品库存、产成品及相关信息从起源地到消费地的有效率的、成本有效益的流动和储存进行计划、执行和控制，以满足客户需求的过程。该过程包括进向、去向和内部流动

续表

国家(地区)	年　份	给出定义的组织	定　义
欧洲	1994	欧洲物流协会(ELA：European Logistics Association)	物流是在一个系统内对人员或商品的运输、安排及与此相关的支持活动的计划、执行与控制，以达到特定的目的
日本	1981	日本日通综合研究所	物流是物质资料从供给者到需求者的物理性移动，是创造时间性、场所性价值的经济活动。从物流的范畴来看，包括：包装、装卸、保管、库存管理、流通加工、运输、配送等诸多活动
中国台湾	1996	台湾物流管理协会(Taiwan Logistics Management Association)	物流是一种物的实体流通活动的行为，在流通过程中通过管理程序有效结合运输、仓储、装卸、包装、流通加工、资讯等相关物流机能性活动，以创造价值、满足客户及社会性需求
中国	2001	国家科委 国家技术监督局 中国物资流通协会	物流是从供应地向接收地的实体流动中，根据实际需要，将运输、储存、装卸、搬运、包装、流通加工、配送、信息处理等功能有机结合起来实现客户需求的过程

(资料来源：何明珂. 物流系统论. 北京：中国审计出版社，2001.)

任何一种物品都具有二重性：一是自然属性，即它是一个物质实体；二是社会属性，即它具有一定的价值，包括它的稀缺性、所有权性质等。物品的物质实体的流动是物流，而其社会实体的流动却是商流。商流是通过交易实现物品所有权的转移，而物流是通过运输、储存等实现其物质实体的转移。在商品流通过程中，物流同商流、资金流和信息流一起构成统一的整体。

总体来说，物流是包括运输、搬运、储存、保管、包装、装卸、流通加工和物流信息处理等基本功能的活动，它是由供应地流向接收地以满足社会需求的活动，是一种经济活动。不属于经济活动范畴的物质实体的流动，不属于物流。

二、物流的功能

物流活动或者说物流的功能，一般包括仓储、采购、运输、包装、搬运装卸、流通加工、配送以及物流信息服务等内容。另外，还有一个相当重要的概念，即物流的功能范围。物流的功能范围是指在运输、保管、包装、装卸、信息等诸物流功能中把哪些功能、哪些业务、哪些活动作为物流成本的计算对象。把所有物流功能作为计算对象的成本与只把运输、保管两个功能作为计算对象的成本相比，显然有较大的差别。

1. 仓储功能

仓储这一项重要的物流功能主要是通过仓库设施来实现的。仓库是企业物流系统中的重要组成部分，目前全球大约有 750 000 个大型仓库设施，包括人工管理和计算机管理的仓库。在追求以最低的成本向顾客提供优质的产品服务的过程中，仓库这一环节扮演着极其重要的角色。作为连接生产者和消费者的中间环节，仓储活动的组织与管理已发展成为物流系统中一个举足轻重的重要职能。仓储在物流系统中起着包括运输整合、产品组合、物流服务、防范偶发事件、物流过程平稳等一系列附加值的作用。

一般来讲，仓库具有三个最基本的功能：储存、移动以及信息传递。近年来，移动功能和信息传递已经受到越来越多的重视，这不仅涉及仓库的运行效率，而且还影响到仓库产品的周转率。其目的就是要迅速完成产品存储和运输需求，以满足顾客的需求。

2．采购功能

采购功能是指物流中心从制造业或供应商那里采购大量的、品种齐全的货物。一般而言，在执行其功能时，应考虑以下四点要求。

(1) 加强对货物采购信息的收集和分析，包括货源信息、价格信息和运输信息等。

(2) 与制造商或供应商建立稳定的合作伙伴关系，通过合作过程，选择诚实可信、声誉良好的供应商合作。这样可以杜绝假冒伪劣商品的混入，以提高企业形象。

(3) 尽力降低采购集货的风险，通过对商品市场的调查，了解商品供需状况，减少因采购批量不当而造成库存积压。

(4) 确定采购集货操作时间，防止因采购不及时而造成脱销或停止生产。

3．运输功能

物流的运输功能负责为客户选择满足需求的运输方式，然后具体组织网络内部的运输作业，在规定的时间内将客户的商品运抵目的地。它包括供应和销售物流中的车、船、飞机等方式的运输以及生产物流中的管道、传送带等方式的运输。对运输活动的管理，要求选择经济便捷的运输方式和运输路线，以实现安全、迅速、准时和经济的目的。

4．包装功能

包装功能包括产品的出厂包装、生产过程中在制品和半成品的包装以及在物流过程中的换装、分装和再包装等活动。物流包装作业的目的不是要改变商品的销售包装，而是通过对销售包装进行组合、拼配和加固，形成适用于物流中配送的组合包装单元。对包装活动的管理应根据物流方式和销售要求来确定，要全面考虑包装对产品的保护作用、促销作用、提高装运率的作用、包拆装的便利性以及废包装的回收与处理等因素。包装管理还要根据物流全过程的经济效率来具体决定包装材料及其强度、尺寸以及包装方式等。

5．装卸搬运功能

装卸搬运是指在同一地域范围内进行的、以改变物的存放状态和空间位置为主要内容和目的的活动，包括装上、卸下、移送、分拣、入库、出库等。

装卸搬运是伴随输送和保管而产生的必要的物流功能，它与运输产生位移效用、保管产生时间效用不同，其本身并不产生任何价值。但这并不说明搬运装卸在物流过程中不具有重要作用。物流的主要环节如运输和保管是靠搬运装卸才得以衔接起来的，物流的其他环节也是靠搬运装卸连接起来的，由此可见，搬运装卸在物流系统的合理化中占据着相当重要的地位。搬运装卸不仅发生次数频繁，而且作业内容也复杂多样，尤其是劳动密集型、耗费人力劳力的作业，它所消耗的费用在物流中占有相当大的比重。另外，由于装卸搬运

活动频繁发生，作业繁多也是产品损坏的重要原因之一。

装卸作业的代表形式是集装箱化和托盘化，使用的装卸机械设备有吊车、叉车、传送带和各种台车等。在物流活动的全过程中，对装卸搬运的管理，主要体现在对装卸搬运方式、装卸搬运机械设备的选择、合理配置与使用以及装卸搬运合理化等方面，尽可能减少装卸搬运的次数，以节约物流费用，获得较好的经济效益。

6．流通加工功能

流通加工功能又称流通过程中的辅助加工活动。这种加工活动不仅存在于社会流通过程中，也存在于企业内部的流通过程中，所以，它实际上是在物流过程中进行的辅助加工活动。企业、物资部门以及商业部门为了弥补生产过程中加工程度的不足，更有效地满足用户或本企业的需求，更好地衔接供需，往往需要进行这种加工活动。

7．配送功能

配送功能是物流进入最终阶段，以配货、送货的形式完成社会物流，并最终实现资源配置的活动。配送活动过去一直被看作是运输活动中的一个组成部分或运输形式，所以未将其独立出来作为物流系统实现的功能，而是将其作为运输中的末端运输对待。但是，配送作为一种现代流通方式，特别是在现代物流中的作用非常突出，它集经营、服务、社会集中库存、分拣和装卸搬运于一体，已不是简单的送货运输，所以，在现代物流中已将其作为独立的功能来看待。

8．物流信息服务功能

现代物流是需要依靠信息技术来保证物流体系正常运作的。物流系统的信息服务功能包括进行与上述各项功能有关的计划、预测、动态(运输、收、发、存储)的情报及有关的费用情报、生产情报、市场情报活动。对物流情报活动的管理，要求建立情报系统和情报渠道，正确选定情报科目以及情报的搜集、汇总、统计、使用方式，以保证其可靠性和及时性。

从信息的载体及服务对象来看，该功能还可分为物流信息服务功能和商流信息服务功能。商流信息主要包括进行交易的有关信息，如货源信息、物价信息、市场信息、资金信息、合同信息、付款结算信息等。商流中的交易、合同等信息，不但提供了交易的结果，而且提供了物流的依据，是两种信息流主要的交会处。物流信息主要包括物流数量、物流地区、物流费用等信息。物流信息中的库存量信息，不但是物流的结果，而且是商流的依据。

物流系统的信息服务功能必须建立在计算机网络技术和国际通用的 EDI 信息技术的基础之上，才能高效地实现物流活动中一系列环节的准确对接，真正创造“场所效用”及“时间效用”。可以说，信息服务是物流活动的中枢神经，该功能在物流系统中处于不可或缺的重要地位。

信息服务功能的主要作用表现为：缩短从接受订货到发货的时间、库存适量化、提高搬运作业效率、提高运输效率、使接受订货和发出订货更加省力、提高订单处理的精度、防止发货和配送出现差错、调整需求和供给以及提供信息咨询等。

第三节　物流的作用

一、物流作用概述

物流是生产与消费的桥梁。从生产到消费，从空间上说可能距离遥远；从集约度上说，可能是从一个工厂到千家万户。而物流把生产者与消费者有机地联系起来，它是一个过渡，是一座桥梁。

物流是生产系统的一个支柱。没有物流，生产者便无法回收资金，也无法进行再生产；没有物流，消费者便无法购买到产品。例如，中华人民共和国成立前，北京山区的柿子经常烂在农民手中，运不出去，外地人想吃柿子却吃不到，公路建成后，有了公路运输，于是这个问题得到了解决；中华人民共和国成立后，四川米资源十分丰富，而上海缺米，于是很快建成铁路，四川的大米才能及时调往上海。

物流是企业市场竞争的重要手段。生产性企业，要靠物流这根擎天之柱，这在上面已经说到过；经营性企业更是如此，物流组织得好，成本就低，到货就及时，从而也就提高了市场竞争力。

二、物流在社会经济中的作用

社会经济活动由生产、消费和流通活动组成，其中，流通活动是连接生产和消费不可缺少的重要环节。商品经济越发展，市场范围越扩大，流通的重要性就会越突出。流通并不只受制于生产和消费，流通效率的提高、新型流通方式的出现、流通领域的重大变革都会对生产和消费产生巨大的推动作用。中国在计划经济时期“重生产而轻流通”，其结果是制约了生产，限制了消费，经济发展缓慢、停滞不前。改革开放以后，中国经济逐步向市场经济的方向转变，流通的功能受到重视，流通活动在促进市场经济发展方面的能动作用日益显现出来，这为发展现代物流提供了良好的环境。物流作为流通活动的一部分，与商流活动共同构成了流通活动的整体，物流和商流从两个不同的侧面体现着商品流通的内容。商流是与商品的所有权转移相关的交易活动，通过买卖活动实现商品的价值，体现的是商品的社会属性；而物流是紧随商流之后商品的空间和时间的转移，通过物流活动为实现商品的使用价值提供可能，体现的是商品的物理属性。通过合理的物流活动，生产所需要的原材料等生产资料从生产地适时、适量地运送到工厂；工厂生产的各种产品也能从生产地源源不断地向消费者高效率地配送。通过这种顺畅的物流，维持生产、流通以及消费的协调，使社会经济不断地向前发展，因此物流无论是对于企业的经营还是社会经济的发展，都起着极其重要的作用。

(一)物流在经济中的作用

物流在经济中的显著作用表现在以下两个方面。第一，物流是商业的一个重要组成部分，并与其他经济活动相互影响。比如，在美国，1996 年物流费用约占 GDP 的 10.5%。美国工业花费了约 4510 亿美元用于货物的运输，约 3110 亿美元用于货物仓储和存货搬运，

这些及其他物流费用加在一起约有7970亿美元。在1980年，物流支出大约占GDP的17.2%。如果在1996年物流支出仍是这么高，则美国要在物流上多花掉5100亿美元。这会导致商品的高价格或企业的低利润，或二者兼有，其结果将是生活水平下降或税基减少。因此，通过改善物流运作效率，物流会对整个经济做出重要贡献。第二，物流服务于许多经济交易活动，它实质上是所有商品和服务交易中的一个重要活动。我们可从系统角度理解这个作用，如果商品没有及时到达，客户就买不到它们；如果商品没有在指定的条件下到达指定的地点，交易也不会做成，这样，供应链中的所有经济活动都将会受到影响。

物流创造价值的基本途径之一是创造效用。从经济学上讲，效用是商品或服务为满足需求所提供的价值或用途。它有四种类型的效用：形式、拥有、时间和地点。后两者——时间和地点效用是通过物流提供的。

(1) 形式效用(Form Utility)是创造商品或服务的过程，或者是把它组成适当的形式供客户使用。当本田的美国制造商将原料和零部件组装成整车，形式效用就形成了，它是生产或运作过程的一部分。

(2) 拥有效用(Possession Utility)是人们实际拥有特定商品或服务的价值。可以通过信用管理、贷款等来实现。例如，当通用汽车承兑公司为某个买家提供贷款时，就可能产生拥有效用。虽然形式效用和拥有效用与物流并没有直接的关系，但是如果没有在恰当的时间、地点、条件和费用下得到可供消费或生产的恰当物品，则这两个效用均不可能实现。

(3) 时间效用(Time Utility)是在需要物品时拥有该物品所产生的价值。这可能发生在组织中，比如，拥有生产所需的所有原料及零部件，以保证生产线不会停下来；也可能发生在市场上，比如，客户需要某一物品时，该物品被及时提供。

(4) 地点效用(Place Utility)是在物品需要的地点拥有它所产生的价值。如果消费者所需的产品在运输途中、仓库里或其他商店里，那么它就不会对此消费者产生任何地点效用。没有物流所提供的地点和时间效用，客户就得不到满足。

(二)物流的经济价值

比尔·盖茨在《未来时速》一书中指出：“20世纪80年代竞争靠质量，20世纪90年代竞争靠流程优化，21世纪竞争靠速度。”也就是说，要赢得竞争，必须以更快的速度来反应市场、满足顾客，而企业要做到这一点就必须依赖于高效率的物流。因此，欧美物流界认为，物流活动最大的作用并不在于为企业节约了消耗、降低了成本或者增加了利润，而在于提高了企业对顾客的服务水平，进而提高了企业的竞争能力。

1．物流对提升企业竞争力的价值

物流对提升企业竞争力的价值可以体现在以下四个方面。

(1) 时间和速度。时间和速度被看作是物流竞争优势的主要来源。公司仅重视产品的设计和制造的时间与速度，以缩短新产品系列的推出时间已远远不够，快速、可靠的运输送货可以使公司缩短备货时间或周转时间，从而减少存货和堆存成本。在减少存货水平、“零库存”、MRP、配送需求计划中，物流将在满足“快速反应”要求的系统中起到越来越重要的作用。例如，戴尔以“大规模定制”方式组织生产，并只保留很少量的库存(远远低于同行业的30天)，成为当今全球电脑销售额增长最快的公司，其所依赖的就是高效率的物流配送体系。

(2) 提高客户服务质量。公司重视的质量问题不仅包括对生产产品的质量重视，也包括对公司所有领域的重视。其中，客户所感受到的服务质量最为重要，如客户期望准时、高质量、反应快速、更精确的提货和进货服务。物流之所以用“Logistics”一词，就是因为它能为企业提供强大的服务保障功能，是企业的“服务中心”。例如，世界第三大水泥制造商 Cemex 销售的虽然是一种普通商品水泥，但它能保证 98%的销售在 20 分钟内交货。而它的墨西哥竞争对手则是在 3 小时内交货，交货可靠性只有 34%。Cemex 的超级服务使它能在大多数市场收取 2%～10%的额外费用，但顾客仍乐意签约购买，其利润率比它的五个顶尖竞争对手高出 50%。

(3) 增强企业应变能力。柔性化的物流体系可以使企业能够有效应对原材料供应和商品供给过程中发生的突发事件，适应多种企业内部及外部环境的变化，从而为自己赢得竞争优势。例如，在美国“9·11”事件发生后，由于海关、机场等加强了检查，许多美国企业难以及时生产所需零部件，也不能将产品供应海外市场。福特就因为得不到在加拿大生产厂的发动机，被迫关闭了美国境内的五家汽车生产厂，但 Sears 百货公司却由于具有良好的物流管理计划而避免了更大的损失。

(4) 企业战略实施的重要手段。世界第一大公司沃尔玛集团一直采用成本领先战略，并由此击败了凯马特等众多竞争对手。多年来，零售业的标准评价是：如果谁能在 24%的毛利率上获得 1%的净利，就一定是天才。但沃尔玛认为，传统的超级市场只能从 24 分的毛利里得到 1 分带回家，其原因就是在物流管理中没有良好的表现，缺乏效率。它依靠优越的配送体系和高效率的客户响应系统，在其毛利率里获取了三倍的利润，改变了产业的标准，从而形成了与其他大型超市之间的获利差距。可以说，物流配送是沃尔玛获得成功的关键要素之一。

2. 实例分析

下面以一些企业的实例来分析物流的经济价值。

1) 戴尔电脑

1983 年，在个人电脑(PC)还处于萌芽期的时候，学医的迈克尔·戴尔开始从本地二手零售店中购买过时的 IBMPC 剩余存货，在他的大学宿舍里对它们进行升级，然后廉价卖给急需电脑的客户。不久，戴尔放弃了学业，集中精力经营他逐渐壮大的电脑事业。

戴尔公司是世界第三大计算机制造企业。戴尔电脑 DELL 的成功在很大程度上归功于优化供应链管理，即把订单处理、采购、生产、物流紧密结合在一起，充分利用第三方物流，把供应物流、生产物流与销售物流融为一体。戴尔公司集中力量使库存最小化和增加资本回报率，把采购和装配过程中的每一个可能不增加价值的时间消耗都压缩掉，外购零部件在工厂仓储时间必须小于 15 分钟，在戴尔公司接到客户订单之前不会向供应商订购零件。为了达到这种合作提高整合的水平，戴尔公司减少了它的供应商数量，从 1992 年的 204 家减至 47 家。在戴尔公司的生产厂，总库存只相当于 11 天的销售量。2014 年的销售额达到了 580 亿美元，而存货在销售额中只占 1.55%。在戴尔，战略中追求的不是“速度”，而是“速率”，因为“追求速度，意味全速冲刺，而追求速率代表着能够节省过程中每一个步骤的时间”。

2) 海尔集团

1999 年，海尔集团进行流程再造，成立了物流推进本部，下设三个事业部，即采购事

业部、配送事业部和储运事业部，实行集中采购、集中配送和集中储运，将分散在各个环节、各个部门、各个公司和工厂中的物流元素加以集成。

海尔实行“一流三网”的物流管理模式，即以订单信息流为中心，建立全球供应链资源网络、全球客户资源网络和计算机信息网络，用以实现以下四大目标。

(1) 实现双赢。海尔和供应商之间不再是简单的买卖关系，供应商提前参与到海尔产品的设计阶段，与海尔共同面向客户，使订单增值。

(2) 三个 JIT 实现同步流程。由于物流技术和计算机管理的支持，海尔物流通过三个 JIT，即 JIT 采购、JIT 配送和 JIT 分拨物流来实现同步流程。

(3) 计算机网络连接新经济速度。海尔 100%的采购订单都是从网上下达，使采购周期由原来的平均 10 天降低到平均 3 天，网上支付已达总额支付的 20%，降低了供应链成本。

(4) 目前，海尔在国内已建立了 43 个配送中心，每天可将 5 万多台定制产品配送到 1550 个海尔专卖店和 900 多个营销店，实现了在中心城市 8 小时配送到位、区域内 24 小时到位、国内 4 天以内到位。海尔物流的再造，已取得明显成效，供应商由原来的 2336 家优化至 667 家，呆滞物资降低了 73.8%，仓库面积减少了 50%，库存资金由 1999 年的 15 亿元降为 2001 年的 3 亿元，商品库存周转期由 30 天降至 7 天。2014 年，海尔全球销售额为 2007 亿元人民币，正在向世界 500 强快速迈进。

上面仅举了国内外两个例子进行分析，如果全国所有的生产企业与流通企业都能这样做，其经济价值是非常巨大的。

(三)物流对社会的作用

物流是进行生产和建设的物质前提，是实现商品价值和使用价值的重要保障。物流业在经济社会中的地位和作用可从以下五个方面分析。

1. 物流保障生产

无论是在传统的贸易方式下还是在电子商务下，生产都是商品流通之本，而生产的顺利进行则需要各类物流活动的支持。生产的全过程从原材料的采购开始，便要求有相应的供应物流活动，将所采购的材料提供到位，否则，生产就难以进行；在生产的各工艺流程之间，也需要原材料、半成品的物流过程；废弃物的处理则需要废弃物物流。可见，整个生产过程实际上就是系列化的物流活动。

2. 物流服务于商流

在商流活动中，商品所有权在购销合同签订的那一刻起，便由供方转移到需方，而商品实体并没有因此而发生移动。在传统的交易过程中，除了非实物交割的期货交易，一般的商流都必须伴随相应的物流活动，即按照需方(购方)的需求将商品实体由供方(卖方)以适当的方式、途径向需方(购方)转移。而在电子商务下，消费者通过上网点击购物，完成商品所有权的交割过程，即商流过程。但电子商务的活动并未结束，只有当商品和服务真正转移到消费者手中，商务活动才告以终结。在整个电子商务的交易过程中，物流实际上是以商流的后续者和服务者的姿态出现的。没有现代化的物流，任何轻松的商流活动都会退化为一纸空文。

3. 物流是实现“以顾客为中心”理念的根本保证

电子商务的出现，在很大程度上方便了最终消费者。他们不必再跑到拥挤的商业街，一家又一家地挑选自己所需的商品，而只要坐在家里，在Internet上搜索、查看、挑选，就可以完成购物过程。但试想，如果他们所购的商品迟迟不能送到，或者商家所送并非自己所购，那消费者还会选择在网上购物吗？物流是电子商务中实现以“以顾客为中心”理念的最终保证，缺少了现代化的物流技术，电子商务给消费者带来的购物便捷就等于零，消费者必然会转向他们认为更为安全的传统购物方式，那网上购物便没有存在的必要了。

4. 物流是企业的第三利润源

从历史发展来看，人类历史曾经有过两个大量提供利润的领域。第一个是资源领域，在此利润领域，起初是通过掠夺等方式获取廉价原材料、燃料等资源，然后依靠科技进步、节约消耗、节约费用、综合利用、回收利用乃至大量人工合成资源而获取高额利润；第二个是人力领域，通过依靠廉价劳动力、劳动分工或者采用机械化、自动化等手段提高劳动生产率以降低成本，增加利润。

在现代企业，这两大利润源的潜力越来越小，利润开拓越来越困难，而物流领域正开始引起人们的重视。1962年，美国著名管理大师彼得·德鲁克在《财富》杂志上发表文章指出，物流是“经营的黑暗大陆”，强调应当高度重视流通及流通过程中的物流管理，并把物流管理比喻为“企业降低成本的最后边界”。1970年，日本早稻田大学的西泽修教授把他的著作《流通费》的副标题写作“不为人知的第三利润源泉”。从此，“第三利润源泉”的提法流传开来，人们达成了“物流是降低成本的宝库”这一共识。

那么，物流为什么会被称为第三利润源呢？我们不妨看看物流成本在企业总费用中所占的比重。据美国物流与供应链管理咨询机构Establish公司的2001年度调查报告指出，美国普通公司的物流成本占总销售额的9%以上(见表1.2)。

表1.2　美国公司物流成本开支

物流活动要素	占销售额比例/%	美元/每百磅
运输	4.36	19.18
仓储	1.80	11.38
订单清关/客户服务	0.55	3.70
管理	0.36	2.40
库存搬运	2.07	23.62
物流总成本	9.14	60.28

虽然物流成本所占比重会随着公司的销售额大小有所变化，但在绝对数量上还是相当高的。另外，据有关专家统计分析，商品成本中约有64%以上为物流成本。商品从开始生产到到达最终用户手中所需的时间中，加工时间仅需5%，而其余95%的时间均用于物流环节。因此，物流既是企业成本的重要产生点，又是降低成本的关注点，是企业的“成本中心”。如果能够有效地管理物流，就可以为企业提供大量直接和间接的利润，形成“利润中心”。如何以合理的方式组织产、供、销环节，将货物按恰当的数量以恰当的方式，

在恰当的时间内送到恰当的地点，从而有效地降低物流成本、增加企业利润，已成为现代企业的共识。

5．物流——现代经济结构中的重要组成部分

物流涵盖了全部社会产品在社会与企业中的运动过程，涵盖了第一、第二、第三产业和全部社会再生产过程，因而是一个非常庞大而且复杂的领域。物流作为一个产业的总称，本身也是由不同结构的产业所组成的。物流产业的构成主要有以下五个部分：第一，物流基础产业，它是由各种不同的运输线路、运输线路的交汇与节点，以及理货终端所构成的系统。第二，物流装备制造产业，它是物流生产力中提供劳动手段要素的产业，大体上可划分为集装设备生产行业、货运汽车生产行业、铁道货车生产行业、货船行业、货运航空器行业、仓库设备行业、装卸机具行业、输送设备行业、分拣和理货设备行业、物流工具行业，等等。第三，物流系统产业，它提供物流系统软硬件和系统管理，是计算机系统技术和通信技术在物流领域的独特组合。第四，第三方物流产业，它是代理货主向货主提供物流代理服务的产业。过去很少能由一个企业代理货主的全部物流服务环节，所提供的服务往往局限于仓库存货代理、运输代理、托运代理、通关代理等。第三方物流的代理作用是全部物流活动系统的全程代理，这种代理活动需要在物流平台上运作，因此代理活动的水平在很大程度上取决于物流平台。第五，货主物流产业，它是自办物流产业，有可能部分从事第三方物流的活动。货主物流产业着重于建立巨型企业内部的物流系统，尤其是配送中心以及配送系统、流通加工系统等。

三、物流在组织中的作用

随着物流管理的深化，物流概念的范围也在不断扩大，企业开始在整个经营组织中考虑物流活动，使物流与组织之间的相互作用越来越密切。对于企业来说，其本身就是一个组织，它的内部又可以根据职能、业务、工作地域等进行划分，如销售部门、财务部门等都是组成企业的细化的组织结构。

以前的物流是融入其他各部门之中的，随着人们对物流认识的逐步加深，物流活动逐步从其他各部门中分离出来，形成了独立的部门。然而，它们之间的相互作用仍然是不可忽视的。例如，近些年，有效的物流管理被看作是提高公司利润和竞争力的主要途径。到20世纪80年代末90年代初，客户服务被许多组织置于中心位置，甚至许多原先以营销理念为中心的组织也开始重新审视客户导向的价值。现在以客户为中心的趋势仍在加强。

营销理念是一种营销管理哲学，它通过确定目标市场的需求和比竞争者更有效地提供物品或服务来实现组织的目标。因此，市场营销是客户导向型的，认为商业存在的目的就是满足客户的需求。物流与市场营销的三个要素(客户满意、整合系统方法和充足的公司利润)的关系如图1.1所示。在这些要素中，物流充当着主要角色。

市场营销组合中的“4P”是指公司要获得成功，就要在营销中整合恰当的产品、恰当的价格、恰当的促销方式及恰当的地点。物流在从恰当的地点获得产品这一点上起着尤其重要的作用，就像先前讨论的与效用的联系一样，产品或服务只有在客户需要的时间和地点提供给客户，才能使客户满意。图1.2总结了物流与营销组合的主要因素之间的成本权衡。因此，组织在联系营销所预测的需求、生产和物流时要采用系统的方法。实现客户满

意需要内部努力以及供应商、最终消费者的合作。同时，对组织的中心目标——实现长期利润最大化，或公共或非盈利部门的资产的有效利用的理解也很重要。就像图 1.2 表明的和以后要讲到的，要做到这一点的一个主要途径是在可供选择的方案中进行权衡，以减小系统内的总成本。

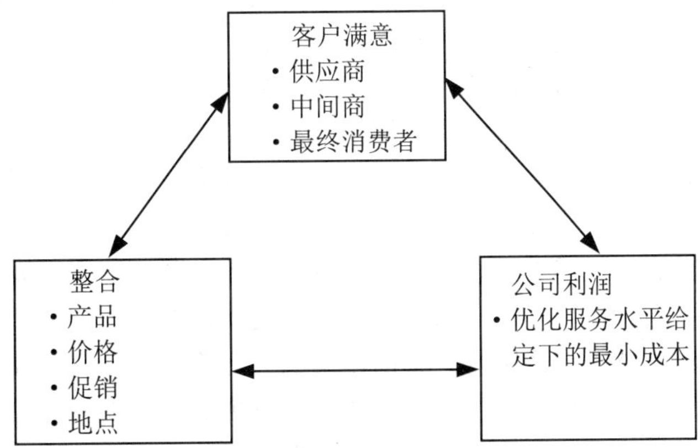

图 1.1 营销/物流管理概念

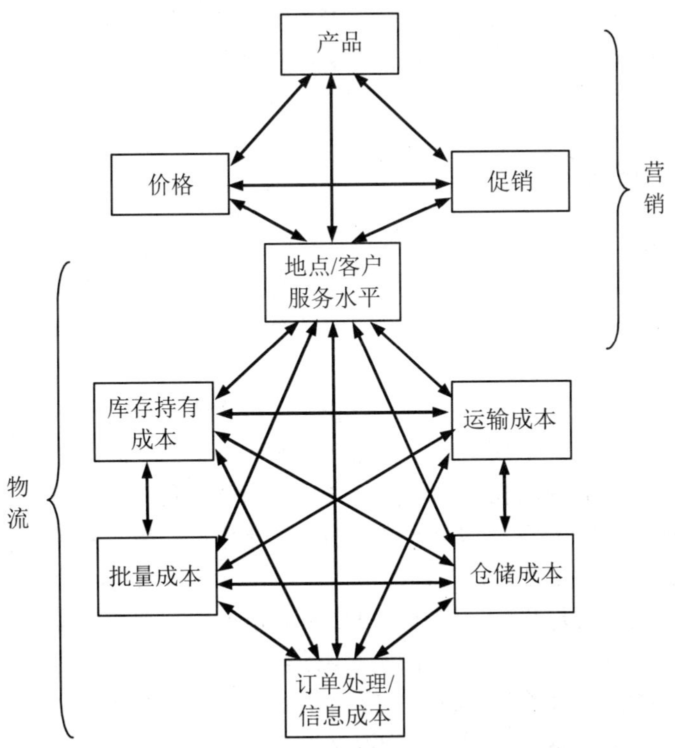

营销目标：将资源配置到营销组合中，使公司的长期利润最大化。
物流目标：在客户目标给定的情况下使总成本最小化，其中总成本=运输成本+仓储成本+订单处理和信息成本+批量成本+库存持有成本。

图 1.2 营销与物流中的成本权衡

随着物流业的发展与进步，社会不断地对企业和企业内部的组织提出了更高的要求。例如，企业要以充分满足客户订货为目标，理顺公司内部的业务流程，实现采购、生产、分销配送等各个环节协调有序的发展；并且，企业应进行正确的市场需求预测与准确的生产计划安排，力求将库存量控制在最低水平，甚至要实现“零库存”。也就是要求企业内部的各组织部门在认真做好本部门业务的同时，注重与其他部门的配合，贯彻一体化管理的思想。这些都迫切要求企业的组织结构要随之完善，以促进企业的进一步发展。

信息技术与信息系统的飞速发展推动了物流业的进步，现代物流便是以信息技术为基础发展起来的。充分的信息共享以及及时、有效的信息处理手段是实现物流一体化的先决条件。现代物流要求企业及其他内部部门的组织结构和管理模式与之相适应，使信息传递更加顺畅，并且能够得到及时有效的处理。

总之，物流与组织的发展相辅相成，物流的运作与进步需要以适当的组织结构为依托，同时又对组织的完善与发展提出了更高的要求。

第四节 物流管理概述

物流管理是在生产力水平高度发展之后才产生的。它首先在工业技术发达的美国形成，并且很快被日本和西欧各国引进。在发达国家，物流科学的研究已具有很高的水平，在社会经济和工业生产中得到了越来越普遍的应用，并且取得了极为显著的成果。也就是说，一定水平的社会经济是产生物流业的基础，而先进的物流业又对社会经济的发展起着促进作用。

先进的物流管理是一个国家社会经济发展的基础之一。任何一个国家的社会经济都是由许多部门和企业组成的，它们分布在不同地区，分属于不同的所有者，这些企业向社会供应其产品，同时也从社会获得其他企业生产的原材料和消费品。企业之间相互依赖、相互竞争的错综复杂关系是依赖物流系统加以维持的，社会经济的发展变化要靠物流系统的调整才能实现。物流业发展的水平已成为世界各国社会经济发展的基础之一。由于发展中国家的社会经济的发展变化幅度较大，重视物流系统的建设和完善，无疑会避免许多损失。

一、物流管理的内涵与演变

引 导 案 例

“像送鲜花一样送啤酒，把最新鲜的啤酒以最快的速度、最低的成本让消费者品尝。”“青啤人”如是说。为了实现这一目标，青岛啤酒股份有限公司与香港地区招商局共同出资组建了青岛啤酒招商物流有限公司，双方开始了物流领域的全面合作。

自从合作以来，青岛啤酒运往外地的速度比以往提高了30%以上，山东省内300千米以内区域的消费者都能喝到当天的啤酒，300千米以外区域的消费者也能喝到出厂一天的啤酒，而原来喝到青岛啤酒则需要3天左右的时间。

同样，日本朝日啤酒的“总鲜度管理”为了实现生产8天内送到客户手里的目标，必须要考虑批发商的库存，如果工厂控制在5天以内，批发商必须在3天内出手，否则将无法达到目的。因此，公司在考虑批发商的库存等因素后决定控制出货量。为了实施总鲜度管理方案，朝日公司整体调整了管理体制。

(来源：百度文库. www.wenku.baidu.com)

(一)物流管理的内涵

物流管理起源于第二次世界大战中军队输送物资装备所发展出来的储运模式和技术，即后勤管理(Logistics Management)。后勤管理在物流管理发展的过程中扮演着重要的角色。美国物流管理学者鲍尔索克斯(Ronald J. Bower Sox)和弗兰克. H. 莫斯曼(Frank H. Mossman)在1974年出版的《Logistics Management》一书中对后勤管理的定义是："以买主为起点，将原材料、零部件、制成品在各个企业之间有策略地加以流转，最后到达客户手中，其间所需要的一切活动的管理过程。"这是世界上第一本介绍物流管理的教科书，该书详细地论述了物流系统以及整体成本的概念，为物流管理成为一门学科奠定了基础。

1976年美国物流管理协会(CLM)对后勤管理的定义是："后勤活动包括客户服务、需求预测、销售信息、库存控制、物料搬运、订货销售、零配件的供应、工厂及仓库的选址、物资采购、包装、废物的处理、运输和仓储等。"

1985年，该协会又为物流管理(Logistics Management)下了一个迄今为止仍被认为是权威的定义："物流管理是供应链流程的一部分，是以满足客户需求为目的，以高效和经济的手段来组织原料、在制品、制成品以及相关信息从供应到消费的运动和储存的计划、执行和控制的过程(见图1.3)。其活动包括：客户服务、需求预测、运输、仓储、搬运、包装、存货控制、工厂和仓库选址、订单和分销处理、采购、零配件和技术服务支持、退货处理、废弃物和报废产品的回收处理。"

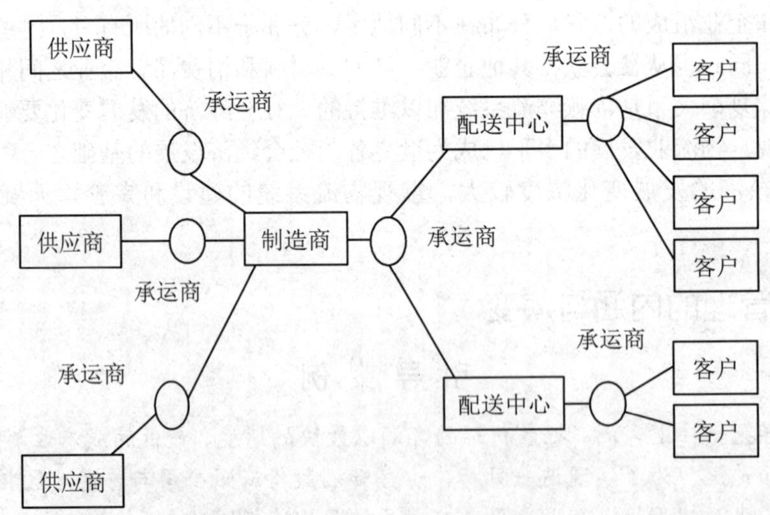

图1.3 整个供应链中的物流管理

近几十年来，物流管理已从过去只注重分散的各个环节的物流功能的研究，发展到越来越注重整个物流过程的整合。当前，国内外工商企业界和物流理论界强调对物流整个活动进行全面整合的思想更加流行。综合物流管理与供应链管理已成为现代物流管理的一个

方向。

综上所述，所谓物流管理，就是指在社会再生产过程中，应用管理的基本原理和科学方法，对物流活动进行系统的计划、组织、指挥、协调、控制和监督，使各项物流活动实现最佳的协调与配合。

(二)物流管理的形成和发展

物流管理作为现代供应链管理思想的起源，同时也是供应链管理的一个重要组成部分，与传统的物流管理有着很大的区别。因此，了解物流管理的形成和发展，对于理解供应链管理思想的实质以及供应链管理中的物流管理的作用很有必要。

物流管理的发展大致经历了以下三个阶段。

1. 后勤管理阶段

后勤管理(Logistics Management)最初起源于军事上战时物资的供应管理。第二次世界大战时，美国根据军事上的需要，在对军火进行供应时，首先采用了后勤管理这一词。后来，后勤管理逐渐形成一门独立的学科，不断发展从而形成后勤工程(Logistics Engineering)、后勤管理(Logistics Management)和后勤分销(Logistics Distribution)。

“二战”后，这些技术被广泛应用于工业领域，并极大地提高了企业的运作效率，为企业赢得了众多的客户。当时的物流管理主要是针对企业的配送部分，即在成品生产出来后，如何快速而高效地经过配送中心把产品送达客户，并尽可能保持最低的库存量。

在此阶段，物流管理只是在既定数量的成品生产出来后，被动地去迎合客户的需求，将产品运到客户指定的地点，并在运输的领域内去实现资源的最优化使用，合理设置各配送中心的库存量。准确地说，这个阶段企业还没有一个独立的物流管理业务部门，只是被当作制造活动的一部分，有的只是运输管理、仓储管理、库存管理，也没有职业物流人员和关于这方面的学术研究。直到20世纪60年代物料管理(Materials Management)和物资配送(Physical Distribution)出现后，情况才发生了变化。

2. 物流管理阶段

现代意义上的物流管理(Logistics Management)出现在20世纪80年代。当时，人们发现利用跨职能的流程管理方式去观察分析和解决企业经营中的问题非常有效。通过分析，物料从原材料运到工厂，流经生产线上每一个工作站，产出成品，再运送到配送中心，最后交付给客户的整个流通过程，企业可以消除很多看似高效率实际上却降低了整体效率的局部优化。因为每个职能部门都想尽可能地利用其产能，没有留下任何富余，一旦需求增加，则可能处处成为瓶颈，导致整个流程的中断。比如，运输部作为一个独立的职能部门，当然是设法降低其运输成本，但若因此将一笔需加快的订单交付海运而不是空运，虽然省下了运费，却失去了客户，从而导致整体的失利。所以传统的垂直职能管理已不适应现代的大规模工业化生产，而横向的物流管理却可以综合管理每一个流程上的不同职能，以取得整体最优化的协同作用。由此出现了集成物流的概念(Integrated Logistics)，即把企业的输入与输出物流管理以及部分市场和制造功能集成在一起。

在这个阶段，物流管理的范围扩展到了除运输之外的需求预测、采购、生产计划、存货管理、配送与客户服务等，以系统化管理企业的运作，达到整体效益的最大化。高德拉特所著的《目标》一书风靡全球制造业界，其精髓就是从生产流程的角度来管理生产。相应的，美国实物配送管理协会开始将“Physical Distribution”改为“Logistics”，如美国国家物流管理协会(National Council of Physical Distribution Management，NCPDM)已于1987年改名为“The Council of Logistics Management”，中文可翻译为后勤管理协会，但由于习惯，人们仍一直使用物流管理这个术语，当然也有用后勤管理这一名词的，至于“Physical Distribution Management”概念，已经很少再用了。而加拿大实物配送管理协会则在1992年更名为加拿大物流管理协会。用“Logistics Management”取代传统的“Physical Distribution Management”作为物流管理的术语具有重要意义，是现代生产方式为适应市场需要和提高服务功能的必然趋势。

3. 供应链管理(Supply Chain Management)阶段

20世纪90年代，随着全球一体化的进程，企业分工越来越细。各大生产企业纷纷外包零部件的生产，把低技术、劳动密集型的零部件转移到人工最廉价的国家去生产。以美国的通用、福特、戴姆勒-克莱斯勒三大车厂为例，一辆车上的几千个零部件可能来自十几个不同的国家和几百个不同的供应商。这样一种生产模式给物流管理提出了新的课题：如何在保持最低库存量的前提下，保证所有零部件能够按时、按质、按量，以最低的成本供应给装配厂，并将成品车运送到每一个分销商手中。

这已经远远超出了一个企业的管理范围，它要求与各级供应商和分销商建立亲密的合作伙伴关系，共享信息、精确配合，集成跨企业供应链上的关键商业流程，才能保证整个流程的畅通。由此产生了集成供应链概念(Integrated Supply Chain)，即企业从重视内部经营转向外部联合，通过和其他的供应链成员进行物流的协调寻找商业机会。因为市场竞争已从企业与企业之间的竞争转化到供应链与供应链的竞争，企业只有实施有效的供应链管理，方可达到同一供应链上企业间协同作用的最大化。

在这样的背景下，加拿大物流管理协会于2000年更名为加拿大供应链与物流管理协会。美国物流管理协会也曾试图扩大物流管理概念的外延来表达供应链管理的理念，最终因多方反对，不得不修订物流管理的概念，承认物流管理是供应链管理的一部分。

(三)物流管理在中国

我国关于物流及物流管理思想形成的历史不是很长，一些先驱学者对国外物流管理理论进行研究后，逐步形成了具有中国特色的物流管理理论体系——物流学。

20世纪70年代以前，在我国经济研究中很少见到“物流”一词，在20世纪80年代出版的《经济大词典》中初次编入了“物流合理化”这个词。在1985年出版的《经济与管理大词典》中将“物流”解释为“在买方与卖方之间的实物形态的流动过程”。进入20世纪90年代以来，物流管理在企业体制与管理创新中得到了广泛应用。其主要表现在两个方面：一是制造企业在向现代企业转型、与国际接轨、做强做大的过程中，有的打破了原有职能部门的界限，成立了横向物流管理部门，如海尔、TCL、青啤和上海联华等，将与物流相关的业务剥离出去，外包给专业的物流公司(第三方物流企业)或企业内部的专门管理部门。这些企业的经验是：物流机构和资源重组，整合物流功能，建立信息系统，构建物流网络，再造物流流程。二是中国的传统储运企业在市场经济不断向纵深发展和社会分工不断细化的过程中，纷纷向现代物流企业转型。其采取的方法主要有：按照现代物流的要求，进行资产重组、优化组织机构、完善物流功能、整合作业流程、强化服务意识和采用信息技术等。进入21世纪后，随着中国经济的快速发展和互联网技术的成熟，物流管理正在向规范化、协同化的方向发展。规范化主要表现在与物流相关的法律法规日趋完备、物流标准化已被提到重要日程上来，企业的物流运作走向规范化和各类物流活动绩效评价指标逐步完善；协同化主要体现在供应链上各方业务之间的协作、物流提供方与物流服务方之间的业务协同、不同的业务指标和目标之间的协同以及各种资源约束的协同等方面。

二、物流管理的研究对象、范围与内容

(一)物流管理的研究对象及目标

就物流管理理论的整体而言，可以认为其主要研究对象是社会物流。社会物资流通网络是国民经济的命脉，其中流通网络分布的合理性、渠道是否畅通至关重要。对其必须进行科学管理和有效控制，采用先进的技术手段，保证高效率、低成本运行，这样做可以带来巨大的经济效益和社会效益。物流管理理论对宏观国民经济的重大影响，是物流管理理论受到高度重视的主要原因。

无论是制造企业还是流通企业，生产经营活动自始至终都包含着物流活动。工商企业是物流服务的需求者，同时也需要向产品的用户提供物流服务，尽管对外提供的物流服务不一定全部由企业自己来承担，但无论是企业自家承担的物流活动还是由专业物流企业承担的物流活动，与其他生产活动一样，都要投入物质资源和人力资源，这部分投入也要计入产品的成本。同时，作为物流活动的产出——物流服务必须符合用户的需求。对现代物流服务的要求可以用这样一句话来表达，即在需要的时间，将所需要的物品按照指定的时间送达需要的场所。物流管理最基本的目标就是以最低的成本向用户提供满意的物流服务。

(二)物流管理的范围

从企业经营的角度看，物流管理是以企业的物流活动为对象，为了以最低的成本向用户提供满意的物流服务，对物流活动进行的计划、组织、协调和控制。根据企业物流活动的特点，企业物流管理可以从以下三个层面展开。

1. 物流战略管理

企业物流战略管理就是站在企业长远发展的立场上，就企业物流的发展目标、物流在企业经营中的战略定位以及物流服务水准和物流服务内容等方面做出整体规划。

2. 物流系统设计与运营管理

企业物流战略确定以后，为了实施战略，必须要有一个得力的实施手段或工具，即物流运作系统。作为物流战略制定后的下一个实施阶段，物流管理的任务是设计物流系统和物流网络，规划物流设施，确定物流运作方式和程序等，形成一定的物流能力，并对系统运营进行监控，及时根据需要调整系统。

3．物流作业管理

物流作业管理是指根据业务需求，制订物流作业计划，按照计划要求对物流作业活动进行现场监督和指导，并对物流作业的质量进行监控。

(三)物流管理的基本内容

现代物流具有广泛性，涵盖各行各业，涉及社会经济的各个领域，既有微观的问题也有宏观的问题，既有经济性问题也有社会性问题。

1．工商企业的物流管理课题

物流的最一般问题直接来自工商企业的经营，企业物流是物流研究和实践最重要的一个领域。企业物流问题的起因首先是由于在经营活动中存在着过剩的物流成本，通过物流活动的合理化和效率化可以降低物流成本，从而为企业的利润增长做贡献。在物流管理意识还没有建立起来之前，人们将降低成本的努力主要集中在了生产领域和销售领域，物流领域的管理尚未走上科学化的道路。这主要表现在物流只是作为生产和销售的附属活动而存在，物流管理停留在对各个功能要素的个别管理阶段，构成物流的各个功能活动之间缺乏有机联系，企业没有专门的物流管理职能部门，物流成本无法正确把握和控制等方面。物流问题的发现，为企业发掘“第三利润的源泉”提供了机会。在经历了降低物流成本的阶段以后，物流管理的任务开始进入到促进企业收益增长的阶段，即通过向顾客提供满意的物流服务，带动销售收入的增长。物流系统的目的已不只是局限在物流费用的最小化上，而是通过提供最为适宜的物流服务，实现(收益-费用)的最大化，物流已经成为企业市场营销的要素之一。进入20世纪90年代以后，企业的物流管理进入了战略管理阶段。即从长远的和战略的观点去思考物流在企业经营中的定位，将物流作为提高企业竞争能力的战略资源，物流管理已成为供应链管理的重要内容，将企业的物流职能以对外委托的形式交给第三方物流企业去完成的新型的物流运作方式在一些先进企业开始出现，并且逐步扩大。

尽管发达国家的物流管理已经进入了战略管理阶段，但对中国的绝大多数企业来说，降低物流成本仍然是其物流管理的基本任务。为此，需要建立起物流管理组织，对企业的物流活动实施系统化管理，并运用物流合理化原则优化企业物流系统。

2．物流企业的物流管理课题

现代物流问题的另一个主要来源是物流企业的经营。在工商企业的物流观念转变以后，作为社会化物流服务的提供方如何以企业的物流需求，为市场开展现代物流经营事业就成了物流企业要面对的现代物流问题。物流企业对现代物流问题的认识程度直接关系到企业的发展战略。以日本为例，站在物流企业的立场去观察和注意物流问题、形成现代物流意识是在20世纪60年代中期以后10年间的事情，物流企业物流意识的普遍化是，在1973年石油危机以后的长期衰退过程中出现的。而工商企业在20世纪60年代中期便十分明确地意识到了物流问题，并且积极致力于物流问题的解决。显然，作为物流服务供给方的物流企业的步伐明显滞后于工商企业。这种认识上的差异是影响物流企业事业的收益性和安定性的重要因素。尽管物流问题的不断深化与物流企业的意识程度无关，但与物流企业持有的经营上的问题的关联度却在不断加深。换言之，现代物流意识的强弱，关系到物流企业经营方向和发展战略的制定，如果物流企业的认识早一些就可以占据市场的主动权；否则，将处于被动地位。物流企业的竞争除了行业内部同行之间的竞争以外，还有来自于作为需求方的货主企业的竞争。尽管这种竞争不像同行竞争那样明显，但对于物流企业的影响却是巨大的。如果物流企业不能提供货主企业所需要的物流服务，货主企业就会自行开展物流活动，自己建立一套系统，特别是大型企业，这就意味着物流企业失去了物流市场。

中国的物流企业，准确地讲，传统物流企业对于现代物流的认识应该说并不迟于工商企业，以中国物资储运、宅供等一批国有企业、股份企业和民营企业为代表的现代物流企业正在崛起。但是，无论是在数量上还是在经营质量上，它离现代物流需求还相差甚远。应该说，现代物流市场的潜力是非常巨大的，现在正是向现代物流业转型的大好时机，竞争才刚刚开始。

3. 政府方面的物流管理课题

1) 物流基础设施的规划和建设

近十几年来，中国加大了对交通基础设施的投资，投资主体多元化的格局已经形成。以公路、铁路、港口、航空港等为对象的物流基础设施建设进展迅速，运输线路，特别是高等级道路和电气化铁路的通车里程大幅度提高，综合运输网络正在得到逐步改善。但是，我们在重视物流线路建设的同时，也应该加强物流节点设施的建设。这是因为物流活动的形态包括线路部分的活动和节点部分的活动，大部分的物流功能是要通过节点设施来发挥的。只有将线路功能与节点功能有机地结合起来，才能满足物流合理化的要求。另外，由于物流设施建设需要大量的资金投入；同时由于公共物流设施具有一定的公益性，并且收益性较差，投资回报期长，因此，需要政府在土地使用、融资、税收等方面予以支持，才能实现国内物流企业的长远发展。

2) 创造现代物流发展的宏观环境

政府主管部门在发展现代物流的问题上首先要有一个明确的战略发展思路，建立健全各项政策法规，协调物流相关行业和部门的行动，才能从整体上为物流产业的发展提供一个宽松的宏观发展环境。

3) 培育和发展物流市场，鼓励竞争，支持企业联合

竞争是搞活物流市场、提高物流企业经营水平最有效的方式。但同时也应该看到，物流市场的准入条件较低，物流服务产品的技术含量也相对较低，企业之间容易产生过度竞争。因此，适当提高市场准入条件，严格行业服务标准，有利于维持正常的市场秩序。其次，要重点培育一批具有一定资金实力和技术实力、业已形成比较广泛的物流网络的现代物流企业，使它们成为国家发展现代物流事业的旗手，推动国内现代物流事业水平的提高。此外，通过合资的方式，引进国外先进物流企业的管理经验和运作模式也是提高物流企业经营水平的有效途径。

4) 要解决好物流与环境和城市发展的矛盾

物流作业活动的核心是货物运输，随着消费需求的多样化和个性化，物流需求也朝着高度化方向发展，现代物流呈现出了多品种、小批量、高频次的特点，卡车运输成为实现物流目的的主要运输手段。区域内、城市内商品运输配送活动的频繁发生，给环境和城市交通带来了一定的负面影响，交通环境的恶化反过来也会影响到物流效率的提高。因此，

必须搞好物流节点设施的规划，并将其作为城市规划的一部分加以充分重视。通过物流节点设施的合理布局，将干线运输和支线末端配送有机地结合起来，在保证物流效率的同时，最大限度地减少物流对于城市功能的负面影响以及对于环境的破坏。

本章小结

本章介绍了物流的形成和发展、物流的定义、物流的作用和物流管理等基本知识与理论。

自从美国人在 20 世纪初提出物流这个概念后，物流的概念得到了快速发展，不同的国家都给出了自己的物流定义，通过对比分析，本章最终归结出一个比较合理的概念。从物流活动的发展来看，其经历了传统物流与现代物流两个阶段，本章也都一一作了介绍。

中国从 20 世纪 80 年代初引进了物流的概念，它经历了五个发展阶段。

本章对物流的作用从经济、社会与组织三方面进行了介绍，对于物流管理从其内涵、形成和发展以及研究的内容等方面进行了详细的介绍。

复习思考题

一、判断题(正确的用√表示，错误的用×表示)

1. 流通实际上就是物流。 (　　)
2. 商流和物流的关系非常密切，两者都具有相同的活动内容和规律。 (　　)
3. 商流是产生物流的物质基础。 (　　)
4. 物流活动克服了供给方和需求方在空间和时间方面的距离。 (　　)
5. 我国是从美国引进“物流”一词的。 (　　)
6. Logistics 取代 PD，成为物流科学的代名词，这是物流科学走向成熟的标志。 (　　)

二、简答题

1. 简述流通在社会经济中的地位与作用。
2. 简述物流管理的内涵和研究范围。
3. 如何理解物流的功能与作用？

三、论述题

试论述我国物流发展中存在的问题。

参 考 文 献

1. 戢守峰. 物流管理新论. 北京：科学出版社，2004
2. 陈子侠. 现代物流学理论与实践. 杭州：浙江大学出版社，2003
3. 徐勇谋. 现代物流管理基础. 北京：化学工业出版社，2003
4. 张铎. 电子商务物流管理. 北京：高等教育出版社，2002
5. 张国方. 物流工程. 北京：机械工业出版社，2002
6. 赵涛. 物流经营管理. 北京：北京工业大学出版社，2003
7. 杨茅甄. 现代物流理论与实务. 上海：上海人民出版社，2003
8. 齐二石. 物流工程. 天津：天津大学出版社，2001
9. 丁俊发. 中国物流. 北京：中国物资出版社，2002
10. 崔介何. 物流学概论. 北京：清华大学出版社，2000
11. 刘志学，等. 现代物流手册. 北京：中国物资出版社，2001
12. 叶怀珍. 现代物流学. 北京：高等教育出版社，2003

第二章 物 流 系 统

本章导读：

物流学科的研究对象是物流系统。物流系统本身是一个非常复杂的系统，包括原材料供应物流系统、生产物流系统、销售物流系统、废弃物物流系统等。物流学科研究从原材料采购到生产、流通直至消费、废弃的供应链全过程中物的时间和空间转移规律。用系统观点来研究物流活动是现代物流管理学的核心问题。

学习目标：

通过对本章的学习，了解系统的概念、分类与一般模式以及系统分析的步骤、系统管理等。在此基础上，重点掌握物流系统的现代概念和模式、物流系统的研究要素，掌握系统与物流系统的区别与联系的核心内容，了解物流系统的构成与特点；同时掌握物流系统的优化目标与优化原则，并且了解物流系统的优化原理。

关键概念：

系统(System)
物流系统(Logistics System)
物流系统分析(Logistics System Analysis)
物流系统工程(Logistics System Engineering)
物流系统优化(Logistics System Optimization)

第一节 物流系统概述

用系统观点来研究物流活动是现代物流管理的核心问题。物流系统是由相互作用和相互依赖的物流要素构成的具有特定功能的有机整体，是社会经济大系统的一个子系统或组成部分。就物流过程中的每个环节来讲，其作用的发挥不仅受其内部各要素的制约和外部条件的影响，而且这些要素和环境总是处于不断变化之中。因此，以系统理论和系统工程的原理来研究和开发物流系统，无论是对发挥物流功能、提高物流效率、降低物流费用，还是在提高物流质量、满足社会对物质产品的各种需要上，都具有极为重要的意义。物流系统是一个具有满足社会需要、适应环境能力的动态系统。为适应变化的社会环境，人们必须对物流系统的各组成部分不断地进行修改、完善，在有较大社会变化的情况下，物流系统甚至需要重新进行系统的设计。物流系统是由内部相互作用和相互依赖的若干部分结合而成的，具有特定功能的有机整体，任何部分功能的发挥都要有利于系统整体目标的达成。在物流系统中，各个功能要素之间存在着“效益背反”关系，因此，部分的最优化并不等于系统整体的最优化。树立系统化观念，对于搞好物流管理、实现物流合理化是十分重要的，推进物流系统化或者说构筑物流系统是实现物流管理目标的重要手段。

一、系统的概念及系统的一般模式

“系统”一词来源于古希腊的System，有“共同”和“给以位置”的含义。追根溯源，近代比较完整地提出“系统”概念的是亨德森，后来发展为贝塔朗菲的一般系统论。1948年，诺伯特·维纳创立了“控制论”。美国经济学家肯尼思·博乐楔又尝试把控制论与信息论结合起来，并于1956年发表了题为“一般系统论：一种科学的框架”的文章。1968年，贝塔朗菲出版的《一般系统理论的基础、发展和应用》一书，更加全面地阐述了动态开放系统的理论，被公认为是一般系统论的经典著作。

现代关于系统的定义很不统一，一般可以理解为“系统是由两个以上相互区别或相互作用的单元之间有机结合并完成某一功能的综合体”。系统中每个单元也可以称为一个子系统。系统与系统的关系是相对的，一个系统可能是另一个更大系统的子系统，而一个系统也可以继续分成更小的系统，那么它又是这些子系统的父系统。在现实中，一个机组、一个工厂、一个部门、一项计划、一个研究项目、一套制度等都可以看成是一个系统。

由系统的定义可知，系统的形成应具备以下条件：系统是由两个以上要素组成；各个要素都具有一定的目的；各要素之间相互联系，使系统保持相对稳定；系统具有一定结构，并保持系统的有序性，从而使系统具有特定的功能。

系统是相对于外部环境而言的，并且与外部环境的界限往往是模糊过渡的，所以严格地说，系统是一个模糊集合。外部环境向系统提供劳力、手段、资源、能量、信息，这些称为系统的“输入”。将系统的“输入”进行必要的转换处理活动，使之成为有用的产成品供外部环境使用，称为系统的“输出”。输入、处理和输出是系统的三要素。如一个工厂输入原材料，经过加工处理，得到一定的产品作为输出，这就成了生产系统。外部环境因资源有限、需求波动、技术进步以及其他各种变化因素的影响，对系统加以约束或影响，这些因素称为系统的“干扰”因素。此外，输出的成果并不一定是理想的，有可能偏离预期目标，因此，要将输出的信息返回给输入，以便调整和修正系统的活动，这称为系统的“反馈”。系统的一般模式如图2.1所示。

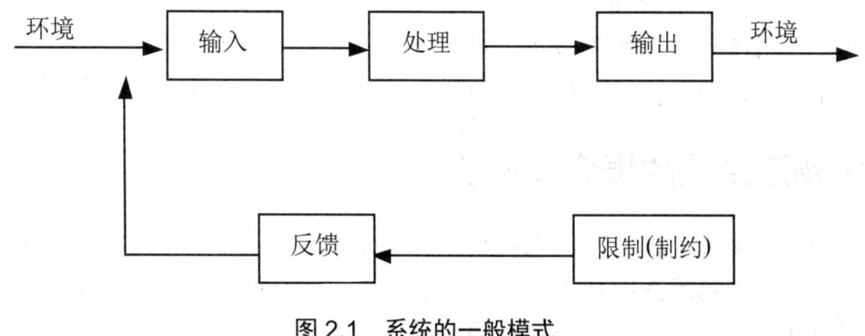

图2.1 系统的一般模式

二、系统的分类

按照不同的标准，可以将系统分成多种类别，主要有以下六种。

(1) 自然系统和人工系统。自然系统与人工系统的界限是模糊的。大多数系统是自然系统和人工系统的混合系统，是经过人工改造的自然系统。

(2) 实体系统和概念系统。实体系统具有物质实体，如机械系统；概念系统是由概念、原理、程序等观念化的实体组成的系统，如法律系统、信息系统等。

(3) 封闭系统和开放系统。开放系统是指系统内部与外部环境有能量、物质、信息交换的系统，如大部分人工系统。

(4) 静态系统和动态系统。这种划分是依据系统参数是否随时间改变而决定的，如平面布置系统一般属于静态系统，而生产系统一般属于动态系统。

(5) 对象系统和行为系统。对象系统是按照具体研究的对象进行区分确定的系统，如库存系统；行为系统是以完成目的行为为组成要素的系统，如管理系统。

(6) 控制系统和因果系统。控制系统是具有控制功能和手段的系统，如机械控制系统；因果系统是输出完全决定于输入的系统，如测量系统。

三、系统管理

系统管理理论兴盛于 20 世纪 60 年代，系统管理有以下四个特点：①以目标为中心，始终强调系统的客观成就和客观效果；②以整个系统为中心，强调整个系统的最优化而不是子系统的最优化；③以责任为中心，分配给每个管理人员一定的任务，而且能衡量其投入和产出；④以人为中心，系统中的每个人都被安排做具有挑战性的工作，并根据其业绩支付报酬。同时，在系统管理中，有四个紧密联系的阶段：创建系统的决策、系统的设计、系统的运转和控制以及系统运转结果的检查和评价。

系统管理从系统观点来考察和管理企业，有助于提高企业的效率与效益。这使企业管理人员不至于因为只注重一些专门领域的特殊职能，而忽略了企业的总目标，也不至于忽略本企业在更大系统中的地位和作用。企业的系统管理就是把信息、能源、材料和人员等没有联系的资源，结合成一个为达到一定目标的整体系统。按系统观点组织资源的企业，并不会消除企业的各项基本管理职能，但它能把企业中的各个子系统和有关部门的关系网络分得更清楚。计划、组织、控制和信息联系等基本职能并不是孤立的，而是围绕系统及其目标而发挥作用的。

系统动态学是对系统管理学说的进一步发展，并且把系统管理的范围扩大到了整个社会和整个世界。系统动态学强调政策，而且通过计算把政策和其他系统因素结合起来构成实际模型，并分析系统的管理过程，进而说明管理对于系统动态特性的影响。

四、现代物流系统的概念及一般模式

随着工业化发展的进程，物流系统正在从手工物流系统、机械化物流系统、自动化物流系统逐步向集成化物流系统和智能化物流系统发展。由于物流的含义是将正确的物品，在正确的时刻以正确的顺序送达正确的地点，所以物流系统是指在一定的时间和空间内，将其所从事的物流事务和全过程作为一个整体处理，用系统的观点以及系统工程的理论和方法进行分析研究，以实现其空间和时间的经济效益。物流系统是由所需位移的物资与包装设备、装卸机械、运输工具、仓储设施、人员和信息联系等若干互相制约的动态要素所构成的有机整体。物流系统的目的是实现物资的空间效益和时间效益，在保证社会再生产进行的前提条件下，实现各种物流环节的合理衔接，并取得最佳的经济效益。物流系统同样也具备系统的一般要素，即具备输入、处理(转换)、输出、干扰(限制和制约)、反馈等功能。物流系统的基本模式如图 2.2 所示。结合现代信息技术发展的特点以及行业发展的特点和趋势，我们认为，现代物流系统是信息化、现代化、社会化和多层次的物流系统。该系统主要是指针对现代物流企业的需要，采用网络化的计算机技术、现代化的硬件设备、软件系统及先进的管理手段，严格、守信用地进行一系列的分类、统配、整理、分工和配货等梳理货物的工作，定时、定点、定量地交给没有范围限制的各类用户，以满足其对商品的需求。

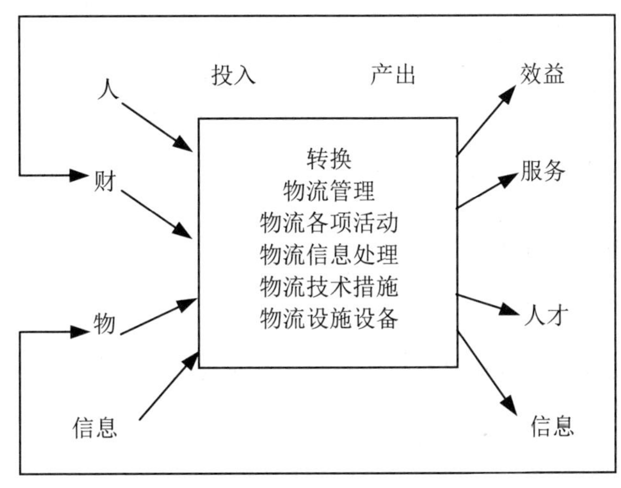

图 2.2 物流系统基本模式

物流系统的基本构成要素有以下五个方面。

(1) 输入。通过提供资源、能源、设备、劳力等手段对某一系统发生作用，统称外部环境对物流系统的输入。

(2) 处理(转换)。它是指物流本身的转换过程。从输入到输出所进行的生产、供应、销售、服务等活动中的物流业务活动称为物流系统的处理或转换。其具体内容有物流设施设备的建设和物流业务活动，如运输、储存、包装、装卸、流通加工、物流信息处理等。

(3) 输出。物流系统与其本身所具备的各种手段和功能，对环境的输入进行各种处理后，所提供的物流服务统称系统的输出。其具体内容有产品位置与场所的转移、各种劳务如合同的履行及其他服务等。

(4) 干扰(限制和制约)。外部环境对物流系统施加一定的约束称为外部环境对物流系统的制约和干扰。其具体内容有资源限制、能源限制、资金与生产能力限制、市场价格和需求变化的影响、仓库容量、物流作业能力和政策变化等。

(5) 反馈。物流系统在把输入转换为输出的过程中，由于受系统各种因素的限制，不能按原计划实现，需要把输出结果返回给输入，进行调整；即使按原计划实现，也要把信息进行返回，以对工作做出评价，这称为信息反馈。信息反馈的内容包括各种物流活动分析报告、各种统计报告数据、典型调查、国内外市场信息与有关动态等。

五、物流系统的研究要素

1. 物流系统的一般要素

物流系统一般是由财、物、设备、信息和任务目标等要素组成的有机整体。物流系统的一般要素具体可以分为以下三项。

(1) 财。它是物流活动中不可缺少的资金。交换是以货币为媒介实现交换的物流过程，实际上也是资金运动的过程，同时物流服务本身也需要以货币为媒介。物流系统建设是资本投入的一大领域，离开资金这一要素，物流就不可能实现。

(2) 物。它是物流作业中的原材料、产成品、半成品、能源、动力等物质条件，包括物流系统的劳动对象即各种实物，以及劳动工具、劳动手段，如各种物流设施和工具、各种消耗材料(燃料、保护材料)等。

(3) 任务目标。它是指物流活动预期安排和设计的物资储存计划、运输计划以及与其他单位签订的各项物流合同等。

2. 物流系统的功能要素

物流系统的功能要素是指物流系统所具有的基本能力。这些基本能力有效地组合、联合在一起，形成物流的总功能，能合理、有效地实现物流系统的目标。它包括以下八项功能。

(1) 采购。

(2) 运输。

(3) 储存保管。

(4) 包装。

(5) 装卸搬运。

(6) 流通加工。

(7) 配送。

(8) 物流信息系统。

如果从物流活动的实际工作环节来考察，物流就是由上述八项具体工作构成的。换言之，物流能实现以上八项功能。

3. 物流系统的支撑要素

物流系统的建立需要许多条件，要确定物流系统的地位，协调与其他系统的关系，这些要素是必不可少的。它主要包括以下四种要素。

(1) 体制、制度。物流系统的体制、制度决定物流系统的结构、组织、领导和管理方式，国家对其控制、指挥、管理方式以及系统的地位、范畴，是物流系统的重要保障。有了这个支撑条件，物流系统才能确定其在国民经济中的地位。

(2) 法律、规章。物流系统的运行，不可避免地会涉及企业或人的权益问题。法律、规章一方面限制和规范物流系统的活动，使之与更大的系统协调；另一方面是给予保障，合同的执行、权益的划分和责任的确定都需要靠法律、规章来维护。

(3) 行政、命令。物流系统和一般系统的不同之处在于物流系统关系到国家军事和经

济命脉，所以，行政、命令等手段也常常是支持物流正常运转的重要支持要素。

(4) 标准化系统。保证物流环节协调运行，是物流系统与其他系统在技术上实现联结的重要支持。

4. 物流系统的物质基础要素

物流系统的建立和运行，需要有大量与之相配套的基础要素。这些要素的有机联系对物流系统的运行具有决定意义，对实现物流某一方面的功能也是必不可少的。物流系统的基础要素有以下四个方面。

(1) 物流设施。它是组织物流系统运行的基础物质条件，包括物流站、货场、物流中心、仓库、物流线路、建筑、公路、铁路、港口等。

(2) 物流装备。它是保证物流系统开工的条件，包括仓库货架、进出库设备、加工设备、运输设备和装卸机械等。

(3) 物流工具。它是物流系统运行的物质条件，包括包装工具、维护保养工具、办公设备等。

(4) 信息技术及网络。它是掌握和传递物流信息的手段，根据所需信息水平的不同，包括通信设备及线路、传真设备、计算机及网络设备等。

六、物流系统的分类

(一)社会物流系统

社会物流系统又称大物流系统，包括石油、天然气、粮食的储运系统，以及港口的储运系统、军需物资的调运系统等。社会物流系统对国民经济有十分重要的影响。

(二)企业物流系统

企业物流系统包括生产企业物流系统、商业企业物流系统和物流企业物流系统三种。

1. 生产企业物流系统

生产企业物流系统一般由以下四个方面组成。

(1) 供应物流。它包括原材料等一切生产要素的采购、进货、运输、仓储、库存管理和用料管理等活动。

(2) 生产物流。它包括生产计划与控制、厂内运输(搬运)、在制品仓储与管理等活动。

(3) 销售物流。它包括产成品的库存管理、仓储、配送、发货、运输、订货处理与客户联系等活动。

(4) 回收、废弃物流。它包括废旧物资、边角余料等的回收利用，企业排放的无用物的运输、装卸和处理。

2. 商业企业物流系统

商业企业物流系统因为没有涉及生产环节，所以它与生产企业物流系统相比要简单一些。它最重要的部分就是配送中心或物流中心。

3. 物流企业物流系统

物流企业物流系统也就是第三方物流系统，基本上由运输系统、仓储系统和信息系统等组成。

第二节 物流系统的特点与构成

一、物流系统的特点

物流系统是由运输、储存、包装、装卸、搬运、配送、流通加工和信息处理等各环节所组成的，它们也称物流的子系统，而每个子系统又可以往下分成更小的子系统。一般而言，物流系统具备一般系统所共有的特点，即整体性、相关性、目的性和环境适应性；同时还具有规模庞大、结构复杂、目标众多等大系统所具有的特征。

1. 物流系统具有一定的整体目的性

无论规模多大的物流系统，都可以分解成若干个相互联系的子系统。这些子系统的多少和层次的高低，是随着人们对物流系统的认识和研究的深入而不断加深、不断扩充的。系统与子系统之间、子系统与子系统之间存在着时间上、空间上及资源利用方面的联系，也存在总目标、总费用及总运行结果等方面的相互联系。物流系统一定要有明确的目的，而且这个目的只有一个，就是保证将市场所需要的商品，在一定的时间内，按照一定的数量送到需求者手中这一任务的完成。物流系统的设计或者说将现存的物流结构向物流系统转变，必须要先明确物流系统的目的。

2. 构成物流系统的子系统和要素为达到物流的整体目的而发挥作用，要素之间存在着相互作用的关系

为保证物流系统目的的实现，构成物流系统的各个功能要素或者说子系统必须围绕着物流系统的目标互相衔接，构成一个有机的整体。相对于系统的目的来说，各项功能活动只是实现系统目标的手段。比如，运输本身不是目的，超过实际需求量的运输，即使是高效率的满载运输，对于物流系统来说也没有任何意义。在这个整体中，部分的合理化和最优化并不代表整体的合理化或最优化。对于物流系统来说还有一个十分重要的特点，即物流系统作为一个有机整体，要素之间存在着二律背反的关系。所谓“二律背反”，是指一个部门的高成本会因另一个部门成本的降低或效益的提高而相互抵消的这种相关活动之间的相互作用关系。换言之，二律背反原理体现的是一方利益的追求要以牺牲另一方的利益为代价的相互排斥的状态，这种状态在物流系统中随处可见。例如，提高物流服务水平要以增加物流成本为代价。评价物流系统质量的高低很重要的一个标准体现在物流总成本上，在保证物流系统目的实现的前提下，使物流总成本最低是我们构筑物流系统或者说实现物流系统化的重要目的。为此，必须运用二律背反原理对物流系统的各要素进行最佳组合。

3. 物流系统是一个“人机系统”

物流系统是由人和形成劳动手段的设备、工具所组成的。它表现为物流劳动者运用运

输设备、装卸搬运机械、仓库、港口、车站等设施，作用于物资的一系列生产活动。在这一系列的物流活动中，人是系统的主体。因此，在研究物流系统各方面的问题时，必须把人和物有机地结合起来加以考察和分析。

4. 物流系统作为其上位系统的子系统发挥作用

企业物流系统的上位系统是企业的经营系统，物流系统是企业经营大系统的子系统。物流系统目标的设定，例如，物流服务水准的设定要以企业总体的经营目标和战略目标为依据，服从企业总体发展的需要。企业物流的最终目的是要促进企业的生产和销售，提高企业的盈利水平。

5. 物流系统需要通过信息的反馈加以控制

物流系统中各个环节的衔接、配合离不开信息功能，信息是构成物流系统的核心要素。为使物流系统按预定目标运行，必须要对物流系统运行中出现的偏差加以纠正，设计出来的物流系统在运行过程中也需要不断完善。

6. 物流系统是一个复杂的系统

物流系统的运行对象——“物”，可以是全部社会物资资源，资源的多样化带来了物流系统的复杂化。物资资源品种成千上万，从事物流活动的人员队伍庞大，物流系统内的物资占用大量的流动资金，物流网点遍及城乡各地。这些人力、物力、财力资源的组织和合理利用，是一个非常复杂的过程。

在物流活动的全过程中伴随着大量的物流信息，物流系统要通过这些信息把多个子系统有机地联系起来。收集、处理物流信息，并使之指导物流活动，是一项复杂的工作。

二、物流系统的构成与功能

(一)物流系统的构成

从系统角度看，物流是一个过程。这个过程是储运的过程，是信息传递的过程，是满足客户需求的过程，是若干功能协调运作的过程。因此，从物流生产过程和生产活动环节分析，物流系统由以下各部分组成(见图 2.3)。

1. 运输子系统

运输是物流业务的中心活动。所有物品在发生流动的过程中，都离不开运输。运输既是物流总系统的重要组成部分，又是一个独立的子系统。运输系统在设计时，应根据其担负的业务范围、货运量的大小以及与其他各子系统的协调关系，考虑以下各方面的问题：运输方式的选择、运输路线的确定、运输工具的配备、运输计划的制订、运输环节的减少、运输时间的缩减、运输质量的提高、运输费用的节约、作业流程的连续性和服务水平的提升等。

2. 储存子系统

储存是物流活动的一项主要业务。仓库是物流的一个中心环节，有很多物流业务活动是在仓库中进行的。所以，也可以说仓库是物流活动的一个基地。在对储存系统进行设计

时，应根据仓库所处的地理位置、周围环境及物流量的多少、进出库频度，考虑以下各方面的问题：仓库建设结构与合理布局；最大限度地利用仓库容积；货物堆码、存放的科学性；有利于在库物品的保养防护；加强入库验收、出库复核；加快出库、入库时间；降低保管费用；加强库存管理，防止缺货与积压；保证进出库方便和便于控制仓库容量。

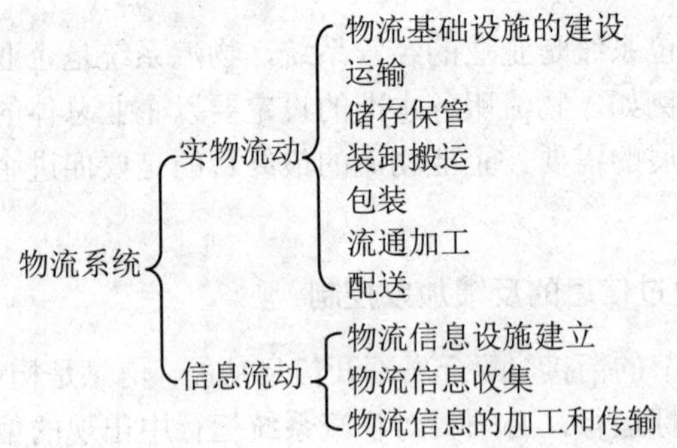

图 2.3　物流的系统构成图

3. 装卸搬运子系统

装卸是各项物流过程中不可缺少的一项业务活动，特别是在运输和保管工作中，几乎都离不开装卸搬运，有时还是同步进行的。对装卸搬运系统的设计，应根据其作业场所、使用机具及物流量的多少，考虑以下各方面的问题：装卸机械的选择；装卸机械化程度的确定；装卸辅助器具的选择；装卸搬运的省力化；制定装卸搬运作业程序；配合其他子系统协同作业；节约费用；操作安全。

4. 包装子系统

在整个物流过程中，包装也是一个很重要的环节。包装分工业包装和商业包装，以及在运输、配送过程中，为了保护商品所进行的拆包再装和包装加固等业务活动。在对包装系统进行设计时，应根据不同的商品，采用不同的包装机械、包装技术和方法，并考虑以下各方面的问题：包装机械的选择；包装技术的研究；包装方法的改进；包装标准化、系列化；节约包装材料；降低包装费用；提高包装质量；方便顾客使用。

5. 配送子系统

配送是一种运输形式。它和运输的区别在于：运输一般是指远距离、大批量、品种比较单一，从生产厂家到达企业或物流中心、配送中心；而配送是从配送中心到零售商店和用户的配送服务。在配送系统设计时，应根据其配送区域、服务对象和物流量的大小，考虑以下各方面的问题：配送中心地址的选择；配送中心作业区的合理布置；配送车辆的配置；装卸机械的选用；配送路线的规划；配送作业的合理化；制定配送作业流程；配送及时性；收费便宜；服务水平高。

6. 流通加工子系统

流通加工子系统是近年来在物流业新兴起的一种业务活动。所谓流通加工，主要是指在流通过程特别是物流过程中的加工，是为了销售或运输以及提高物流效率而进行的加工。

通过加工使物品发生物理或化学性质的变化，以便利消费者，如大包装化为小包装，大件物品改为小件物品等。流通加工系统的设计，应根据加工物品、销售对象和运输作业的要求，考虑以下各方面的问题：加工场所的选定；加工机械的配置；加工技术、方法的研究；制定加工作业流程；加工物料的节约；降低加工费用；提高加工质量；加工产品适销情况的反馈。

7. 物流信息子系统

物流信息子系统既是一个独立的子系统，又是为物流总系统服务的一个辅助系统。它的功能贯穿于物流各子系统的业务活动之中，或者说物流信息系统支持着物流各项业务活动。通过情报传递，把运输、储存、包装、装卸、配送、流通加工等业务联系起来，协调一致，以提高物流的整体作业效率，取得最佳的经济效益。在设计物流信息系统时，应考虑以下各方面的问题：处理收货业务的各种信息；处理发运业务的各种信息；选择运输车辆，计算装载效率；及时发出配送指示；按时计算费用，发出收费通知；汇集、整理费用资料，降低物流费用；及时反馈加强库存管理；处理往来顾客的信息；向生产部门反馈消费者意见；与社会其他情报部门进行交流；加强信息网络建设，使物流信息网络化；其他物流信息业务。

(二)物流系统的基本结构

1. 物流系统的流动要素

物流系统有五个流动要素：流体、载体、流向、流量和流程。不同的物流样本，都有这五个流动要素，一个都不能少。只不过它们的流体不同，所用的载体不同，流向、流量和流程也不尽相同。但每个物流样本的五个流动要素都是相关的。流体的自然属性决定了载体的类型和规模，流体的社会属性决定了流向、流量和流程；流体、流量、流向和流程决定了采用的载体的属性；载体对流向、流量和流程有制约作用；载体的状况对流体的自然属性和社会属性均会产生影响等。因此，我们应该根据流体的自然属性和社会属性确定流向、流程的远近及具体的运行路线，根据流量的大小与结构来确定载体的类型与数量。

2. 物流系统的功能结构

一个物流系统的功能结构取决于生产、流通模式。它的直销模式省略了大量的中间仓库和以仓库为基础进行的各种物流作业。以中间商为基础进行生产和销售的传统模式，由于环节的增加，导致中间物流作业的增加，使物流效率受到影响。直销的物流系统比较简单，但是对时间的要求很高，因为没有中间库存可以缓冲，承诺的送达期限是必须遵守的，否则就会对用户利益和公司利益造成损害，因此，直销模式的运输功能最重要。直销并不意味着因直运而减少运输成本，而是必须提高运输的集约程度。因此路线规划、货物组配等物流管理作业必不可少。且经过中间商的物流系统的功能结构就复杂得多，在渠道中间进行环节转换时需要进行运输、储存、包装、装卸搬运、物流信息处理等作业，在最后一个环节可能还需要进行流通加工作业等。

3. 物流系统的治理结构

物流系统的治理是指物流系统资源配置的管理以及控制的机制、方法。物流系统的资源在区域、行业、部门、企业之间的初始配置状态是历史形成的，而不是按照一个特定的物流系统的要求来分布的。如何将这种产权分散的物流资源集成能够为众多特定的物流系统服务？如何能够在达到这些目标的同时，使物流资源的集成长期进行，而不是偶尔或者借助于政府的宏观管理来进行呢？这就需要考虑物流系统的治理机制问题。不同的治理机制形成了不同的物流治理结构。

4. 物流系统的网络结构

物流系统的网络由两个基本要素组成：点和线。其中点是指在物流系统中供流动的商品储存、停留，以进行相关后续作业的场所，如工厂、商店、仓库、配送中心、车站、码头等，也称结点。点是物流基础设施比较集中的地方。而线是指连接物流网络中的结点的路线，也称连线。物流网络中的线是通过一定的资源投入而形成的。

物流网络不是靠孤立的点或者线组成的，点和线之间通过有机的联系形成了物流网络。点和线其实都是孤立的、静止的，但是采用系统的方法，将点和线有机地结合起来以后形成的物流网络则是充满联系的、动态的。点和线之间的联系也是物流网络的要素之一，这种联系是物流网络有血有肉的灵魂。

(三)物流系统的增值服务功能

物流增值服务功能是在物流基本服务功能基础上延伸出来的相关服务。物流的增值功能没有固定的组成要素，目前对于增值功能的界定还很模糊，只要是需要在物流过程中进行的、不属于基本功能的功能都是增值功能。这就容易造成物流的功能与商流或者其他类型的经济活动的功能相混淆。

增值服务是随着第三方物流的兴起而逐渐引起人们注意的一个词。有人说所有的物流服务都是增值性物流服务，因为它们增加价值，所以是增值服务。增值性的物流服务包括增加便利性的服务；加快反应速度的服务——使流通过程变快的服务；降低成本的服务——发掘第三利润源泉的服务；延伸服务——将供应链集成在一起的服务。

第三节　物流系统分析

一、系统分析

系统理论观点认为，整体是主要的，而各个部分是次要的；系统中许多部分的结合是它们相互联系的条件；系统中的各部分组成一个不可分割的整体；各个部分围绕实现整个系统的目标而发挥作用；系统中各个部分的性质和职能，由它们在整体中的地位决定，其行为则受到整体的制约；整体是一种力的系统、结构和综合体，是作为一个单元来行事的；一切都应以整体作为前提条件，然后演变出各个部分之间的相互关系；整体通过新陈代谢来使自己不断更新；整体保持不变和统一，而其组成部分则不断改变。

所谓系统分析，就是对一个系统内的基本的问题，用逻辑推理、科学分析的方法，在

确定条件与不确定条件下找出各种可行的方案。或者说，系统分析就是以系统的整体最优为目标，对系统的各主要方面进行定性和定量的分析，是一个有目的、有步骤的探索性分析过程，以便给决策者提供直接判断和决定最优方案所需要的信息和资料。系统分析要求有严格的逻辑性。在进行系统分析时，首先应建立系统目标；其次，应从系统的整体利益出发，使局部利益服从整体利益，既要考虑当前利益，又要考虑长远利益；最后，还要做到抓住关键问题，采用定量分析和定性分析相结合的方法。

系统分析是综合、优化、决策及系统设计的基础，其对象可能是一项简单的作业活动。系统分析不同于其他分析技术，它必须从系统总体最优出发，采用各种分析工具和方法。系统分析不仅分析技术方面的有关问题，而且还分析包括政策、法令、社会风俗、资源等环境因素，以及组织体制、信息等方面的问题。

当对一个系统进行系统分析时，必须遵循一定的原则：第一，外部条件和内部条件相结合的原则；第二，当前利益和长远利益相结合的原则；第三，局部利益和整体利益相结合的原则；第四，定性分析和定量计算相结合的原则。

二、系统分析的步骤

系统分析是通过对现有系统的调查和分析，以确定新系统目标的极为重要的阶段，是系统工程的技术前导。系统分析首先要对现有系统进行详细调查，包括调查现有系统的工作方法、业务流程、信息数量和频率、各业务部门之间的相互联系；然后对现有系统在时间和空间上对信息的状态做详细调查的基础上，分析现有系统的优缺点，并了解其功能。图 2.4 所示为系统分析的程序。

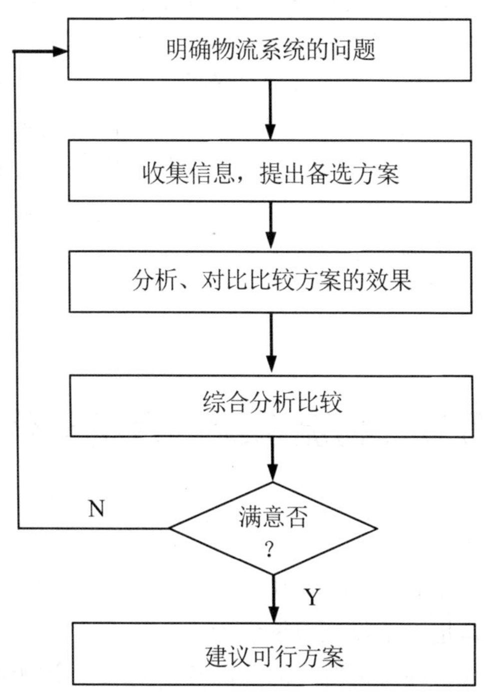

图 2.4　系统分析的程序

对物流系统的分析、设计可以由企业专职的系统分析设计师完成，但更多的企业乐于借助外部咨询机构来实现。

三、物流系统分析概述

物流系统分析是指在一定的时间、空间里，以所从事的物流活动和过程作为一个整体来处理，用系统的观点以及系统工程的理论、方法进行分析研究，以实现其空间和时间的经济效应。从物流系统的概念来看，即由运输、储存、采购、装卸搬运、包装、配送、流通加工、信息处理等各个环节所组成的，它们也称物流系统的子系统。作为系统的输入是指运输、储存、采购、装卸搬运、包装、配送、流通加工、物流处理等环节所消耗的劳务、设备、材料等资源，经过物流系统的处理转化，以物流服务的方式输出系统。

作为物流系统服务性的衡量标准有：对用户的订货能很快地进行配送；接受用户订货时商品的在库率高；保管中变质、丢失、破损现象少；具有能很好地实现运送、保管功能的包装；能提供保障物流活动流畅进行的物流信息系统；能够及时反馈信息及合理的流通加工，以保证生产费用、物流费用总和最少等。

物流系统分析贯穿于系统构思、技术开发到制造安装和运输的全过程，其重点应在物流系统发展规划和系统设计阶段。具体包括：制定系统规划方案；生产力布局；厂址选择；库址选择；物流网点的设置；交通网络设置；工厂内或库内；货场内的合理布局；库存管理；对原材料、在制品、产成品进行数量、成本或费用控制等。

物流系统分析常用的理论及方法：第一是数学规划法(运筹学)。这是一种对系统进行统筹规划、寻求最优方案的数学方法。其具体理论与方法包括线性规划、动态规划、整数规划、排队论和库存论等。这些理论和方法都是解决物流系统中物流设施选址、物流作业的资源配置、货物配载、物料储存的时间与数量等问题。第二是统筹法(网络计划技术)。统筹法是指运用网络来统筹安排、合理规划系统的各个环节。它用网络图来描述活动流程的通路，把事件作为结点，在保证关键线路的前提下安排其他活动，调整相互关系，以保证按期完成整个计划。此技术可用于物流作业的合理安排。第三是系统优化法。在一定的约束条件下，求出使目标函数最优的解。物流系统包括许多参数，这些参数相互制约、互为条件，同时受外界环境的影响。系统优化研究就是在不可控参数变化时，根据系统的目标，如何来确定可控参数的值，以使系统达到最优状态。第四是系统仿真。即利用模型对实际系统进行仿真实验研究。

第四节　物流系统的目标与优化

一、物流系统的目标

物流系统是社会经济系统的一部分，其目标是获得宏观经济效益和微观经济效益。

物流的宏观经济效益是指一个物流系统作为一个子系统，对整个社会流通及国民经济效益的影响。物流系统是社会经济系统中的一部分，如果一个物流系统的建立，破坏了母系统的功能及效益，那么这一物流系统尽管功能理想，但也是不成功的。物流系统不但会对宏观经济效益产生作用，而且还会对社会其他方面产生影响。例如，物流设施的建设会

对周边的环境造成影响。

物流系统的微观经济效益是指该系统本身在运行活动中所获得的企业效益。其直接表现形式是这一物流系统通过组织“物”的流动，实现本身所消耗与所获得之合理的比例。系统基本稳定运行后，它主要表现在企业通过物流活动所获得的利润或物流系统为其他系统所提供的服务上。

建立和运行物流系统时，要以宏观和微观两个效益为目的。具体来讲，物流系统要实现以下五个目标。

1. 服务性

服务性(Service)要求在为客户服务方面做到无缺货、无货物损伤和丢失等现象，且价格便宜。物流系统的本质要以用户为中心，树立用户第一的观念。其利润的本质是“让渡”性的，不一定是以利润为中心。物流系统采取送货和配送业务，就是其服务性的表现。在技术方面，近年来出现的“准时供应方式”(JIT)和“柔性供货方式”等，也是其服务性的表现。

2. 快捷性

快捷性(Speed)要求把货物按照客户指定的地点和时间迅速送达。为此可以把物流设施建在供给地区附近，或者利用有效的运输工具和合理的配送计划等手段。快捷性是服务性的延伸，既是用户的要求，也是社会发展进步的要求。随着社会大生产的发展，对物流快速、及时性的要求会更加强烈。在物流领域所采用的直接运输、多式联运、时间表系统等管理和技术，就是这一目标的体现。

3. 有效地利用面积和空间

在物流领域中除流通时间的节约外，由于流通过程消耗大但又基本上不增加或不提高商品的使用价值，所以依靠节约来降低投入是提高相对产出的重要手段。在物流领域里应推行集约化经营方式，提高物流作业的能力，并采取各种节约、省力、降耗措施来实现降低物流成本的目标。

4. 规模优化

规模优化(Scale Optimization)应该考虑物流设施集中与分散的问题是否适当，机械化与自动化程度如何合理利用，情报系统的集中化所要求的电子计算机等设备的利用等。由于物流系统比生产系统的稳定性差，因而难以形成标准的规模化模式，获得规模效益较困难。以物流规模作为物流系统的目标，以此来追求“规模效益”。在物流领域以分散或集中的方式建立物流系统，研究物流集约化的程度，就体现了规模优化这一目标。

5. 库存控制

库存过多则需要更多的保管场所，而且会产生库存资金积压，造成浪费。因此，必须按照生产与流通的需求变化对库存进行控制。库存控制(Stock Control)是快捷性的延伸，也是物流系统本身的要求。物流系统通过本身的库存，起到对千百家生产企业和消费者的需求保证作用，从而创造一个良好的社会外部环境。同时，物流系统又是国家进行资源配置的一个环节，系统的建立必须考虑国家资源配置、宏观调控的需要。在物流领域中，正确确定库存方式、库存数量、库存结构和库存分布就是这一目标的体现。

要提高物流系统优化的效果，就要进行研究，把从生产到消费过程的货物量作为一贯流动的物流量对待，依靠缩短物流路线和物流时间，使物流作业合理化、现代化，从而降低其总成本，实现物流系统的目标。

二、物流系统工程

物流系统工程，就是综合运用各种知识，设计制造或改造运行物流系统的综合性工程体系。物流系统工程的基本思想方法也就是一般系统工程的基本思想方法。对于一般的物流系统工程，可以运用七个步骤的思想方法，即摆明问题、指标设计、系统综合、系统分析、系统优化、择优决策和计划实施。

对于任何一个物流系统工程，总是先弄清问题，查清原因；然后确定目标，看问题要解决到什么程度；接下来为达到这些目标，收集各种可行方案；再对这些可行方案进行分析，分别进行调试、完善和优化；最后在优化后的可行方案中挑选出最优的方案付诸实施，并制订实施计划、步骤和方针政策。

对于比较复杂的大型物流系统，则可以用三维结构的思想方法。也就是把整个系统工程分成时间维、逻辑维和知识维。即把整个工程过程分成七个时间阶段：规划阶段、拟订方案、分析阶段、实验阶段、调试阶段、运行阶段、更新阶段。每个阶段都实行上述的七个步骤，每个阶段的每个步骤都综合运用相应的知识，这样一个阶段一个步骤地进行，直到最后完成。

三、物流系统优化

物流系统优化是指确定物流系统发展目标并设计达到目标的策略以及行动的过程。它依据一定的方法、程序和原则，对与物流系统相关的因素进行优化组合，从而更好地实现物流系统发展的目标。对于大多数企业来说，物流系统优化是其降低供应链运营总成本最显著的商机所在。但是，物流系统的优化过程不仅要投入大量的资源，而且是一项需要付出巨大努力、克服困难和精心管理的过程。美国领先的货运计划解决方案供应商 Velant 公司的总裁和 CEO 唐拉特利夫 Don Ratliff 博士集 30 余年为企业提供货运决策优化解决方案的经验，在 2002 年美国物流管理协会(CLM)年会上提出了“物流优化的 10 项基本原则”，并认为通过物流决策和运营过程的优化，企业可以获得降低物流成本 10%～40%的商业机会。这种成本的节约必然转化为企业投资回报率的提高。

四、物流系统优化的基本原则

物流系统在优化时，要遵循以下 10 项基本原则。

1. 物流系统设定的目标必须是定量的和可测评的

制定目标是确定我们预期愿望的一种方法。要优化某个事情或过程，就必须确定怎样才能知道目标对象已经被优化了。使用定量的目标，计算机就可以判断一个物流计划是否

比另一个更好，企业管理层就可以知道优化的过程是否能够提供一个可接受的投资回报率(Return of Investment)。例如，一项送货作业可能被确定的目标是“日常分摊的资产使用成本、燃料成本、维修成本，以及劳动力成本之和最小”。这些成本目标既是定量的，也容易被测定。

2. 物流系统的模型必须真实地反映实际的物流过程

建立模型是把物流运营要求和限制条件翻译成计算机能够理解和处理的某种东西的方法。例如，我们需要用一个模型来反映货物是如何通过组合装上卡车的。一个非常简单的模型，诸如发货的总重量或总体积就能够真实地反映某些货物的装载要求，如大宗液体货物。然而，如果总重量或总体积模型被用于往拖车上装载新汽车，则该模型就会失效，因为它并不能充分地反映实际的物流情况。例如，用“可运载 45 000 磅汽车”来描述拖车的载货能力就不合适了。因为拖车所能够装运汽车的数量取决于汽车的外形、拖车的结构和其他一些因素。在这种情况下，如果简单地使用重量或某种模型，许多计算机认为合适的载荷将无法进行装车，而实际上更好的装载方案会由于计算机认为不合适而被放弃。所以，如果模型不能真实地反映装载的过程，则由优化系统给出的装车解决方案要么无法实际执行，要么在经济上不合算。

3. 物流系统所采用的数据必须准确、及时和全面

数据驱动了物流系统的优化过程，如果数据不准确，或有关数据不能够及时地输入系统优化模型，则由此产生的物流方案就是值得怀疑的。对必须产生可操作的物流方案的物流优化过程来说，数据必须全面和充分。

4. 物流系统在集成时必须全面支持数据的自动传递

因为对物流系统的优化来说，要同时考虑大量的数据，所以，系统的集成是非常重要的。例如，要优化每天从仓库向商店送货的过程就需要考虑订货、客户、卡车、驾驶员和道路条件等数据。人工输入数据的方法，哪怕是只输入很少量的数据，也会由于花费时间和容易出错而不能对系统优化形成支持。

5. 物流系统优化时所运用的算法必须灵活地利用独特的问题结构

不同物流优化技术之间最大的差别就在于算法的不同(借助于计算机的过程处理方法通常能够找到最佳的物流方案)。物流问题一个无可辩驳的事实是每种物流优化技术都具有某种特点。为了在合理的时间段内给出物流优化解决方案，就必须借助于优化的算法来进一步开发优化技术。因此，关键的问题包括以下两点。

(1) 这些不同物流优化技术的特定的问题结构必须被每一位设计物流优化系统的分析人员认可和理解。

(2) 所使用的优化算法应该具有某种弹性，使它们能够被“调整”到可以利用这些特定问题结构的状态。物流优化问题存在着大量的可能解决方案。如果不能充分利用特定的问题结构来计算，则意味着要么算法将根据某些不可靠的近似计算给出一个方案，要么就是计算的时间极长(也许是无限长)。

6. 物流系统优化方案必须以一种便于执行、管理和控制的形式来表述

由物流优化技术给出的解决方案，除非现场操作人员能够执行，管理人员能够确认预期的投资回报已经实现，否则就是不成功的。现场操作要求指令简单明了，要容易理解和执行。管理人员则要求有关优化方案及其实施效果在时间和资产利用等方面的关键指标信息更综合、更集中。

7. 物流优化时的计算平台必须有足够的容量在可接受的时间段内给出优化方案

因为任何一个现实的物流问题都存在着大量可能的解决方案，所以，任何一个具有一定规模的问题都需要有一个相当的计算能力来支持。这样的计算能力应该使优化技术既能够找到最佳物流方案，也能够在合理的时间内给出最佳方案。显然，对在日常执行环境中运行的优化技术来说，它必须在几分钟或几小时内给出物流优化方案(而不是花几天的计算时间)。采取运用众多计算机强大的集群服务和并行结构的优化算法，可以比使用单体 PC 或基于工作站技术的算法更快地给出更好的物流优化解决方案。

8. 负责物流系统优化的人员必须具备支持建模、数据收集和优化方案所需的领导能力和技术专长

优化技术是“火箭科学”，希望火箭在发射后能够良好地运行而没有“火箭科学家”来保持它的状态是不可能的。这些专家必须确保数据和模型的正确，必须确保技术系统在按照设计的状态工作。而现实的情况是，物流优化系统如果缺乏具有适当技术专长和领导经验的人的组织管理，复杂的数据模型和软件系统要正常运行并获得必要的支持是不可能的。没有他们大量的工作，物流优化系统就难以达到预期目标。

9. 物流系统中的商务过程必须支持优化并具有持续的改进能力

物流优化需要应对大量在运营过程中出现的问题。物流目标、规则和过程的改变是系统的常态。所以，物流优化不仅要求系统化的数据监测方法、模型结构和算法等能够适应变化，而且要求它们能够捕捉机遇并促使系统变革。如果不能在实际的商务运行过程中对物流优化技术实施监测、支持和持续的改进，就必然导致优化技术的潜力不能获得充分的发挥，或者只能使其成为“摆设”。

10. 投资回报必须是可以证实的，必须考虑技术、人员和操作的总成本

物流系统优化从来就不是“免费的午餐”，它要求投入大量的技术和人力资源。要证实物流系统优化的投资回报率，必须把握两件事情：一是诚实地估计全部的优化成本；二是将优化技术给出的解决方案逐条与替代方案进行比较。

在计算成本时，企业对使用物流优化技术的运营成本存在着强烈的低估现象，尤其是在企业购买的是“供业余爱好者自己开发使用”的用于 PC 的软件包的情况下。这就要求企业拥有一支训练有素的使用者团队和开发支持人员在实际运行的过程中调试技术系统。在这种情况下，有效使用物流优化技术的实际年度运营成本极少有低于技术采购初始成本的(如软件使用许可费、工具费等)。如果物流优化解决方案的总成本在第二年是下降的，则很可能该解决方案的质量也会呈比例下降。

在计算回报时，要确定物流优化技术系统的使用效果，必须做到以下三件事：一是在

实施优化方案之前根据关键绩效指标(Key Performance Indicators)测定基准状态；二是将实施物流优化技术解决方案以后的结果与基准状态进行比较；三是对物流优化技术系统的绩效进行定期的评审。

五、物流系统优化的原理

物流系统优化的原理包括：物流要素集成化原理、物流接口无缝化原理、物流目标系统优化原理、物流组织网络化原理、物流信息电子化原理、物流运作规范化原理、物流经营市场化原理、物流服务系列化原理和物流反应快速化原理。

(一)物流要素集成优化原理

通过一定的制度安排，对物流系统的功能、资源、信息、网络要素及流动要素等进行统一规划、管理和评价，并通过各要素之间的协调和配合使所有要素能够像一个整体一样进行运作，从而实现物流系统各要素之间的联系，达到物流系统整体优化目的的过程。

物流要素集成的目的是实现物流系统各要素之间应有的联系，但最终目的是实现物流系统的整体最优。没有经过集成的物流系统要素都以要素为单位进行最优化，这种最优化会将物流系统内部各要素之间的联系作为外部环境来对待，这种本来应该内部化的关系如果外部化，并且如果外部化后并不能实现应有的协同和合作，就会导致更大的交易成本。为了减少这种成本，应该对这些要素进行集成，以恢复要素之间的联系。

物流要素都应该进行集成。物流要素集成就是对要素进行统一规划、管理和评价，使要素之间可以实现协调与配合。物流要素集成要靠一定的制度安排作保证；集成需要成本，是有条件、分层次的，不是谁都可以集成，不是任何物流系统都可以集成，也不是任何层次的物流系统都可以进行最高层次的集成的。影响物流系统集成的因素包括物流发展的环境、物流竞争状况和集成者的领导能力等。

(二)物流接口无缝化原理

物流接口无缝化原理，是指按照物流目标系统化和物流要素集成化原理的要求，对物流网络构成要素之间的流体、载体、流向、流量、流程等流动要素，信息、资金等生产要素，技术标准、管理制度等机制要素进行内部和外部连接，使系统要素之间、系统与系统之间成为无缝化连接的整体的过程。

物流系统或者系统要素通过相同的接口进行对接，可以扩展系统边界，放大系统功能。物流接口无缝化原理要求不同的物流系统对接时，物流的流体、载体、流向、流量、流程，要素的信息、资金、机构、人员，以及不同要素的技术、管理制度、运作规范进行无缝化连接。接口无缝化是对物流系统集成的最高要求。

(三)物流目标系统优化原理

物流目标系统化是按照物流系统整体最优化的原则，对物流系统内部要素互相冲突或者虽然不冲突但需要互相配合的目标进行权衡、选择和协调，最后确定能够实现物流系统整体最优目标和物流系统要素目标，以及实现这些目标的过程。物流目标系统化原理是物流系统的约束条件，是物流系统集成、运作、管理和评价的总出发点。

1. 物流目标系统化的目标

物流目标系统化本身的目标是实现物流系统整体目标最优，而不是系统内部要素目标最优。因此，物流目标系统化就是要实现物流系统目标优化。在实施这一原理时，首先必须界定系统边界。比如，针对的系统是供应链、生产企业内部的物流、销售企业内部的物流或者第三方物流企业，可以是针对供应链系统的运输系统，或者企业内部运输系统，或者第三方运输系统。当这样做的时候，一定不能偏离的一个原则就是，不管如何界定物流系统的边界，即不管是将企业内部一个物流部门作为一个物流系统，还是将整个企业的物流系统作为一个物流系统。从其含义来看，最好以供应链物流系统为系统边界。如果一个企业无法驾驭企业外部的物流资源，那么必须以一个企业完整的物流系统作为系统边界，否则，物流目标系统化就没有意义了。

2. 物流目标优化的对象

物流目标优化的对象包括物流系统的整体目标和物流系统内部要素(要素可分出不同的层次)的目标。在确定的物流系统中，比如，生产企业的物流系统，可以分出系统和要素，甚至要素还可分出不同的层次。

3. 物流系统的成本目标

物流系统的主要成本有运输成本和仓储成本。物流系统要以低成本为目标。

4. 物流系统的服务目标

物流系统的下级系统的服务目标由它的直接上级系统服务目标来决定。

(四)物流组织网络化原理

物流组织网络化原理是指将物流经营管理机构、物流业务、物流信息和物流资源等要素的组织按照网络方式在一定的市场区域内进行规划、设计和实施，以实现物流系统快速反应和最优总成本等要求的过程。

物流组织是指对物流要素在空间和时间上的排列顺序进行的规划和安排，包括物流经营管理机构的组织、物流业务组织、物流资源组织和物流信息组织等。物流要素的组织是在一定的市场区域范围内进行的，组织过程与具体的地理位置相关联。物流组织工作主要包括对经营管理机构、物流业务、物流资源及物流信息在市场区域范围内的分布进行规划、设计和具体实施。物流网络要有网点，网点之间必须通过共同的业务活动连接起来，只有这样才能使这些要素集成为一个整体。物流组织网络化的目标是使物流系统反应快速化和物流系统总成本最优化。

(五)物流信息电子化原理

物流信息电子化是指采用数据库、信息网络及电子和计算机技术，对经过物流过程及在物流过程中产生和使用的各种信息进行收集、分类、传递、汇总、识别、跟踪、查询等处理，以达到加快物流速度、降低物流成本、增强物流系统透明度的过程。

物流信息都可以电子化，因为现代电子及信息技术几乎能够处理一切信息，对于物流信息或者经过物流领域的其他信息的处理也是一样。物流信息电子化的主要目的是加快物

流速度、降低物流成本和增强物流系统透明度。有的物流信息是对流体特征的一种描述，比如条形码信息，它的存在是为了识别流体；有的物流信息是对物流流体存在状况的一种描述，比如商品的库存地点、数量等信息，它们的存在是为了增加物流系统的透明度。

(六)物流运作规范化原理

物流运作规范化是根据现代物流理论的要求，对物流作业流程和具体的物流作业进行规范，并确立作业检查和评估标准，按此标准进行具体运作组织和管理，以提高物流作业质量、降低物流作业成本和损失的过程。

物流作业是物流系统提供物流服务的具体过程，对于物流服务需求方来讲，这是一种产品。产品需要有相对稳定的规格、外部特征和标准，这就是对产品提出的规范和要求，因此，物流服务必须满足这种要求。

现代物流需要对所有的系统要素围绕物流服务和物流成本的平衡进行系统优化，对物流服务的要求就是在提供规定服务的同时，使物流服务成本最低；或者反过来，在规定的物流服务成本预算下，使物流服务水平最高。研究表明，只有规范的物流作业才能节约物流成本。这就好比生产产品，规范的生产作业便于进行自动化生产，而随意性作业则不能实现自动化生产。显然在其他条件相同时，后者的生产成本更高，物流服务与这个道理是相同的。

(七)物流经营市场化原理

物流经营市场化原理是指根据物流系统运作对资源配置的要求，主要是利用市场配置物流资源，以实现物流服务和物流成本的最佳协调和配合的过程。物流系统的运作依赖于物流资源的配置。如果物流系统资源配置不合理，就会增加物流系统的经营与运作成本和风险。但是，中国的物流资源配置不是在市场力量的作用下进行的，即使在此情况下，物流经营也要将物流市场作为主要的资源供给。物流市场是配置物流资源的一种手段，物流服务提供商可以利用，物流服务需求方也可以利用。利用物流市场的原因主要是为了减少物流服务需求方和物流服务提供商之间的物流服务的交易成本，提高交易效率。

(八)物流服务系列化原理

物流服务系列化原理指的是根据客户的具体情况，设计和提供系列化、个性化的物流服务，从而增强企业竞争力的过程。物流服务是指第三方物流企业对用户、企业内部物流服务部门对生产和营销等部门提供的运输、仓储、包装、装卸、搬运、流通加工、物流信息处理以及增值服务。物流服务可以由物流服务需求方主动提出，也可由物流服务提供方根据客户的具体情况和物流市场竞争状况提出。前者需要专业化服务能力，而后者需要创新能力。无论哪种情况，物流服务提供方提供的物流服务都应该是专业化的，可以提供单项服务，也可以提供多项服务，提供服务的多少并不是判断或者鉴别是现代物流还是传统储运的标志。但是客户需要的物流服务不可能是单项的。如果一个物流企业或者部门只提供单项物流服务，则必须从客户的角度出发，与提供其余物流服务的企业或者部门进行集成或者协作，以构成一个完整的物流服务序列，这是客户需要的。所以提供单项物流服务的企业更有必要去扩充其业务范围，或者与供应链的其他物流服务提供商进行业务整合、联合。因此，服务专业化、集成化和供应链合作才是判断是否是现代物流的标准。任何物流服务提供方都不可能提供所有的物流服务项目，一方面要根据客户需要提供物流服务，客户需要什么项目的物流服务是一个需求问题，是必须认真考虑的；另一方面，一定要根据自身的能力、优势、专长、发展战略等因素决定自身所能提供的服务项目，要成为提供某些服务项目的专家和领先者，忽视这一点盲目扩大服务领域和范围是危险的，对超出自身能力的服务需求可以寻求与第三方的合作。

(九)物流反应快速化原理

物流反应快速化原理是指通过绝对加快运输工具的速度，重新设计物流系统、物流作业流程优化及建立供应链等方法，使物流系统的订货处理周期和前置时间大大缩短的过程。物流反应快速化的目的是缩短订单处理周期和前置时间。物流反应快速化是整个物流系统的快速化，其方法有：提高各种运输工具的绝对速度，相对提高物流反应速度。后者主要是通过系统优化、流程重组、采用信息技术和加强管理等来实现的。

本章小结

本章介绍了系统的相关理论，并在此基础上介绍了物流系统的相关概念、模式等理论。

为了引出物流系统的概念与一般模式，对于系统的概念、模式、分类及分析等理论进行了充分的铺垫介绍。对物流系统的研究要素从一般要素、功能要素和物质支撑要素等方面进行了讨论。

物流系统的特点除具有系统的一般特点外，还具有规模庞大、结构复杂、目标众多等大系统所具有的特征。物流系统的功能是与其自身的构成相匹配的。

物流系统分析是指在一定的时间、空间里，以所从事的物流活动和过程作为一个整体来处理的，用系统的观点以及系统工程的理论和方法进行分析研究，以实现其空间和时间的经济效应。

物流系统的优化要遵循一定的原则和优化原理，才能真正实现物流系统的预期目标。

复习思考题

一、多选题

1. 系统是由两个或两个以上相互区别或相互作用的单元有机地结合起来，完成某一功能的综合体，请指出下列(　　)属于系统的三个基本要素。

A. 输入　　B. 输出　　C. 处理　　D. 干扰　　E. 反馈

2. 下列属于物流的子系统的有(　　)。

A. 运输　　B. 包装　　C. 装卸搬运

D. 流通加工　　E. 配送

3. 下列属于物流系统中存在的制约关系的有(　　)。

A. 物流服务和物流成本之间

B. 构成物流服务的子系统功能之间
C. 构成物流成本的各个环节费用之间
D. 各子系统的功能和所耗费用之间
E. 仓储费用和运输费用之间

4. 物流系统整体优化的目标是(　　)。
A. 物流成本
B. 物流服务
C. 物流系统各元素之间的关系
D. 物流系统处理转换的效率
E. 物流费用降低

二、判断题(正确的用√表示，错误的用×表示)

1. 外部环境对系统加以约束或影响，称为反馈。　(　　)

2. 系统工程从系统的观点出发，跨学科地考虑问题，并运用工程的方法去研究和解决各种问题。　(　　)

三、简答题

1. 简述系统的概念和分类。
2. 简述物流系统分析的理论与方法。
3. 简述物流系统优化原理。
4. 简述物流系统优化原则。

参考文献

1. L. 贝塔兰菲. 一般系统论. 秋同，袁嘉新，译. 北京：社会科学文献出版社，1987
2. 董维忠. 物流系统规划与设计. 北京：电子工业出版社，2006
3. 薛明德. 物流系统规划与设计. 北京：企业管理出版社，2004
4. 张国方. 物流工程. 北京：机械工业出版社，2002
5. 何明珂. 物流系统论. 北京：中国审计出版社，2001
6. 蔡临宁. 物流系统规划——建模及实例分析. 北京：机械工业出版社，2004
7. 丁立言，张铎. 物流系统工程. 北京：清华大学出版社，2000
8. 齐二石. 物流工程. 天津：天津大学出版社，2001
9. 颜佑启. 物流系统规划. 长沙：湖南大学出版社，2004
10. 李云清. 物流系统规划. 上海：同济大学出版社，2004
11. 丁俊发. 中国物流. 北京：中国物资出版社，2002
12. 崔介何. 物流学概论. 北京：清华大学出版社，2000

第三章　仓 储 管 理

本章导读：

仓储是物流的主要功能要素之一。仓储在物流系统中起着重要作用，它与运输形成物流过程的两大支柱，是物流的中心环节。实行物品的合理存储，提高仓储管理质量，对加快物流速度、降低物流费用、发挥物流系统整体功能起着重要的作用。本章介绍了物流管理中的重要环节——仓储管理。首先介绍了仓储的概念、功能和意义等；其次阐述了仓库的布局与规划，以及货物入库、保管、出库等业务操作流程；最后介绍了合理化仓储的相关知识，论述了现代物流仓储的发展趋势。

学习目标：

通过对本章的学习，理解仓储的概念及其作用、仓库规划布局的主要内容；重点掌握仓储作业的主要流程，以及仓储合理化、库存优化控制的方法。

关键概念：

仓储及仓储管理(Store and Store Management)
仓库(Warehouse)
储存合理化(Storage Rationalization)
ABC 控制法(ABC Control Method)
库存成本(Inventory Cost)
零库存(Zero Inventory)
自动分拣系统(Automated Sorting System)

第一节　仓储管理概述

一、仓储和仓储管理

随着社会劳动生产率的提高，人们生产的产品日益增多，除了满足自身的需求外还有剩余，人们就把这些剩余产品保存起来，便于日后再消费或进行交换，于是就有了“仓储”这个概念。所以，“仓储”也就是把剩余产品储存在仓库里，以进行备用和交换。而在现代物流管理中，仓储一般是指从接受储存物品开始，经过储存保管作业，直至把物品完好地发放出去的全部过程。

随着仓储业务的产生，也就产生了仓储业务管理。仓储业务管理是指对仓库和仓库中存储的商品进行管理。这种管理随着储存商品品种的多样化、仓库结构和技术设备的科学化而不断发展变化。由于商品的性质各异，对储存条件也有各自不同的要求。另外，由于社会分工的变化，仓库已不仅是单纯保管产品的场所，而且还在仓库里增添了对产品的分

类、挑选、整理、加工、包装等生产活动，从而增加了产品的价值，也使仓储管理这一职能成为物流管理中的一项主要职能。

二、仓储的功能

仓储在物流体系中是唯一的静态环节。随着经济的发展，需求方式出现了个性化、多样化的变化，生产方式也变为多品种、小批量的柔性生产方式。物流特征由少品种、大批量变为多品种、少批量或多批次、小批量，仓库的功能也从重视保管效率逐渐变为重视流通功能的实现。因此，仓储是物流中的重要环节，仓储功能相对于整个物流系统来说，既有缓冲与调节的作用，又有创值与增效的功能。

从物流角度看，仓储功能可以按照经济利益和服务利益加以分类。

(一)经济利益

仓储的经济利益有四个：堆存、拼装、分类和交叉、加工/延期。

1. 堆存

堆存的直接经济利益从属于这样一个事实，即对所选择的业务来说，仓储是至关重要的。例如，农产品是在特定的时间内收获的，而消费则是在全年进行的。这种情况就需要仓库的堆存来支持市场营销活动。堆存提供了存货缓冲，可使生产活动在受到材料来源和客户需求的限制条件下提高效率。

2. 拼装

拼装是仓储的另一个经济利益。通过这种安排，拼装仓库接收来自一系列制造工厂指定送往某一特定地区的材料，然后把它们拼装成单一的一票装运。其好处是：有可能实现最低的运输费率，并减少在客户的收货站台处发生拥塞。该仓库可以把从制造商到仓库的内向转移和从仓库到客户的外向转移都拼装成更大的装运。

拼装的主要利益是，把几票小批量装运的物流流程结合起来联系到一个特定的市场地区。拼装仓库可以由单独一家厂商使用，也可以由几家厂商联合起来共同使用出租方式的拼装服务。通过对这种拼装方案的利用，每一个单独的制造商或托运人都能够享受到物流总成本低于其各自分别直接装运成本的好处。

3. 分类和交叉

分类仓库作业与拼装仓库作业相反。分类仓库接收来自制造商的客户组合订货，并把它们装运到个别的客户处。分类仓库或分类站把组合订货分类或分割成个别的订货，并安排当地的运输部门负责递送。由于长距离运输转移的是大批量装运，所以运输成本相对比较低，进行跟踪也不太困难。

除涉及多个制造商外，交叉站台设施具有类似的功能。在这种情况下，交叉站台先从多个制造商处运来整车的货物；收到产品后，如果有标签的，就按客户进行分类，如果没有标签的，则按地点进行分配；然后，产品就像“交叉”一词的意思那样穿过“站台”，装上指定去适当客户处的拖车；一旦该拖车装满了来自多个制造商的组合产品后，它就被放行运往零售店。于是，交叉站台的经济利益中包括从制造商到仓库拖车的满载运输，以及从仓库到客户的满载运输。由于产品不需要仓储，则降低了在交叉站台设施处的搬运成本。此外，由于所有的车辆都进行了充分装载，因此更有效地利用了站台设施，使站台装载利用率达到最大。

4. 加工/延期

仓库还可以通过承担加工或参与少量的制造活动，被用来延期或延迟生产。具有包装能力或加标签能力的仓库，可以把产品的最后一道生产工序一直推迟到该产品的需求时为止。加工/延期提供了两个基本的经济利益：第一，风险最小化，因为最后的包装要等到确定具体的订购标签和收到包装材料时才完成；第二，通过对基本产品使用各种标签和包装配置，可以降低存货水平。于是通过降低风险与降低存货水平相结合，往往能够降低物流系统的总成本。

(二)服务利益

通过仓储实现的五个服务利益是：现场储备、配送分类、仓库组合、生产支持和市场形象。

1. 现场储备

在实物配送中经常使用现场储备，尤其是那些产品品种有限或产品具有高度季节性的制造商会偏好这种服务。一般他们不是按照年度计划在仓库设施中安排各种存货，而是直接从制造工厂进行装运，并通过在战略市场中获得提前存货的承诺，从而可以大大减少递送时间。于是，在这种概念下，将某个厂商一定数量的产品堆放在仓库里或在仓库里进行“现场储备”，以满足客户在至关重要的营销期内的订货。利用仓库设施进行现场储备，可以在季节销售的最旺期即将到来之前，把各种存货堆放到最接近关键客户的各种市场中去。农产品供应商常常向农民提供现场储备服务，在销售旺季把农产品定位在更接近对服务敏感的市场中去，销售季节过后，剩余的存货就被撤退到中央仓库中了。

2. 配送分类

提供配送分类服务的仓库可以为制造商、批发商或零售商所利用，按照客户对货物要求的预期，对产品进行组合储备。这种配送分类可以代表来自不同制造商的多种产品，或者按客户指定的各种配送分类。在第一种情况下，例如，一位运动服批发商会储备来自若干服装供应商的产品，以便向客户提供各种类型的服装；在第二种情况下，批发商会创建一套特定的队服，其中包括衬衫和裤子。

3. 仓库组合

当制造业在地理上被分割时，通过长途运输组合，有可能降低运费和仓库需要量。在典型的组合运输条件下，从制造工厂装运整卡车的产品到批发商处，每次大批量的装运可以享受尽可能低的运输费率。一旦产品到达了组合仓库，卸下从制造工厂装运来的货物后，就可以按照每个客户的要求或市场需求，选择每种产品的运输组合了。

通过运输组合进行转运，在经济上通常可以得到特别运输费率的支持，即给予各种转运优惠。在组合仓库概念下，内向的产品也可以与定期仓储在仓库里的产品结合在一起。提供转运组合服务的仓库所能获得的效果，就是降低物流系统中整个产品的仓储量。组合之所以被分类为服务利益，是因为存货可以按照精确的客户分类进行储备。

4. 生产支持

生产支持仓库可以向装配工厂提供稳定的零部件和材料供给。由于较长的前置时间或使用过程中的重大变化，对向外界采购的项目进行安全储备是完全必要的。对此，大多数总成本解决方案都建议经营一个生产支持仓库，以经济而又适时的方式，向装配厂供应或提供加工材料、零部件和装配件。

5. 市场形象

尽管市场形象的利益也许不像其他服务利益那样明显，但是它常常被销售经理看作是地方仓库的一个主要优点。市场形象因素基于这样的见解和观点，即地方仓库比起距离更远的仓库来说，对客户的需求反应更敏感，提供的递送服务也更快捷。因此我们认为地方仓库将会提高市场份额，并有可能增加利润。

三、仓储的意义

1. 创造时间效用

仓储有利于衔接生产与消费时间上的背离，从而创造时间效用。商品的生产和消费之间，有一定的时间间隔。在绝大多数情况下，当天生产的商品不可能马上就全部卖掉，这就需要产生商品的仓储活动。有的商品是季节生产、常年消费；有的商品是常年生产、季节消费；也有的商品是季节生产、季节消费，或常年生产、常年消费。无论何种情况，在产品从生产过程进入到消费过程之间，都存在着一定的时间间隔。在这段时间间隔内形成商品的暂时停滞。商品在流通领域中暂时的停滞过程，形成了商品的仓储。商品的仓储保证商品的流通过程不断地连续进行，成为商品流通的必要条件，并保证了消费需求的及时性。

2. 创造空间效用

从空间方面来说，商品生产与消费的矛盾主要表现在生产与消费地理上的分离。在自给自足的自然经济里，生产者同时就是其自身产品的消费者，其产品仅供本人和家庭范围内消费。随着商品生产的发展，商品的生产者逐渐与消费者背离。生产的目的不再是仅满足本人的消费需要，而且还满足他人的消费需要。随着交换范围的扩大，生产与消费空间上的矛盾也逐渐扩大。生产的集中化能以更低的成本生产出更多的产品。但与此同时，这使一种产品的生产工厂数量减少。这些工厂生产的产品，许多需要销往其他地区，或者在全国范围内销售，甚至销往国外。为了充分利用各地区的自然、经济资源，一种商品的生产逐渐向生产该商品最经济的地区拓展。这样，必须有仓储和运输等中间环节。商品仓储活动的重要意义之一是克服生产与消费地理上的分离，创造空间效用。

3．降低物流成本

现代物流中的仓库不仅是“储存和保管物品的场所”，而且是促使物品更快、更有效地流动的场所。现代物流要求缩短进货与发货周期，物品停留在仓库的时间很短，甚至可以不停留，即“零库存”。进入仓库的货物经过分货、配货或加工后随即出库，物品在仓库中处于运动状态。可以通过储存的合理化减少储存时间，降低储存投入，加速资金周转，降低成本。因此，仓储是降低物流成本的重要途径。

4．保存商品(物品)的使用价值和价值

进行科学保管和养护，使商品或产品的使用价值和价值得到完好的保存，才能实现及时供货的意义。库存商品看上去好像是静止不变的，实际上由于它们受内因和外因两方面的影响和作用，每一瞬间都在运动、变化着。但这种变化是从隐蔽到明显、从量变到质变的，所以只有经过一段时间、发展到一定程度才能被发现。这种库存商品的变化是有规律的。商品保管人员在认识和掌握库存商品变化规律的基础上，灵活有效地运用这些规律，采取相应的技术和组织措施，以削弱和抑制外界因素的影响，最大限度地减缓库存商品的变化，以保存商品的使用价值和价值。

四、仓储管理的业务内容

仓储管理可以是服务于一切库存物资的经济技术方法与活动。管理的手段既有经济的，又有纯技术的，具体包括如下四个方面。

1．仓库的选址与建筑问题

例如，仓库的选址原则、仓库建设面积的确定、库内运输道路与作业的布置等。

2．仓库机械作业的选择与配置问题

例如，如何根据仓库作业特点和所储存物资的种类以及其理化特性，选择机械装备以及应配备的数量，并对这些机械装备进行管理等。

3．仓库的业务管理问题

例如，如何组织物资入库前的验收；如何存放入库物资；如何对在库物资进行保管保养、发放出库等。

4．仓库的库存管理问题

例如，如何根据企业生产经营需求状况储存合理数量的物资，既不会因为储存过少引起生产中断而造成损失，又不会因为储存过多而占用过多的流动资金等。

此外，仓库业务考核，新技术、新方法在仓库管理中的运用，仓库安全与消防等问题，都是仓储管理所涉及的内容。

第二节　仓储管理的规划

一、仓库的规划

(一)仓库的分类

仓库是保管、储存物品的建筑物和场所的总称，如库房、货场等。仓库的种类很多，根据不同的分类标准可划分为不同的类型。

1. 按照仓库的用途分类

1)　自用仓库

自用仓库是指各企业主要从事内部物流业务的仓库。它专门保管本企业的物品，仓库的建设、物品的管理以及出入库等业务均属本企业的管理范畴。采用自用仓库的一个重要因素是固定成本。因为自用仓库的固定成本与仓库的使用无关，所以企业就必须拥有足够的储存量来分摊固定成本，从而使采用自用仓库的平均成本低于采用公共仓库的平均成本。采用自用仓库的另一个因素就是稳定的需求和市场的集中度以及企业对安全、冷藏、客户服务等方面的控制能力。

2)　营业仓库

营业仓库是指按照仓库业务管理条例取得营业许可，向一般企业提供保管服务的仓库，是一种社会化的仓库。它面向社会，以经营为手段，以盈利为目的。与自用仓库相比，营业仓库的使用效率较高。

3)　公共仓库

公共仓库是指国家和公共团体为了公共利益而建设的仓库。公共仓库正在成为一个非常有活力、不断变化的行业。尤其是那些大公司在进行大型购物时经常采用公共仓库。企业采用公共仓库的首要原因源于资金。在采用公共仓库时不需或只需投放较少的资金，这样公司可以避免自己经营仓库带来的经济上的风险。企业采用公共仓库的另一个原因是利用它的灵活性优势。对仓储空间的租用，可使公司对运输服务的质量做出快速反应；公共仓库使用权可以使公司快速进入或退出市场；公共仓库可完成测试、组装、标价、标号等工作，还可提供打包、分拣、完成订单以及数据的发送等服务。

4)　保税仓库

保税仓库是指为鼓励外商投资，根据有关税法和进出口贸易的规定取得许可，专门保管国外进口而暂未纳税的进出口货物的仓库。在一些特殊情况下，货物可能进口后再出口而没有进入“商流”。这时，如果仓库以契约形式存储这些货物，商家就能避免交关税了。另一个办法是在货物出口后申请退税，在自由贸易区或自由港加工或临时存放商品的情况也基本相同。

2. 按照仓库的功能和作用分类

1)　生产仓库

生产仓库处于生产领域，其主要职能是保管生产企业生产加工的原材料、燃料、在制品和待销售的产成品。生产仓库包括原材料仓库、在制品仓库和成品库。

2) 流通仓库

流通仓库处于流通领域之中，专门用于存放待销售的商品。它包括批发仓库和零售仓库。批发仓库一般设置在市场附近，迅速并有效地向零售商店供应商品是这类仓库的基本特征。由于这类仓库设置在商品的需求地，即最终消费地，负责保管从购销仓库购入的商品或在当地购买的商品，然后供应给同一地区的中小批发商店以及零售商店。零售仓库的职能是把从批发部门购入的商品入库，并进行检查、分类、分级、区分和更换包装。

3) 中转仓库

中转仓库主要设置在生产地和消费地之间的交通枢纽地，是用于重新组配、分货、暂存待运商品的仓库。这类仓库通常设置在铁路货运站、卡车中转站以及港口附近。在大规模中转仓库库区内建有铁路专用线，以提高装卸、保管和运输的效率。

4) 加工型仓库

加工型仓库是商品保管和加工相结合的流通仓库。其主要职能是：根据市场需要，对商品进行选择、分类、整理、更换等流通加工。这类仓库有农产品仓库、畜产品仓库等。

5) 战略物资储藏仓库

战略物资储藏仓库的主要职能是保管国家的战略物资。它通常被作为商业一级站和二级站进行管理，规模有大有小，一般设置在交通不方便的深山地区。而且，其保管的商品需要定期进行更换。

3. 按照仓库的保管条件分类

1) 通用仓库

通用仓库即普通仓库，是用于储存一般没有特殊要求的物品。其设备与库房建造都比较简单，适用范围较广。这类仓库备有一般性的保管场所和设施，常温保管、自然通风、无特殊功能。

2) 专用仓库

专用仓库是专门用于储存一类(种)物品的仓库。一般由于物品本身的特殊性质，如对温、湿度的特殊要求，或易于对与之共同储存的物品产生不良影响，因此，需要专库储存。例如，机电产品、食糖和烟草仓库等。

3) 特种仓库

特种仓库是用于储存具有特殊性能、要求特别保管条件的物品，如危险品、石油、冷藏物品等。这类仓库必须具备防火、防爆、防虫等专门设备，其建筑构造、安全设施都与一般仓库不同。例如，冷冻货物仓库、石油仓库、化学危险品仓库等均属于这类仓库。

4) 冷冻仓库

冷冻仓库是专门用来储存冷冻物品的仓库，如生物制品以及医药品等。这类仓库具有制冷设备，可人为调节温度，并具有良好的保温隔热性能，以保持较低温度。

5) 危险品仓库

危险品仓库用来存放易燃、易爆、易腐蚀的物品，以及有毒和放射性等对人体或建筑物有一定危险的物品。这类仓库对结构和库内布局等方面具有特殊要求，还要远离工厂和居民区。

4. 按照仓库结构和构造分类

1) 平房仓库

平房仓库是指仓库建筑物为平房，结构很简单，有效高度一般不超过5～6米。在这种仓库中，货物一般直接堆放在地上，没有使用任何固定式货架设备，或者是使用弹性较高的箱形托盘或附柱式托盘等来储存货物。

2) 多层仓库

多层仓库是指仓库建筑物为二层以上，用钢筋混凝土建造的仓库。仓库各层间依靠垂直运输机联系，也有的楼层间以坡道相连，称坡道仓库。多层仓库虽然有使货物上下移动进行作业的缺点，但在土地受到限制的港湾、都市等地，建造多层仓库可以扩大仓库的实际使用面积。

3) 离层货架仓库(立体仓库)

离层货架仓库是一种常用的自动化仓库形式，一般由四个部分即高层货架、巷道机、周围出入搬运系统和管理控制系统组成，具有可以保管10层以上的托盘仓库棚。这是一种自动化程度较高、存货能力较强的仓库。采用高层货架以货箱或托盘存储货物，用堆垛起重机及其他机械进行作业，其货架高度一般大于单层库房高度。与平房仓库相比，自动化立体仓库可节约70%的占地面积和70%的劳动力。根据美国ADL公司的调查显示：全世界自动化仓储和搬运设备的市场容量在20世纪末已达到70亿美元，未来自动化立体仓库的市场容量年增长率可望达到65%，中国的市场容量增长率将超过100%。

4) 散装仓库

散装仓库是指专门保管散粒状或粉状物资的容器式仓库，如谷物、饲料、水泥等颗粒状、粉状货物。散装货物的进出率很高，可以配备空间输送等特殊装置。此类仓库大多是混凝土结构。

5) 罐式仓库

罐式仓库是以各种罐体为储存库的大型容器型仓库，如球罐库等。

(二)仓库的数量决策

物流企业储存管理最主要的工作之一就是决定公司物流系统应该使用多少个仓库。平常只有单一市场的中小规模的企业只需一个仓库；而产品的市场遍布各地的大规模企业，经综合权衡各类影响因素方能正确选择合理的仓库数量。

仓库数量对物流系统各项成本都具有重要影响。一般而言，随着物流系统仓库数量的增加，运输成本和丧失销售的成本会减少，而存货成本和仓储成本将增加，在某一点总成本将达到最低点。但是，当存货量和仓储成本的增长抵消了运输成本和丧失销售的成本的降低时，总成本开始增长。总成本曲线和仓库数量的变化范围因公司经营目标不同而异，如图3.1所示。

仓库数量决策需考虑运输方式的协同性。例如，一个或两个具有战略性选址的仓库结合空运就能在全国范围内提供快速服务，尽管空运成本相对较高，但却降低了仓储的库存成本。由于运输的多样性，在与其他仓储决策结合考虑时，仓库数量决策就变得非常复杂。

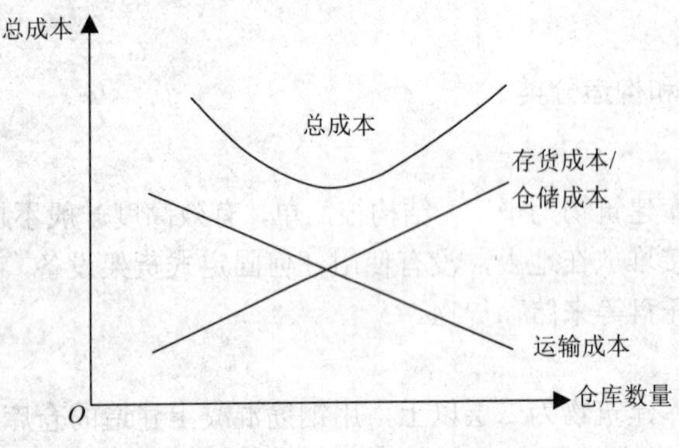

图 3.1　物流成本与仓库数量的关系

(三)仓库的规模和选址

1. 仓库规模确定

仓库规模是指仓库能够容纳货物的最大数量或总体积。直接影响仓库规模的因素是仓库的商品储存量。商品储存量越大，则仓库的规模也应越大。另外，商品储存的时间或商品周转的速度也会影响仓库的规模。在存量不变的前提下，周转速度越慢，所需的仓库规模也就越大。

2. 仓库的选址决策

仓库的选址对货物流转速度和流通费用都会产生直接影响，并关系到企业对顾客的服务水平和服务质量，最终影响企业的销售量及利润。

1)　仓库选址一般应综合考虑的因素

(1)　客户条件。仓库的选址应尽量靠近其所服务的对象。如果客户集中于某个地方或分布于其周围地区，在那里设立仓库就能够达到理想的效果。与此同时，还要考虑到顾客需求及未来市场的变化。

(2)　自然地理条件。仓库应选择在地质坚实、地势较高且平坦、环境干燥的地方，无阻碍仓库建设的天文、地质、气候等自然条件。

(3)　运输条件。从便于商品购销、加速商品流通、降低流通费用出发，仓库在选址时要考虑仓库坐落地现有的交通设施状况、交通工具的使用情况，以及各种运输方式是否能够得到很好的衔接。

(4)　用地条件。用地条件包括地价或地租的情况以及理想的地区内是否有可以利用的仓库等。

(5)　法规制度条件。它包括地方的企业优惠政策(土地提供、减税)、城市规划(土地开发、道路建设计划)、地区产业政策等。

总而言之，适合顾客密集分布的地方才是合适的仓库选址条件。

2)　仓库选址的类型

(1)　以市场定位的仓库。通常用来向客户提供库存补充。这种类型的仓库服务的市场区域的地形面积大小取决于被要求送货的速度、平均订货量以及单位运输成本。以市场定位的仓库一般由零售商、制造商与批发商共同运作，他们共同向客户提供库存补充。这种

类型的仓库从物流服务能力或物流活动的支持费用最低的角度评价都是合理的。

(2) 以制造定位的仓库。通常邻近生产工厂，作为装配和集运被送往生产物件的地点。这些仓库存在的根本原因是便于向客户运输各类产品。物品从生产它的专业工厂转移至仓库，再从仓库运往客户。以制造定位的仓库的优点在于它能为跨越一个类别的产品提供卓越的服务。

(3) 中间定位的仓库。坐落在客户与制造厂之间的仓库是“中间定位”仓库，这些仓库与以制造定位的仓库类似，可为广泛的库存品种提供集运，从而减少物流成本。

(四)仓储面积及参数的确定

仓储面积是反映仓库规模和仓储能力的重要因素。仓储面积包括库区面积和仓库建筑面积。

1. 确定仓库面积时需要考虑的主要因素

(1) 物资储备量：决定了所需仓库的规模。

(2) 平均库存量：主要决定了所需仓库的面积。

(3) 仓库吞吐量：反映了仓库实物作业量，与仓库面积呈正比例关系。

(4) 货物品种数：在货物总量一定的情况下，货物品种越多，所占货位越多；收发区越大，所需仓库面积也越大。

(5) 仓库作业方式：机械化作业必须要有相应的作业空间。

(6) 仓库经营方式：实行配送制需要有配货区，进行流通加工需要有作业区。

2. 仓库建筑物主要参数

仓库建筑物主要参数是指仓库建筑物的长宽比数、占地面积、梁间距、容积、容许库容量、站台、库房门窗尺寸等。

(1) 仓库长度和宽度的确定。在库房面积一定的情况下，只要确定长度或宽度一个变量，另一个变量随即确定。仓库库房的宽度一般用跨度表示。通常可根据储存货物堆码形式、库内道路、装卸方法、理货方法以及是否需要中间柱等方面决定库房跨度。

(2) 仓库层数的确定。在土地十分充裕的条件下，从建筑费用、装卸效率、地面利用率等方面衡量，以建筑平房仓库为最好；若在土地不是十分充裕时，则可采用二层或多层仓库。

(3) 仓库高度(或层高、梁下高度)的确定。仓库高度的确定取决于库房的类型、储存货物的品种和作业方式等因素。决定层高或梁下高度应根据托盘堆码高度、托盘货架高度、叉车及运输设备等来确定。平房仓库高度一般应采用 300 毫米的倍数；当库内安装桥式起重机时，其地面至行走轨道顶面的高度应为 600 毫米的倍数。

(五)确定仓库主体构造

仓库主体构造包括基础、地坪、骨架构成、立体、墙体、屋盖、楼、板、地面、窗、出入口、房檐、通风装置等。

(1) 仓库框架。骨架是由柱、中间柱等及墙体构成。仓库内如果有立柱，会影响仓库容量和装卸作业的方便性，能减少则应尽量减少。

(2) 防火问题。仓库主体构造要采用防火结构设计，外墙地板、楼板、门窗必须是防火结构，应使用耐火材料或不燃烧材料。

(3) 出入口尺寸。这主要是由货车是否入库，所使用的叉车种类、尺寸、技术参数、台数、出入库频率、保管货物的尺寸大小等因素决定的。

(4) 站台(货台)的高度。库外道路平面停放的待装卸货车车厢底板的高度，应与库内地面平齐。这样运输车辆不进入仓库作业，但利用叉车进行装卸搬运作业却十分方便。

(六)仓库的设施、设备的配置

根据仓库的功能、存储对象、环境要求等确定仓库的主要设施、设备。仓库的功能与仓库设施、设备配置的对应情况如表3.1所示。

表3.1　仓库的设施、设备配置

功能要求	设备类型
存货、取货	货架、叉车、堆垛机械、起重运输机械
分拣、配货	分拣机、托盘、搬运车、传输机械
验货、养护	检验仪表、工具、养护设施
防火、防盗	温度监视器、防火报警器、监视器、防盗报警设施
流通加工	加工所需的作业机械、工具
控制、管理	计算机辅助设施
配套设施	站台(货台)、轨道、道路、场地

二、仓库内部区域布局

仓库内部区域一般可划分为生产作业区和辅助作业区。生产作业区是仓库的主体，是用以储存、检验、装卸物资的场所，包括库房、货场、货棚、站台、磅房、检验室以及铁路、公路等。辅助作业区包括两部分：其一是为物资的储存保管业务进行生产服务的设施，如车房、配电室、油库、材料库、维修车间和包装站等；其二是仓库的生活服务区和业务管理设施，如宿舍、食堂、文化娱乐场所和办公室等。

仓库平面布置对仓库内的物流效率影响重大，在进行仓库内部区域布局时应注意以下3个方面的问题。

1. 根据储存任务配置相应的库房和货场

由于不同的物资所需要的保管条件不同，因此必须根据仓库的储存任务，即储存物资的品种和数量，设置相应的库房和货场。库房和货场的内部区域既可以根据物资的品种进行分区分类划分，也可以按照货主进行分单位分部门划分。

2. 制定合理的仓容定额

仓容定额是指在一定的条件下，单位仓库面积所允许存放的物资的最大数量。影响仓容定额的因素较多，其中最主要的是物资本身的形状、重量特点和仓库的地坪负荷能力。此外，物资的堆码方法、仓库的结构状况和机械化程度都会不同程度地影响仓容定额。由

于影响仓容定额的因素十分复杂，一一计算相当烦琐，所以常根据仓库的历史统计资料，采用统计分析的方法进行综合分析，最后确定一个相对合理的平均定额。

3. 合理设置专用线和装卸搬运机械

仓库内部的装卸搬运效率同库内专用线或装卸搬运机械的布局密切相关。一般情况下，专用线应该平行于仓库的长边，位于仓库宽度的中间或 1/3 处。而且，专用线与库内通道的交叉口尽量不要少于两个，以便加快专用线与库内货位之间的搬运效率。

装卸机械一般要跨越专用线，其目的是方便专用线的装卸作业。固定的装卸机械还应尽可能地扩大作业可及范围。如果设置两种或两种以上的装卸机械，还要充分考虑不同机械在装卸能力和作业速度方面的配套和衔接。

第三节 仓储管理的业务流程

货物入库业务是仓储业务的开始，它包括货物的接运、卸货、搬运、清点数量、货物验收、整理、堆码、办理入库手续等一系列的操作过程，是根据货主提供的货物储存计划和入库凭证来安排的，仓库按照规定的程序进行收货的业务。在收货过程中，仓库要做到手续简便、操作敏捷、点数准确、保证质量。货物入库的业务程序可以分为货物入库前的准备、货物的接运、货物的验收和货物的入库等几个环节。

一、货物的入库

(一)货物入库前的准备

货物入库前的准备包括：编制仓储计划，做好入库准备；安排仓容，确定堆放位置；合理组织人力、装卸机具；准备好验收设备，保证货物验收；备齐货物苫垫物料和劳动保护用品。

(二)货物的接运

货物的接运通常有以下四种方式。

(1) 铁路专用线接车。

(2) 存货人送货到库。

(3) 到车站、码头提运。

(4) 仓储人自提入库。

(三)货物的验收

1. 货物验收的意义

货物入库验收是仓储业务的重要环节，包括对货物数量、质量和包装的验收，即复核货物数量是否与入库凭证相符，规格、牌号等有无差错，货物的质量是否符合规定的要求，货物包装能否保证在储存和运输过程中的安全。因此，货物入库验收具有十分重要的意义。其具体表现为以下四点。

(1) 可以分清交接双方的责任。

(2) 有利于采取适当的养护措施。

(3) 是仓库提出退货、换货的依据。

(4) 可以防止劣质商品进入流通渠道，保证商品质量。

2. 货物验收的要求

货物入库验收要求做到及时、准确和负责。也就是要求在尽可能短的时间内，准确地验收货物的数量、质量和包装，以认真负责的态度去对待货物验收。

3. 货物验收的比率

仓储的货物往往整批连续到库，而且花色、品种、规格又常常复杂多样，如果在短时间内全部细验是有一定困难的，也是没有必要的。为了力求及时、准确地验收，在收货时，除了全面检查大件数及包装标志与入库凭证是否相符、外包装有无异状外，对于货物包装内的检查，往往采用抽查的办法，规定一个合理的验收比率。研究确定合理的验收比率是收货业务中的重要事项。目前仓库普遍采用的办法是按照感观取得的经验为依据来确定验收比率。确定验收比率主要依据和考虑下列条件。

1) 货物的性质

各种货物都具有一定的特点，对容易破碎、易腐烂变质、易虫蛀鼠咬、易挥发减量的货物，验收比率应定得大一些；反之，如肥皂、香皂之类外包装完好、内部不易损坏的货物，验收比率可以定得小一些。

2) 货物的价值

贵重货物如价值高的精密仪器、名贵中药材等，入库时验收比率应大一些，甚至要全验；一般价值较低、数量较大的货物，可以少验。

3) 生产技术条件

同一种货物，由于生产的技术条件、工艺水平高低不一，产品质量也常不一样。对生产技术条件好、工艺水平较高、产品质量稳定的可以少验；而生产技术水平低、产品质量较差而不稳定的，则需多验。

4) 工厂、供货单位的信誉

对于历来重视产品质量，按标准严格检验产品质量，甚至采取了保修、包换、包退措施，仓库在长期的入库验收中没有发现其不符合质量标准和数量短少现象的生产厂家，其货物入库时可以少验，甚至免验；而对信誉较差的，则应多验。

5) 包装情况

包装材料差或使用不当、包装技术水平低、包装不牢固，都会直接影响到产品质量，容易在运输、装卸、搬运过程中造成散失、短少或损坏，对这类产品应多验；而对外包装质量完好、内部垫衬密实的产品，则可以适当少验。

6) 运输条件

货物在运输过程中，其运输路程的长短、中转环节的多少、时间的长短，以及使用运输工具的种类等，对货物质量都有不同程度的影响。因此，入库验收时，应根据不同情况确定验收比率。例如，经水路运输怕潮的货物应多验，而经由陆路运输的则可少验；对直达运输的货物可以少验，而中转、运输环节多的货物则应适当多验。

7) 气候变化

我国幅员辽阔，各地气候存在着差异，对长途转运的货物来说，其质量可能会由于气候变化而受到影响。即使在同一地区，一年四季的气候变化对货物的质量也有影响。因此，对怕热、易融化的货物，夏天要多验；对怕潮、易溶解的货物，在梅雨季节和南方潮湿多雨的地区应多验；对于怕裂、怕冻的货物，冬天应多验。

8) 计重货物

计重货物的验收比率，一般根据货物包装而定。凡采用定额包装的，或包装比较定型的货物可以少验；非定额包装的货物，一般应多验或全验；无包装的货物，必须全部检点过磅，方可验收入库。

9) 新产品或积压产品

质量稳定的新产品在近期出厂的可适当少验；对出厂已久或长期积压的产品，以防变质，则应多验。

4. 货物验收的程序

1) 接收并核对单据

货物验收必须在各种业务证件和资料齐全的条件下进行，保管员在接收到库的货物时，应先接收单据。主要的单据、凭证包括以下三种。

(1) 存货人提供的入库通知单、仓储合同。

(2) 存货人或供货单位提供的质量证明书或合格证、装箱单、磅码单、检尺单和发货明细表等。

(3) 如果在接运时货物已有质量残损或差错，则应具有承运人填写的商务记录或普通记录，以及提运员、接运员或送货员的交接记录等。只有当上述单据、凭证齐全，并经核对无误后方能验收。

2) 检验实物

(1) 数量验收。数量验收应采用与供货单位一致的方法进行，即按重量交货的应过磅验收；按理论换算交货的应按理论换算验收；按件(台)交货的应点件(台)验收。计件验收应注意配套情况，成套的或带附件的货物，必须点清主件、附件和工具是否齐全。在进行数量检验时，必须把握好过磅(或点数)、记码单和码垛三个环节，以保证数量准确。

数量验收在批量小、规格尺寸和包装不整齐以及严格验收质量时可采用全检，并以全检的结果作为实收数。对数量大、包装规格统一、固定包装的小件，对内包装完好严密、打开包装易损坏或不易恢复原包装的货物，对按件标明重量或数量的货物，或按理论换算而规格整齐划一的货物，可采取抽检的办法，一般抽检比率为5%～15%。

(2) 质量验收。质量检验是指对入库货物进行内在质量，即对货物的物理、化学性能，通过眼、耳、鼻、手等感观器官，并利用简单工具进行检验。检验货物是否受潮、玷污、腐蚀、霉烂、缺件、变形、破裂、损坏、活动部件是否灵活以及有无明显缺陷等。

(3) 包装验收。包装对商品安全运输和储存关系甚大，是仓库验收中必须重点检查的一项内容。尤其是对商品包装有具体规定的，如木箱板的厚度、打包铁皮的箍数、纸箱和麻袋等的质量要求等，仓库都要按规定进行验收。

(四)货物的入库

1. 分类搬运

收货保管人员把验收场地上经过验收合格的入库商品，按每批入库单开制的数量将同一品种集中起来，分批送到预定的货位。入库时，要做到进一批清一批，严格防止品种互串和数量短溢。对于货物分类，应力争送货单位的配合，在装货启运前，就力求做到数量准、批次清。对于批次多和批量小的入库商品，货物分类一般可由保管收货人员在单货核对、清点件数过程中同时进行，也可将货物分类结合搬运一起进行。

经过货物分类可将入库商品分批送到预定的货位进行堆垛。在搬运过程中，要尽量做到“一次连续搬运到位”，力求避免入库商品在搬运途中的停顿和重复作业。对有些批量大、包装整齐、送货单位又具备机械操作条件的入库商品，要争取送货单位的配合，可利用托盘实行定额装载、往返厂库之间。这对于准确计数、缩短卸车时间和加速商品入库十分有利。

2. 办理入库手续

货物入库应由仓库保管员填写入库通知单。完整的入库单据必须具备以下四联：送货回单、储存凭证、仓储账页和货卡。并附上检验记录单、磅码单、产品合格证、装箱单等有关资料凭证，以证实该批货物已经检验合格，可以正式入库保管。具体有以下三个主要环节。

(1) 立“卡”。所谓立“卡”，就是由该种货物的保管员记录所保管货物的动态卡片，通常又称“货卡”“货物保管卡”或“商品验收明细卡”。它是直接反映该垛商品的品名、型号、规格、数量、单位、进出动态以及积存的保管卡。商品入库堆码完毕，就立刻建立卡片，一垛一卡。建好的卡片有的装订成册，由保管员负责保管；有的拴挂在货垛的明显处。

货卡是货物保管人员进行验收和货物出库业务管理的主要依据，也是随时反映货物动态的基本业务凭证。因此，货卡必须随着货物进出业务及时记录，并随时与实物核对。货卡可以由该货物的保管人员管理，有利于保管责任制；同时也便于在该保管员缺勤时，其他仓库保管员进行收、发货业务，有利于进、发货业务的及时进行，从而提高保管业务的效率。

(2) 登“账”。登账是为了保证商品数量准确，反映货物进出和储存的情况，仓库还应建立“实物保管明细账”。“实物保管明细账”是按商品的品名、型号、规格、单价、存货人等分别建立账户。此账采用活页式，按商品的种类和编号顺序排列，在账页上要注明货位号和档案号，以便查对。实物账必须严格按照商品的入、出库凭证及时登记，填写要准确、清楚。账页记完后，应将结存数结转到新账页，旧账页应保存备查。实物保管账要经常核对，以保证账、卡、物相符。

(3) 建“档”。建档是指商品入库后，建立商品档案。它是按照商品的品名、型号、规格、单价、批次分别立卷归档，集中保存，记录储存商品的数量、质量等情况的资料、证件和凭证。建立商品档案的目的是更好地管理储存货物的技术资料，调用查阅方便，便于准确地了解货物在入库前、保管期间以及在出库业务活动中的数量、质量的变化情况和

管理措施的效果。通过对储存货物建立档案，充分发挥信息流的作用，利用凭证资料了解和掌握货物运输、入库、保管和出库活动的全过程，便于积累和总结货物的保管经验，以摸索管理规律，不断改进和提高仓储的科学管理水平。

二、货物的保管

货物经过验收入库后，便进入储存保管阶段，它是仓储业务的重要环节。其主要内容包括根据库区、库容的合理规划，进行分区分类保管、货位合理布局、货物保管货位编号、对货物正确堆码和苫盖、货物的保管维护、货物的盘点、货物的检查和保管损耗控制等。通过对在库货物的科学管理，保持货物原有的使用价值和价值。

(一)货物的储存规则

1. 储存区域的合理布局

储存区域的合理布局是指将各种商品合理地布置到库房、货棚、货场的平面和空间，以提高仓库的利用率。

1) 储存区域的平面布局

仓库储存区域的平面布局是否合理，可用仓库面积利用率来衡量。仓库储存区域的平面利用率，对于周转型的营业仓库而言：保管面积占总面积的 30%～60%；入出库道路占总面积的 10%～20%；检验与准备入库货区占总面积的 15%～25%；货物集结区占总面积的 5%～10%。

2) 储存区域的竖向布局

储存区域的竖向布局是指库存货物在仓库立体空间上的布置，即货垛和货架的实际高度与仓库建筑高度的布置关系。

3) 对储存区域合理布局的要求

要尽量扩大存放货物的储存面积，同时也要合理安排作业通道、货垛间距、收发货场和墙距所占用的非保管面积；库内平面布局要保证仓库作业的连续性，使货物的收发保管作业互不干扰；一般将库内主干道直接与库门相连，两侧库门分别指定为收货和发货的专用进出口；要注意保证货物的存放安全，例如确定货垛高度要考虑到货物及其包装的承压能力，库内设备的操作条件和竖向布局的方式等。

2. 商品存放的分区分类和货位布置

1) 商品存放的分区分类

分区分类就是对储存商品在性能一致、养护措施一致、消防方法一致的前提下，把库房、货棚、货场划分为若干保管区域，然后根据货物大类和性能等划分为若干类别，以便分类集中保管。在不同类型的仓库中，分区分类方法各不相同，大致有以下四种分法。

(1) 按商品种类和性质进行分区分类。这是大多数仓库尤其是目前外贸仓库普遍采用的方法。它按照商品的自然属性，把怕热、怕潮、怕光、怕冻、怕风等各种不同性质的商品分别归类，集中起来分区存放，安排在适宜储存的场所。

(2) 按不同货主的商品经营分工进行分区分类。这通常是承接不同存货人储存业务的综合性仓库采用的方法。其目的是与货主对口衔接，防止不同货主的货物相混，也便于联系、核对。在具体存放时，要按照商品的性能划分为若干货区，以保证商品储存的安全。

(3) 按商品流转方式或发往地区进行分区分类。这种分区分类方法主要适用于商品存放时间较短的中转仓库或口岸仓库，尤其是集装箱货运站的仓库。它的具体做法是先按不同的运输方式分为铁路、水运、公路，再按货物到达港、站的线路划分。这种方法虽然不分商品种类，但对危险品、性能互相抵触以及运价相差悬殊的商品则应分别堆放。

(4) 按商品的危险性质进行分区分类。这种方法主要适用于化学危险品特种仓库。它根据危险品本身具有的易燃、易爆、有害等特性，以及灭火方法不同等情况进行分区分类储存，以免互相接触发生燃烧、爆炸等反应。

2) 货位布置

根据已确定的商品分区分类保管方案，应对各库房、货场进行合理布局规划以确定库房和货场的货位摆放形式。库房的货位布局有三种形式：横列式、纵列式和混合式。

货位布置既要考虑操作的需要，又要考虑商品的安全。因此，既要留出一定的作业通道、垛距、墙距等，又要合理、充分地利用库房面积，尽量提高仓库、货场的利用率。

3. 货位编号

1) 库房的编号

把整个仓库所有储存场所，依其地面位置按一定顺序编号。对库房、货棚的号码可统一写在库房外墙上或库门上。编号要清晰醒目、易于查找。

2) 库房内各货位编号

根据库内业务情况，按照库内干、支道的分布划分为若干货位，按顺序编上号码，并视具体条件做出明显标志。由于一个货位往往堆放多种不同品种、规格、牌号的商品，为了分清各种商品的准确存放位置，一般还要在货位上等距离划分段落，再编上段号。

3) 货架中各货位编号

在收发零星及拼装商品的仓库，往往在一个库房有许多货架，而且每个货架有许多格，作为存货的货位。可先对仓库内的货架进行编号，然后再对每个货架的货位按层、位进行编号。顺序应是：从上到下、从左到右、从里到外。

4) 货场上各货位编号

货场货位编号常见的方法有两种：一种是在整个货场内先按排编上排号，然后再按各排货位顺序编上货位号；另一种是不分排号，直接按货位顺序编号。对于集装箱堆场，应对每个箱位进行编号，并画出箱门和四角位置标记。

(二)货物堆码

1. 货物堆码的要求

对于货物的堆码必须满足合理、安全、定量、整齐、低耗和方便的要求。另外，对于一些特殊商品还有一些特殊要求。

1) 要求通风的货物堆码

对需要防潮湿、通风保管的商品，可在每件货物的前后左右均留出一定的间隔或空隙，码成通风垛，便于散发货物中所含水分和降低垛中的温度。

2) 怕压货物的堆码

为了使货物不致受损，堆码时应根据货物承受力的大小，适当地控制堆码的方式和高度。对于体形不大或不太特殊的货物，为保证不被压坏，并充分利用库容量，可利用货架摆放。

3) 有毒物品的堆码

有毒有害物品多是指氰化钾、氰化钠等氰化物。各种有毒有害物品都必须单独存放，严加保管，堆码要适当得低一些，不要过高，而且存放场所要干燥、通风、阴凉，切不可同时存放其他物品。

4) 酸、碱等腐蚀品的堆码

酸、碱等腐蚀品的堆码应单独存放在干燥、阴凉、通风的库房内，货垛不宜过高，要特别注意防止腐蚀，切忌水浸，防止爆炸。

5) 易燃、易爆危险货物的堆码

易燃、易爆危险货物的堆码因对消防有特殊要求，堆码要留有间隔，堆放场所要干燥、阴凉、通风。库内所有电器及照明设施均应采用防爆装置，与货垛保持一定的距离，并根据其不同理化特征，在货垛附近配备有效的安全消防设施。

2. 货物堆码的方式

货物堆码的方式由货物的性能、形状、包装、仓储设备、存放场所和季节、气候等条件决定。从实践来看，为便于货物保管和清点数量，以及仓库容量的有效利用，常用的堆码方式主要有以下四种。

1) 散堆方式

散堆方式是指将无包装的散货在仓库或露天货场上堆成货堆的存放方式。这种方式适用于不用包装的颗粒状、块状的大宗散货，如煤炭、矿砂、散粮、散化肥、海盐等。这种堆码方式简便，便于采用机械设备装卸、堆垛，节省包装费用、仓容和运费。因此，散堆方式是目前货物堆存的一种趋势。

2) 货架方式

货架方式是指使用通用和专用的货架进行货物堆码的方式。这种方式主要适用于存放不宜堆高、需特殊保管存放的小件包装的货物，如小百货、小五金、绸缎、呢绒、医药品等。这种堆码方式能够提高仓库的利用率，减少差错，加快存取，但其适用货物的范围较窄。

3) 成组方式

成组方式是指采用成组工具先将货物组成一组，使其堆存单元扩大，可以用装卸机械成组搬运、装卸、堆码。常用的成组工具有托盘、绳扣等。成组堆码一般每垛为3～4层。这种堆码方式可以提高仓库货场的利用率，实现货物机械化操作，保证货物的安全，也有利于提高货物进出库的劳动效率，以加快货物的流转。

4) 垛堆方式

垛堆方式是指直接利用货物或其包装外形进行堆码，适用于有外包装和不需要包装的长、大件货物，如箱、桶、筐、袋装的货物，以及木材、钢材等。这种堆码方式能够增加货垛高度，提高仓库利用率，能够根据货物的形状、特性的需要和货位的实际情况，把货垛堆码成各种样式，以利于保护货物质量。垛堆的方式是应用最为广泛的、样式也最为繁多的堆码方式。

(三)货物苫垫

货物在堆码时，要根据货物保管的要求和堆放场所的条件、需要进行垫垛。露天存放的货物在码垛以后，要进行妥善的苫盖，以避免货物受雨、露、霜、雪、潮气的侵蚀和受日光暴晒的损害。

1. 货物铺垫

1) 货物铺垫的作用

垫垛的目的是使货物与地面隔离，避免地面潮气自垛底侵入，并使垛底通风；或者减少货物对地坪的压力，并保持货物的清洁；露天货场堆存的货物，垫垛也能避免风、雨、雪对货物的侵蚀。

2) 货物铺垫的材料

货物垫垛的材料一般采用专门制作的水泥墩或石墩、枕木、木板及防潮纸、塑料薄膜等。对货垛的铺垫，库房和货场会因条件不同而有所区别。一般来说，库房内的货垛不会被雨浸淋，因此垫垛的衬垫物比货场上的垫垛要求低一些，对日杂货、纺织品等纸箱包装的货物多用垫板、木板、木方；露天货场多用水泥块、条石、石墩等，地势较高者，也可以选用枕木，或用废旧钢轨等代替木料。

2. 货物苫盖

露天货场存放的货物，除了垫垛，一般都应苫盖，以防止货物直接受风、雨、露、霜、雪及阳光的侵蚀。需要苫盖的货物，在堆垛时应根据货物的特性、堆存期的长短、存放货场的条件选择苫盖材料和堆码的垛型。

苫盖物应根据货物的不同特性、要求，以及堆垛形状和堆存期来选择，且要经济耐用，来源充足，并符合防火安全的要求。露天仓储常用的苫盖物有苇席、油毡纸、苫布、油布、塑料布和铁皮等。应注意苇席、油毡纸等易燃的苫盖物不能用于苫盖危险品和化工材料。苫布的价格较高，只适用短期存放或临时使用。一般仓库对需长期苫盖的货垛，可用两层席子中间夹一层油毡纸，按照适当规格制成苫瓦，在使用时方便，拆垛后还可以再次利用。

无论使用何种苫盖物或采用何种苫盖方式，为了达到苫盖货物的目的，都必须保证苫盖斜面的平整，侧面应不露垫木、垫石，以防止雨水顺接合处渗入垛内。同时苫盖物亦不应拖到地面，影响垛底通风。苫盖物苫盖后，为保证与货垛的相对位置固定，要用绳或铁丝捆扎，扣在地坪上打杆拉紧。

(四)货物检查、盘点与保管损耗

1. 保管期间货物的检查

为了保证在仓库储存保管的货物质量完好、数量准确，必须经常、定期地对所保管的货物进行数量、质量、保管条件、安全等的动态检查，这是仓库保管业务的一项综合性措施。检查的内容主要包括：数量检查、质量检查、安全检查和保管条件检查。

2. 货物的盘点

货物的盘点是定期或临时核对库存商品实际数量与保管账上的数量是否相符，查明超过保管期限、长期积压货物的品种、规格和数量，以便提前处理；检查商品有无质量变化、残损等情况；查明库存货物数量的溢余或缺少的原因，以利改进货物的仓储管理。

盘点方式通常有两种：一是定期盘点，即仓库的全面盘点，一般每季度进行一次，由货主派人会同仓库保管员、商品会计一起盘点对账；二是临时盘点，当仓库发生货物损失事故，或保管员更换，或仓库与货主认为有必要盘点对账时，组织一次局部或全面的盘点。

3. 货物的保管损耗

货物在保管过程中，因其本身性质、自然条件的影响、计量工具的合理误差，或人为的原因等发生的损耗，有的是可以避免的，有的则难以避免。货物的保管损耗是指在一定期间内，保管这种货物所允许发生的自然损耗，一般以货物保管损耗率来表示。

造成货物保管损耗的原因主要有以下两种。

(1) 货物的自然损耗，是指货物在运输与库存的流转过程中，因货物性能、自然条件、包装情况、运输工具、装卸设备、技术操作等所造成的干燥、风化、挥发、飞散、黏结、潮解、漏损、破碎等，以及在搬运、装卸、检验、更换包装、倒垛时所产生的不可避免的损耗与自然减量。

(2) 人为因素或自然灾害造成的损耗，是指因操作、业务人员的失职或保管不善，货物霉烂、变质或丢失而造成的损耗；或由于水灾、地震而造成的非常规损耗，以及包装破损而造成的大量撒漏损失等而造成的损耗。

三、货物的出库业务

货物出库是仓储业务的最后一个环节，它是仓储人员根据存货人或仓单持有人所持有的仓单，按其所列货物的编号、名称、规格、型号、数量等项目，组织货物出库的一系列活动。货物出库时，要求将货物准确、及时、保质、保量地交给仓单持有人，出库的货物必须包装完整、标记清楚、数量准确。

(一)货物出库的方式

1. 货主自提

货主自提的习惯做法是提货人凭货主所填发的提货凭证，由货主自己或其委托代理人用自备的运输工具到仓库提取货物。

2. 送货上门

送货上门是仓库根据存货人或仓单持有人的委托，按照仓单所列货物的名称、规格、数量，用仓库自己的或租用的运输工具，直接将出库货物运送到存货人员或仓单持有人所指定的地点。这种出库方式手续简便，方便货主，也有利于扩大仓储人员的业务范围，提高运输工具的使用效率。

3. 代理托运

承办代理运输业务的仓库，需要由仓库托运的货物，仓库受仓单持有人或收货人的委托，按仓单所列的货物办理出库手续，并通过铁路、水运、航空等运输承运人，把货物发运到委托人指定的地点。

(二)货物出库的程序

1. 审核仓单

仓库接到存货人或仓单持有人出库通知后，必须对仓单进行核对。仓储保管人在仓单持有人行使提货权或其他对仓储物的权利时，应该检查其仓单持有是否合法。审查背书是否连续，背书时是否标明了被背书人的名称，以及被背书人所取得的权利类型或权利效力的大小。

2. 核对登账

在审核仓单的合法性和真实性以后，仓库商品会计要核对货物的品名、型号、规格、单价、数量等有无错误；收货单位、到站、银行账号等是否齐全和准确；单证上书写的字迹是否清楚，有无涂改痕迹；是否超过了规定的提货有效期等。如属于自提货物，还需结清仓储费用；如属存货人或仓单持有人逾期提货的，还应当加收仓储费。

如果核对无误，可根据凭证所列各项内容登入商品保管账，核对储存量，并在出库凭证上批注发货商品存放的货区、库房、货位编号以及发货后应有的储存数量。同时，收回仓单，签发仓库货物出库单，写清各项内容，连同提货单或调拨单一起交仓库保管员查对配货。

3. 配货备货

保管员对商品会计转来的货物出库凭证复核无误后，按其所列项目内容和凭证上的批注，到编号的货位对货物核实后进行配货。配货中要执行“先进先出”“易坏先出”“坏货不出”的发货原则。货物从货垛上搬下后，应整齐堆放在备货区位上，以便复核、交付等备货作业的进行。

4. 复核查对

为了保证出库货物不出差错，备货后应立即进行复核。复核的形式有保管员自行复查、保管员互核、专职人员复核和负责人复查等。其目的就是要求出库货物手续完备、交接清楚、不错发、不错运。出库货物经过复核无误后方可发运。

5. 点付交接

出库货物无论是收货单位提货，还是交付运输部门发运，仓库保管员在备齐货物经复核无误后，必须当面与提货人或运输承运人按单逐件点交清楚，分清责任，办好交接手续。

6. 填单销账

货物交接以后，保管员应在出库单上填写“实发数”“发货日期”等项内容，并签名；

然后将出库单及相关联证件资料及时交送货主，以便货主办理货款结算。保管员根据留存一联出库凭证清点货垛余数，并与账、卡核对，登记、核销实物保管明细账，账面余额应与实际库存量和货卡登记相符。出库凭证应在当日清理，定期装订成册，妥善保管，并在规定的时间内转交账务人员登账复核。

一批货物发完后，仓储人应根据出入库情况，对收发、保管、溢缺数量和垛位安排等情况进行分析，总结经验，改进工作，并把这些资料整理好，存入商品保管档案，妥善保存，以备日后查用。

第四节　仓储合理化

一、储存合理化概念及标志

(一)储存合理化的概念

储存合理化是指用最经济的办法实现储存的功能。储存的功能是对需要的满足，实现被储物的时间价值，就必须有一定的储量。商品储备必须有一定的量，才能在一定时期内满足需要，这是合理化的前提或本质。如果不能保证储存功能的实现，其他问题便无从谈起了。

储存的不合理往往表现在对储存功能实现的过分强调，而这是过分投入储存力量和其他储存劳动所造成的。所以，合理储存的实质是，在保证储存功能实现的前提下尽量少投入，这也是一个投入产出的关系问题。

(二)储存合理化的主要标志

1. 质量标志

保证被储存物的质量是完成储存功能的根本要求，只有这样，商品的使用价值才能通过物流之后得以最终实现。在储存中增加了多少时间价值或是得到了多少利润，都是以保证质量为前提的。所以，储存合理化的主要标志中首要的应当是反映使用价值的质量。

现代物流系统已经拥有很有效地维护物资质量、保证物资价值的技术手段和管理手段，也正在探索物流系统的全面质量管理问题，即通过物流过程的控制、工作质量来保证储存物的质量。

2. 数量标志

数量标志是指在保证功能实现前提下有一个合理的数量范围。目前管理科学的方法已能在各种约束条件下，对合理数量范围做出决策，但是较为实用的还是在消耗稳定、资源及运输可控的约束条件下，所形成的储存数量控制方法。

3. 时间标志

时间标志是指在保证功能实现的前提下，寻求一个合理的储存时间，这是和数量有关的问题，储存量越大而消耗速率越慢，则储存的时间必然长；相反则必然短。在具体衡量时往往用周转速度指标来反映时间标志，如周转天数、周转次数等。

在总时间一定的前提下，个别被储物的储存时间也能反映合理程度。如果少量被储物长期储存，成了呆滞物或储存期过长，虽反映不到宏观周转指标中去，但也标志着储存不合理。

4. 结构标志

结构标志是指从被储物不同品种、不同规格、不同花色的储存数量的比例关系对储存合理性的判断。尤其是相关性很强的各种物资之间的比例关系更能反映储存合理与否。由于这些物资之间的相关性很强，只要有一种物资出现耗尽，即使其他物资仍有一定数量，也会无法投入使用。所以，不合理的结构影响面并不仅局限在某一种物资身上，而是具有扩展性。结构标志的重要性也可由此确定。

5. 分布标志

分布标志是指不同地区储存的数量比例关系，以此来判断对当地需求的保障程度和对整个物流的影响。

6. 费用标志

费用标志是指通过仓租费、维护费、保管费、损失费、资金占用利息支出等，都能从实际费用上判断储存的合理与否。

二、仓储库存量控制与优化

(一)库存成本分析

库存成本是影响库存控制的基本因素之一，主要包括以下四个方面。

1. 订货成本

订货成本是指企业为了实现一次订货而进行的各种活动的费用。这些活动包括检查库存水平、确定购买物品的价格、确定供应商及其价格、准备并发出订单、跟踪订单并确认对方收到、核对收货单、验收发来的货物、筹备资金并付款。

不管上述费用有多少种类，从会计核算的角度看，这些费用大致可分为两类：一类是固定费用，它与采购批量的大小无关；另一类是变动费用，它与采购批量的大小呈正比。

2. 接货、验货成本

接货、验货成本是指到货后，直到货物符合要求后送至仓库之间所发生的费用。它包括运货、提货及卸货费用；准备并处理各种单据和文件的费用；检查物料是否有损坏、物料的数量和重量的费用；检测物料质量是否达标的费用；送往仓库的运输费用。

3. 库存维持成本

库存维持成本又称存储成本，它是指为保持存货的正常状态而发生的成本，包括以下两类。

(1)　与储备资金有关的成本。即投资于库存的资金利息和机会成本。

(2)　与存储物品数量有关的成本。它包括存储空间成本，如搬运成本、水电、安全系统、温度湿度控制系统成本、人员费用等；服务成本，如税款及保费；风险成本，如货物过期、腐烂、损毁、偷盗等成本。

4．缺货成本

缺货成本是指由于库存供应中断而造成的损失成本。它包括销售机会和利润的丧失；延期或缺货造成客户不满以至于损失客户；对晚交货或不交货的罚金；补充订货而造成的额外订货成本。

(二)库存控制方法

仓储管理的关键是库存控制问题，而库存控制的中心问题是如何确定合理库存量的问题。库存量过大，则会造成库存积压，不仅会占用一定的流动资金，支付过多的利息，而且会占库压库，增加保管费用，甚至造成商品的损耗；如果库存量过小，又会造成商品缺货，从而丧失销售机会。现代库存控制已形成了一门独立的学科，针对各种类型的问题有具体的控制模型，包括经验模型和数学模型。随着计算机技术的应用，很多企业实现了库存控制的信息化。在此，我们只介绍几种简单的方法。

1．有重点的控制：ABC 控制法

一般来说，企业的库存物资种类繁多、价格不等、数量不均，有的物资品种不多，但价值很大，而有的物资品种很多，但价值不高。由于企业的资源有限，因此，对所有库存品种均给予相同程度的重视和管理是不可能的，也是不切实际的。为了使有限的时间、资金、人力、物力等企业资源得到更有效的利用，应对库存物资进行分类，将管理的重点放在重要的库存物资上，进行分类管理和控制。即依据库存物资重要程度的不同，分别进行不同的管理，这就是 ABC 控制方法的基本思想。

ABC 控制法是将手头的库存按年度货币占用量分为三类，它是帕累托原理的一种库存应用。帕累托原理指出存在着重要的“少数”和不重要的“多数”。这一思想就是将管理资源集中于重要的“少数”而不是不重要的“多数”。为了确定 ABC 分析法所需要的年度货币量，我们将每个品种库存的年度需求量与每件库存的成本相乘。A 级是年度货币量最高的库存，这些品种可能只占库存总数的 15%，但用于它们的库存成本却占到总数的 70%～80%；B 级是年度货币量中等的库存，这些品种占全部库存的 30%，库存成本占总价值的 15%～25%；那些年度货币量较低的为 C 级库存品种，它们只占全部年度货币量的 5%，但却占库存总数的 55%。

因此，利用 ABC 分析法可以进行更好的预测、现场控制、供应商的依赖度以及减少安全库存和库存投资，库存品种还可以按特定标准而不是年度货币量进行分类。例如，在预期工程变化或较高单位成本时，可使某些库存品种提高到更高的等级。通过将存货分级，作业人员就能为每一级的库存品种制定不同的策略、实施不同的控制。

简言之，ABC 控制管理方法就是将库存物资按重要程度分为特别重要的库存(A 类库存)、一般重要的库存(B 类库存)和不重要的库存(C 类库存)三个等级，然后针对不同的级别分别进行管理和控制。

ABC 分类管理方法包括两个步骤：一是分类，二是管理，如表 3.2 所示。

表 3.2　ABC 分类管理法

项　目	A 类库存	B 类库存	C 类库存
控制程度	严格控制	一般控制	简单控制
库存量计算	以库存模型详细计算	一般计算	简单计算或不计算
进出记录	详细记录	一般记录	简单记录
存货检查频度	密集	一般	很低
安全存量	低	较大	大量

1)　分类

分类是指对库存物资按库存物资所占总库存资金的比例和所占库存总品种数目的比例这两个指标来分类。具体地说，A 类库存品种数目少但资金占用大，即 A 类库存品种占库存品种总数的 5%～20%，而其占用的资金金额约占库存占用资金总额的 60%～70%。C 类库存品种数目大但资金占用小，即 C 类库存品种约占库存品种总数的 60%～70%，而其占用的资金金额占库存占用资金总额的 15%以下。B 类库存介于两者之间，B 类库存品种约占库存品种总数的 20%～30%，其占用的资金金额大约占库存占用资金总额的 20%。

以上按所占金额大小来分类的方法有一定的缺陷。例如，按金额来分类，可能出现某个品种被归为 C 类物资但却是生产过程中不可缺少的重要部件的现象，一旦发生缺货则会造成生产的停顿。为了弥补按金额大小分类方法的不足，有人提出了“重要性分析方法”。这种方法的基本点是按照工作人员的主观认定对每个库存品种进行重要度打分，再依据分值的高低将物资品种划分为 3～4 个级别，即最高优先级、高优先级、中优先级和低优先级。

2)　管理

在对库存进行 ABC 分类之后，接着便是根据企业的经营策略对不同级别的库存进行不同的管理和控制。

(1)　A 类库存：这类库存物资数量虽少但对企业却最重要，是最需要严格管理和控制的库存。企业必须对这类库存定期盘点，详细记录及经常检查分析物资使用、存量增减、品质维持等信息，加强进货、发货、运送管理，在满足企业内部需要和顾客需要的前提下，维持尽可能低的经常库存量和安全库存量，加强与供应链上的下游企业合作，降低库存水平，加快库存周转率。

(2)　B 类库存：这类库存属于一般重要的库存，对这类库存的管理强度介于 A 类库存和 C 类库存之间。对 B 类库存一般进行正常的例行管理和控制。

(3)　C 类库存：这类库存物资数量最大但对企业的重要性最低，因而被视为不必要的库存。对这类库存一般进行简单的管理和控制。比如，大量采购库存、减少这类库存的管理人员和设施、库存检查时间间隔长等。

2．经济订货批量模型

企业每次订货的数量多少直接关系到库存的水平和库存总成本的大小，因此，企业希望找到一个合适的订货数量使它的库存总成本最小。经济订货批量模型(Economic Ordering Quantity Model，EOQ Model)就能满足这一要求。它通过平衡采购进货成本和保管仓储成本，

确定一个最佳的订货数量来实现最低总库存成本的方法。经济批量模型根据需要和前置时期(LT)等条件是否处于确定状态可分为确定条件下的模型(Deterministic Model)和概率统计条件下的模型(Probability Model)。由于后者较为复杂，这里只探讨确定条件下的经济批量模型，如图 3.2 所示。

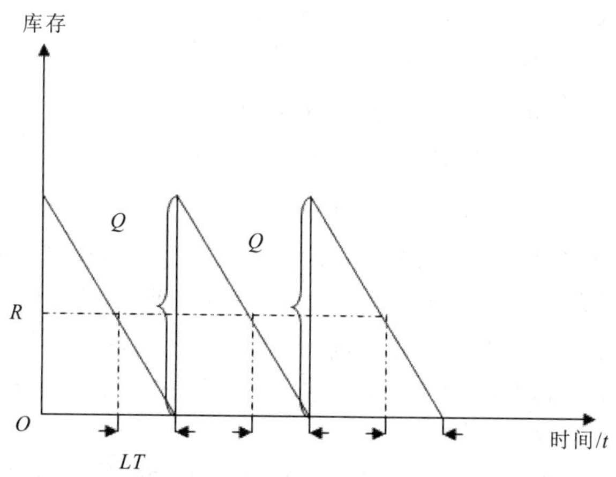

图 3.2　经济订货批量模型

图 3.2 是在确定条件下的经济订货批量模型，当库存落至订货点(R)时，必须立即订货；当所订购的数量(Q)运到时，存货又恢复到原来的水平，这种过程一直反复地发生着。库存的决策在于决定最佳的订货批量(Q_0)及何时订货。

如图 3.3 所示，按经济订货批量订货，可以使企业的库存费用和订货费用之和最小。其中，库存费用与订货数量呈正比；订货费用与订货次数呈正比，而与每次订货数量无关。

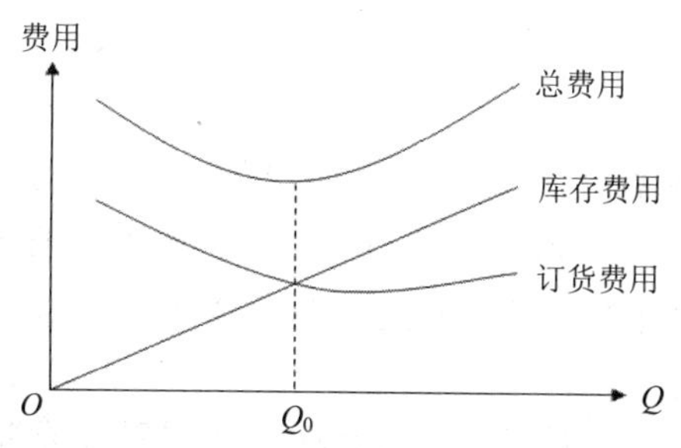

图 3.3　经济订货批量示意图

它们之间的关系和计算结果如下：

$$年采购订货费用=DS/Q \tag{3-1}$$

式中，D——年订购批量；

S——每次采购费用；

Q——每次采购批量。

$$年库存费用=QCI/2 \tag{3-2}$$

式中，C——储货单价；

I——库存中变动费。

$$全年采购费用=CD \tag{3-3}$$

因此全年的总费用为：

$$T = DS/Q + QCI/2 + CD \tag{3-4}$$

对上式微分，并设其等于零，即可解出 Q 来，即

当 $\mathrm{d}T/\mathrm{d}Q = -DS/Q^2 + IC/2 = 0$ 时，T 为最小，解得 Q 为

$$经济订购批量 Q = (2DS/IC)^{1/2} \tag{3-5}$$

$$经济订购次数 N = D/Q = (CID/2S)^{1/2} \tag{3-6}$$

$$经济订购周期 T = 1/N = 365/N \tag{3-7}$$

【例 3.1】某企业每年需要耗用 1000 件某种配件，现已知其单价为 20 元，每次订货成本为 5 元，订货前置期为 10 天，每年工作 250 天，保管费为其物品价值的 20%，试确定其经济订货批量、库存总成本，并找出订货点。

解：由题已知，D=1 000 件，C=20 元，S=5 元，LT=10 元，N=250 天，I=20%

因此，根据上述公式进行计算得：

经济订货批量为 $Q = (2DS/IC)^{1/2} = (2\times1000\times5/0.2\times20)^{1/2} = 50$ (件)

库存总成本为：

$TC = DS/Q + QCI/2 + CD = 1000\times5/50 + 50\times0.2\times20/2 + 20\times1000 = 100 + 100 + 20\,000 =$ 20 200 (元)

年订货次数为 $N = D/Q = 1000/50 = 20$ (次)

年订货周期为 $T = 365/N + 365/20 = 18.25$ (周)

订货点处的储备量=订货前置期×单位需求量=10×(1000/250)=40(件)。

三、零库存

(一)零库存的概念

过量的库存被认为是掩盖企业管理中诸多问题(例如，资金周转慢、物品积压等)的“万恶之首”，因此很多企业认为，如果在采购、生产、物流、销售等经营活动中达到所谓的零库存，就能解决企业管理中的大部分问题，进而零库存便成了物流存量控制中一个不懈追求的目标。

所谓零库存有两层意思：一是库存对象物的数量趋于零或等于零(即近乎零库存物资)；二是库存设施、设备的数量及库存劳动消耗同时趋于零(即不存在库存活动)。后一种意义上的零库存，实际上是社会库存结构的合理调整和库存集中化的表现。就其经济意义而言，它并不来自通常意义上的仓库物资数量的合理减少。

零库存(Zero Inventory)可以追溯到 20 世纪的六七十年代。当时的日本丰田汽车实施准时制(Just in Time，JIT)生产，在管理手段上采用看板管理，单元化生产等技术实行拉式生产(Pull Manufacturing)，在生产过程中基本上没有积压的原材料和半成品。这不仅大大降低了生产过程中的库存及资金的积压，而且在实施 JIT 的过程中，提高了相关生产活动的管理效率。

此后，零库存不仅应用在生产过程中，而且延伸到原材料供应、物流配送、产成品销售等各个环节。例如，Dell 计算机公司运用直销模式以实现产成品的零库存。

在网络经济如火如荼发展时，零库存又被很多“新经济”公司作为战胜传统企业的法宝，宣称通过网上在线订单、即时配送等手段做到库存的降低和库存成本的节约(即所谓的“以信息代替库存”)，从而取得战胜其他企业的竞争优势。

而一些企业管理软件(包括企业资源计划系统 ERP 和供应链管理系统 SCM)厂商，也不断地宣传企业通过应用软件系统的实施，在整个供应链中实现零库存及其带来的好处。

那么，是不是通过零库存就可以帮助企业取得成本的领先呢？零库存是不是可以在整个供应链中得以实现呢？零库存是不是企业管理追求的终极目标之一呢？

(二)零库存的优缺点

如果企业能够在不同的环节实施零库存管理，其效益是显而易见的。例如，库存占用资金的减少；优化应收和应付账款，加快资金周转；库存管理成本的降低；规避市场变化和物品升级换代而产生的降价、滞销的风险等。那么，企业零库存的实现，在取得以上效益和竞争优势的同时，是否亦存在实施上的难点和管理上的成本呢？在罗列零库存的具体难点和实施代价之前，让我们再理性和全面地审视零库存企业的典型案例。

丰田汽车装配线确实可以做到生产环节的零库存，但除了本身先进有效的管理手段和方式之外，它的上百家零配件供应商不是将配套厂设在其周围，就是有原材料仓库安排在丰田厂的四周，零库存是基于“零”距离供应之上的。

同样，Dell 计算机公司可以做到没有原材料库存，因为通过“供应商管理库存”(Vendor Management Inventory，VMI)的方式，计算机的零部件都以供应商的名义放在由第三方物流公司管理的仓库之中。Dell 的产成品一定是零库存的，因为当你通过电话或网络下达订单时，Dell 的客户服务人员会告诉你大约需要一周的交货时间。产成品的零库存除了 Dell 引以为豪的供应链系统之外，也是基于非现货交易来实现的。

除了某些企业在某些环节的“伪”零库存外，丰田是实现了生产环节的零库存，Dell 也做到了销售环节的零库存。但不容忽视的是，零库存的实现是有其难点和管理成本的。例如，单一供应源的风险、小批量供应造成较高的运输或配送物流成本、投资较大的柔性生产系统，以及较高成本的一体化信息系统平台等。

由此可以看到，所谓零库存只不过是某个组织的零库存，是组织将自己的库存转移给其上游——供应商或下游——零售商，从而实现自己的零库存。零库存必须建立在一定的技术平台之上。

(三)零库存的实现途径

1. 委托营业仓库存储和保管货物

在国外，有些仓库虽然隶属于某个集团或集团公司，但其服务对象并不仅限于集团内部的成员企业，而是面向社会开展经营活动。有人把这种仓库称为“营业仓库”。显然，营业仓库是一种专业化、社会化程度比较高的仓库。委托这样的仓库(或物流组织)储存货物，从现象上看，就是把所有权属于用户的货物存放在专业化的仓库中，由后者代理用户保管和发放货物，用户则按一定的标准向受托方(仓库)支付服务费。实践证明，采用这种方式存放和储备货物，在一般情况下，用户(委托方)自己不必再过多地储备物资，甚至不必再单独设立仓库从事货物的维护、保管等活动。这样在一定范围内便可以实现无库存和进行无库存式生产。

采用委托(营业仓库)方式来实现零库存，有以下几点好处：受托方(营业仓库)可以充分发挥其专业化水平高的优势开展规模经营活动，从而能够做到以较低费用的库存管理提供较高水平的后勤服务；对于委托方来说，可以减少大量的后勤工作，由此，能够集中精力从事生产经营活动。但是，也要看到，以上述方式去实现零库存，实质上是库存(或库存物资)位置的移动，它并没有减少社会总库存和降低库存物资总量。

2. 推行配套生产和分包销售的经营制度

配套生产和分包销售现象多见于制造业。实践证明，采用上述方法从事生产和经营活动，也可以在一定范围内实现零库存。其原因有以下两种。

(1) 在协作、配套的生产方式下，企业与企业之间的经济关系更加密切，从而在一些企业之间(如在生产零配件的企业和组装产品的主导企业之间)能够自然地构筑起稳定的供货(或购货)渠道。供货渠道稳定，意味着可以免除生产企业在后勤保障工作上存在的后顾之忧，进而可以促使其减少物资库存总量，甚至取消供应品库存，实现零库存。

(2) 在分包销售体制下，由于实行“统一组织产品销售、集中设库储存产品”的制度，并且是通过配额供货的形式将产品分包给经销商的，因此，在各个分包(销售)点上是没有库存的。也就是说，在分包销售制度下，分包者的“销售品库存”是等于零的。

在发达国家的制造业中，许多生产商和经销商的零库存在很大程度上都是通过推行上述生产方式和产品销售制度来实现的。在这些国家里，生产汽车和家用电器等机电产品的企业都是集团性组织，在结构上是由少数几家规模很大的主导企业和若干家小型协作企业组成的。其中，主导企业主要负责完成产品装配和市场开发等任务，协作企业则负责零部件的制造。协作企业根据主导企业的生产速度和进度来安排和调整自己的生产活动，并且能在指定的时间内送货到位。由于供货有保障，因此，主导企业都不再另设一级库存，从而使其库存呈现零库存状态。

3. 实行“看板供货”制度

所谓“看板供货”，即“即时供货”。这种供货制度最早产生于美国，后来在日本得到了完善和发展。20世纪90年代中期，我国部分生产企业也曾经试行过这种供货制度。

从运作方法和原理上看，“看板供货”就是在企业内部各工序之间，或者在建立供求关系的企业之间，采用固定格式的卡片由下一个环节根据自己的生产节奏逆方向向上一个环节提出供货要求，上一个环节则根据卡片上指定的供应数量、品种等即时组织送货。很明显，实行这样的供货办法(或供货制度)可以做到准时、同步向需求者供应货物。在这种场合下，后者自然就不必另设库存了。

4. 依靠专业流通组织准时而均衡供货

这里所讲的专业流通组织，是指专门从事商品购销活动的流通企业。通常，这类组织不仅拥有配套的物流设施和先进的物流设备，还拥有大量的资金和物资资源。在流通实践

中，依靠这样的组织准时而均衡地向需求者供货，实际上就是利用职能企业的物力(库存物资)、财力去支撑社会上的生产活动和经营活动。从某种意义上说，也是以集中库存的形式来保障生产经营活动的正常运转；从需求者的角度来看，依靠专业性流通组织准时而均衡供货，等于是把某些后勤服务工作交给了职能企业。在这样的供应体制下，作为需求者的生产企业和商业企业，不可能也没有必要再保留过多的库存物资；相反，会自动地缩减和取消自己的库存，从而实现零库存。

第五节　现代物流仓储的发展趋势

一、自动分拣系统

(一)自动分拣系统作业描述

自动分拣系统(Automated Sorting System)是第二次世界大战后在美国、日本的物流中心广泛采用的一种自动化作业系统，该系统目前已经成为发达国家大中型物流中心不可缺少的一部分。该系统的作业过程可以简单描述如下：物流中心每天接收成百上千家供应商或货主通过各种运输工具送来的成千上万种物品，要在最短的时间内将这些物品卸下并按物品品种、货主、储位或发送地点进行快速准确的分类，并将这些物品运送到指定地点(如指定的货架、加工区域、出货站台等)；同时，当供应商或货主通知物流中心按配送指示发货时，自动分拣系统在最短的时间内从庞大的高层货架存储系统中准确找到要出库的物品的所在位置，并按所需数量出库，然后将从不同储位上取出的不同数量的物品按配送地点的不同，运送到不同的理货区域或配送站台集中，以便装车配送。

(二)自动分拣系统的主要特点

1. 能连续、大批量地分拣货物

由于采用大生产中使用的流水线自动作业方式，自动分拣系统不受气候、时间、人的体力等的限制，可以连续运行。同时由于自动分拣系统单位时间内分拣件数多，因此自动分拣系统的分拣能力是人工分拣系统无法比拟的。例如，目前世界上一般的自动分拣系统可以连续运行 100 个小时以上，每小时可分拣 7900 件包装物品；如用人工则每小时只能分拣 150 件左右，同时分拣人员也不能在这种劳动强度下连续工作 8 小时。

2. 分拣误差率极低

自动分拣系统的分拣误差率的大小主要取决于所输入分拣信息的准确性的高低。同时也取决于分拣信息的输入机制，如果采用人工键盘或语音识别方式输入，则误差率在 3%以上；如果采用条形码扫描输入，除非条形码的印制本身有差错，否则不会出错。因此，目前自动分拣系统主要采取条形码技术来识别货物。

3. 分拣作业基本实现无人化

国外建立自动分拣系统的目的之一就是减少人员的使用、减轻人员的劳动强度和提高

人员的使用效率，因此自动分拣系统能最大限度地减少人员的使用，基本做到无人化。分拣作业本身并不需要使用人员，人员的使用仅局限于以下四项工作。

(1) 送货车辆抵达自动分拣线的进货端时，由人工接货。

(2) 由人工控制分拣系统的运行。

(3) 分拣线末端由人工将分拣出来的货物进行集载、装车。

(4) 自动分拣系统的经营、管理与维护。

如美国一公司配送中心的面积为10万平方米左右，每天可分拣近10万件物品，仅使用400名左右员工，这其中大部分人员都在从事上述(1)、(3)、(4)项工作，自动分拣线做到了无人化作业。

(三)自动分拣系统的组成

自动分拣系统一般由控制装置、分类装置、输送装置及分拣道口组成。

1. 控制装置

控制装置的作用是识别、接收和处理分拣信号，根据分拣信号的要求指示分类装置和输送装置进行相应的作业。自动分拣系统可以按物品品种、物品送达地点或货主的类别对物品进行自动分类。这些分拣需求可以通过不同的方式，如可通过条形码扫描、键盘输入、重量检测、语音识别、高度检测及形状识别等方式，输入到分拣控制系统中去，然后系统根据对这些分拣信号的判断，来决定某一种物品该进入哪个分拣道口。

2. 分类装置

当具有相同分拣信号的物品经过分类装置时，该装置根据控制装置发出的分拣指示动作，使其改变在输送装置上的运行方向进入其他输送机或分拣道口。分类装置的种类很多，一般有推出式、浮出式、倾斜式和分支式四种。不同的装置对分拣货物的包装材料、包装形状、包装重量、包装物底面的平滑程度等有不完全相同的要求。

3. 输送装置

输送装置的主要组成部分是传送带或输送机，其主要作用是使所分拣物品鱼贯通过控制装置、分类装置，并沿固定路线运送物品。该装置是自动分拣系统的主体，在输送装置的两侧，一般要连接若干分拣道口，使分好类的物品滑下主输送机(或主传送带)以便进行后续作业。

4. 分拣道口

分拣道口是指已分拣物品脱离主输送机(或主传送带)进入集货区域的通道，一般由钢带、皮带、滚筒等组成滑道，使物品从主输送装置滑向集货站台，在那里由工作人员将该道口的所有物品集中后或是入库存储，或是组配装车并进行配送作业。

以上四部分装置通过计算机网络连接在一起，配合人工控制及相应的人工处理环节构成一个完整的自动分拣系统。

(四)自动分拣系统的适用条件

第二次世界大战以后，自动分拣系统逐渐开始在西方发达国家投入使用，成为发达国

家先进的物流中心、配送中心或流通中心所必需的设施条件之一。但因其要求使用者必须具备一定的技术、经济条件，因此，在发达国家，物流中心、配送中心或流通中心中不使用自动分拣系统的情况也很普遍。在引进和建设自动分拣系统时一定要考虑以下三个条件。

1. 一次性投资巨大

自动分拣系统本身需要建设短则 40～50 米、长则 150～200 米的机械传输线，还有配套的机电一体化控制系统、计算机网络及通信系统等。这一系统不仅占地面积大，动辄 2 万平方米以上，而且一般自动分拣系统都建在自动主体仓库中，这样就需要建 3～4 层楼高的立体仓库，并且库内需要配备各种自动化的搬运设施，这丝毫不亚于建立一个现代化工厂所需要的硬件投资。这种巨额的先期投入要花 10～20 年才能收回，如果没有可靠的货源作保证，则有可能使投资回收期更长。因此，发达国家以前建设的自动分拣系统大都由大型生产企业或大型专业物流公司投资，小企业则无力进行此项投资。

2. 对物品外包装要求高

自动分拣机只适于分拣底部平坦且具有刚性的包装规则的物品。袋装物品、包装底部柔软且凹凸不平、包装容易变形、易破损、超长、超薄、超重、超高、不能倾覆的物品不能使用普通的自动分拣机进行分拣。因此为了使大部分物品都能用机器进行自动分拣，可以采取以下两条措施：一是推行标准化包装，使大部分物品的包装符合国家标准(当然，国家标准应考虑物品机械分拣的需要)，分拣机设备也符合这一标准；二是根据所分拣的大部分物品的统一的包装特性定制特定的分拣机。但要让所有物品的供应商都执行国家的包装标准是很困难的，定制特定的分拣机又会使硬件成本上升，并且越是特别的，其通用性就越差。因此，公司要根据经营物品的包装情况来确定是否建或建什么样的自动分拣系统。

3. 业务量要大

自动分拣系统的开机成本比较大，开机后的运行成本也比较大，因此需要有相应的业务量支持，须保证开机后货源不断，使系统连续带负荷运行，以保证系统的使用效率。以一个具有 70 个分拣道口、每小时分拣 8000 件物品的大型自动分拣系统为例。如果一天开机 8 小时，则可分拣 64 000 件物品，每件物品平均重量按 30 千克计算，合 1920 吨，比一列有 50 节车皮、每节载重 30 吨的货运列车的载重量还要多。如果每天都保持这么大的负荷，就要求自动分拣系统使用者的物品配送业务要达到这种规模。

此外，自动分拣系统是适应“快速反应”物流系统而出现的一种具体的物流作业体系，其前提条件是与自动分拣系统相连接的其他系统也能做到快速反应，否则，即使分拣环节做到了快速反应也毫无意义。

二、自动化仓库

自动化仓库(Automated Storage & Retrial System，AS/RS)也称自动仓库、自动化立体仓库、自动化高架仓库、无人仓库、无纸作业仓库等，是第二次世界大战后随着物流与信息技术的发展而出现的一种新的现代化仓库系统。

(一)自动化仓库的产生和发展过程

生产力的高度发展是自动化仓库产生和发展的根本原因。随着生产力的高度发展，物品的数量和品种都在扩大，流转速度也在不断加快。据悉，当今世界商业经营的物品有 150 万种以上。我国在 20 世纪 80 年代初期，经营的物品也有 30 万种以上。仓库除了要完成保管任务外，还需完成物品的分类、集贸、加工、配送等任务以加速物品流转速度。老式仓库由于受建筑和作业特点的限制，不能满足上述各方面的要求。为了提高仓库的管理水平，实现物流管理的合理化，加快进出库速度，便于先进先出、吐陈储新，加快物品流通，建设和发展自动化仓库已成为必然趋势。

生产力的发展要求建造大量仓库，建造大量仓库就必然要占用大量土地。就目前来看，世界上大多数国家和地区或多或少都存在土地紧张的问题。近年来，土地紧张的国家和地区，土地价格上涨的速度很快。要建造仓库，人们不得不花大量资金去购买土地。据国外资料统计，土地费用占整个建筑费用的 15%左右，而建造普通仓库比建造自动化仓库的土地占用要多 3～5 倍。在这种情况下，人们提出了“向空间要货位”“向空间要仓库”的口号，推动了仓库向高空发展。目前世界上最高的仓库高达 40 余米，普通仓库也在 10～20 米之间。仓库的高度化，使仓库的仓储面积相应增加，而建筑面积的土地费用相应下降。

巷道堆垛起重机的出现，解决了向高层货架选取货物的难题。在仓库作业中，物品的进出库都必须通过装卸搬运来完成。随着生产力的发展，企业生产的物品越来越多，仓库的搬运量也越来越大。为了能缩短物品的搬运时间，使物品尽快进入消费，人们只能在仓库的机械化和自动化上寻找出路。同时，仓储企业为了减少自身物品搬运费用，力求提高生产效率，节省费用，使用占用人力少的机械代替那些效率低、费用多、占用人力多的机械。巷道堆垛起重机不仅具备上述优点，而且能够快速、准确地完成向高层货架送取货物的任务。它的出现为自动化仓库的建设提供了物品搬运条件。

电子计算机在物流部门中的应用立即引起了人们的重视，它的应用范围越来越广泛。将电子计算机应用到仓储作业中，可改变以往传统的手工管理方式，为仓库的自动化开辟广阔的前景。

1. 大量仓储

一般自动化仓库的货架高度为 15 米左右，最高达 44 米，拥有货位数可多达 30 万个，可仓储 30 万个托盘，以平均每托盘货物重 1 吨计算，一个自动化仓库可同时仓储 30 万吨货物。意大利 Benetton 公司只需建造这样一个自动化仓库，就可以承担向全球 60 个国家的 5000 多家 Benetton 店铺配送物品的任务。

2. 自动存取

自动化仓库的出入库及库内搬运作业全部实现由计算机控制的机电一体化即自动化。比如，在意大利 Benetton 公司拥有 30 万个货位的自动化仓库中，每天的作业只需八个管理人员，他们主要负责货物存取系统的操作、监控、维护等。只要操作员给系统以出库拣选、入库分拣、包装、组配、仓储等作业指令，该系统就会调用巷道堆垛机、自动分拣机、自动导向车及其配套的周边搬运设备协同动作，完全自动地完成各种作业。在这一系统中凝结着大量的现代信息技术。

(二)自动化仓库的分类

(1) 按仓库的建筑形式分：整体式自动化仓库和分离式自动化仓库。

(2) 按仓库高度分：仓库高度在 12 米以上为高层自动化仓库；仓库高度在 5～12 米为中层自动化仓库；仓库高度在 5 米以下为低层自动化仓库。一般高度在 5 米以上的，称为“立体”仓库。

(3) 按仓库容量分：托盘数量在 2000 个以下的仓库，为小型自动化仓库；托盘数量在 2000～5000 个的仓库，为中型自动化仓库；托盘数量在 5000 个以上的仓库，为大型自动化仓库。

(4) 按控制方法分：可分为手动控制的自动化仓库、电子计算机控制的自动化仓库。

(5) 按货架形式分：可分为固定货架式自动化仓库、重力货架式自动化仓库。重力货架式是借助重力作用，使货物自动从一端进，另一端出。

(三)自动化仓库的组成

1. 货架

货架一般为钢铁结构构成仓储物品的单元格，一般单元格内存放托盘和货物。一个货位的地址由其所在货架的排数、列数及层数来唯一确定，自动出入库系统据此对所有货位进行管理。

2. 巷道机

在自动化仓库林立的二排高层货架之间一般留有 1～1.5 米宽的巷道。巷道机在巷道内作来回运动，巷道机上的升降平台可做上下运动，升降平台上的存取货装置可对巷道机和升降机确定的某一个货位进行货物存取作业。

3. 周边搬运系统

周边搬运系统所用的机械有输送机、自动导向车等，其作用是配合巷道机完成货物的输送、转移和分拣等作业。同时，当高架仓库内主要搬运系统因故障停止工作时，周边设备可以发挥作用，使自动化仓库继续工作。

4. 控制系统

自动化仓库的计算机中心或中央控制室接收到出入库信息后，由管理人员通过计算机发出出入库指令，巷道机、自动分拣机及其他周边搬运设备即按指令启动，共同完成出入库作业。管理人员对此过程进行全程监控和管理，保证存取作业按最优方案进行。

(四)自动化仓库的使用效益

1. 自动化仓库可以节省劳动力，节约用地

由于自动化仓库采用了电子计算机等先进的控制手段和高效率的巷道堆垛起重机，使仓库的生产效益得到了较大的提高。往往一个很大的仓库只需要几个工作人员，人员的使用权仅限于自动化仓库的管理、监控和维护，作业可以做到无人化，因此可大大节约劳动力。与普通仓库相比，自动化仓库可节约 80%的工作人员。同时，仓库的劳动强度大大减

轻，劳动条件也得到了改善。自动化仓库的高层货架能合理地使用空间，使单位土地面积存放货物的数量得到提高。一般自动化仓库的高度都在 15 米以上，尤其是 15～20 米的居多，与单层仓库相比，单位面积的仓储空间可增加七倍以上，达到 12.5 平方米，可节约 80% 的土地。在相同的土地面积上，建设自动化仓库要比建设普通仓库的存储能力高出几倍，甚至十几倍。这样在相同仓储量的情况下，自动化仓库节约了大量的土地。

2. 自动化仓库出入库作业迅速、准确，缩短了作业时间，仓储效率高

现代化的物品流通要求快速、准确。自动化仓库由于采用了先进的控制手段和作业机械，采用最快的速度、最短的距离送取货物，使物品出入库的时间大大缩短。同时，仓库作业准确率高，仓库与供货单位、用户能够有机地协调，这有利于缩短物品流通的时间。自动化仓库的货位可随机仓储物品，而不需像传统仓库管理系统那样预留货位、进行严格的分区分类，因此，货位使用效率大大地得到了提高。自动化仓库的单位面积仓储量一般可比普通仓库增加 3～6 倍。

3. 提高仓库的管理水平

由于电子计算机控制的自动化仓库结束了普通繁杂的台账手工管理办法，使仓库的账目管理以及大量资料数据通过计算机存储，随时需要，随时调出，既准确无误，又便于情报分析。从库存量上，自动化仓库可以将库存量控制在最经济的水平上，在完成相同的物品周转量的情况下，自动化仓库的库存量可以达到最小。

4. 自动化仓库有利于物品的保管

在自动化仓库中，存放的物品多、数量大、品种多样。由于采用货架——托盘系统，物品在托盘或货箱中，使搬运作业安全可靠，避免了物品包装破损、散包等现象。自动化仓库有很好的密封性能，为调节库内温度、搞好物品的保管养护提供了良好的条件。在自动化仓库中配备报警装置和排水系统，仓库可以预防和及时扑灭火灾。

(五)影响自动化仓库使用的因素

自动化仓库在国外的应用已比较普遍。发达国家土地紧张、劳动力昂贵，发展自动化仓库有其技术、经济及社会合理性。但在我国经济还欠发达的情况下，使用这项技术必须考虑以下三个因素。

1. 应用环境

自动化仓库是社会、经济、技术综合发展到一定阶段的产物，适宜的外部环境是这一系统正确运行的关键条件之一。对于自动化仓库的各项技术我们都可以很快地从国外学到或引进来，但这个系统得以正常运转的外部条件，如信息的标准化与电脑化、上游与下游客户的信用程度、供应链的运转效率、业务的均衡性等都不能从国外移植过来，必须逐步创造，同时还须对国外技术进行本土化改造。

2. 土地、劳动力

日本积极发展自动化仓库主要是为了解决其土地资源极其贫乏的问题，美国则主要是

为了节约劳动力。我国这两方面的资源均较充足，因此从可行性方面讲，在我国更适宜发展有五层以内货架的半机械化存取系统，以此作为配送中心的主体。这样既可以提高土地利用率，也可提高作业效率，同时还为更多的劳动力提供了就业机会，比较符合我国国情。

3. 投资的经济性

一个完整的自动化仓库的建立需要在土地、货架、巷道机、自动分拣线、自动导向车、计算机系统等方面进行大量的一次性投资，投产后虽然可以获得如前所述的种种收益，但那是发达国家的经验，在德国投资建设一个有1000个货位的自动分拣系统，3年就可收回全部投资，这在我国则是不敢想象的。国内企业在投资前一定要进行符合实际的投入与产出、投资回收期分析。

三、现代仓储业的发展趋势

在现代物流中，仓储的作用已由仓储、保管物品的使用价值，转变为物品流转中心向集散物品、分送物品、加速物品的流转速度的方向发展，这也是商品市场经济发展的需要。现在，一些仓库已进一步向配送中心发展。通过配送，可以加速我国仓储业的改革，并使之发生以下变化。

1. 物品由静态仓储变为动态仓储

一般的仓储业是以仓储、保管为宗旨，可称为静态仓储。而现代的仓储业则向流转中心发展，可集保管仓储、流通加工、分类、拣选、物品输送等为一体，称为动态仓储。

2. 仓储业由储备型转为流通型

一般的仓储业是以仓储物品为中心的经营机构，而现代的仓储业的经营活动则由原来的储备型转变为流通型。现代的仓储业不仅可以做到使物品的使用价值完好无损，而且还可以做到保证货源充足、品种齐全、供应及时、送货上门等。

3. 仓储业从被动服务转向主动服务

一般的仓储业是以物品的数量、质量为中心开展的，其经营方式是等客上门。存货单位对仓库的要求是保质、保量、保安全，这时仓储业为社会提供的服务是被动的服务。现代仓储业向配送中心发展后，可以做到“门对门”的服务。现代仓储业要主动地了解用户的需求状况，以满足用户的各种要求。

4. 仓储业工作者知识结构由低层次向高层次转变

一般的仓储业以保管、仓储为中心的经营方式，对管理者知识层次的要求总体不高。现代的仓储业要求管理者在知识层次上要实现低层次向高层次的转变，这样才能适应仓库动态管理的客观要求。

本章小结

所谓仓储，就是把剩余产品储存在仓库里，进行备用和交换。随着物流的发展，仓库除了对产品保管外，还增添了对产品的分类、挑选、整理、加工、包装、配送等活动，从而增加了产品的价值，创造了物流的时间效用、空间效用，提高了物流业的效率。

仓库的规划布局包括仓库的分类、数量决策、仓库的规模与选址、仓库的面积及参数的确定。仓库的业务流程是指以保管活动为中心，从商品开始入库到按需要把商品全部出库的全过程。货物的入库业务包括以下四个环节：入库前的准备、接收、验收和入库。货物的保管业务也是仓储业务的重要环节，要进行存储的规划、货物的堆码和苫垫，最后是对货物的检查和盘点。货物的出库是仓储业务的最后一个环节，出库的方式有三种：货物自提、送货上门和代理托运。

仓储合理化可采取合理化措施，所体现的标志有质量标志、数量标志、时间标志、结构标志、分布标志和费用标志等。库存量的控制与优化的具体措施有ABC分类控制、经济订购批量模型和零库存。

现代物流仓储发展趋势主要有自动分拣系统和自动化仓库等。

复习思考题

一、多项选择题

1. 仓储管理的主要意义有(　　)。

   A. 创造时间效用　　B. 创造空间效用

   C. 降低物流成本　　D. 保存商品的价值和使用价值

2. 实现对库存量的控制和优化的具体措施有(　　)。

   A. 估算法　　B. 采用ABC控制法

   C. 经济订购批量　　D. 实现零库存

二、判断题(正确的用√表示，错误的用×表示)

1. 储存合理化就是用最经济的办法实现储存的功能。　　(　　)
2. 零库存最早是在20世纪60年代由美国福特公司提出来的。　　(　　)

三、简答题

1. 仓储在物流中有哪些功能和作用？
2. 仓库布局与设计的主要内容有哪些？
3. 简述仓储作业流程及主要作业。
4. 简述合理化仓储的标志与意义。
5. 如何对库存进行ABC分类管理。
6. 简述现代物流仓储业的发展趋势。

参考文献

1. 周在青. 物流业务管理. 上海：上海财经大学出版社，2003
2. 李雪松，张理. 现代物流作业管理. 北京：北京大学出版社，2004
3. 茅宁. 现代物流管理概论. 南京：南京大学出版社，2004
4. 陆岚. 物流管理基础理论. 北京：机械工业出版社，2004
5. 单日源. 现代物流管理. 长沙：湖南大学出版社，2003
6. 兰丕武. 现代物流管理导论. 北京：经济科学出版社，2005

第四章　采 购 管 理

本章导读：

所谓采购，一般认为是指采购人员或者采购单位基于某种目的和要求购买商品或劳务的一种行为，它具有明显的商业性。通俗地讲，采购是一种常见的活动，从日常生活到企业运作，人们都离不开它。事实上，无论对个人还是企业而言，生活或生产所需的各种物质，已经不能“自给自足”，必须依靠“采购”来获得满足，“采购”变成了一项不可或缺的经济活动。随着制造全球化以及外包生产与服务的迅猛发展，采购已由单纯的商业买卖发展成为一种职能、一门专业，以及一种可以为企业节约成本、获取利润的重要手段。当今的一些成功企业已把采购看作是一种具有重大战略意义的活动。

学习目标：

通过对本章的学习，了解和掌握采购的定义、分类、程序以及采购管理的业务内容、目标和组织模式等知识；了解采购计划的定义、分类及其影响因素，重点掌握采购计划的编制；熟悉采购作业流程的基本步骤及注意事项；了解采购成本的相关知识，掌握采购成本控制的方法。

关键概念：

采购(Purchasing)
采购联合体(Purchasing Combination)
采购计划(Purchasing Plans)
采购作业流程(Purchasing Process)
采购价格(Purchasing Price)
采购成本(Purchasing Cost)

第一节　采购管理概述

一、采购与采购管理

采购(Purchasing)，通俗地讲就是买东西；扩展开来就是指企业为实现企业目标，在充分了解市场商品要求的情况下，根据企业的需求和经营能力，运用适当的采购策略和方法，通过等价交换取得适销对路商品的经济活动的过程。在进行采购时，企业可以自由地选择产品，衡量产品的质量、价格、包装、运输、服务等。采购是企业物流管理的起始点，它使企业商品供应计划得以具体实现。企业通过采购活动可以掌握适合生产和消费的各类货物或商品，并通过生产和销售实现商品的价值和使用价值。因此，搞好采购工作对于保障生产和市场供应、稳定物价水平、提高消费水平具有举足轻重的作用。

所谓采购管理(Purchasing Management)，是指为保障企业物资供应而对企业采购进货活动进行的计划、组织、指挥、协调和控制等的管理活动。采购管理是站在采购方的立场上，追求采购工作的顺利进行和整体效益。它既包括对采购活动的管理，也包括对采购人员和采购资金的管理。

采购管理和采购是有区别的。采购管理是对整个企业采购活动的计划、组织、协调和控制活动，是管理活动，是面向整个企业的，不但面向企业全体采购员，而且也面向企业的组织其他人员(进行有关采购的协调配合工作)，一般由企业的采购科长来承担。其使命就是要保证整个企业的物资供应。其权力是可以调用整个企业的资源。相对来说，采购只是其具体的采购业务活动，是作业活动，一般是由采购人员承担的工作，只涉及采购人员个人。其使命就是完成采购科长布置的具体采购任务。其权力，只能调动采购科长分配的有限资源。采购管理本身，可以直接管到具体的采购业务的每一个步骤、每一个环节、每一个采购员，所以采购和采购管理之间也是有联系的。

(一)采购的分类

人类采购活动的出现，是社会分工及生产力发展的必然结果。依据不同的标准对采购进行分类，有助于企业依据每一种采购的特点，合理选择采购方式。采购有不同的分类标准，下面介绍几种常见的分类方法。

1．按采购的对象分类

采购按采购的对象可分为以下两类。

1)　有形物品采购

采购的物品有：①主要原材料；②辅助原材料；③机具及设备；④办公用品。

2)　无形物品采购

采购的物品主要为技术、服务及工程发包。服务又包括售前服务、售后服务、专业服务和后勤服务。

2．按照采购的时间分类

企业的物资采购，按照采购商与供应商之间交易时间长短不同一般分为以下两类。

1)　长期合同采购

长期合同采购是指采购商和供应商通过合同来稳定双方的交易关系，合同期一般在一年以上。在合同期内，采购方承诺应由供应方采购其所需产品，供应方承担保证采购方在数量、品种、规格、型号等方面的需要。长期采购合同的优点为：①有利于增强双方的信任和理解，建立稳定的供需关系；②有利于降低双方为价格洽谈的费用；③有明确的法律保证，维护双方各自的利益。但是，长期合同采购也存在明显不足：一是价格调控困难，如在市场供求关系变化时，采购方要求供应商调整价格有一定难度；二是合同数量固定，采购数量调整有难度；三是采购人员形成了对供应商的依赖，缺乏创新意识，在合同期内，采购商有了更好的供货渠道，也将会影响采购商的选择。长期合同采购主要适用于采购方需求量大且需求连续不断的物资，如企业的主要原材料、燃料和动力等。

2)　短期合同采购

短期合同采购是指采购商和供应商通过合同，实现一次交易，以满足生产经营活动的需要。短期采购双方之间关系不稳定，采购产品的数量、品种随时变化，对采购方来讲有较大的灵活性，能够依据变化的市场环境调整供应商。但由于这种不稳定性，会出现价格洽谈、交易及服务等方面的不足。短期合同采购适用以下四种情况：①非经常消耗的物品，如机器设备、车辆、电脑等；②补缺产品；③价格波动大的产品；④质量不稳定的产品，如农产品、试制的新产品等。

3. 按照价格分类

采购按照价格可分为以下六类。

1) 招标采购

招标采购是指将货物采购的所有条件(如物资名称、规格、品质要求、数量、交货期、付款条件、处罚规则、投标押金、投标资格等)详细列明，刊登公告。投标厂商按公告的条件在规定的时间内交纳投标押金，参加投标。

2) 询价现购

询价现购是指采购人员选取信用可靠的厂商将采购条件讲明，询问价格或寄发询价单并促请对方报价，比较后现价采购。

3) 比价采购

比价采购是指采购人员请数家厂商提供价格，从中加以比价后决定厂商，进行采购。

4) 议价采购

议价采购是指采购人员与厂商经讨价还价后议定价格，进行采购。一般来说，询价、比价和议价是结合使用的，很少单独进行。

5) 定价收购

定价收购是指购买物资数量巨大，非几家厂商所能全部提供的。一般来说，当市场上某物资匮乏时，则定价现款收购。

6) 公开市场采购

公开市场采购是指采购人员在公开交易或拍卖时随机采购。因此，在大宗采购物资时，价格变动频繁。

4. 按采购主体分类

我们从逻辑上把采购按采购主体分类，则可以形成一个采购主体类型体系，如图 4.1 所示。

1) 个人采购

个人采购是指个人生活用品的采购。它一般是单一品种、单次、单一决策、随机发生的，带有很大的主观性和随意性，即使采购失误，也只影响个人，造成的损失不至于太大。

2) 集团采购

集团采购，一般是指两个以上的人共用用品的采购。它一般是多品种、大批量、大金额、多批次甚至持续进行的，直接关系到多人的集团利益，所以，往往由集团决策。一旦采购决策失误，将对集团造成损失，因而损失较大。家庭采购可以算是集团采购。但典型的集团采购主要是指企业采购、政府采购、事业单位采购和军队采购等。其中企业采购又分为流通企业采购和生产企业采购。

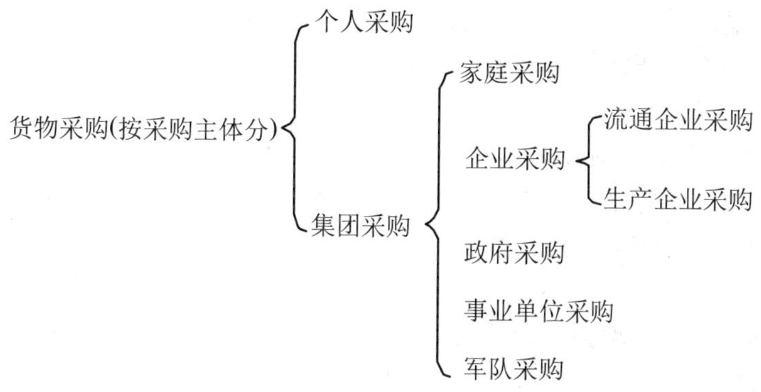

图 4.1 按采购主体分类

5. 按照采购方法分类

物资采购按采购方法，可以分为传统采购和科学采购两大类。科学采购又包括订货点采购、MRP 采购、准时化(JIT)采购、供应链(SCM)采购和电子商务(EC)采购等，如图 4.2 所示。

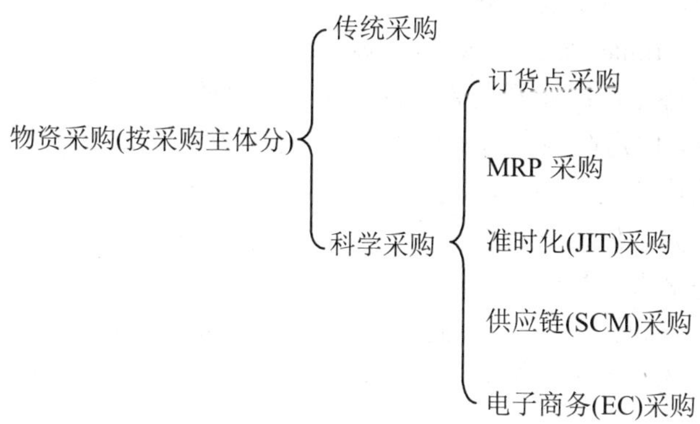

图 4.2 按采购方法分类

1) 传统采购

传统采购是企业一种常规的业务活动过程。即企业根据生产需要，首先，由各需要单位在月末、季末或年末编制需要采购物资的申请计划；然后，由物资采购供应部门汇总成企业物资计划采购表，报经主管领导审批后，组织具体实施；最后，所需物资采购回来后验收入库，组织供应，以满足企业生产的需要。传统采购模式以各个单位的采购申请单为依据，以填充库存为目的，管理比较简单、粗糙、市场信息不灵、库存量大、资金占用多、库存风险大，经常出现供不应求的情况，影响企业生产经营活动的正常进行。因此，现在许多企业采取订货点采购、JIT 采购、MRP 采购、SCM 采购和 EC 采购等科学采购技术来完成采购任务，实现采购目标。

2) 科学采购

(1) 订货点采购，就是密切根据需求的变化和订货提前期的多少，精确确定订货点、订货批量或订货周期、最高库存水准等，建立起连续的订货启动、操作机制和库存控制机制，达到既满足需求又使库存总成本最小的目的。这种采购模式以需求分析为依据，以填充库存为目的，采用一些科学方法，兼顾满足需求和库存成本控制的实际，原理比较科学，操作比较简单。但是由于市场的随机因素多，使该方法同样具有库存量大、市场响应不灵敏的缺陷。

(2) JIT采购，也称准时化采购(Just in Time Purchasing)或即时化采购，是一种完全以满足需求为依据的采购方法。需求方根据自己的需要，对供应商下达订货指令，要求供应商在指定的时间，将指定的品种、数量送到指定的地点。企业实施JIT采购可以大幅度减少库存，使库存趋近零库存，不但缩短了采购时间、节约了采购过程所需的资源，而且提高了企业的劳动生产率、增强了企业的竞争能力。即时化采购是受即时制生产(JIT)管理思想的启发而出现的。即时制生产方式最初是由日本丰田汽车公司在20世纪60年代率先使用的。在20世纪70年代爆发的危机中，这种生产方式使丰田公司渡过了难关，因此受到了日本国内和其他国家生产企业的重视，并逐渐引起了欧洲和美国的日资企业及当地企业的注意。近年来，JIT模式不仅作为一种生产方式，而且作为一种采购模式开始流行起来。

(3) MRP采购(Material Requirement Planning Purchasing)，主要应用于生产企业。它是生产企业根据主生产计划和主产品的结构以及库存情况，逐步推导出生产主产品所需要的零部件、原材料等的生产计划和采购计划的过程。这个采购计划规定了采购的品种、数量、采购时间和进货时间，计划比较精细、严格。

(4) EC采购(Electronic Commerce Purchasing，电子商务采购)，是在电子商务环境下的采购模式。它的基本特点是：在网上寻找供应商和所需的商品，网上洽谈贸易，网上订货甚至在网上支付货款，但是在网下送货进货。这种模式的好处在于扩大了采购市场的范围，缩短了供需距离，简化了采购手续，减少了采购时间和采购成本，提高了工作效率，是一种很有前途的采购模式。但是它有赖于电子商务的发展和物流配送水平的提高，而这两者又取决于整个国民经济水平和科技进步的水平。

(5) SCM采购(Supply Chain Management Purchasing，供应链采购)，是一种供应链机制下的采购模式。采购不再由采购者操作，而是由供应商操作。采购者只需把自己的需求规律信息即库存信息向供应商连续、及时地传递，供应商根据自己产品的消耗情况不断、及时、连续、小批量地补充库存，以保证采购者既满足需要又使总库存量最小。供应链采购对信息系统、供应商操作要求都比较高。它是一种科学、理想的采购模式。

(二)采购联合体

所谓采购联合体，是指由两家或多家独立企业的采购商联合起来，形成一个采购主体向某供应商采购共同需要的商品的一种新型采购方式。采购联合体在非营利性组织中较多使用，如教育机构、公共医疗机构进行的联合采购，这种由不同企业、组织组成的采购联合体也称采购方横向联盟。其优点主要有：①可以扩大采购规模，实现批量采购；②可以减少交易次数，提高交易效率；③可以获得价格折扣，降低采购成本；④可以形成买方垄断，促使供应商提高质量；⑤可以共享市场商品采购信息。

【案例】

“科龙”和“小天鹅”经过协商，达成了联合采购的意向，通过联合，重要目标是降低采购成本。第一步是通过电子商务采购，共同推出由双方合作、第三方独立运营的“易

达网”和“易联网”，同时兼容 B-to-B 和 B-to-C 两种模式。B-to-B 为商业对商业，将供应商纳入网络中，通过电子商务签订采购合同下订单；B-to-C 是企业对消费者，通过网络互动满足消费者的个性需求。通过这两个网，“科龙”和“小天鹅”实现了资源整合，共享采购信息资源，逐步实现联合共同采购，以降低采购成本。仅从采购费用的角度来看，这种联合采购模式可为制造商节约 10%～15%的采购费用，为供应商增加 20%～30%的供应量。

(资料来源：余启军. 经济问题，2001(9))

(三)采购的程序与内容

1. 采购的一般流程

采购流程是指有生产需求的企业购买生产所需的各种原材料、零部件等物料的全过程。采购作业过程往往会因采购货物来源、采购方式以及采购对象等不同，在具体细节上存在若干差异或不同，但是基本作业过程大同小异。通常采购流程由以下七个步骤组成(见图 4.3)。

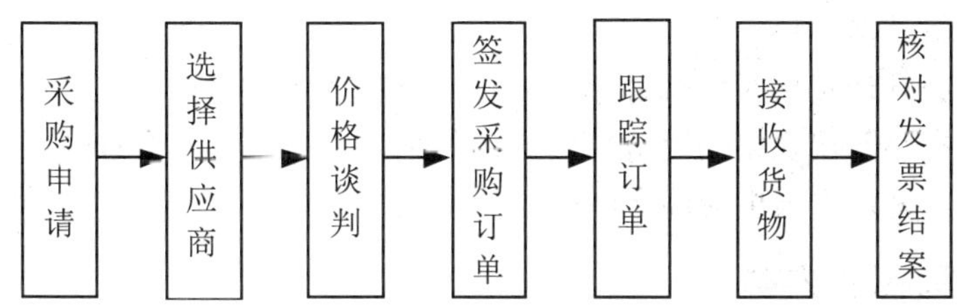

图 4.3 采购的一般流程

1) 采购申请

采购申请必须严格按生产或客户的需要以及现有库存量，对品种、数量、安全库存量等因素做科学的计算后才能提出，并且要有审核制度，规定哪些物资、多大的采购资金必须经过哪级主管的批准才有效。通过对采购申请环节的控制，可以防止随意和盲目采购。

2) 选择供应商

在现代市场经济中，买方市场占有相当比例。在货物采购时，市场上往往有多家供应商可供选择，此时买方处于有利地位，货比多家。此时，应该尽可能地列出所有的供应商清单，并向拟购材料的各供应商征询报价单，在收到报价单后要进行科学的分析，挑选合适的供应商。

3) 价格谈判

价格一直是采购中的敏感问题，它是由市场供需情况决定的，任何一方都不可能为维护自身利益而随意要价，否则将导致货物交易失败。另外，采购不仅是单一的价格问题，还有质量、交货时间与批量、包装与运输方式、售后服务等问题，同样要求买卖双方必须综合权衡利弊，定出令双方满意的价格，促其成交。

4) 签发采购订单

采购订单相当于合同文本，具有法律效力。签发采购订单时必须十分仔细，每项条款都应认真填写，关键处的用词须反复推敲，要保证表达简洁、含义明确。对于采购的每项物品的规格、数量、价格、质量标准、交货时间与地点、包装标准、运输方式、检验形式、索赔条件等都应该一一审定。

5) 跟踪订单

采购订单签发后，为求供应商如期、保质、保量交货，应对订单的执行情况进行跟踪，以便及时督促供应商按规定交货。这样可以防止对方发生违约事件，以保证订单顺利执行，货物按时进库。另外，对订单实施跟踪还可以随时掌握货物的动向，万一发生意外事件，可及时采取措施，避免不必要的损失或将损失减至最小。

6) 接收货物

供应商利用不同运输方式将货物送至采购方指定的地点，采购方根据送至货物认真验收。验收时一般有以下五点要求。

(1) 确定验收时间或日期。

(2) 验收工作应按照合约内容进行，以确定是否完全符合合约要求。

(3) 确定验收人员和负责人员。

(4) 验收时，如发现货物存在质量或其他方面的问题，应及时通知供应商处理。

(5) 验收单据由验收人员签署，并对此负全部责任。

7) 核对发票结案

支付货款前必须认真核对采购订单、验收的货物清单或单据、支付发票是否一致，确认后连同验收单据，开出保票向财务部门申请付款，财务部门经会计业务处理后通知银行正式付款。此时，采购方与供应商之间的业务事宜结束。

2. 采购管理的业务内容

为了实现采购管理的基本职能，采购管理需要有一系列的业务内容和业务模式，如图 4.4 所示。

1) 采购管理组织

采购管理组织，是采购管理最基本的组成部分。为搞好企业复杂繁多的采购管理工作，需要有一个合理的管理机制、一个精悍的管理组织机构以及一些能干的管理人员和操作人员。采购管理组织结构的确定，将明确采购管理的权限、职权范围、审批权限、工作内容等，有利于采购管理工作的顺利开展。建立一个采购管理组织，要结合企业的具体情况，深入分析企业采购管理职能、任务与内容，根据精简和高效的原则，设立职能、岗位、责任和权利，选择配备合适的人选，建立他们之间的关系，组成一个采购管理组织。

2) 需求分析

需求分析就是要弄清楚企业需要采购什么、采购多少、何时采购等问题，涉及全厂各个部门、各道工序、各种材料、设备、工具以及办公用品等各种物资。其中最重要的是生产所需的原材料，因为企业对原材料的需求量大、持续性和时间性强，最直接影响生产的正常进行。作为全企业的物资采购供应部门，应当掌握全企业的物资需求情况，制订物料需求计划，从而为制订科学合理的采购订货计划作准备。

3) 资源市场分析

资源市场分析，就是根据企业所需求的物资品种分析资源市场的情况，包括对资源分布情况、供应商情况、品种质量、价格情况、交通运输情况的分析等。资源市场分析的重

点是供应商分析和品种分析。在对资源市场进行分析时，要结合自身需求对市场中存在的所有物资状况进行全面细致的调查，为制订物资采购计划做好准备。

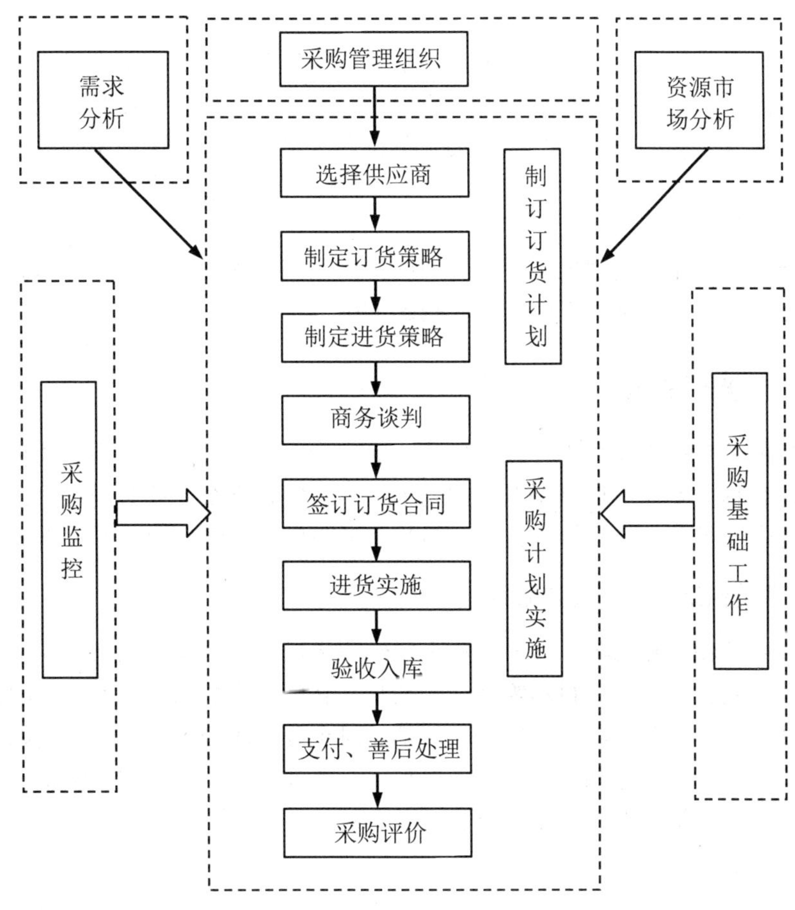

图 4.4 采购管理内容

4) 制订采购计划

制订采购订货计划，就是要根据需求品种情况和供应商的情况，制订出切实可行的采购订货计划。它包括选择供应商、供应品种、具体的订货策略、运输订货策略以及具体的实施进度计划等，具体解决何时订货、订购什么、向谁订、怎样订、怎样进货、怎样支付等一些具体的计划问题。

5) 采购计划实施

采购计划实施，就是把上面制订的采购订货计划分配落实到人，根据既定的进度实施。它具体包括联系指定的供应商、进行贸易谈判、签订订货合同、运输进货、到货验收入库、支付货款以及善后处理等。采购计划的实施需要采购人员有较好的沟通能力和较高的专业知识，计划实施的好坏将直接影响整个采购工作。

6) 采购评价

采购评价，就是在一次采购完成后对这次采购的评估，以及对一定时期内的采购活动的总结与评价。它主要包括评估采购活动的效果、总结经验教训、找出问题、提出改进方案等。通过总结评估，可以肯定成绩、发现问题、制定措施、改进工作，这有利于采购部门不断提高采购管理水平。

7) 采购监控

采购监控，是指对采购活动进行的监控活动，包括对采购的有关人员、采购资金、采购事务活动的监控。为了搞好采购控制，就要创造一个良好的采购控制基础条件，加强采购人员的素质管理，适当提高采购人员的工资待遇，建立健全采购规章制度，建立采购控制制度。

8) 采购基础工作

采购基础工作，是指为建立科学、有效的采购系统，需要建立的一些基础建设工作，包括管理基础工作、软件基础工作和硬件基础工作。

二、采购管理的目标

采购管理的总目标可概括为：以最低的总成本为企业提供满足其需要的物料和服务。显然，上述总目标的实现不仅是采购部门的事情，它需要整个企业共同努力。但在某一时期，企业可能专注于某一个具体的目标。因此，采购总目标可分为以下六个子目标。

1．为企业提供所需的物料和服务

提供不间断的物料和服务，以便使整个组织正常运转，这是采购部门的第一任务，是采购管理最基本的目标。原材料和零部件的缺货、必须支出的固定成本带来的运营成本的增加以及无法向顾客兑现做出的交货承诺，都将对企业造成极大的损失。例如，没有外购的轮胎，汽车制造商不可能制造出完整的汽车；没有外购的手术器械，医院也不可能进行手术。可见，采购部门首先必须保证企业所需物料和服务的提供。

2．提高企业的竞争力

采购部门可以向新产品设计部门和生产技术部门提供市场上有关的正在发生和可能发生的变革；可以通过供应商获得一些关于设计、速度和成本改进方面的意见，并将这些意见反馈到决策过程之中。

3．保持并提高质量

为了生产所需的产品或提供服务，每一项物料的投入都要达到一定的质量要求，否则最终产品或服务将达不到期望的要求或是其生产成本远远超过可以接受的程度。例如，一个质量较差的弹簧被安装到柴油机车的刹车系统上，其成本仅仅要 90 美分。但是，如果在这部机车的使用过程中，这个有缺陷的弹簧出了毛病，那么，拆卸重置等成本就会变成上百美元。

4．力争最低的成本

在一家典型的企业中，企业采购部门的活动消耗的资金最大。除此之外，企业采购活动的经济杠杆效用也非常明显。尽管“价格购买者”一词由于意味着其在采购时所关注的唯一因素是价格而一般被人理解为贬义词，但是当确保质量、发送和服务方面的要求得到

满足时，采购部门还是应该全力以赴地以最低的价格获得所需物料和服务。在物资采购中的每个环节、每个方面都会发生各种各样的费用，因此在物资采购的全过程中，企业要运用各种各样的采购策略，使总采购费用最小。

5. 发现或发展有竞争力的供应商

一个采购部门必须有能力发现或发展供应商并分析其能力，从中选择合适的供应商并且与其一起努力，对流程进行持续的改进。

6. 树立企业形象

企业可以通过采购工作建立和维护本企业的良好形象。因为采购是企业的对外工作，同销售工作一样，采购在很大程度上对外代表着企业的形象。因此，采购部门必须以公正、良好的态度发展企业与供应商的关系，树立企业的良好形象。

三、采购管理的组织模式

采购部门的组织模式主要有分权式、集权式和混合式三种。

(一)分权式的采购组织

1. 组织特点

企业把与采购相关的职责和工作分别安排不同的部门来执行。例如，物料或商品需求计划可能由制造部门或者销售部门来拟订；采购工作可能由采购部门或者销售部门掌管；库存责任则可能将成品归属销售部门、在制品归属制造部门、原料或零件归属于物料或仓储部门。

对于规模较小、产品结构较单一的企业，如单一的工厂或企业，设置这种组织模式的采购部门比较好。通过设置单一的采购部门并直接向总经理汇报工作，如图 4.5 所示。

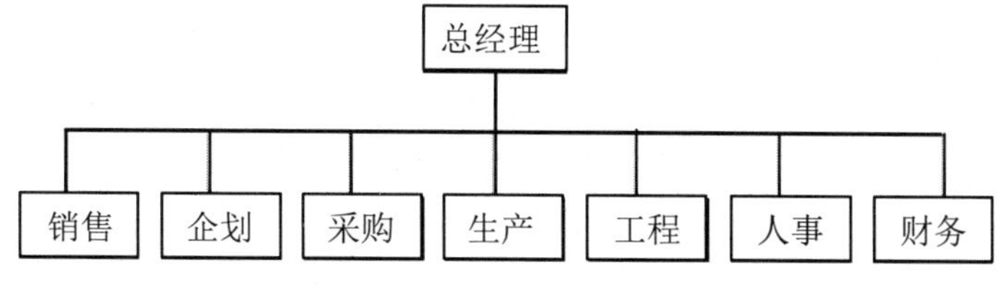

图 4.5 分权式组织模式示意图

2. 缺点

(1) 权责不清。由于整个物料管理的功能细分化，工作显得零乱复杂，个别部门之间的职责也变得不明确。例如，交货期限的延误，原因在于采购作业效率太差，或是前一阶段的物料需求计划不当，或是后一阶段的催货不力，经常会争议不休而互相推诿，几乎找不到负责解决问题的部门。

(2) 目标冲突。各个部门的立场不同，工人目标未必一致，因此，难免造成本位主义，妨碍了横向的沟通与协调。例如，采购部门为了获取以量定价的利益，会选择大批进货的方式，从而造成仓储部门的库存压力大增，而物料需求计划也变为空谈。

(3) 浪费资源。各部门之间重叠的工作项目，例如，追踪物料供需动态、与供应商交涉送货、通货、物料作业电脑化等，如果没有统一指挥的单位，事务的进行就会造成叠床架屋，管理工作会更加复杂，人力、设备的投资成本会更高。

(二)集权式的采购组织

1. 组织特点

将采购相关的职责或工作，集中授予一个部门执行，这是为了要建立综合的物料体系，因而设立一个管理责任一元化的组织体系。这个体系称为物料管理部门或资材部，其主要工作包括生产管制(生产计划、物料管制)、采购(包括采购事务及跟踪和催货)及仓储(收发料、进出货、仓储、运送)等功能。

这种组织模式适用于一些规模较大的企业，如大型的跨国公司或国内的大型国有企业。通过设置独立的采购部门体系，并向分管采购的副总经理汇报工作，不仅满足了采购集中化的要求，也方便了公司的管理。这种组织模式如图4.6所示。

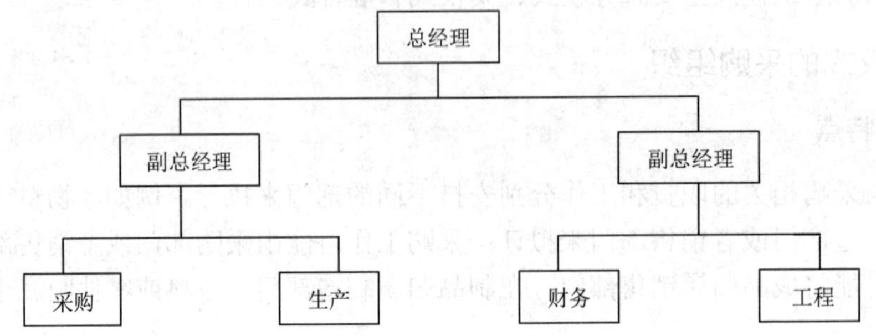

图4.6 集权式组织模式示意图

2. 优点

(1) 从整体观点处理各项作业，大幅度降低了物料成本。

(2) 统筹供需，增强采购能力，提升存量管制绩效。

(3) 指挥系统单一化，各物料部门之间的沟通与合作获得改善。

(4) 物料作业系统制度化与合理化，降低了管理费用。

(三)混合式的采购组织

在许多场合，企业基于战略目标的考虑，以及人事结构的安排，其采购组织可能是介于分权与集权之间的混合式模式。比如，为了达到零库存的目的，许多从事制造业的企业将采购部门的工作扩大，包含物料需求计划以及申请采购作业，但是未包含实际的仓储及运送功能。又如，许多从事批发或零售的企业为了推行“买卖一元化”的经营策略，采购部门的工作包括产品开发、市场调查、卖场规划、毛利率的控制等，采购部门俨然成为了利润中心的组织形态，超越了传统上视采购部门为整体物料管理系统中的一个子系统的观念，采购部门转变为独立的商品部。

对于一些规模大、产品种类多、原材料需求差异性大、各子公司的地理位置距离远的

企业，可采用这种集中分散的混合式采购设置模式。在公司总部设采购部，负责总公司采购战略和计划的制订，协调各子公司之间的采购行动。同时，在各子公司或某一地理区域分设采购部，以便于各子公司满足个性化的需求，保持同供应商之间的密切联系，以此促进公司的发展。混合式组织模式如图 4.7 所示。

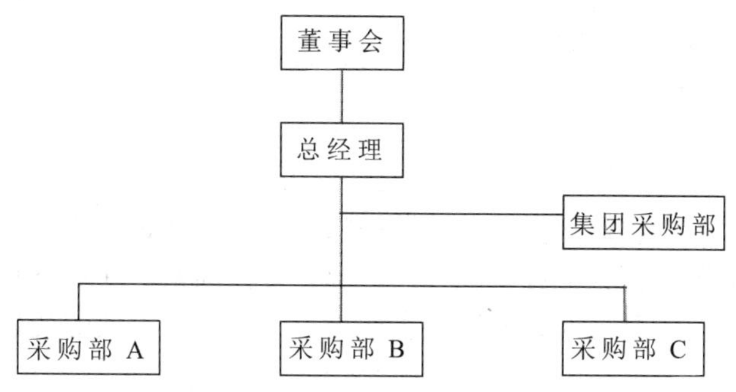

图 4.7　混合式组织模式示意图

第二节　采购计划与采购作业管理

一、采购计划

(一)采购计划的概念及分类

采购计划作为采购管理进行运作的第一步，是启动整个采购管理的开关，采购计划制订得是否合理、完善，直接关系到整个采购运作的成败。采购计划是根据市场需求、企业的生产能力和采购环境容量等确定采购的时间、采购的数量以及如何采购的作业。采购计划包括两部分内容：一是采购计划的制订；二是采购订单的制定。这两部分内容需要综合平衡，以保证物料的正常供应，并降低库存和成本。采购计划有广义和狭义之分，广义的采购计划是指为保证供应各项生产经营活动的物料需要量，而编制的各种采购计划的总称；狭义的采购计划是指年度采购计划，即对企业计划年度内生产经营活动所需采购的各种物料的数量和时间等所做的安排和部署。采购计划是企业生产计划的一部分，也是企业年度计划与目标的组成部分。

采购计划可以从不同的角度进行分类。

(1)　按计划期长短，可以把采购计划分为年度物料采购计划、季度物料采购计划、月度物料采购计划等。

(2)　按物料使用方向，可以把采购计划分为生产产品用物料采购计划、维修用物料采购计划、基本建设用物料采购计划、技术改造措施用物料采购计划、科研用物料采购计划、企业管理用物料采购计划等。

(3)　按物料自然属性，可以把采购计划分为金属物料采购计划、机电产品物料采购计划、非金属物料采购计划等。

(二)采购计划的影响因素

采购计划的制订不是随意的，而是在充分分析企业内外环境的基础上进行的。因此，采购计划的第一步是先确定影响计划编制的主要因素。在实际工作中，影响采购计划的主要因素有采购环境、年度销售计划、年度生产计划、用料清单、存量管制卡、物料标准成本的设定、生产效率和价格预期等。

1. 采购环境

采购活动不是发生在真空里，而是发生在一个充满大量不可控因素的环境中。这些因素包括外界的不可控因素，如国内外经济发展状况、人口增长、政治体制、文化及社会环境、法律法规、技术发展、竞争者状况等；内部不可控因素，如财务状况、技术水准、厂房设备、原料零件供应情况、人力资源及企业声誉等。这些因素的变化都会对企业的采购计划产生一定的影响。

2. 年度销售计划

在激烈的市场竞争中，企业根据市场销售情况确定生产经营规模。当市场没有出现供不应求时，企业年度的计划多以销售计划为起点，而销售计划的拟定，又会受到销售预测的影响。一般而言，生产计划根源于销售计划，若销售计划过于乐观，将使产量变成存货，造成企业的财务负债；反之，过度保守的销售计划，将使产量不足以供应顾客所需，丧失了创造利润的机会。因此，制订一份好的销售计划，也是保证企业正常经营的重要砝码。

3. 年度生产计划

生产计划决定采购计划，采购计划对生产计划的实现起着物料供应保证作用。企业采购部门应积极参与生产计划的制订，提供各种物料的资源情况，以便于企业领导和计划部门制订生产计划时参考。企业制订的生产计划要相对稳定，以免出现物料供应不上或物料积压的现象。

4. 用料清单

当今时代科技发展日新月异，产品工程变更层出不穷，使企业的用料清单往往难以做出及时的反应与修订，致使根据产量所计算出来的物料需求数量与实际的使用量或规格不尽相符，造成采购数量过多或过少、物料规格过时或不易购得，从而影响企业的生产经营。因此，为保证采购计划的准确性，必须依赖最新、最准确的用料清单。

5. 存量管制卡

由于应该采购的数量必须扣除库存数量，因此，存量管制卡记载是否正确是影响采购计划准确性的因素之一。这包括实际物料与账目是否一致，以及物料存量是否全为优良品。若账目上数量与仓库架台上的数量不符，或存量中并非全数皆为规格正确的物料，将使仓储的数量低于实际可取用的数量，所以采购计划中的应采购数量将会偏低。

6. 物料标准成本的设定

在编制采购预算时，由于对将来拟采购物料的价格预测不易，所以价格多以标准成本

替代。若此标准成本的设定没有过去的采购资料作为依据，也没有工程人员严密精确地计算其原料、人工及制造费用等组合成生产的总成本，则其正确性不无疑问。因此，标准成本与实际购入价格的差额，即采购预算正确性的评估指标。

7．生产效率

生产效率的高低将使预计的物料需求量与实际的耗用量产生误差。产品的生产效率降低，会导致原物料的单位耗用量提高，而使采购计划中的数量不能满足生产所需。过低的产出率，也会导致经常进行修改作业，从而使零组件的损耗超出正常需用量。因此，当生产效率有降低趋势时，采购计划必须将此额外的耗用率计算进去，才不会发生原物料的短缺现象。

8．价格预期

在编制采购预算时，常对物料价格涨跌幅度、市场景气或萧条、汇率变动等进行预测，并将其列为调整预测的因素。

由于影响采购计划的因素有很多，故采购计划拟订之后，必须与产销部门经常保持联系，并针对现实情况做出必要的调整与修订，才能实现维持正常产销活动的目标，并协助财务部门妥善规划资金来源。

(三)采购计划编制的目的和依据

采购计划编制是确定从企业外部采购哪些产品和服务能够更好地满足企业经营需求的过程，涉及需要考虑的事项包括是否采购、怎样采购、采购什么、采购多少以及何时采购。好的采购计划可以使企业的采购管理有条不紊地顺利实现。一项完善的采购计划不仅包括采购工作的相关内容，还包括对采购环境的分析，并要与企业的经营方针、经营目标、发展计划、利益计划等相符合，如表 4.1 所示。

表 4.1 采购计划的主要内容

部 分	目 的
计划概要	对拟议的采购计划给予扼要的综述，便于管理机构快速浏览
目前采购状况	提供有关物料、市场、竞争以及宏观环境的相关背景资料
机会与问题分析	确定主要的机会、威胁、优势和采购面临的问题
计划目标	确定计划在采购成本、市场份额和利润等领域所完成的目标
采购战略	提供将用于实现计划目标的主要手段
行动方案	谁去做，何时去做，费用多少
控制	指明如何监测计划

1．编制采购计划的目的

制订采购计划是企业整个采购工作的第一步。一般而言，制造业的经营是自购入原料、物料后，经过加工制造或经过组合装配成为产品，再通过销售过程获取利润。其中如何获取足够数量的原料、物料，是采购数量计划的重点所在。因此，数量计划是为了维持正常的产销活动，在某一特定时期内，确定应在何时购入何种材料的具体安排。采购计划的编制应达到以下五个目的。

(1) 预计物料需用时间与数量，防止供应中断，影响产销活动。

(2) 避免物料储存过多、积压资金以及占用堆积的空间。

(3) 配合企业生产计划与资金调度。

(4) 使采购部门事先准备，选择有利时机购入物料。

(5) 确定物料耗用标准，以便管制物料采购数量及成本。

2. 编写采购计划的依据

编写采购计划需要有一定的基础资料，这些资料主要包括以下六个方面。

1) 销售计划

销售计划是指规定企业在计划期内(年度)销售产品的品种、质量、数量、交货期，以及销售收入、销售利润等。它是以企业与客户签订的供货合同和对市场需求的预测为主要依据而编制的。采购计划要为销售计划的实现提供物料供应的保证，因此，制订采购计划要以销售计划为主要依据。

2) 生产计划

生产计划是规定企业在计划期内(年度)所生产产品品种、质量、数量、生产进度以及生产能力的利用程度。生产计划是以销售计划为主要依据，是确定企业在计划期内生产产品的实际数量及其具体分布情况。

3) 物料需用清单

生产计划只列出产品的数量，无法直接知道某一产品需要使用哪些物资，以及数量的多少，因此必须借助物料需用清单。物料需用清单是由研究发展部或产品设计部制成的，根据此清单可以精确计算出制造某一种产品的物料需求数量。物料需用清单所列的耗用量的标准用量与实际用量相互比较，可以作为用料管制的依据。

4) 设备维修计划和技术改造计划

设备维修计划是规定企业在计划期内(年度)需要进行修理设备的数量、修理时间和进度等；技术改造计划是规定企业在计划期内(年度)要进行的各项技改项目的进度、预期的经济效果，以及实现技改所需要的人力、物资、费用和负责执行的单位。这两项计划提出的物料需求品种、规格、数量和需要时间是编制物料采购计划的依据，采购计划要为这两项计划的实现提供物料保证。

5) 基本建设计划和科研计划

基本建设计划是规定企业在计划期内(年度)的建设项目、投资额、实物工程量、开竣工日期、建设进度以及采用的有关经济技术定额，这些都是编制采购计划的依据。科研计划规定企业在计划期内(年度)进行的科研项目。科研项目提出的各种物料需求是编制物料采购计划的依据。

6) 库存状态

若产品有存货，则生产数量不一定要等于销售数量。同理，若物料有库存数量，则物料采购数量也不一定要等于根据物料需用清单所计算的物料需用量。因此，必须先建立物料的存量管制卡，以表明某一物料目前的库存状况；再依据物料需要数量，并考虑采购物

料的作业时间和安全存量标准，算出正确的采购数量；最后才开具采购单，进行采购活动。

(四)采购计划编制的程序

物资采购计划都是由下而上逐级进行编制，各级物资申请单位可按生产、基建、市场需要等不同情况提出计划期需用量，编制出物资申请计划，并按规定时间逐级汇总上报。基础单位需用的物资申请计划是上一级单位申请采购计划的基础，所以一定要如实填报。采购计划的制订需要具有丰富的采购计划经验、采购经验、开发经验、生产经验等复合型知识人才来担任，要和采购认证部门协作进行。采购计划环节是整个采购运作的第一步，它包含两部分内容：采购认证计划的编制和采购订单计划的编制。

1. 制订认证计划

制订认证计划的步骤如图 4.8 所示。

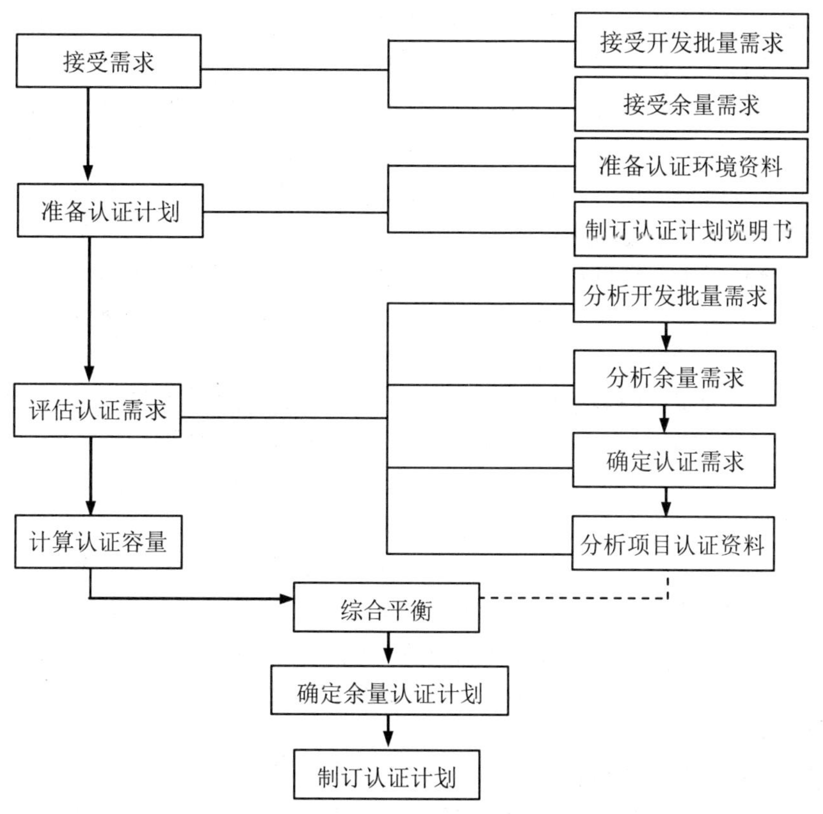

图 4.8　制订认证计划操作步骤图

步骤一：接受需求

(1) 接受开发批量需求。开发批量物料需求通常有两种情况：一是在当前采购环境中可以找到的物料供应；二是新物料，这种新物料是采购环境无法提供的，需要寻找新物料的供应商，或者与供应者一起研究新物料提供或试制的可行性。

(2) 接受余量需求。随着采购环境呈下降趋势或者市场需求的增加，采购环境容量不足以支持物料需求；该物料的采购环境容量在缩小，满足不了需求，从而要求对采购环境进行扩容。可由认证人员和订单人员提供采购环境容量的信息。

步骤二：准备认证计划

(1) 准备认证环境资料。采购环境的内容包括认证环境和订单环境两部分。有些供应商的认证容量比较大，但是其订单容量比较小；有些供应商的情况则恰恰相反。产生这种情况的原因是：认证过程本身是对供应商样件的小批量试制过程，这个过程需要强有力的技术支持，有时甚至需要与供应商共同开发。因此，企业要对认证环境进行认真分析。

(2) 制订认证计划说明书。就是把认证计划所需要的材料准备好。其主要内容包括：认证计划说明书(物料项目名称、需求数量、认证周期等)，同时附有开发需求计划、余量需求计划、认证环境资料等。

步骤三：评估认证需求

这是采购计划的第三个步骤，其主要内容包括以下四个方面。

(1) 分析物料开发批量需求。进行物料开发批量需求的分析，需要分析物料数量上的需求和掌控物料的技术特征等信息。开发批量需求的样式是各种各样的，按照需求的环节，可以分为研发物料开发认证需求和生产批量物料认证需求；按照采购环境，可以分为环境内物料需求和环境外物料需求；按照供应情况，可以分为可直接供应物料和需要定做物料；按照国界，可分为国内供应物料和国外供应物料。因此，计划人员应该对开发物料需求作详细的分析，必要时还应该与开发人员、认证人员一起研究开发物料的技术特征，按照已有的采购环境及认证计划经验进行分类。

(2) 分析余量需求。市场销售需求的扩大和采购环境订单容量的萎缩，都导致了目前采购环境的订单容量难以满足物料采购的需求，因此需要增加采购环境容量。对于因市场份额扩大、销售增加等原因造成的余量，可以通过销售及生产需求计划得到各种物资的需求量及时间；对于因供应商萎缩造成的余量，可以通过分析现实采购环境的总体订单容量与原定容量之间的差别得到。这两种情况的余量相加即可得到总的需求容量。

(3) 确定认证需求。认证需求是指通过认证手段，获得具有一定订单容量的采购环境。它可以根据开发批量需求及余量需求的分析结果来确定。

(4) 分析项目认证资料。一些物料项目，由于它们的加工过程各式各样，项目认证资料非常复杂。作为从事某行业的实体来说，需要认证的物料项目可能是万千物料中的某几种，但对于规模企业，对几千种乃至上万种物料的分析难度要大得多。因此，企业的物料采购计划人员要尽可能熟悉物料采购项目的认证资料。

步骤四：计算认证容量

这是采购计划的第四个步骤，它主要包括以下四个方面的内容。

(1) 计算总体认证容量。在企业的采购环境中，供应商订单容量与认证容量是两个不同的概念，有时可以互相借用，但它们是有差别的。一般在认证供应商时，企业可以借助供应商档案了解供应商的情况，同时也可以要求供应商提供一定的资源用于支持认证操作，或者对一些供应商只做认证项目。计算采购环境的总体认证容量的方法是把采购环境中所有供应商的认证容量叠加，而对有些供应商的认证容量需要乘以适当的系数。

(2) 计算承接认证容量。供应商的承接认证容量等于当前供应商正在履行认证的合同量。供应商认证容量的计算是一个相当复杂的过程，各种各样的物料项目的认证周期也是不一样的，一般是计算要求的某一时间段的承接认证量。最恰当、最及时的处理方法是借

助电子信息系统，模拟显示供应商已承接的认证量，以便认证计划的决策使用。

(3) 确定剩余认证容量。某物料的剩余认证容量是所有供应商群体的剩余认证容量的总和，可以用下面的公式简单地计算。

物料剩余认证容量＝物料供应商群体总体认证容量-承接认证量

(4) 对比需求与容量。在一般情况下，企业物料认证需求与供应商对应的认证容量之间会存在差异。如果企业物料采购认证需求小于供应商认证容量，可直接按照物料认证需求制订认证计划；如果企业物料认证需求大大超出了供应商的认证容量，就要为剩余认证需求制订采购环境之外的认证计划，寻找新的采购环境和新的供应商。

步骤五：综合平衡

综合平衡就是指从全局出发，全面考虑企业生产经营、认证需求、认证容量、物料生命周期等要素，判断物料认证需求的可行性，通过调节物料认证计划来尽可能地满足认证需求，并计算认证容量不能满足的剩余认证需求。这部分剩余认证需求需要到企业采购环境之外的社会供应群体之中寻找容量。

步骤六：确定余量认证计划

确定余量认证计划是指对于采购环境不能满足的剩余认证需求，应提交采购认证人员分析并提出对策，与其一起确认采购环境之外的供应商认证计划。

步骤七：制订认证计划

这是认证计划的主要目的，是衔接认证计划和订单计划的桥梁。只有制订好认证计划，才能根据该认证计划做好订单计划。以下是认证物料数量以及开始认证时间的确定方法：

认证物料数量＝开发样件需求数量＋检验测试需求数量＋样品数量＋机动数量

开始认证时间＝要求认证结束时间-认证周期-缓冲时间

2．制订订单计划

采购订单计划应根据市场要货计划、生产加工计划、实际采购能力以及相关的因素来制订，其步骤如图 4.9 所示。

步骤一：接受需求

(1) 接受市场需求。制订较为准确的订单计划首先必须熟知市场需求计划或者销售计划。市场需求的进一步分解便得生产需求计划。企业的年度销售计划在上一年末制订，并报送各个相关部门，以便指导全年的供应链运作。根据年度计划可制订季度、月度的市场销售需求计划。

(2) 接受生产物料需求。通常生产物料需求计划是订单计划的主要来源，为了利于理解生产物料需求，采购计划人员需要熟知生产计划及工艺常识。在 MRP 系统中，物料需求计划是主生产计划的细化，它来源于全年生产计划、独立需求的预测、物料清单文件和库存文件。编制物料需求计划的主要步骤为：①决定毛需求；②决定净需求；③对订单下达日期和订单数量进行计划。

步骤二：准备订单计划

(1) 准备物料采购订单环境资料。制订物料采购订单计划中一个非常重要的内容是准备物料订单环境资料。物料采购订单环境是在订单物资的认证计划完毕之后形成的。订单环境的资料主要包括：①订单物料的供应商消息；②订单比例信息；③最小包装信息；④订单周期。

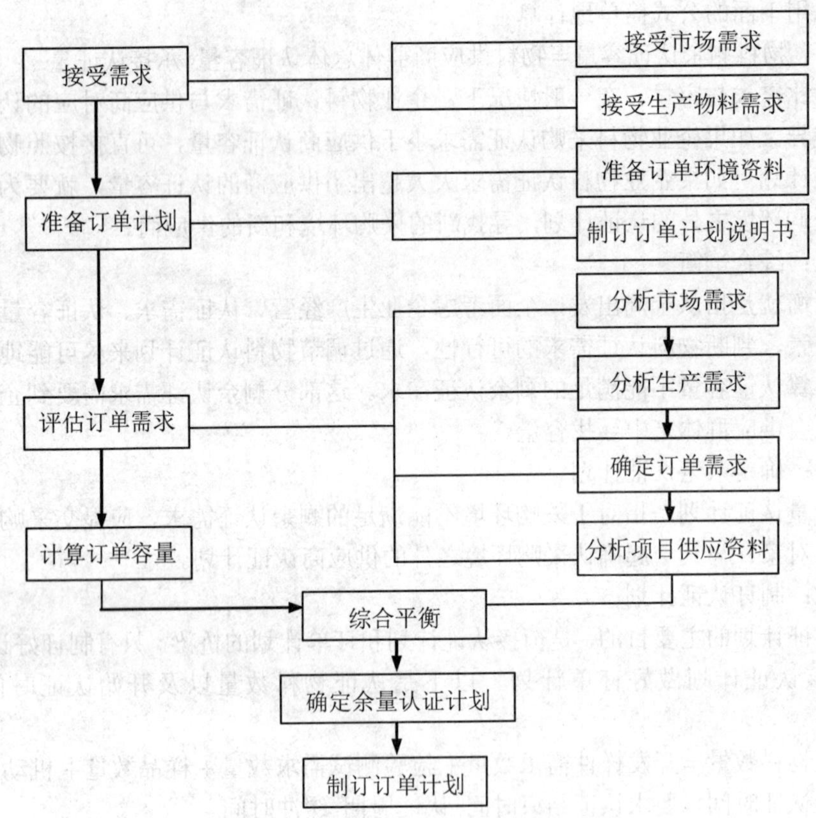

图4.9 制订订单计划步骤图

(2) 制订物料采购订单计划说明书。准备订单计划所需要的资料就是制订物料采购订单计划说明书。其内容包括：①订单计划说明书，包括物料名称、需求数量、到货日期等；②附有市场需求计划、生产需求计划、订单环境资料等。

步骤三：评估订单需求

物料采购计划中非常重要的一个环节是评估物料采购订单需求。只有准确地评估物资采购订单需求，才能为计算订单容量提供参考依据，以便制订出好的订单计划。它主要包括以下四个方面的内容。

(1) 分析市场需求。物料采购订单计划不仅来源于生产计划，还需要考虑以下三方面内容：①企业的生产需求，企业生产需求的规模大小直接决定了物料采购订单需求的大小，超出企业生产需求采购物料会造成库存积压；②企业的市场战略以及潜在的市场需求等；③企业接受订货计划的可信度分析。因此，分析市场需求必须仔细分析市场签订合同的数量、未签订合同的数量(包括没有及时交货的合同)的一系列数据，同时研究其变化趋势，全面考虑要货计划的规范性和严谨性，再参照相关的历史要货数据，找出问题的所在。

(2) 分析生产需求。分析生产需求是评估订单需求的首要工作。分析生产需求，首先需要研究生产需求的产生过程，其次要分析生产需求量和要货时间。

(3) 确定订单需求。根据对市场需求、客户订单和对生产需求的分析结果，就可以确定订单需求。通常，订单需求的内容是指通过订单操作手段在未来指定的时间内，将指定数量的合格物料采购入库。

(4) 分析项目供应资料。在物料采购过程中，物资和项目都是整个采购工作的操作对象。对于采购工作来讲，在目前的采购环境中，所要采购物料的供应商信息是非常重要的一项信息资料。如果没有供应商供应物料，那么无论是生产需求还是紧急的市场需求，一切都无从谈起。可见，供应商的物料供应是满足生产需求和紧急市场需求的必要条件。

步骤四：计算订单容量

计算物料采购订单容量是采购计划中的重要组成部分。只有准确地计算订单容量，才能对比需求和容量，经过综合平衡，最后制订出正确的订单计划。计算订单容量主要有以下四个方面的内容。

(1) 计算总体订单总量。总体订单总量一般包括两个方面：一是可供给的物料数量；二是可供给物料的交货时间。举一个例子来说明这两方面的结合情况：供应商宏达公司在10月31日之前可供应7万个特种轴承(A型4万个，B型3万个)，供应商桂兴公司在10月31日之前可供应9万个特种轴承(A型4万个，B型5万个)，那么10月31日之前A型和B型两种轴承的总体订单容量为16万个，其中，A型轴承的订单容量为8万个，B型轴承的订单容量为8万个。

(2) 计算承接订单容量。承接订单量是指某供应商在指定的时间内已经签下的订单量。但是，承接订单容量的计算过程较为复杂，下面以一个例子来说明一下。供应商宏达公司在本月28日之前可以供给4万个特种轴承(A型2万个，B型2万个)，若已经承接A型特种轴承2万个，B型轴承1万个，那么对A型轴承和B型轴承已承接的订单量就比较清楚(A型2万个+B型1万个=3万个)。有时供应商各种物料容量之间可以借用，并且在存在多个供应商的情况下，其计算也比较稳定。

(3) 确定剩余订单容量。剩余订单容量是指某物料所有供应商群体的剩余订单容量的总和，用公式可表示为：

物料剩余订单容量=物料供应商群体总体订单容量-已承接订单量

(4) 对比需求与供应容量。这是制订订单计划的首要环节，只有比较物料需求与供应容量的关系，才能有针对性地制订订单计划。如果经过对比发现物料需求小于供应容量，即无论需求多大，供应容量总能满足需求，则企业要根据物料需求来制订订单计划；如果供应商的容量小于企业的物料需求，则要求企业根据容量制订合适的物料需求计划。这样就产生了剩余物料需求，需要对剩余物料需求重新制订认证计划。

步骤五：综合平衡

综合平衡是指综合考虑市场、生产、订单容量等要素，分析物料订单需求的可行性，必要时调整订单计划，并计算容量不能满足的剩余订单需求。

步骤六：确定余量认证计划

在对比物料需求与供应容量时，如果供应容量小于物料需求就会产生剩余需求。对于剩余需求，要提交认证计划制订者处理，并确定能否按照物料需求规定的时间及数量交货。为了保证物料及时供应，此时可以通过简化认证程序，并由具有丰富经验的认证计划人员进行操作。

步骤七：制订订单计划

制订订单计划是采购计划的最后一个环节，订单计划做好之后就可以按照计划进行采购工作了。一份订单包含的内容有下单数量和下单时间两个方面。

下单数量＝生产需求量-计划入库量-现有库存量＋安全库存量

下单时间＝要求到货时间-认证周期-订单周期-缓冲时间

二、采购作业管理

(一)采购作业管理概述

1. 采购作业流程的含义

采购作业流程就是详细论述采购部门职责或任务的运营指南，是采购管理中最重要的部分之一，是采购活动具体执行的标准。采购作业流程通常是指有制造需求的厂家选择和购买生产所需的各种原材料、零部件等物料的全过程。

一个完善的采购作业流程应满足所需物料在价格与质量、数量、区域之间的综合平衡。即物料价格在供应商中的合理性，物料质量在制造所允许的极限范围内，物料数量能保证制造的连续性、物料的采购区域的经济性等要求。

采购作业流程通常包括一些重要信息，这些信息有助于成功开展采购策略。有时采购作业流程没有标准或确定的形式，但基本上都有相同类型的信息。首先，采购部门为每个作业流程确定一个编码，标明有效日期和主题，并提出采购的具体目标。作业流程的第一部分往往是介绍性的，同时，如果作业流程较长，而且包括很多部分，那么就需要一个关于具体内容的表格或索引。在第一部分通常对一些重要的专用术语做出定义。第二部分一般总结与该作业流程相关的公司或者部门策略，与策略相比，作业流程的层次较低，很多作业流程在具体执行时体现了公司或者部门策略。第三部分指出了作业流程中的各职位、部门或者领域。例如，有时，外部供应商会使用公司的设备，这时，作业流程的这一部分就会说明具体负责这一工作的采购人员。最后一部分常常描述执行作业流程的实际过程。这往往是作业流程中最长和最详细的部分，是文件的具体部分，描述了员工执行任务时必须遵循的指令、指示和活动。这些关于采购作业流程的全部信息都会体现在采购作业流程手册中。

2. 采购作业流程手册的意义

采购作业流程手册是从事采购工作人员的必备手册，它具有非常重要的意义。

(1) 手册是采购员工的参考指南，而且它对新员工尤为有价值，新员工需要得到如何完成不同活动或者任务的指标。对于经验丰富的人员，该手册仅对不同问题提供了说明，或者仅仅是加深了一些相关知识。

(2) 手册说明了完成一项任务所需的步骤和活动，从而能够使任务更具一致性和流畅性。一份良好的流程手册会使运营更加有效，而且涉及的内容往往会比策略手册更加广泛和详细。

(二)采购作业流程的基本步骤

采购作业流程会因采购的来源、方式以及对象等的不同而在作业细节上有所差异，但

基本流程都大同小异。以下是美国采购学者威斯汀所主张的采购的基本作业步骤。

1．确认需求

在采购之前应先确定买哪些物料，买多少，何时买，由谁决定等。

2．需求说明

确认需求之后，对需求的细节，如品质、包装、售后服务、运输及检验方式等，均加以明确说明，以便使来源选择及价格谈判等作业能顺利进行。

3．选择可能的供应来源

根据需求说明在原有供应商中选择成绩良好的厂商，通知其报价，或以登报公告等方式公开征求。在选择供应商时，企业应考虑的主要因素有以下六个方面。

(1) 价格。物美价廉的商品是每个企业都想获得的。相对于其他因素，虽然价格并不是最重要的，但比较各个供应商提供的价格连同各种折扣是选择供应商不可或缺的一个重要指标。

(2) 质量。商品质量也是一个十分重要的选择供应商的影响因素。商品质量的选择应根据企业实际情况而定，并不是质量最好的就是最适合的，应力求用最低的价格买到最适合本企业质量要求的产品。

(3) 服务。服务也是一个很重要的选择供应商的影响因素。如更换次品、指导设备使用、修理设备等，类似这样的一些服务在采购某些项目时，可能会在选择过程中起到关键作用。

(4) 位置。供应商所处的位置对送货时间、运输成本、紧急订货与加急服务的回应时间都有影响。在当地购买有助于发展地区经济，易于形成社区信誉以及良好的售后服务。

(5) 供应商库存政策。如果供应商的库存政策要求自己随时持有备件库存，那么拥有安全库存将有助于设备突发故障的解决。

(6) 柔性。那些愿意且能够回应需求改变、接受设计改变等要求的供应商应予以重点考虑。

4．适宜价格的决定

决定可能的供应商后进行价格谈判。

5．订单安排

在价格谈妥后，应办理订货签约手续。订单和合约均属于具有法律效力的书面文件，对买卖双方的要求、权利及义务必须予以说明。

6．订单追踪与稽核

签约订货后，为求销售厂商如期、如质、如量交货，应依据合约规定，督促厂商按规定交货，并予以严格验收，最后入库。

7．核对发票

厂商交货验收合格后，随即开具发票。要求付清货款时，对于发票的内容是否正确，应先经采购部门核对后，财务部门才能办理付款。

8．不符与退货处理

凡厂商所交货品与合约规定不符而验收不合格者，应依据合约规定退货，并立即办理重购，予以结案。

9．结案

凡验收合格付款，或验收不合格退货，均须办理结案手续，清查各项书面资料有无缺失、绩效好坏等，并签报高级管理层或权责部门核阅批示。

10．记录与档案维护

凡经结案批示后的采购文件，应列入档案登记编号分类，予以保管，以备参阅或事后发生问题时查考。档案应具有一定保管期限的规定。

(三)采购作业流程的注意事项

在设计采购作业流程时，应注意以下九点内容。

1．采购结构应与采购数量、种类、区域相匹配

一方面，过多的流程环节会增加组织流程运作的作业与成本，降低工作效率；另一方面，流程过于简单、监控点设置不够等，将会导致采购过程操作失去控制，产生物资质量、供应、价格等问题。

2．先后顺序及实效控制

应注意其流畅性与一致性，并考虑作业流程所需的时限。例如，避免同一主管对同一采购文件作数次的签核；避免同一采购文件在不同部门有不同的作业方式；避免一个采购文件会签部门太多，影响作业实效。

3．关键点设置

为便于控制，使各项在处理中的采购作业在各阶段均能被追踪管理，应设置关键点的管理要领或办理时限。例如，国外采购、询价、报阶、申请输入许可证、出具信用证、装船、报关、提货等均有管理要领或办理时限。

4．权责或任务的划分

各项作业手续及查核责任，应有明确权责规定及查核办法。比如，对于请购、采购、验收、付款等权责应予区分，并指定主办单位。

5．配合作业方式的改善

例如，手工的作业方式改变为计算机管理系统辅助作业后，其流程与表格需作相应的调整或重新设计。

6．采购流程应反映集体决策的思想

由计划、设计、工艺、认证、订单、质量等人员一起来决定供应商的选择。处理程序

应合时宜，应注意采购程序的及时改进。早期设计的办理程序或流程经过若干时日后应加以检查，并不断改进与完善，以回应组织的变更或作业上的实际需要。

7. 避免作业过程中发生摩擦、重复与混乱

注意变化性或弹性范围以及偶发事件的处理规则。例如，在遇到“紧急采购”及“外部授权”时，应有权宜的办法或流程来特别处理。

8. 价值与程序相适应

程序繁简或被重视的程度应与所处理业务或采购项目的重要性或价值的大小相适应。凡是涉及数量较大、价值较高或容易发生舞弊的作业，都应有比较严密的处理监督；反之，则可略微放宽，以求提高工作效率。

9. 处理程序应适合现实环境

应注意程序的及时改进。早期设计的处理程序或流程，经过若干时间段以后，应加以审查，不断改进，以适应组织变更或作业上的实际需要。

第三节　采购成本控制

一、采购价格与采购成本

采购价格是指企业进行采购作业时，通过某种方式与供应商之间确定的所需采购物品或服务的价格。在采购过程中，原材料或零部件的采购价格固然是很重要的财务指标，但作为采购人员，不仅要看到采购价格本身，而且要将采购价格与交货、运输、包装、服务、付款等相关因素结合起来综合考虑，以衡量采购的实际成本，即采购成本。

采购成本是指企业经营活动中因采购物料而发生的费用，也就是在采购物料过程中的购买、包装、装卸、运输、存储等环节所支出的人力、物力和财力的总和。对于生产用原材料或零部件，采购成本除其本身的价格外，还应明确考虑的因素包括：价格的稳定性或走向、不同订购数量的价格变化、付款方式与结算方式、币种、交运成本、交货地点、保险、包装与运输、交货库存、质量水平与技术要求、即时供应条件、独家供货条件、风险承担、推广与产品宣传协助、供应商考察与认可费用、供应商品质、试制费用、循环使用包装材料和售后服务等。

二、采购成本分析

采购作为物流的第一个环节，其成本高低对于整个生产的总成本有着十分重要的影响。如今，企业的竞争日趋激烈，企业经营已到了毫厘必争的时代，为了降低经营成本，更多地让利于顾客，企业必须下大力气控制其经营成本。如过量的采购使商品积压而占用大量的资金。因此采购成本的控制不仅是采购管理，而且是企业经营管理的重点所在。商品的采购成本不仅是指商品本身的价值(我们称材料成本)，而且还包括因采购而带来的采购管理成本和储存成本。那么，采购成本的计算公式为：

采购成本=材料成本+采购管理成本+存储成本

1．材料成本

材料成本也就是企业欲购材料的价格成本，又称购置成本，是指材料本身的价值。其计算公式为

材料的价格成本=单价×数量+运输费+相关手续费、税金等

在材料的成本中，最重要也是所占比重最大的是材料的买价。在一定时期进货总量既定的条件下，无论企业采购次数如何变动，材料的进价成本通常是保持相对稳定的(假设物价不变且无采购数量折扣)，因而属于决策无关成本。

2．采购管理成本

采购管理成本是指组织采购过程中发生的费用，是企业为了实现一次采购而进行的各种活动的费用。如给予采购人员的工资、奖金、补贴等(我们总称为人力成本)，以及办公费、差旅费、搜索信息及处理信息的费用(如邮资、电话电报费等)、运输费、检验费、入库搬运费等支出。采购管理成本的计算公式为

采购管理成本=人力成本+办公费+差旅费+信息传递费等

采购管理成本中有一部分与订货次数无关，如专设采购机构的基本开支等，这类固定性进货则属于决策的无关成本。另一部分与订货次数有关，如差旅费、邮资、电话电报费等与进货次数呈正比例变动，这类变动性进货费用属于决策的相关成本。更详细地说，采购管理成本包括与下列活动相关的费用：检查存货水平；编制并提出采购申请；对多个供应商进行调查比较，选择最合适的供货商；填写并发出采购单；填写、核对收货单；结算资金并进行付款。

3．储存成本

企业为持有存货而发生的费用即为存货的储存成本。它主要包括：存货资金占用费(以贷款购买存货的利息成本)或机会成本(以现金购买存货而同时损失的证券投资收益等)、仓储费用和保险费用(合称仓库保管费用)、存货残损霉变损失和其他费用(包括劳动保护费、罚金、运输费、搬用费等)。储存成本的计算公式为

储存成本=贷款利息+仓库保管费用+存货损坏费用+其他费用

与进货费用一样，储存成本可以按照与储存数额的关系分为变动性储存成本和固定性储存成本两类。其中，固定性储存成本与存货储存数额的多少没有直接联系，如仓库折旧费、仓库职工的固定月工资等，这类成本属于决策的无关成本；而变动性储存成本则随着存货储存数额的增减呈正比例变动关系，如存货资金的应计利息、存货残损和变质损失、存货的保险费用等，这类成本属于决策的相关成本。

三、影响采购成本的因素

影响采购成本的因素有很多，包括采购次数、采购批量的大小、采购价格的高低，同时它还受企业采购战略、企业产品成本结构和供应商成本结构、采购谈判能力等方面的影响。但最重要和最直接的影响因素是采购的批量、批次和价格。

1. 采购批量和采购批次

如同批发和零售的价格差距一样，器材采购的单价与采购的数量呈反比，即采购的数量越大，采购的价格越低。企业间联合采购，可合并同类器材的采购数量，通过统一采购使采购单价大幅度降低，使各企业的采购费用相应降低。因此，采购批量和采购批次是影响采购成本的主要因素。

2. 采购价格及谈判能力

企业在采购过程中谈判能力的强弱是影响采购价格高低的主要因素。当前随着社会主义市场经济体制的深入，不同的市场形态在供应、需求等方面的要素也不同。因此企业在实施采购谈判时，必须要分析所处市场的现行态势，有针对性地选取有效的谈判议价手法。如根据市场形态呈现卖方市场、中性市场和买方市场等不同情况，分别采取“忍”“等”“狠”不同的议价策略，以达到降低采购价格的目的。

四、采购成本控制的原则

采购的功能在于取得企业或机构所需的资源，包括物料、设备或服务等。而所有资源的取得必须要相应地支付一些金额或代价，因为除了少数例外，大部分资源的取得都不是免费的。为了取得资源，若是所付出的成本越高，对企业或机构就越不利，因为它会降低企业的获利以及可用的资金等。因此所有负责采购的人员都应有一个根深蒂固的观念——“降低成本”是采购的第一要务。但是在实际采购工作中并不能一味地只追求低成本，而忽视了采购物料的质量、采购的最佳时间与批量、采购效率等因素，进而影响企业的正常运营。因此，对采购成本的控制应遵循一定的原则。

(1) 稳定原料质量原则。质量忽高忽低是企业经营的大忌，企业要保证产品的质量，保证采购原料质量是第一关。

(2) 最佳时间和批量原则。使用部门和库房申购原料是有时间和数量要求的，采购部门必须保证按时按量采购供应，否则不是难以保证按时使用就是会增加库存和资金的压力。

(3) 合理采购价格原则。购买的价格一定要合理，一般来说，批量购买价格低，而批量小、用货急、拖欠款价格高，采购部门必须想方设法以最合理的价格采购原料。

(4) 提高采购效率原则。既要保证采购工作有条不紊、正常运转，又要能够及时应付临时采购的需要，以确保企业正常生产经营，维护企业的利益和形象，提高企业整体效益。

五、采购成本控制的方法

1. ABC 控制法

与第三章所讲的 ABC 控制法的基本原理一样，ABC 采购成本控制法是将手头的库存按年度货币占用量分为三类。A 级是年度货币量最高的库存品种，B 级是年度货币量中等的库存品种，C 级是年度货币量较低的库存品种。通过将物料分类，采购经理就能为每一级的物料品种制定不同的策略，并实施不同的控制。因此，利用 ABC 分析法可以保证确定更好的预测现场控制、供应商的信赖度以及减少安全库存和库存投资。

ABC 分类方法是将所有的库存货物根据其在一定时限内价值的重要性和保管的特殊性的不同，按大小顺序排列，然后根据各个品种的累计额和累计数量统计，并计算出相对于总金额和数量的比率，按序在图中标出对应的点，连成曲线图，如图 4.10 所示。

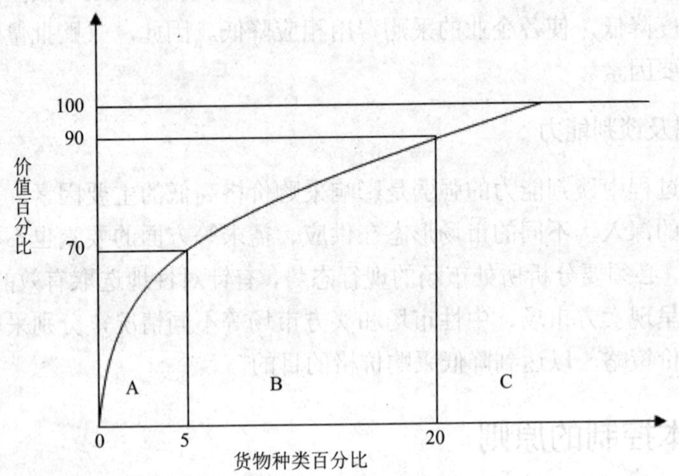

图 4.10　ABC 分类曲线图

根据 ABC 分类方法，我们可以确定 A 类货物占 3%～5%，而其总价值占货物总价值的 70%左右；B 类货物占 10%～15%，价值占货物总价值的 20%；而 C 类货物占 75%以上，价值只占货物总价值的 10%左右。

2．定期采购控制法

所谓定期采购控制法，是指按预先确定的订货间隔期间进行采购补充库存的一种采购成本控制方式。企业根据过去的经验或经营目标预先确定一个订货间隔期间，每经过一个订货间隔期间就进行订货，而每次订货数量都不同。定期订货方式中订货量的确定方法如下：

订货量＝最高库存量-现有库存量-订货未到量＋顾客延迟购买量

定期采购控制法是从时间上控制采购周期，从而达到控制库存量目的的方法。只要订货周期控制得当，既可以不造成缺货，又可以控制最高库存量，从而达到成本控制的目的，即使采购成本花费最少。

定期采购控制法的优点是：由于订货间隔期间确定，因而多种货物可同时进行采购，这样不仅可以降低订单处理成本，还可降低运输成本；另外，这种方式不需要经常检查和盘点库存，可节省这方面的费用。其缺点：由于不经常检查和盘点库存，对商品的库存动态不能及时掌握，遇到突发性的大量需要时，容易造成缺货现象带来的损失。因此企业为了对应订货间隔期间内需要的突然变动，往往库存水平较高。定期采购控制法适用于品种数量大、占用资金较少的企业的商品采购成本控制。

3．定量采购控制法

所谓定量采购控制法，是指当库存量下降到预定的最低库存数量(采购点或订货点)时，按规定数量(一般以经济批量 EOQ 为标准)进行采购补充的一种采购成本控制方式。当库存

量下降到订货点(也称再订货点)时，马上按预先确定的订货量(Q)发出货物订单，经过交纳周期(LT)，收到订货，库存水平上升。采用这种采购控制法必须预先确定订货点和订货量。

通常采购点的确定主要取决于需求率和订货、到货间隔时间这两个要素。在需要固定均匀和订货、到货间隔时间不变的情况下，不需要设定安全库存，订货点由下式确定：

$$E=LT\times D/365$$

式中，D 代表每年的需要量。

当需要发生波动或订货、到货间隔时间是变化的情况时，订货点的确定方法较为复杂，且往往需要安全库存。

订货量通常依据经济批量的方法来确定，即以总库存成本最低时的经济批量(EOQ)为每次订货时的订货数量。

定量订货方式的优点是：由于每次订货之前都要详细检查和盘点库存(看是否降低到订货点)，能及时了解和掌握商品库存的动态；因每次订货数量固定，且是预先确定好了的经济批量，其方法简便。这种订货方式的缺点是：经常对商品进行详细检查和盘点，工作量大且需花费大量时间，从而增加了库存保管维持成本；该方式要求对每个品种单独进行订货作业，增加了订货成本和运输成本。定量订货方式用于品种数目少但占用资金大的商品。

4．经济订货批量控制法

订货数量的决定影响到企业的订货次数。企业大量订货，通常可减少采购费用，但会提高存货占有成本；企业少量订货通常可使存货占用成本达到最小，但却会提高订货成本(除非进行电子数据交换并使用快速反应存货系统)。

经济订货批量是使订单处理和存货占用总成本达到最小的每次订货数量(按单位数计算)。订单处理成本包括使用计算机时间、订货表格、人工及新到产品的处置等费用。占用成本包括仓储、存货投资、保险费、税收、货物变质及失窃等。企业无论大小都可采用 EOQ 计算法。订单处理成本随每次订货数量(按单位数平摊)的增加而下降，因为只需较少的订单就可买到相同的全年总数；而存货成本随每次订货数量的增加而增加，因为有更多的商品必须作为存货保管，且平均保管时间也更长，这两种成本加起来就会得到总成本。

【案例】某公司的采购成本分析及改进

某生产婴儿食品的大型公司过去每年花在采购方面的开支接近 8 亿美元。由于处于一个高利润的行业，因此该公司对采购成本的管理并不太当回事，而且这种详细的审查在一个蒸蒸日上的经济环境中显得也没什么必要。然而，当经济开始回调、市场增长减慢时，该公司终于意识到，它现在不得不花更大的力气以求保住利润。由于过去几年的采购过程未经严格的管理，因此现在看来，采购方面无疑是挖潜的首要方向了。

该公司首先从保养、维修及运营成本入手，很快做出决定：请人制定了一套电子采购策略。这一做法有助于通过集中购买及消除大量的企业一般行政管理费用来达到节省开支的目的。然而在最后的分析中，节省的效果却并未达到该公司的预期。

为了寻求更佳的节省效果，该公司开始转向其主要商品，如原料、纸盒、罐头及标签。

公司分析了可能影响到采购成本的所有因素，包括市场预测、运输、产品规格的地区差异、谈判技巧及与供应商关系等。通过深入调查，一些问题开始浮出水面。结果显示，在材料设计、公司使用的供应商数量和类型、谈判技巧以及运输方面均存在着相当明显的缺陷。

(1) 公司采购的谈判效率很低。人们对是否处于有利的谈判地位并不在意，而且公司对供应商所处行业的经济状况或成本结构的研究几乎是空白的。因此，采购经理极少对现状提出质疑。采购经理们通常习惯于在一个垂直一体化的卖家中购买各种原料，而不是去寻找每种原料最佳的供应商。

(2) 公司几乎从不将自己的采购成本与竞争对手的采购成本进行比较。

(3) 公司缺乏将营销及购买部门制度化地集合在一起的机制。这也就意味着，公司没有对市场营销所需要材料的成本和收益进行评估的系统。

(4) 公司节省成本的机制不灵活。即使当采购经理发现了节省成本的机会(机会可能是需要改变机器规格或本操作流程)，他们也很难让整个企业切实地实施自己的想法。任何一次对系统的调整所耗去的时间都会比实际需要的时间长得多。

当意识到未能进行采购成本管理而造成了诸多损失时，公司开始对这个问题进行全面的处理。

(1) 设定了商品的优先次序，随后进行了一系列成本收益的统计，并运用六个驱动力指标对竞争对手的情况进行了比较。

例如，按照营销部门对包装材料的规格要求，公司在制作包装盒时，其使用的纸材比竞争对手的纸材更厚而且昂贵得多。这样的规格要求其实并无道理，因为高质量的纸材并不会给公司带来任何额外的好处。公司还发现，在给铁罐上色的过程中，整个流程需要四道工序，而事实上一道工序就足够了，这样的话自然也就减少了很多开支。

除此以外，公司在低价值品牌的产品包装上使用了两张标签(前后各一)，事实上只用一张也就已足够。最后，由于公司属下的品牌及规格品种繁多，并考虑到地区性推广的时间问题及不同地区所采用的不同标签内容，公司所印制的标签的流通周期明显偏短。比较而言，延长印刷标签的周期会给公司节省很多费用。事实上，公司高达 80%的标签是用于短期运作的，而主要竞争对手 80%的标签却是用于长期运作的。

(2) 建立了一套积极的谈判方式。这需要对现有及潜在供应商的成本及生产能力进行详细的评估，包括对供应商成本结构的分析。尽管大多数的经理认为他们在谈判桌上已经足够强硬，但是几乎没有人真正在谈判中保持了应有的一丝不苟的态度。结果，在过去这些年里，商务谈判通常显得过于轻松惬意。因此，为了克服这种思想上的松懈，采购经理们在进行谈判前应做好准备，充分了解供应商成本的相互比较并对供应商的成本结构做深入分析。在这些方面做好精心准备是非常重要的：对于大多数商品而言，70%的成本是由产品特质决定的，30%才是由供应商的竞争力决定的。

例如，公司发现在购买一主要原料时，其供应商的要价是最高的。在对供应商的成本结构进行分析后，公司发现事实上供应商是在其自身相对较高的成本基础上给产品定价的，对于该供应商而言，这一定价确实已不能再低了。于是，公司对其他供应商的成本结构进行了研究，研究中除了涉及一些普通的要素外，还要把诸如农场位置、电力和劳动力成本及企业规模等因素考虑在内。研究结果显示，有一些企业的成本结构使它们能够以较低的价格出售产品，从而占据有利的市场地位。

公司同样对它的一家“一站式”供应商进行了研究，这家供应商不仅供应纸盒，而且还生产纸盒用的纸材并承揽纸盒印刷业务。经过对其他纸业及印刷业厂家成本的研究，公司发现，其实它能够以低得多的价格买到纸材并进行印刷。当公司在谈判中指出这一点时，供应商不得不降低了产品价格，否则它就将失去该公司的生意了。事实证明，解剖纵向供应链以研究分散的成本实在是一种有价值的谈判手段。

这些工作的结果是公司原料成本节省了12%。节省下来的这些钱被平分至产品规格的改进及谈判技巧的完善工作上。此外，为了控制流失的采购成本，公司需要一个整体采购策略，这一战略将包括优化的规格及强硬的供应商谈判。

(资料来源：朱新民，林敏晖. 物流采购管理. 北京：机械工业出版社)

本章小结

本章讲述了采购及采购管理的相关知识，对采购的概念、分类、一般流程及采购管理的内容和组织模式都做了简单介绍。

采购管理是指为保障企业物资供应而对企业的整个采购过程进行计划、组织、指挥、协调和控制。组织好企业的采购活动，不仅有助于优化企业采购管理，而且还可以有效地推动企业各项工作的发展。通过实施科学的采购管理，可以合理选择采购方式、采购价格、采购品种等，有助于企业经营目标的实现。

采购计划管理作为采购管理进行运作的第一步，是启动整个采购管理的开关，采购计划制订得是否合理、完善，直接关系到整个采购运作的成败。采购作业管理也是采购管理的重要内容，采购作业流程是详细论述采购部门职责或任务的运营指南，是采购管理的重要部分，是采购活动具体执行的标准。

采购作为物流的第一个环节，其成本高低对于整个生产的总成本有着十分重要的影响。为了能降低经营成本，更多地让利于顾客，企业必须下大力气控制其经营成本。因此，采购成本的控制不仅是采购管理，而且也是企业经营管理的重点所在。

复习思考题

一、单选题

1. 为保障企业物资供应而对企业采购进货活动进行计划、组织、指挥、协调和控制的管理活动，称为(　　)。

A. 采购　　B. 供应　　C. 生产　　D. 采购管理

2. MRP又称(　　)。

A. 企业资源计划　　B. 物料需求计划

C. 企业流程再造　　D. 作业成本法

3. 在现代采购技术中，JIT采购是指(　　)。

A. 订货点采购　　B. 准时化采购

C. 供应链采购　　　　D. 电子商务采购

二、多选题

1. 现代采购技术采购主要有(　　)。
A. 订货点采购　　B. 供应链采购　　C. 准时化采购
D. 电子商务采购　　E. 物料需求计划采购

2. 电子商务采购的好处在于(　　)。
A. 扩大了采购市场的范围　　B. 缩短了供需距离
C. 简化了采购手续　　D. 减少了采购时间
E. 减少了采购成本

3. 采购联合体也称采购方横向联盟，其优点主要有(　　)。
A. 扩大采购规模，实现批量采购
B. 减少交易次数，提高交易效率
C. 降低采购成本
D. 促使供应商提高质量
E. 共享市场商品采购信息

4. 资源市场分析包括(　　)。
A. 资源分布情况　　B. 供应商情况　　C. 品种质量
D. 价格情况　　E. 产品质量情况

5. 商品的采购成本包括(　　)。
A. 材料成本　　B. 维修成本　　C. 采购管理成本
D. 储存成本　　E. 设备成本

6. 采购成本控制的方法有(　　)。
A. ABC控制法　　B. 定量控制法　　C. 定期控制法
D. 经济订货批量控制法　　E. 人工控制法

三、判断题(正确的用√表示，错误的用×表示)

1. 采购就是采购管理。(　　)
2. 采购过程既包含商流，又包含物流。(　　)
3. 采购计划就是采购全过程的活动计划，采购计划包括两部分内容：采购计划的制订和采购订单的制定。(　　)
4. 采购管理，就是指为保障企业物资供应而对企业采购进货活动进行计划、组织、指挥、协调和控制的管理活动。(　　)
5. MRP又称企业资源计划。(　　)
6. JIT采购，也叫准时化采购，是一种完全以满足需求为依据的采购方法。需求方根据自己的需要，对供应商下达订货指令，要求供应商在指定的时间，将指定的品种、数量送到指定的地点。(　　)
7. 招标采购，就是通过招标方式寻找最好的供应商进行采购的采购方法。(　　)
8. 商品的采购成本是指商品本身的价值。(　　)

9. 经济订货批量是使订单处理和存货占用总成本达到最小的每次订货数量。 (　　)

10. 定期采购控制法必须预先确定订货点和订货量，当库存量下降到订货点时，就按规定的订货量进行采购补充。 (　　)

四、简答题

1. 简述采购的定义及其种类。
2. 影响采购计划的因素主要有哪些？

五、论述题

1. 试述采购成本控制的方法。
2. 论述采购管理的内容。

参 考 文 献

1. 阚祖平. 商品采购管理. 大连：东北财经大学出版社，2004
2. 魏国辰. 采购实际操作技巧. 北京：中国物资出版社，2003
3. 朱新民，林敏晖. 物流采购管理. 北京：机械工业出版社，2004
4. 霍红，华蕊. 采购与供应链管理. 北京：中国物资出版社，2005
5. 秦文纲. 采购与仓储管理. 杭州：浙江大学出版社，2004
6. 沈小静，谭广魁，唐长虹. 采购管理. 北京：中国物资出版社，2003
7. 陆岚. 物流管理基础理论. 北京：机械工业出版社，2004
8. 赵光忠. 企业物流管理模板与操作流程. 北京：中国经济出版社，2004
9. 王自勤. 现代物流管理. 北京：电子工业出版社，2002
10. 孙明贵. 采购物流实务. 北京：机械工业出版社，2004

第五章 运输管理

本章导读：

运输是物流系统的一项重要功能，是物流系统中最主要和最基本的要素，它作为物流过程中的衔接环节，完成物品从一地到另一地的物理位移。在现实生活中，许多人常常将物流等同于运输，究其原因主要是由于运输在物流活动中的重要性。运输是国民经济的命脉，是社会物质生产的必要条件之一，任何跨越空间的物质实体的流动，都可称为运输。运输是一种特殊的物质生产活动，它虽然不创造产品，不增加社会产品的数量和使用价值，但它通过提供运输劳务，使物质产品产生位置移动，把商品运送到需求存在的地方，或将商品从供应过剩的地方运送到供应短缺的地方，创造了地点效用，使消费得以满足，从而增加了物质产品的价值。

由于运输业在国民经济中的重要地位和作用，加强运输管理就显得十分重要。对于一个物流管理者来说，运输管理与存货管理和仓储管理一样，是它最重要也是最基本的工作内容。合理安排运输可以提高整个物流系统的运行效率和绩效。

学习目标：

通过对本章的学习，掌握物流运输管理的基本知识；了解运输的定义、功能、作用及运输管理的意义；熟悉运输管理的主要内容、业务流程以及运输管理决策的参与者；熟悉五种运输方式的优缺点及各自的适用范围，重点掌握运输方式选择的相关内容；了解运输合理化的含义和意义，熟悉不合理运输的几种表现形式，掌握实现运输合理化的有效途径。

关键概念：

运输(Transport)
联合运输(Combined Transport)
运输合理化(Rationalization of the Transport)
不合理运输(Unreasonable Transport)

第一节 运输管理概述

一、运输的概念及运输管理的意义

(一)运输的概念

简单地说，运输就是物品借助于运力在空间上所发生的位置移动。具体地讲，运输就是通过各种运输手段(如火车、汽车、轮船、飞机等交通工具)使货物在物流节点(如仓库、商场、配送中心、物流中心等)之间流动，以改变“物”的空间位置为目的的活动，其中包括集货、分配、搬运、中转、装入、卸下、分散等一系列操作。运输具有扩大市场、稳定价格、促进社会分工、扩大流通范围等社会经济功能。现代的生产和消费，就是靠运输事业的发展来实现的。

运输一般包括生产领域的运输和流通领域的运输。生产领域的运输活动一般是在生产企业内部进行的，因此又称厂内运输。厂内运输包括原材料、在制品、半成品和成品的运输，它是作为生产过程的一个组成部分，是直接为物质产品的生产服务的，这种厂内运输有时也称物料搬运。流通领域的运输活动则是流通领域里的一个环节，它是以社会服务为目的，是完成物品从生产领域向消费领域在空间位置上的物理性的转移过程。它既包括物品从生产所在地直接向消费所在地的移动，又包括物品从生产所在地向物流网点的移动和由物流网点向消费(用户)所在地的移动。为了区别生产领域的运输和流通领域的运输，以及长途运输与短途运输，在物流运输中，把生产领域内的运输称为“搬运”，而把从物流网点到用户的短途、小宗货物的末端运输称为“配送”。

(二)运输管理的意义

1．运输管理能保证劳动过程顺利进行，从而提高劳动生产效率

物流企业或运输企业的管理，就是对整个运输过程的各个环节——运输计划、发运、接运、中转等活动中的人力、运力、财力和运输设备进行合理组织，统一使用，调节平衡，监督完成，以求用同样的劳动消耗(活劳动和物化劳动)运输较多的货物，以提高劳动效率，取得最好的经济效益。

2．运输费占物流费的比重大，因此节省运输费用对于降低物流成本具有重要意义

在物流业务活动过程中，直接耗费的活劳动和物化劳动所支付的直接费用主要有：运输费、保管费、包装费、装卸搬运费、运输损耗费等。而其中运输费所占的比重最大，是影响物流费用的一项主要因素，特别在当前我国交通运输很不发达的情况下更是如此。国外很重视物流费用的研究，如日本曾对一部分企业进行了调查，在从成品到消费者手中的物流费用中，保管费占 16%，包装费占 26%，装卸搬运费占 8%，运输费占 44%，其他费用占 6%；我国用于运输的费用也占物流费用的 40%左右。可见，运输费在物流费中所占的比重最大。因此，在物流各环节中，如何搞好运输工作，积极开展合理运输，不仅关系到物流时间的问题，也影响到物流费用的问题。物流企业只有千方百计节约运输费用，才能降低物流费用及整个商品流通费用，以提高企业经济效益，增加利润。

二、运输的功能与作用

(一)运输的功能

在物流管理过程中，运输主要提供两大功能：物品移动和物品储存。

1．物品移动

运输首先实现了物品在空间上的移动，运输的主要目的就是用最短的时间、最低的成本将物品转移到规定地点，所以物品移动是运输的一大功能。无论物品处于哪种形式，是材料、零部件、装配件、在制品、半成品，还是制成品，也不管是在制造过程中将被转移

到下一加工点，还是更接近最终的顾客，运输都是必不可少的。运输是物流各环节中的一项增值活动，它通过创造空间效用和时间效用来创造价值。通过改变产品的地点与位置而创造的价值是运输的空间效用；同时，运输能使产品在用户需要的时间到达目的地，这是运输创造的时间价值。运输的主要职能就是将产品从原产地转移到目的地，完成产品的运输任务。

2．物品储存

运输的另一大功能就是对物品在运输期间进行短时储存，即将运输工具作为临时的储存场所和设施。如果转移中的物品需要储存，而在短时间内(例如，几天后)又将重新转移的话，装货和卸货的成本也许会超过储存在运输工具中的费用。那么，在仓库空间有限的情况下，利用运输工具储存也许不失为一种可行的选择。诚然，用运输工具储存货物可能是昂贵的，但如果综合考虑总成本，包括运输途中的装卸成本、储存能力的限制、装卸的损耗或延长的时间等，那么，选择运输工具作短时储存往往是合理的，有时甚至是必要的。

(二)运输在物流系统中的地位和作用

从物流运输的功能，我们可以看出运输具有以下地位和作用。

1．运输是物流系统运作的主要环节之一

按照物流的概念，物流是“物”在空间上的位移和时间上的推移。而运输承担了改变空间状态的主要任务，实现“物”的空间位移。运输再配以搬运、配送等活动，就能圆满地完成改变空间状态的全部任务。没有运输，物流就无法正常地运作。物流中很大一部分责任是由运输担任的，运输是物流的主要部分，因此，过去常常有人把物流误解为运输。

2．运输是物流系统功能的核心

物流系统具有创造物品的空间效用、时间效用和形质效用三大效用(或称三大功能)。时间效用主要由仓储活动来实现，形质效用由流通加工业务来实现，而空间效用则通过运输来实现。运输是物流系统不可或缺的功能。物流系统的三大功能是主体功能，其他功能(装卸、搬运和信息处理等)是从属功能，而主体功能中的运输功能的主导地位更加凸现了出来，成为所有功能的核心。

3．运输是实现物流合理化的关键

物流合理化是指在各物流子系统合理化的基础上形成的最优物流系统总体功能，即系统以尽可能低的成本创造更多的空间效用、时间效用和形质效用；或者从物流承担的主体来说，是以最低的成本为用户提供更多优质的物流服务。运输是各功能的基础与核心，直接影响着物流子系统，只有运输合理化，才能使物流结构更加合理，总体功能更优，因此，运输合理化是物流系统合理化的关键。

4．运输是整个物流系统中具有增值效应的环节之一

运输可以创造“空间效用”。空间效用的含义是指由于空间场所不同，同种产品的使用价值的实现程度不同，其效益的实现也不同。由于改变场所而使其发挥最大的使用价值，

最大限度地提高了产品的价值，这就称为“空间效用”，有时也称“场所效用”。通过运输，将“物”输送到场所效用最高的地方，就能发挥“物”的潜力，以实现资源的优化配置。从这个意义上讲，通过运输提高了物的使用价值。

5．运输是“第三个利润源”的主要源泉

在物流过程中，物流所支付的直接费用主要有运输费、储存保管费、包装费、装卸搬运费、流通加工费和物流过程中的损耗等，其一，因为运费在全部物流费用中所占的比例最高，所以是影响物流成本的一项重要因素。其二，因为运输是靠大量的动力消耗来完成物品的大跨度空间转移任务的，故需要的时间长、距离长、消耗大。从辩证的观点分析，消耗的绝对数量越大，节约的潜力也会越大。其三，由于运输总里程大，运输总量巨大，通过体制改革和运输合理化也可大大缩短运输的每吨千米数，从而获得较大的节约空间。因此，在物流各环节中，合理地组织运输，不断地降低物流运输费用，对于提高物流经济效益和社会效益，都起着十分重要的作用。所谓运输，是物流的“第三个利润源”的主要源泉的意义也在于此。

三、运输管理的内容与流程

(一)运输管理的主要内容

1．运输计划管理

运输计划是国民经济计划的一个组成部分，即使在运输竞争市场初步形成的今天，加强运输计划管理，仍然是顺利完成运输任务的主要保障。运输计划有不同的分类标准。

(1) 按运输方式分有：①铁路运输计划；②公路运输计划；③水路运输计划；④航空运输计划；⑤联运运输计划；⑥集装箱运输计划。

(2) 按编制时间分有：①年度运输计划；②月度运输计划；③旬度运输计划。

2．发运管理

发运业务是指物流企业按照交通运输部门的规定，根据运输计划安排，把货物从产地或起运地运到销售地(或收货地)的第一道环节，是运输业务的开始。物流企业必须和交通运输部门紧密配合、协调行动，做好发运前的一切准备工作，如落实货源、组织配装、检查包装标记、安排短途搬运及办理托运手续等。特别应该强调发运时间、备货和调车要衔接一致，以保证按时调车、按时装车、按时发运。

3．接运管理

接运业务是指物流企业或运输部门，在接到交通运输部门的到货通知后，认真做好接运准备工作，把到达的货物完整无损地接运进来的业务活动。它关系到运输时间、货物质量和能否及时入库、出售。接运业务要求做好以下四项工作。

(1) 接运单位必须与交通运输部门办好交接手续，根据有关货物运输凭证及数量、质量的要求，接收、清点货物，要手续清楚，责任分明。

(2) 接卸货物必须注意安全，保证质量，严禁“野蛮装卸”，损伤货物，给国家财产

造成不必要的损失。

(3) 提前准备仓位，货物接卸以后，应该入库保管的立即进入库房保管。

(4) 能组织直拨的货物，物流企业在接到到货通知后，可事先与用户单位进行联系，在货物到达后，就从车站、码头或专用线直接把货物拨出，不需入库保管，这样可减少一道中间环节。

4．中转管理

凡是从起运地到收货地之间不能一次直达，需经过二次运输转换(或两种以上运输工具)的，就需要进行中转。中转运输在整个运输过程中起着承前继后的作用，因为它既要把发来的货物接运进来，又要把接运的货物发运出去。应该严格按以下四项要求加强中转管理工作。

(1) 要与运输计划衔接，发货单位必须按有关规定，提前将需要中转的运输计划通知中转单位。

(2) 要事先做好接运和中转准备工作，在货物到达后，及时接卸和转出。

(3) 要对中转货物的包装认真检查，凡发现已经破损的，应该进行加固或更换。

(4) 物流企业在货物到达后，要及时理货，分批进行，以利中转，避免前后混淆，批次不清，造成错乱，影响中转时间。

5．运输安全管理

运输安全管理也是运输管理的一项重要工作。货物在运输过程中，经过发运、接运、中转等多次装卸搬运和几道手续环节，容易发生这样或那样的事故。物流企业和交通运输部门必须加强运输安全管理，以减少货损、货差。第一，建立健全各项运输安全制度，特别是运输安全岗位责任制，并严格执行，努力防止运输事故的发生；第二，要及时处理运输事故，一旦发生运输事故，有关各方面应立即进行协商，按照规章制度或合同规定分清责任，及时对事故进行处理；第三，要划清事故责任，根据发生运输事故的原因划清事故责任，分别记载货运记录和普通记录，作为查询和索赔的依据。

(二)运输管理的业务流程

由于物流中心有不同的类型，可能会使其运输管理部门的流程有所不同，一般流程可以概括如图5.1所示。

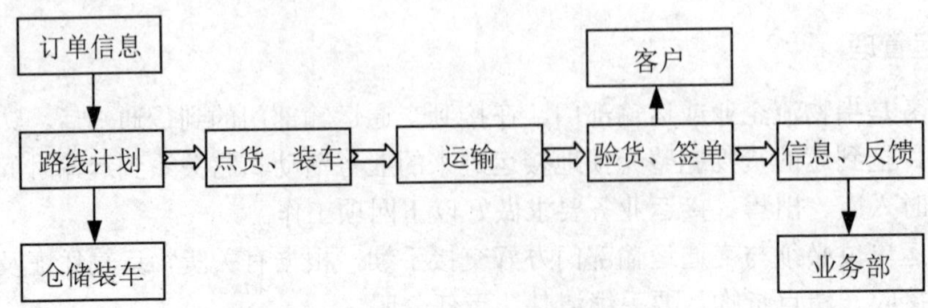

图5.1 运输业务流程

物流中心的运输业务流程中所包含的主要业务内容有以下 10 项。

1．制订货运计划

制订货运计划的任务就是要与采购和分销或生产部门互相协调，不断监控运入和运出货物的日程，保证生产的连续进行，不能因运输而使正常生产受阻。另外，商品的装卸应根据有效地利用码头、站台和劳动力的原则按计划进行。运输管理应保证在时间安排上，不过早或过晚，否则将会因货位、车道拥挤、设备滞留和拖延而支付额外的费用或罚款。

2．选择运输方式与运输公司

运输管理工作涉及对货物运输方式及运输公司的选择问题。无论是企业自有运输资源还是购买外部运输服务，运输经理在选择运输服务时，首先要考虑的是成本效益问题。也就是说，如果使用自有运输资源的成本低于购买外部运输服务的成本，那么企业应选择使用自有运输资源；否则应该购买外部运输服务。

3．安排运输服务工作

安排运输服务工作要与相关车辆调度人员取得联系，由他们安排空车或电话通知汽车货运公司当地的调度人员。在这两种情况下，都应向运输公司人员通报货主的姓名和接货地点、货物重量，有时还需知道货物的体积、类别和到站情况，以便车辆一到站就可开始各项装货作业。这些工作步骤通常根据预先制订的货运计划进行。货运计划包括指定人员、安排装卸、货物固定、货物衬垫、办理有关文件手续和其他工作。

4．发运/货运跟踪

发运/货运跟踪包括连续跟踪货运过程，和在必要时提醒运输公司中途改变运输路线。有些货主通过计算机网络直接与运输公司的货运系统联网，这样每天就可得到货主的所有车辆和货物位置的报告。发运/货运跟踪对托运人和收货人都具有十分重要的意义，据此，他们能根据货运进程或出现的问题来计划自己的生产和接运。

5．验货/确定运费

验货是为一次货运确定适当运费的过程。托运人在运输公司填写货单前会同承运人验货，这样可以避免或减少超收或少收运费情况的发生。

6．审验/付费

审验是指检查货单的计费是否准确。这项工作是在运输公司提出货单或付费后进行的，一些企业由本单位审核，有的则在付费后再请外部顾问完成这项工作。货单一般要经运输部门核实再交给负责支付的部门。

7．延期/滞留

延期费或滞留费是由于装卸超过规定的时间而使运输工具耽搁，由运输公司向托运人或收货人收取的费用。运输经理一般要对延期和滞留负责监控、管理和付费。运输经理必须在利用机械装卸和人力装卸成本与设备延期费用之间权衡比较，做出决策。

8．索赔

在货运过程中，可能发生货差和货损，运输经理要负责办理索赔，以补偿部分或全部损失。此外，还要处理货单多收运费等事宜。

9．自用货车和汽车车队的管理

在一些企业中，运输经理还要负责对自用货车和汽车车队的管理。需要做好协调和管理工作，以降低车队成本和提供优质服务。

10．运输预算管理

运输预算管理是防止财政超支的一项重要工作。运输经理应随时掌握现在和未来的各项活动及其开支，并与原定计划相对照。例如，能源费用的上涨使大多数试图在计划预算内运营的运输经理都遇到了难题。今后，费用的上涨还会使成本和预算问题越来越复杂化。

总之，为了完成运输管理任务，运输经理必须熟悉上述业务程序，在选择运输服务时，运用总成本分析方法进行全面的权衡比较，把存货量、顾客服务、生产和其他费用考虑在内，做出总成本最低的选择。

四、运输管理决策的参与者

为了了解运输市场的环境，有必要了解运输市场的决策参与者。运输服务市场的买方和卖方毋庸置疑是主要参与者，是运输市场的主要因素。运输作为一种特殊的商品，形成了特殊的运输市场，常常由于政府的干预，使政府也成了该市场中的一个重要的角色。同时，由于运输和环境密切相关，所以运输决策也常会受到公众的影响。概括地说，运输交易往往受五个方面的影响，他们是托运人(运输起始地)、收货人(运输目的地)、货运代理人(运输中转地)、承运人(运输的主体)、政府与公共机构和公众，他们的关系如图5.2所示。

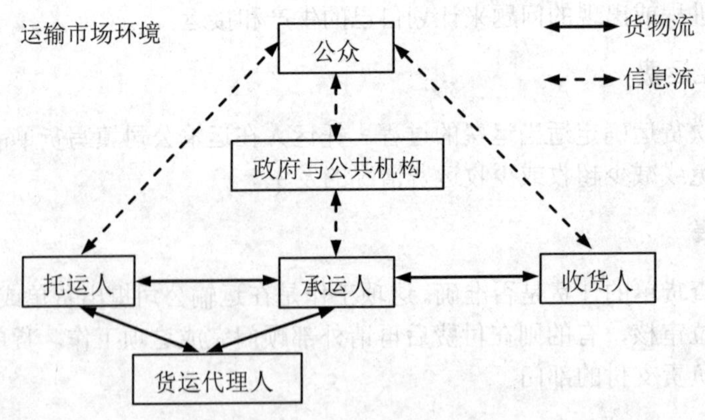

图5.2　运输决策影响因素

1．托运人

托运人(Shipper)是货物的发运者。托运人在运输合同中有义务按装运单的规定将货物在指定的时间、地点交给承运人。

2．收货人

收货人(Consignee)是在运输目的地负责接收货物的人。收货人在运输合同中有义务在货物到达目的地以后在运输合同规定的时间和地点接收货物。

3．承运人

承运人(Carrier)作为中间人，是运输市场上运输服务的提供者。承运人是指拥有交通工具并利用自己的交通工具提供各种运输服务的商业企业。承运人在货源地收到托运人的货物后向托运人出具运输单据，负责将货物安全地在规定的时间内运至目的地，并将货物交给运输单据的持有人。承运人是运输活动的实际承担者。

4．货运代理人

货运代理人(Agent)是接受货主的委托，办理有关货物发运、报关、交接、仓储、调拨、检验、包装、转运、租船定仓等业务的人。

在有运输代理人参加的运输活动中，先由货主与运输代理人签订一份代理运输合同(即图 5.3 运输合同 1)，在运输合同 1 中，货主是托运人，货运代理人是契约承运人。然后再由货运代理人与拥有运输工具的实际承运人签订一份运输合同(即图 5.3 运输合同 2)，在运输合同 2 中，货运代理人充当托运人，而合同中的承运人就是实际承运人。由图 5.3 可以看出货运代理人与货主之间的代理关系与一般的委托代理关系有所不同，在两份合同中，货运代理人都是以事主身份出现的，既非货主，也非承运人。

图 5.3　货运代理流程

5．政府与公共机构

政府通常采用多种方式来干预和影响运输市场。由于运输业涉及的社会面广，难以控制，政府部门更倾向于干预运输供应商的活动，这种干预往往采取规章、促进或拥有等形式。政府机构主要是通过制定各种规章制度和法律，来对国内的运输活动进行宏观调控和管理，以维护国内运输市场的有序发展。同时，政府及行业协会等公共机构代表也参加各种运输相关的国际组织机构，并参与国际运输协定、条约的制定。政府部门在运输中的另一个重要作用就是投资修建、维护、管理国内的公共运输设施。

6．公众

公众及代表公众利益的机构也是运输市场上的重要影响力量。随着消费者权益意识的不断增强，公众的影响力也越来越大了。首先，随着产品市场上买方力量的不断增强，生产厂家用户至上的理念更加深入，因此对运输的需求就更大，对运输的要求也就更高；其次，公众对运输质量也有了更高的要求，不仅要在线路上得到满足，而且对服务质量的要求也更高；再次，公众对运输的定价也有了更大影响；最后，公众环境意识的增强，使国家不断制定出各种法令法规来限制运输对环境的影响。

第二节　运输方式的选择

一、五种基本运输方式的特点及适用范围

(一)铁路运输

铁路运输是我国货物运输的主要方式之一，它与水路干线运输、各种短途运输相衔接，形成以铁路运输为主要方式的运输网络。我国铁路设施大多数由国家投资和管理，向社会各界提供运输服务。铁路运输所使用的设施包括：铁路、火车机车、车站及其他辅助设施。

1．铁路运输的优点

(1) 运输速度快。由于铁路运输是在比较封闭的道路上进行的，因此速度比较快。随着铁路和火车机车的内燃机化和电气化的发展、改造，高速铁路日益兴起，列车的运行速度不断地提高。铁路运输时速一般在 80～120 公里，而高速铁路运行时速可达 210～260 公里。

(2) 运载能力强。随着铁路的内燃机化和电气化改造，铁路列车的运载能力也在不断地增强。铁路运输能承运远远超过公路运输、水路运输的大批量货物，一般每列货车可装载 2000～3500 吨的货物，重载列车可装载约 20 000 吨的货物；单线单向年最大货物运输能力达 1800 万吨，复线达 5500 万吨。

(3) 运输成本低。一般来说，铁路运输的单位成本比公路运输、航空运输要低得多，如果要考虑装卸费用，有时甚至低于内河运输。

(4) 运输能耗低。每千吨·公里消耗标准燃料为汽车运输的 1/15～1/11、民航运输的 1/174，但是高于沿海和内河运输。

(5) 通用性能好。铁路运输能运输各类不同的货物，可方便地实现背驮运输、集装箱运输及多式联运。

(6) 安全可靠。铁路运输有专用线路，不存在交通拥挤的问题；同时相对于公路运输和航空运输，铁路运输受天气条件的影响较小，因此更加安全可靠。

2．铁路运输的缺点

(1) 灵活性差。铁路运输必须通过专用线路进行，必须沿着固定线路运行，不能实现“门对门”的运输；又因其经济里程一般在 200 公里以上，需要有其他运输手段的配合和衔接，才能实现“门对门”的运输，因此灵活性较差。

(2) 运输时间长。在运输过程中需要有列车的编组、解体和中转改编等作业环节，占用时间较长，因而增加了货物的运输时间。

(3) 货损率较高。由于装卸次数较多，货物毁损或灭失事故通常比其他运输方式多。

(4) 投资较大。铁路及其辅助设施的建设费用较高。一般来说，单线铁路造价为 100～300 万元/公里，复线造价为 400～500 万元/公里。

3．铁路运输的适用范围

铁路运输适合于对以下货物的运输。

(1) 适合于内陆地区大宗低值货物的中、长距离运输。

(2) 适合于大批量、时间性强、可靠性要求高的一般货物和特种货物的运输。

(3) 适合于散装货物(如煤炭、金属、矿石、谷物等)和罐装货物(如化工产品、石油产品等)的运输。

(二)公路运输

公路运输所使用的设施包括公路、公路车站和行驶在公路上的车辆。由于公路的投资和保养成本较高，各国的公路建设主要由政府负责，通过收取燃油税或养路费等收回投资。而车站和车辆则通常由运输公司自行建设和购买。

1．公路运输的优点

(1) 公路覆盖面广。公路网的密度居于各种运输方式的首位。同时公路运输的适应能力相当强，几乎可以在各种路面进行运输，因此利用公路运输几乎可以将货物运输到任何地点。

(2) 灵活性强。这是公路运输的最大优势之一。密度非常大的公路运输网、汽车的通过能力和相对较小的单位运量，使得公路运输有着其他运输方式不可比拟的灵活性，在绝大多数情况下都可以实现从托运人到收货人的门到门运输。

(3) 快捷精确。与铁路运输和航空运输不同，公路运输可以单独直接实现门到门的运输。这使公路运输免去了运输工具的转换和其中不必要的停留时间，从而可以更加精确地控制运输时间。

(4) 包装简单，货损少。因汽车运输途中货物撞击少，加之没有中转装卸作业，所以包装可以简单，货损少。

(5) 运费便宜。近距离的中、小量的货物运输，运费比较便宜。

(6) 投资小，效益高。修建公路的材料和技术较容易解决，易在全社会广泛发展；且建设周期短，经济效益高。一般公路运输的投资每年可以周转 1～2 次，而铁路运输则需要 3～4 年才周转一次。

2．公路运输的缺点

(1) 运输能力小。与铁路运输和水运相比，公路运输的运载能力明显处于劣势，不适合重型和大型的货物运输。一般来说，每辆普通载货汽车每次只能运送 5 吨货物，长途客车一般只能运送 50 位旅客，仅相当于铁路列车的 1/36～1/30。

(2) 运输能耗高。汽车运输能耗分别是铁路运输能耗的 10.6～15.1 倍、沿海水运能耗的 11.2～15.9 倍、内河运输能耗的 13.5～19.1 倍、管道运输能耗的 4.8～6.9 倍，但比航空运输能耗低，只有航空运输能耗的 6%～8.7%。公路运输工具的运载能力偏低使公路运输的单位货物运费较高。

(3) 运输成本高。汽车运输成本分别是铁路运输成本的 11.1～17.5 倍、沿海水运成本的 27.7～43.6 倍、管道运输成本的 13.7～21.5 倍，但比航空运输成本低，只有航空运输成本的 6.1%～9.6%。

(4) 安全性差。虽然公路运输拥有密度最高的公路网，但是公路交通仍日益拥挤，公路交通事故的发生率远高于其他运输方式。

3．公路运输的适用范围

公路运输适合于对以下货物的运输。

(1) 内陆地区近距离的独立运输。公路运输主要适宜于 50～200 公里以内的中、短途运输。不过，由于高速公路的广泛修建，汽车运输将会逐渐形成从短途运输到短、中、长途运输并举的格局。

(2) 补充和衔接其他运输方式。这里指当铁路、水路、航空运输方式担负主要运输时，由汽车担负起点和终点处的短途集散运输，完成这些运输方式到达不了的地区的运输任务。

(三)水路运输

水路运输又称为船舶运输，它是利用船舶运载工具在水路上的运输，简称水运。其设施主要包括：天然水道(或经过改良的水道)、港口和船舶。水运中水道的改良维护通常由政府负责；而港口建设则各国不同，大多数仍由政府投资，运输公司通过支付使用费使用港口或拥有一定码头和堆场的使用权。根据其使用的水道区域，水上运输又可分为内河(湖)运输、沿海运输和远洋运输。

1．水路运输的优点

(1) 运输能力大。在五种运输方式中，水路运输能力最大。在长江干线，一支拖驳或顶推驳船队的载运能力已超过万吨，国外最大的推驳船队的载运能力已达 3 万～4 万吨，世界上最大的油船的载运能力已超过 50 万吨。

(2) 运输成本低。我国沿海运输成本只有铁路的 40%，长江干线的运输成本只有铁路的 84%。

(3) 投资省。水路运输的线路不需投资建设，只需利用江河湖海等自然水利资源即可；又因对货物的载运和装卸要求不高，占地较少；除必须投资建造船舶、港口外，沿海航道几乎不需投资，整治航道也仅仅只有铁路建设费用的 1/5～1/3。

(4) 运输路线长。水路运输平均运输路线分别是铁路运输的 2.3 倍、公路运输的 59 倍、管道运输的 2.7 倍，但只有航空运输的 68%。

(5) 通用性能好。水路能运输各类不同的货物，特别是对大件货物的运输，还能方便实现集装箱运输和多式联运。而且对于海上运输来说，通航能力几乎不受限制。

2．水路运输的缺点

(1) 运输速度慢。船舶运输平均航速较慢，在途中的时间长，不能快速将货物运达目的地，会增加货主流动资金的占有量。

(2) 可达性差。水路运输只能在固定的水路航线上进行运输，不能实现“门对门”的运输；又因平均运距长，所以，需要其他运输手段的配合和衔接，才能实现“门对门”的运输。

(3) 受自然条件影响大。一是水路运输易受台风或海洋风暴的影响，延误运期；二是

内河航道和某些港口受季节因素影响大，冬季结冰，枯水期水位会变低，难以保证全年通航，不能实现均衡生产。

3．水路运输的适用范围

水路运输适合于运距长、运量大、时间性不太强的各种大宗货物的运输，特别适合使用集装箱进行运输以及国际贸易远洋大批量物资的运输。

(四)航空运输

航空运输又称飞机运输，它是在具有航空线路和航空港(飞机场)的条件下，利用飞机作为运载工具进行货物运输的一种运输方式。航空运输的设施主要包括：航空港、飞行器和航空设施。飞机在空中飞行没有有形的线路，需要根据空中管制系统的指令在一定的空中走廊内飞行。空中管制系统一般由国家拥有，航空港通常也由政府投资，航空公司使用这些设施需缴纳使用费。

1．航空运输的优点

(1) 高速直达运输。航空运输的运输速度要远远快于其他四种运输方式，运行速度一般为 800～900 公里/小时，而且两点之间的航空运输通常取最短的路径，所以能实现两点间的高速、直达运输。

(2) 不受地面条件影响，能够深入内陆地区。航空运输利用天空这一自然通道，不受地理条件的限制。对于地面条件恶劣、交通不便的内陆地区非常适合，有利于当地资源的出口，以促进当地经济的发展。航空运输使本地与世界相连，对外的辐射面广，而且航空运输与公路运输和铁路运输相比，占用土地较少。

(3) 安全性高。按单位货运周转量或单位飞行时间损失率统计，航空运输的安全性比其他任何运输方式都高。航空运输公司的运输管理制度比较完善，货物的破损率较低，如果采用空运集装箱的方式运送货物，则更加安全。

(4) 节约包装、保险、利息等费用。采用航空运输方式，货物在途时间短，周转速度快，企业存货可以相应地减少。一方面有利于资金的回收，减少利息支出；另一方面企业仓储费用也可以降低。航空货物运输安全准确，货损、货差少，保险费用较低。与其他运输方式相比，航空运输的包装简单，会使包装成本减少。

2．航空运输的缺点

(1) 载运量小。航空运输不能承运大型、大批量的货物，只能承运小批量、体积小的货物。

(2) 运输成本高。由于飞机的造价高，航空燃油消耗大，因此航空运输是五种运输方式中最昂贵的一种运输方式。

(3) 受天气条件影响较大。航空运输受恶劣天气影响较大，在大雾、雷雨等天气条件下，航空运输经常发生延误甚至取消航班。

(4) 可达性差。通常情况下，航空运输难以实现“门到门”的运输，必须借助其他运输工具(主要为汽车)转运才能实现“门到门”的运输。

3．航空运输的适用范围

航空运输适合于对以下货物的运输。

(1) 国际运输。除远洋运输外，目前国际的一些货物联系基本上依靠航空运输。

(2) 特殊货物的运输。一是适合于高附加值、低质量(指物质的量)、小体积物品的运输，如高级电子工业、精密机械工业、高级化学工业等产品的运输；二是鲜活易腐货物、时令性产品、邮件等时间限制较强的特殊货物的运输。

(五)管道运输

管道运输是一种新型的运输方式，它是随着石油的生产和运输而发展起来的一种特殊的货运方式，其设施仅包括管道线路和管道两端的气泵站。采用管道运输，货物凭借高压气泵的压力在管道内移动，到达目的地。目前，管道主要有三种：液体管道(主要运送石油及其制品)、气体管道(主要运送天然气)和浆质管道(运送煤浆)。

1．管道运输的优点

(1) 运输量大。一条油管线可以源源不断地运送油料，根据其管径的大小不同，每年的运输量可达数百万吨到几千万吨，甚至超过亿吨。

(2) 能耗小，成本低。由于管道运输采用密封设备，在运输过程中可避免散失、丢失等损失，也不存在其他运输设备在运输过程中消耗动力所形成的无效运输问题。所以，在各种运输方式中，管道运输能耗最小，每吨·公里的能耗不足铁路运输的 1/7。又由于管道运输的运输工具就是其运输通道，是固定不动的，因此在运输中不会产生回空问题，节省了运输成本。

(3) 节省包装费用。管道运输是运输通道与运输工具合二为一的一种运输方式，货物在运输过程中直接导入管道进行运输，因而不需要进行包装，节省了包装费用。

(4) 不受地面条件影响。管道运输是通过封闭的管道进行运输的，因此不会受到地面条件的影响，也不会受到天气状况的影响，从而确保了运输系统长期稳定地运行，使送达货物的可靠性大大提高。

(5) 安全性好，连续性强。由于石油、天然气易燃、易爆、易挥发、易泄漏，故采用管道运输，不仅安全可靠，减少货损，又可避免对空气、水源、环境的污染，能较好地满足运输对绿色环保的要求。运输管道建成以后，货物只需在工作人员的监控下进行运输，而不需要工作人员直接参与运输活动，因此可以连续作业。

2．管道运输的缺点

(1) 运输货种单一。管道运输的主要货物是原油、天然气等液体和气体货物，虽然现在已经可以运送一些固体货物，但总的来说货物种类还是比较单一。

(2) 灵活性差。单向运输的特性使管道运输不存在回空问题，但是只能单向运输使得管道运输灵活性差，经常不能通过一条运输管道满足货主的多种需求。

(3) 固定投资大。管道的铺设需要数额很大的一笔固定投资。

3. 管道运输的适用范围

管道运输适合于单向、定点、量大的流体状且连续不断的货物(如石油、油气、煤浆、某些化学制品原料)的运输。另外，在管道中利用容器包装运送固态货物(如粮食、砂石、邮件等)也具有良好的发展前景。

二、联合运输

(一)联合运输的概念

联合运输是一种综合性的运输形式，它是将两种或两种以上的运输方式或运输工具连接起来，实行多环节、多区段相互衔接的接力式运输。联合运输简称为“联运”，国外称为“协同直达运输”，并以集装单元作业作为配合的手段。

一般来讲，构成多式联运应具备以下六个主要条件。

(1) 必须具有一个多式联运合同。

(2) 必须使用一份全程多式联运单据(多式联运提单、多式联运运单等)。

(3) 全程运输过程中必须至少使用两种不同的运输方式，而且是两种以上运输方式的连续运输。

(4) 必须使用全程单一费率。

(5) 必须有一个多式联运经营人对货物的运输全程负责。

(6) 如果是国际多式联运，则多式联运经营人接收货物的地点与交付货物的地点必须分属两个国家。

(二)联合运输的特点

联合运输是交通运输的一个组成部分，它在各种运输方式和港站疏运的衔接配合中，处于结合部的地位，是推动运输横向经济联合，组织发挥各种运输方式的特点和优势，提高综合运输效率的有效途径。联合运输具有以下四个特点。

1. 统一化、简单化

国际多式联运的统一化和简单化主要表现在不论运输全程有多远，不论由几种方式共同完成货物运输，也不论全程分为几个运输区段、经过多少次转换，所有一切运输事项均由多式联运经营人负责办理，货主只需办理一次托运、订立一份运输合同、办理一次保险。一旦在运输过程中发生货物的灭失和毁损时，只需与多式联运经营人交涉就可以了。国际多式联运是通过一张单证，采用单一费用，因而大大简化了运输与结算手续。

2. 减少中间环节，提高运输质量

多式联运以集装箱为运输单元，可以实现“门到门”的运输。尽管运输途中可能有多次换装、过关，但由于不需掏箱、装箱、逐件理货，只要保证集装箱外表状况良好、铅封完整即可免检放行，从而大大减少了中间环节。尽管货物运输在全程中要进行多次装卸作业，但由于使用了专用机械设备，且又不直接涉及箱内货物，货损、货差、货物被盗的可能性大大减少。再者由于全程运输由专业人员组织，可做到各环节与各种运输工具之间衔

接紧凑、中转及时、停留时间短，从而使货物的运达速度大大加快，有效地提高了运输质量，保证了货物安全、迅速、准确、及时地运抵目的地。

3．降低运输成本，节约运杂费用

多式联运全程运输中各区段运输和各区段的衔接，是由多式联运经营人与各实际承运人订立分运合同和与各代理人订立委托合同(包括其他有关人与有关合同)来完成的。多式联运经营人一般与这些人都订有长期的协议。这类协议一般规定多式联运经营人保证托运一定数量的货物或委托一定量的业务，而对方则给予优惠的运价或较低的佣金。再者，通过对运输路线的合理选择和运输方式的合理使用，都可以降低全程运输成本，提高利润。对于货主来说，一是可以得到优惠的运价；二是在多式联运下，一般将货物交给第一(实际)承运人后即可取得运输单证，并可据此结汇(结算货款)，结汇时间比分段运输有所提前，有利于货物占有资金的周转；三是由于采用集装箱运输，从某种意义上讲可以节省货物的运输费用和保险费用。此外，由于多式联运全程运输采用一张单证，实行单一费率，从而简化了制单和结算手续，节约了运货方的人力、物力。

4．扩大运输经营人业务范围，提高运输组织水平，实现合理运输

在多式联运开展以前，各种方式的经营人都是自成体系、独立运输的，因而其经营业务的范围(特别是空间地域范围)受到很大的限制，只能经营自己运输工具能够抵达的范围的运输业务，货运量也因此受到限制。一旦发展成为多式联运经营人或作为多式联运的参加者，其经营的业务范围即可大大扩展，从理论上讲可以扩大到全世界。除运输经营人外，其他与运输有关的行业和机构，如仓储、港口、代理、保险、金融等都可以在参加多式联运中得到好处，扩大业务。

在国际多式联运中是由专业人员组织全程运输的，这些人对遍布世界的运输网、各类承运人、代理人、相关行业和机构、有关业务都有较深的了解和较为紧密的联系，他们可以选择最佳的运输路线，使用合理的运输方式，选择合适的承运人，实现最佳的运输衔接与配合，从而大大提高了运输组织水平，充分发挥了现有设施的作用，实现了合理运输。

(三)联合运输的几种方式

联运工作加快了运输，方便了货主，所以，现在不仅局限于一国范围，而且在国际范围内，联运也有了迅速发展。特别是随着集装箱的出现，它为国内、国际联运业务开拓了广阔的前景。

目前，国际上采用的多式联运有下列四种。

1．公铁联运

最著名的和使用最广泛的多式联运的系统是将卡车拖车或集装箱装在铁路平板车上的公铁联运或驮背式运输。由铁路完成城市间的长途运输，余下的城市间的短途运输由卡车来完成，这种运输方式非常适合于城市间物品的配送。对于配送中心或供应商在另一个比较远的城市，我们可以采用这种运输方式，实现无中间环节的一次运输作业完成整个运输的任务。

2. 陆海联运

陆海联运是指陆路运输(铁路、公路)与海上运输一起组成一种新的联合运输方式，这也是中国近年来采用的运输新方式。先由内地起运地把货物用火车装运至海港，然后由海港代理机构联系第二程的船舶，将货物转运到国外目的地。发运后，内地有关公司可凭联运单据就地办理结汇手续。

3. 陆空(海空)联运

陆空(海空)联运是一种陆(海)路与航空两种运输方式相结合的联合运输方式。我国在1974年开始应用这种方式，而且发展速度很快，运输的商品也从单一的生丝发展到服装、药品、裘皮等多种商品。通常的做法是先由内地起运地把货物用汽车装运至空港，然后从空港空运至国外的中转地，再装汽车陆运至目的地。采用陆空(海空)联运方式具有手续简便、速度快、费用少、收汇迅速等优点。

4. 大陆桥运输

大陆桥运输是指使用铁路或公路系统作为桥梁，把大陆两端的海洋运输连接起来的多式联运方式。目前世界上主要的大陆桥有：西伯利亚大陆桥、远东至北美东岸和墨西哥湾大陆桥、北美西海岸至欧洲大陆桥等。西伯利亚大陆桥是以国际标准集装箱为容器，用多种运输工具进行运输，由日本经俄罗斯至欧洲、伊朗、中东各地的多式联运方式，它具有提前结汇、手续简便、节约费用、安全可靠等优点。为适应对外贸易的需要，中国开辟和发展了新亚欧大陆桥运输。新亚欧大陆桥是指以中国东部的连云港为起点，经陇海铁路运输大动脉或连云港—霍尔果斯公路主干线出中国新疆伊宁的霍尔果斯，进入哈萨克斯坦与新西伯利亚、阿拉图木铁路接轨抵达西欧，以荷兰的鹿特丹港为终点的一条大陆桥。亚欧大陆桥通过的国家、地区较多，路径较短，对发展中国对外贸易、促进内陆经济发展、缩小东西部差距起到了积极作用，并具有较高的社会效益和经济效益；同时对改变国际物流格局，发展国际的经济合作也具有重大的战略意义。

三、物流运输方式的选择

(一)各种运输方式的比较

现代运输主要有铁路、公路、水路、航空和管道五种运输方式。各种运输方式的成本结构比较，如表5.1所示。

表5.1 各种运输方式成本结构的比较

运输方式	固定成本	变动成本
铁路	高(车辆、轨道及站点)	低
公路	高(车辆及修路)	适中(燃料、维修)
水路	适中(船舶、设备)	低
航空	低(飞机、机场)	高(燃料、维修)
管道	最高(铺设管道)	最低

各种运输方式的营运特征的比较如表 5.2 所示。该表按各种运输方式的营运特征优劣进行评价，采用打分法，表中各种运输方式的营运特征的分值越高，表示效果越好。

表 5.2 各种运输方式运营特征的比较

运营特征	铁 路	公 路	水 路	航 空	管 道
运价	3	2	5	1	4
速度	3	2	4	5	5
可得性	2	1	4	3	5
可靠性	3	2	4	5	1
能力	2	3	1	4	5
频率	4	2	5	3	1
合计得分	17	12	23	21	21

(二)运输方式选择的影响因素

如何根据所需运输服务的要求，进行运输方式的最佳选择，使所获得的运输服务总成本最低，是物流运输业务的主要任务。在实际运输工作中，有时单靠一种运输方式无法实现最低成本，往往需要几种运输方式的组合才能实现。这就要求我们在选择运输方式时，除了要参考各种运输方式的运输成本结构及其营运特性外，还必须综合考虑以下六个因素。

1．货物的特性

货物的价值、形状、单件重量、容积、危险性、变质性等都是影响运输方式选择的重要因素。一般来说，不可能空运量大低价的沙子、庞大笨重的塔吊车；同样，也不可能海运价值昂贵的钻石和芯片；更不可能用管道运输冰箱、洗衣机。这些极端的例子，显而易见地说明了货物的自然属性直接影响着我们对运输方式的选择。

一般来说，原材料等大批量的货物、价格低廉或形体庞大的货物适合于铁路运输或水路运输；重量轻、容积小、价值高的货物适合于航空运输；中短距离的运输适合于公路运输；至于包装的消费品是选择公路运输还是铁路运输，或是水路运输、航空运输，则需要综合其他因素进行具体的比较分析。

2．可选择的运输工具

尽管现在交通发达，可供选择的运输工具较多，但对于具体时间、地点条件下的运输，不是所有承运人都能很容易地获得所需要的运输工具的。对于运输工具的选择，不仅要考虑运输费用，还要考虑仓储。因为运费低的运输工具一般运量大，而运量大会使库存量增大，库存量增大则会增加高额的仓储费用，最后使运输成本增加，因此要综合考虑进行选择。另外，运输工具的选择还要考虑不同运输方式的营运特征，包括速度、可得性、可靠性、能力、频率等。相对来说，汽车运输虽然费用低，但运量小，能力不如火车和轮船；而火车、轮船虽运量大，费用也比较低，但急需时却不如汽车那么容易获得。

3．运输成本

运输服务的总成本就是货物在物流两节点之间运输收取的费用加上所有的附加费，如

保险费、装卸费、终点的送货费等。如果是自用运输，运输服务成本就是分摊到该次运输中的相关成本，如燃油成本、人工成本、维修成本、设备折旧和管理成本等费用。

不同的运输方式，其运输成本相差很大。航空运输是最昂贵的，管道运输和水路运输则是最便宜的，而公路运输又比铁路运输贵。但是这种成本比较是用运费收入除以所运货物的总吨数得到的比值，并不能确切地反映各种运输方式的综合效益。在实际运营中，必须根据实际运费、运输时间、货物的性质及运输安全等进行综合比较。

4. 运输时间

运输时间通常是指货物从起点运输到终点所耗费的平均时间。这个时间的长短，从两个方面影响着运输的费用。

(1) 货物价值由于其适用期有限可能造成的损失(如水果、蔬菜等)或因为其时间价值的适用期有限而造成的损失(如报纸、时装等)。

(2) 货物在运输中由其价值表现的资本占用费用，对高价值货物或货运量很大的货物，这可能占成本的很大一部分。

可见，平均运输时间是一个重要的运输服务指标。不同的运输方式，提供的货物平均运输时间是不同的。有些能够提供起止点之间的直接运输服务，有些则不能，但如果要对不同运输服务进行对比，即使涉及一种以上的运输方式，也最好是用“门对门”运送时间来进行衡量。在考虑运输时间时，还要注意一个问题，即运输时间的变化。运输时间的变化是指在各种运输方式下多次运输间出现的时间变化，它是衡量运输服务的不确定性的指标。起止点相同，使用同样运输方式的每一次运输的在途时间不一定相同，因为天气、道路情况、中途暂停次数、合并运输所花费的时间等都会影响在途时间。一般来说，运输时间变化率的排序与运输时间的顺序大致相同。也就是说，铁路的运输时间变化最大，航空运输最小，公路运输介于中间。但需要注意的是，如果从变化率与平均运输时间的比值来看，则航空运输最不可靠，而公路运输是最可靠的。

5. 运输的安全性

运输的安全性包括所运输货物的安全和运输人员的安全以及公共安全。当货物在运动的运输工具中时，盗窃可能减少，损坏也很少发生。所以从整个运输过程来说，同其他运输方式相比，载货卡车能够更好地保护货物的安全，因为只有卡车才能够实现“门到门”的运输而不需要中途装卸和搬运，或者因为存储或停放而降低货物的安全性。

对运输人员的安全和公共安全的考虑也会影响到货物的安全措施，进而影响到运输方式的选择。如对于危险品运输要采取更加安全的措施，而在地面运输中采取的安全措施又远没有在空运中采取的安全措施那样严格；对于某些货物，不健全的安全措施也会影响到公共安全，甚至会影响到国家的安全。所以，不管是从货物的安全性考虑，还是从运输人员的安全或公共安全考虑，都会影响到托运人对运输方式的选择。

6. 其他影响因素

除上述列举的影响运输方式选择的因素外，经济环境或社会环境的变化也制约着托运人对运输方式的选择。如随着物流量的增大，噪声、振动、大气污染、海洋污染、交通事故等问题的社会化，政府为防止这些问题发生的法律、法规相继出台，各种货物运输的不同规定等；还有防止交通公害的对策税金、使用费等规定的限制，这些都会影响托运人对运输方式的选择。

(三)运输方式的选择

在选择运输方式或运输工具时，应综合考虑运输的各种目标要求，采取定性分析与定量分析相结合，选择合理的运输方式或运输工具。运输方式的选择，既可单独选用一种，也可以采用多式联运。究竟如何选择，则需要根据运输环境、运输服务的各种目标要求，采用定性分析与定量分析相结合的方法。

1. 运输方式选择的定性分析法

1) 单一运输方式的选择

单一运输方式的选择，就是指选择一种运输方式提供运输服务。公路、铁路、水路、航空和管道五种基本运输方式各有自身的优点与不足。一般来说，公路运输机动灵活，具有实现货物“门到门”运输的优势；铁路运输的最大优点是不受气候的影响，可深入内陆和横贯内陆，实现货物的长距离准时运输；水路运输则具有运量大、成本低的特殊优势；而航空运输的主要优点则是可实现货物的快速运输。所以，可以根据五种基本运输方式的优势、特点，结合运输需求进行恰当的选择。在决定运输方式时，应以运输工具的服务特征作为判断的基准。一般要考虑以下 10 个因素。

(1) 运费——高低。

(2) 运输时间——到货时间长短。

(3) 频度——可以运、配送的次数。

(4) 运输能力——运量大小。

(5) 货物的安全性——运输途中的破损及污染等。

(6) 时间的准确性——到货时间准确性。

(7) 适用性——是否适合大型货物运输。

(8) 伸缩性——是否适合多种运输需要。

(9) 网络性——和其他运输机具的衔接。

(10) 信息——货物所在位置的信息。

在选择运输方式时，必须根据不同的运输需要来确定应重点考虑的是上述哪些因素。一般认为运费和运输时间是最为重要的选择因素，在具体进行选择时应从运输需要的不同角度加以综合权衡。从物流运输的功能来看，速度快是货物运输的基本要求，但是速度快的运输方式其运输费用往往较高。同时，在考虑运输的经济性时，不能只从运输费用本身来判断，还要考虑因运输速度加快缩短了货物的备运时间，使货物的必要库存减少，从而减少了货物保管费的因素等，若要保证运输的安全、可靠、迅速，成本就会增多等。所以在选择运输方式时，应当以总成本作为依据，而不能仅考虑运输成本。因此，运输方式的选择应该是在综合考虑上述各种因素后，寻求运输费用与保管费用最低的运输方式，这种关系如图 5.4 所示。

2) 多式联运的选择

多式联运的选择，就是选择使用两种以上的运输方式联合起来提供运输服务。多式联运的主要特点是在不同运输方式间自由变换运输工具，以最合理、最有效的方式实现货物

的运输过程。多式联运的组合方法有很多种，但在实际运输中，这些组合并不都是实用的，一般只有铁路与公路联运、公路或铁路与水路联运、航空与公路联运得到了较为广泛的采用。

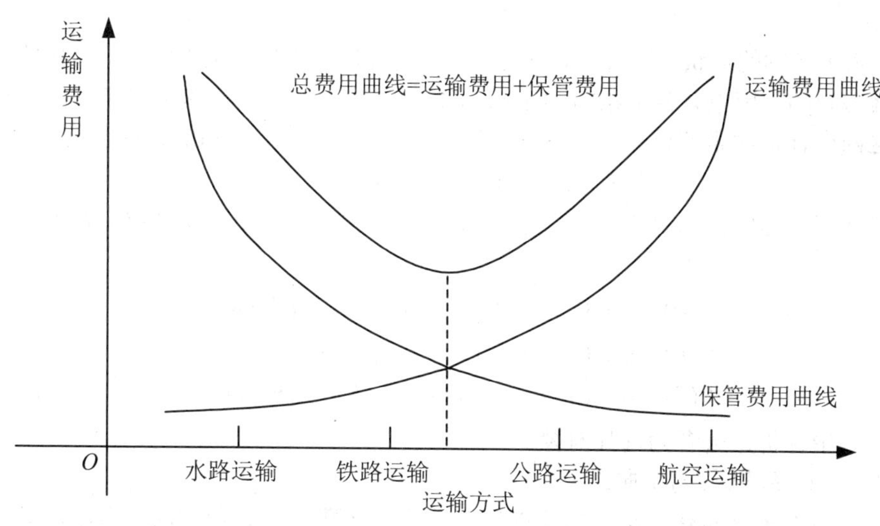

图 5.4 运输方式与运输费用的关系

铁路与公路联运即公铁联运，或称驮背运输，是指在铁路平板车上载运卡车拖车，通常运距比正常的卡车运输长。它综合了卡车运输的方便、灵活与铁路长距离运输经济的特点，运费通常比单纯的卡车运输要低。这样，卡车运输公司可以延伸其服务范围，而铁路部门也能够分享到某些一般只有卡车公司单独运输的业务，同时托运人也可得到在合理价格下享受长距离门到门运输服务的便捷。因此，铁路与公路联运成为最受欢迎的多式联运方式。

公路或铁路与水路联运，也称鱼背运输，是指将卡车拖车、火车车厢或集装箱装在驳船或船舶上进行长途运输。这种使用水路进行长途运输的方式是最便宜的运输方式之一，在国际多式联运中被广泛应用。

航空与公路联运也是被广泛采用的运输方式，这种将航空运输快捷，公路运输灵活、方便的多种优势融合在一起提供的运输服务，能以最快的方式实现长距离“门到门”的货物运输。例如，将航空货物与卡车运输结合起来，这种方式所提供的服务和灵活性可与公路直达运输相比拟。

2. 运输方式选择的定量分析法

运输方式选择的定量分析法有两种：综合评价选择法和成本比较选择法。

1) 综合评价选择法

综合评价选择法是指根据影响运输方式选择的四个因素——经济性、迅速性、安全性和便利性进行综合评价，然后根据评价结果确定运输方式的选择方法。这种评价方法的步骤如下。

(1) 确定运输方式的评价因素。评价运输方式的因素有运输方式的经济性、迅速性、安全性和便利性等。

(2) 确定运输方式的综合评价值。如果用 F_1，F_2，F_3，F_4 分别表示运输方式的经济性、迅速性、安全性和便利性值，且各因素对运输方式的选择具有同等重要性，则运输方式的综合评价值 F 为

$$F = F_1 + F_2 + F_3 + F_4$$

但是，由于货物的形状、价格、交货日期、运输批量和收货单位不同，这些特性对运输方式的选择所起的作用也就各不相同，因此，可以通过给这些评价因素赋予不同的权数加以区别。如这四个评价因素的权数分别为 a_1，a_2，a_3，a_4，则运输方式的综合评价值可表示为

$$F = a_1F_1 + a_2F_2 + a_3F_3 + a_4F_4$$

如果可选择的运输方式有铁路、公路、船舶，它们的评价值分别为 $F(R)$，$F(T)$，$F(S)$，则有：

$$F(R) = a_1F_1(R) + a_2F_2(R) + a_3F_3(R) + a_4F_4(R)$$
$$F(T) = a_1F_1(T) + a_2F_2(T) + a_3F_3(T) + a_4F_4(T)$$
$$F(S) = a_1F_1(S) + a_2F_2(S) + a_3F_3(S) + a_4F_4(S)$$

显然，其中评价最大者为选择对象。

(3) F_1, F_2, F_3, F_4 以及 a 的确定。

① 经济性 F_1 的数量化。运输方式的经济性是用运费、包装费、保险金以及运输手续费用的合计数来表示的。费用越高，运输方式的经济性就越低，这是不利因素。假设这三种运输方式的所需成本分别为 $C(R), C(T), C(S)$，则平均值为

$$C = \frac{C(R) + C(T) + C(S)}{3}$$

三种运输设备经济性的相对值分别为

$$F_1(R) = \frac{C(R)}{C}$$
$$F_1(T) = \frac{C(T)}{C}$$
$$F_1(S) = \frac{C(S)}{C}$$

② 迅速性 F_2 的数量化。运输方式的迅速性是用从发货地到收货地所需时间(天数)来表示的。所需时间越多，则迅速性越低，这是不利因素。假设这三种运输方式的所需时间分别为 $H(R)$，$H(T)$，$H(S)$，则平均值为

$$H = \frac{H(R) + H(T) + H(S)}{3}$$

三种运输方式迅速性的相对值分别为

$$F_2(R) = \frac{H(R)}{H}$$
$$F_2(T) = \frac{H(T)}{H}$$
$$F_2(S) = \frac{H(S)}{H}$$

③ 安全性 F_3 的数量化。运输方式的安全性可以通过历史上一段时间货物的破损率来

表示。破损率越高，安全性越差。假设这三种运输方式的破损率分别为$D(R)$，$D(T)$，$D(S)$，则平均值为

$$D=\frac{D(R)+D(T)+D(S)}{3}$$

三种运输方式安全性的相对值分别为

$$F_3(R)=\frac{D(R)}{D}$$

$$F_3(T)=\frac{D(T)}{D}$$

$$F_3(S)=\frac{D(S)}{D}$$

④　便利性F_4的数量化。运输方式的便利性的数量化表示方法，可采用代办运输点的经办时间与货物运到代办运输点的运输时间之差来表示。时间差越大，表明便利性越高，所以时间差大是有利因素。如果各运输方式的时间差分别为$V(R)$，$V(T)$，$V(S)$，则平均值为

$$V=\frac{V(R)+V(T)+V(S)}{3}$$

三种运输方式便利性的相对值分别为

$$F_4(R)=\frac{V(R)}{V}$$

$$F_4(T)=\frac{V(T)}{V}$$

$$F_4(S)=\frac{V(S)}{V}$$

各评价因素赋予权数的大小的确定，没有绝对的办法。一般来讲，是结合货物本身的特征，并尽可能吸收实际工作者或有关专家的意见，进行确定。

2)　成本比较选择法

不同的运输方式产生不同的运输成本。故对运输方式的选择，也可以通过比较运输服务成本与服务水平导致的相关间接库存成本之间达到的平衡程度进行选择。这就是说，运输的速度和可靠性会影响托运人或买方的库存水平。如果选择速度慢、可靠性差的运输服务，物流运输过程中就会需要更多的库存。这时，由于库存增多而使成本的可能升高，就会抵消选择低水平运输服务降低的成本。因此，最佳的运输服务方案是既能满足客户的需要，又能使总成本最低。

【例 5.1】某公司欲将产品从甲厂运往乙公司自有的仓库，年运量q为 700 000 件，每件产品的价格p为 30 元，每年的存货成本m为产品价格的 30%，各种运输方式的有关参数如表 5.3 所示。

在途运输的年存货成本为$pmqt/365$，两端储存点的存货成本各为$pmn/2$，但其中的p值有差别，工厂储存点的p值为产品的价格，购买者储存点的p值为产品价格与运费率之和。具体的计算结果如表 5.4 所示。

表 5.3　四种运输方式参数统计表

运输方式	运输费率 k/(元/件)	运输时间 t/天	平均存货量 n/件
铁路运输	0.10	21	100 000
驼背运输	0.15	14	50 000×0.93
公路运输	0.20	5	50 000×0.84
航空运输	1.40	2	25 000×0.81

注：安全库存为订货量的 1/2，平均存货量栏中的黑体字表示年批发量增加使存货量减少的系数。

表 5.4　四种运输方式成本比较表　单位：元

成本类型	计算方法	运输方式			
		铁路运输	驼背运输	公路运输	航空运输
运输费用	Qk	70 000	105 000	140 000	980 000
在途存货	$pmqt/365$	362 466	241 644	86 301	34 521
工厂存货	$pmn/2$	450 000	209 250	189 000	91 125
仓库存货	$m(p+k)n/2$	451 500	210 296	190 260	95 378
总 成 本		1 333 966	766 190	605 561	1 201 024

由表 5.4 可知，在四种运输方式中，公路运输方式的总成本最低，因此，该公司应选择公路运输。

第三节　运输合理化

一、运输合理化的含义及意义

1. 运输合理化的含义

运输合理化就是按照货物流通的规律，用最少的劳动消耗达到最大的经济效益，来组织货物调运。即在有利于生产，有利于市场供应，有利于节约流通费用、运力和劳动力的前提下，使货物走最短的里程，经最少的环节，用最快的时间，以最小的损耗，花最少的费用，从生产地运往消费地。

2. 运输合理化的意义

物流过程的合理运输，是从物流系统的总体目标出发，运用系统理论、系统工程原理和方法，充分利用各种运输方式，选择合理的运输路线和运输工具，以最短的路径、最少的环节、最快的速度和最少的劳动消耗，组织好物质产品的运输活动。物品运输合理化的重要意义主要表现在以下四点。

(1) 合理组织物品的运输，有利于加速社会再生产的进程，促进国民经济持续、稳定、协调地发展。按照社会主义市场经济的基本要求，组织物质产品的合理运输，可以使物质产品迅速地从生产所在地向消费所在地转移，以加速资金的周转，促进社会再生产过程的顺利进行，保持国民经济稳定、健康地向前发展。

(2) 物品的合理运输，能节约运输费用，降低物流成本。运输费用是构成物流费用(成本)的主要组成部分。在物流过程中，运输作业所消耗的活劳动和物化劳动占的比例最大。据统计，物流成本中运输费用的支出占 30%左右，如果把运输过程中的装卸搬运费加上，其比例会更大。因此，降低运输费用是提高物流系统效益、实现物流系统目标的主要途径之一。物流过程的合理运输，就是通过运输方式、运输工具和运输路线的选择，进行运输方案的优化，以实现物品运输的合理化。物品运输合理化必然会缩短运输里程，提高运输工具的运用效率，从而达到节约运输费用、降低物流成本的目的。

(3) 合理的运输，缩短了运输时间，加快了物流速度。运输时间的长短决定着物流速度的快慢，所以，物品运输时间是决定物流速度的重要因素。合理组织物品的运输，可使被运输的物品在途时间尽可能地缩短，能达到到货及时的目的，可以降低库存物品的数量，实现加快物流速度的目标。因此，从宏观的角度讲，物流速度的加快，减少了物品的库存量，节约了资金的占用，相应地提高了社会物质产品的使用效率，同时也利于促进社会再生产过程的顺利进行。

(4) 运输合理化，可以节约运力，缓解运力紧张的状况，还能节约能源。物品运输合理化克服了许多不合理的运输现象，从而节约了运力，提高了货物的通过能力，起到合理利用运输能力的作用。同时，由于物品运输的合理性，降低了运输部门的能源消耗，提高了能源利用率，这些对于缓解我国目前交通运输和能源紧张具有重大的现实意义。

二、不合理运输的含义及表现形式

(一)不合理运输的含义

所谓不合理运输，是指在组织货物运输的过程中，违反货物流通规律，不按经济区域和货物自然流向组织货物调运，忽视运输工具的充分利用和合理分工，装载量低，流转环节多，从而浪费运力和加大运输费用的现象。货物运输不合理，势必会导致货物迂回、倒流、过远、重复等不合理运输方式的出现，造成货物在途时间长、环节多、流转慢、损耗大、费用高，浪费运力和劳动力，影响物品供应。

(二)不合理运输的表现形式

我国目前存在的不合理运输主要有以下八种形式。

1. 空驶运输

空车或无载货行驶，是不合理运输中最严重的情况。在实际运输过程中，有时必须调用空车，这从管理上不能将其看成不合理运输。但是，由于调运不当，货源计划不周，不采用运输社会化而造成的空驶，则是不合理运输的表现。造成空驶的不合理运输主要有以下三种原因。

(1) 能利用社会化运输体系而不利用，只依靠自备车辆进行货物运送，这往往出现单程重车、单程空驶的不合理现象。

(2) 由于工作失误、计划不周或指挥不当，造成货源不实，车辆空去空回，造成双程空驶。

(3) 由于车辆过分专用，无法搭运回程货载，只能单程实车，单程空载。

2．对流运输

对流运输又称相向运输或交叉运输，是指同一货物或者彼此间可以互相替代而不影响技术和管理水平的货物，在同一路线上或平行的两条路线上做相对方向运送，与对方运程的全部或部分发生重叠。对流运输有两种类型：一种是明显的对流运输，即在同一路线上的对流运输；另一种是隐蔽的对流运输，即同一种货物在违反近产近销的情况下，沿着两条平行的路线朝相对的方向的运输。它不易被发现，故称为隐蔽的对流运输。

3．迂回运输

迂回运输是指原本可以选取较短的路线进行运输，却舍近求远，选择较长路线进行运输的不合理运输形式，即货物绕道而行的运输现象。是否属于迂回运输，要看实际情况，如果短距离线路有交通阻塞，或者道路情况不好，运送的货物有特殊限制而不得已选择较长路线，不能称为不合理运输。

4．倒流运输

倒流运输是指货物从销地或中转地向产地或起运地回流的一种运输现象。其不合理程度要甚于对流运输。其原因在于，往返两程的运输都是不必要的，形成了双程的浪费。倒流运输也可以看成是隐蔽对流的一种特殊形式。倒流有两种情况：一种是同一种货物从甲产地(供应地)运达乙销地后，又从乙销地运回原产地(供应地)或相对方向的中途另一个丁销地；另一种是乙地将甲地能够生产且已消费的同种物资运往甲地。这两种均属于倒流运输。

5．重复运输

重复运输是指一种货物本可直达目的地，但由于批发机构或商业仓库设置不当，或计划不周而在中途停卸重复装运的不合理运输现象。这是重复运输的一种形式，这种运输方式虽未延长里程，但增加了中间装卸环节和装卸搬运费用，延长了货物在途时间，而且降低了车、船使用效率，会影响其他货物运输。重复运输的另一种形式是，同品种货物在同一地点运进的同时又向外运出。

6．过远运输

过远运输是指调运物资舍近求远，近处有资源不调而从远处调，这就造成可采取近程运输而未采取，拉长了货物运距的浪费现象。过远运输占用运力时间长、运输工具周转慢、物资占压资金时间长，而且远距离自然条件相差大，又易出现货损，增加了费用支出。

7．运力选择不当

运力选择不当主要是指在安排运力的过程中，没有根据各种运输工具的优劣进行选择，

而错误地选择运输工具。常见的形式有以下三种。

(1) 弃水走陆。在同时可以选择水运和陆运时，不利用成本较低的水运或水陆联运，而是选择成本相对较高的铁路或公路运输，从而增加了运输成本。

(2) 铁路及大型船舶的过近运输。这主要是指铁路或大型船舶的经济运行里程较大，机动性较差，装卸时间较长，在近距离发挥不了快速运输的优势。因为大型运输设备往往准备时间长，装卸难度大，费用也较高。如果运输批量较小，运距较近，则不应该选择大型运输工具进行运输。

(3) 运输工具承载能力选择不当。这是指在进行运输安排时，不根据承运货物数量及重量合理选择，盲目决定运输工具，造成超载(严重时将会损坏运输车辆)或是运载工具不能满载，浪费运力的现象。

8. 托运方式选择不当

对于货主来说，可以选择最好的托运方式而未选择，也是一种不合理的运输现象。比如，应选择整车装运却选择零担托运，或应选择直达运输却选择了中转运输。不合理地选择托运方式无疑会增大运输费用和形成运力浪费。

三、影响运输合理化的要素

运输是物流中最重要的功能要素之一，物流合理化在很大程度上依赖于运输合理化。运输合理化的影响因素有很多，起决定性作用的因素有五个方面，称作合理运输的“五要素”，如图 5.5 所示。

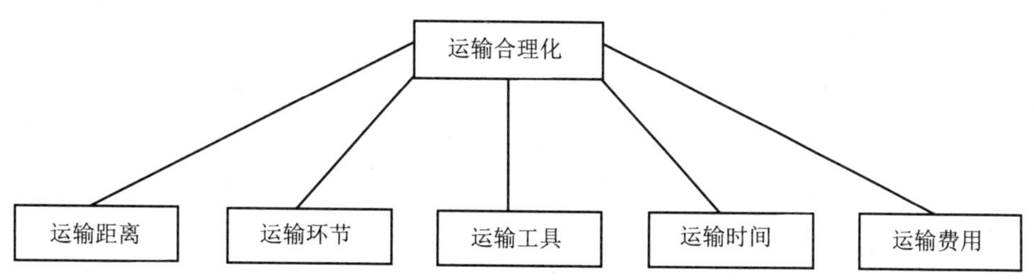

图 5.5　运输合理化的“五要素”

1. 运输距离

在运输时，运输时间、运费、运输工具周转以及货损等经济指标都与运距有一定的比例关系。运距的长短是判断运输是否合理的一个最基本因素。因此，缩短运输距离从宏观和微观来看都会带来好处。

2. 运输环节

运输环节是指运输过程中装卸、包装等活动的数量。每增加一个运输环节，都会增加起运的费用和总费用，各项技术经济指标也会下降。因此，减少运输环节有助于促进合理运输。

3．运输工具

各种运输工具都有其使用的优势领域，对运输工具进行优化选择，按运输工具特点进行装卸运输作业，最大限度地发挥所用运输工具的作用，是运输合理化的重要一环。

4．运输时间

在物流运输过程中，运输时间也是一个比较重要的评价指标。某些物品对运输时间要求较高，而某些物品则不太紧迫。所以在考虑运输时间时，应该根据具体情况与运费及其他指标相互参照。随着运输技术的不断发展，运输时间在不断地缩短，这有利于运输工具的加速周转，有利于充分发挥运力的作用，有利于货主资金的周转，有利于运输线路通过能力的提高，对合理化运输有很大的贡献。

5．运输费用

运输费用是判断运输是否合理化的最重要指标，因为所有的判断依据最终都将折算成货币指标。运费占整个物流费用的很大比例，在很大程度上决定着运输过程的合理程度。同时，运费的高低也直接决定着物流企业的竞争能力。

四、实现运输合理化的途径

实现运输合理化可采用以下 11 种途径。

1．提高运输的实载率

提高运输的实载率是指在现有的运输条件下，尽可能达到合理运输的运输规模。它有两层含义：一是单车实际载重与运距乘积和标定载重量与行驶里程乘积的比率；二是车船的统计指标，即一定时期内车船实际完成的货物周转量占车船载重量与行驶里程乘积的比率。在计算车船行驶里程时，不但要包括载货行驶，也要包括空驶。提高实载率的意义在于：充分利用运输工具的额定运输能力，减少车船和不满载行驶的概率，减少浪费，从而求得运输的合理化。

当前，国内外开展的“配送”形式，优势之一就是将多家需要的货物或者一家需要的多种货物实行配装，以达到容积和载重的充分、合理运用，比起以往自家提货或一家送货车辆大部分空驶的状况，是运输合理化的一个进步。在铁路运输中，采用整车运输、合装整车、整车分卸及整车零卸等具体措施，都是提高实载率的有效措施。

2．减少动力投入，增加运输能力

这种合理化的要点是，少投入、多产出，走高效益之路。运输的投入主要是能耗和基础设施的建设，在设施建设已定型和完成的情况下，尽量减少能源投入是少投入的核心。做到了这一点就能大大节约运费，降低单位货物的运输成本，以达到合理化的目的。比如，增加汽车挂车，汽车挂车的原理和船舶拖带、加挂基本相同，都是在充分利用动力能力的基础上增加运输能力；或者在不增加拖车头的情况下，合理配置拖箱，充分利用拖车头的有效时间，以提高整体设备的利用率。

3．大力发展社会化运输体系

社会化运输是指为实现运输的综合优势而将各种运力综合起来，将各个生产单位的运输任务尽量交给专业物流企业来做，以充分利用各种运输手段的优势，尽量做到综合考虑，能够统一安排运输工具，避免对流、倒流、空驶等不合理运输的出现，从而提高整体物流运输的绩效水平。单个企业往往运输需求有限，难以实现运输的规模效益，运输中经常会出现空驶、运力选择不当(运输工具有限，选择范围较窄)等不合理的运输现象，所以物流运输的社会化显得尤为重要。

当前我国火车运输的社会化运输体系已经较为完善，而在公路运输中，小生产方式非常普遍，是建立社会化运输体系的重点。我国在利用联运社会化运输体系时，创造了“一条龙”的货运方式。对产、销地及产、销量都较稳定的产品，事先通过与铁路、交通等社会运输部门签订协议，规定专门收、到站，专门航线及运输路线，专门船舶和泊位等，有效地保证了许多工业产品的稳定运输，取得了很大成绩。

4．开展中短距离铁路公路分流，“以公代铁”的运输

这一途径的要点是，在公路运输经济里程范围内，或者经过论证，超出通常平均经济里程范围，也尽量选择公路运输。这种途径的合理性主要表现为两点：一是对于比较紧张的铁路运输，用公路分流后，可以得到一定程度的缓解，从而加大这一区段的运输通过能力；二是充分利用公路从门到门和在中途运输中速度快且灵活机动的优势，实现铁路运输服务难以达到的水平。

目前，我国“以公代铁”在杂货、日用百货运输以及煤炭运输中较为普遍。公路运行里程最长已达 1000 公里。山西的煤炭外运经过技术论证，用公路代替铁路运至河北、京津等地是合理的。

5．分区产销平衡合理运输

分区产销平衡合理运输就是在组织物流活动中，对某种货物，使其在一定的生产区固定于一定的消费区。根据产销分布情况和交通运输条件，在产销平衡的基础上，按照近产近销的原则，使货物运输线路最短，实现合理运输。

分区产销平衡合理运输主要适用于品种单一、规格简单、生产集中、消费分散，或消费集中、生产分散，以及调运量大的物质产品，如煤炭、木材、水泥、粮食、建材等。实行这一办法，对于加强产、供、运、销一体化，消除迂回运输、过远运输、对流运输等不合理运输，充分利用地方资源，降低物流费用，节约运力，都具有十分重要的意义。

6．尽量发展直达运输

直达运输是追求运输合理化的重要形式，其对合理化的追求要点是通过减少过载、换载，从而提高运输速度，省却装卸费用，降低中转货损。直达的优势，尤其是在一次运输批量和用户一次需求量达到整车时表现最为突出。此外，在生产资料、生活资料的运输中，通过直达运输可以建立起稳定的产销关系和运输系统，也有利于提高运输的计划水平，考虑用最有效的技术来实现这种稳定运输，从而大大提高运输效率。

7．合装整车运输

合装整车运输主要是指在商业、供销等部门的杂货运输中，由同一个发货人将不同品种发往同一到站、同一个收货人的少量物品组配在一起，以整车方式运输至目的地；或将同一方向不同到站的少量物品集配在一起，以整车方式运输到适当的中转站，然后分运至目的地。采取合装整车运输可以减少运输成本和节约劳动力，在实际工作中，通常采用零担拼整直达、零担拼整接力直达或中转分运、整车分卸、整装零担等运作方式。由于采用合装整车的办法可以减少一部分运输费用，所以可以取得较好的经济效果，而且会提高运输工具的利用率。

8．配载运输

配载运输是充分利用运输工具载重量和容积，合理安排装载的货物及载运方法以求得合理化的一种运输方式。配载运输也是提高运输实载率的一种有效形式。

配载运输往往是轻、重商品的混合配载。在以重质货物运输为主的情况下，同时搭载一些轻泡货物。如海运矿石、黄沙等重质货物时，在舱面捎运木材、毛竹等；铁路运矿石、钢材等重物上面搭运轻泡农、副产品等，在基本不增加运力投入和不减少重质货物运输的情况下，解决了轻泡货物的搭运，因而其效果显著。

9．"四就"直拨运输

"四就"直拨运输就是就厂直拨，就车站、码头直拨，就库直拨，就车、船过载等，简称"四就"直拨。它是减少中转运输环节，力求以最少的中转次数完成运输任务的一种形式。一般批量到站或到港的货物，首先要进分配部门或批发部门的仓库，然后再按程序分拨或销售给用户，这样一来，往往会出现不合理运输。

"四就"直拨和直达运输是两种不同的合理运输形式，它们既有联系又有区别。直达运输一般是货物运输里程较远，批量较大；而"四就"直拨运输一般是货物运输里程较近，批量较小，一般在大中城市批发站所在地办理直拨运输业务。在运输过程中将"四就"直拨运输与直达运输结合起来会收到更好的经济效果。

10．发展特殊运输技术和运输工具

依靠科技进步是运输合理化的重要途径。例如，专用散装及罐车，解决了粉状、液状物运输损耗大、安全性差等问题；袋鼠式车皮、大型半挂车解决了大型设备整体运输问题；"滚装船"解决了车载货的运输问题，集装箱船比一般的船能容纳更多的箱体，集装箱高速直达车船加快了运输速度等，都是通过采用先进的科学技术实现运输的合理化。

11．通过流通加工，使运输合理化

有不少产品，由于产品本身形态及特性问题，很难实现运输的合理化，而如果进行适当加工，就能够有效解决合理运输问题。例如，将造纸材料在产地预先加工成干纸浆，然后压缩体积运输，就能解决造纸材料运输不满载的问题；轻泡产品预先捆紧包装成规定尺寸装车，就容易提高装载量；水产品及肉类预先冷冻，就可提高车辆装载率并降低运输损耗。

本章小结

本章以物流运输为对象，讲述了运输的基本概念及其在物流系统中的地位和作用。运输是物流过程的主要职能之一，也是物流过程各项业务的中心活动，在物流管理过程中，运输主要有两大功能：物品移动和物品储存。运输管理包括运输计划管理、发运管理、接运管理、中转管理和运输安全管理五项内容。由于物流中心有不同的类型，可能会使其运输管理部门的流程有所不同，但一般流程都大同小异。

本章还介绍了运输的五种基本方式：铁路运输、公路运输、水路运输、航空运输和管道运输，并且较全面地分析了各种运输方式的优缺点及适用范围。它指出：铁路运输适合大宗货物的中、长距离运输，以及散装货物和罐装货物等的运输；公路运输适合近距离的独立、补充和衔接运输；航空运输特别适合高附加值、低重量、小体积的货物或鲜活易腐等特殊货物的运输；水路运输适合大批量货物(集装箱货物)国际贸易运输等；管道运输则适合液体、气体等的运输。而联合运输是一种综合性的运输形式，它是将两种或两种以上的运输方式或运输工具连接起来，实行多环节、多区段相互衔接的接力式运输。联合运输组织发挥了各种运输方式的特点和优势，是提高综合运输效率的有效途径。熟悉了各种运输方式的优缺点及其适合的运输范围，结合运输服务的需求及运输方式选择的各影响因素，企业就可以权衡利弊，选择正确的运输方式。不合理运输主要是一种浪费运力和加大运输费用的现象，货物运输不合理，势必会导致货物迂回、倒流、过远、重复等不合理运输形式的出现，从而影响物品的正常供应。因此，在物流运输管理过程中，要采取一些有效的措施，使物流运输趋于合理化。

复习思考题

一、单选题

1. 运输就是使用运输工具对物品进行运送的活动，实现物流的(　　)效用。

   A. 时间　　B. 空间

   C. 经济　　D. 直接

2. 关于运输具有的短期储存功能，下面说法中错误的是(　　)。

   A. 如果转移中的产品需要储存，而短时间内产品又将重新转移，卸货和装货的成本也许会超过储存在运输工具中的费用，此时将运输工具作为暂时的储存工具是可行的

   B. 在仓库空间有限的情况下，利用运输工具储存也不失为一种可行的选择

   C. 采用运输工具作为储存工具，需要综合考虑系统的总成本

   D. 将运输工具作为储存工具，其成本比传统意义上的储存要低

3. 以下(　　)运输方式特别适用于配送短距离、高价值的产品，该运输不仅可以进行直达运输，而且是其他运输方式的连接。

   A. 铁路运输　　B. 公路运输

C. 航空运输　　D. 水路运输

4. 铁路运输的最大特点是(　　)。

A. 适于长距离的大宗货物的集中运输　　B. 适于长距离的杂货小件运输

C. 适于短途的大宗货物的集中运输　　D. 适于短途的杂货小件运输

5. 以下关于公路运输的表述中，正确的是(　　)。

A. 装载量大、成本较低

B. 污染小、货损货差小

C. 灵活快捷，可以实现直达“门到门”的运输

D. 速度慢、连续性差

6. 货物运输的“门到门”运输通常采用公路运输方式，是因为(　　)。

A. 公路运输的灵活性大、适应性强　　B. 公路运输的速度快

C. 公路运输的运量大　　D. 公路运输的运货种类多

7. 运输方式选择时的首要条件是(　　)。

A. 保证运输的便利性　　B. 保证运输的经济性

C. 保证运输的迅速性　　D. 保证运输的安全性

二、多选题

1. 从运输作为物流系统的一项功能来讲，运输主要包括(　　)两个领域的运输。

A. 消费领域　　B. 交换领域　　C. 分配领域

D. 生产领域　　E. 流通领域

2. 生产领域的运输活动，一般是在生产企业内部进行的，因此称为厂内运输。它是作为生产过程中的一个组成部分，是直接为物质产品生产服务的，其内容包括(　　)。

A. 物品从生产所在地直接向消费所在地的移动

B. 在制品、半成品和成品的运输

C. 原材料从生产地直接向需求地的移动

D. 原材料由仓库到车间的运输

E. 产品从生产地向销售商的运输

3. 流通领域运输的主要内容包括(　　)。

A. 物品从生产所在地直接向消费所在地的移动

B. 原材料、在制品的运输

C. 半成品和成品的运输移动

D. 从生产所在地向物流网点和从物流网点向消费所在地的移动

E. 原材料由仓库到车间的运输

4. 运输的功能主要包括(　　)。

A. 产品的价值转移　　B. 产品的位置转移　　C. 产品的形态变化

D. 产品长期库存　　E. 产品短期库存

5. 货物运输方式主要有(　　)。

A. 汽车　　B. 铁路　　C. 航空

D. 船舶　　E. 管道

6. 下面哪些项目属于水路运输的不足之处？(　　)

A. 运量小、运输成本高　　B. 受自然条件影响较大

C. 能耗大、投资大　　D. 速度慢、装卸成本高

E. 不适宜进行长途运输

7. 航空运输的特点有(　　)。

A. 速度最快

B. 非常适合于低价、小批量货物的运输

C. 适合于低价物品和大批量货物的运输

D. 适合于价值较高批量较小的货物的运输

E. 货物只需要简单地打包即可运输，散包事故少

8. 联合运输是一种综合性的运输形式，它是将两种或两种以上的运输方式或运输工具连接起来，实行多环节、多区段相互衔接的接力式运输。其优点有(　　)。

A. 缩短了货物运输的在途时间

B. 加快车船的周转，提高了运输工具的利用率

C. 简化了托运手续，方便了用户

D. 有利于开展集装单元化运输，使集装单元化技术得到充分的发挥

E. 在任何地点和任何情况下都可以实现

9. 物品运输合理化的重要意义主要体现在(　　)。

A. 合理组织物品的运输，有利于加速社会再生产的进程，促进国民经济持续、稳定、协调地发展

B. 合理的运输，缩短了运输时间，加快了物流速度

C. 物品的合理运输，能节约运输费用，降低物流成本

D. 运输合理化，可以节约运力，缓解运力紧张的状况

E. 运输的合理化，可以节约能源

三、判断题(正确的用√表示，错误的用×表示)

1. 运输就是使用运输工具对物品进行运送的活动，实现物流的时间效用。　(　　)

2. 在大物流系统中，“物”的空间流动主要是靠运输完成的，因此，运输能够创造“空间效用”。　(　　)

3. 从运输作为物流系统的一项功能来讲，运输主要包括消费和交换两个领域的运输。　(　　)

4. 流通领域的运输活动，是作为流通领域里的一个环节，是生产过程在流通领域的继续。　(　　)

5. 铁路的送达速度一般高于水上运输和公路运输，但在短途运输方面，其送达速度反而低于公路运输。　(　　)

6. 一般来说，水运及管道运输成本最低，依次为铁路运输和公路运输，航空运输成本最高。　(　　)

7. 公路运输的不足之处在于运量较小，长途汽车运输成本较高，能耗大，环境污染严重，如噪声、废气等。　(　　)

8. 管道运输方式对货物类型的局限较大，只能运输液体产品。 ( )
9. 一般来讲，批量大、价值低、运距短的商品适宜选择水路或铁路运输。 ( )
10. 运输工具所需的时间越长，则运输工具的迅速性越低。 ( )

四、简答题

1. 简述运输在物流系统中的作用。
2. 简述决定运输方式时应考虑的因素。

五、论述题

1. 试述联合运输的特点。
2. 试论述如何实现物流运输的合理化。

参考文献

1. 陆岚. 物流管理基础理论. 北京：机械工业出版社，2004
2. 余群英. 运输组织与管理. 北京：机械工业出版社，2004
3. 杨广君. 物流管理. 北京：对外经济贸易大学出版社，2004
4. 兰丕武，曹翠珍. 现代物流管理导论. 北京：经济科学出版社，2005
5. 李万秋. 物流中心运作与管理. 北京：清华大学出版社，2003
6. 张理，李雪松. 现代物流运输管理. 北京：中国水利水电出版社，2005
7. 翟学智，等. 现代物流管理概论. 北京：中国水利水电出版社，2005
8. 王自勤. 现代物流管理. 北京：电子工业出版社，2002
9. 孟祥茹，吕延昌，孙学琴. 现代物流管理. 北京：人民交通出版社，2001
10. 《MBA必读核心课程》编写组. 现代物流管理. 郑州：郑州大学出版社，2003
11. 叶怀珍. 现代物流学. 北京：高等教育出版社，2003
12. 孙学琴，梁军. 物流中心运作管理. 北京：机械业出版社，2004
13. 沈文，云俊，邓爱民. 物流与供应链管理. 北京：人民交通出版社，2003
14. 吴晓波，耿帅. 供应链与物流管理. 杭州：浙江大学出版社，2003
15. 徐勇谋. 现代物流管理基础. 北京：化学工业出版社，2003
16. 杨晓雁. 物流管理导论. 北京：中国商务出版社，2004
17. 孙明贵. 物流管理学. 北京：北京大学出版社，2002
18. 朱新民. 物流运输管理. 大连：东北财经大学出版社，2004

第六章　包 装 管 理

本章导读：

对于生产过程而言，在产品制造完成以后正式进入流通环节之前，企业为了方便运输产品、保护产品、促进销售等需要，同时也为了提供商品信息的需要，要对产品进行包装处理。从这个意义上来说，包装是生产过程结束的标志，也是该产品物流过程开始的标志。之后，包装贯穿物流活动的全过程，不会因为物流活动变化而消失。不同的物流环节，包装有不同的表现形式和作用，部分包装将一直陪伴产品最终到达消费者手中。近年来，由于产品和需求的多样化发展、物流管理信息化步伐的加快，以及社会和管理部门对包装管理力度的加强，市场对包装技术和包装材料的要求越来越高、越来越多样化，促进了包装管理的现代化。本章将介绍有关包装的概念、分类、功能，以及包装材料、包装技术、包装要求、包装合理化等内容。

学习目标：

通过对本章的学习，重点掌握包装合理化的内容和物流包装的发展趋势；了解包装的系统知识；在此基础上对包装及其管理有个全面的认识。

关键概念：

包装(Packaging)
包装合理化(Packaging Rationalization)
包装标识(Packaging Signs)
包装标准化(Packaging Standardization)
包装技术(The Technology of Packaging)

第一节　包装管理概述

我国在《包装通用术语》国家标准(GB4122—1983)中，给包装下的定义是：“为在流通过程中保护产品，方便储运，促进销售，按一定技术方法而采用的容器、材料和辅助物等的总体名称，也指为了达到上述目的而采用容器、材料和辅助物的过程中施加一定技术方法等的操作活动。”

日本是最早实现包装标准化的国家之一，其工业规格 JISI01 对包装所下的定义是：“包装是为便于物品之输送及保管，并维护商品之价值，保持其状态，而以适当的材料或容器对物品所实施的技术及其实施后之状态的统称。”美国包装学会对包装所下的定义是：“符合产品的需求，符合最佳的成本，为便于货物的运输、配销、储存与贩卖而实施之统筹整体的系统的准备工作。”

一、包装的历史和发展

1. 包装的历史

现今，包装已经成为人类社会生产和生活的重要组成部分，这是人类生产、生活过程中对消费物资提出的客观要求，是人类发展必然会出现的情况。随着人类社会的发展，包装从无到有、从简单到复杂，现在已经演变成为独立的、具有内涵的现象。

在原始社会和奴隶社会，包装已经存在，只是仅限于对天然材料和经过简单加工的容器的使用，比如，盛酒的木桶和陶罐等。随着社会生产力的发展，人类的社会分工越来越细致，人与人之间、地区与地区之间、国与国之间的商业交往越来越频繁，包装伴随着贸易的发展而发展。

2. 包装的发展

纸和塑料的发明是包装发展史上重要的里程碑。大约在公元 200 年中国发明了造纸术，由于纸张的价格昂贵，没有应用于包装行业。大约唐朝时造纸术开始传入世界各地，到了 1870 年以后，由于造纸术的成熟，世界上开始出现了纸制的包装，一直到现在经久不衰。塑料在包装中有着极为重要的地位，尽管塑料的发明到现在才不过 40 多年，却已经迅速推动了包装的发展。现在，塑料和塑料的合成材料是现代包装材料的主要发展方向之一。

包装工业是伴随着科技发展逐渐形成的，大约出现在 19 世纪末期。工业革命使人类的生产力出现了巨大进步，与此同时，人类的消费需求和远距离运输也迅速提高，商品的包装要求也随之提高。在 20 世纪的 30～40 年代，包装的功能开始了新的发展，从原来单纯保护商品发展到推销商品，即出现了销售包装，并逐步发展成为一个独立的部门。

现在，新的包装材料、包装形式、包装技术的出现和应用，为包装工业开拓了新的前景。随着物流技术的不断开发和应用，尤其是物流被当作一个整体重视、研究之后，物流对包装又提出了新的、更高的要求。事实已经告诉人们：包装为物流的合理化起到了非常重要的作用。

二、包装与物流的关系

包装在整个物流活动中具有重要的地位，包装的材料、形式、方法以及外形设计都对其他物流环节产生着重要的影响。在社会再生产过程中，包装处于生产过程的最后和物流过程的开始，既是生产的终点，又是物流的起点。因此应根据生产后的物流系统情况来考虑包装，同时物流也受包装的制约。

在现代物流观念形成以前，包装一直被看成是生产的终点，被看作是生产领域的活动，其设计往往主要从生产终结的要求出发，因而常常不能满足流通的要求。物流的研究认为：包装与物流的关系比之与生产的关系要密切得多，其作为物流起点的意义比之作为生产终点的意义要大得多。因此，包装应进入物流系统之中，这是现代物流的一个新观念。在进行包装设计时，不仅要在“生产的终点”的意义上考虑包装问题，更要考虑物流对包装的要求问题，这才是现代包装的完整意义。

在生产企业和商业企业都进入了一个微利时代的今天，物流已成为企业取得竞争优势的重要源泉。好的物流系统可以降低物流成本和风险，提高服务质量，为生产企业和商业企业的决策提供科学的依据。加强物流信息建设是整个物流系统的关键，提高包装的设计水平和质量是物流得以顺利进行、保障物流质量的前提，利用最先进的物流信息技术和合理的包装可为企业挖掘出更大的利润空间。

应该指出的是，包装设计会影响到所有物流作业的效率。包装提高了设计水平和质量，并顺应了物流的流通环境，几乎所有的物流活动的操作都能用包装所组成的货物单元量来描述，物流活动的效率也能大幅度提高。包装本身就是物流信息的载体之一，在现代物流信息活动中起着极其重要的作用，比如，包装上的标记、说明、条码等都是物流中不可或缺的信息。所以如何从包装设计的角度来合理、有效地提高物流各个环节的效率，已经成为包装设计中一项非常重要的工程。

三、包装的功能

由于包装工业的迅速发展，包装材料、包装形式、包装技术不断涌现，并且被广泛采用，为包装工业开拓了新的前景。随着物流业的快速发展，包装行业也得到了发展。图 6.1 是包装件流通过程示意图，它有助于我们了解包装的功能。包装的主要功能包括以下三项。

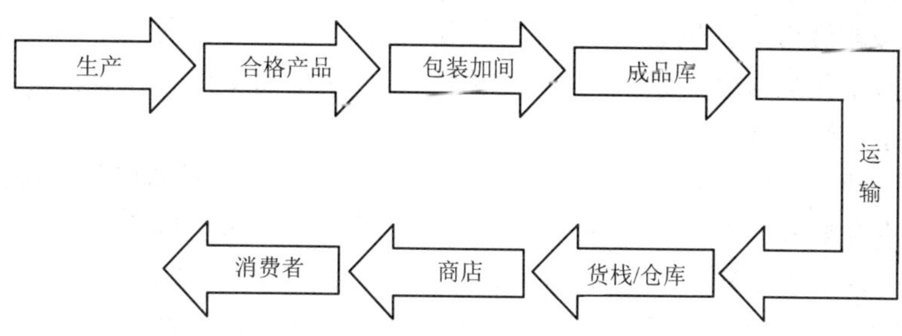

图 6.1　包装件流通过程示意图

1. 防护功能

有些商品从离开生产线到消费者手中需要几个月，甚至几年。在储运零售的过程中，要经历不同的人包括消费者在内的搬运。若要保证商品完好地到达消费者手中，通常要做到防潮、防挥发、防污染、防变质和腐烂，在不同的地方，还要防热、防冷、防曝光和防氧化。商品的流通必须符合法规规定的标准，包装必须发挥它的作用，比如，食品和鲜活商品，包装必须保证其化学成分稳定，以及其鲜活的生理特征。包装还必须有防震和防挤压的功能设计，以便使商品的损坏降到最低。还有很多商品需要“双重包装”，比如，香水、高级糖果等，为了防止阳光照射导致的变质，必须做外层包装。对于那些易燃、易爆、易挥发、易腐蚀、易氧化的商品，特别是其中对人体有害、对环境造成污染的商品，应该进行特殊包装，并且打上危险标志和说明性文字，这样才有利于储运、装卸、使用和保护环境。

防护功能主要实现以下目的。

(1)　防止物资的破损变形。为了防止物资的破损变形，物资包装必须能承受在装卸、运输、保管等过程中的各种冲击、震动、颠簸、压缩、摩擦等外力的作用，形成对外力的防护，而且具有一定的强度。在搬运装卸作业中，由于操作不慎，包装跌落，造成落下冲击；仓库储存堆码，使最低层货物承受强大的压力；由于运输和其他物流环节的冲击震动，都要求包装具有足够的强度。

(2) 防止物资发生化学变化。为防止物资受潮、发霉、变质、生锈等化学变化，物资包装必须能在一定程度上起到阻隔水分、潮气、光线以及空气中各种有害气体的作用，避免外界不良因素的影响。

(3) 防止有害生物对物资的影响。鼠、虫及其他有害生物对物资有很大的破坏性。包装封闭不严，会给细菌、虫类造成侵入之机，导致变质、腐败，特别是对食品危害性更大。

(4) 防止异物混入、污物污染、丢失、散失。

2. 方便功能

(1) 空间方便性。商品应该做到便于生产、容纳、库存和运输。商品和所有的物质一样，有固体、液体、气体三种状态，固体中还有粉末形式的比较特殊的状态，它们具有不同的性质。所以，对这些商品要考虑用什么形态、什么材料的包装更合理、更经济，以保证商品便于运输、储存和节省费用。商品在流通过程中要被搬运几十次之多，设计包装就必须考虑在不同的地点和不同的条件下搬运的方便性和安全性。尤其对于商品种类多、流通速度快的大型超级市场，包装很重要。合理的包装有利于货架的利用率，可以实现更高的效益。现在规格化的包装、挂式包装、压缩包装、大型商品拆卸包装及集合包装等都比较合理地利用了物流空间。

(2) 时间方便性。科学的包装可以为在快节奏生活下的人节约时间。比如，快餐包装、易开包装、配套包装和自动加热包装，以及可以延长商品寿命的包装、适合便于大规模生产的包装，都可以创造时间效益。包装的规格、形状、重量等与货物运输有着密切的关系，包装尺寸规格与运输车辆、船舶、飞机等运输工具箱、仓容积的吻合，方便了运输，提高了运输效率，节约了时间。从物资的验收角度上看，易于开包、便于重新打包的包装方式为验收提供了方便性。包装的集合方法等，对于节约验收时间、加快验收速度也会起到十分重要的作用。

(3) 销售方便性。包装还应做到便于销售、消费。市场上的商品琳琅满目，品种繁多，销售方式也多采用开架式的无人销售方式。如何去适应这种销售方式的变化，达到促销目的，包装的展示形式便要考虑方便性了，如挂式包装、开窗包装、透明包装等形式。同样的产品如果在使用上给消费者带来许多方便，则更会受到消费者的欢迎。

3. 促销功能

现代包装的促销功能是在传统包装功能即防护和方便的基础上发展起来的，是包装具有强化视觉效果作用的产物。它是市场经济的产物，是市场经济条件下必然存在的现象。在商品交易中，包装的设计对于促进商品销售有重要的作用。优美的包装能唤起消费者的购买欲望，包装的外部形态是商品很好的宣传品。

综上所述，包装的防护功能和方便功能是与物流关系密切相关的两大功能。在改进包装的不合理方面，发挥包装的作用，是促进物流合理化、快速发展的重要方面，是被物流工作者越来越重视的十分重要的领域。包装的促销功能虽然和物流联系不大，但在面对市

场经济条件下的竞争，也是包装的一个重要作用。

四、包装材料及其发展趋势

1. 包装材料

包装技术的实施，都是为了保证和实现包装的防护功能、方便功能和促销功能等。包装材料在产品包装和包装技术中占有重要的地位，是发展包装技术、提高包装质量、降低包装成本的重要基础。对包装材料加工生产出包装产品，主要取决于材料自身的物理和化学性质以及现代加工技术。随着科学技术的发展，包装材料和包装制造技术都有了迅速发展。包装材料主要有以下六种。

(1) 金属包装材料。金属包装材料主要是钢材和铝材，其主要形式为薄板、金属箔、捆扎带等。金属材料有很多优点适合包装，例如，牢固、防潮、易加工、再利用等。但是，金属材料在包装上的应用受到成本高、易变形、易生锈等因素的影响。

(2) 玻璃包装材料。玻璃包装的保护性能良好、密封性好、不变形、耐热、耐酸、耐磨等。但是，玻璃材料包装耐冲击强度低、易破碎、自身重量大、运输成本高，从而限制了玻璃材料的应用范围。

(3) 木制包装材料。木材是一种天然的材料，因为树种和生长环境不同，木材性质具有很大的差异，因此在应用时要进行合理的选择和处理。木材具有高强度、弹性好、资源广泛、加工方便和外观好看等优点。但是，木材存在易于吸收水分、易变形、易开裂、易腐朽等性质上的缺点。现在由于受环境保护、价格高涨的原因，限制了木材作为包装材料的使用。

(4) 纸质包装材料。纸作为包装材料，应用相当广泛，有很多不可替代的优点，如价格低、重量轻、易加工、易成型、耐摩擦、耐冲击和容易回收利用等。但是纸质包装也有其自身的缺点，如易受潮、受潮后强度降低、透明性差等。

(5) 塑料包装材料。塑料材料从诞生以来就成为包装材料，并成为主要材料之一。它具有很多优点，除了具备纸质材料的诸多优点外，还具备防腐、防潮、耐酸碱等优良的特性。但塑料作为包装材料也有很多缺点，如耐热性差、易老化、有异味、废弃物难处理等。

(6) 复合包装材料。复合材料作为包装材料是现代材料科学发展的结果，虽然现在不能取代传统的包装材料，但是弥补了很多传统材料的不足，现在它已经在包装领域被广泛应用。目前，已经开发的能应用于包装的复合材料有很多，使用较多的是塑料与玻璃复合材料、塑料与金属复合材料、塑料与塑料复合材料等。

2. 包装材料的发展趋势

当前，国际上保护环境、爱护地球、节约资源的呼声越来越高，海外市场包装要求也更严格，欧盟、美国、加拿大等就明确限制中国出口货品木制托盘包装进入市场。因此，发展和应用无害化、无污染、可再生利用的环保包装材料越来越成为包装发展的主流方向，是包装材料发展的重要趋势。

所谓环保包装材料，又称可再生利用的包装材料。环保包装对包装材料的再生利用有明确定义，包括重复可再生的包装材料、可食性包装材料、可溶解材料和天然纸质材料等。环保包装的优点是用料省，废弃物少且节省能源，易于回收再利用，包装废弃物不再产生二次污染，环保包装材料可分解，不会污染环境。因此，环保包装材料的选择应体现无害化、无污染、可再生利用的基本原则。其发展的主要趋势包括以下四个方面。

(1) 生态化塑料包装材料得到开发。使用生态化塑料包装材料是解决和治理“白色污染”的重要途径。这类材料主要有两种：可降解塑料包装材料和可回收塑料包装材料。例如，聚萘二甲酸乙二醇酯(PEN)，可承受低酸性食品要求的消毒条件(116℃，63min)，阻气性和防紫外线性好，货架寿命长。用这种材料制造的容器，可以通过物理清洗或者化学清洗后重新利用，被用来代替玻璃瓶，在啤酒、饮料、化妆品、食品等包装方面具有广泛的应用前景，是可以重新使用的包装。

(2) 可食性包装材料被广泛应用。这类材料采用淀粉、蛋白质、植物纤维和其他天然物质为原料而制成，材料本身可以食用，主要用于食品和药品包装。例如，冰淇淋杯、药物胶囊等就是采用这种材料。目前研究成熟已在开发的有淀粉肠衣、淀粉餐具等。

(3) 天然生物包装材料受欢迎。自然界中有很多生物资源，它们生长快，生存条件要求不高，资源十分丰富，有的甚至长期被作为废弃物处理。充分利用这类再生性高的天然生物资源，开发包装材料具有良好的前景，是当前包装材料发展的重要趋势之一。比如，利用竹、麻、棉、柳条、芦苇、农作物秸秆、稻草和麦秆等原料作为包装材料。国内开发的以农作物秸秆、稻草为原料的聚苯乙烯泡沫餐盒，利用蒲叶经过热定型、漂白、杀菌制造的一次性餐具都受到了国外进口商青睐，使产品的增值效果十分明显。

(4) 纸包装的应用越来越广泛。纸包装材料优点较多，在包装材料中使用率占据首位。我国在主要四种包装材料——木材、金属、塑料和纸中，纸包装占50%以上。虽然生产纸的重要原料是木材，而我国森林资源贫乏，但是，由于纸可以重复利用，而且非木浆造纸发展十分迅速，因此，纸包装材料的发展前景看好，其应用越来越广泛。

3. 对包装材料的要求

(1) 防护性能。防护性能主要是指保护包装内装物，防止其变质，保证其质量。在选择包装材料时，应注意开发研究包装材料的机械强度、防潮吸水性、耐腐蚀性、耐热性、耐寒性、透光性、透气性、防紫外线穿透性、耐油性、适应气温变化性、无毒、无异味等。

(2) 外观装饰性能。外观装饰性能主要是指材料的形、色、纹理的美观性，能产生陈列效果，激发消费者购买欲望，显然这是销售功能的体现。应当指出，在一种包装形式上，有时是很难绝对分清保护功能、方便功能和销售功能的。

(3) 易处理加工性能。易处理加工性能是指包装材料要有利于环保、节省资源和方便加工。在选择包装材料时，应注意包装材料的回收、利用、再生等，还应该注意研究包装材料的刚性、挺力、光滑度、易开口性、热合性和防静电性。

(4) 方便使用性能。方便使用性能主要是指便于开启包装和取出内装物，便于再封闭。在选择包装材料时，应注意研究包装材料的开启性能、安全性能、不易破裂等。

五、包装标识

第二次世界大战后，随着世界经济的复苏和全球贸易的发展，包装标志变得日益重要

起来。1947 年 10 月 30 日，世界“关贸总协定”(GATT)正式签署，1948 年 1 月 1 日生效后国际贸易日增，包装标识也正式登上舞台。到了 20 世纪 60 年代，美国、日本、西欧各国等开始制定包装标识标准，随着包装货物的储藏、运输、装卸的现代化发展，包装标识的国际标准化也成了重要问题。1968 年国际标准化组织(ISO)制定了国际标准《包装——货物搬运图示标识》，1997 年又进行了修订。

我国产品包装标识的标准化随着市场经济的发展和广大民众消费意识的不断提高而日趋规范，产品包装标识已经成为广大消费者了解产品品质、选购产品的重要依据。《中华人民共和国产品质量法》《中华人民共和国标准化法》《中华人民共和国计量法》等法律、法规相继对产品包装标识进行了原则规定。为了进一步规范产品包装标识，1997 年 11 月 7 日我国颁布了《产品(包装)标识标注规定》，对生产企业正确合理地标注产品包装标识和商家销售产品的包装标识做出了具体的规定。

销售物流包装标识在流通环节中主要通过商标、文字、条形码等信息形式传达出来，能够方便消费者识别、选购，起到促销的作用。

1. 文字设计

在销售包装物流标识设计中，文字设计是传达商品信息必不可少的重要因素，任何包装形式都离不开文字。形象生动的文字设计可以清晰地传达商品特性，并在整个设计中起到画龙点睛的作用。不同的商品，文字说明内容不同，可包括以下五个方面。

(1) 牌名和品名。牌名、品名的文字设计具有标识性与特定的规范感，使消费者容易辨别商品与其他同类商品的区别。这类文字无论大小、位置、色彩都占据显著位置，安排在最佳视域区。文字设计要求清晰、醒目，一般用印刷字体、书法字体、变体美术字等。文字设计应具有艺术性，通过文字设计表达商品的精神内涵，使消费者对商品的属性有一定的了解。

(2) 数量、重量和规格。数量、重量和规格应根据商品要求注明。国家质量技术监督局规定从 1997 年 10 月 1 日起，要求定量包装商品必须在包装上注明“净含量”。净含量由中文、数字和法定计量单位组成。

(3) 产地、生产单位和经销单位。在销售包装上，通常用中外文字标明商品的生产单位和经销单位。在国际市场上出售的商品，在商品名称或牌名下要标明某某国家产品等字样。

(4) 商品成分、用途、功效、使用方法和注意事项。在销售包装上，必须有商品用途和功效的文字说明。对于一些新上市的商品，由于消费者缺乏了解，要准确无误地说明其用途和功效，有些商品的使用方法在必要时应当用文字结合图解的方式说明。

(5) 广告及宣传商品的内容。将广告信息印在包装物载体上，如纸箱、纸盒、塑料袋等。因商品属性不同，商品形状、大小不同，广告信息量各异。

2. 商标设计

商标是商品的标记，是销售包装上的重要组成部分，在商品流通过程中起主要作用。商标涉及政治、经济、法制以及艺术等领域。商标与标志在性质、特点和表现形式上有许多相似之处，但两者不能等同起来。商标设计须经国家有关部门登记注册才能使用，并受到法律的保护。标志是象征的图形符号。有些标志是商家的商标，这些商标既是区别商品不同生产者或者经营者的标记，也是消费者识别和选购商品的重要依据。商标对于商品来说至关重要。

商标设计得好，有助于企业创造名牌商品，增强商品的竞争力。由于现代国际市场的激烈竞争和商业往来的增加，各国商标设计相互影响、相互交流，商标设计逐渐形成了世界通用的艺术语言。商标设计在表现形式上遵守以下三条原则。

(1) 商标设计要简练明快，具有象征意义。

(2) 商标设计要新颖别致、独具一格。

(3) 商标设计要具有艺术性，能够提高企业的经济效益。

3. 出口商品销售物流包装标识设计要求

世界各国的销售包装对文字的喜好各异。不少国家和地区，对进口商品使用的文字有严格的规定。随着国际经济交往的加强，我国商品要进入国际市场参与竞争，销售包装的文字设计必须符合进口国的要求，一定要尊重当地的民族习俗、宗教礼仪、传统观念以及审美意识等。

美国《食品、药品和化妆品法》规定：标贴说明必须用英文，并在标贴或标签上居显著地位。

输往法国的商品，其包装标志说明如未用法文书写，应附上法文译注。

澳大利亚的产品包装标签，必须用英文标明。食品包装标签上的所有文字一律应采用标准的英文字体，文字应鲜明易认。

4. 商品条形码设计

条形码是一种信息代码，它由一组黑白相间、粗细不同的条状符号组成。条形码隐含着数字信息、字母信息、标志信息、符号信息，主要用于表示商品的名称、产地、价格、种类等。它是商品流通于国际市场的一种通用国际语言，是进出口商品的“身份证”。现代商品包装为适应国际贸易的要求，必须具有条形码。条形码出现的历史较短，国际上对条形码技术的研究始于20世纪80年代，其应用已有30多年的历史。目前，世界上应用的条形码已达100多种。印制条形码的目的是为了方便电脑识别使用。

5. 运输包装物流标识

在运输包装中，物流标识系统是非常重要的，也是最早实现标准化的系统之一。运输包装物流标识是用图形或文字在运输货物包装上制作的特定记号、代号及其他指定和说明事项等。在货物的运输包装上将标识分为三类，即识别标识、储运指示标识、危险货物标识。

(1) 包装储运图示标识。我国目前贯彻执行的国家标准是《包装储运图示标识》国家标准。

(2) 标识的颜色及使用方法。图形标识的颜色一般用黑色。如果包装件的颜色使图形标志显得不清晰，可选用其他颜色印刷，也可以在印刷面上选用适当的对比色，一般不要选用红色和橙色。粘贴的标识采用白底印黑色。

6. 特殊标识

特殊标识用以对可能接触包装的人员提醒产品及包装的特殊性，起到警告提示的作用。特殊标识包括危险货物包装特殊标识、包装方法特殊标志及绿色标识等。包装方法特殊标识主要针对采用了干燥剂、除氧剂的包装，以及防静电、防辐射的包装；绿色标识主要针对某一包装材料对环境不产生污染的包装；危险货物包装标识是世界各国统一的。

7. 绿色标识

绿色标识也称环境标识、生态标识，是指由政府环境管理部门依据有关的法规、标准，向一些商品颁发的一种张贴在产品上的图形。它用以标识该产品从生产到使用以及回收的整个过程都符合规定的环境保护要求：对生态环境无害或危害极小，并易于资源的回收和再利用。

中国环境标识认证委员会于 1994 年 5 月 17 日成立，它标识着我国环境标识产品认证运作的正式开始。认证委员会由环保部门、经济综合部门、科研院校、质量监督部门和社会团体等方面的专家组成，是代表国家对环境标识产品实施认证的唯一合法机构，它的成立使我国的环境标识在产品认证上有了组织保证。同时，《中国环境标识产品认证委员会章程(试行)》《环境标识产品认证管理办法(试行)》《中国环境标识产品认证证书和环境标识使用管理规定(试行)》《中国环境标识产品认证收费办法(试行)》等一系列工作文件也相继出台。

我国的环境标识认证是从 1994 年开始的。鉴于目前的环境标识产品尚无国际统一标准，为抓好环境标识的国际互认，德国的“蓝色天使”标识产品的技术要求、北欧“白天鹅”环境标识技术要求的有关指标已吸收进我国的环境标识产品的技术要求。环境标识是一种标在产品或包装上的标签，代表该产品不仅质量合格，而且在生产、使用和处理中符合特定的环保要求。据了解，最早的环境标识是德国政府 1977 年制定的“蓝色天使”环境标识，目前环境标识产品已达 100 类，7500 多种。

8. 对标识的要求

任何标识(文字、图示、特殊标志及绿色标志)的制作都必须符合有关标准，不得任意伪造。产品标识、内包装标识、外包装标识在主要信息上必须保持一致。产品包装结束后，应该加上标识，不得提前或推后。出厂后如果改换包装，可以由发货单位打标，对包装件加标是使包装质量作业具有可追溯性的重要措施，具体要求如下。

(1) 必须按照国家有关部门的规定办理。我国对物资包装标记和标志所使用的文字、符号、图形及使用方法，都有统一的规定。

(2) 必须简明清晰、易于辨认。包装标记和标志要文字少，图案清晰，易于制作，一目了然，方便查对。标记和标志的文字、字母及数字号码的大小应和包装件的标记和标志的尺寸相称，笔画粗细要适当。

(3) 涂刷、拴挂、粘贴标记和标志的部位要适当。所有的标记和标志，都应位于搬运、装卸作业时容易看得见的地方。为防止在物流过程中某些标志和标记被抹掉或因不清楚而难以辨认，应尽可能在同一包装物的不同部位制作两个相同的标记和标志。

(4) 标志的尺寸一般分为三种。用于拴挂的标志为 74×52.5(毫米)；用于印刷和标订的标志为 105×74(毫米)和 148×105(毫米)两种。但特大和特小的包装不受此尺寸限制。

(5) 要选用明显的颜色作标记和标志。制作标记和标志的颜料应具备耐温、耐晒、耐摩擦等性能，不能发生褪色、脱落等现象。

9. 商品标识法的有关规定

根据 1993 年 2 月 22 日第七届全国人民代表大会通过的《中华人民共和国产品质量法》等法规的规定，作为产品包装上的标识主要应包括以下八个方面。

(1) 产品要有检验合格证，合格证应用中文标明产品名称、厂名和厂址。进口产品在国内市场销售，必须有中文标志。

(2) 根据产品的特点和使用要求，须标明产品规格、等级、主要成分的名称和含量。

(3) 限期使用的产品，应标明生产日期和失效期。包装食品必须标明生产日期、保质期和保存日期。

(4) 对于容易造成产品本身损坏或者可能危及人身、财产安全的产品，要有警示标志或中文警示说明。

(5) 已被工商部门批准注册商标，可在产品包装上标明。

(6) 已被专利部门授予专利权，可在产品包装上标明。

(7) 生产企业应在(产品或其说明)包装上注明所执行的标准代号、编号和名称。

(8) 已取得国家有关质量认证的产品，可在包装上使用相应的安全和合格认证标志。

六、绿色包装

绿色包装是指无毒、无污染、可自然降解和回收利用的包装，它在发达国家和地区广泛流行。目前世界上发达国家在绿色包装制度方面各有举措。第一个推崇包装材料回收的德国，制定了《循环经济法》；丹麦实行了“绿色税收”制度；瑞典 1994 年 10 月颁布的《包装法》，强制规定包装品必须可再使用；美国也正在积极推行包装废弃物处理收费与重复使用。

我国出口贸易在包装方面遇到了绿色壁垒，即卫生检疫制度。很多发达国家基于保护环境和维持生态平衡，确保人类和动植物免受污染物、毒素微生物与化学添加剂影响的目的，制定了严格的环境与技术标准。发达国家的科技水平高，处于垄断地位，其通过立法手段制定了各种强制性标准。1998 年 9 月 11 日，美国联邦政府农业部签署新的法令，要求所有来自中国的木质包装进入美国前都要进行处理，且须持有中国出入境检验检疫机关出具的证书。此法自 1998 年 12 月 17 日起实施，违规货物会被整批禁止入境或在美方认可的条件下拆除、销毁木包装，其目的是防止光肩天牛传入美国。随后，加拿大、英国、新西兰、澳大利亚等国家也提出类似的要求，这就是以绿色卫生检疫制度为壁垒的典型事例。

我国的包装工业是改革开放后二十多年才逐步发展起来的，对发展绿色包装不够关注。我国的出口市场主要是美国、日本、欧盟、韩国、中国香港特区和中国台湾地区等世界发达国家和地区，如果这些国家和地区凭借自身在环保方面的优势，在世贸组织中极力要求将贸易与环境两者挂钩，并制定对发展中国家苛求的统一环境标准，将使我国面临严峻的考验。

面对发达国家(地区)设置的贸易绿色壁垒，我们可以清楚地认识到，这是一种新型的

非关税贸易保护政策，是发达国家借保护世界环境之名限制国外产品进入本国市场，保护本国的贸易利益。可见，抓住了绿色包装就能适应市场，同时也有助于节约资源和保护环境。所以，我们有必要也有责任把绿色包装的问题放在重要位置上考虑，这对于实现科学发展观、和谐社会都具有十分重要的意义。

第二节　包装的分类

现代包装门类繁多，品种复杂，这是为了适应各种物资不同的性质和交通工具的不同。正是因为这些原因，使得包装在设计、材料、包装技法和包装形态等方面出现了多样化。具体来说，包装的分类有以下七种方法。

1．按包装的内外层次分

按包装的内外层次不同划分，包装可分为内包装和外包装。

(1) 内包装。内包装就是商品的内层包装，在流通过程中起到保护商品、方便使用、促进销售的作用。

(2) 外包装。外包装就是商品的外层包装，在流通过程中起到保护商品、方便运输的作用。

2．按包装的功能分

按包装的功能不同划分，包装可分为商业包装和运输包装两大类。

(1) 商业包装。商业包装是以促进商品销售为目的的包装。其特点是：外形美观、必要的装潢、包装单位化、方便消费者购买和销售设施的要求。

(2) 运输包装。运输包装是运输和存储等物流环节的必然要求。运输包装以强化运输、保护商品、便于运输为主要目的。

3．从包装的软硬程度分

从包装的软硬程度划分，包装可分为软包装和硬包装。

(1) 软包装。软包装是在填充或者取出商品时，外形发生变化的包装。这种包装一般为纸纤维、塑料薄膜、铝箔、复合材料等制成。

(2) 硬包装。硬包装是在填充或者取出商品时，外形不发生变化的包装。这种包装一般为金属、木材、玻璃、陶瓷、硬质塑料等材料制成。

4．从产品的经营习惯划分

按产品的经营习惯划分，包装包括内销商品包装、出口商品包装和特殊商品包装。

(1) 内销商品包装。内销商品包装就是适合在国内运输、存储和销售的商品包装。

(2) 出口商品包装。出口商品包装就是对出口商品进行的包装。按照国际贸易的经营习惯，分为国际运输包装和国际销售包装。国际运输包装主要是要考虑运输的路程和运输的方式；国际销售包装除了保持其本身的特征外，还要考虑商品销售国家的特点，其中包括文化和生活习惯等。

(3) 特殊商品包装。特殊商品包装就是指对工艺品、文物、军需用品等有特殊功能需要的包装。对于这些商品的保护措施，如在防震、抗压、冲击等方面比一般商品包装要求要高。

5. 从包装层次划分

从包装层次划分，包装可分为个包装、中包装和外包装。

(1) 个包装。个包装是指一个商品为一个销售单位的包装形式。个包装直接与商品接触，在生产中与商品装配成一体。它以销售为主要目的，一般随商品销售给顾客。个包装起到直接保护、美化、宣传和促进商品销售的作用。

(2) 中包装。中包装是指若干个商品或包装组成一个整体的包装。它是介于个包装和外包装之间的包装形式，属于内包装的范畴，在销售过程中一部分随商品销售出去，一部分在销售的过程中被消耗掉。在商品流通过程中包装起到进一步保护商品的作用，同时还有方便使用、销售、商品分拨、销售过程中点数和计量、包装组合等作用。

(3) 外包装。外包装就是运输包装，是商品的最外层包装，在商品流通过程中，起到商品保护、方便运输、装卸和储存等作用。

6. 从包装的使用范围划分

按照包装的使用范围划分，包装分为专用包装和通用包装。

(1) 专用包装。专用包装是指专供一种或一系列商品专用的包装。采用专用包装是由于商品具有某些特性。这部分包装都有专门的设计制造和科学管理方法。

(2) 通用包装。通用包装是指一种包装能供多种商品包装使用的包装。它一般不进行专门的设计制造，而是根据标准系列尺寸制造，用来包装各种没有特殊要求的商品。

7. 包装的其他分类方式

(1) 从包装使用的次数划分，包装分为一次包装、多次包装和循环包装。

(2) 从运输方式划分，包装可分为铁路运输包装、卡车货物包装、船舶货物包装和航空货物包装等。

(3) 从包装的防护目的划分，包装可以分为防潮包装、防锈包装、防霉包装、防震包装、防水包装、遮光包装、防热包装、真空包装、充气包装、防冻包装和危险品包装等。

(4) 从包装操作方法划分，包装可划分为罐装包装、捆扎包装、收缩包装、压缩包装和缠绕包装等。

此外，包装的分类还有很多方式。

第三节 包装的技术与要求

一、包装的技术

现代包装是实现商品价值和使用价值的重要手段。包装是生产过程中的最后一道工序，也是商品进入流通领域前必须采取的技术措施。

(一)包装操作

包装操作既包括产品包装前的技术处理，又包括机械包装的辅助工作。

1. 充填

充填是将商品装入包装容器的操作，分为装放、填充与灌装三种形式。

(1) 装放。装放是按照一定的排列顺序将商品置于包装容器中的操作，有一次装放(将成件商品直接放入容器中)和多层装放(将小包装的单位商品再放入大的容器中)之分。装放的特点是商品在容器中的有序性。装放按装入容器的不同分为装箱、装盒、装袋等。

(2) 填充。填充是将干燥的粉状、片状和颗粒状商品装入包装中。其主要特点是商品具有流动性，商品在容器中没有一定顺序，主要是盒、袋、瓶等填充。填充时一般要进行定量。

(3) 灌装。灌装是将液体或半液体商品灌入容器内。灌装商品具有更强的流动性，因而要求容器有不渗漏的特点，其容器主要是桶、罐、瓶、软管等。灌装有定位与定量两种基本方法，定位灌装是将商品灌到瓶口或容器的某一部位(液体平面保持在一定位置上)，定量灌装是通过定量装置准确地灌入一定容量的液体。

2. 封口和捆扎

(1) 包装封口。包装的封口是包装操作的一道重要工序，它直接关系着包装作业的质量与包装密封性能。不同容器的密封性能要求不同，封口方法也不同，主要有黏合封口、胶带封口、插接封口、捆扎封口、铰接封口、装订封口、热熔封口、收缩封口、盖塞封口、焊接封口、卷边封口、压接封口、缝合封口、真空封口、胶泥封口、浸蜡封口等。封口方式根据封口部位不同，又可分为顶端封口、侧面封口和底端封口等。

(2) 捆扎。捆扎是将商品或包装件用适当材料扎紧、固定或增强的操作。捆扎的方法主要有：直接捆扎、半包装捆扎、夹板捆扎、成件捆扎和密缠捆扎等。

3. 裹包

裹包是用一层挠性材料包覆商品或包装件的操作。裹包过程结束后，被包物与包装物呈现的外形通常称包裹。用于裹包的材料主要有纸张、纺织品、塑料薄膜等。裹包的方法主要有：直接裹包、多件裹包、收缩包装、压缩捆包与卷绕裹包等形式。

4. 加标和检重

加标就是将标签粘贴或拴挂在商品或包装件上，标签是包装装潢和标志，因此加标也是很重要的工作。检重是检查包装内容物的重量，目前大多采用电子检重机进行检测。

(二)包装的一般技术

1. 对内装物进行合理放置、固定和加固

放置、固定和加固能达到缩小体积、节省材料、减少损失的目的。外形规则的产品要注意套装，薄弱的部分注意加固，包装内重力分布要均匀，产品与产品之间要隔离等。

2. 对松泡产品进行压缩

松泡产品如果不进行压缩，则占有包装的体积太大，还会导致运输、储存费用的增加。有效的方法是真空包装法，它可以大大缩小松泡产品的体积。

3. 合理选择外包装的外形和尺寸

有的运输包装件还需要装入集装箱，这就存在包装件的尺寸与集装箱的尺寸之间的配合问题。如果这种配合处理得好，可以大大提高集装箱的利用效率。在外包装的形状尺寸选择中，应该采用包装模数系列，不要过大、过重等。

4. 合理选择内包装的形状尺寸

内包装一般属于销售包装，形状尺寸要和外包装尺寸配合。作为销售包装，最重要的是要有利于销售，包括有利于展示、装潢、购买和携带等。

5. 包装外的捆扎

捆扎的目的是将单个物件或多个物件捆紧，以有利于运输、储存和装卸。捆扎能压缩货物的体积，从而减少保管费和运输费。捆扎后还能加固容器，使容器强度增加20%～40%。

对于体积不大的普通运输包装，捆扎一般在打包机上进行。对于托盘这种集合包装，普通的包装法费时又费力，所以发展形成了新的捆扎方法，即收缩薄膜包装技术和拉伸薄膜包装技术。

(1) 收缩薄膜包装技术。收缩薄膜包装技术是用收缩薄膜包裹物品，然后加热，使薄膜紧紧贴在物品上。

(2) 拉伸薄膜包装技术。拉伸薄膜包装技术是机械装置，在常温下弹性薄膜围绕物品拉伸、裹紧，然后在末端进行封口。

(三)包装的特殊技术

1. 防震技术

商品从生产到开始使用要经过多次的保管、堆积、运输和装卸过程。在任何环境中，都会有作用力作用于商品上，有可能使产品发生损坏。商品在堆积过程主要受静压力作用，运输过程主要受震动力作用，装卸过程主要受冲击力作用。克服静压力主要依靠包装容器、包装材料的强度，克服震动和冲击主要依靠防震措施。

(1) 全面缓冲包装方法。全面缓冲包装方法是将内装物的四周全部用缓冲材料进行包裹，而对内装物进行全面保护的一种包装方法。它常采用充填、盆浆和现场发泡等技术措施。

(2) 部分缓冲包装方法。部分缓冲包装方法以应用角衬垫、棱衬垫、侧衬垫等情况最多。对于整体性好的产品和内包装容器的产品，仅在包装箱的拐角或在局部使用缓冲材料进行衬垫。

(3) 悬吊式缓冲包装方法。悬吊式缓冲包装方法是用弹簧、橡皮带等把内装物吊装在坚固的包装容器内，使其成浮动状态的方法。

2. 防潮包装

常用的防潮包装方法有以下三种。

(1) 静态干燥方法。静态干燥方法是包装内放入一定数量的干燥剂，吸去内部的水分来防止内装物受潮。其防潮能力决定于包装材料的透湿性、干燥剂的性质和数量，以及包装内空间的大小等。此方法常用于小型包装和有限的防潮包装。

(2) 动态干燥方法。动态干燥法是采用降湿机，将经过去湿干燥的空气输入包装内，将包装内的潮湿空气置换出来，以达到控制包装内相对湿度的目的，从而使产品保持干燥状态。这种方法适用于大型包装和进行长期保存的包装。

(3) 使内装物保持一定水分的防潮包装方法。一般多采用透湿率趋近于零的金属、玻璃、陶瓷或复合薄膜包装，并进行密封，保证内装物不会脱水变质。

3. 防锈包装技术

金属或金属制品在大气中极易受水分、二氧化硫、氧气、二氧化碳、盐分、灰尘等影响而造成腐蚀。为了防止内装物锈蚀采取一定防护措施的包装，称为防锈包装。在实际应用中，防锈包装的有效期可维持数月或数年，有的甚至十年以上。防锈包装一般有以下四种基本方式。

(1) 制品本身采用防锈材料被覆或浸涂。

(2) 制品本身采用防锈材料被覆或浸涂，外包装采用防尘、防潮材料密封，但能透入微量水蒸气。此方法常用于钢铁、铜、铝合金、各种电镀件等产品，是使用最多的一种防锈包装方法。

(3) 制品直接浸涂或包扎抗腐蚀的合成纤维织物等后，再浸涂可剥性塑料，在制品周围形成一层茧状塑料外壳，以达到防锈的目的。此方法多用于小型金属制品。

(4) 制品采用防锈材料被覆或浸涂，外包装用防潮材料进行密封包装，并在包装内放入干燥剂，有时在包装容器内充入氮气或干燥空气代替干燥剂，吸收透入的微量水分。

4. 防腐技术

商品在流通过程中，不仅种类、规格、数量繁多，而且要经过多个环节。在商用流通的各环节中都有被霉腐微生物污染的机会，如果周围有适合的环境条件，商品就会发霉变腐。因此，为了保护商品安全地通过流通领域，必须对易腐蚀商品进行防腐包装。防腐包装技术当前有以下四种。

(1) 化学药剂防腐包装技术。化学药剂防腐包装技术主要是使用防腐化学药剂将待包装产品、包装材料进行适当处理的包装技术。有的将防腐剂直接加在某个生产程序中，或者将其喷洒或涂抹在商品表面，有的需要浸泡再包装，但是这样处理会使有些商品的质量受到不同程度的影响。

(2) 气体防腐包装技术。气体防腐包装技术是使用具有挥发性的防腐剂，利用其挥发产生的气体直接与霉腐微生物接触，杀死或抑制霉腐微生物的生长，以达到商品防腐的目的。由于气体防腐是气体分子直接渗透到商品上，对其外观和质量不会产生不良影响。但使用这种技术要求包装材料和包装容器具有透气率小、密封性能好的特点。

(3) 气调防腐包装技术。气调防腐是生态防腐的形式之一。微生物都离不开空气、水分、温度这三个要素，只要有效地控制其中一个因素，就能达到防止商品发生腐败的目的。如只要控制和调节空气中氧的浓度，人为地造成一个低氧环境，霉腐微生物的生长繁殖就会受到抑制。

(4) 低温冷藏防腐包装技术。低温冷藏防腐包装技术是通过控制商品本身的温度，使其低于霉腐微生物生长繁殖的最低界限，抑制酶的活性。它抑制了生物的呼吸、氧化过程，使其自身分解受阻。

5. 无菌包装技术

无菌包装技术是在被包装物、包装容器或材料、包装辅助材料的无菌情况下，在无菌环境中进行填充和缝合的一种包装技术。

(1) 被装物品的灭菌技术。第一，超高温短时间灭菌技术。超高温短时间灭菌技术就是将食品填充并密封于复合薄膜制成的包装容器中，使其在短时间内保持 135℃左右的高温，以杀灭细菌。第二，巴氏灭菌技术。巴氏灭菌技术是将食品填充并密封于包装容器后，在一定的时间下保持 100℃左右的高温杀灭细菌。它广泛应用于各种酸性饮料，如果汁、酸奶、果味饮料等产品的灭菌。

(2) 包装容器的灭菌技术。第一，药物灭菌技术。药物灭菌所用的药物必须是杀菌力强、杀菌过程中不会生成或残留有害物质且对设备无腐蚀的药物。最常用的药物是过氧化氢，也称双氧水。第二，紫外线灭菌技术。紫外线杀菌技术主要是根据经紫外线照射后，微生物细胞内的核酸产生化学变化，引起微生物新陈代谢障碍，因而失去繁殖能力的机理来完成灭菌过程的。

6. 集合包装技术

集合包装是一种新的运输形式，也是一种包装形式。它可以简化内装物的安装、保证运输安全、降低劳动强度、适合机械化的发展。

(1) 集装箱集合包装。集装箱能一次装入若干个内装物，是集合包装的主要方式之一，具有安全、迅速、简便、节省人力和包装材料等优点。一般用途的集装箱大部分为密封式空箱，便于装运各种货物；特殊用途的集装箱，按货物性质不同设有通风、货架、空调等装置，用来包装冷冻品、家畜等。

(2) 托盘集合包装。托盘集合包装是包装的一种形式。它是将包装件或内装物堆垛在托盘上并加以固定，形成一个搬运单元或销售单元，以便机械化作业的一种包装方式。

托盘集合包装的优缺点主要有以下内容。

① 优点：使产品流通作业标准化，促进装卸机械化；节省劳动力；减轻劳动强度；可高层堆码；有效地利用了储存空间；缩短装卸时间；简化产品包装；减少损失和丢失等事故。

② 缺点：因托盘的自重与体积，减少了储运货物的有效载重量和空间；增加了空间回收、保管、整理的麻烦，且需要较宽的通道。

(3) 集装袋集合包装。集装袋是一种大型的载重量在一吨以上的半散装货物的周转容器。其形状为袋状，用于装粉状和颗粒物品。集装袋的适用范围较广，如淀粉、食盐、砂糖、化肥、饲料、水泥等都可以用集装袋运输。制作集装袋的材料有编织塑料薄膜结构的，也有橡胶、帘子布结构的。

(四)包装的防伪技术

1. 防伪包装的分类

(1) 根据识别真伪方法划分为一线防伪包装、二线防伪包装和组合防伪包装。一线防伪包装是指只是借助简单的方法或不需任何特殊技术仅凭目测或手感便可判别真伪的包装，比如，加在人民币上的水印或金属线。二线防伪包装是指专业技术防伪包装，它要由专家或专门仪器识别，将特殊材料或信息经特殊工艺加到包装中的包装。如新版人民币百元版中有无色荧光油墨的标识，它必须在紫外光照射下才发出荧光，用肉眼却识别不出荧光来。组合防伪包装就是将上述两种防伪包装技术组合使用。

(2) 按包装种类分为防伪内包装、防伪外包装和表贴防伪。防伪内、外包装是指在内、外包装上施以防伪技术；标贴防伪是指将做了防伪处理的特殊标签放入包装中或贴于包装上。

(3) 按包装部位所施加的防伪包装，分内部、外部和内外结合式防伪包装。内部防伪包装是指在外包装或内包装内部施以防伪措施或在包装内作特殊的标记，难以发现或难以模仿，并在产品说明书中加以说明；外部防伪包装是指在外包装某处施以防伪措施；内外结合式是指将内部防伪包装与外部防伪包装相结合，并同时采取防伪措施。

(4) 按包装结构分为开启结构、附加结构、特制专有结构和特有技术结构的防伪包装。开启结构防伪包装是指在包装的结合部位(加热盖、瓶盖、转口等)设有特制的防开启、拆离结构；附加结构防伪包装是指在包装的封口处贴永久性的标签或喷字、图、线等，只有用户使用时方可拆启，并且不能恢复；特制专有结构防伪包装是指将包装的全部或局部设计成与众不同的结构，并申请专利加以保护；特有技术结构防伪包装是指选用特有的、自己的专有技术、他人难以仿造的材料和模具所制造的包装。特有的技术也包括难以仿制的复杂印刷、保密的包装加工方法、加工包装材料的特殊配方等。

(5) 按包装材料分为有油墨防伪包装、材质防伪包装和加密技巧防伪包装。油墨防伪包装是指选用特殊的防伪油墨制作的特殊的防伪包装图案、色彩、文字等；材质防伪包装是指对包装容器的材料作特殊的处理，使其具有特殊的功能；加密技巧防伪包装是指对包装容器所用材料在加工中施以特殊的技术，如整体激光全息防伪包装等。

(6) 按特种技术分为条码防伪包装和电码电话防伪包装。条码防伪包装是指将条码印刷在包装上，通过光电识别设备，获得不同商品的产地、制造厂家、产品属性、产量、生产日期等一系列的信息。

2. 包装防伪技术

目前，有许多技术应用于商品的防伪包装，常用的有条码技术、激光光刻技术、激光全息图像技术、油墨技术、印刷技术和破坏性防伪技术等。

(1) 条码技术。条码是通过国际或国家编码中心注册登记编发的原始条码胶片，印制在商品包装上的标志，只有通过原始胶片才能复制。若有人复制条码，尽管外形相似，当经高检激光笔检测时，电脑会拒绝工作，其准确率达百万分之一到亿万分之一，防伪效果非常好，深受企业和用户欢迎。

(2) 激光光刻技术。激光光刻是利用高能量的激光在被印物表面聚焦将其烧灼刻印而成的，刻印的结果是被刻印的基材表面用激光刻出一个个凹下去的预定字符、图形等。

(3) 激光全息图像技术。激光全息图像技术在防伪包装上的应用主要是印刷防伪商标。防伪商标除了具有一般的防伪作用外，另一个突出的优点是装饰效果良好，因而许多企业都乐意使用激光全息图像防伪技术。激光全息图像防伪商标有不干胶型、防揭型和烫印型三种。

(4) 油墨印刷技术。油墨技术是印刷技术在防伪包装上应用的一个重要方向。它是通过改变油墨的配方，或者在普通的油墨中添加一些特殊的敏感材料，如光敏材料、热敏材料、磁性材料等而实现的。用特种油墨印制的商标有一些独特的特点，消费者根据不同的特点可以分辨出商品的真伪，商标本身也不易被仿制，因而具有防伪的效果。

(5) 破坏性防伪技术。破坏性防伪包装即一次性防伪包装，它是靠确保包装物的一次性使用来进行防伪的，包装物在完成一次包装功能后就被损害，不能再重复使用。假冒者要想假冒该产品，就必须购买或生产这种包装，由于需要付出较大的代价，所以可以抑制假冒伪劣产品。

二、包装的要求

包装不仅是物流工程的一个重要环节，还是促进销售的一种手段，所以包装要符合物流和销售的合理化、标准化以及消费者的要求。

(一)包装合理化的要求

1. 包装合理化的主要表现

(1) 包装的轻薄化。由于包装只是起保护作用，对产品的使用价值没有任何意义，因此在强度、寿命、成本相同的条件下，采用更轻、更短、更小的包装，可以提高装卸搬运的效率。而且轻薄短小的包装一般价格比较便宜，如果是一次性包装也可以减少废弃包装材料的数量。

(2) 包装的单纯化。为了提高包装作业的效率，包装材料及规格应力求单纯化，包装规格还应标准化，包装形状和种类也要单纯化。

(3) 符合集装单元化和标准化的要求。包装的规格和托盘、集装箱关系密切，也应考虑到它和运输车辆、搬运机械的匹配，从系统的观点制定包装的尺寸标准。

(4) 包装的机械化。为了提高作业效率和包装现代化水平，各种包装机械的开发和应用都是十分重要的。

2. 包装合理化的要求

合理包装是一个系统工程，因此合理包装不仅要考虑包装设计本身，而更重要的是应着眼于商品流通的全局，兼顾物流系统的相互关系，并按照合理包装的几个方向进行设计。

(1) 掌握流通实况。发挥最基本的保护功能。包装的保护功能应使商品能承受流通过程中的各种考验。

(2) 实行包装标准化。采用包装标准化可以省去设计时间，稳定包装质量，降低包装和流通成本。

(3) 协调与生产的关系。包装的生产要和商品的生产一致，防止包装的堆积，选用保管时要考虑包装材料和包装技术。

(4) 注意装卸及开启的方便性。包装必须具备这个要求，这样可以减少运输过程中的损耗，提高效益。

(二)包装标准化的要求

包装必须实现标准化，这样有利于增加物流装备的利用率和提高物流的周转效率。

(1) 包装基础标准化。包装基础标准化主要包括包装术语、包装尺寸、包装标志和包装管理标准化。

(2) 包装材料标准化。包装材料标准化包括各类包装材料，如纸、纸板、塑料薄膜、木材标准化等。

(3) 包装容器标准化。包装容器标准化包括各类包装容器，如桶、瓶、袋、纸箱和木箱等的标准化。

(4) 包装技术标准化。包装技术标准化包括包装专用技术、包装专用机械和各种包装防护技术的标准化。

(5) 产品包装标准化。产品包装标准化是按照商品行业划分的，一般内容包括包装技术条件、检查验收、专用检查方法、储运要求和标识等。

(6) 相关标准。相关标准主要是指和包装关系密切的标准，如集装箱技术条件和尺寸，还有托盘技术条件和尺寸等。

(三)我国包装标准消费者的需求

我国于 1998 年发布了《包装标准 消费者的需求》。该标准规定了消费品包装为满足消费者的各项需求应遵循的基本原则和要求，以指导我国与包装有关的各类标准的起草及消费品包装的设计与制作。该标准规定如下。

(1) 包装材料不应产生危害人或其他生命的物质。

(2) 在有害内装物的包装上，应标明相关的安全警示和使用方法。

(3) 有害内装物的包装应同食品或饮料的包装明确区分开来。在必要时，采用不同颜色、不同形状或其他方法进行区分，避免消费者误解。

(4) 包装开启方法应合理、方便，并且特别要考虑弱势消费者，如儿童、残疾人的不同需求。

(5) 对有害内装物包装应设有安全闭锁装置，该装置既要使儿童难以开启，又要便于残疾人开启。

(6) 包装尺寸、大小与形状均不应使消费者对其内装物的含量产生误会。

(7) 包装规格应适合其最终用途与产品的平均消耗速率，以保证在合理的情况下，消费者能在保质期内消耗完内装物。

(8) 避免过分考究的包装，在不违反其他要求时，应采用最廉价的材料，尽量减少附加到产品价格上的包装成本。

第四节　包装合理化

一、商品损耗的因素和包装的不足及过剩

(一)商品损耗的因素

在整个物流过程中，包装是否合理还要看包装使用的效果。因为在物流过程中对商品的包装要求首先来自于以下三个方面，包装和商品的损耗也在以下的物流环节中产生。

1. 装卸

不同的装卸方法决定着包装。例如，在技术不发达的时代和地区，主要采用手工装卸方式的情况下，包装的重量必须限制在手工装卸的允许能力之下，其外形及尺寸也应适合于人工操作。人进行手工装卸的重量和时代有关，在工人的权利和健康没有受到保护的时代，手工装卸的包装往往达到60～100公斤；在工人的权利和健康受到保护的时代，人工装卸的包装重量有所降低，以减轻工人的体力消耗。但是，这并不等于说包装的重量越轻越好。包装重量太轻，人工装卸的反复频率就要增加，也容易引起疲劳和降低效率；同时，对于过轻的包装，工人们往往将两个合并操作，容易造成损失。现代管理科学对人工装卸的最佳重量进行研究后的结果确定：包装的重量为工人体重的40%较为合适，即男劳动力20～25公斤、女劳动力15～20公斤是比较合适的。如果采用机械装卸，包装的重量可大大增加，例如，采用集装箱作外包装，重量可达10吨以上。我们在衡量包装是否先进时，不能脱离物流的其他系统而孤立地进行。例如，对集装箱的使用，如果没有与之相适合的装卸手段，就谈不上先进。

2. 保管

在确定包装时，必须对保管的条件和方式有所了解。例如，采用高垛保管，就要求包装有很高的强度，否则货物就会被压坏；如果采用低垛保管，包装的强度就可以相应降低，以节约资源和费用。

3. 运输

运输工具类型、输送距离长短、道路情况如何都对包装有影响。例如，道路情况比较好的短距离汽车输送，可以采用轻便的包装；同一种产品，如果进行远距离的车船联运，则要求有严密厚实的包装，否则损耗会很大。

(二)包装的不足及过剩

1. 包装的不足

包装不足指的是以下四个方面。

(1) 包装强度不足，从而使包装防护性不足，造成被包装物的损失。

(2) 包装材料水平不足，由于包装材料选择不当，材料不能很好地承担保护及促进销

售的作用。

(3) 包装容器的层次及容积不足，缺少必要的层次与所需体积造成损失。

(4) 包装成本过低，不能保证有效的包装。

由于包装不足，造成的主要问题是在流通过程中的损失及降低促销能力，这一点是不可忽视的。

2. 包装的过剩

包装过剩指的是以下四个方面。

(1) 包装物强度设计过高，如包装材料截面过大等，从而使包装防护性过高。包装作用大大超过需要强度。

(2) 包装材料选样不当，材料质量过高。如可以用纸板却采用镀锌、镀锡材料等，造成浪费。

(3) 包装技术过高，包装层次过多，包装体积过大。

(4) 包装成本过高，一方面可能使包装成本支出大大超过减少损失可能获得的效益；另一方面，包装成本在商品成本中比重过高，损害了消费者的利益。

包装过剩的浪费不可忽视。对于消费者而言，购买的主要目的是内装物的使用价值，包装物大多作为废物丢弃，因而会形成浪费。此外，过重、过大的包装，有时适得其反，会降低促销能力，所以也不可取。针对包装因为设计时的疏漏，而在物流过程中造成的损失和成本的提高，我们应当极力避免。这就要求包装的材料合理、包装的方式合理等，即包装合理化。

二、包装的合理化

从物流总体角度，用科学的方法确定最优包装。由于物流诸因素是可变的，因此，包装也是不断发生变化的。确定包装形式，选择包装方法，都要与物流诸因素的变化相适应。

1. 合理包装的含义

运输包装的合理化是产品包装管理追求的最终目标。包装合理化所涉及的问题，既包括产品生产、流通范围内的有关问题，又包括更大范围内的诸如社会法规、废弃物治理、资源利用等有关方面的问题。也就是说，合理化的包装既要考虑如何提高生产效率、降低生产成本，又要充分考虑客户的需求状况，同时还要考虑包装与有关国家强制性的标准以及其他法律法规之间的一致性。从狭义上来说，包装的合理化包括包装材料合理化、包装技术合理化、包装方式合理化以及包装的合理组合与运用。

2. 合理包装的具体内容

简单地说，包装合理化是用科学的方法来设计和采用合理包装的过程。所谓合理包装，是指能适应和克服流通过程中的各种障碍，是在极限范围内的最好的包装。从多个角度来考察，合理化的运输包装应满足以下七个方面的特性要求。

(1) 保护性，即包装是否能够达到货物的保护要求。

(2) 装卸性，即货物在运输工具上装卸及仓库中取存是否方便。

(3) 作业性，即对货物的包装作业是否简单、容易操作。

(4) 便利性，即货物开启是否方便，包装物处理是否容易。

(5) 标志性，即包装物内物品的有关信息(如品名、数量、保管条件等)是否清楚。

(6) 经济性，即包装费用是否恰当。

(7) 环保性，即废弃包装对环境的影响程度应尽可能降低。

3. 合理包装的设计要点

包装的设计要与所包装的产品特性一致。合理化包装的第一步就是深入了解产品特性，包括它的物理、化学属性和生物学属性，否则就无法进一步确定保护等级要求和进一步选择包装材料、容器、技法和标识等。了解产品属性的主要任务是分析它的储运、养护要求。通常要了解的属性包括以下六项。

(1) 产品的性质、尺寸、结构、重量和组合数。这些是用来决定采用什么类型的包装或者决定是否需要包装的基本依据。

(2) 产品的形状、脆性、表面光洁度和耐腐蚀性来决定采用什么样的内衬件或缓冲件。

(3) 了解产品的价值或贵重程度，决定如何选择保护措施。

(4) 内装物与包装材料之间可能会发生物理化学作用，了解是否可能产生什么有害物质，以合理选择包装材料和容器。

(5) 考察不同内装物放在一起，有无造成污染的可能性，以此来决定包装的方法。

(6) 了解产品的膨胀特性、通风通气要求，看看是否有必要提供空间或空隙。

4. 根据物流基本环境设计合理化包装

包装是在一定的物流环境下发挥作用的，因此合理化的包装必须能够适应物流环境的要求，能够在特定的物流环境下达到有利于提高物流作业效率、降低物流作业成本的目的。这就要求我们在进行包装合理化的时候，通过认真考察物流环境来设计合理包装，进行包装管理。对于物流环境，合理化包装应该注意的因素有以下四点。

(1) 产品从生产厂家到目的地之间整个路途。例如，是国内运输还是国际运输，是热带地区还是寒带地区，是车站还是港口，是城市还是村庄等，对于运输包装的设计来说，这些都是重要的参数。比如，竹筷是国内销售可以采用三层瓦楞纸箱，而如果是出口就要使用五层的瓦楞纸箱，否则容易出现包装损坏。

(2) 运输方式。不同的运输方式要采用不同的包装策略，无论从材料选择还是包装方式上都应该有所区别。要了解是公路、铁路、海运、江河还是人工或畜力运输；弄清楚运输工具的类型、震动、冲击等因素；了解道路路面情况是否适用集装箱运输；是按体积计算还是按重量计算货物运价。

(3) 搬运、装卸及库存情况。这方面主要是弄清楚装货、卸货的预计次数和特点，流通中转及目的地，装卸条件的机械化，搬运操作的文明程度，运输前后及中途存放日期和条件等。

(4) 自然环境。弄清楚温度、相对湿度的可能范围，有无凝结水珠的可能性，是否有

暴雨袭击，是否会受海水侵害，所经受大气压的范围，尘土、空气污染等情况。

图 6.2 所示是包装设计过程示意图。

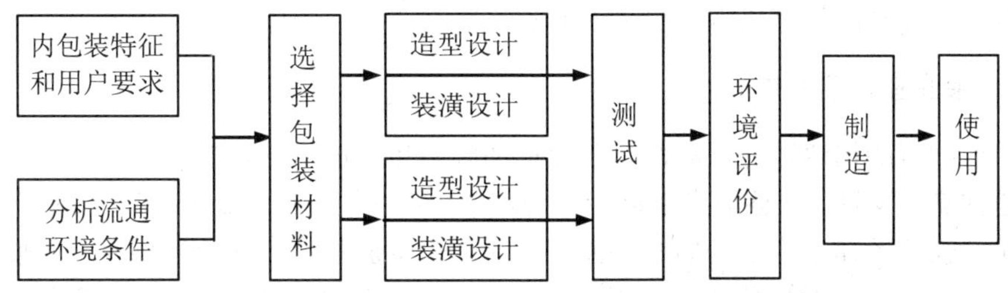

图 6.2 物流包装设计过程示意图

5. 注意包装各种功能的平衡

包装的合理化，就是要做到在合理保护产品安全的基础上，尽量降低包装成本和减少物流费用。这一问题实质上要求搞好包装各种功能之间的综合平衡。

一方面，运输包装保护功能的提高，将减少运输、储存中因包装因素而支付的费用；而运输包装方便、保护功能的提高，也将导致物流管理费用的降低。另一方面，包装保护功能的提高，将导致材料费、设备费、人工费、技术引进等费用的增加，其结果是包装费用增加了。

因此，为了求得上述功能间的合理平衡，就需要设计出在技术和经济上最优的运输包装。也就是为使产品可靠地从生产厂家到达用户手中，在包装费用与物流费用之间保持平衡。合理包装并不是可靠度最高的包装，而是运输包装各功能之间平衡的一种包装。

三、适合物流发展的包装趋势

众所周知，商品在流通过程中要经历运输、装卸、在库管理、包装、配送、流通加工和信息处理等几大环节，其中商品包装的好坏在物流系统中至关重要，它直接影响着物流系统各个环节的高效率运行。现代包装为顺应物流系统各环节的要求，更好地为商品流通服务，其功能已不再只局限于传统意义上的保护、便利和促销三大功能了，还要兼有便于运输、装卸、在库管理、智能识别、信息传递等功能。因此，现代包装为了适应物流的发展表现出了以下一些特点。

1. 包装的信息化

现代科技日新月异，伴随着科技的大发展，物流与电子商务结合得更加紧密，表现出数字化、网络化、信息化的特点，尤其在物流信息收集、传递、处理方面表现得更加突出。商品包装作为物流的重要部分，同样具备这些特点。物流信息存储的数字化、电子订货系统(EOS)、电子数据交换(EDI)等技术的广泛应用，要求商品包装走向信息化。现在自动识别系统、条形码技术已经普遍应用于包装过程中。物流的自动化，如条形码/语言/射频自动识别系统、自动分检系统、自动存取系统、货物自动跟踪系统等都需要包装上有明确的标识及可以识读的信息码才能实现。目前一维码已不能满足产品信息描述的需求，包含产品名称、价格、制造商、生产日期、重量、有效期、检验员等信息的二维码技术正在逐步应用于产品的包装上。目前可识别的条形码大多是由打印机打印再贴到包装容器上，这样会给包装的信息化带来一定的不便，随着直接在包装容器上印制机器可识别的条形码技术的完善，会给包装产品信息化带来极大的便利。

2．包装企业迅速发展

伴随着物流的快速发展，商品包装企业面临着更多的机遇与挑战，具体表现为包装行业越来越独立，包装企业逐渐走上联合化的道路。随着经济全球化和全球资本市场的扩大，物流公司强强联手建立物流基地、物流产业园区来适应物流高速化发展这一重要趋势。传统单一的包装产品，不管是纸包装还是塑料包装，都很难满足大客户的成套包装解决方案的需求，这就迫使包装企业从自由竞争走向联合发展之路，使包装制品在数量、质量和品种上都有所突破。另外，我国加入 WTO 后，产品外销日益增多，对于包装的需求日益严格，物流企业的大客户逐渐意识到企业内部包装的采购、包装研发、包装策划的能力严重不足，因此越来越多的企业希望采用“外包式”“合同式”的包装方式来完成产品的包装。包装企业的规模越大，采用新技术和技术创新的能力越强，越能满足物流园区、物流基地对包装的需求。

四、国际货物包装

在国际贸易中，商品包装尤其重要，这是由于国际货物一般都需要经过长距离辗转运输和多次转装。因此，出口商品的包装比内贸商品的包装就更为重要。面对国际贸易，出口商品包装应该注意以下三点。

1. 合同中的包装条款

如前所述，包装是进出口交易的重要内容，买卖双方必须认真洽商，对商品包装取得一致意见，并在合同中做出明确具体的条款规定。国际货物买卖合同中的包装条款主要包括包装材料、包装方式、包装费和运输标志等主要内容。而且，包装条款规定内容要尽量具体明确，不能含糊不清或错列。

(1) 包装材料和包装方法，要订明容器(如纸箱、木箱、金属盒等)，有时还要订明包装的内含量。

(2) 包装费用一般包括在商品价格之中，在包装条款中都应订明，但也有例外情况。

(3) 运输标志一般是卖方设计确定。如果买方要求由其指定运输标志，卖方也可接受，但必须在包装条款中订明提出运输标志的时间，否则卖方可自行决定。

2. 仓库包装作业

在国际贸易中，如世界各国食品类货物，由于包装不良，在流通中其损失率高达 20%；在货物运输中，因包装不善，其破损率高达 70%左右；发展中国家由于包装欠佳，在对外贸易过程中，所造成的经济损失有时高达总利润的 30%。

(1) 外贸仓库的物资包装属于工业包装中的外包装，即运输包装，它以强化运输、保护商品完整无损、便于储运为主要目的。这是由于对外贸易的复杂性和困难性所决定的。漫长的运输里程和复杂的交货、验货手续，都要求对商品进行再加固和整理等操作。

(2) 仓库物资包装是与物资收发业务紧密结合在一起的。其工作主要是对原包装进行整理、并装、分装、加固和换装，使出口商品顺利运达目的地，送达消费者手中。

(3) 对存放在外贸仓库中的进出口商品的包装质量要严格把好入库关，一旦发现包装容器、包装箱等有破损，除及时报告有关部门外，应立即组织力量进行再包装、加固。

(4) 在对外贸易过程中，由于商品在国内外流转过程中往往要经过多次装卸、搬运、堆码作业，有的商品在国际货物运输过程中还要经过多次转运转装，致使有些商品包装遭受磨损甚至破散。为保证下一段的储运安全，需要在外贸仓库内进行修装换装。这些包装作业一般在外贸仓库内进行，是仓储部门日常业务的重要组成部分。

在外贸仓库内进行的包装作业主要包括：整理、加固、分装、改装、拼装、配装、修装和换装等。

3. 国际货物出口包装要求

商品形状、规格、种类繁多，商品包装千差万别，对出口商品包装总的要求要做到科学、经济、牢固、美观和适用，使出口商品畅销国际市场，为国家获取更大的经济效益。其主要要求有以下四点。

(1) 出口商品包装要符合商品性能的要求。由于商品性能不同，对包装强度、结构形式、包装方法等要求也不同，我们必须根据需要选用适当的包装材料和包装方法，确保出口商品较长时间的储运安全。

(2) 出口商品包装要满足流转环节的要求。绝大多数出口商品都要经过一次或几次运输、储存、装卸、搬运、转船，而且历时时间较长。因此，要求商品包装结构要科学；形状、体积、重量要有利于装卸和堆码以及转船的相应配套设备要求；包装标识要清晰明确；包装还要适应国际运输条件及沿途自然气候；空运商品要求包装轻巧、牢固等。

(3) 出口商品包装要适应国外市场销售和消费习惯。尊重各国、各地区的宗教、风俗习惯、文字以及当地人民对于包装造型、装潢图形、色彩、文字的好恶的不同要求。

(4) 出口商品包装要切合人们对商品物美价廉的意愿。对出口商品包装的样式、图案、色彩、商标、广告宣传等，要力求做到美观大方，显示我国的民族特色和风格，以吸引顾客和满足消费者的需要，要求做到包装材料节约、结构合理。

(5) 出口商品包装要跟上科技发展步伐。随着科学技术的进步，新材料、新技术层出不穷，为商品包装的发展开辟了广阔的前景。如包装材料向轻型化发展，合成材料越来越多，包装技术向机械化、自动化发展。在包装作业方面使用集合包装的方式日益增多，如集装箱、集装包、集装袋和托盘等。

【案例】中药出口问题

天津港口在2002年上半年的中药出口中遭到退运的数量激增。据统计，在半年的时间里，共有六批20.9吨中成药退运，价值14.8万美元。退运的主要原因是产品质量及成分含量不符合国际标准、包装不合格。国际市场上每年的中成药销售额高达160亿美元，并正以每年10%～20%的速度增长，而中国目前仅占该市场份额的3%～5%，而且大部分是原料药、保健药。很多中药材在国外二次加工返销我国，在国内中药市场出尽风头，我国每年进口的中成药超过10亿美元。面对咄咄逼人的进口“洋中药”，国内的中药产品却在海外销售上遭遇了尴尬。

近年来，我国的中药生产工艺虽有一定的进步，但离现代化医药工业优质化生产的要求还有很大的差距。中药产业的生产缺乏科学规范的标准和质量控制手段，很难保证产品质量的稳定性，传统中药材、中药饮片、中成药的标准规范不严格，在我国的 1.3 万种中药用资源中，常用的 500 种中药材尚未建立科学的质量规范。更为重要的是，对中药产品适应证、功能与用途等的中医理论的深奥说明，很少可以用现代医学理论做出科学的表达，因而直接阻碍了中药产品进入国际主流市场。我国中药材产区在选择包装材料时，多选用布袋、编织袋、竹筐、木箱等材料，使得部分药材药效减弱、变质，为传统中药进入国际市场带来了不利影响。

为了缓解这种局面，更好地开拓国际市场，我国应尽快制定出台包括中药材种植标准、中成药生产质量标准、中药质量标准、包装标准在内的与国际接轨的中药质量标准和包装标准，大力推进中成药剂型改革，向剂量小、疗效高、起效快，服用、携带、储藏方便的现代化剂型发展。

结合案例，对以下问题进行讨论。

(1) 天津港口的中药出口在包装上出现了什么问题？

(2) 对于天津港口出口中药出现的包装问题应该如何解决？

本章小结

包装的历史由来已久，发展到今天已经形成了一个独立的行业。为了适应社会生产力的发展，包装应紧跟着时代的脚步进行大力发展。

包装在生产过程中发展成一个独立的生产部门，这源于包装的功能以及消费者对包装功能的需求。反过来，消费者的需求也影响着包装的功能，并促进包装功能的发展。如包装标识的发明到标准化、绿色包装的兴起，都是消费促进的结果。

包装的分类有很多种，这对包装管理非常重要。

包装技术的发展伴随着科学技术的进步，包装的每一次大发展都有新兴材料和技术的出现，并且被大力推广。包装技术逐渐的标准化、流程化加速了包装的发展，包装的防伪技术是市场经济的产物，保护了包装的健康发展。

包装作为生产和销售链条的一个环节，必须和生产销售协调配合，还要和市场规律配合协调，即商品包装的合理化。合理化是为了实现运输方便、销售方便和包装的价值合理。

包装管理就是要了解包装的整个流程、技术、要求和趋势，为企业的发展提供强有力的保障。

复习思考题

一、多项选择题

1. 包装的主要功能包括(　　)。

A. 防护功能　　B. 方便功能　　C. 促销功能　　D. 标志功能

2. 包装的防伪技术主要有(　　)。

A. 条码技术　　B. 激光光刻技术　　C. 激光全息图像技术
D. 油墨印刷技术　　E. 破坏性防伪技术

3. 包装合理化的主要表现在(　　)。

A. 包装的轻薄化　　B. 包装的单纯化
C. 符合集装单元化和标准化要求　　D. 包装的机械化

二、判断题(正确的用 A 表示，错误的用 B 表示)

1. 绿色包装是指无毒、无污染、可以自然降解和回收利用的包装。　(　　)
2. 由于我国森林资源贫乏，所以纸质包装在我国发展前景并不好。　(　　)
3. 一线防伪包装是指专业技术防伪包装，它需要由专家或专门仪器识别。　(　　)

三、简答题

1. 简述包装在物流过程中的地位与作用。
2. 简述绿色包装的要求和启示。
3. 简述什么是包装合理化。
4. 适合物流发展的包装发展趋势有哪些？
5. 对于国际贸易的包装的主要注意事项有哪些？

参 考 文 献

1. 杨茅甄. 现代物流理论与实务. 上海：上海人民出版社，2003
2. 蔡临宁. 物流系统规划——建模及实例分析. 北京：机械工业出版社，2004
3. 丁立言，张铎. 物流系统工程. 北京：清华大学出版社，2000
4. 陈子侠. 现代物流学理论与实践. 杭州：浙江大学出版社，2003
5. 刘志学，等. 现代物流手册. 北京：中国物资出版社，2001
6. 齐二石. 物流工程. 天津：天津大学出版社，2001
7. 叶怀珍. 现代物流学. 北京：高等教育出版社，2003
8. 叶学永. 物流包装技术. 北京：高等教育出版社，2004
9. 戢守峰. 物流管理新论. 北京：科学出版社，2004
10. 赵涛. 物流经营管理. 北京：北京工业大学出版社，2003

第七章　装卸搬运管理

本章导读：

装卸搬运是物流系统的重要环节，其基本功能是改变物品的存放状态和空间位置。无论是在生产领域还是在流通领域，装卸搬运都是影响物流速度和物流费用的重要因素。装卸搬运经过长时间的发展，现在已经基本摆脱了人工作业，支撑现代装卸搬运系统的是装卸搬运机械。为了应对现代社会的装卸搬运作业，提高物流的效率，降低物流的成本，装卸搬运行业必须实现其作业合理化。各个国家对装卸搬运的合理化都提出了不同的要求，主要是从装卸搬运的作业、装卸搬运的组织工作、装卸搬运的设备选择三个方面进行规划设计，最终实现装卸搬运的合理化。装卸搬运合理化已经在很多国家和地区开展，为物流行业的发展做出了贡献。

学习目标：

通过对本章的学习，要了解装卸搬运的基本内容，包括装卸搬运的概念、作用、特点、要素和机械设备等；要重点掌握装卸搬运合理化的要求和装卸搬运的原则。

关键概念：

装卸(Loading and Unloading)
搬运(Handling/Carrying)
装卸搬运合理化(The Rationalization of Loading and Carrying)
装卸搬运技术(The Technology of Loading and Carrying)
集装箱(Container)

第一节　装卸搬运概述

物流过程各环节之间和同一环节不同活动之间，都必须进行装卸搬运作业。在第五届国际物流会议上，美国物流产业的学者明确指出：当前美国全部生产过程中只有5%的时间用于加工制造，95%的时间则用于装卸搬运、储存等物流过程。根据运输部门考察，在运输的全过程中(包括运输前后的装卸搬运)，装卸搬运所占用的时间为全部运输时间的50%。正是装卸搬运活动把物流运动的各个阶段连接起来，使物流成为连续的流动过程。在生产企业物流中，装卸搬运成为各生产工序间连接的桥梁，它是以原材料、设备等装卸搬运为始，以产品装卸搬运为止的连续作业过程。从宏观物流考察，物资离开生产企业到进入再生产消费和生活消费，装卸搬运始终伴随流通活动的始终。

装卸搬运是人与物的结合，而完全的人工装卸搬运在物流发展到今天几乎已经不复存在。现代装卸搬运必须具备：劳动者、装卸搬运设备、设施、货物以及信息、管理等多项因素组成的作业系统。装卸搬运作业系统中设备、设施的规划与选择取决于物资的特性和

组织要求。只有按照装卸搬运作业本身的要求，在进行装卸搬运作业的场合，合理配备各种机械设备和合理安排劳动力，才能使装卸搬运的各个环节互相协调、紧密配合。装卸搬运既是使其他物流环节相互联系的桥梁，又不附属于其他环节，而是作为一项独立的作业而存在的。

一、装卸搬运的概念

装卸是指物品在指定的地点以人力或机械装入运输设备或卸下的过程(参见GB/T4122.1—1996 中 4.5)。商品装卸是随着商品运输和储存而附带发生的作业，比如，在运输货物时，把货物装进或卸出货车的装卸作业；在保管货物时，从仓库或工厂出入库的装卸作业等。商品装卸作业本身并不能产生新的价值和新的效用，但是在整个物流供应链中，商品装卸作业所占的比例却很大，特别是在现代经济环境下。

搬运是在同一场所内(通常指在某个物流节点，如仓库、车站或码头等)，对物品进行以水平移动为主的物流作业。按场所分，搬运可分为自用物流设施中的搬运，如工厂、仓库、配送中心等；营业用设施中的搬运，如港口、机场等。

在同一地域范围内(如车站、工厂、仓库内部等)以改变“物”的存放、支承状态的活动称为装卸，以改变“物”的空间位置的活动称为搬运(个别领域称为输送)，两者合称装卸搬运。有时候或在特定场合，单称“装卸”或单称“搬运”也包含了“装卸搬运”的全部含义。

在实际操作中，装卸和搬运是密不可分的，两者是伴随在一起发生的。因此，在物流科学中并不过分强调两者的差别，而是将它们作为一种活动来对待。

二、装卸搬运在物流中的地位

装卸搬运的基本动作包括装车(船)、卸车(船)、堆垛、入库、出库，以及连接上述各项动作的短程输送，是随运输和保管等活动而产生的必要活动。

在物流过程中，装卸搬运活动是不断出现并反复进行的，出现的频率高于其他各项物流活动。初次装卸搬运活动都要消耗很长的时间，所以往往成为决定物流速度的关键。装卸搬运活动所消耗的人力也很多，所以装卸搬运费用在物流成本中所占的比重也较高。以中国为例，铁路运输的始发和到达的装卸搬运的花费占运费 20%左右。因此，装卸搬运是降低物流费用的一个关键环节。

此外，进行装卸搬运操作时往往需要接触货物，因此，这是在物流过程中造成货物破损、散失、损耗、混合等损失的主要环节。例如，袋装水泥纸袋破损和水泥散失主要发生在装卸搬运过程中，玻璃、机械、器皿、煤炭等产品在装卸搬运过程中最容易造成损失。

综上所述，装卸搬运活动是影响物流效率、体现物流水平、决定物流技术经济效果的重要环节。以下进行举例说明。

(1) 我国统计表明，以火车货运 500 公里为分界点，运输距离超过 500 公里时，运输的时间多于装卸时间；运输距离低于 500 公里时，装卸搬运时间则超过实际运输时间。

(2) 从美国到日本的远洋运输，往返需 25 天，其中运输时间为 13 天，装卸搬运时间为 12 天。

(3) 根据统计部门调查，机械部门每生产一吨成品，需要进行 252 次的装卸搬运，占加工成本的 15.5%左右。

三、装卸搬运作业

1. 装卸搬运作业的构成

1) 堆放拆垛作业

堆放是指把货物按要求状态装上、装入到指定位置的作业；拆垛则是其逆向作业，是指卸下、卸出货物的作业。

2) 分拣配货作业

分拣是指在堆垛作业后或配送作业前，将货物按品种、流向进行分类，再放到指定地点的作业；配货则是指把货物从所在位置按品种、发货目的地进行分类的作业。

3) 搬运移动作业

搬运移动是为进行装卸、分拣、配送活动而发生的短距离移动货物的作业，包括水平、垂直、斜行移动以及几种组合的搬送。

2. 仓库装卸搬运

仓库装卸搬运的主要活动是收货入库、库存搬运和出运。

1) 收货入库

搬运的第一步要求是卸车。由于商品的特征不同，因而多数卸车是靠人力完成的。当前，能够适应不同商品特征的自动化和机械化卸车方法有限。如为了提高效率，可在货板上或地板上将商品堆垛以组成一个单位载荷，在某些情况下，也可以利用传输机快速地卸车。但在更多的情况下，则是商品从开进仓库里的卡车上直接由人力卸下来。因此，集装化或成组化可以大大地减少卸货时间。

2) 库存搬运

库存搬运包括货物在仓库设施内的所有移动。仓库收到商品后，为了库存和拣选的需要，有必要在仓库内搬运货物并将其定位。当商品需要出运时，就将商品集中起来并将其运送到出运区。仓库搬运包括搬运和分选两种活动。

(1) 搬运。一般说来，商品在仓库中至少要有两次(有时是三次)搬运。第一次移动是将商品搬运进库并在指定的位置上储存。如果商品是用货板或托运的，那么这次搬运可以由叉车来完成。第二次移动是在仓库内部进行的，其移动是为了商品分选。当需要分选时，商品就被搬运至拣选区。如果商品体积大(如洗衣机)，则第二次移动就可以省去。

(2) 分选。分选是仓库的主要功能。分选操作是将商品按照客户要求进行归类。为减少搬运距离，仓库里通常建有专门的分选区。在一般情况下，分选处理是由计算机控制系统协同进行处理的。仓储自动化主要集中在分选处理自动化上。

3) 出运

出运包括查验以及将商品装运到运输车辆上。与收货入库一样，多数系统的出运也是由人力完成的。由于组成单位载荷装车可以节省时间，因此使用单位载荷装车正日益普遍。单位载荷是将成组货物放在货板上，不像普通垛那样直接在地面上堆垛。当货物由于运输

的缘故而改变所有者时，查验操作就是必不可少的。查验一般仅限于一箱一箱地检查，但有时为了确保客户订单上的所有货物都将出运，一件一件地检查核对标签、尺寸等也是必要的。

四、装卸搬运的特点

1. 装卸搬运作为物流环节的特点

装卸搬运在物流环节具有以下特点。

(1) 装卸搬运是附属性、伴生性的活动。装卸搬运是物流每一项活动开始及结束时必然发生的活动，因而有时常被人忽视，有时被看成是其他操作时不可或缺的部分，而不再对其进行单独的研究。例如，一般而言的公路运输，实际就包含了伴随的装卸搬运；仓库中泛指的保管活动，也包括装卸搬运活动。

(2) 装卸搬运是支持、保障性的活动。装卸搬运的附属性不能理解成是被动的，实际上，装卸搬运对其他物流活动具有一定的决定性作用，它会影响其他物流活动的质量和速度。例如，装卸出现问题，会引起货物在运输过程中的损失，还会引起货物转换到下一步运输的不便。许多物流活动在有效的装卸搬运支持下才能实现高水平运转。

(3) 装卸搬运是衔接性的活动。在任何其他物流活动互相过渡时，都是以装卸搬运来衔接的。因此，装卸搬运往往成为整个物流过程的衔接点，是物流各个过程之间能够形成有机联系和紧密衔接的关键，也是整个物流系统的关键。建立一个有效的物流系统，关键是看这一衔接是否高效。比较先进的系统物流方式——联合运输方式在某种意义上就是为重点解决这种衔接而实现的现代物流方式。

2. 装卸搬运作为整体的特点

我们应把装卸搬运作为整体考虑，一般来说，装卸搬运具有以下特点。

(1) 作业量大。作为一种附属性、伴生性的活动，装卸搬运操作在物流运动过程中无处不在、无时不有。在物资的供应与需求过程中，随着运输方法的变更、仓库的中转、货物的集散、物流的调整等，装卸搬运作业量都会大幅度地提高。

(2) 对象复杂。在物流过程中，货物多种多样，它们在性质(包括物理、化学、生物、机械性质等)、形态、重量、体积以及包装方法上都有很大的区别。即使是同一种货物在装卸搬运的不同处理方法上，也可能会出现完全不同的装卸搬运作业，不同的储存方法、不同的运输方式在装卸搬运设备运用方式的选择上都提出了不同的要求。

(3) 作业不均衡。装卸搬运是一种支持、保障性活动。因此，它必然受到物资供求衔接、市场机制等条件的制约，随着物流量的波动而呈现出不均衡的特点。各种运输方式由于运量上的差别、运速的不同，使得港口、码头、车站等不同物流节点都会出现集中到货或停滞、等待等不均衡装卸搬运。

(4) 对安全性要求高。装卸搬运是一种衔接性的活动，需要人与机械、货物相结合，因此，对人、机械和货物的安全性要求都较高。而工作量大、情况多变、作业环境复杂等又导致了装卸搬运作业中大量存在着不安全的因素和隐患。因此，与其他物流环节相比，装卸搬运的安全系数较低，在装卸搬运中发生机毁人亡的事故比比皆是。

五、装卸搬运的要素

涉及装卸搬运的要素主要有五个：人、装卸物、装卸搬运场所、装卸搬运时间和装卸搬运手段。

(1) 人。虽然当今在装卸搬运作业中大量使用装卸搬运机械和设备，但操纵它们的主体是人。在没有机器的时代，装卸搬运靠人工进行，这种装卸称为人工装卸。在使用货车、卡车和集装箱等运输时，仍然大多靠人工装卸搬运。

(2) 装卸物。对于装卸物，在运输方面，使用货物这个术语。货物种类、性质、形状、重量和大小不同，装卸搬运的方法也不同。对于普通的件杂货物，既可以一件一件地进行装卸即单件装卸，又可以用托盘或集装箱进行装卸搬运作业，即集装化装卸搬运；对于化肥、水泥、小麦等散装固体货物的装卸，称为散装固体装卸；而对于石油、化学品、液化气等的装卸搬运，叫作散装液体货物装卸搬运。

(3) 装卸搬运场所。从装卸搬运的地点来考虑，装卸搬运主要有运输两端的装卸搬运，即从运输系统上装上和卸下货物；仓库内的搬运，即把货物搬入和搬出仓库；工厂内的搬运，即把原材料、半成品或产品搬上和搬下流水线或车间等厂内搬运。

(4) 装卸搬运时间。所谓装卸搬运时间，包括需要的时间、频度和待运时间等内容。物流的方式，按照流动是连续的还是断续的，可分为连续流动装卸搬运方式和间歇集中装卸搬运方式。前者是靠输送带或泵使物品进行连续流动的作业；后者是将装在集装箱里的货物用机械进行装卸搬运。

(5) 装卸搬运手段。装卸搬运手段是指装卸搬运用的设施和机械器具等。在装卸搬运时，若以机械为主，称为机械装卸搬运；反之，则为人工装卸搬运。按照所用的机械，装卸搬运又可分为输送带装卸搬运、叉式升降机装卸搬运、起重机装卸搬运等。

六、装卸搬运的发展过程

从技术发展的角度来看，物流中心物品装卸搬运的发展过程主要经历了以下五个阶段。

(1) 人工物品装卸搬运。早期的物流中心由于包装形式和机械手段的缺乏，多数以人工搬运的形式进行车辆的装卸货物作业。

(2) 机械化物品装卸搬运。随着搬运设备、技术的发展，物流中心开始采用机械设备代替人工搬运，从而节省了大量的人工。

(3) 自动化物品装卸搬运。计算机技术的发展为物流中心实现自动化装卸及搬运提供了可能，如自动化仓库或自动存取系统(AS/RS)、自动导向小车(AVG)、电眼以及条形码、机器人等的使用，大大加快了物流中心的货品装卸搬运速度。

(4) 集成化物品搬装卸运系统。单件分拣集成化物品搬运系统是通过计算机使若干自动化搬运设备协调动作，组成一个集成系统并能与生产系统相协调，取得更好的效益。

(5) 智能型物品搬运系统。该系统不但包含物品的移动、储存和分拣的自动化连接，而且还能结合与物流中心相关联的信息来源，将计划自动分解成人员和物品需求计划并对物品的装卸搬运进行优化和实施，达到物流中心智能化管理的目的。目前，我国多数物流中心采用的是以人工装卸搬运和机械化装卸搬运相结合的手段。随着自动化技术的普及和

劳动力成本的提高，自动化的物品装卸搬运系统将得到快速的发展。以信息化为前提的智能化和集成化是物流中心装卸搬运作业的发展方向。

七、装卸搬运设备及其系统

(一)常见的机械搬运设备

机械化系统中的搬运设备种类繁多，设备选择必须根据系统搬运功能的特点配备。现将主要的搬运设备的性能特点作一简单介绍。

1. 叉车

叉车具有水平伸出的叉臂，叉臂可做上下移动，它具有装载货物的功能，并能携带货物做水平和垂直方向的移动。由于叉车在堆码、卸货和移动作业方面十分灵活便利，使它成为目前使用最广泛的装卸机械。叉车的类型很多，我们应根据货物的特征、货架的高度、库区的通道宽度合理选取。叉车按构造可分成平衡重式、前移式和侧面叉式三种。叉车的动力分电动和内燃两种。

2. 电瓶车

电瓶车以蓄电池为动力源，装载重量很小，1 吨左右；起动快而稳，无废气无噪声，操作简单，驾驶灵活，很适宜在库区内作短途运输，在我国使用比较广泛。其缺点是运量小，在港口码头、货车月台等货物运输量大的场合，如果使用电瓶车，则运输效率会很低。

3. 牵引车

牵引车只有动力，没有装载能力。牵引车主要用于拖带货车或挂车，可作较长距离的运输。一台牵引车可拖很长一列挂车。

4. 挂车

挂车自身没有动力，有一个载物平台，仅用于装载货物。载满货物的挂车连成一列后，由牵引车拖到目标库区。车列可长可短，可任意组合，十分灵活。其缺点是需要大量人员参与，而且经常闲置，使用率低，不经济。挂车比较适合运输量大而稳定的场合，如码头、铁路的中心货站、大型企业的原料仓库等。挂车必须和牵引车配合使用。

5. 输送机

输送机有多种分类和多种形式，适用于不同的场合。它一般可按重力式、滚轴式、皮带式分类，动力都采用电力，经济方便。输送机被广泛应用于短距离的出入库运输，它也是构成分拣系统的基本组成部分。这种运输设备可实现连续运输，效率非常高，只是在输送机两端需要有人员看管。

6. 回转货架

回转货架既是货架，可以存储货物，又能做回转运动，起到运输的作用。回转货架主要为了方便货物分拣作业。它由一系列储物箱组成，可以在封闭的轨道上移动，通过移动把储物箱传送给分拣操作人员，因此，该系统可以减少人员走动的时间。回转货架有水平回转和垂直回转两种。

7. 起重机

起重机是起重机械的统称。按照起重机械所具有的机构、动作繁简的程度以及工作性质和用途，可归纳为以下三大类。

(1) 简单起重机械。它一般只做升降运动或一个直线方向移动，只需要具备一套运动机构，并且大多数是手动的，如绞车、葫芦等。

(2) 通用超重机械。除需要一个使物品升降的起升机构外，还有使物品做水平方向的直线运动或旋转的运动机构。该类机械主要用电力驱动，也有用其他动力驱动的。

(3) 特种起重机械。它需要具备两个以上机构的多动作起重机械，专用于某些专业性的工作，构造比较复杂，如冶金专用起重机、建筑专用起重机和港口专用起重机等。

(二)搬运设备系统

1. 半自动化系统

物料处理的半自动化系统是指在机械化的基础上，在局部关键的作业面上采用自动化设备，以提高作业效率，一般在分拣、运输环节实现自动化。比较常用的自动化设备有计算机分拣设备、自动引导的搬运系统、机器人等。

(1) 自动引导搬运车。自动引导搬运车的用途是库内运输，它由控制机构和行驶机构组成一个自动化系统，称作 AGVS。它具有无人操作的特点，能自动定位和行走，所以需要在库内安装一套引导系统。典型的引导方式有光导和磁导两种。在光导系统中，库区地面的行车路径上装有发光装置，发出的光束可以引导搬运车行驶到指定的位置；在磁导系统中，路径地面上装有磁物体，靠磁场来引导搬运车行驶。由于省去了驾驶员，人工成本可以相应减少。

(2) 自动分拣设备。所谓自动分拣设备，指的是受到自动控制的一套机械分拣装置，它是由接受分拣指令的控制装置、把到达分拣位置的货物取出的搬送装置、在分拣位置把货物分送的分支装置和在分拣位置存放货物的暂存装置等组成。分拣作业只需通过键盘向控制装置输入分拣指令，其余的全部由机械装置执行完成。目前，比较常用的分拣控制技术是扫描识别技术。它是指在货物的固定位置贴有某种标识，货物到达分拣位置，扫描仪对标识扫描识别，然后按事先设定的程序操作，使货物按指定路线运到指定的位置。采用自动分拣装置，可使分拣处理能力提高，分类数量比较大，准确率也大大提高。

(3) 机器人。机器人是安装有微型电脑、能按编程指令自动完成一系列动作的机械。仓库中的作业具有多样性，要求机器人具有识别和判断功能，还需要具备一些简单的决策功能。在物料处理系统中，机器人主要用于货物分类、成组载荷；在分类作业中，机器人能够记忆位置，识别垛形，把指定位置的货物取出后放到输送机上；在成组作业中，机器人能够按成组要求，把有关的货物集中到一起，甚至装箱打包。使用机器人的另外一个优点是，在恶劣环境中，如高温、冷藏、有毒气体等会危害人员身体健康的场合，可由机器人替代人工作业。机器人的最大优点是操作的准确率和高速度，在自动化分拣作业中起着

十分重要的作用。

(4) 活动货架。货架用于存放货物，设计活动货架的目的是让存有货物的货架移动到分拣位置，将存储功能与运输功能结合在一起，以减少人力消耗。活动货架的工作原理是尽可能地利用物料重力产生一个滑动力，使物料自动向前移动。所以活动货架都设计成后部高于前部，货物从后部装入，逐步向前移动，这对于先进的库存管理是非常有利的。也有将滚轴输送机设计成活动货架，工作时使后部抬高。

2. 自动化系统

随着仓库规模的扩大、库存品种与库存量的不断增大，为了减轻劳动强度，降低误差率，近几十年来，库区作业的自动化程度越来越高。当库区的物料处理的全部功能都实现自动作业并且各作业环节相互联成一体，从入库到出库在整体上实现自动控制时，这样的物料处理系统称自动化系统。自动化的优势来自于应用大量的自动化设备、大量使用电子计算机、需要大量的投资和配备专门的技术人才。所以它的缺点也是十分明显的，主要是投资金额大、开发和应用技术比较复杂、维护工作难度高。

1) 自动化分拣系统

在自动化系统中，使分拣作业实现自动化是关键步骤。在以往的半自动化系统中，分拣后的暂存装置在不同的作业环节交接处仍使用人工处理方式。特别是货物的输入、输出环节还是靠大量的人力劳动。而现代自动化分拣系统与半自动化系统不同的是，它需要把分拣作业前后的作业连接起来，并实现自动作业，从收到货物、接受处理，到出库装车，整个过程都实现自动化。

(1) 自动分拣装置的控制方式。其控制的目的是把货物按要求分拣出来，并送到指定地点。通常需要把分拣的指示信息记忆在货物分拣机械上，当货物到达时，将其识别并挑出，再开动分支装置，让其分流。控制方式分为外部记忆和内部记忆两种。

(2) 自动分拣装置的分支方式。分支装置是将挑选出的货物移出主输送带转入分支输送带，是自动分拣系统的一个重要装置。它主要有以下三种方式。

① 推出式。在输送机的侧面安装推出设备，分拣出的货物到达此位置后，设备将货物推离主输送带，并推入分支输送带。

② 浮出式。它是一种在主输送机的下方安装浮出式机构，工作时把货物托起并送入分支输送机的装置。

③ 倾斜式。它是在主输送机上装有分送装置，货物到达规定的分拣位置，分送装置动作，如分送装置转动一个角度或开放通路对货物进行分拣。

2) 自动分拣装置的分支方式

高架仓库又称立体仓库或机械化仓库，由于货架很高，可以高达 20 多米，所以在高架仓库中，从收货入库到出库装运全部实现自动化。此类仓库有货架、存取设备、输入输出系统、控制系统四个基本部分组成。

(1) 货架为钢结构，成排地放置在货架区，排与排之间有一条通道隔开，通道专供装卸机械通行之用。仓库中主要的存取作业几乎都在通道中完成的。

(2) 存取设备是高架仓库的专用装卸机械，它有两个功能。第一，它能在通道里做水平方向来回移动，其作业臂能做垂直方向的上下移动，所以能把货物搬运到立体空间的某一指定位置；第二，它能在货架上存取货物。

(3) 输入输出系统担当高架仓库与外部联系的职能，执行接收和发运货物的操作，所以与仓库理货场地的设计有关。理货场地用于货物整理，如分拣、配货、货物的出入库作业等，它是介于高架存储区与系统外部的中间地带，与存储区域相接。接收货物后，卸在理货场上，需要以最快的速度处理完毕，存入库位。为了充分利用存取设备，要求卸货区和分拣操作能够为每个通道提供足够的货物。

(4) 控制系统其实就是一个信息管理系统，由电脑实施控制。除了信息接收、处理、存储以外，还需要执行决策和产生作业指令，以控制设备的运行状态。在仓库的输入输出工作进行的同时，所有的工作文件也正在完成。高架仓库是一个完全意义上的全自动物料处理系统。

八、决定装卸搬运的条件

决定装卸方法的条件可以分为两大类：一类是由运输(配送)、保管、装卸三者的相互关系决定的外在条件，另一类是由装卸本身所决定的内在条件。此外，在装卸作业组织工作中还要考虑货车装卸的一般条件。

1. 决定装卸方法的外在条件

(1) 货物特征。货物经由包装、集装等形成的形态、质量、尺寸(如件装、集装、散装货物等)对装卸作业方法的选择有着至关重要的影响。如托盘系列集装货物，就宜选择叉车进行装卸的有关作业。

(2) 作业内容。装卸作业中的重点是堆码、装车、拆垛、分拣、配载、搬运等作业，其中以哪一种作业为主或哪几种作业组合，也影响到装卸作业方法的选择。

(3) 运输设备。不同的运输设备，例如，汽车、轮船、火车、飞机等的装载与运输能力、装运设备尺寸都影响到装卸作业方法的选择。

(4) 运输、仓储设施。运输、仓储设施的配置情况、规模、尺寸大小等都影响到作业场地、作业设备以及作业方法的选择。

2. 决定装卸方法的内在条件

(1) 货物状态。它主要指货物在装卸前后的状态。

(2) 装卸动作。它是指在货物装卸各项具体作业中的单个动作及组合。

(3) 装卸机械。装卸机械所能实现的动作方式、能力大小、状态尺寸、使用条件、配套工具等以及与其他机械的组合也成为影响装卸方法选择的因素。

(4) 作业组织。参加装卸作业的人员素质、工作负荷、时间要求、技能要求对装卸作业方法的选择具有重要的影响。

3. 货车装卸一般条件

一般情况下，就公路货物运输车辆的货物装卸而言，货物装卸的固定设施主要有：货物装卸场、货物仓库、货物通道、货物装卸线等。这些形式取决于装卸货物的对象是零担货物、整车货物还是集装箱货物。这些货物的装卸场所因其存放货物的货棚、站台高低不同，装卸设备也不同，装卸方法也有很大差异。

(1) 零担货物装卸，较多地使用人力和手推车、台车和输送机等作业工具，也可使用笼式托盘(托盘笼)、箱式托盘(托盘箱)，以提高货车装卸、分拣及配货等作业的效率。

(2) 整车货物装卸，较多采用托盘系列及叉车进行装卸作业。

(3) 专用货车装卸，往往需要适合不同货物的固定设施、装卸设备以满足装卸时需要的特殊技术要求。

九、集装箱装卸搬运的注意事项

集装箱是具有一定规格和强度的周转用的大型货箱，在运输过程中要反复使用。在装卸过程中如果操作不当，或使用了不恰当的工具，或违反了操作规程，都会使集装箱、货物以及人身安全造成损伤。因此，为了保证集装箱运输的安全，除了要了解集装箱的结构和强度的特征外，还要掌握集装箱的装卸方法。国际标准化组织(ISO)于 1988 年制定了一个《系列 1 集装箱——装卸和紧固》(ISO3874—1988)的国际标准。对各种不同种类的集装箱的装卸作了具体的规定。

1. 装卸前的一般注意事项

(1) 必须遵守有关规则的规定。在装卸前必须掌握劳动安全、操作规程、公路法规以及有关危险货物的运输、保管等规则的内容，不能违反这些规则的规定。

(2) 集装箱及有关装卸机械应做好充分的准备。所谓“做好充分的准备”，是指集装箱可拆部分的零部件、箱门和角件等都必须处在正常状态下。集装箱的形状、尺寸、强度都要符合国际标准的要求。集装箱的装卸机械包括集装箱装卸桥、集装箱轮胎式(或轨道式)龙门吊、跨运车、叉式装卸车及底盘车等，并包括以上各种机械的吊具。所谓“做好各种装卸机械的充分准备”，是指上述机械要保持在正常而且能安全操作的状态之下。

(3) 要固定好集装箱的活动部件和附件。如集装箱的箱门、罐式集装箱的入孔盖、散货集装箱装货口盖以及其他各种闭锁装置等可活动部件，台架式集装箱两侧的立柱、敞顶集装箱上的箱顶弓梁等可拆式附件，在集装箱吊起、移动和搬运之前必须牢牢地固定在集装箱上。

(4) 严格执行安全指示。对从事集装箱操作的人员，要给予必要的安全作业指导，操作人员必须严格执行安全指示。

2. 集装箱着地时的注意事项

(1) 装卸集装箱时，不能使集装箱在着地时受到猛烈冲击，以免损坏箱内货物。

(2) 集装箱在下降过程中不能突然停止。

(3) 应平衡地着地，如不得不倾斜着地时，在一端着地后，要特别注意另一端着地时不受冲击。

(4) 在装卸全集装箱船时，由于舱内有箱格导柱，特别是在肉眼难以看清的情况下，集装箱必须慢慢地放下，以免与舱内各导柱产生剧烈撞击。

3. 集装箱移动位置时的注意事项

(1) 不准在地面上或其他集装箱上拖拽集装箱。

(2) 不能用滚轮或圆棍棒移动集装箱。

(3) 不能在摇摆状态下着地，或者拖拽、吊起集装箱。

(4) 不能利用摇动将集装箱放置在离吊索下方以外的地方。

(5) 在普通货船等运输工具上装卸时，不能用钢丝绳挂在底角件上拖拉集装箱。

第二节　装卸搬运作业分类

装卸搬运因其作业范围广泛，作业对象复杂，因此在作业之前，应根据货物的种类、体积、重量、到货批量、运输车辆或其他设施状况来确定装卸作业方式、装卸设备及设备能力的选用。

装卸搬运作业按照不同的标志可进行不同的分类，诸如作业场所、装卸搬运对象的属性和作业特点等。装卸搬运的作业方式有以下几种。

一、按照装卸搬运作业场所不同进行分类

按照装卸搬运作业场所的不同可分为以下三类。

1．铁路装卸搬运

铁路装卸是指在铁路车站进行的装卸搬运作业，包括汽车在铁路货物和站旁的装卸作业，铁路仓库和理货场的堆码取拆、分拣、配货、中转作业，铁路车辆在货场及站台的装卸作业，装卸时进行的加固作业，以及清扫车辆、揭盖篷布、移动车辆、检测计量等辅助作业。

2．港口装卸搬运

港口装卸是指在港口进行的各种装卸搬运作业，包括码头前沿的装卸船作业，前沿与后方间的搬运作业，港口仓库的堆码拆垛作业、分拣理货作业，港口理货场的中转作业，后方的铁路车辆和汽车的装卸作业，以及清舱、平舱、配料、计量、分装、取样等辅助作业。

3．场库装卸搬运

场库装卸是指在货主处进行的装卸搬运作业，即铁路车辆和汽车在厂矿或储运业的仓库、理货场、集散点等处所进行的装卸搬运作业。

二、按照装卸搬运的物品属性进行分类

按照装卸搬运的物品属性可分为以下五类。

1．成件包装物品的装卸搬运

有些物品虽然并不需要包装，但是为了方便装卸搬运作业，需要经过临时捆扎或装箱，从而形成装卸搬运单元。对这些装卸搬运单元的装卸搬运作业，称为成件包装物品的装卸搬运。

2. 超大超重物品的装卸搬运

在流通过程中所谓的超大超重物品，一般是根据人力可以方便装卸搬运的重量和体积来制定标准的。例如，单件物品的重量超过 50 千克或单件物品体积超过 0.5 立方米，都可算作超大超重物品。

3. 散装物品的装卸搬运

散装货物本身在物流过程中处于无固定的形态，如煤炭、水泥、粮食等。因此，对这些散装物品的装卸搬运可以进行连续装卸搬运作业，也可以运用装卸搬运单元技术进行装卸搬运。

4. 流体物品的装卸搬运

流体物品是指气态或液态物品。如果对这些气体、液体物品经过包装，被盛装在一定的容器内，如瓶装、桶装，即形成成件包装物品。对这些物品采取罐装车形式，则需要采用相应的装卸搬运作业。

5. 危险品的装卸搬运

危险品是指化工产品、压缩气体和易燃易爆物品。这些物品在装卸搬运过程中有特殊的安全要求，如果装卸搬运不慎，随时都有发生重大事故的危险。因此，对其装卸搬运作业有特殊的要求和严格的操作程序，以确保装卸搬运作业的安全。

三、按照装卸搬运作业的特点进行分类

按照装卸搬运作业的特点可分为以下三类。

1. 堆垛拆垛作业

堆垛拆垛又称堆码取拆，它包括堆放作业、拆垛作业、高垛作业和高垛取货作业。如果按这些堆垛拆垛作业的场地不同，又可分为车厢、船舱内、仓库内和理货场的堆垛拆垛作业等。

2. 分拣配货作业

分拣配货作业是将货物按品种、到站、货主等不同特征进行分类的作业，并且按去向、品类构成等一定的原则，将已分类的货场集合车辆、汽车、集装箱、托盘等装货单元的作业。

3. 搬运移动作业

为了进行上述各项作业而发生的、以进行这些作业为主要目地的搬运移动作业。它包括水平、垂直、斜行等几种搬运移动作业，以及由它们几种形式组成为一体的作业，属于改变空间位置的作业。

四、按照装卸搬运的机械及机械作业方式分类

按照装卸搬运的机械及机械作业方式可分为以下五类。

根据装卸搬运机械的不同以及机械作业方式的不同，可划分为“吊上吊下”“滚上滚下”“叉上叉下”“移上移下”和散装散卸等方式。

1. “吊上吊下”方式

“吊上吊下”方式，是利用各种起重机械从货物上部吊起，依靠起吊装置的垂直移动实现装卸，并在吊车运行的范围内或回转的范围内实现搬运(包括连同集装器具装卸搬运)。

2. “滚上滚下”方式

“滚上滚下”方式，主要是指港口装卸的一种水平装卸方式，通常用于船上装卸搬运货物，或拖车将半挂车、平车拖拉至船上后，拖车开下离船，而载货车辆(包括汽车)连同货物一起到达目的地，再原车开下或拖车上船拖拉半挂车、平车开下。

3. “叉上叉下”方式

“叉上叉下”方式，是叉车从货物底部托起货物，并依靠叉车的运动进行货物的位移。位移完全靠叉车本身，货物可以不经过中途落地直接放置到目的地。

4. “移上移下”方式

“移上移下”方式，是在两车之间(如火车及汽车)进行靠接，把货物水平、上下移动，从一个车辆上推移到另一个车辆上。

5. 散装散卸方式

散装散卸方式，即对散装物进行装卸，一般从装点直到卸点，中间不再落地，这是集装卸与搬运于一体的装卸搬运方式。

五、按照装卸搬运的作业对象方式分类

按照装卸搬运的作业对象可分为以下三类。

1. 单件装卸搬运

单件装卸搬运指的是非集装按件计的货物逐个进行装卸搬运操作的作业方法。单件作业对机械、装备和装卸条件要求都不高，因其机动性较强，可在很广泛的地域内进行而不受固定设施、设备的地域局限。

单件作业可采取人力装卸搬运、半机械化装卸搬运及机械装卸搬运。由于逐件处理，装卸搬运速度慢，且装卸搬运要逐件接触货体，因而容易出现货损，反复作业次数较多，也容易出现货差。单件作业的装卸搬运对象主要是包装杂货，多种类、少批量货物及单件大型、笨重货物。

2. 集装作业

集装作业是对集装货物进行装卸搬运的作业方法。每装卸一次是一个经组合之后的集装货载，在装卸时，对集装体逐个进行装卸操作。它与单件装卸的主要异同在于集装作业“件”的单位大大高于单件作业每件的大小。

这里需要特别指出的是，所谓集装货载，也称集装货件，是指用各种不同的方法和器具，把有包装或无包装的物资整齐地汇集成为一个扩大了的、便于装卸搬运并在整个物流过程中保持一定形状的作业单元。

集装作业由于集装单元较大，不能进行人力手工装卸，虽然在不得已时，可用简单机械偶尔解决一次装卸，但对于大量集装货载而言，只能采用机械进行装卸；同时也必须在有条件的场所进行这种作业，它不仅受装卸机具的限制，而且也受集装货载存放条件的限制，因而机动性较差。集装作业一次作业装卸量大，装卸速度快，且在装卸时并不逐个接触货物，而仅对集装体进行作业，因而货损较小，货差也小。集装作业的对象范围较广，一般除特大、重、长货物和粉、粒、液、气状货物外，都可进行集装；粉、粒、液、气状货物经一定包装后，也可集合成大的集装货载；特大、重、长的货物，经适当分解处置后，也可采用集装方式进行装卸。

集装作业主要包括以下七种方法。

(1) 托盘作业法。托盘作业法是用托盘系列集装工具将货物形成成组货物单元，以便于采用叉车等设备实现装卸作业机械化的装卸作业方法。一些不宜采用平托盘的散件货物可采用笼式托盘形成成组货物单元；一些批量不是很大的散装货物，如粮食、食糖、啤酒等可采用专用箱式托盘形成成组货物单元，再辅之以相应的装载机械、泵压设备等的配套，实现托盘作业法。

(2) 集装箱作业法。集装箱的装卸作业通常采用垂直装卸法和水平装卸法进行，有的集装箱在货物堆场也可采用能力很大的集装箱叉车装卸。

垂直装卸法在港口可采用集装箱起重机，目前以跨运车应用为最广，但龙门起重机方式最有发展前途。在车站以轨行式龙门起重机方式为主，配以叉车较为经济合理，另外，轮胎龙门起重机、跨运车方式、动臂起重机方式、侧面装卸机方式采用也较多。

水平装卸法在港口是以挂车和叉车为主要装卸设备的；在车站主要采用叉车或平移装卸机的方式，在车辆与挂车间或车辆与平移装卸机间进行换装。

集装箱装卸作业的配套设施有：维修、清洗、动力、照明、监控、计量、信息和管理设施等。在工业发达国家集装箱堆场作业全自动化已付诸实施。

(3) 框架作业法。管件以及各种易碎建材，如玻璃产品等，一般适用于各种不同集装框架实现装卸机械化，以确保装卸质量，降低装卸过程中的损耗，提高装卸效率。框架通常采用木制或金属材料制作，要求有一定的刚度、韧性，质量较轻，以保护商品、方便装卸、有利于运输作业。

(4) 货捆作业法。货捆作业法是用捆装工具将散件货物组成一个货物单元，使其在物流过程中保持不变，从而能与其他机械设备配合，实现装卸作业机械化。木材、建材、金属之类的货物最适于采用货捆作业法。带有与各种货捆配套的专用吊具的门式起重机和悬臂式起重机是货捆作业法的主要装卸机械，叉车、侧叉车、跨车等是配套的搬运机械。

(5) 滑板作业法。滑板是用纸板、纤维板、塑料板或金属板制成，与托盘尺寸一致的带有翼板的平板，用以承放货物组成的搬运单元。与其匹配的装卸作业机械是带推拉器的叉车。叉货时推拉器的钳口夹住滑板的翼板(又称勾舌或卷边)，将货物支上货叉；卸货时先对好位，然后叉车后退，推拉器前推，货物放置就位。滑板作业法虽具有托盘作业法的优点且占用作业场地少，但带推拉器的叉车较重、机动性较差，对货物包装与规格化的要求很高，否则，不易顺利作业。

(6) 网袋作业法。将粉粒状货物装入多种合成纤维和人造纤维编织成的集装袋；将各种袋装货物装入多种合成纤维或人造纤维编织成的网；将各种块状货物装入用钢丝绳编成的网，这种先集装再进行装卸作业的方法称为网袋作业法。它适宜于粉粒状货物、各种袋装货物、块状货物、粗杂物品的装卸作业。网袋集装工具体积小、自重轻，回收方便，可一次或多次使用。

(7) 挂车作业法。挂车作业法是先将货物装到挂车里，然后将空车拖上或吊到铁路平板车上的装卸作业方法。通常将此作业完成后形成的运输组织方式称驮背式运输，是公铁联运的常用组织方式。

3. 散装作业

散装作业是指对大批量粉状、粒状货物进行无包装散装、散卸的装卸方法。装卸可连续进行，也可采取间断的装卸方式。散装作业一般都采用机械化设施、设备。在特定情况下，批量不大时，也可采用人力装卸。

(1) 重力法。重力法是利用货物的势能来完成装卸作业的方法。它主要适用于铁路运输，汽车也可利用这种装卸作业法。重力法装车设备有筒仓、溜槽、隧洞等几类。重力法卸车主要是指底门开车或漏斗车在高架线或卸车坑道上自动开启车门，煤或矿石等依靠重力自行流出的卸车方法。

(2) 倾翻法。倾翻法是指将运载工具的载货部分倾翻而将货物卸出的方法。它主要用于铁路敞车和自卸汽车的卸载方法，汽车一般是依靠液压机械装置顶起货箱来实现卸载的。

(3) 机械法。机械法是指采用各种机械，使其工作机构直接作用于货物，如通过舀、抓、铲等作业方式达到装卸目的的方法。常用的机械有带式输送机、堆取料机、装船机、链斗装车机、单斗和多斗装载机、挖掘机及各种抓斗等。

在以上三种装卸作业法中，集装作业法和散装作业法都是随着物流量增大而发展起来的，并与现代运输组织方式(如集装箱运输)、储存方式(如高层货架仓库)等相互联系、互为条件、互相促进、相互配合，加速了物流现代化的进程。

六、按照作业手段分类

按照作业手段可分为以下三类。

1. 人工作业法

人工作业法即使用人力或人工作业，是一种古老的作业方法。其劳动强度大，作业效率低，安全程度差，不适应现代化生产与物流的要求。

2. 机械化作业法

机械化作业法是使用各种装载搬运机械代替人工操作，来完成装卸搬运作业，是装卸搬运作业史上的一次革命，大大提高了装卸搬运的效率。

3. 综合机械化作业法

综合机械化作业法就是从以机械化人力作业为中心转向以综合措施作业为中心。它要求在物流全过程中，组织、运营、管理和工艺要协调；各种装卸搬运设备、设施、场地、工具要配套；并辅之以电子计算机管理为中心的自动化控制系统。

七、按照作业的连续性分类

按照作业的连续性可分为以下两类。

1. 连续作业法

货物支撑状态和空间位置的改变，系连贯、持续的流水式进行的。它主要使用连续输送机械等专用机械进行作业。

2. 间歇作业法

货物支撑状态和空间位置的改变，系断续、间歇、重复、循环进行的。它主要使用起重机械、工业车辆、专用机械进行作业。

第三节　装卸搬运原则与合理化

一、装卸搬运作业的原则

1. 装卸搬运设备的选择原则

装卸搬运设备是装卸搬运的主要工具，装卸搬运是一个系统的、精密的工作，所以在对货物进行装卸搬运作业时，一定要遵循以下三项装卸搬运设备的选择原则。

(1) 以满足现场作业为前提。即装卸机械首先要符合现场作业的性质和物资特点、特性要求。如在有铁路专用线的车站、仓库等，可选择门式起重机；在库房内可选择桥式起重机；在使用托盘和集装箱作业的生产条件下，可尽量选择叉车或者跨载起重机。而且，机械的作业能力与现场作业之间要形成最佳的配合状态。影响物流现场装卸作业量的最基本因素是吞吐量，此外，还要考虑堆码、搬倒作业量、装卸作业的高峰量等因素的影响。装卸机械吨位的具体确定，应根据现场要求进行周密的计算、分析。在能完成同样作业量的前提下，应选择性能好、节省能源、便于维修、利于配套、成本较低的装卸机械。

(2) 控制作业费用。装卸机械作业发生的费用主要有设备投资额、运营费用和装卸作业成本等项。其中，设备投资额是平均每年机械设备投资的总和(包括购置费用、安装费用和直接相关的附属设备费用)与相应的每台机械在一年内完成装卸作业量的比值；装卸机械的运营费用是指某种机械一年运行的总支出(包括维修费用、劳动工资、动力消耗、照明等项)和机械完成装卸量的比值；装卸作业成本是指在某一物流作业现场，机械每装卸 1 吨货物所支出的费用，即每年平均设备投资支出和运营支出的总和与每年装卸机械作业现场完成的装卸总吨数之比。

(3) 装卸搬运机械的配套。装卸搬运机械的配套是指根据现场作业性质、运送形式、速度和搬运距离等要求，合理选择不同类型的相关设备。它主要包括要克服各种机械自身的弱点，使多台装卸机械在生产作业区内能够有效衔接；设备吨位要相互匹配，便于发挥出每台设备的最大能力；合理安排运行距离，缩短总的物流作业时间等内容。

装卸机械配套的方法首先按装卸作业量和被装卸物资的种类进行机械配套，在确定各种机械生产能力的基础上，按每年装卸1万吨货物需要的机械台数、每台机械所担任装卸物资的种类和每年完成装卸货物的吨数进行配套。其具体的计算公式，可查阅有关设计手册和物流手册。此外，还可以采用线性规划方法来设计装卸作业机械的配套方案，即根据装卸作业现场的要求，列出数个线性不等式，并确定目标函数，然后求出最优的各种设备台数。

2. 装卸搬运组织工作原则

货物运输组织工作要不断谋求提高装卸效率、加速车辆周转的方法，因此，除了强化硬件手段的构成之外，在装卸工作组织方面也要予以充分的重视。做好装卸组织工作，通常可采用三条途径：第一是设计科学合理的装卸作业工艺；第二是采用现代化的装卸机械设备；第三是加强对人力、设备、工艺的组织。

(1) 制订科学合理的装卸工艺方案。装卸作业是货物、设备设施、劳动力、作业方法和信息工作等因素组成的整体。装卸工艺方案应该从物流系统角度分析并制订出与装卸作业有关的装卸作业定额，按组织装卸工作的要求分析工艺方案的优缺点，并加以完善。

货物装卸作业采用不同的工艺方案，对于车辆装卸作业、停歇时间会有很大的影响。如“就近装卸”方法，即车辆到达卸车作业地点后，先就地卸货，待卸完货车离去后，再将卸下的货物搬运至堆存地点；或事先将待装货物搬运至装货地点，在车辆到达后可直接装车。这种情况在物品存放地点距装车地点或卸车地点较远且道路条件不便车辆通行时方可采用，但这种作业方法与“作业量最小”原则相违背。在进行装卸工艺方案设计时必须综合考虑，尽量减少“二次搬运”和“临时停放”，使搬运次数尽可能减少，这是装卸合理性的基础。

(2) 加强装卸作业调度指挥工作。加强装卸作业调度指挥工作，对合理使用装卸机具、劳动力、提高装卸质量和效率有很大的关系。装卸调度员应根据货物信息、装卸设备的性质和数量、车辆到达时间、装卸点的装卸能力、装卸工人的技术专长和体力情况等合理调配组织。在装卸量大、装卸劳动力充足、货物条件许可的情况下，可采用集中出车、一次接送装卸工作的办法。对于作业点分散的地区，可以划分装卸作业区，通过加强装卸调度工作，来减少装卸工人的运送调遣。

(3) 加强和改善装卸劳动管理。制定各种装卸作业时间定额是加强和改善装卸劳动管理、提高装卸效率的重要手段。所谓装卸作业时间定额，是指在一定装卸技术组织条件下，装卸不同品种单位质量货物所需要的作业时间。一定装卸技术组织条件是指装卸车辆、装卸设备、装卸办法、装卸工人及技术水平、作业环境等因素。装卸作业时间定额要建立在先进合理的水平上，并要根据相关条件的变化定期加以修订、完善。

(4) 加强现代通信系统应用水平。移动通信应用水平或固定通信系统应用水平对装卸作业组织工作有着重要的影响。及时掌握车辆到达时间等有关信息，是减少车辆等待装卸

作业时间的有效措施。我们应当根据有关技术条件的应用情况，建立车辆到达预报系统；根据车辆到达时间、车号、货物名称、收发单位等的报告，事先安排装卸机具和人员，做好装卸前的准备工作，保证车到即可及时装卸。

(5) 提高装卸机械化水平。要从物流系统的组织设计做起，使得车辆、装卸机具、仓库等移动设备、固定设备的设计合理，从而可以提高装卸质量和装卸效率，减少装卸成本。在提高装卸机械化水平的同时，要提高现代通信水平，这是做好装卸工作组织和物流工作的重要技术组织的基础。

(6) 应用数学方法改善装卸劳动力的组织工作。采用数学方法改善装卸劳动力的组织工作也是一种有效的途径。在短途运输的循环线路上，可应用数学方法安排装卸工人，采取既定点又随机的方式来调度装卸劳动力。这个方法的原则是：①当固定于某循环线路上的运行车辆数大于或等于装卸作业点数时，可根据各作业点所需装卸定员数派出装卸工人，并进行定点作业。装卸工人在上下班前后由车辆一次接送，而不采用随车装卸的办法。②当固定于循环线路上运行的车辆数小于装卸作业点时，可视各装卸作业点所需装卸定员数，根据由大到小(或由小到大)的顺序编号，再选择与派车数目相同(或选择派车数与作业点数差值)的编号数随车装卸。对某装卸作业点的定员人数与随车人数出现差额的情况，可再另向该装卸作业点派出与差额数相当的装卸人员定点予以补充。这种方法在循环线路较短、循环次数较多的情况下效果较为显著。

3. 装卸搬运作业的基本原则

装卸搬运是物流的一个重要环节，它的顺利运行影响着其他物流环节的运行效率。所以，在执行装卸搬运作业时，尤其是对装卸搬运进行管理工作时，应该遵循以下六项装卸搬运作业的基本原则。

(1) 减少不必要的装卸环节。从物流过程分析，装卸作业环节不仅不增加货物的价值和使用价值，反而有可能增加货物破损的可能性和相应的物流成本。系统地分析研究物流过程各个装卸作业环节的必要性，取消、合并装卸作业和次数，避免进行重复的或可进行也可不进行的装卸作业，是减少不必要装卸环节的重要保证。

(2) 提高装卸作业的连续性。必须进行的装卸作业应按流水作业原则运作，各工序间应密切衔接；必须进行的换装作业，应尽可能采用直接换装的方式。

(3) 相对集中装卸地点。装载、卸货地点的相对集中，可以提高装卸工作量，易于采用机械化作业方式。在货物堆场上，应将同类货物的作业集中在一起进行，以便于采用装卸作业的机械化和自动化。

(4) 力求装卸设备、设施、工艺等标准化。为了促进物流各环节的协调，就要求装卸作业各工艺阶段间的工艺装备、设施、效率与组织管理工作相协调。装卸作业的工艺、装备、设施、货物单元或包装、运载工具、集装工具、信息处理等作业的标准化、系列化和通用化，是装卸作业实现机械化、自动化的基本前提。

(5) 提高货物集装化或散装化作业水平。成件货物集装化、粉粒状货物散装化是提高作业效率的重要方向。所以，成件货物尽可能集装成托盘系列、集装箱、货捆、货架、网袋等货物单元再进行装卸作业。各种粉粒状货物尽可能采用散装化作业，直接装入专用车、船、库；不宜大量化的粉粒状货物也可装入专用托盘箱、集装箱内，以提高货物活化指数，便于采用机械设备进行装卸作业。

(6) 做好装卸现场组织工作。使装卸现场的作业场地、进出口通道、作业线长度、人机配置等布局设计合理，能使现有的和潜在的装卸能力充分发挥或发掘出来。避免由于组织管理工作不当造成装卸现场拥挤、阻塞、紊乱等现象，确保装卸工作能够安全顺利地进行。

二、装卸搬运的合理化

(一)装卸搬运的合理化的内容

1. 防止无效装卸搬运

所谓无效作业，是指在装卸作业活动中超出必要的装卸、搬运量的作业。显然，防止和消除无效作业对装卸作业的经济效益有重要作用。为了有效防止和消除无效作业可从以下四个方面入手。

(1) 尽量减少装卸次数。在物流过程中，货损发生的主要环节是在装卸环节，而在整个物流过程中，装卸作业又是反复进行的。从发生的频数来讲，装卸活动超过了其他任何活动，过多的装卸次数必然导致损失的增加；从发生的费用来讲，一次装卸的费用相当于几十公里的运输费用，因此，每增加一次装卸，费用就会有较大比例的增加。此外，装卸还会大大减缓整个物流的速度，因此减少装卸次数也是增加物流速度的重要因素。

(2) 提高被装卸物料的纯度。进入物流过程的货物，有时混杂着没有使用价值，或者对用户来讲使用价值不对路的各种掺杂物，如煤炭中的矸石、矿石中的表面水分、石灰中的未烧热石灰及过烧石灰等。在反复装卸时，实际对这些无效物质反复消耗劳动，因而形成无效装卸。物料的纯度越高，则装卸作业的有效程度越高；反之，则无效作业就会增多。

(3) 包装要适宜。包装过大过重，在装卸时实际上是反复在包装上消耗较大的劳动，因而包装的轻型化、简单化、实用化会不同程度地减少作用在包装上的无效劳动。

(4) 缩短搬运作业的距离。物料在装卸、搬运过程中，要实现水平和垂直两个方向的位移，选择最短的路线完成这一活动，就可避免超过这一最短路线，形成无效劳动。

2. 充分利用重力

装卸搬运使物料通过做功实现垂直或水平位移，所以在这个过程中，要尽可能实现装卸搬运作业的省力化。

在装卸作业中应尽可能地利用重力的影响。在有条件的情况下利用重力进行装卸，可减轻劳动强度和能量的消耗。将没有动力的小型运输带斜放在货车、卡车或站台上进行装卸，使物料在倾斜的输送带上移动，这种装卸是靠重力的水平分力来完成的；在搬运作业中不用手搬，而是把物资放在台车上，由器具承担物体的重力，人们只需克服滚动阻力，使物料水平移动是十分省力的。

采用重力式移动货架也是一种利用重力进行省力化的装卸方式之一。重力式货架的每一层格均有一定的倾斜度，利用货箱或托盘可自己沿着倾斜的货架层板滑到输送机械上。为了使物料滑动的阻力越小越好，通常货架表面均处理得十分光滑或者在货架层装有滚轮。也有的在承重物资的货箱或托盘下装上滚轮，这样将滑动摩擦变为滚动摩擦，物料移动时

所受到的阻力会更小。

3. 提高搬运灵活性

物料或货物平时存放的状态是各式各样的，可以散放在地上，也可以是装箱放在地上或放在托盘上等。由于存放的状态不同，物料的搬运难易程度也不一样。人们把物料和货物的存放状态对装卸搬运作业的难易程度称为搬运活性。将那些装卸较方便、费时少的货物堆放法称为搬运活性高，从经济角度来看，这种搬运活性高的搬运方法是一种好方法。搬运活性指数是用来表示各种状态下物品的搬运活性的。活性指数分为0～4共五个等级，散乱堆放在地面上的货物，进行下一步装卸必须要包装或打捆，或者只能一件件操作处理，因而不能立即实现装卸或装卸速度很慢，这种全无预先处理的散堆状态，定为"0"级活性；将货物包装好或捆扎好然后放置于地面，在下一步装卸时可直接对整体货载进行操作，因而活性有所提高，但操作时需进行支起、穿绳、挂索，或支垫入叉，因而装卸搬运前预操作要占用时间，不能取得很快的装卸搬运速度，活性仍然不高，定为"1"级活性；将货物形成集装箱或托盘的集装状态，或对已组合成捆、堆或捆扎好的货物进行预垫或预挂，装卸机具能立刻起吊或入叉，活性有所提高，定为"2"级活性；将货物放置在搬运车、台车或其他可移动的挂车上，动力车辆能随时将车、货拖走，这种活性更高，定为"3"级；如果货物就预置在动力车辆或传送带上，即刻进入运动状态，而不需做任何预先准备，活性最高，定为"4"级(见表7.1)。

表7.1　货物搬运活性分类表

物品状态	作业说明	作业种类				需要作业数目	搬运活性指数
		集　中	搬　起	升　起	运　走		
地上散放	集中、搬起、升起、运走	要	要	要	要	4	0
集装箱中	搬起、升起、运走	否	要	要	要	3	1
托盘上	升起、运走	否	否	要	要	2	2
车中	运走	否	否	否	要	1	3
输送机上	不要	否	否	否	否	0	4

由于装卸搬运是在物流过程中反复进行的活动，因而其速度可能决定整个物流速度。若再次装卸搬运的时间缩短，多次装卸搬运的累计效果则十分可观，因此，提高装卸搬运活性对合理化是十分重要的因素。

4. 装卸搬运的自动化

随着生产力的发展，装卸搬运的机械化程度不断提高，部分企业已经实现了装卸搬运的自动化。装卸搬运的自动化发展经历了以下三个阶段。

(1)　自动化物料装卸搬运。

(2)　集成化物料装卸搬运系统。

(3)　智能物料装卸搬运系统。

5. 巧装满载、牢固稳定

在运输及储存的过程中，都要发生装载作业，而车船满载和仓库充分利用是提高经济效益的重要方法。装载时要根据货物的形状、大小、轻重、物理化学性能、存放期限、流向及车船、仓库的类型等，采用适当的装载方法和堆码方法，巧装满载，以充分发挥车船和仓库的利用率。在装卸搬运过程中，一般要求达到牢固稳定。

6. 做好界面衔接

在装卸中，A 工序与 B 工序的接点称为界面。为使装卸作业顺利进行，界面必须能够将两个工序有效地衔接起来。例如，从自动仓库货架上取出的一托盘货物装载到卡车上时，可利用自动装载设备、滚柱传送机或叉车将两点顺畅地衔接起来。

7. 保持装卸搬运的系统性

所谓系统化原则，是指将各个装卸搬运活动作为一个有机的整体实施系统化管理。也就是说，运用综合系统化的观点，提高装卸搬运活动之间的协调性和装卸搬运系统的柔性，以适应多样化、高度化物流的需求，提高装卸搬运的效率。

8. 满足货物单元化要求

所谓单元化原则，是指将物品集中成一个单位进行装卸搬运的原则。单元化是实现装卸搬运合理化的重要手段，在物流作业中广泛使用托盘，通过叉车与托盘的结合提高装卸搬运的效率。通过单元化不仅可以提高作业效率，而且还可以防止损坏和丢失，对数量的确认也变得更加容易。

(二)日本装卸搬运的合理化要求

日本是最早开始实行物流和研究物流的国家之一。现在，日本的物流(包括物流的各个环节)非常先进，对我国来讲具有很重要的学习和借鉴意义。

日本物流界从工业工程的观点出发，总结出了改善物流作业效率的“六无改善法”，具体内容有以下六点。

(1) 不让等——闲置时间为零。即通过正确安排作业流程和作业量使作业人员和机械能连续工作，不发生闲置现象。

(2) 不让碰——与物品接触为零。即通过利用机械化、自动化物流设备进行物流装卸、搬运和分拣等作业，使作业人员在从事物流装卸、搬运、分拣等作业时尽量不直接接触物品和以减轻劳动强度。

(3) 不让动——缩短移动距离和次数。即通过优化仓库内的物品放置位置和采用自动化搬运工具，以减少物品和人员的移动距离和次数。

(4) 不让想——操作简便。即按照专业化、简单化和标准化原则进行分解作业活动和作业流程，并应用计算机等现代化手段，使物流作业的操作简便化。

(5) 不让找——整理整顿。即通过作业现场管理，使作业现场的工具和物品放置在一目了然的地方。

(6) 不让写——无纸化。即通过应用条形码技术和信息技术等，使作业记录自动化。

三、装卸搬运合理化的应用

装卸搬运经过漫长的发展，在欧美和日本已经十分发达，基本实现了合理化。我国物流产业刚刚开始发展，实现合理化的要求任重道远。以下是发达国家实现装卸搬运合理化的一些应用，可供我们参考和学习。

1. 自动分拣系统

随着经济和生产的发展，流通趋向小批量、多品种和准时制，各种配送中心的货物分拣任务十分艰巨，分拣量的增加、分送点的增多、配货响应时间的缩短和服务质量的提高，必须要有高效的分拣系统才能保证准时完成配送订单。自动分拣系统由于分拣速度快、分拣点多、差错率极低、效率高和基本上实现无人化操作等优势，越来越受到人们的重视。世界上物流技术先进的国家，如美国、日本早在20世纪70年代就已使用自动分拣机来提高物流中心的效率。随着计算机技术的飞速发展，自动分拣系统中的信息处理能力急剧增强，更提高了分拣系统的分拣规模和能力。一个高速分拣机能有520个分拣道口，分拣能力达到每小时3万件。

自动分拣系统种类繁多、规格不一。但一个自动分拣系统大体上由收货输送机、合流输送机、送喂料输送机、分拣指令设定装置、合流装置、分拣输送机、分拣卸货道口、计算机控制器等部分组成。

(1) 收货输送机。卡车送来的货物，放在收货输送机上，经检查验货后，送入分拣系统。为了满足物流中心吞吐量大的需求，提高自动分拣机的分拣量，往往采用多条输送带组成的收货输送机系统，以供几辆乃至百余辆卡车同时卸货。

(2) 合流输送机。大规模的分拣系统因分拣数量较大，往往由2～3条传送带输入被拣商品，它们分别经过分拣信号设定装置后，必须经过合流装置。合流机械由辊柱式输送机组成，它能让到达汇合处的货物依次通过。

(3) 送喂料输送机。货物在进入某些自动分拣机前，要经过送喂料机构。它的作用有两个：一是依靠光电管的作用，使前、后两货物之间保持一定的间距，均衡地进入分拣传送带；二是使货物逐渐加速到分拣机主输送机的速度。

(4) 分拣指令设定装置。自动分拣机上移动的货物，向哪个道口分拣，通常在待分拣的货物上贴有到达目的地标记的标签，或在包装箱上写上收货方的代号。并在进入分拣机前，先由信号设定装置把分拣信息(如配送目的地、客户户名等)输入计算机中央控制器。

在自动分拣系统中，分拣信息转变成分拣指令的设定方式有以下三种。

① 人工键盘输入。操作者一边看着货物包装箱上粘贴的标签或书写的号码，一边在键盘上将号码输入。键盘输入方式操作简单、费用低、限制条件少，但因劳动强度大，易出差错，操作员必须注意力集中。人工输入的差错率为1/300，输入速度只能达到1000～1500件/小时。

② 声控方式。首先须将操作人员的声音预先输入控制器电脑中，当货物经过设定装置时，操作员将包装箱上的标签号码依次读出，计算机将声音接收并转为分拣信息，发出指令，传送到分拣系统的各执行机构。声音输入法与键盘输入法相比，速度更快，可达3000～4000件/小时，操作人员较省力。但由于须事先存储操作人员的声音，当出现操作人

员的声音因咳嗽而出现变哑的情况时，就会发生差错。因此，声音输入法经常出现故障，使用效果不理想。

③ 利用激光自动阅读物流条码。在被拣商品包装上贴上代表物流信息的条码，在输送带上通过激光扫描器时，扫描器会自动识别条码上的分拣信息并输送给控制器。由于激光扫描器的扫描速度极快，达 100～120 次/秒，来回对条形码扫描，能将输送机上高速移动货物上的条形码正确读出。激光扫描条形码方式费用较高，商品需要物流条码配合，但输入速度快，可与输送带的速度同步，达 5000 件/小时以上，差错率极小，规模较大的配送中心都采用这种方式。

(5) 计算机程序控制。根据各客户需要的商品品种和数量，预先编好设计程序，把全部分拣信息一次性输入计算机，控制器即按程序执行。计算机程序控制是最先进的方式，它需要与条形码技术结合使用，而且还须置于整个企业计算机经营管理系统之中。一些大型的现代化配送中心把各个客户的要货单一次性输入计算机，在计算机的集中控制下，商品货箱从货架被拣选取入在输送带上由条码喷印机喷印条码，然后进入分拣系统，全部配货过程实现自动化。

(6) 分拣传送装置及分拣机构。它是自动分拣机的主体，包括两个部分：货物传送装置和分拣机构。前者的作用是把被拣货物送到设定的分拣道口位置；后者的作用是把被拣货物推入分拣道口。各种类型的分拣机，其主要区别就在于采用不同的传送工具(如钢带输送机、胶带输送机、托盘输送机、辊子输送机等)和不同的分拣机构(如推出器、浮出式导轮转向器等)。

(7) 分拣卸货道口。卸货道口是用来接纳由分拣机构送来的被拣货物的装置，它的形式各种各样，主要取决于分拣方式和场地空间。一般采用斜滑道，其上部接口设置动力辊把被拣商品拉入斜滑道。斜滑道可看作是暂存未被取走货物的场所。当滑道满载时，由光电管控制，阻止分拣货物再进入分拣道口。此时，该分拣道口上的“满载指示灯”会闪烁放光，通知操作人员赶快取下滑道上的货物，消除积压现象。一般自动分拣系统还设有一条专用卸货道口，汇集“无法分拣”和因“满载”无法进入设定分拣道口的货物，以作另行处理。有些自动分拣系统使用的分拣斜滑道在不使用时可以向上吊起，以便充分利用分拣场地。

(8) 计算机控制系统。自动分拣的实施主要靠计算机控制系统把分拣信号传送到相应的分拣道口，并指示启动分拣装置，把被拣货物推入道口。分拣机控制方式通常采用脉冲信息跟踪法。自动分拣机控制系统如图 7.1 所示。

根据自动分拣机控制系统示意图可知，送入分拣运输机的货物，经过跟踪定时检测器，并根据计算机存储的信息，计算出到达分拣道口的距离及相应的脉冲数。当被拣货物在输送机上移动时，安装在该输送机轴上的脉冲信号发生器产生脉冲信号并计数。当计数值达到计算值时，立即输出启动信号，使分拣机构动作，货物被迫改变移动方向，滑入相应的分拣道口。是否采用自动分拣系统要注意成本与分拣工作量的平衡，因为分拣系统设施复杂，投资及运营成本较高，而且还需要一个与之相适应的外部条件，如计算机信息系统、作业环境、配套设施等。但是对于分拣量大，如日分拣量超过 10 000 件、一次分拣单位较多、被分拣的货物适应自动分拣机等的情况，采用自动分拣系统可充分发挥其准确、迅速、一次处理的优点，能大幅度提高分拣效率。

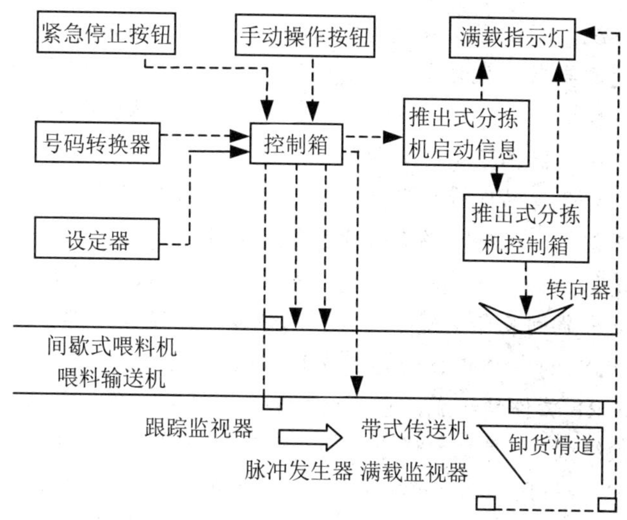

图 7.1 自动分拣控制系统示意图

2. 复合终端

近年来，工业发达国家为了对运输线路的终端进行装卸搬运合理化的改造，创建了所谓的“复合终端”，即对不同运输方式的终端装卸场所集中建设不同的装卸设施。例如，在“复合终端”内集中设置水运港、铁路站场和汽车站场等，这样就可以合理配置装卸、搬运机械，使各种运输方式有机地联结起来。“复合终端”的优点在于：第一，取消了各种运输工具之间的中转搬运，因而有利于物流速度的加快，减少装卸搬运活动所造成的货物损失；第二，由于各种装卸场所集中到复合终端，这样就可以共同利用各种装卸搬运设备，以提高设备的利用率；第三，在“复合终端”内，可以利用大生产的优势进行技术改造，大大提高了转运效率；第四，减少了装卸搬运的次数，有利于物流系统功能的提高。

装卸搬运在某种意义上是运输、保管活动的辅助活动，因此，特别要重视从物流全过程来考虑装卸搬运的最优效果。如果单独从装卸搬运的角度考虑问题，不但限制了装卸搬运活动的改善，而且还容易与其他物流环节发生矛盾，进而影响物流系统功能的提高。

【案例】

在传统的货物分拣系统中，一般是使用纸制书面文件来记录货物数据，包括货物名称、批号、存储位置等信息，等到货物提取时再根据书面的提货通知单查找记录的货物数据，然后利用人工检索、搬运货物来完成货物的提取。在这样的货物分拣系统中，制作书面文件、查找书面文件、人工搬运等浪费了巨大的人力、物力，而且严重影响了物流的流动速度。随着竞争的加剧，人们对物流的流动速度要求越来越高，传统的货物分拣系统已经远远不能满足现代化物流管理的需要。现今，一个先进的货物分拣系统对于系统集成商、仓储业、运输业、后勤管理业等都是至关重要的，因为这意味着比竞争对手更快的物流速度，能更快地满足顾客的需求，其潜在的回报是惊人的。建立一个先进的货物分拣系统，结合有效的吞吐量，不但可以节省数十、数百甚至数千万元的成本，而且还可以大大提高工作效率，显著降低工人的劳动强度。使用这样的货物分拣系统，完全摒弃了使用书面文件完成货物分拣的传统方法，采用高效、准确的电子数据形式，可提高效率，节省劳动力；使用这样的货物分拣系统，不但可以快速完成简单订货的存储提取，而且可以方便地根据货物的尺寸、提货的速度要求、装卸要求等实现复杂货物的存储和提取。使用这样的货物分拣系统，分拣工人只需简单的操作就可以实现货物的自动进库、出库、包装、装卸等作业，降低了工人的劳动强度，提高了工作效率；使用这样的货物分拣系统，结合必要的仓库管理条件，可以真正实现仓库的现代化管理，充分实现仓库空间的合理利用，显著提高企业的物流速度，为企业创造、保持市场竞争优势创造条件。

顶峰电子公司是位于美国亨茨维尔市的一家现代化仓库，它采用自动识别系统技术改进货物分拣系统，从出货到装船实现了全部自动化操作，显著改善了该公司的物流管理。这个系统在基于 UNIX 的 HP9000 上运行美国 ORACLE 公司的数据库，服务器由四个 9000MHz 的 Norand RF 工作站组成，它连接各个基本区域，每个区域支持 20 个带有扫描器的手持式无线射频终端。订单从配送中心的商务系统(在另一个 HP9000 上运行的)下载到仓储管理系统(WMS)，管理系统的服务器再根据订单的大小、装船日期等信息对订单进行分类，实施根据订单分拣与零星分拣策略，并且指导分拣者选择最佳的分拣路线。

根据订单分拣货物，如果订单订货数量比较大，可以根据订单一个人一次提取大量订货。货物分拣者从他的无线射频终端进入服务器，选择订单上的各种货物，系统会通过射频终端直接向货物分拣者发送货物位置信息，指导分拣者选择最佳路径。货物分拣者在分拣前扫描货柜箱上的条形码标签，如果与订单相符，则直接进行分拣。在完成货物选择后，所有选择的货物经由传送设备运到打包地点。扫描货物条码，对分拣出来的货物进行包装前检查，然后打印包装清单，完成包装以后在包装箱外面打印订单号条码(使用 CODE—39 条码)。包装箱在 UPS 航运站称重，扫描条形码订单号，并且把它加入到 UPS 的跟踪号和重量信息条码中，这些数据加上目的地数据，构成跟踪记录的一部分上报到 UPS。

零星分拣货物。小的订单(尤其是重量为 5 磅以下订货)的分拣或者单一路线货物分拣，则采用“零星分拣货物”的策略来处理。信号系统直接将订单分组分派给货物分拣者，每个分拣人负责 3～4 个通道之间的区域。货物分拣者在他负责的区域内，携带取货小车进行货物分拣，取货小车上旋转多个货箱，一个货箱盛放一个订单的货物。如果货架上的货物与订单相符，就把货物放进小车上的货箱，并且扫描货箱上条形码序列号。在货物包装站，打印的包装清单既包括货物条码也包括包装箱序列号。

这一系统方案为顶峰电子公司遍及全美的服务区域提供了电视、录像装备，实现了远程监控与订货，装船作业在接到订单 24～48 小时内完成，每日处理订单达到 2000 份。同时，应用这一系统，顶峰公司绕过了美国国内 60 个、国外 90 个中间商，把产品直接输送到个人服务中心，缩短了产品供应链，大大降低了产品的销售成本，显著提高了顶峰公司的市场竞争能力。

新的货物分拣系统使装船准确率增长到了 99.9%，详细目录准确率保持在 99.9%，货物分拣比例显著提高。以前，货物分拣者平均每小时分拣 16 次，现在是 120 次。由于这一系统的运用，劳动力减少到原来的 1/3，从事的业务量却增加了 26%。尽管公司保证 48 小时内出货，实际上 99%的 UPS 订货是在 15 分钟内就能完成的，在当日发出。

本 章 小 结

装卸搬运是提高物流效率、节省物流成本的重要环节。发展装卸搬运的合理化对于经济和物流的发展有着非常重要的意义。

在同一地域范围内(如车站、工厂、仓库内部等)以改变“物”的存放、支承状态的活动称为装卸，以改变“物”的空间位置的活动称为搬运(个别领域称为输送)。装卸和搬运在现代物流体系中是一个不可分割的整体。

装卸搬运在物流系统中有着十分重要的地位，面对我国的物流现状和与国外物流效率的差距，把装卸搬运作为一个专门研究的方向具有重要意义。

装卸搬运的特点分为两个大的方面，包括把装卸搬运作为一个整体和物流系统的一个环节来分别加以考虑。

装卸搬运的作业分类方法很多，这就为装卸搬运的计划与管理提供了重要的支持。

装卸搬运的合理化是装卸搬运作业的最高要求。因为我国装卸搬运的效率和发达国家的差距很大，所以对于我国装卸搬运行业的发展具有重要意义。

复习思考题

1. 如何理解装卸搬运的概念？
2. 简述装卸搬运在物流体系中的地位和作用。
3. 简述装卸搬运的要素及特点。
4. 简述集装箱装卸时的注意事项。
5. 简述装卸搬运的基本原则及其内容。
6. 如何理解装卸搬运合理化？装卸搬运合理化的要求是什么？

参 考 文 献

1. 汤学俊. 现代企业物流管理. 北京：中国商业出版社，2004
2. 马士华，等. 供应链管理. 北京：机械工业出版社，1999
3. 赵涛. 物流经营管理. 北京：北京工业大学出版社，2003
4. 丁立言，张铎. 物流系统工程. 北京：清华大学出版社，2000
5. 丁立言，张铎. 物流管理. 北京：清华大学出版社，2000
6. 齐二石. 物流工程. 天津：天津大学出版社，2001
7. 杨茅甄. 现代物流理论与实务. 上海：上海人民出版社，2003
8. 刘志学，等. 现代物流手册. 北京：中国物资出版社，2001
9. 叶学永. 物流包装技术. 北京：高等教育出版社，2004
10. 蔡临宁. 物流系统规划——建模及实例分析. 北京：机械工业出版社，2004

11. 陈子侠. 现代物流学理论与实践. 杭州：浙江大学出版社，2003

12. 叶怀珍. 现代物流学. 北京：高等教育出版社，2003

13. 戢守峰. 物流管理新论. 北京：科学出版社，2004

第八章　流通加工管理

本章导读：

物流加工是发生在流通领域的生产活动。一般来说，生产是通过改变物的形式和性质，以创造产品的价值和使用价值，而流通则是保持物资的原有形式和性质，以完成其所有权的转移和空间形式的位移。物流的包装、储存、运输、装卸等功能，虽然具备生产的性质，但往往并不改变物流对象的物理、化学属性。但是，为了提高物流速度和物资的利用率，在物资进入流通领域后，还需按用户的要求进行一定的加工活动。即在物品从生产者向消费者流动的过程中，为了促进销售，维护产品质量，实现物流的高效率所采取的使物品发生物理和化学变化的功能，这就是流通加工。

流通加工是物流中具有一定特殊意义的物流形式，在一些仓库、物流中心、配送中心的经营中都存在着大量流通加工业务。流通加工业务可以增加运输、仓储、配送等活动对象的附加价值，同时也提高了物流活动本身的价值，使用户获得价值增值。随着用户需求的多样化和高级化，流通加工已成为物流功能体系中不可缺少的组成部分。

学习目标：

通过对本章的学习，了解流通加工的概念、地位和作用；熟悉流通加工的内容及其经济效益，以及流通加工管理的职能与内容；掌握流通加工的类型及常用流通加工的方法和技术；了解流通加工的投资管理、生产管理、质量管理等的相关知识；重点掌握不合理流通加工的几种表现形式及实现流通加工合理化的途径。

关键概念：

流通加工(Distribution Processing)

流通加工合理化(Rationalization of Distribution Processing)

第一节　流通加工管理概述

一、流通加工的含义

(一)流通加工的概念

流通加工是流通中的一种特殊形式。商品流通是以货币为媒介的商品交换，它的职能是将生产及消费联系起来，起着“桥梁和纽带”的作用，完成商品所有权及实物形态的转移。因此，流通与流通对象的关系，一般不是改变其形态创造价值，而是保持流通对象的已有形态，完成其空间的转移，实现其时间效用及场所效用。

流通加工则与此有较大的区别，总的来讲，流通加工在流通中，仍然和流通总体一样起“桥梁和纽带”的作用。但是，它却不是通过“保护”流通对象的原有形态实现这一作用的，而是和生产一样，通过改变或完善流通对象的原有形态来实现“桥梁和纽带”作用的。

流通加工(见图8.1)是指某些原料或产成品从供应领域向生产领域，或从生产领域向消费领域流动的过程中，即在物品从生产者向消费者流动的过程中，为了有效利用资源、方便用户、提高物流效率、促进销售和维护产品质量，在流通领域对产品进行的初级或简单再加工。简而言之，在流通过程中辅助性的加工活动称为流通加工。流通加工是物品在从生产地到使用地的过程中，根据需要施加包装分割、计量、分拣、组装、价格贴付和商品检验等简单作业的总称。

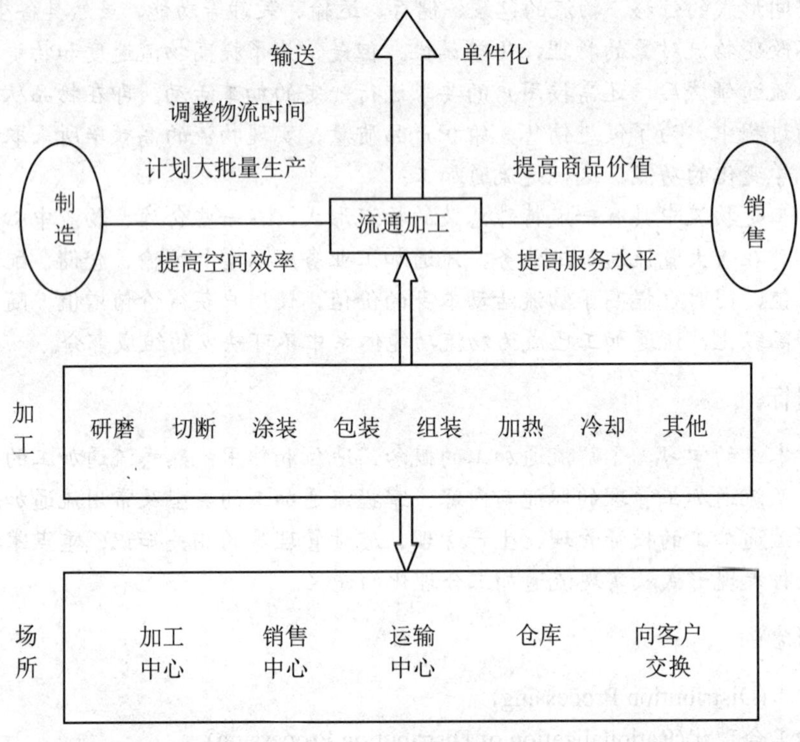

图8.1　流通加工示意图

流通与加工的概念属于不同的范畴。加工是指改变物质的形状或性质，形成一定产品的活动；而流通则是指改变物质的空间状态与时间状态的过程。流通加工属于加工的范畴，它是生产加工在流通领域中的延伸，也可以看成流通领域为了更好地服务，在职能方面的延伸。流通加工在生产、流通、销售领域的位置如图 8.2 所示。流通加工的目的是适应当前多样化的客户需求和大量生产的需要，通过流通加工调整物流的时间效应和空间效应，以实现流通合理化。

(二)流通加工与生产加工的比较

流通加工和一般生产加工相比较，在加工方法、加工组织、生产管理方面并无显著区别，但在加工对象、加工内容等方面差别较大，如表8.1所示。

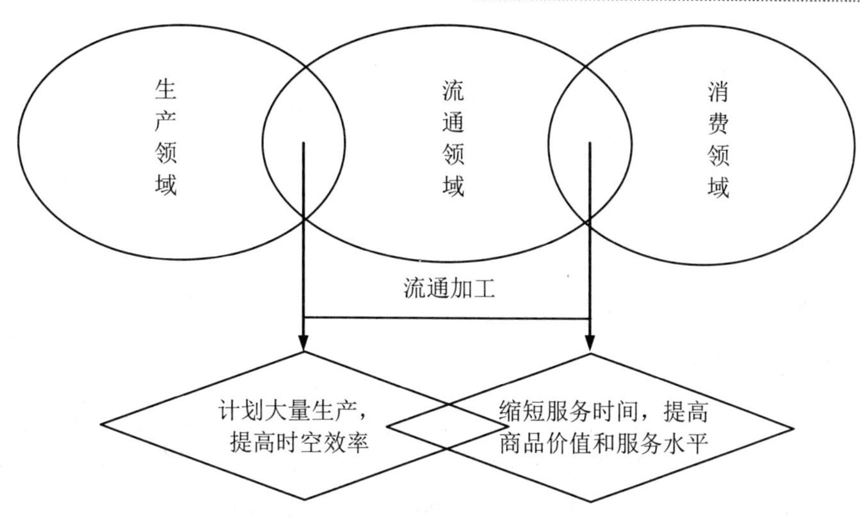

图 8.2　流通加工在生产、流通、销售领域的位置

表 8.1　流通加工与生产加工的异同

比较项目		加工方式	
		流通加工	生产加工
不同点	加工对象	商品	原材料、零配件及半成品
	加工内容	简单加工	复杂加工
	加工目的	完善物资的使用价值	创造物资的价值和使用价值
	加工主体	商业或物流企业	生产企业
共同点		加工方法、加工组织、生产管理	

其差别主要表现在以下四个方面。

1. 加工对象不同

流通加工的对象是进入流通过程的商品，具有商品的属性；而生产加工的对象不是最终产品，而是原材料、零配件及半成品。

2. 加工内容不同

流通加工大多是简单加工，主要是解包分包、裁剪分割、组配集合、废物再生利用等；而生产加工一般是复杂加工。流通加工对生产加工是一种辅助及补充。特别需要指出的是，流通加工绝不是对生产加工的取消或代替。

3. 加工目的不同

生产加工的目的在于创造物资的价值和使用价值，使它们能成为人们所需要的商品；而流通加工的目的则在于完善其使用价值，主要是为了方便流通、运输、储存、销售、用户以及物资充分利用。生产加工以交换和消费为目的，而流通加工有时候是以自身流通为目的的。

4．所处领域及实施加工的主体不同

流通加工处在流通领域，由商业或物流企业完成；而生产加工处在生产领域，由生产企业完成。

二、流通加工的地位和作用

(一)流通加工在物流中的地位

1．流通加工方便了用户

在流通加工未产生之前，物资满足生产或消费需要的加工活动一般由使用单位承担，这给使用部门带来了不便，因为使用者不得不安排一定的人力、设备、场所等来完成这些加工活动。因此不仅会延长下一个生产过程的时间，而且会由于设备的利用率低、投资大以及加工质量低等因素而影响企业的经济效益。把这种加工活动从生产和使用环节中独立出来，由流通环节来完成，为物资的使用单位提供了极大的方便。流通部门可以根据使用部门的要求，将物资加工成可直接投入消费者使用的形式。这不仅缩短了使用部门与物资之间的距离，而且由流通部门统一进行，正好符合消费者的心理。

2．流通加工有效地完善了流通，为流通部门增加了收益

流通加工在实现时间价值与空间价值这两个重要功能方面及其普遍性方面，都不及运输和保管。因而可以说，流通加工不是物流的主要功能要素，也不是对所有物流都是必需的。但这绝不是说流通加工不重要，实际上它也是不可轻视的，它具有补充、完善、提高与增强的作用，能起到运输、保管等其他功能要素无法起到的作用。

从事流通活动的部门所获得的利润一般只能从生产部门的利润中转移过来，它自身不可能创造出高于物质生产部门所创造的产品价值总和的任何价值。流通部门要想获得更多的收益，流通加工是一项极为理想的创造价值的劳动。这样，流通部门不仅能够获得从生产领域转移过来的一部分价值，而且能创造出新的价值，从而获得更大的利润。

3．流通加工是物流业的重要利润来源

流通加工是一种低投入高产出的加工方式，往往以小加工解决大问题。在实践中，有的流通加工通过改变商品包装，使商品档次升级而充分实现其价值；有的流通加工可将产品的利用率大幅度提高 30%，甚至更多。这些都是采取一般方法以期提高生产率所难以做到的。经实践证明，在流通企业中，由流通加工提供的利润并不亚于从运输和保管中挖掘出的利润，因此，我们说流通加工是物流业的重要利润来源。

4．流通加工为配送创造了条件，是物流配送的组成部分

物资配送是流通加工、整理、检选、分类、配货、末端运输等一系列活动的集合。物资配送活动的开展依赖于流通加工，流通加工表现为配送的前沿。从开展配送活动的配送中心看，它们把加工设备的种类、加工能力看作是对物资配送影响最大的因素。随着我国物资配送工作的广泛开展，流通加工也必然会得到深入的发展。

(二)流通加工在市场上的地位

商流是物流的前提，物流是商流的保证，在商流与物流的联系中，流通加工表现得最为直接(除不经任何加工即可消费的产品外)。流通加工最根本的目的是市场销售，如图 8.3 所示。其中，与之相联系的运输方式、储存手段、配送形式等只能看作是流通加工多样化目的。

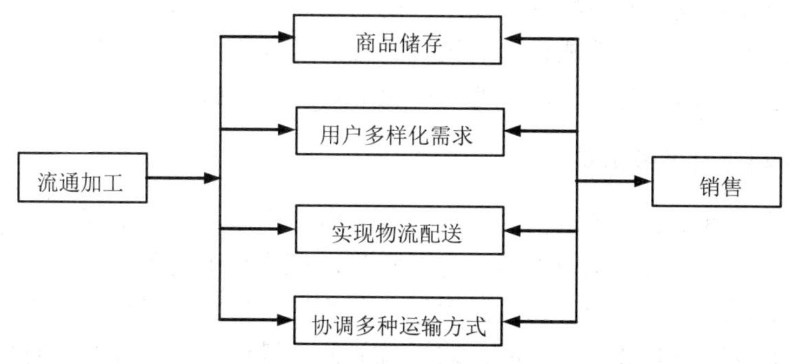

图 8.3　流通加工的目的

在物流的构成功能的研究中，人们无一例外地把物流分解为包装、储存、运输、装卸、配送、流通加工和情报等功能。但是，我们应该看到在对上述基本功能的排列中，包装、储存、运输、装卸等都是从“产业”的高度给予重视，而配送和流通加工则仅仅处于附属地位。流通加工在重视配送的今天，仅被看作是配送的一个作业环节，使其应有的地位没有得到社会的高度重视，这也是流通加工没有像其他物流环节那样得到广泛、深入发展的重要原因。

流通加工在社会再生产中处于生产和消费之间，与其他流通环节共同构成了生产和消费的桥梁和纽带。但是因其自身所具有的生产特征和特殊地位，与其他流通环节又存在着明显差别。

(1) 流通加工与商流的采购、销售相比具有明显的生产特征。

(2) 流通加工与物流的包装、储存、运输等环节相比，它改变着流通客体的物理形态，甚至是化学性能。

(3) 流通加工的目的和结果是以消费者为导向的，它比其他物流功能更接近消费领域和生产企业，这在生产与消费之间个性化的矛盾日益突出的今天，意义尤其突出。

(4) 流通加工的不断发展和在不同领域的深化，引发和催化了“流通加工产业”的形成。

(三)流通加工的作用

流通加工之所以会出现并得到发展，是因为生产环节的加工活动往往不能完全满足消费的需要。从生产方面，要想保持生产的高效率，产品的规模就不能太复杂；从消费方面，则要求产品是多样化的，因此，需要对生产出来的定型产品再作进一步的加工。过去这种加工往往是由用户来进行的，有很多缺点，如设备的投资大、利用率低、物资利用率不高、加工质量差等。而当这种加工从生产者和用户环节中剥离出来设置于流通环节，流通加工就诞生了。流通加工的作用主要表现在以下八个方面。

1. 弥补了生产领域的加工不足

流通加工实际是生产的延续，是生产加工的深化，对弥补生产领域加工的不足具有重要意义。有许多产品在生产领域的加工只能到一定程度，这是由于存在许多限制因素，限制了生产领域不能完全实现终极的加工。例如，钢铁厂的大规模生产只能按标准规定的规格生产，以使产品有较强的通用性，使生产能有较高的效率和效益；木材如果在产地完成成材制成木制品的话，就会造成运输的极大困难，所以原生产领域只能加工到圆木、板方材这个程度，进一步的下料、切裁、处理等加工则由流通加工来完成。

2. 节约材料、降低物流成本

节约材料是流通加工十分重要的特点之一。由于流通加工属于深加工性质，直接面对终端用户，综合多方需求，集中下料，合理套裁，充分利用边角材料，减少废钢、角铁和碎块的浪费，做到最大限度的“物尽其用”，节约了大量的原材料。另外，流通加工一般都是在干线和支线运输的节点进行的，这样就能使大量运输合理分散，有效地缓解了长距离、大批量、少品种的物流与短距离、少批量、多品种物流的矛盾，实现物流的合理流向和物流网络的最佳配置，从而避免了不合理的重复、交叉及迂回运输，大幅度节约运输、装卸搬运和保管等费用，降低了物流总成本。

3. 提高原材料利用率

利用流通加工环节进行集中下料，将生产厂商直接运来的简单规格的产品，按用户的要求进行下料。例如，将钢板进行剪板、切裁；木材加工成各种长度及大小的板，等等。集中下料可以优材优用、小材大用、合理套裁，具有良好的技术经济效果。

4. 满足客户多样化需求

随着生产的规模化、效率化以及消费者需求的个性化发展，批量生产的产品很难满足个性化需求。这就需要在流通领域进行进一步加工，以满足不同客户群体的需要，如在流通领域中大包装拆改成小包装等。目前，这一作用引起了我国一些生产企业的重视，它们纷纷成立流通加工公司。比如，在2003年年初，首钢公司成立了物流公司，主要负责钢材的流通加工和运输。建筑公司直接将图样交给该物流公司，公司按建筑工地的要求提供个性化的加工，然后按照客户的时间要求直接运送到建筑工地。

5. 创造产品附加值，提高为用户服务的水平

生产商品的目的是创造价值，流通加工是在此基础上完善、增加商品的价值。在生产和消费之间，由于存在着生产的集中、大批量与消费者的分散、小批量之间的差异，形成了规模化大生产与千家万户消费者之间的场所价值和时间价值的空白，使商品的价值和使用价值需要通过流通加工来实现。因此，流通加工在生产和消费者之间，起着承上启下的作用。它把分散的用户需求集中起来，使零星的作业集约化，作为广大终端用户的汇集点发挥作用。生产者几乎无法直接满足用户的要求，也达不到服务标准，只有通过流通加工来进行弥补。

6. 提高加工效率及设备利用率

建立集中加工点，可以采用效率高、技术先进、加工量大的专门机具和设备。这样做可提高加工质量、设备利用率和加工效率，从而降低了加工费用及原材料成本。例如，一般的使用部门在对钢板下料时，采用气割的方法，留出了较大的加工余量，出材率低，加工质量也不好。进行集中加工后，利用高效率的剪切设备，在一定程度上防止了以上缺点。

7. 充分发挥各种输送手段的优势

流通加工环节将实物的流通分成两个阶段。一般来说，由于流通加工环节设置在消费地，从生产企业到流通加工这一阶段输送距离长，可以采用船舶、火车等大运量的输送手段；而从流通加工到消费环节这一阶段距离短，主要是利用汽车和其他小型车辆来配送经过流通加工后的多规格、小批量、多用户的产品。这样，便可以充分发挥各种输送手段的优势，加快输送速度，节省运力、运费。

8. 改变功能，提高收益

在流通过程中进行一些改变产品某些功能的简单加工，其目的除上述几点外，还在于提高产品销售的经济效益。例如，内地的许多制成品(如洋娃娃玩具、时装、轻工纺织产品、工艺美术品等)在深圳进行简单的包装加工，改变了产品外观功能，仅此一项就使产品的售价提高 20%以上。

三、流通加工的内容及经济效益

(一)流通加工的内容

流通阶段的加工即物流加工，处于不易区分生产还是物流的中间环节，尽管它可以创造性质和形态的使用效能，但还是应该从物流机能拓展的角度将其看作物流的构成要素为宜。流通加工的内容概括起来有以下三个方面。

1. 食品的流通加工

流通加工最多的是食品行业，因为食品行业的产品大都具有易变质、易腐败、时效性强的特点，同时，食品的加工程度还会影响到国家的公共卫生安全。因此，食品的流通加工是不可缺少的。如鱼和肉类的冷冻、蛋品加工、生鲜食品的原包装、大米的自动包装、上市牛奶的灭菌等。

2. 消费资料的流通加工

消费资料的流通加工以服务顾客、促进销售为目的，流通加工最多的是食品。为便于保存，提高流通效率，对食品的流通加工是不可缺少的。如：鱼和肉类的冷冻、生奶酪的冷藏、将冷冻的肉磨碎以及蛋品加工、生鲜食品的原包装、大米的自动包装、上市牛奶的灭菌和摇匀等。衣料品的标识和印记商标、粘贴标价、安装做广告用的幕墙、家具等的组装、地毯剪接等也属消费资料加工的范畴。这种流通加工一方面可以提高客户服务水平，另一方面也可以提高物流效率。

3．生产资料的流通加工

生产资料的流通加工是进行社会再生产的必要环节，它能够实现社会再生产的连续性和高效性。生产资料的流通加工中最具代表性的是钢材、水泥、木材的流通加工。例如，钢材的流通加工是对薄板的剪裁和切断、型钢的熔断、厚钢板的切割、线材切断等集中下料、线材冷拉加工等，在国外有专门进行钢材流通加工的钢材流通中心；水泥的流通加工是利用水泥加工机械和水泥搅拌运输车进行的，水泥搅拌车作业可避开繁华闹市区，节省现场作业空间，具有灵活机动的特点；木材的流通加工是在流通加工点将原木锯裁成各种规格的木材，同时将碎木、碎屑集中加工成各种规格板，甚至还可以进行打眼、凿孔等初级加工。除此之外，平板玻璃、铝材等同样也可以在流通阶段进行像钢材那样的剪裁、切断、弯曲、打眼等各种流通加工。这种流通加工以适应顾客需求的变化、服务顾客为目的，不仅能够提高物流系统的效率，而且还可以促进生产的标准化和计划化，提高商品的价值和销售效率。

(二)流通加工的经济效益

流通加工的经济效益可以表述为流通加工的劳动投入与效益产出的对比关系。在具体的加工部门可表现为流通加工的数量和实现的价值与劳动消耗和劳动占用的对比关系。

1．直接经济效益

1) 流通加工的劳动生产率高

流通加工是集中的加工，其加工效率比分散加工要高得多。对于用量少和临时需要的使用单位，如果没有流通加工而只能依靠自行加工，那么从加工的水平和熟练程度看，都无法与流通加工相比。即使是有大量的、相当规模的企业进行的加工活动，若与流通加工相比，其劳动生产率也相对较低。比如，建筑企业完成的安装玻璃的开片加工，往往在施工场地针对某一工程进行；而流通企业的流通加工的开片，可满足若干个建筑工地的需求，其加工效率更高，劳动生产率也更高。

2) 流通加工可提高原材料的利用率

流通加工集中下料可以优材优用、小材大用、合理剪裁，具有明显的提高原材料利用率的效果。例如，钢材的集中下料，可减少边角余料，从而达到加工效率高、加工费用低的目的。

3) 流通加工可提高加工设备的利用率

在分散加工的情况下，由于生产周期和生产节奏的限制，设备利用时松时紧，从而导致设备的加工能力不能得到充分发挥；而在流通领域中的加工是面向社会的，加工的数量、加工对象的范围都得到了大幅度的提高，从而使设备利用率得到充分提高。

4) 流通加工可提高被加工产品的质量

流通加工是专业化很强的加工。专业化加工单纯，有利于加工人员掌握作业技术、提高作业的熟练程度，从而提高加工质量。从流通加工中心的加工设备的水平来看，它们往往要高于分散加工。因而产品的加工质量也会高于分散加工，同样的产品，质量高的经济效益显然要高于质量低的经济效益。

2. 间接经济效益

(1) 流通加工能为许多生产者缩短生产的时间，使他们可以腾出更多的时间来进行创造性的生产，为社会提供更多的物质财富。

(2) 流通加工部门可以用表现为一定数量的货币的加工设备为更多的生产或消费部门服务，这样可以相对地减少全社会的加工费用的支出。

(3) 流通加工能对生产的分工和专业化起到中介作用，它可以使生产部门按更大的规模进行生产，有助于生产部门劳动生产率的提高。

(4) 流通加工可以在加工活动中更为集中、有效地使用人力、物力，比生产企业加工更能提高加工的经济效益。

(5) 流通加工为流通企业增加了收益，体现了物流的“第三利润源泉”。流通部门为了获得更多的利润，进行流通加工是一项创造价值的理想选择。对加工企业而言，采用相对简单、投入相对较少的流通加工，可以获得较为理想的经济效益；对社会而言，流通企业在获利的同时，社会效益也会得到提高。

四、流通加工管理的职能与内容

(一)流通加工管理的职能

从管理的职能方面分析，流通加工应当强调计划职能、组织职能和控制职能。

1. 计划职能

流通加工的计划职能是十分突出的，它的计划内容涉及加工作业和技术经济方面的内容。例如，套裁型流通加工，其最主要的目标就是要提高出材率和材料利用率。这就需要加强科学方法进行套裁的计划和计算，同时要以用户的需求进行流通加工的数量管理，加强计划性才能使流通加工既提高设备利用率和出材率，又能在保证用户需求的前提下，避免或尽量减少套裁剩余所造成的浪费。

2. 组织职能

流通加工的组织职能是将劳动力、设备和材料进行最恰当的组织，使流通加工过程能与仓储作业、库存控制、配送作业之间很好地协调而不发生紊乱。由于流通加工的用户需求差别很大，因此，流通加工过程必须严格按用户的尺寸规格、数量加工，少了不行，多了也不行。流通加工造成的剩余材料，很可能难以销售出去，造成了不应有的浪费。所以，流通加工在组织上的难点就是满足用户需求，按时、按量、按规格要求同步作业，一般情况下不应有半成品的积存。

3. 控制职能

流通加工中的控制职能突出表现在质量控制上，而进度控制、成本控制也同样十分重要。流通加工所依据的质量控制标准是由用户提出来的，要求不同，质量标准高低就有较大的差异，流通加工特别是服务型流通加工的质量控制水平甚至可能影响到这种服务项目的存在与否。为了满足用户提出的质量要求，在流通过程中既要加强工序控制，又要加强测量仪器的核校，力争以优秀的工作质量和工程质量保证流通加工的质量。

(二)流通加工管理的内容

流通加工的管理，从其本质来说，和生产领域的生产管理一样，是在流通领域中的生产加工作业管理。所不同的是，流通加工管理既要重视生产的一面，更要着眼销售的一面，因后者是它加工的主要目的。流通加工管理工作，可分为计划管理、生产管理、成本管理和销售管理等。

1. 计划管理

计划管理就是对流通加工的产品必须事先制订计划，如对加工产品的数量、质量、规格、包装要求等，都要按用户的需要做出具体计划，按计划进行加工生产。

要实现现代生产的计划管理，就要做好以下三项工作。

(1) 要改变管理意识。将生产部门的管理工作从过去仅重视成品生产量导入到重视物料管理、重视生产计划交货期、掌握库存控制技术、搞好质量管理和现场管理的意识上来。

(2) 要规范生产计划制度。应下大力度推行年度计划和季度计划，落实月生产计划。

(3) 要实施各项管理制度。车间实行生产计划管理和物料管理制度，并建立管理规范和操作规范，要求生产系统管理人员随时监控计算机里的数据正确与否，同时要求制定可行的订货原则、安全库存量、物料消耗指标、生产能力指标等管理数据，使各车间的加工处于受控制状态。

2. 生产管理

生产管理主要是对加工生产过程中的工艺管理，如生产厂房、车间的设计，生产工艺流程的安排；原材料的储存供应；产成品的包装、入库等一系列的工艺流程设计是否科学、合理与现代化。

生产管理的制度化、程序化和标准化是科学管理的基础，只有在合理的管理体制、完善的规章制度、稳定的生产程序、一整套科学管理方法和完整、准确的原始数据的基础上，才能使生产管理产生一个新的飞跃。

3. 成本管理

在流通加工中，成本管理也是一项非常重要的内容。一方面，加工是为了方便用户，创造社会效益；另一方面，也是为了扩大销售，增加企业收益。所以，必须详细计算成本，不能进行亏本的加工。

流通加工成本就是流通加工过程中各项费用的总和，包括：流通加工设备费用、流通加工材料费用、流通加工劳务费用及流通加工其他费用。对流通加工费用的管理，必须要注意以下四点。

1) 合理确定流通加工的方式

流通企业应根据服务对象选择适当的加工方法和加工深度，因为不同的加工方法和加工深度的费用支出不同。

2) 合理确定流通加工的能力

流通加工费用与加工的批量、数量存在着正比关系，我们应根据物流需要和加工者的实际能力确定加工批量和数量，避免出现加工能力不足或过剩的现象。

3) 流通加工费用的单独核算

为了检查和分析流通加工费用的使用、支出情况，分析流通加工的经济效益，要求对流通加工费用进行单独管理、单独核算。

4) 制定反映流通加工特征的经济指标

如反映流通加工后单位产品增值程度的增值率，反映流通加工在材料利用方面的材料出材率、利用率等指标，以便更好地反映流通加工的经济效益。

4. 销售管理

流通部门的主要职能是销售，加工也应该主要是为此目的服务的。因此，在进行加工之前，要对市场情况进行充分调查。只有广大顾客需要的、加工之后有销路的产品，才能组织加工；否则，顾客不需要或销路不好的，就不能进行徒劳的加工。

第二节 流通加工的类型与方法

一、流通加工的主要类型

流通加工的形式很多，按照加工的目的可将其分为以下 10 种类型。

1. 为弥补生产领域加工不足的流通加工

有许多产品在生产领域的加工只能到一定程度，这是由于存在许多限制因素限制了生产领域不能完全实现终极的加工，因此，只能将未完成的加工放在流通领域来完成。这种流通加工实际是生产的延续，是生产加工的深化，对弥补生产领域加工的不足具有十分重要的意义。

2. 为满足需求多样化进行的流通加工

从需求角度看，需求存在着多样化和不断变化两个特点。为满足这种要求，在没有流通加工前，经常是用户自己设置加工环节，这是生产企业和消费者都极不情愿的。为满足用户对产品多样化的需要，同时又保证社会高效率的大生产，将生产出来的单调产品进行多样化的改制加工是流通加工中占有重要地位的一种加工形式。例如，对钢材卷板的舒展、剪切加工；平板玻璃按需要规格的开片加工；木材改制成枕木、方材、板材等加工；商品混凝土和商品水泥制品的加工等。对于生产型用户而言，这种加工形式可以缩短企业的生产流程，使生产技术密集程度提高，生产周期缩短。同时这种流通加工作业也可以使一般消费者省去烦琐的预处置工作，而集中精力从事较高级、能直接满足需求的劳动。

3. 以保存产品为目的的流通加工

这种流通加工形式的目的是使产品的使用价值得到妥善保存，延长产品在生产与使用间的时间距离。根据加工的对象不同，这种加工形式可表现为生活消费品的流通加工和生产资料的流通加工。生活消费品的流通加工是为了使生活资料消费者对消费对象在质量上保持满意，如水产品、蛋产品、肉产品等要求的保鲜、保质的保鲜加工、冷冰加工和防腐加工等；丝、麻、棉织品的防虫、防霉加工等。生产资料的流通加工是为了使生产资料的使用价值下降幅度为最小，如为防止金属材料的锈蚀而进行的喷漆、涂防锈油等措施和手段；木材的防腐朽、防干裂加工；水泥的防潮、防湿加工等。一般来说，以保存产品为主要目的的流通加工并不改变物资和产品的外形、性质，加工的水平和深度与被加工物的性质和特点关系较大。

4. 为提高物流效率的流通加工

有一些产品，由于其自身的特殊形状或性质，在运输、装卸作业中效率较低，极易发生损失的情况，则需要进行适当的流通加工以弥补这些产品的物流缺陷。例如，自行车在消费地区的装配加工可防止整车运输的低效率和高损失；造纸用木材磨成木屑的流通加工，可极大地提高运输工具的装载效率；集中燃烧熟料，分散磨制水泥的流通加工，可有效地防止水泥的运输损失，提高运输效率；石油气的液化加工，可使很难输送的气态物转变为容易输送的液态物，也可提高物流效率。这种加工往往改变物的物理状态，但并不改变其化学特性，并最终仍能恢复原物理状态。

5. 为方便消费、促进销售的流通加工

这种流通加工形式在加工的深度上更接近于消费，使消费者感到更加省力、省时、方便，从而起到促进销售的作用。如将定尺、定型的钢材按要求下料，将木材制成可直接投入使用的各种型材，以方便生产的需要；将过大包装或散装物分装成适合一次销售的小包装的分装加工；将原以保护产品为主的运输包装改换成以促进销售为主的装潢性包装，起到吸引消费者、指引消费的作用；将零配件组装成用具、车辆以便于直接销售；将蔬菜、肉类洗净切块以方便消费者消费等。此外，副食行业推出的盘菜、半成品加工，商场推出的首饰、服装加工等，都不同程度地满足了消费者的方便、省力的要求。

6. 为提高原材料利用率和加工效率的流通加工

流通加工利用其综合性强、用户多的特点，可以采用合理规划、合理套裁、集中下料的办法，能有效提高原材料利用率，减少损失浪费。利用在流通领域的集中加工代替分散在各使用部门的分别加工，可以大大提高物资的利用率，具有明显的经济效益。

许多生产企业的初级加工往往数量有限、加工效率不高、科技含量低的缺陷。流通加工以集中加工的形式，以一家流通加工企业代替若干生产企业的初级加工工序，可以克服单个物流企业进行流通加工费用高的缺点，实现集中加工，规模经营。例如，钢材的集中下料，可充分进行合理下料，搭配套裁，以减少边角余料，从而达到加工效率高、加工费用低的目的。

7. 以实施配送为目的的流通加工

配送中心为实现配送活动，满足用户对物资供应的数量、供应构成的要求，配送中心将对物资进行各种加工活动，如拆整化零、定量备货、定尺供应等。随着物流技术水平的不断提高，流通加工活动有时在配送过程中得以实现，如混凝土搅拌车。流通中心可根据

用户的要求，把沙子、水泥、石子、水等各种不同材料按比例要求装入水泥搅拌车可旋转的罐中，在配送路途中，汽车边行驶边搅拌，在到达施工现场后，混凝土已经均匀地搅拌好，便可直接投入使用。

8．为衔接不同运输方式，使物流合理化的流通加工

由于现代社会生产的相对集中和消费的相对分散，流通过程中衔接生产的大批量、高效率的输送和衔接消费的多品种、小批量、多户头的输送之间，存在着很大的矛盾。某些流通加工形式可以较为有效地解决这个矛盾。以流通加工点为分界点，从生产部门至流通加工点可以形成大量的、高效率的定点输送；从流通加工点至用户则可形成多品种、小批量、多户头的灵活输送。例如，散装水泥的中转仓库担负起散装水泥装袋的流通加工及将大规模散装转化为小规模散装的任务，就属于这种流通加工形式。

9．以提高经济效益、追求企业利润为目的的流通加工

流通加工的一系列优点可以形成一种“利润中心”的经营形态，这种类型的流通加工是经营的一环，在满足生产和消费要求的基础上取得利润，同时在市场和利润引导下使流通加工在各个领域能有效地发展。

10．生产-流通一体化的流通加工

依靠生产企业与流通企业的联合，或者生产企业涉足流通，或者流通企业涉足生产，形成的对生产与流通加工进行合理分工、合理规划和合理组织，统筹进行生产与流通加工的安排，这就是生产-流通一体化的流通加工形式。这种形式可以促成产品结构及产业结构的调整，充分发挥企业集团的经济技术优势，是目前流通加工领域的新形式。

二、常用流通加工的方法与技术

(一)钢板剪板及下料的流通加工

热连轧钢板和钢带、热轧厚钢板等板材最大交货长度常可达 7～12 米，有的是成卷交货，对于使用钢板的用户来说，大、中型企业由于消耗量大，可设专门的剪板及下料加工设备，按生产需要剪板、下料；但对于使用量不大的企业和多数中、小型企业来讲，单独设置剪板、下料的设备，会使设备闲置时间过长，人员浪费大，不容易采用先进方法。钢板的剪板及下料加工可以有效地解决上述弊病。剪板加工是在固定地点设置剪板机；下料加工是设置各种切割设备，将大规格钢板裁小，或切裁成毛坯，以便利用户。

钢板剪板及下料的流通加工有以下四项优点。

(1) 由于可以选择加工方式，加工后钢材的晶相组织较少发生变化，可以保证原来的交货状态，因而有利于进行高质量加工。

(2) 加工精度高，可减少废料和边角料，也可减少再进行精加工的切削量，既可提高再加工效率，又有利于减少消耗。

(3) 由于集中加工可保证批量及生产的连续性，又可以专门研究此项技术并采用先进设备，从而大幅度提高效率和降低成本。

(4) 使用户简化生产环节，提高生产水平。

(二)水泥熟料的流通加工

水泥熟料的流通加工是指在需要长途调入水泥的地区，变调入成品水泥为调进熟料这种半成品，在该地区的流通加工据点(粉碎工厂)粉碎，并根据当地资源和需求的情况掺入混合材料及外加剂，制成不同品种及标号的水泥，供应给当地用户。这是水泥流通加工的重要形式之一。

在需要经过长距离输送供应的情况下，以熟料形态代替传统的粉状水泥，具有以下五项优点。

1. 大大降低运费、节省运力

在调运普通水泥和矿渣水泥时，有30%以上的运力是消耗在运输矿渣及其他各种加入物上。在我国，水泥需用量较大的地区，工业基础大都较好，当地又有大量工业废渣，如果在使用地区对熟料进行粉碎，可以根据当地的资源条件选择混合材料的种类，这样就节约了消耗在混合材料上的运力和运费。同时水泥输送的吨位也随之大大减少，有利于缓和铁路运输的紧张状态。

2. 发展低标号水泥品种

我国大、中型水泥厂生产的水泥，平均标号逐年提高，但是目前我国使用水泥的部门，大量需要较低标号的水泥。然而，大部分施工部门没有在现场加入混合材料来降低水泥标号的技术力量和设备，因此，不得已而使用标号较高的水泥，这会造成很大的浪费。如果以熟料为长距离输送的形态，在使用地区加工粉碎，就可按照当地的实际需要大量掺加混合材料，生产廉价的低标号水泥，并发展低标号水泥的品种，在现有生产能力的基础上，最大限度地满足需要。

3. 以较低的成本实现大批量、高效率的输送

采用输送熟料的流通加工形式，既可以充分利用站、场、仓库现有的装卸设备，又可以利用普通车皮装运，比之散装水泥方式，具有更好的技术经济效果。

4. 大大降低水泥的输送损失

水泥的水硬性是在充分磨细之后才表现出来的，而未磨细的熟料抗潮湿的稳定性很强。所以，输送熟料也可以基本防止由于受潮而造成的损失，此外，颗粒状的熟料不像粉状水泥那样易于散失。

5. 更好地衔接产需，方便用户

采用长途输送熟料的方式，水泥厂就可以和有限的熟料粉碎厂之间形成固定的直达渠道，能实现经济效果较好的物流。水泥的用户也可以不出本地区直接向当地的熟料粉碎厂订货，因而可以更好地沟通产需关系，方便用户的需求。

(三)商品混凝土流通加工

水泥的运输与使用，在以往习惯上是以粉状水泥供给用户，由用户在建筑工地现制现拌混凝土使用。而现在将粉状水泥输送到使用地区的流通加工据点(集中搅拌混凝土工厂或

称生混凝土工厂)，在那里搅拌成生混凝土，然后供给各个工地或小型构件厂使用。这是水泥流通加工的另一种重要方式。在许多工业发达的国家，因直接采用混凝土加工形式在技术经济效果上优于直接供应工地并现场制作混凝土的方法，故被广泛采用。这种流通加工的形式具有以下三项优点。

(1) 把水泥的使用从小规模的分散形态改变为大规模的集中加工形态，可充分应用现代化的科学技术，组织现代化的大生产；可以发挥现代设备和现代管理方法的优势，大幅度提高生产效率和混凝土质量。

商品混凝土的集中搅拌，可以采取准确的计量手段和最佳的工艺；可以综合考虑添加剂、混合材料的影响，根据不同需要，大量使用混合材料，拌制不同性能的混凝土；又能有效控制骨料质量和混凝土的离散程度，可以在提高混凝土质量、节约水泥、提高生产率等方面获益，具有大生产的一切优点。

(2) 商品混凝土流通加工与分散加工相比，在相等的生产能力下，集中搅拌的设备在吨位、设备投资、管理费用、人力及电力消耗等方面都能大幅度降低；由于生产量大，可以采取措施回收使用废水，防止各分散搅拌点排放清洗机械废水的污染，有利于环境保护；由于设备固定不动，还可以避免因经常拆建所造成的设备损坏，可延长设备的使用寿命。

(3) 采用商品混凝土集中搅拌的流通加工方式，可以使水泥的物流更加合理。在集中搅拌站(厂)与水泥厂(或水泥库)之间，可以形成固定的供应渠道，这些渠道的数目大大少于分散使用水泥的渠道数目。在这些有限的供应渠道之间，就容易采用高效率、大批量的输送形态，有利于提高水泥的散装率。在集中搅拌场所内，还可以附设熟料粉碎设备，直接使用熟料，实现熟料粉碎及拌制生混凝土两种流通加工形式的结合。

此外，采用商品混凝土流通加工方式，还有利于新技术的推广、应用，简化工地管理手续，节约施工用地，减少加工费用。

(四)木材的流通加工

1. 磨制木屑压缩运输

木材是比重轻的物资，在运输时占有相当大的容积，往往使车船满装但不能满载，同时，装车、捆扎也比较困难。为此，在林木生产地就地将原木磨成木屑，然后采取压缩方法，使之成为比重较大、容易装运的形状，然后运至靠近消费地的造纸厂。

2. 集中开木下料

在流通加工点将原木锯裁成各种规格木材，同时将碎木、碎屑集中加工成各种规格板，甚至还可以进行打眼、凿孔等初级加工。过去用户直接使用原木，不但加工复杂、所需加工场地大、加工设备多，而且资源浪费大，木材平均利用率和出材率低。实行集中下料按用户要求供应规格料，可以提高原木利用率和出材率，取得相当好的经济效益。

(五)煤炭及其他燃料的流通加工

1. 除矸加工

除矸加工是以提高煤炭纯度为目的的加工形式。矸石有一定发热量，煤炭混入一些矸石是允许的，也是较经济的。但在运力十分紧张的地区，要求充分利用运力，多运“纯物质”，少运矸石，在这种情况下，可以采用除矸的流通加工来排除矸石。

2．为管道输送煤浆进行的加工

煤炭的运输方法主要是采用容器载运的方法，运输中损失浪费较大，又容易发生火灾。采用管道运输是近代兴起的一种先进技术，目前，某些发达国家已开始投入运行。我国有些企业内部也采用这一方法进行燃料输送。在流通的起始环节将煤炭磨成细粉，再用水调和成浆状，使之具备流动性，可以像其他液体一样进行管道输送。这种方式输送连续、稳定，而且迅速，是一种更为经济的运输方法。

3．配煤加工

在使用地区设置集中加工点，将各种煤及其一些其他发热物质按不同配方进行掺配加工，生产出各种不同发热量的燃料，称作配煤加工。这种加工方式可以按需要发热量生产和供应燃料，防止热能浪费或者发热量过小的情况出现。工业用煤经过配煤加工，还可以起到便于计量控制、稳定生产过程的作用，在经济及技术上都具有重要价值。

4．天然气、石油气的液化加工

由于气体输送、保存都比较困难，天然气及石油气往往只好就地使用，如果有过剩往往就地燃烧掉，容易造成浪费和污染。对天然气、石油气的输送可以采用管道输送，但因投资大、输送距离有限，也受到制约。我们可将天然气、石油气进行液化加工，即在产出地将天然气或石油气压缩到临界压力之上，使之由气体变为液体，然后用容器装运，使用时机动性较强。这是目前采用较多的形式。

(六)平板玻璃的流通加工

平板玻璃的“集中套裁，开片供应”是重要的流通加工方式。这种方式是在城镇中设立若干个玻璃套裁中心，按用户提供的图纸统一开片，供应用户成品。在此基础上，可以逐渐形成从工厂到套裁中心的稳定、高效率、大规模的平板玻璃“干线输送”，以及从套裁中心到用户的小批量、多户头的“二次输送”的现代物流模式。这种方式的好处有以下三点。

(1) 平板玻璃的利用率可由不实行套裁时的62%～65%提高到90%以上。

(2) 可以促进平板玻璃包装方式的改革。从工厂向套裁中心运输平板玻璃，如果形成固定渠道，便可以大规模集装，这样，既节约了大量包装用木材，又防止了流通中的大量破损。

(3) 套裁中心按需要裁制，有利于玻璃生产厂简化规格，搞单品种大批量生产。不但能提高工厂的生产率，而且简化了工厂切裁、包装等工序，使工厂集中力量解决生产问题。此外，现场切裁玻璃劳动强度大，废料也难以处理；搞集中套裁，可以广泛采用专用设备进行裁制，使废玻璃相对减少，并且易于集中处理。

(七)机械产品及零配件的流通加工

1．组装加工

自行车及机电设备储运困难较大，主要是不易进行包装，如果进行防护包装，包装成

本过高，并且运输装载困难，装载效率低，流通损失严重。但装配较简单，对装配技术要求不高，主要功能已在生产中形成，装配后不需进行复杂的检测及调试。所以，为解决储运问题，降低储运费用，以半成品(部件)高容量包装出厂，在消费地拆箱组装。组装一般由流通部门进行，组装之后随即进行销售。这种流通加工方式近年来已在我国被广泛采用。

2. 石棉橡胶板的开张成型加工

石棉橡胶板是机械装备、热力装备、化工装备中经常使用的一种密封材料，单张厚度3毫米左右，单张尺寸有的达4米，在储运过程中极易发生折角等损失。此外，许多用户所需的垫塞圈规格比较单一，不可能安排不同尺寸垫圈的套裁，利用率也很低。石棉橡胶板开张成型加工，是按用户所需垫塞物体尺寸裁制，不但方便用户使用及储运，而且可以安排套裁，提高利用率，减少边角余料损失，降低成本。这种流通加工套裁的据点一般设在使用地区，由供应部门组织。

(八)生鲜食品的流通加工

食品流通加工的类型种类繁多，既有为了保鲜而进行的流通加工，如保鲜包装，也有为了提高物流效率而进行的对蔬菜和水果的加工，如去除多余的根叶，鸡蛋去壳后加工成液体装入容器，鱼类和肉类食品去皮、去骨等。此外，半成品加工、快餐食品加工也成为流通加工的组成部分。

1. 冷冻加工

冷冻加工是为解决鲜肉、鲜鱼在流通中保鲜及搬运装卸的问题，采取低温冻结的方式进行加工。这种方式也用于某些流体商品和药品等。

2. 分选加工

农副产品离散情况较大，为获得一定规格的产品，采取人工或机械分选的方式进行加工。这种方式被广泛用于果类、瓜类和棉毛原料等。

3. 精致加工

精致加工是对农、牧、副、渔等产品在产地或销售地设置加工点，去除产品无用部分，进行切分、洗净、分装等加工。这种加工不但大大方便了购买者，而且还可对加工的淘汰物进行综合利用。比如，鱼类的精制加工所剔除的内脏可以制某些药物或饲料，鱼鳞可以制高级黏合剂，头尾可以制鱼粉等；蔬菜的加工剩余物可以制饲料、肥料等。

4. 分装加工

为便于销售，将大包装改小包装、散装改小包装、运输包装改销售包装，以满足消费者对不同包装规格的需求。

【案例 1】日本推广新含气调理食品加工保鲜技术

一项被称为“领先21世纪的食品加工新技术”——新含气调理食品加工保鲜技术由日本小野食品兴业株式会社研制开发并开始在中国推广应用。

新含气调理食品加工保鲜技术是针对目前普遍使用的真空包装、高温高压灭菌等常规加工方法存在的不足，而开发的一种适合加工各类新鲜方便食品或半成品的新技术。该项技术的工艺流程可分为初加工、预处理(减菌、加味)、气体置换包装和调理杀菌四个步骤。它是通过将食品原材料预处理后，装在高阻氧的透明软包装袋中，抽出空气并注入不活泼气体(通常使用氮气)并密封，然后在多阶段升温、两阶段冷却的调理杀菌锅内进行温和式灭菌。经灭菌后的食品能较完好地保存食品的品质和营养成分，而食品原有的色、香、味、形、口感几乎不发生改变，并可在常温下保存和流通长达 6～12 个月。这不仅解决了高温高压、真空包装食品的品质劣化问题，而且也克服了冷藏、冷冻食品的货架期短、流通领域成本高等缺点。因而该技术被业内专家普遍认为具有极大的推广应用价值。

专家认为，新含气调理食品保鲜加工新技术可广泛应用于传统食用的工业化加工，有助于开发食品新品种，扩大食品加工的范围，从而开拓新的食品市场。该技术尤其适用于加工肉类、禽蛋类、水产品、蔬菜、水果、主食类和汤汁类等多种烹调食品或食品原材料，应用前景十分广阔。目前，日本小野食品兴业株式会社已经开发出 37 种新含气调理食品，包括主食、肉食、禽蛋、水产、素食、甜食和汤汁等类别。在日本国内已有数百家食品企业应用这种加工保鲜新技术。新加坡、中国台湾地区、山东省和湖南省也引进了数条生产线。

(资料来源：刘华. 现代物流管理与实务. 北京：清华大学出版社，2004)

【案例 2】时装 RSD 服务

RSD 服务是时装的接受、分类和配送服务。RSD 是 TNT 澳大利亚公司下属的一家分公司开展的物流服务业务，它可以为顾客提供从任何地方来、到任何地方去的时装流通加工、运输和分送的需要。

时装 RSD 服务是建立在时装仓库的基础之上的。时装仓库最大的特点是，具有悬挂时装的多层仓库导轨系统。一般有 2～3 层导轨悬挂的时装，可以直接传输到运送时装的集装箱中，形成时装取货、分类、库存、分送的仓储、流通加工、配送等的集成系统。在这个基础上，无论是平装还是悬挂的时装，都可以最优越的时装运输条件，进行“门到门”的运输服务。在先进的时装运输服务基础上，公司开展了 RSD 服务项目，其实质是一种流通加工业务。RSD 服务满足了时装制造厂家、进口商、代理商或零售商的需要，依据顾客及市场的情况对时装的取货、分类、分送(供销)全部过程负责。

时装 RSD 服务可以完成制衣过程的质量检验等工作，并在时装仓库中完成进入市场前的一切准备工作。

(1) 取货。直接到制衣厂上门取时装。

(2) 分类。根据时装颜色、式样进行分类。

(3) 检查。检查时装颜色、脱线等质量问题。

(4) 装袋。贴标签后装袋、装箱。

(5) 配送。按销售计划，直接送达经销商或用户。

(6) 信息服务与管理。提供相应的时装信息服务和计算机化管理。

许多属于生产过程的工作程序和作业，可以在仓储过程中完成，这是运输业务的前向和后向延伸，是社会化分工协作的又一具体体现。这样，服装生产厂家便可以用最小的空

间(生产场地)、最少的时间、最低的成本来实现自己的销售计划，从而物流企业也就有了相对稳定的业务量。

(资料来源：周在青. 物流业务管理. 上海：上海财经大学出版社，2003)

第三节　流通加工管理

组织流通加工的方法与组织运输、交易等方法区别较大，在许多方面类似于生产组织和管理。因此，流通加工的管理需要特殊的组织和安排。

一、流通加工的投资管理

由于流通加工是在产需之间增加了一个中间环节，所以它延长了商品的流通时间，增加了商品的生产成本，存在着许多降低经营效益的因素。因此，必须进行技术经济可行性分析加以论证，综合比较分析后，方能最终决定是否设置流通加工环节。设置流通加工环节一般需要从以下三个方面进行分析。

1. 设置流通加工的可行性分析

流通加工只是生产加工制造的一种补充形式，是否需要进行流通加工应进行认真的可行性分析。

(1) 从生产领域分析。主要考虑能否通过延续生产过程或改造原有生产过程使生产与需求衔接，而免去流通加工环节的设置。在生产过程确实不能满足产需衔接，或实现产需衔接表现的经济效益不好的情况下，才可考虑设置流通加工环节。

(2) 从消费领域分析。主要考虑能否通过在使用单位进行加工来实现产需衔接。当在使用单位进行相关加工因技术、场地、设备、组织管理以及经济效益问题无法实现或无法完全实现其效益的情况下，方可考虑设置流通加工环节。

(3) 从物流过程分析。主要考虑能否采用其他方式，如集装化、专门化等方法解决流通加工需解决的问题。若其他方式均不能较好地解决流通加工的预期目的，方可考虑设置流通加工环节。

(4) 从经济角度分析。流通加工仅是一种补充性、延伸性、辅助性加工，而且其技术设备要适用，规模要合理，这样投资方面的要求相对较低。

对于可以与仓储作业、场地、人员、设施、设备共用的流通加工环节，因其主要投资已在仓库建设中考虑过，属沉没成本，故此时的流通加工环节，应考虑如何更多、更好地提供流通加工服务。主要考察流通加工工艺、组织与管理水平，以能否适应或满足用户要求为准则即可。例如，时装的分类、质检、包装等作业与仓储用的时装导轨、场地完全可以或基本可以共用，则可免去可行性研究工作。

2. 设置流通加工的经济性分析

流通加工一般都是比较简单的加工，在技术上不会有太大的问题，投资建设时重点要考虑的是在经济上是否划算。流通加工的经济效益主要取决于加工量的大小，以及加工设备和生产人员是否能充分发挥作用。如果任务量很小，生产断断续续，加工能力经常处于闲置状态，那就有可能出现亏损，因此加工量预测是流通加工点投资决策的主要依据。此外，还要分析该流通加工项目的发展前景，如发展前景良好，近期效益不理想也是可以接受的。

3. 投资决策和经济效果评价

流通加工项目的投资决策和经济效果评价，主要使用净现值法、投资回收期和投资收益率。

二、流通加工的生产管理与质量管理

1. 流通加工的生产管理

流通加工的生产管理是指对流通加工生产全过程的计划、组织、协调与控制，包括生产计划的制订、生产任务的下达、人力和物力的组织与协调、生产进度的控制等。在生产管理中特别要加强生产的计划管理，提高生产的均衡性和连续性，充分发挥生产能力，提高生产效率；要制定科学的生产工艺流程和加工操作规程，实现加工过程的程序化和规范化。

流通加工生产管理内容及项目很多，如对劳动力、设备、动力、财务、物资等方面的管理。对于套裁型流通加工，其最具特殊性的生产管理是出材率的管理。这种流通加工形式的优势就在于物资的利用率高、出材率高，从而获取效益。对于集中下料类型的流通加工，应重视对原材料有效利用的管理，不断提高材料的利用率。

2. 流通加工的质量管理

流通加工的质量管理，应是全员参加的、对流通加工全过程和全方位的质量管理。它包括对加工产品质量和服务质量的管理。加工后的产品其外观质量和内在质量都应符合有关标准。有些加工后的产品，没有国家和部颁标准，其质量的掌握，主要是满足用户的要求。但是，由于各用户的要求不一，质量宽严程度也就不同，所以要求流通加工必须能进行灵活的柔性生产，以满足不同的用户对质量的不同要求。

流通加工除应满足用户对加工质量的要求以外，还应满足用户对品种、规格、数量、包装、交货期、运输等方面的服务要求。对产品的流通加工绝不能违背用户的意愿，由加工单位自作主张，脱离用户的生产实际，这样对用户不仅无益反而有害。流通加工的服务质量，只能根据用户的满意程度来进行评价。

三、流通加工的技术经济指标

衡量流通加工的可行性，对流通加工环节进行有效的管理，可考虑采用以下两类指标。

1. 流通加工建设可行性指标

流通加工仅是一种补充性加工，而且规模、投资都必然低于生产性企业。其投资特点是：投资额较低，投资空间短，建设周期短，投资回收速度快且投资效益较大。因此，投

资可行性分析可采用静态分析法。

2．流通加工日常管理指标

由于流通加工的特殊性，不能全部搬用考核一般企业的指标。例如，在八项技术经济指标中，对流通加工较为重要的是劳动生产率、成本利润率指标，此外，还有以下反映流通加工特殊性的指标。

(1) 产品增值指标：反映流通加工后单位产品的增值程度

$$\text{增值率}=\frac{\text{产品加工后价值}-\text{产品加工前价值}}{\text{产品加工前价值}}\times 100\%$$

(2) 品种规格增加额及增加率

$$\text{品种规格增加率}=\frac{\text{品种规格增加额}}{\text{加工前品种规格}}\times 100\%$$

(3) 资源增加量指标

$$\text{新增出材率}=\text{加工后出材率}-\text{原出材率}$$

$$\text{新增利用率}=\text{加工后利用率}-\text{原利用率}$$

四、流通加工中心的布局

1．以实现物流为主要目的的加工中心

以实现物流为主要目的的流通加工中心应设置在靠近生产地区。经这种加工中心的货物能顺利地、低成本地进入运输、储存等物流环节。如肉类、鱼类的冷冻食品加工中心，木材的制浆加工中心等。

2．以强化服务为主要目的的流通加工中心

以实现销售、强化服务为主要目的的流通加工中心应设置在靠近消费地区。经这里加工过的货物能适应用户的具体要求，有利于销售。如平板玻璃的开片套裁加工中心等。

五、提高流通加工效益的途径

我们可以通过以下途径来提高流通加工的效益。

(1) 要合理划分加工的供应区域。一般按经济区域来组织流通加工，以便于使流通加工与物资流通系统协调一致，提高加工的整体功能。

(2) 加工点的分布要合理。加工点一般都设在消费地，要注意同一层次、同一形式的加工点在同一地区的数量和消费需求的数量相平衡，防止重复或短缺。大型的物流企业可自行建立加工企业，中小型的物流中心可与其他加工企业进行协作加工。

(3) 在大型的中心城市应设立综合性的流通加工中心，注意加工机构、种类的齐全，以实现加工的社会化服务。

(4) 加工企业应注意加工的品种要根据加工网络的分工来确定；加工的规模要根据流通量的大小来确定；加工的技术水平要根据物资的特点来确定。

第四节 流通加工合理化

一、不合理流通加工的表现形式

流通加工是在流通领域中对生产的辅助性加工，从某种意义上讲，它有效地补充和完善了生产产品的使用价值。但是，如果流通加工设计不当，就会对生产加工和流通加工产生负效应，所以应尽量避免不合理的流通加工。

不合理的流通加工主要表现在以下四个方面。

1. 流通加工地点设置的不合理

流通加工地点设置即布局状况是关系到整个流通加工能否有效的重要因素。一般而言，为衔接单品种大批量生产与多样化需求的流通加工，加工地设置在需求地区，才有利于实现大批量的干线运输与多品种末端配送的物流优势。

如果将流通加工地设置在生产地区，其不合理之处在于：

(1) 多样化需求所要求的产品多品种、小批量由产地向需求地的长距离运输会出现不合理；

(2) 在生产地增加了一个加工环节，同时增加了近距离运输、装卸、储存等一系列物流活动。

所以，在这种情况下，不如由原生产单位完成这种加工而不需设置专门的流通加工环节。

一般而言，为方便物流的流通加工的加工地应设在产出地。如果将其设置在消费地，则不但不能解决物流问题，反而在流通中增加了一个中转环节，因而也是不合理的。

即使是产地或需求地设置流通加工的选择是正确的，还存在一个在小地域范围的正确选址问题，如果处理不善，仍然会出现选址不合理。这种不合理主要表现在交通不便，流通加工与生产企业或用户之间距离较远，流通加工点的投资过高(如受选址的地价影响)，加工点周围的社会、环境条件不良等。

2. 流通加工方式选择不当

流通加工方式包括流通加工对象、流通加工工艺、流通加工技术和流通加工程度等。流通加工方式的正确选择实际上是指与生产加工的合理分工。本来应由生产加工完成的，却错误地由流通加工完成；本来应由流通加工完成的，却错误地由生产加工去完成，都会造成不合理。

流通加工不是对生产加工的代替，而是一种补充和完善。一般如果工艺复杂、技术装备要求较高，或加工可以由生产过程延续以及较易解决的都不宜再设置流通加工，尤其不宜与生产过程争夺技术要求较高、效益较高的最终生产环节，更不宜利用一个时期市场的压迫力使生产者变成初级加工或前期加工，而流通企业完成装配或最终形成产品的加工。如果流通加工方式选择不当，就会出现与生产过程夺利的恶果。

3．流通加工作用不大，形成多余环节

有的流通加工过于简单，或对生产及用户作用都不大，甚至存在盲目性，同样不能解决品种、规格、质量、包装等问题，相反却增加了中间环节，这也是流通加工不合理的一种形式。

4．流通加工成本过高，效益不好

流通加工之所以能够有生命力，重要优势之一是有较大的投入产出，因而有效地起着补充、完善的作用。如果流通加工成本过高，便不能实现以较低投入实现最高回报的目的。除了一些必需的、政策要求即使亏损也应进行的加工外，都应看成是不合理的。

二、实现流通加工合理化的途径

(一)流通加工合理化考虑的因素

进行流通加工需要一定的场地、设施、设备和专用工具，并需要将劳动力与之合理配合。在设置流通加工时，需要进行可行性分析，并掌握相关的流通加工的基本技术和方法。流通加工子系统可依据加工物品、销售对象和运输作业的要求，综合考虑以下因素。

(1) 选择加工场所与分析加工过程的安全性、经济性。

(2) 加工机械的配置与空间组织。

(3) 流通加工的技术和方法。

(4) 流通加工作业规程。

(5) 加工质量保障体系。

(6) 加工对象如产品的销售渠道与销售市场情况。

(7) 满足客户需要的指标及考核。

(8) 降低流通加工费用。

(9) 流通加工组织与管理。

(二)流通加工合理化的有效措施

流通加工合理化是指实现流通加工的最优配置，不仅要做到避免各种不合理现象，使流通加工有存在的价值，而且要做到流通加工的整体优化。为避免各种不合理现象，实现流通加工合理化，要从以下五个方面予以考虑。

1．加工和配送结合

将流通加工设置在配送点，一方面按配送的需要进行加工，另一方面加工又是配送业务流程中分货、拣货、配货的一环。加工后的产品直接投入配货作业，这就无须单独设置一个加工的中间环节，使流通加工有别于独立的生产，又使流通加工与中转流通巧妙地结合在一起。同时，由于配送之前有加工，可使配送服务水平大大提高。这是当前对流通加工进行合理选择的重要形式，在煤炭、水泥等产品的流通中已表现出了较大的优势。

2．加工和配套结合

在对配套要求较高的流通中，配套的主体来自各个生产单位。但是完全配套有时无法全部依靠现有的生产单位进行适当的流通加工，因此可以有效促成配套，大大提高流通作为连接生产与消费的“桥梁与纽带”的能力。

3．加工和合理运输结合

流通加工能有效衔接干线运输与支线运输，促进两种运输形式的合理化。利用流通加工，在支线运输转干线运输或干线运输转支线运输时本来就必须停顿的环节，不进行一般的支转干或干转支，而是按干线或支线运输的要求进行适当加工，从而大大提高运输及运输转载水平。

4．加工和合理商流相结合

通过加工有效地促进销售，使商流合理化，也是流通加工合理化的考虑方向之一。加工和配送有机结合，可以提高配送水平，强化销售，这是加工与商流相结合的一个成功的例证。此外，通过简单地改变包装加工，可形成方便的购买量；通过组装加工消除用户使用前进行组装、调试的困难，都是有效促进商流的例子。

5．加工和节约相结合

节约能源、节约设备、节约人力和节约耗费都是流通加工合理化的重要考虑因素，也是目前我国设置流通加工、考虑其合理化的较普遍形式。但是，对于流通加工合理化的最终判断，不是要看其是否能实现社会和企业本身的两个效益，而是要看其是否取得了最优效益。对流通加工企业而言，与一般生产企业不同的是，流通加工企业更应首先树立社会效益第一的观念，不能只为追求企业的微观效益而不适当地进行加工，而要以发挥自身对生产加工或全部物流活动的补充完善功能作为自己生存的价值所在。只有这样，才能真正做到厉行节约，以实现自身能力的提升，最终提高企业利润。

【案例】阿迪达斯的流通加工

阿迪达斯公司在美国有一家超级市场，设立了组合式鞋店，摆放着的不是做好了的鞋子，而是做鞋用的半成品。款式花色多样，有 6 种鞋跟、8 种鞋底，均为塑料制造的；鞋面的颜色以黑、白为主；搭带的颜色有 80 种，款式有百余种。客户进来可任意挑选自己所喜欢的各部分，交给职员当场进行组合，只要 10 分钟，一双崭新的鞋便唾手可得。这家鞋店昼夜营业，职员技术熟练，鞋子的售价与成批制造的价格差不多，有的还稍便宜些。所以客户络绎不绝，销售金额是邻近楼店的 10 倍。

(资料来源：钱廷仙. 现代物流管理. 南京：东南大学出版社，2003)

三、关于绿色流通加工

绿色流通加工是流通部门对环境保护可以大有作为的领域。绿色流通加工的途径主要有以下两个。

(1) 变消费者分散加工为专业集中加工，以规模作业方式提高利用效率，以减少环境污染。如餐饮服务业对食品的集中加工可以减少家庭分散烹调所造成的能源浪费和空气污染。

(2) 集中处理消费品加工中产生的边角废料，以减少消费者分散加工所造成的废弃物污染。如流通部门对蔬菜的集中加工减少了居民分散垃圾丢放及相应的环境治理问题。

随着社会的发展，节约资源、保护环境已不仅是企业出于对公众利益的关切而进行的一种公益事业，而且已成为必须履行的社会义务。绿色事业为企业开辟了新的经营与发展领域，给企业带来了新的拥有巨大潜力的商机。企业必须树立自己的绿色经营战略与策略。在发达国家，很多企业都将绿色事业作为企业战略发展与日常经营活动中的重要部分。流通企业可采用的绿色流通战略包括：绿色食品经营与营销战略、绿色企业文化与形象战略、绿色流通作业战略等。相应地，企业可采用采购、价格、营销及公关等经营策略来实现绿色经营的战略目标。

本 章 小 结

本章对流通加工及流通加工管理的基本知识和相关内容作了较为详细的介绍。

流通加工是指在物品从生产者向消费者流动的过程中，为了有效利用资源、方便用户、提高物流效率、促进销售和维护产品质量，在流通领域对产品进行的初级或简单再加工。流通加工不但可以方便流通，而且还是物流业的利润来源，对于提高原材料的利用率和各种输送手段的效率都具有十分重要的作用。

流通加工的类型，根据不同的目的可以划分为不同的类型：为弥补生产领域加工不足的流通加工；以满足需求多样化为目的的流通加工；以保存产品为目的的流通加工；以提高物流效率为目的的流通加工；为方便消费、促进销售的流通加工；为提高原材料利用率和加工效率的流通加工；以实施配送为目的的流通加工；为衔接不同运输方式，使物流合理化的流通加工；以提高经济效益、追求企业利润为目的的流通加工；生产-流通一体化的流通加工。并介绍了几种常见的流通加工方法与技术。

流通加工的管理包括：流通加工的投资管理、流通加工的生产管理、流通加工的质量管理、流通加工的技术经济指标、流通加工中心的布局。

流通加工的合理化是重点内容，不合理的流通加工主要表现在：流通加工地点的设置不合理；流通加工方式选择不当；流通加工作用不大，形成多余环节；流通加工成本过高，效益不好。实现流通加工的合理化，需要树立系统的观念，把流通加工与配送、配套、运输、商流、节约有机地结合起来进行综合考虑。

复习思考题

一、单选题

1. 能改变物质的空间状态与时间状态的过程是(　　)。

　A. 生产　　B. 流通　　C. 加工　　D. 配送

2. 以下哪项不是流通加工和一般生产加工的区别(　　)。

　A. 加工对象　　B. 加工方法　　C. 加工内容　　D. 加工目的

二、多选题

1. 以下哪些属于流通加工的作用(　　)。

A. 弥补生产领域的加工不足　　B. 节约材料、降低物流成本
C. 提高原材料利用率　　D. 满足客户多样化需求
E. 提高加工效率及设备利用率

2. 流通加工的直接经济效益有(　　)。

A. 提高劳动生产率高　　B. 提高原材料的利用率
C. 提高加工设备的利用率　　D. 提高被加工产品的质量
E. 提高收益

3. 流通加工管理可分为(　　)。

A. 计划管理　　B. 生产管理　　C. 成本管理
D. 销售管理　　E. 投资管理

4. 不合理的流通加工主要表现在以下(　　)方面。

A. 流通加工地点设置的不合理
B. 流通加工方式选择不当
C. 流通加工作用不大，形成多余环节
D. 流通加工成本过高，效益不好
E. 流通加工与生产加工重叠

5. 流通加工方式包括(　　)。

A. 流通加工对象　　B. 流通加工工艺
C. 流通加工技术　　D. 流通加工程度
E. 流通加工部门

6. 实现流通加工合理化，要从以下(　　)方面予以考虑。

A. 加工和配送结合　　B. 加工和配套结合
C. 加工和运输结合　　D. 加工和商流结合
E. 加工和节约结合

三、判断题(正确的用√表示，错误的用×表示)

1. 生产是通过改变或完善流通对象的原有形态来实现“桥梁和纽带”作用的，而流通加工则是通过保护流通对象的原有形态而实现这一作用的。　　(　　)

2. 流通加工属于加工的范畴，它是生产加工在流通领域中的延伸。　　(　　)

3. 流通加工与生产加工所处领域及实施加工的主体不同。流通加工处在流通领域，由商业或物流企业完成；而生产加工处在生产领域，由生产企业完成。　　(　　)

4. 以实现物流为主要目的的加工中心应设置在靠近生产地区；以强化服务为主要目的的流通加工中心应设置在靠近消费地区。　　(　　)

5. 流通加工不是对生产加工的代替，而是一种补充和完善。　　(　　)

四、简答题

1. 流通加工在物流中起到什么作用？

2. 流通加工和一般的生产型加工相比有哪些异同？
3. 流通加工有几种主要类型？

五、论述题

1. 不合理的流通加工表现在哪些方面？
2. 实现流通加工合理化的途径有哪些？

参 考 文 献

1. 曾剑. 现代物流学基础. 北京：电子工业出版社，2004
2. 上海现代物流人才培训中心. 现代物流管理. 上海：上海人民出版社，2002
3. 翁心刚. 物流管理基础. 北京：中国物资出版社，2002
4. 冯天山. 现代物流基础. 北京：人民交通出版社，2004
5. 翟学智等. 现代物流管理概论. 北京：中国水利水电出版社，2005
6. 崔介何. 物流学. 北京：北京大学出版社，2003
7. 于之泰. 新编现代物流学. 北京：首都经济贸易大学出版社，2005
8. 陈子侠. 现代物流学理论与实践. 杭州：浙江大学出版社，2003
9. 李建成. 现代物流概论. 北京：中国财政经济出版社，2002
10. 刘华. 现代物流管理与实务. 北京：清华大学出版社，2004
11. 盂祥茹，吕延昌，孙学琴. 现代物流管理. 北京：人民交通出版社，2001
12. 叶怀珍. 现代物流学. 北京：高等教育出版社，2003
13. 孙学琴，梁军. 物流中心运作管理. 北京：机械业出版社，2004

第九章 配送管理

本章导读：

从20世纪80年代到现在，配送在我国已经从初期的认识发展成为企业界经常采用的流通方式。配送作为一种特殊的综合物流活动形式，几乎包括了物流的全部职能。从某种程度上讲，配送是物流的一个缩影，或是在特定范围内全部物流功能的体现。本章第一节介绍了配送的概念、分类、条件以及配送管理的条件及发展；第二节介绍了配送中心的概念、分类、功能，配送中心在现代社会中的地位和作用以及配送中心的规划布局；第三节着重讲了配送的基本环节和业务流程；配送管理合理化在第四节中进行了介绍。

学习目标：

通过本章的学习需要了解配送以及配送中心的概念、分类、功能、作用等知识，在掌握配送中心的规划布局、配送管理的环节及业务流程的基础上，进一步熟悉配送管理合理化、配送的路径选择等知识。

关键概念：

配送(Distribution)
配送中心(Distribution Center)
配送合理化(Distribution Rationalization)

第一节 配送概述

配送是物流的基本功能，在物流活动中具有重要的地位和作用。配送是为直接面向最终客户提供的物流服务，在满足高度化的物流需求方面发挥着极其重要的作用。如果没有配送就会影响物流的经济效益和社会效益，可以说物流成果主要是通过配送来实现的。著名管理大师彼得·德鲁克(Peter Drucker)指出：美国人花费的每 1 美元中，大约有 50 美分是花在产品制成以后的活动上的，即在产品已经完工的以后……从经济学角度看，配送是将事物的物质特性转换为经济价值的过程，它为产品带来了客户。

一、配送的概念

所谓配送是指在经济合理区域范围内，根据客户要求对物品进行拣选、加工、包装、分割、组配等作业，并按时送达指定地点的物流活动。配送是物流中一种特殊、综合的活动形式，一般的配送通过一系列活动完成将物品送达到客户的目的；特殊的配送还要以加工活动为支撑。配送在社会再生产过程中的位置是处于接近客户的那一段流通领域。从配送的发展趋势看，商流和物流的结合越来越紧密，是配送成功的重要保障。对配送的深入认识，应当掌握以下四点。

(1) 配送是“配”和“送”的有机结合，是完全按照客户要求的数量、种类、时间等进行分货、配货和配装等工作。配送与一般送货的重要区别在于，配送利用有效的分拣、配货等理货工作，使送货达到一定的规模，以利用规模优势取得较低的送货成本。

(2) 配送是以客户的要求为出发点，按客户要求进行的一种活动。因此，在观念上必须明确“客户第一”“质量第一”，配送企业的地位是服务地位而不是主导地位。

(3) 配送不是一般的供应或供给，而是“门到门”服务性的供应，供应者从物流据点送货到客户仓库、车间、营业所或生产线。

(4) 配送是一种先进的现代物流形式。它不但给供应者和需求者带来降低物流成本、享受优质服务的直接效益，而且还能为社会节省运输车次、缓解交通压力、减少运输污染、保护生态环境等做出贡献。

二、配送的种类

根据组织方式、对象特性、种类和内容等的不同，可以把配送作业划分为多种基本形式。

(一)按配送商品的种类和数量分类

按配送商品的种类和数量可分为以下三种。

1．少品种或单个品种、大批量配送

当客户所需的商品品种较少，或对某个品种的商品需求量较大、较稳定时，可采用此种配送形式。这种配送形式由于数量大，不必与其他商品配装，可使用整车运输，该形式多由生产企业或专业性很强的配送中心直达客户。由于配送量大、品种单一或较少，可提高车辆利用率，而且配送中心内部的组织工作也较简单，故选择这种配送方式成本一般较低。

2．多品种、小批量、多批次配送

在现代化生产发展过程中，客户的需求不断变化，市场的供求状况也随之变化，这就促进了生产向多样化方面发展。生产变化引起了企业对原材料需求方面的变化，在配送上也应按照客户的要求，随时改变配送次数。这样，一种多品种、少批量、多批次的配送形式就应运而生。

多品种、少批量、多批次配送是按客户要求，将所需的各种商品配备齐全、凑整装车。对配送作业水平要求高，使用设备较复杂，计划难度大，需要有高水平的组织工作保证和配合。这种配送方式是一种高水平、高技术的方式，符合现代化“消费多样化”的新观念。

3．设备的成套、配套配送

设备的成套、配套配送是为满足企业的生产需要，按其生产进度将装配的各种零部件、部件成套设备定时送达生产线进行组装的一种配送形式。这种配送形式完成了生产企

业的大部分供应工作，使生产企业专门致力于生产，与多品种、少批量、多批次的配送效果相同。

(二)按配送服务方式分类

按配送服务方式可分为以下六种。

1．定量配送

定量配送是每次按固定数量(包括商品和品种)在指定的时间范围内进行配送。它的计划性强，每次配送的品种、数量固定，备货工作简单，可以按托盘、集装箱等集装方式，配送效率较高，成本较低；由于时间不严格限定，可以将不同客户所需商品凑整车后配送，以提高车辆利用率；客户每次接货都处理同等数量的货物，有利于人力、物力的准备。

2．定时配送

定时配送是按规定的间隔时间进行配送，如数天或数小时一次等。每次配送的品种和数量均可按计划执行，也可按事先规定的联络方式下达配送通知，然后按客户要求的品种、数量和时间进行配送。这种方式由于时间固定，易于安排工作计划，客户也易于安排接货。但是，由于配送的通知下达较晚，配货、配装难度较大，在要求配送数量变化较大时，也会使配送计划安排出现困难。

定时配送有以下两种形式。

(1) 当日配送。当日配送是定时配送中较广泛的方式，尤其是在城市内的配送，占了绝大多数比例。

当日配送方式特别适合以下情况：①消费者需求新鲜的食品，如水果、点心、肉类、蛋类和蔬菜等；②客户是小型商店，随进随售，需要采取日配送形式快速周转；③客户条件限制，不可能保持较长时期的库存，如已采用零库存方式的生产、缺乏储存设施(如冷冻设施)的客户、临时出现的要求。

(2) 准时方式。准时方式是使配送供货与生产企业生产保持同步的一种方式。这种方式比一般定时方式更为精细准确。配送每天至少一次，甚至几次，以保证企业生产之时货物不需在客户仓库中停留，而可直接运往生产场地，以绝对实现零库存。

准时方式要求有很高水平的配送系统才能实施，由于要求迅速反应，因而不可能对多客户进行周期性的共同配送计划。它适合于装配型重复大量生产的客户。

3．定时定量配送

定时定量配送是指按规定时间、规定的商品品种及数量进行配送。它结合定时配送和定量配送的特点，服务质量水准较高，组织工作难度增大。

4．定时定量定点配送

定时定量定点配送是指按照确定的周期、确定的商品品种和数量、确定的客户进行配送。这种配送形式一般事先由配送中心与客户签订协议，双方严格按协议执行。它有利于保证重点需要和降低企业库存，主要适用于重点企业和重点项目。

5．即时配送

即时配送即要随时配送，按照客户提出的时间和商品品种、数量的要求，随即进行配送。这种方式是以某天的任务为目标，在充分掌握了这一天需要的客户、需要量及种类的前提下，及时安排最优的配送路线和相应的配送车辆实行配送。它能做到每天配送都能实现最优的安排，因而是水平较高的方式。此方式适合一些零星商品、临时需要的商品或急需商品的配送。

为了使即时配送方式能有计划指导，在初期按预测的结果制订计划，以便统筹安排一个时期的任务，并准备相应的力量。而实际的配送实施计划则可在配送前一两天根据任务书来做出。

6．共同配送

所谓共同配送就是为了提高车辆装载率而有效地对多数企业共同进行配送。例如，多数进货业主设立共同配送中心，并从该中心进货，然后配送中心将所进商品汇总、分类后统一进行配送。这样，不仅可增加汽车装载率，而且多数货主的货物一次便可送达，装卸搬运作业省力、方便。

(三)按配送组织者分类

按配送组织者可分为以下四种。

1．商店配送

商店配送是指配送组织者从事商业零售网点的配送。这些网点主要承担商品的零售，一般规模不大，但经营的品种齐全。除日常零售业务外，还根据客户的要求将商店经营的品种配齐，或代客户外订外购一部分本商店平时不经营的商品，连同商店经营的品种一起配齐送给客户。这种配送组织者实力有限，往往只是小量、零星商品的配送；所配送的商品种类繁多，客户需用量不大，有些商品只是偶尔需要；很难与大型配送中心建立计划配送关系，所以利用小零售网点从事此项工作；商业零售网点数量较多，配送距离较短，所以比较灵活机动，可承担生产企业非主要生产物资的配送及对客户个人的配送。

商店配送有以下两种形式。

(1) 兼管配送形式。商店在进行一般销售的同时兼行配送的职能。商店可用于日常销售及配送，因此，有较强的机动性，可以日常销售与配送相结合，作为互相补充的方式。这种形式在一定条件下可取得更多的销售额。

(2) 专营配送形式。商店不进行销售而专门进行配送。一般情况是商店位置条件不好，不适于零售，而又有某方面经营优势及渠道优势时，可采取这种方式。

2．配送中心配送

配送中心配送是指配送组织者专职从事配送的配送中心。这种配送中心专业性强，与客户有固定的配送关系，一般实行计划配送。需配送的商品通常有一定的库存量，一般情况下很少超越自己经营范围。这种配送中配送距离较远、配送品种多、配送数量大，可以承担企业主要物资的配送及实行补充性配送等，是配送的主要形式。

配送中心配送覆盖面较宽，是一种大规模的配送形式，因此，必须有配套的大规模实施配送的设施，如配送中心建筑、车辆和路线等。但一旦建成便很难改变，灵活机动性较差，投资较高。因此，这种配送形式具有一定局限性。

3．仓库配送

仓库配送是以一般仓库为节点进行配送的形式。可以是仓库完全改造成配送中心，也可以是以仓库原功能为主，在保持原功能前提下增加一部分配送职能。由于不是专门按配送中心要求设计和建立，所以，仓库配送规模较小、配送的专业化较差。但可以充分利用原仓库的储存能力及设施、收发货场地、交通运输线路等，所以是开展中小规模的配送可选择的配送形式，也是不需人力投资的一种形式。

4．生产企业配送

生产企业配送的组织者是生产企业，尤其是进行多品种生产的生产企业。在运作时，直接由本企业开始进行配送而无须将产品运至配送中心再进行配送。由于避免了一次物流中转，所以有其一定优势，在地方性较强的生产企业中应用较多。如就地生产、就地消费的食品、饮料和百货等；在生产资料方面，某些不适于中转的化工产品及地方建材也采取这种方式。

(四)按经营形式分类

按经营形式可分为以下四种。

1．销售配送

销售配送是指配送企业是销售性企业，或销售企业进行的促销型配送。这种配送的对象往往是不固定的，客户也往往是不固定的，配送的经营状况取决于市场状况，配送随机性较强而计划性较差。各种类型的商店配送一般多属于销售配送。

2．供应配送

供应配送是指企业为了自己的供应需要所采取的配送形式：往往由企业或企业集团组建配送节点，集中组织大批量进货，然后向本企业配送或向本企业集团的若干企业配送。这种配送形式在大型企业或企业集团、联合公司中采用较多，如商业中广泛采用的连锁商店，就常常采用这种配送方式。用配送方式进行供应，是保证供应水平、提高供应能力、降低供应成本的重要方式。

3．销售-供应一体化配送

销售企业对于基本固定的客户和基本确定的配送产品在自己销售的同时承担客户执行有计划供应的职能，它既是销售者同时又是客户的供应代理人。对某些客户来讲，这样可以减少自己的供应机构，而委托销售者代理。

采用这种配送方式，销售者能获得稳定的客户和销售渠道，有利于本身的稳定、持续发展，扩大销售数量；客户能获得稳定的供应，可大大节约自身为组织供应所耗用的人力、物力和财力。

销售-供应一体化的配送是配送经营中的重要形式，这种形式有利于形成稳定的供需关系，有利于采取先进的计划手段和技术手段，保持流通渠道的畅通和稳定。

4．代存代供配送

代存代供配送是指客户将属于自己的货物委托给配送企业代存、代供，有时还委托代订，然后组织对本身的配送。这种配送在实施时不发生商品所有权的转移，配送企业只是客户的委托代理人，商品所有权在配送前后都属于客户所有，所发生的仅是商品物理位置的转移。配送企业仅从代存、代送中获取收益，而不能获得商品销售的经营性收益。

(五)按配送专业化程度分类

按配送专业化程度可分为以下两种。

1．综合配送

综合配送是指配送商品种类较多，不同专业领域的产品在一个配送节点中组织对客户的配送。它可减少客户为组织所需全部商品进货的负担，而只需通过和少数配送企业联系，便可解决多种需求的配送。因此，它是对客户服务较强的配送形式。

由于产品性能、形状差别很大，综合配送在组织的技术上难度较大。因此，一般只是对形状相同或相近的同类产品实行综合配送，差别太大的产品难以综合化。

2．专业配送

专业配送是指按产品形状不同适当划分专业领域的配送方式。专业配送并非越细分越好，实际上在同一形状而类别不同的产品方面也是有一定综合性的。专业配送可按专业的共同要求优化配送设施，优选配送机械及配送车辆，制定适用性强的工艺流程，从而大大提高配送各环节工作的效率。

三、配送的条件

配送是一种现代化的物资流通方式，具有很多优点。但配送的实施是一项比较复杂的工作，它要求具备一定的条件，主要包括以下五个方面。

1．应有稳定的资源保障

货物配送是根据配送协议按照用户的要求进行的，应做到按用户需要的货物品种、数量和规格，在指定的时间及时送到指定的地点(收货人)，这就必须要有充足稳定的货源做基础。因为若货源得不到保障，就无货可配，也无货可送，这样会影响用户的生产，甚至会造成停工待料(或脱销)，给用户造成经济损失。如果出现这种情况，配送就无法再进行下去。所以承担货物配送的流通企业，必须多渠道取得稳定的资源，以满足用户的要求。

2．应有足够的资金

实施货物配送，不能缺少资金，在商品交换的过程中，买方只有支付货币才能取得物资。流通企业为保证配送的顺利进行，必须建立一定的物资储备，有相当多的库存；这部分储备资金必须得到保障。所以物流企业必须从多方面以多种形式筹措资金，以保证配送活动的顺利进行。

3．应有齐备的配送设施和设备

货物配送是一种综合性物流活动，需要齐备、先进的物流设施和设备作为配送手段，这是保证配送得以顺利进行的物质技术条件。配送一般在配送中心或仓库进行，需要有足够的场地和各种仓库建筑物，同时要配备计量、检验、保管、流通加工、分拣、装卸搬运、运输、信息处理等设备。特别是对运输设备，在车型、载重量、载重总吨位等方面有更高的要求。

4．应有高效的信息系统

货物配送活动离不开信息。配送中心必须随时把握市场供求情况，进行物资资源和用户需求预测，编制配送计划，进行订货、进货、存货、配货等信息处理，以及对经济波动、配送计划执行情况进行分析，合理确定配送范围和选择配送路径等。另外，信息的收集和处理，都应通过计算机信息系统来实现。

5．应有一支高素质的职工队伍实施货物配送

上述条件不可缺少，但最根本的条件还是人，资源要靠人组织，资金要靠人筹措，物流技术装备要靠人去配备和使用，配送信息系统也要靠人去建立、开发。货物配送不但对配送人员在数量和构成上有一定的要求，而且对人员的思想品德素质、技术素质、管理素质和文化素质等都有较高的要求。如果没有一支结构合理、素质高的职工队伍，货物优质配送就没法保障。

四、配送管理的意义

国内外实践证明，货物配送具有很多优点，它可促进商品流通的社会化、现代化与合理化，是一种很有生命力的流通方式。具体表现在以下三个方面。

1．配送是实现流通社会化的有效途径

流通社会化是指按照社会生产专业化的要求，使生产和流通相对分离，由流通企业面向全社会，组织与社会化大生产相适应的社会化大流通，形成专业化、集约化的流通产业，从而打破条块分割、一家一户搞流通的小生产格局，把分散、互不联系的流通过程联结成以流通企业为枢纽的、集中的、相互联系的流通过程。而配送主要是流通企业组织的、面向社会的城市配送。这样，不但能使流通企业更好地为生产企业服务，而且可以打破部门和地区界限，实现一定区域内的货物合理配送。由于接受最终资源配置的用户的广泛性与社会性，配送必定主要以社会化形态存在，而且承担社会责任。

2．配送是实现流通现代化的重要内容

长期以来，由于我国重生产、轻流通，在现代化建设中，流通严重滞后，所以加快流通现代化的步伐是非常必要的。流通现代化包括流通设施现代化、技术装备现代化和流通管理现代化。配送作为一种综合性的物流活动，要求有相应的生产手段，包括现代化的仓储、计量、分拣、加工、装卸搬运和运输等技术装备；同时要求拥有高素质的配送人员，

组织、运用先进的管理方法和手段，特别是利用计算机进行信息处理和辅助管理。配送的现代化可推动流通现代化达到一个新的水平。

3．配送是实现流通合理化的重要措施

流通合理化应包括商流合理化、物流合理化和信息流合理化。配送是供需之间通过契约的方式把双方的责任固定下来，供需双方建立起一种可信赖的、较稳定的购销关系。一方面可简化用户的采购工作，节省采购人员和采购费用，解除物资供应的后顾之忧；另一方面增加了物资部门的销售渠道，扩大了物资经营范围和市场占有率，促进了流通企业经济效益的提高。

实现配送后，可以大大压缩甚至取消生产企业的库存，尽管流通企业的库存会有所增加，但社会总库存量会降低。特别是对生产企业来说，由于库存的压缩可减少资金占用，加速资金周转，缓解资金紧张。实现配送，还可以有效地组织运输，使物流路线最短、环节最少、运力最省、运费最低，而且有利于缓解城市交通拥挤的现象，实现物流合理化。

五、配送方式的发展

物流配送是随着社会、经济的发展而不断发展的，主要表现为：科学技术的进步和生产力的发展，可以为经济界提供省力且高效的管理方式与技术装备方式，将费力低效的活动转变为刻意追求、容易接受且省力高效的活动。同时，生产领域劳动生产率的提高，越发使我们看到流通和物流过程中的潜力。不少实践证明，包括配送在内的物流领域开发，可以取得很高的经济效益，因此就不再“有碍于企业的发展”。生产力发展大大促进了社会分工，服务性生产大大发展，服务性计划的出现使人们增强了配送的主动服务性质，成为企业“增强自身竞争能力的手段”。

在理论与应用发展的同时，配送方式和手段也有了很大发展，尤其突出反映在以下六个方面。

1．配送同步化的进展

初期送货，是单独企业为主体，为满足用户配送要求，出现了配送企业车辆利用率低、不同配送企业之间交错运输、交通紧张、事故频繁等许多不合理的问题。例如，日本于20世纪60年代开始的“共同配送”是在各个公司效率低而且难以解决的情况下才采用，如果在本公司就能建立合理化配送系统，也就没有必要考虑共同配送了。但近年的发展已上升到从大范围来考虑合理化的问题，致力于推行整个城市、所有企业的共同配送。

2．配送计划化的进展

初期配送，强调计划较多，即完全按顾客要求办事，而不是按顾客的合理要求办事。制订合理计划而不是完全按顾客要求进行配送，是高水平计划配送的一大进展，计划有效地促进了配送合理化。由于可采用大量发货减少收费的形式，所以受到用户的广泛欢迎。

3．配送区域的进展

配送突破了一个城市的范围，在更大范围中找到了优势。美国已开展了州际配送；日本不少配送也是在全国范围或很大区域范围内进行的，如日本东京的三味株式会社的全国

性配送系统、日本资生堂配送系统等都是全国性的配送系统。

4．直达配送的进展

不经过物流基地中转，在有足够批量且不增加用户库存的情况下，配送在直达领域中也找到了优势，因而突破了配送的原有概念，有了新的发展。对于生产资料而言，直达配送有更广泛的应用。

5．计算机管理配送的进展

配送规模的扩大和计算机的微型化使计算机管理配送取得了很大进展，这个进展突出表现在两个方面：一是信息传递与处理，建立了EDI系统，用以辅助进货决策、辅助配货决策、辅助选址决策等，美国IBM公司率先建立了配送车辆计划和配送路线的计算机软件；二是计算机与其他自动化装置的操作控制，如无人搬运车、配送中心的自动分拣系统等。

6．配送劳动手段的进展

配送劳动手段作为支撑配送的生产力要素，是进展很大的领域。到了 20 世纪 80 年代，发达国家的配送已普遍采用了计算机系统、自动搬运系统、大规模分拣、光电识别、条形码等，大大促进了配送业的发展。

第二节 配 送 中 心

一、配送中心的概念

配送中心是以组织配送性销售或供应，执行实物配送为主要职能的流通型节点。配送中心具有集货、分货和送货等基本职能。为了提供更完善的配送服务，配送中心往往还具有较强的流通加工能力。配送中心实际上是集货中心、分货中心、加工中心功能之综合，并具有更高的配送水平。

我国关于配送中心是这样定义的：从事配送业务的物流场所或组织，应基本符合下列要求，即主要为特定的用户服务；配送功能健全；完善的信息网络；辐射范围小；多品种、小批量；以配送为主、存储为辅。

二、配送中心的类型

配送中心根据不同的分类标准可以划分为不同的类型。

(一)按配送中心承担的流通职能分类

1．供应型配送中心

供应型配送中心是指专门为某个或某些用户(如联营商店、联合公司)组织供应的配送中心。例如，为大型连锁超级市场组织供应的配送中心；代替零件加工厂送货的零件配送中心，使零件加工厂对装配厂的供应合理化。

2．销售型配送中心

销售型配送中心是以销售经营为目的，借助配送这一服务手段开展经营活动的配送中心。销售型配送中心有三种类型：一种是生产企业为本企业产品直接销售给消费者而建立的配送中心；另一种是流通企业作为本身经营的一种方式，建立配送中心以扩大销售，中国目前拟建的配送中心大多属于这种类型；第三种是流通企业和生产企业联合建立的协作性配送中心。比较来看，国外和国内都是以销售型配送中心为主要的发展方向。

(二)按配送中心辐射的范围分类

1．城市配送中心

城市配送中心是指以城市为配送范围的配送中心。由于城市范围一般处于汽车运输的经济里程，这种配送中心可直接配送到最终用户，所以这种配送中心往往与零售经营相结合。由于运距短，反应能力强，因而从事多品种、小批量、多用户的配送较有优势。我国已建成的“北京食品配送中心”就属于这种类型。

2．区域配送中心

区域配送中心指以较强的辐射能力和库存准备，向省(州)际、全国乃至国际范围的用户配送的配送中心。这种配送中心配送规模较大，一般而言，用户也较多，配送批量也较大。这种配送中心往往是配送给下一级的城市配送中心，同时也配送给营业所、商店、批发商和企业用户。虽然它也从事零星的配送，但并不是配送的主体形式。这种类型的配送中心在国外十分普遍，阪神配送中心、美国马特公司的配送中心、蒙克斯帕配送中心等就属于这种类型。

(三)按配送中心的内部特性分类

1．存储型配送中心

存储型配送中心是有很强存储功能的配送中心，其主要功能是存储和转运。大范围配送的配送中心，需要有较大库存，也可能是存储型配送中心。中国目前拟建的配送中心都采用集中库存形式，库存量较大，多为存储型。瑞士GIBA—GEIGY公司的配送中心拥有世界上规模居于前列的存储库，可存储4万个托盘。美国赫马克配送中心拥有一个有16.3万个货位的存储区，可见存储能力之大。

2．流通型配送中心

流通型配送中心是基本上没有长期存储功能，仅以暂存或随进随出方式进行配货、送货的配送中心。这种配送中心的典型方式是：大量货物整进并按一定批量零出，采用大型分货机，进货时直接进入分货机传送带，分送到备用货位或直接分送到配送汽车上，货物在配送中心仅作短暂停滞。其主要功能是分货与转运。

3．加工型配送中心

加工型配送中心以加工产品为主，因此在其配送作业流程中，存储作业和加工作业居主导地位。其主要功能是加工、包装和转送。因为加工的产品品种较少(指在某一个加工中心内加工的产品品种)，一般都不单独设立拣选、配货等环节。通常，加工好的产品(特别是生产资料产品)可直接运到按用户户头划定的货位区内，进行包装、配货。

(四)按照配送中心的专业化情况分类

1．专业配送中心

专业配送中心大体上有两层含义：一是配送对象、配送技术属于某一专业范畴，在某一专业范畴有一定的综合性，综合这一专业的多种物资进行配送。我国目前在石家庄、上海等地建立的配送中心大多采用这一形式。二是以配送为专业化职能，基本不从事经营的服务型配送中心。

2．柔性配送中心

从某种程度上讲，柔性配送中心是与专业配送中心相辅相成的配送中心。这种配送中心不向固定化、专业化方向发展，而向能随时变化、对用户要求有很强的适应性、不固定供需关系、不断发展配送用户和改变配送用户的方向发展。

3．特殊配送中心

特殊配送中心，所谓特殊配送中心是指某类配送中心进行配送作业时所经过的程序是特殊的，包括不设存储库(或存储工序)的配送中心和分货型配送中心。在流通实践中，主要从事配货和送货活动(或者说专职于配货和送货)，其本身不设存储库和存货场地，而是利用设立在其他地方的公共仓库来补充货物的配送中心，称作不设存储库的配送中心。配送生鲜食品的配送中心通常属于此类。

4．分货型配送中心

分货型配送中心以中转货物为主要职能。在一般情况下，这类配送中心在配送货物之前都要先按照要求把单品种、大批量的货物(比如，不需要加工的煤炭、水泥等物资)分堆，然后再将分好的货物分别配送到用户指定的接货地点。

三、配送中心的功能

1．采购功能

为了满足用户多品种、小批量的要货需求，配送中心首先必须从众多的供应商那里按需要的品种较大批量地采购商品，然后根据市场的供求变化情况，制订并及时调整统一的、周全的采购计划，并由专门的人员与部门组织实施。

2．存储功能

利用配送中心的存储功能，可有效地组织货源，调节商品的生产与消费、进货与销售之间的时间差。虽然配送中心不是以存储物品为目的，但是为了顺利有序地完成向用户配送商品(货物)的任务，而且为了能够更好地发挥保障生产和消费需要的作用，配送中心通常要兴建现代化的仓库并配备一定数量的仓储设备，存储一定数量的商品。由于配送中心

所拥有的存储货物的能力，使得存储功能成为配送中心中仅次于组配功能和分送功能的一个重要功能。

3．分拣功能

作为物流节点的配送中心，其服务对象(即客户)为数众多的企业。这些众多的客户，不仅各自的性质不同，而且其经营规模也大相径庭。针对这种情况，为了同时向不同的用户配送多种货物，配送中心必须采取适当的方式对组织进来的货物进行拣选，并且在此基础上，按照配送计划分装和配装货物。这样，在商品流通实践中，配送中心除了能够存储货物、具有存储功能外，还增加了分拣货物的功能，发挥分拣中心的作用。配送中心的这一功能是其与传统仓储企业的明显区别之一，也是配送中心最重要的特征之一。

4．集散功能

在物流实践中，配送中心凭借其特殊的地位，以及其拥有的各种先进的设施和设备，能够将分散在各个生产企业的产品(货物)集中到一起，然后经过分拣、配装向多家用户发运。与此同时，配送中心也可以做到把各个用户所需要的多种货物有效地组合(或配装)在一起，形成经济、合理的货载批量。配送中心在流通实践中所表现出来的这种功能即(货物)集散功能，也称为“配货、分散”功能。集散功能是配送中心所具备的一项基本功能。实践证明，利用配送中心来集散货物，可以提高卡车的满载率，降低物流成本。

5．加工功能

为了扩大经营范围和提高配送水平，目前，国内许多配送中心都配备了各种加工设备，由此形成了一定的加工(系初加工)能力。这些配送中心能够按照用户提出的要求并根据合理配送商品的原则，将组织进来的货物加工成一定的规格、尺寸和形状。这些加工功能是现代配送中心服务职能的具体体现。加工形式主要有以下三种。

(1)　切割加工。对整件货物通过分割形成等量或等额单元。

(2)　分装加工。为了便于生产或销售，货物按要求重新包装成大包装、小包装、运输包装、销售包装等多种包装形式。

(3)　分选加工。由于购进货物在质量等级、规格、花色上存在一定差异，不利于生产或销售，必须进行有效的、有目的性的人工或机械方式分选，以满足不同需求。

6．信息处理功能

配送中心拥有相当完善的信息处理系统，能有效地为整个流通过程的控制、决策和运转提供依据。而且，配送中心与销售企业建立信息直接交流，可及时得到销售企业的信息，有利于合理组织货源，控制最佳库存。配送中心还可以将销售和库存信息及时反馈给制造商，以指导商品生产计划的安排。因此，配送中心成了整个流通过程的信息中枢。

四、配送中心在现代物流中的地位和作用

1．配送中心实现了物流系统化和规模经济的有机结合

物流系统化是指把物流各个环节视为一个大系统，进行整体设计和管理，以最佳的结构、最恰当的配合，充分发挥其系统功能的效率，实现整体的物流合理化。

(1) 合理、经济地组织商品的运输和配送。配送中心通过集中配送的方式，按一定规模集约并大幅度提高其能力，实现多品种、小批量、高周转率的商品运转，从而降低了物流的整体成本，使资源最终配置这一环节以大流通方式与大生产方式相协调，提高了流通社会化的水平，实现了规模经济所带来的规模效益。

(2) 配送中心是多功能的物流设施，实现了整体的物流合理化，充分体现了物流系统的内涵和外延。

(3) 配送中心通过集中配送的方式，按一定规模集约，有利于获取规模效益。例如，超市公司通过电子订货系统，把几百家门店的零星要货汇总，由供应商集中送货到配送中心，实现了“集零为整”和“化整为零”的策略，从而大大降低了商品的库存成本和库内装卸搬运作业的劳动量。

(4) 密切了连锁超市公司与供货方的关系，并享受更多好处。如集中订货批量大，对供货方集中大批量订货可享受更优惠的价格折扣，供方若集中送货，节省了费用，连锁超市可得到部分让渡。

2. 配送中心有力地支持市场营销体系

配送中心从事的是物流活动，是为经销服务的一种活动，它的设置强化了商品的生产与消费、进货销售之间的协调能力。就配送中心来说，作为物流的一个重要内容是生产营销系统的延伸。如在向门店供货时，可进行小批量的商品包装、装卸和发运，使得配送中心如同生产过程的延伸。同时，配送中心多种活动都以满足门店需求为目标，体现了物流活动的内涵，为市场营销开展的各种推广、营销活动提供了有力的支持和保证。

配送中心不是以储存为目的，然而却保持一定的库存，起到了蓄水池的作用。特别是在节假日，销售量比平日成倍增加，这时配送中心的库存确保了销售高峰期间的销售。配送中心以集中的库存形式取代了以一家一户的库存结构方式，这种集中库存比传统的“前店后库”形式大大降低了库存总量，增加了供销的调控能力。

3. 配送中心完善了连锁经营体系

由于配送中心在连锁经营体系中为门店的销售活动创造了种种优势，从而使整个连锁经营体系的成本大大下降，成为零售业中一种有竞争力的零售经营形式。配送中心对于整个连锁经营体系的物流作用表现在以下四个方面。

(1) 统一进货，有利于严把质量关。

(2) 加速商品周转、减少商品损耗、降低流通费用。

(3) 扩大了配送中心的拆零、分拣能力，改善了门店的存货水平。

(4) 保证门店逐步向“只管销售”方向发展。企业经营决策权向总部集中，物流流动向配送中心转移，这是连锁超市成功的关键之一。例如，流通加工可减轻门店的工作量；拆零作业有利商场多出货，以增加销售商品的品种。

五、配送中心的规划与设计

(一)配送中心规划与设计的出发点

(1) 根据系统的概念，运用系统分析的方法求得整体优化，同时把定性分析和定量分

析相结合，以流动的观点作为设施规划的出发点，并贯穿于设施规划的始终。因此，企业的有效运行依赖于人流、物流和信息流的合理化。

(2) 从宏观(总体方案)到微观(每个部门、库房、车间)，又从微观到宏观的过程。例如，布置设计，要先进行总体布置，再进行详细布置；而详细布置方案又要反馈到总体布置方案中去评价，再加以修正甚至从头做起，减少或消除不必要的作业流程。这是提高企业生产率和减少消耗最有效的方法之一。只有在时间上缩短作业周期，空间上少占面积，物料减少停留、搬运和库存，才能保证投入的资金最少、生产成本最低。

(3) 重视人的因素。作业地点的设计，实际是人机环境的综合设计，要考虑创造一个良好、舒适的工作环境。

(二)配送中心的布局规划

配送中心要统一规划、统一运筹，重视环境保护，实现外部网点和内部区域的合理布局。发展现代化的配送中心应以现有物流企业为基础，逐步发展大型物流中心与区域性配送中心相结合，建立起多功能化、信息化、优质服务的配送中心。

1. 配送中心作业流程规划

配送中心应根据运营需要和运作特性进一步分析，制定出合理的作业程序，以便选用设备和规划设计空间。经过对各项作业流程的合理化分析，从中剔除不合理和不必要的作业，以提高整个配送中心的效率。

2. 配送中心作业区域的功能规划

在作业流程规划后，可根据配送中心运营特性对物流作业区和周边辅助活动区进行规划。主要包括：一般性物流作业区、退货商品流作业区、换货补货作业区、流通加工作业区、物流配送作业区、仓储管理作业区、办公事务区、车辆设施维修区、劳务性活动区、计算机作业区和厂区相关活动区。

3. 配送中心作业能力规划

配送中心在各区域规划时，应以物流作业区为主，再延伸到相关的周边区域。对物流作业区的规划应根据作业流程和进出顺序逐区划分，对仓储作业区和分拣作业区进行详细分析，再根据仓储区和分拣区进行相关作业的规划。

(三)配送中心作业区规划

1. 配送中心各作业区结构配置

(1) 进货作业区。主要完成商品入库前的接货、卸货、检验、分类、入库准备等工作。主要设施有：进货火车专用线或卡车卸货站、卸货站台分类、验收区及暂存区。

(2) 储存作业区。主要是保管有一定储存时间的商品，占地面积是储存型配送中心的一半以上。

(3) 理货备货作业区。主要进行分发、配货作业，作业面积根据配送服务水平有较大的差异。对于多客户、多品种、小批量、多批次的配送服务，进行复杂的分货、拣货、配货作业，需要较大面积的作业区。

(4) 配装作业区。即根据客户的要求，按订单将商品配齐后暂存待装外运，直接影响车辆配装。由于周转快、存期短、所需作业面积较小，一般根据客户多少进行设定。

(5) 发货作业区。主要是按订单配齐的商品装车运送，主要设施是站台等。发货作业区的面积根据停靠配送车辆的数量及发货量来确定。

(6) 流通加工区。主要根据加工的作业数量及加工类型来确定。

2．配送中心内商品流动路线分析

在配送中心设计中，要求装卸、搬运、保管、流通加工等具有与商品的流动相适宜的作业性和功能性，满足对于作业量的变化及商品形状变更的弹性条件。

(1) 商品种类与数量的分析。在配送中心规划商品流动路线时，要将有什么种类的产品、有多大的作业量作为分析对象，包括将所处理商品的种类按出入库批次顺序进行整理，并根据运营时的作业进行分类，设定所分类的每种商品的作业量。对于商品的种类和作业，用横坐标表示种类，纵坐标表示数量，按处理量的大小顺序排列成为曲线，并绘制图；配送中心计划运营年数；各类商品每月销售预测；各类商品库存天数；流通加工、发货等作业高峰系数；预测处理商品种类的增加；预测客户数量的增加。

(2) 商品流动路线的分析。配送中心的一般业务流程是接收商品—检验商品—进货分类—暂时保管—按订单分拣—配货—捆包—分类—发货场暂存—发货。配送中心建筑物内部商品的流动路线类型主要依据中心位置、作业区域布置、运输路线、通道规划以及设备设施等状况，再考虑运营需要来确定。

3．配送中心作业区规划指标

配送中心应根据商品特性，确定每平方米场地可以处理多少商品，有多少配送点，进货频率和配送频率怎样，需要多少辆汽车；根据散货进货及装箱进货等形态变化，确定分拣场地、发货前的捆包场地、商品检验场地。配送中心作业区规划的主要指标包括：进货车辆数和车种类型、进货数量、各商品品种数、不同单位的交货点数；货单张数、每张货单商品种类数和箱数、缺货数量及出错率；不同保管条件、所保管的数量和商品的品种数；每月订货件数、每周客户数、每天订货截止时间、每时间段中的货箱分拣和计件分拣、每张订单品种及件数和个数等；不同季节中注明的商品个数、必要的客户数、按照商品分组注明的品种数；发货托盘数、发货的箱数、装箱发货数、发货方向、发货汽车辆数及路线等；退货数量、退货需用汽车数量、退货地点数等；捆包、废弃材料处理、集装箱清洗等。

4．配送中心作业区域位置设计

配送中心按照各作业区域的规划面积和长宽比例做成模块进行设计。常用的区域布置形式主要有：直线式，适用于作业流程简单、规模较小的配送中心；双直线式，适用于出入口在配送中心两侧、作业流程相似，有几种不同进出货形态；锯齿形，一般适用于各排并列的库存货架区域内；U形，适用于出入口在中心两侧，根据进出额率大小安排靠近进出口端的存储区，以缩短拣货搬运路线；分流式，适用于批量拣货的分流作业；集中式，适用于因仓储区特性把订单分割在不同区域拣货后再进行集货作业的方式。

第三节　配送作业管理的流程与要求

一、配送的基本环节

从总体上讲，配送是由备货、理货和送货三个基本环节组成的。其中，每个环节又包含若干项具体的、枝节性的活动。除这三个基本环节外，有时还包括流通加工。

1. 备货

备货指准备货物的系列活动，是配送的基础环节。严格来说，备货应当包括两项具体活动：筹集货物和存储货物。在不同的经济体制下，筹集货物(或称组织货源)是由不同的行为体去完成的。若生产企业直接进行配送，筹集货物的工作自然是由企业自己所组织的。而在专业化流通体制下，组织货源和筹集货物的工作则会出现两种情况：其一，由提供配送服务的配送企业直接承担，一般是通过向生产企业订货或购货来完成此项工作；其二，选择商流、物流分开的模式进行配送，订货、购货等筹集货物的工作通常是由货主自己去做，配送组织只负责进货和集货等工作，货物所有权属于货主(接受配送服务的需求者)。然而，就总体活动而言，筹集货物都是由订货、进货、集货及相关的验货、结算等一系列活动组成的。

存储货物是购货、进货活动的延续。在配送活动中，货物存储有两种表现形态：一种是暂存形态；另一种是储备形态。暂存形态的存储是指按照分拣、配货工序要求，在理货场地储存少量货物。这种形态的货物存储是为了适应日配、即时配送的需要而设置的，其数量多少对下一个环节的工作方便与否会产生很大影响，但不会影响储存活动的总体效益。储备形态的存储是按照一定时期配送活动的要求和根据货源的到货情况(到货周期)有计划地确定的，它是使配送持续运作的资源保证。

2. 理货

理货是配送的一项重要内容，也是配送区别于一般送货的重要标志。理货包括货物分拣、配货和包装等各项经济活动。

货物分拣是指采用适当的方式和手段，从储存的货物中选出客户所需要的货物。分拣货物一般采取两种方式来操作：其一是摘取式分拣；其二是播种式分拣。

(1) 所谓摘取式分拣，就像在果园中摘果子那样去拣选货物。其具体做法是：作业人员拉着集货箱(或称分拣箱)在排列整齐的仓库货架间巡回走动，按照配送单上所列的品种、规格和数量等将客户所需要的货物拣出及装入集货箱内。在一般情况下，每次拣选只为一个客户配装；在特殊情况下，也可以为两个以上的客户配装。目前，由于推广和应用了自动化分拣技术，并装配了自动化分拣设施等，大大提高了分拣作业的劳动效率。

(2) 播种式分拣货物形似于田野中的播种操作。其做法是：将数量较多的同种货物集中运到发货场，然后根据每个货位货物的发送量分别取出货物，并分别投放到每个代表客户的货位上，直至配货完毕。

为了完好无损地运送货物和便于识别配备好的货物，有些经过分拣、配备好的货物尚

需重新包装，并且要在包装物上贴上标签，记载货物的品种、数量，收货人的姓名、地址及运抵时间等。

3．送货

送货是配送活动的核心，也是备货和理货程序的延伸。在物流活动中，送货实际上就是货物的运输，因此，常常以运输代表送货。但是，组成配送活动的运输与通常所讲的干线运输是有很大区别的：前者多表现为客户的末端运输和短距离运输，并且运输的次数比较多；后者多为长距离运输。由于配送中的送货需面对众多的客户，并且要多方向运动，因此，在送货过程中常常进行三种选择：运输方式、运输路线和运输工具。按照配送合理化的要求，必须在全面计划的基础上，制定科学、距离较短的货运路线，选择经济、迅速、安全的运输方式和选用适宜的运输工具。通常，配送中的送货环节都把汽车作为主要的运输工具。

4．流通加工

在配送过程中，根据客户要求或配送对象(产品)的特点，有时需要在未配货之前先对货物进行加工(如钢材剪切、木材截锯等)，以求提高配送质量，更好地满足客户需要。融合在配送中的货物加工是流通加工的一种特殊形式，其主要目的是使配送的货物完全适合客户的需要和提高资源的利用率。

二、配送的业务流程

高效率的配送是由高效率运营的配送中心来完成的。在当今的市场竞争中配送不是简单地将货物送达收货人的活动，而是需要不断降低成本，提高服务质量，提高作业效率，以达到迅速占领并扩大市场，使企业获取利润的目的。因此配送中心的各作业活动也必须是合理、高效的运作。配送中心的作业一般包括进货作业、搬运作业、储存作业、盘点作业、订单处理作业、拣货作业、补货作业和出货作业等。

(一)进货作业

进货作业是实现商品配送的前置工作。而商品配送中心的收货工作更涉及商品所有权的转移，商品一旦收下，配送中心将承担商品完好的全部责任。通常，进货作业包括货品实体上的接收，即从货车上将货物卸下，并核对该货品的数量及状态(数量检查、品质检查、开箱等)，以及将必要信息给予书面报告或书面记录。进货作业的主要流程与内容如图9.1所示。

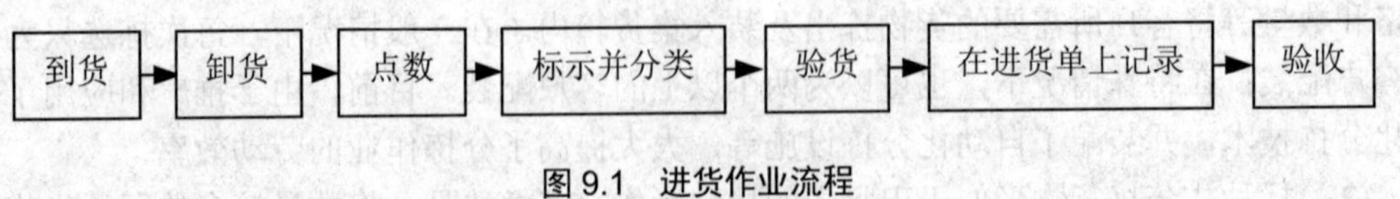

图 9.1　进货作业流程

1．卸货

配送中心卸货一般在收货站台上进行。送货方到指定地点卸下货物，并交验送货凭证、增值税发票。卸货方式通常有人工卸货、输送机卸货和码托盘叉车卸货等方式。

2. 货物的分类

如果只有货物编号而不事先将货物进行分类区分，工作人员仍然要费力寻找目标。分类就是将各种不同的货物按其性质或其他条件分别逐次区分，将它们归纳为不同类别，并有规律地存放的一种方法。经过分类就可以使后续作业效率提高，收到事半功倍之效。

3. 验货的检查

货物的验收工作包括货物的品质检验和数量的点收双重任务。

1) 货物的品质检验

货物在运输和卸货、交接过程中，因种种原因会发生变质等现象，在收货点验时，可采用“看”“闻”“听”“摇”“拍”“摸”等感官检验方法，检查范围只能是包装外表。

在验收流汁商品时，应检查包装箱外表有无污渍(包括干渍和湿渍)。若有污渍，必须拆箱检查并调换包装。

在验收玻璃制品(包括部分是玻璃制作的制品)时，要逐件摇动或倾倒细听声响，这种验收方法是采用“听”的方法，经摇动发现破碎声响，应当场拆箱检查破碎程度，以明确交接责任。

在验收香水、花露水等商品时，除了“听声响”外，还可以在箱子封口处“闻”一下，如果闻到香气严重刺鼻，可以判定内部商品必定有异状。即使开箱检查内部没有破碎，也至少是瓶盖密封不严，若经过较长时间储存或运输中的震动，香水、花露水等液体商品肯定会外溢损耗。

在验收针棉织品等怕湿商品时，要注意包装外表有无水渍。

在验收有效期商品时，必须严格注意商品的出厂日期，并按照连锁超市公司的规定把关，防止商品失效和变质。

包装验收的目的是保证商品在运行途中的安全。物流包装一般在正常的保管、装卸和运送中，经得起颠簸、挤压、摩擦、按压、污染等影响。在包装验收时，应具体检查：纸箱封条是否破裂；箱盖(底)摇板是否黏结；纸箱内包装或商品是否外露；纸箱是否受过潮湿等。

2) 货物的数量验收

货物的数量验收除了验收大件外，还需验收细数以及散装、畸形、零星等各种商品。细数是指商品包装内部的数量，即商品价格计算的单位，如“双”“条”“支”“瓶”“根”的数量单位都统称细数。在数量验收过程中还要注意单据上的品名、规格和数量是否与货物一致。

(二)搬运作业

货物搬运存在于整个配送中心的作业中，搬运作业的策划和设计如果不尽合理，势必会造成物流成本的大幅度增加，或者是货物破损率的上升。在减少货物搬运成本时，可以依据两个很重要的基本原则。第一是距离的原则，距离越短，移动越经济。第二是数量的原则，每次移动的数量越多，每单位移动成本越低；货物移动的次数越少，货物的移动成本就越低。因此，我们可以通过减少货物总重量、总体积来减轻搬运量；调整厂房或配送中心的布局，合并相关作业，利用大型搬运机、货柜机，减少搬运总距离和搬运次数；合理规划，设计搬运计划，利用高速设备，缩短搬运总时间；采用先进的搬运设备，提高搬运效率，降低搬运成本。

(三)储存作业

储存作业的主要任务在于把将来要使用或者要出货的物料保存，且经常要作库存品的检查控制，不仅要善于利用空间，也要注意存货的管理。配送中心与传统仓库的营运形态不同，储存更要注意空间运用的弹性及存量的有效控制。

(四)盘点作业

在配送中心里，由于货物的进入量非常频繁，经过一段时间后，库存记录资料可能与实际库存数量产生物账不符；也可能由于某些商品存放过久、养护不当，导致质量受到影响，或接近、超过保质期，必须对货物尽快做出处理。为了有效地控制库存货品数量而对各库存场所的货物进行数量清点的作业，称为盘点作业。

盘点作业步骤可以遵照图9.2所示逐步实施。

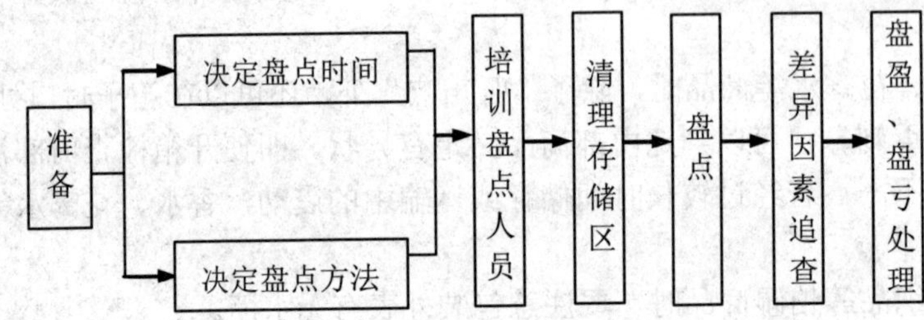

图9.2　盘点作业步骤

1. 准备

盘点作业的准备工作内容如下：明确建立盘点的程序方法；配合会计决算进行盘点，培训盘点、复盘、监盘人员；统一盘点用的表格；让受训人员熟悉盘点的表单，结清库存资料。

2. 决定盘点时间

决定盘点时间，既要防止过久盘点对公司造成的损失，又要考虑配送中心资源有限的情况。最好能根据配送中心各货品的性质制定不同的盘点时间，将货物分为A、B、C三大类，A类为主要货品，每天或每周盘点一次；B类货品每两周或三周盘点一次；C类为较不重要货品，每月盘点一次即可。

盘点日期一般应选择在财务决算前夕和营业淡季进行。

3. 决定盘点方法

因盘点场合、需求的不同，盘点的方法也有差异。为满足不同情况的需要，所决定的盘点方法要对盘点有利，不至于在盘点时混淆。

4. 培训盘点人员

人员的培训分为两部分：一是针对所有人员进行盘点方法训练，让人员了解盘点目的、

表格；二是针对复盘与监盘人员进行认识货品的训练。

5. 清理存储区

清理存储区工作具体包括：对厂商在盘点前送来的货物必须要明确其数目；储存区在关闭前应通知各部门预领货品；整理储存场地预先鉴定呆料、废品和不良品；整理、结清账卡、单据和资料，进行自行预盘，以便提早发现问题并加以预防。

6. 盘点

在盘点时应加强指导与监督。

7. 差异因素追查

盘点结束后，在发现所得数据与账簿资料不符时，应追查差异的原因。可能出现的原因有：由于记账员素质不高，使货品数目记录不准确；由于料账处理制度的缺陷，导致货品数目不准确；由于盘点制度的缺陷导致货账不符；盘点所得的数据与账簿的资料所产生的差异不在容许的误差范围内；盘点人员不尽责，产生漏盘、多盘和错盘等情况。

8. 盘盈、盘亏处理

货品除了盘点时产生数量的盈亏外，有些货品在价格上会产生增减，所以必须做出盘点报表和盘点处理意见。

(五)订单处理作业

从接到客户订货开始至准备着手拣货为止的作业阶段，称为订单处理，包括有关客户、订单的资料确认以及存货查询、单据处理、出货配发等。

(六)拣货作业

拣货作业是配送中心根据客户提供的订货单所规定的商品品名、数量，依据储存仓位地址，将商品从货垛或货架上取出，搬运到理货场所。

拣货作业除了少数自动化设备逐渐被开发应用外，大多是人工劳力密集作业，因此，拣货方法的选择决定着拣货效率，影响货物的成本。拣货成本一般可采用单订单拣取法和批量拣取法。

1. 单订单拣取法

单订单拣取法针对每一张订单，作业员巡回于仓库内，将客户所订购的商品逐一由仓库中挑出集中，是较传统的拣货方式。这种方式的优点是作业方法单纯、前置时间短、导入容易且弹性大、作业员责任明确、派工容易公平、拣货后不用再进行分类作业，适用于大量订单的处理。这种方式的缺点是在商品品项多时，拣货行走路径加长，拣取效率降低；拣货区域大时，搬运系统设计困难。

2. 批量拣取

批量拣取是把多张订单集合成一批，依商品品种分别按数量加总后再进行拣取，之后依客户订单再作分类处理。此种作业方式的优点是适合订单数量庞大的系统，可以缩短拣取时行走、搬运的距离，增加单位时间的拣货量。缺点是对订单的到来无法作即刻的反应，必须等订单累积到一定数量时才作一次处理，因此会有停滞的时间产生。批量拣取时，根据订单的多少、急缓，还可采取下述四种方法。

1) 合计量分批

将进行拣货作业前所有累积订单中的货品依品项合计总量，然后再根据此总量选定拣取。它适合固定点间的周期性配送。优点是一次拣出商品总量，可使平均拣货距离最短。缺点是必须经过功能较强的分类系统完成分类作业，订单数不可过多。

2) 时窗分批

当订单从到达至出货所需时间非常紧迫时，可利用此策略开启短暂时窗，例如，5～10分钟，然后再将此时窗中所到达的订单做成一批，进行拣取。此分批方式较适合密集频繁的订单，且较能应付紧急插单的需求。

3) 定量分批

订单分批按先进先出(FIFO)的基本原则，当累计订单数达到设定的固定量后，再开始进行拣货作业。优点是维持稳定的拣货效率，使自动化的拣货、分类设备得以发挥最大功效。缺点是订单的商品总量变化不宜太大，否则会造成分类作业的不经济。

4) 智能型的分批

订单汇集后，必须经过较复杂的电脑计算程序将拣取路线相近的订单集中处理，得出最佳的订单分配，可大量缩短拣货行走搬运距离。优点是分批时已考虑到订单的类似性及拣货路径的顺序，使拣货效率进一步提高。缺点是软件技术层次较高不易达成，且信息处理的前置时间较长。

因此，在采用智能型分批方法时，配送中心通常将前一天的订单汇集后，经过电脑处理在当日下班前产生明日的拣货单，但若发生紧急插单处理作业则较为困难。

单订单拣取和批量拣取是两种最基本的拣货策略，比较而言，单订单拣取弹性较大，临时性的生产能力调整较为容易，适合客户少样多量订货、订货大小差异较大、订单数量变化频繁、有季节性趋势且货品外形体积变化较大、货品特性差异较大、分类作业较难进行的配送中心；批量拣取的作业方式通常在系统化、自动化后生产能力调整能力较小，适用于订单量变化小、订单数量稳定且货品外形体积较规则固定以及需要流通加工的配送中心。除这两项基本的拣货策略外，由此两种方法还可组合出其他拣货方法。

3. 复合拣取

复合拣取为单订单拣取及批量拣取的组合，哪些适于单订单拣取，哪些适合批量拣取，可依订单品项、数量决定。

4. 分类式拣取

分类式拣取是一次处理多张订单，且在拣取各种商品的同时，把商品按照客户订单分类放置的方式。举例来说，在一次拣取五六张订单时，每次拣取用台车或笼车带上这五六家客户的篮子，然后边拣取边分客户。如此可减轻事后分类的麻烦，对提升拣货效益更有帮助。这种方式较适合每张订单量不大的情况。

5. 分区、不分区拣取

无论是采用单订单拣取还是批量拣取，从效率上考虑皆可配合采用分区或不分区的作业策略。所谓分区作业就是将拣取作业场地做区域划分，每一个作业员负责拣取固定区域内的商品。而其分区方式又可分为拣货单位分区、拣货方式分区及工作分区。事实上在作拣货分区时也要考虑储存分区的部分，必须先针对储存分区进行了解、规划，才能使系统整体的配合趋于完善，图 9.3 就是进行分区决策时的程序。

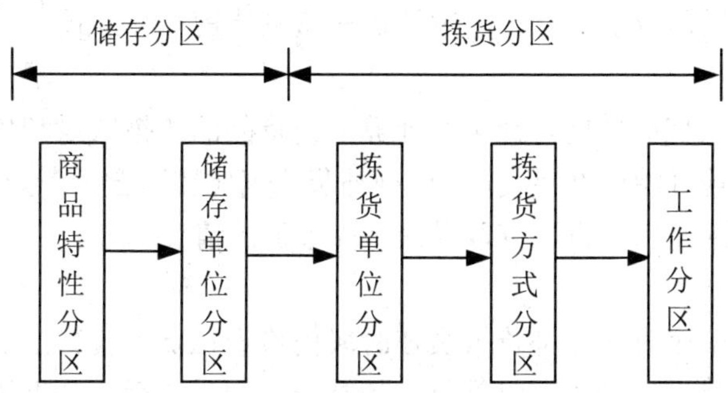

图 9.3 储存与拣货分区示意图

商品特性分区：根据商品原有特性来划分储存区域。

储存单位分区：根据需求的拣货单位(拣取栈板或拣取箱)来做分区。

拣货方式分区：在同一拣货单位分区内，若打算采用不同方式及设备的拣取，则需作拣货方式的分区考虑。

6. 接力拣取

接力拣取与分区拣取类似，先决定拣货员各自分担的产品项目或料架的责任范围，各拣货员只拣取拣货单中自己所负责的部分，然后以接力的方式给下一位拣货员。

7. 订单分割拣取

当一张订单所订购的商品项目较多，或打算设计一个讲求及时、快速处理的拣货系统时，为了使其能在短时间内完成拣货处理，利用订单分割将订单切分成若干子订单，交由不同的拣货人员同时进行拣货作业以加速拣货的完成。订单分割策略必须与分区策略联合运用才能有效发挥长处。

(七)补货作业

补货作业是将保管区域的货品移到为了作订单拣取的拣货区域，此迁移作业应做出记录。其目的是为了保证拣货区有货可拣。

1. 补货方式

与拣货作业息息相关的是补货作业。补货作业的筹划必须满足两个前提，即“确保有货可配”和“将待配商品放置在存取都方便的位置”。通常，在配送中心里主要采用下列两种补货方式。

(1) 由储存货架区与流动式货架(即流动架)组成的存货、拣货和补货系统。

(2) 将货架的上层作为储存区，下层作为拣货区，商品由上层货架向下层货架补货的系统。

2. 补货时机

补货作业的发生与否主要看拣货区的货物存量是否符合需求，因此究竟何时补货要看拣货区的存量，以避免出现在拣货中途才发现拣货区货量不足需要补货，而造成影响整个拣货作业。通常，可采用批次补货、定时补货和随机补货三种方式。

1) 批次补货

在每天或每一批次拣取之前，经电脑计算所需货品的总拣取量和拣货区的货品量，计算出差额并在拣货作业开始前补足货品。这种补货原则比较适合于一天内作业量变化不大、紧急追加订货不多，或是每一批次拣取量需事先掌握的情况。

2) 定时补货

将每天划分为若干个时段，补货人员在时段内检查拣货区货架上的货品存量，如果发现不足，马上予以补足。这种“定时补足”的补货原则，较适合分批拣货时间固定且处理紧急追加订货的时间也固定的情况。

3) 随机补货

随机补货是一种指定专人从事补货作业方式，这些人员随时巡视拣货区的分批存量，发现不足随时补货。此种“不定时补足”的补货原则，较适合于每批次拣取量不大、紧急追加订货较多，以至于一天内作业量不易事前掌握的场合。

(八)出货作业

将拣取分好类的货品做好出货检查，装入恰当的容器，做好标记，根据车辆调度安排的档次等，将物品搬运到出货待运区，最后装车配送这一连串的物流活动就是出货作业的内容。

出货检查是将拣取的物品依照客户名、车次等信息逐一核对货物的种类及数量，同时，还必须核查货物的包装与质量。出货检查通常的做法是纯人工进行，也就是将货品一个个点数，并一一核对出货单，然后再查验出货货品的质量及包装。这种纯人工方式的出货检查，不仅需耗用大量的时间和人力，而且容易出错，作业效率不高。

如今，在现代化的配送中心，利用物品条形码的检查方法。当进行出货检查时，只需将拣出货品的条形码用扫描器读出出货资料并与出货单对照，以此来检查是否有数量或品质上的差质率，减少了差错。

第四节　配送合理化

物流配送难度大，在实际操作中，会出现很多不合理的配送形式，如进货不合理、库存决策不合理、价格不合理、配送与直达的决策不合理、送货中运输不合理、经营观念不合理等。物流合理化是配送系统要解决的问题，也是衡量配送本身的主要指标。由于存在

不合理的配送方式，我们就有必要探索物流配送的改善。

一、不合理配送的表现形式

1. 经营观念方面

例如，配送企业利用配送手段向用户转嫁资金和库存困难。即当库存增大时，强迫用户接受货物以缓解自己的库存压力；当资金紧张时，长期占用用户资金；在资源短缺时，将用户委托的资源挪作他用或用于牟利等，结果是损坏了配送的形象，使配送优势无从发挥。

2. 资源筹措方面

配送可以利用扩大批量，通过规模效应来降低资源筹措成本，从中取得用户的支持。但如果配送量计划不合理，资源筹措量过多或过少；不考虑与资源供应者建立长期、稳定的供需关系；仅仅为少数用户服务等，就会使筹措成本不但不能降低，反而用户要多支付一笔配送企业的代筹代办费用。

3. 库存决策方面

如果库存决策不合理，配送应该利用集中库存总量低于各用户分散库存总量的关系，大人节约社会财富，同时节约用户的库存负担。如果只是把配送当作库存的转移，不能科学决策，造成库存量过多或不足就起不到配送应有的作用。

4. 价格方面

配送的价格应该低于用户自己单独购买、运输所形成的费用，这样，才会使双方都获利。如果价格过高或过低，则会损害用户利益或使配送企业处于亏损状态。

5. 配送与直达的决策

配送与直达相比，虽然增加了中间环节，但可以降低库存成本，产生的效益要大于增加的费用。但当用户使用批量很大，可以直接批量进货时，则可以更加节约费用。这时，采用配送是不科学、不合理的。

6. 送货方面

配送与用户自己提货相比，可以集中配货，一车送多家用户，大大节省运力和运费。如果还是一家一户地去送货，车辆达不到满载，路线不进行优化，就不能利用这种优势，会造成过多的浪费。

二、合理配送的标志

对于配送合理与否的判断，是配送决策的重要内容，目前国内外尚无统一的技术经济指标体系和判断方法，按一般认识，可以考虑以下指标。

(一)库存标志

库存标志是判断配送合理与否的重要标志，具体指标有以下两个方面。

1. 库存总量

配送系统将库存从分散于各个客户转移给配送中心，配送中心库存数量加上各客户在实行配送后库存量之和应低于配送前各客户库存量之和。从各个客户角度判断，各客户在实行配送前后的库存量比较，也是判断配送合理与否的标准。库存总量是一个动态的量，上述比较应当是在一定经营量的前提下。在客户生产与发展之后，库存总量的上升则反映了经营的发展，必须扣除这一因素才能对总量是否下降做出正确判断。

2. 库存周转

由于配送企业的调剂作用，以低库存保持高的供应能力，库存周转一般总是快于原来各企业库存周转。此外，从各个客户角度进行判断，各客户在实行配送前后的库存周转比较，也是判断配送合理与否的标志。为取得共同比较基准，以上库存标志都以库存储备资金计算，而不以实际物资数量计算。

(二)资金标志

实行配送应有利于资金占用降低及资金运用的科学化，具体判断标志有以下四个。

1. 资金总量

用于资源筹措所占用的流动资金总量，随储备总量的下降及供应方式的改变必然有较大的降低。

2. 资金周转

从资金运用来讲，由于整个节奏加快，资金充分发挥作用，同样数量的资金，过去需要较长时期才能满足一定的供应要求；配送之后，在较短时期内就能达此目的。所以，资金周转是否加快，是衡量配送合理与否的标志。

3. 资金投向的改变

资金分散投入还是集中投入是资金调控能力的重要反映。实行配送后，资金必然应当从分散投入改为集中投入，以增加调控作用。

4. 成本和效益

总效益、宏观效益、微观效益、资源筹措成本都是判断配送合理化与否的重要标志。对于不同的配送方式，可以有不同的判断侧重点。配送企业和客户都是各自独立的、以利润为中心的企业，不但要看配送的总效益，而且还要看对社会的微观效益及两个企业的微观效益，不顾及任何一方，都必然出现不合理。如：如果配送是由客户集团自己组织的，配送主要强调保证能力和服务性，那么，效益主要从总效益、宏观效益和客户集团企业的微观效益来判断，而不必过多顾及配送企业的微观效益。由于总效益及宏观效益难以计量，在实际判断时，常以完成国家税收及配送企业和客户的微观效益来判断。

对于配送企业而言(在投入确定的情况下)，则企业利润反映配送合理化程度；对于客户企业而言，在保证或提高供应水平(产出一定)的前提下，供应成本的降低，反映了配送的合理化程度。成本及效益对合理化的衡量，还可以具体到集资、配货、配装、送货等具体配送环节，使判断更为精细。

(三)供应保证标志

实行配送，各客户的最大顾虑是害怕供应保证程度降低，这是个心态问题，也是承担风险的实际问题。配送的重要一点是必须提高而不是降低对客户的供应保证能力，才算实现了合理化。供应保证能力可以从以下三个方面来判断。

1. 缺货次数

实行配送后，对各客户来讲，该到货而未到货以致影响客户生产及经营的次数，必须有显著下降才算合理。

2. 配送企业集中库存量

对每个客户来说，其数量所形成的保证供应能力高于配送前单个企业的保证程度，从供应保证来看才算合理。

3. 即时配送的能力及进度

在客户出现特殊情况时，对客户的配送能力及反应速度必须高于未实行配送前客户的紧急进货能力及速度才算合理。

需特别强调的是，配送企业的供应保障能力是一个科学、合理的概念，而不是无限的概念。具体来讲，如果供应保障能力过高，超过了实际需要，也是一种不合理。所以，追求供应保障能力的合理化也是有限度的。

(四)社会节约标志

末端运输是目前运能和运力使用不合理、浪费较大的领域，因而人们寄希望于配送来解决这个问题，因此，它也成为配送合理化的重要标志。运力使用的合理化是依靠送货运力的规划和整个配送系统的合理流程及与社会运输系统合理衔接实现的。送货运力的规划是任何配送中心都需要花大力气解决的问题，而其他问题都有赖于配送物流系统的合理化，判断起来比较复杂，可以简化判断如下：社会车辆总数减少，而承运量增加为合理；社会车辆空驶减少为合理；一家一户自提自运减少，社会化运输增加为合理。

(五)物流合理化标志

配送必须有利于物流合理化，可以从以下方面来判断。

(1) 是否降低了物流费用。

(2) 是否减少了物流损失。

(3) 是否加快了物流速度。

(4) 是否能发挥各种物流方式的最优效果。

(5) 是否能有效衔接干线运输和末端运输。

(6) 是否不增加实际的物流中转次数。

(7) 是合采用了先进的技术手段。

三、配送合理化的措施

1．推行一定综合程度的专业化配送

通过采用专业设备、设施及操作程序，取得较好的配送效果并降低配送过分综合化的复杂程度及难度，从而追求配送合理化。

2．推行加工配送

通过流通加工和配送的有机结合，充分利用本来应有的这次中转而不增加新的中转，以求得配送合理化。同时，借助于配送，加工目的更明确，与客户联系更紧密，更避免了盲目性。这两者有机结合，投入不用增加太多却可追求两个优势、两个效益，是配送合理化的重要经验。

3．推行共同配送

通过共同配送，可以以最近的路线、最低的配送成本完成配送，从而追求配送合理化。

4．实行双向配送

配送企业与客户建立稳定、密切的协作关系，配送企业不仅成为客户的供应代理人，而且承担着客户储存据点，甚至成为产品代销人。在配送时，配送企业将客户所需的物资送到，再将该客户生产的产品用同一车运回，这些产品就成了配送中心的配送产品之一，或者作为代存、代储，免去了生产企业的仓储包袱。这种双向配送，使运力充分利用，也使配送企业功能得到更大的发挥，从而追求配送合理化。

5．推行准时配送系统

配送做到了准时，客户才有资源把握，才可以放心地实施低库存或零库存，有效地安排接货的人力、物力，以追求工作的最高效率。保证供应能力，取决于准时供应，从国外的经验看，准时供应配送系统是现在许多配送企业追求配送合理化的重要手段。

6．推行即时配送

要最终解决客户企业担心断供之忧，大幅度提高供应保证能力，就应具有即时配送能力。从这个角度来说，即时配送是配送企业快速反应能力的具体化，是配送企业能力的体现。

四、配送路线的选择

配送路线合理与否对配送速度、成本、效益影响颇大，因此，采用科学、合理的方法确定配送路线是配送活动中非常重要的一项工作。确定配送路线可以采取各种数学方法以及在数学方法基础上发展和演变而来的经验方法。无论采用何种方法，首先应建立试图达到的目标，再考虑实现此目标的各种限制因素，在有约束的条件下寻找最佳方案，以实现

试图达到的目标。

(一)确定目标

目标的选择应根据配送的具体要求，配送中心的水平、实力及客观条件而定，可以有以下几种选择。

1. 效益最高

在选择效益为目标时，一般是以企业当前的效益为主要考虑因素，同时要兼顾长远的效益。效益是企业整体经营活动的综合体现，可以用利润来表示，因此，在计算时是以利润的数值最大化为目标的。

由于效益是综合反映，在拟定数学模型时，很难与配送路线之间建立函数关系，一般很少采用这一目标。

2. 成本最低

计算成本比较困难，但由于成本和配送路线之间有密切关系，在成本对最终效益起决定作用时，选择成本最低为目标实际上就是选择了效益为目标，但却有所简化，比较实用，因此可以采用。

3. 路程最短

如果成本和路程相关性较强，而和其他因素是微相关时，可以选择路程最短为目标。这样不仅可以大大简化计算，而且可以避免许多不易计算的影响因素。需要注意的是，有时候路程最短并不见得成本就最低，如果道路条件、道路收费影响了成本，单以最短路程为最优解则不合适了。

4. 吨公里最低

吨公里最低是长途运输时常作为目标选择的，在多个发货站和多个收货站的条件下，同时又是整车发到的情况下，选择吨公里最低为目标是可以取得满意结果的。在配送路线选择中一般情况是不适用的，但在采取共同配送方式时，也可采用吨公里最低为目标。

5. 准时性最高

准时性是配送中重要的服务指标，以准时性为目标确定配送路线就是要将各用户的时间要求和路线先后到达的安排协调起来，这样有时难以顾及成本问题，甚至需要牺牲成本来满足准时性要求。当然，在这种情况下成本也不能失控，应有一定的限制。

6. 运力利用最合理

在运力紧张且运力和成本效益有一定相关关系时，为节约运力，充分运用现有运力而不需外租车辆或新购车辆，此时也可以运力安排为目标确定配送路线。

7. 劳动消耗最低

以劳动消耗最低、司机人数最少、司机工作时间最短等劳动消耗为目标确定配送路线也有所应用，这主要是在特殊情况下(如供油异常紧张、油价非常高、意外事故引起人员减少、某些因素限制了配送司机人数等)必须选择的目标。

(二)确定配送路线的约束条件

以上目标在实现时都会受到许多条件的约束，必须在满足这些约束条件的前提下才能取得成本最低或吨公里最小的结果。一般的配送，约束条件有以下五项。

(1) 满足所有收货人对货物品种、规格和数量的要求。

(2) 满足收货人对货物发到的时间范围的要求。

(3) 在交通管制允许通行的时间(如城区公路白天不允许货车通行)。

(4) 各配送路线的货物量不得超过车辆容积及载重量的限制。

(5) 在配送中心现有运力允许的范围之中。

(三)确定配送路线的方法

1. 方案评价法

当对配送路线的影响因素较多，难以用某种确定的数学关系表达时，或难以用某种单项依据评定时，可以采取对配送路线方案进行综合评定的方法。综合评定方案确定最优方案的步骤如下。

(1) 拟定配送路线方案。以某项较为突出和明确的要求作为依据，如以某几个点的配送准时性，或司机习惯行驶路线等拟定出几个不同方案，方案要求提出路线发、经地点及车型等具体参数。

(2) 对各方案引发的数据进行计算。即对配送距离、配送成本和配送行车时间等数据进行计算，并作为评价依据。

(3) 确定评价项目。决定从哪几方面对配送方案进行评价，如动用车辆数、司机数、油耗、总成本、行车难易、准时性及装卸车难易等方面，都可作为评价依据。

(4) 对方案进行综合评价。

2. 数学计算法

数学计算法是指利用经济数学模型进行数量分析。例如，可以应用线性规划的数学模型求解最佳方案。

3. 节约里程法

在实际工作中有时只需求近似解，不一定要求得最优解，在这种情况下可采用节约里程法。

五、节约里程法简介

1964 年克拉克(clarke)和怀持(wright)发表了制订配送计划的节约法论文，提出了许多如何从可供选择的路径中选出最佳配送路径的方法。这些方法的基本原理是几何学中三角形一边之长必定小于另两边之和，如图 9.4 所示。

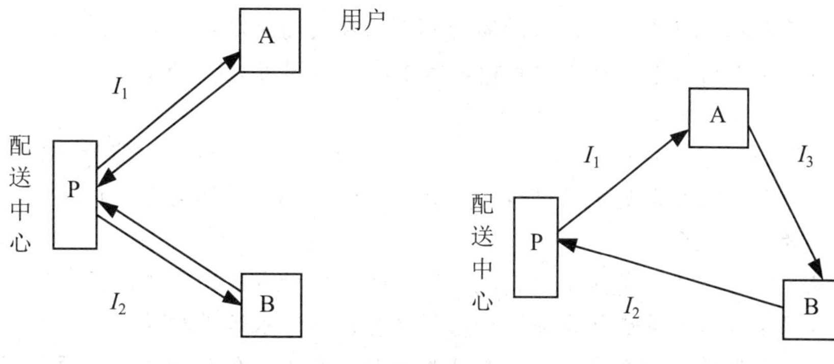

图 9.4　往返发货与巡回发货车辆行走路线

例如，由配送中心 P 向两个用户 A、B 送货，P 至 A、B 的最短距离分别为 I_1 和 I_2，A、B 间的最短距离为 I_3；用户 A、B 对货物的需求量分别为 q_1 和 q_2。若用两辆汽车分别对 A、B 两个用户运送所需货物，在各自往返送货时，汽车执行总里程为：$I=2I_1+2I_2$。

如果改为由一辆汽车向 A、B 两个用户巡回送货(设 $q_1+q_2<$汽车载重量)，则汽车行走里程为 $I=I_1+I_2+I_3$

后一种送货方案比前一种送货方案节约的汽车行走里程为：

$$I=2(I_1+I_2)-(I_1+I_2+I_3)=I_1+I_2-I_3$$

如果从图形上看，它等于三角形的两个邻边之和减去对边的差。

如果在配送中心 P 的供货范围内还存在着第 3，4，5，…，n 个用户，在汽车载重量允许的情况下，可将它们按节约量的大小依次连入巡回路线，直至汽车满载为止，余下的用户用同样的方法确定巡回路线，另外派车。

【案例】美国沃尔玛配送体系简介

沃尔玛公司的总部在阿肯色州的一个小城市——本顿维尔，现有人口大约 2 万人。沃尔玛公司的总部也就是沃尔玛的第一个配送中心，沃尔玛的总部就在这个配送中心里。在不断成长扩大的过程中，沃尔玛建立了一批新的配送中心，但其总部仍然在阿肯色外本顿维尔市的配送中心附近。

沃尔玛的最早创始人山姆沃尔顿在 1962 年开设了第一家沃尔玛商场，而配送中心一直到 1970 年才建立。现在沃尔玛的配送中心已经有 40 年的历史了。第一个配送中心是供货给 4 个州 32 个商场，如今，沃尔玛在美国已有 30 座配送中心，分别服务于 18 个州 2500 家商店。沃尔玛为什么要花费很大的精力投入在物流方面呢？只要看一看以往几年沃尔玛的发展，就可以了解到进行物流配送在沃尔玛公司里是非常重要的。沃尔玛 2000 年在物流上的投资是 1600 亿美元，2001 年增加到 1900 亿美元，因此沃尔玛将从现有的销售额中提取 250 亿美元，集中用于配送中心的建设。在美国，沃尔玛拥有 1800 多家商场。沃尔玛商场是一个提供比较常规商品的商场，它以比较低的价格提供人们日常用品。除此之外，沃尔玛还有一类沃尔玛超级中心，这是在过去 10 年中才开发出来的。

沃尔玛有 721 个这样的超级中心，它们是由规模较大的商场附近的一些小副食品店加在一起形成的超级中心，它有一些比较常规的日常用品，同时也有一些食品。这些小副食店结合在一起，便可向消费者提供一站式的消费服务。顾客来到一个商场，便可买齐想要的所有商品。沃尔玛把它看作是未来的商场模式。在美国沃尔玛还有463家山姆会员店。这种会员店内，购买商品量特别大。目前，沃尔玛在美国有88.5万名员工，在美国之外的世界其他地方，沃尔玛拥有员工25.5万人。

消费者的消费行为，就是想用较少的金钱得到较多的使用价值，消费者除了想购买到满意的商品以外，还需要得到更好的服务。那么，沃尔玛是怎样获得成功的呢?

一、明确的经营理念

区域的经营理念，不仅是区域的灵魂，同时也是经营成败的主要因素。

1. 沃尔玛对顾客的承诺就是商品价格最便宜、顾客永远是对的

任何一家沃尔玛的连锁店里都张贴着醒目的标语："我们争取做到，每件商品都保证让您满意!"沃尔玛人知道，消费者的一分一毫都是辛勤工作所得。为了让您的金钱最大限度地发挥它的作用，沃尔玛人应该做到的是"天天平价，始终如一，为您提供超值、优质的商品"。员工每天在这种观念下工作，很自然地就会把服务的质量放在首位。这样就使员工的服务更加贴近顾客，使人感到宾至如归，回头客越来越多。

2. 提供一站式服务

这是吸引消费者的另一行之有效的方法。顾客是否能在商店里一次性购买所有需要的商品，能否得到一些及时的新产品的信息以及另外一些附加服务，都是衡量企业经营的重要标志。任何一个成功的具有相当规模的零售企业，必须要为消费者提供所有全方位的服务体系。

沃尔玛的商场比一般的超级市场要略大一些，经营商品的品种十分齐全，一个家庭所需要的物品几乎都能在这里买到，所以又被称为"家庭一站购物"。从服装、药品、玩具、卫生用品到家用电器、珠宝、化妆品、汽车用品等，一应俱全，而又陈列干净、标识清楚，使人充分感受到购物的乐趣。沃尔玛出售商品的价格并不是标在商品的包装上，这样一来既节约成本又显而易见。特别是山姆会员店，凡拥有会籍的顾客，都可以享受折扣价。

二、先进完善的配送体系

作为商品流通企业，采购、存货、运输、销售、信息等都是影响商品成本的关键因素。首先是购货，即商品采购，它是商品销售价格的第一道关卡，也是商品物流管理的起始点。

1. 沃尔玛直接从工厂进货

良好的监督体制以及优秀的员工素质使其避免了在采购过程中容易出现的"回扣""偏高进货成本"等问题。例如：禁止推销商向采购员送礼或请客吃饭；尽量避免采购人员单独同供货商签订合同；教育员工同供应商讨价还价，培养他们不仅仅是在为公司讨价还价，同时也是为自己和顾客。沃尔玛的大批量订购货物的形式往往能够拿到比其他商家更加优惠的价格。这样一来，相对于其他零售商而言，沃尔玛的购货成本就低一些，所卖商品的价格就更加具有竞争力。

2. 沃尔玛具有独特的配送体系

沃尔玛被称为是零售配送革命的领袖，所谓配送就是各分店所需要的商品在规定的日期，安全、准确地送达。在这其中，减少劳动的措施有：路径减短；运输次数减少；提高车辆装载效率；设定最低配送量；实施共同配送；选择最佳配送手段。下面就具体地看一下沃尔玛的配送体系。

(1) 由于沃尔玛的目标是满足顾客的需要，因此要及时提供给顾客质优价低的商品。为使这些商品在顾客所需要的时间和地点内出现，就一定要开发出一种低成本补充存货的方法——交叉装卸法。通过这种方法，在很大程度上降低了成本，提高了存货周转，使得沃尔玛在激烈的市场竞争中取得优势。它的做法就是使商品不断地被送到公司的配送中心，在那里进行拣货、分拣、包装最后再发送到各个分店。货物在配送中心(仓库)的时间很短，一般不会超过48小时。

这样做，一来可避免公司正常库存条件下所付出的成本，二来又可以得到大批量购买所带来的折让。沃尔玛销售的商品中，87%左右是自己的配送中心所提供的。使用这种方法，其成本可低于正常情况的50%，自然均摊到商品上的成本也就低于其他商家，价格也就更加具有吸引力。

(2) 若要交叉装卸法能够正常地运作，就必须要求配送中心、各个分店、供应商之间有着密切的联系。这样才能确保采购—配送—销售在短时间内完成，这是一个紧密相关的系统。“天天平价”的基础，使销售情况便于预测，在减少存货的同时带来了大量的顾客，创造了更好的销售额。紧密的联系使商家与供应商能及时联络，第一时间补充货架上缺少的货物，高效、快速地运输体系使商品的运输成本大大降低。

3. 沃尔玛如何选择配送中心地址

从配送中心的角度来看，配送中心负责将从供应商处大量运达的商品配送至各分店。配送中心的选址十分重要，它直接关系到成本、运输、采购等多方面的问题。沃尔玛是如何选择配送中心的地址的呢？从距离来看，配送中心到所负责的目的地的路程不会超过一天的行程，这样就能保证配送的及时性；从位置来看，由于沃尔玛的商店定位不是根据城市的大小来确定的，在一些乡村也开设，因此它的配送中心一般不会设在城市里，而是在郊区，这样有利于降低成本；从面积来看，一般都达11万平方米，员工近千人，将近85%的货物通过配送中心发送。一般，一个配送中心负责一定区域范围内的商家商场。

三、沃尔玛拥有自己的计算机网络体系

配送中心的管理是机械化与电脑化的有机结合。沃尔玛具有发达的计算机网络体系。总体上可以说是发达的“根系”状形式，从分店的销售统计到自动存货再到自动订货，这就是它为什么能够及时地了解销售情况并且能准时补充货源的原因所在。

任何一家沃尔玛商场都具有自己的终端，并通过卫星与总部相连，在商场设有专门负责排货的部门。沃尔玛每销售一件商品，都会即时通过与收银机相连的电脑服务器记录下来，每天都能清楚地知道实际的销售情况。所有商品都利用条形码通过计算机进行跟踪，方便、安全又快捷。

发达完善的信息处理系统。沃尔玛在科技上花费了大量的人力和财力，经过多年的实践，充分证明了在科技上的投入是物有所值的。

沃尔玛是世界上第一个拥有私人通信卫星的企业。1983年，沃尔玛花费2400万美元建立了自己的卫星通信系统，通过整个系统每天直接把销售情况传送给5000家供应商。像沃尔玛在我国深圳开设的几家商场来说，商场电脑与总部相连，通过卫星通信可随时查货、点菜、调拨商品和进行信息交流。

由于商品的售价是标在货架上，所以条形码显得十分重要。沃尔玛所出售的商品全部是通过条形码来确定价款的，包括水果、面包等，不少生鲜商品通过称重或包装时随即提供条形码。这种方法安全、可靠、方便、快捷，优势显而易见。

四、先进的管理方法

现代的企业必须具有现代的管理体制，沃尔玛成功的另一个因素就是现代化管理。就传统意义而言，零售业的采购、补货、定价以及推广等权力都高度集中在公司的管理层，然而沃尔玛的配送系统则把传统控制模式调换了方向。以前是零售商把商品“推”向已有的系统，而沃尔玛则让顾客决定在何时何处购买商品，让顾客拉动产品，使分店、配送中心及供应商之间建立起一种非正式的、往来频繁的合作关系。

在经营中，沃尔玛以员工为合伙人，坚持让员工从公司的成长中获得好处；以员工为合伙人使员工与公司之间利益紧密相连，沃尔玛还尽其所能使员工具有归属感，公司雇用当地人员，经过训练并鼓励他们提出问题，同时采取多种奖励手段来提高员工士气；公司努力营造出一个畅所欲言、面对面沟通的文化环境，任何员工都可以直接向经理提出改进公司的建议，如果得以采纳，将会得到奖励。

沃尔玛讲究团队精神，经常开展各种活动，员工们可以共享信息，每位员工可采纳最好的建议运用在实际工作中。在员工工资并不高、福利也不值得标榜的条件下，沃尔玛的员工仍具有相当凝聚力。公司越大，就越要摆脱和防止专制管理。在《富甲天下》一书中，山姆认为，作为高层督理者，既要谨慎，更要谦虚，丝毫不可松懈大意。他的六条管理方法分别是：①每次只考虑一家商店；②沟通再沟通；③倾听基层的声音；④下放责任和权力；⑤调动员工的积极性；⑥精简机构，防止官僚作风。

五、发达的运输系统

在整个物流过程中，最昂贵的就是运输费用。运输车队省下的钱越多，整个供应链所节省的费用就越多，让利给消费者的部分也就越多。沃尔玛拥有自己庞大的运输车队，承担着从配送中心到商场的运输任务。他们所用的卡车，都是尽可能大的16米长的货柜车，比集装箱卡车还要长，而且要求把车中的每一立方米都填得满满的，以进一步降低运输成本。沃尔玛的车队还有3700多名司机、2000多辆公路长途运输卡车和1.1万辆拖车，这是美国乃至全世界最大的企业商用车队。沃尔玛采用全球卫星定位系统，在任何时候，调度中心都可以知道这些车辆在什么地方，离商店还有多远，同时也可了解到某个产品运输到了什么地方，还有多长时间才能运到商店。正是通过迅速的信息传递及先进的电脑跟踪系统，使之能够在全美范围内进行商品的快速运输，保证了沃尔玛能够及时地进行商品供给，从而大大提高了整个系统的效率。

问题：

(1) 配送中心在沃尔玛的作用是什么？

(2) 沃尔玛的配送体系先进在哪些地方？

(3) 沃尔玛的配送中心的选址原则是什么？

(4) 沃尔玛的计算机网络体系在物流和配送中心的作用是什么？

本章小结

配送是指在经济合理区域范围内，根据客户要求对物品进行拣选、加工、包装、分割、组配等作业，并按时送达指定地点的物流活动。配送是物流中一种特殊、综合的活动形式，一般的配送通过一系列活动完成将物品送达到客户的目的。

配送的类别有多种，按配送商品的种类和数量分类，有少品种或单位品种、大批量配送，多品种、小批量、多批次配送等；按配送服务方式分，有定时配送、定量配送、定时定量配送和及时配送等；按配送组织者分类有商店配送、配送中心配送、生产企业配送等；按经营形式分类有销售配送、供应配送、代存代供配送等；按配送专业化程度分类有综合配送和专业配送。

配送中心是以组织配送性销售或供应，执行实物配送为主要职能的流通型节点，具有集货、分货、送货等基本职能。为了提供更完善的配送服务，配送中心往往还具有较强的流通加工能力。配送中心实际上是集货中心、分货中心、加工中心功能之综合，并具有更高的配送水平。配送中心根据不同的分类标准可以划分为不同的类型。按配送中心的流通职能分为供应型配送中心和销售型配送中心；按其辐射范围分为城市配送中心和区域配送中心；按其内部特性分为存储型、流通型和加工型配送中心；按其专业化情况分为专业化配送中心和柔性化配送中心。配送中心具有采购、存储、分拣、集散、加工、信息处理等功能。

配送的基本环节包括备货、理货、送货，有时还包括流通加工。配送中心的作业一般包括进货作业、搬运作业、储存作业、盘点作业、订单处理作业、拣货作业、补货作业和出货作业等。

物流配送难度大，在实际操作中，会出现很多不合理的配送形式，如进货不合理，库存决策不合理、价格不合理、配送与直达的决策不合理、送货中运输不合理、经营观念不合理等。物流合理化是配送系统要解决的问题，也是衡量配送本身的主要指标。具体衡量指标有：库存标志、资金标志、供应保证标志、社会节约标志和物流合理化标志。

配送路线合理与否对配送速度、成本、效益影响颇大，因此，采用科学、合理的方法确定配送路线是配送活动中非常重要的一项工作。确定配送路线可以采取各种数学方法以及在数学方法基础上发展和演变而来的经验方法。无论采用何种方法，首先应建立试图达到的目标，再考虑实现此目标的各种限制因素，在有约束的条件下寻找最佳的方案，以实现试图达到的目标。关于最佳配送路线本文着重介绍了节约里程法。

复习思考题

1. 如何理解配送的概念？它对物流有何作用？
2. 配送是如何分类的？怎样理解配送的条件？
3. 如何理解配送中心的概念？配送中心是如何分类的？
4. 配送中心的布局规划应遵循哪些原则？

5. 配送的业务流程及具体作业内容是什么?
6. 什么是不合理配送?合理化配送的标志有哪些?

参考文献

1. 周在青. 物流业务管理. 上海:上海财经大学出版社,2003
2. 李雪松,张理. 现代物流作业管理. 北京:北京大学出版社,2004
3. 茅宁. 现代物流管理概论. 南京:南京大学出版社,2004
4. 陆岚. 物流管理基础理论. 北京:机械工业出版社,2004
5. 单日源. 现代物流管理. 长沙:湖南大学出版社,2003
6. 兰丕武. 现代物流管理导论. 北京:经济科学出版社,2005
7. 彭志忠,周新平. 现代物流与供应链管理理论. 济南:山东大学出版社,2004
8. 曾剑. 现代物流学基础. 北京:电子工业出版社,2004

第十章　物流信息管理

本章导读：

现代物流的重要特征是物流的信息化，现代物流也可以看作是实物流和信息流的结合。在现代物流运作过程中，通过使用计算机技术、通信技术、网络技术等手段，大大加快了物流信息的处理和传递速度，从而使物流活动的效率和快速反应能力得到提高。建立和完善物流信息系统，对于构筑物流系统、开展现代物流活动是一项极其重要的工作内容。

学习目标：

通过对本章的学习，要了解物流信息的定义和特点、物流信息分析以及物流信息的分类；重点掌握物流信息技术，如EDI技术、条码技术等，了解条码的分类和EDI的现状与发展前景；掌握物流信息系统的定义、特点、基本功能等，了解物流信息系统的开发原则和开发方式的选择以及国内企业应用物流信息系统的现状。

关键概念：

物流信息(Logistics Information)
物流信息管理(Logistics Information Management)
物流信息系统(Logistics Information System)
信息技术(Information Technology)

第一节　物流信息管理概述

物流界有句格言：“物流管理，信息先行。”这意味着物流信息在物流运作与管理中起着中枢神经系统的作用。随着信息技术的商务应用向广度和深度发展，尤其是在Internet上的深度应用，物流企业将面临信息数量大、种类多、变化快的现状，市场要求物流企业具有更高水平的信息管理能力。基于信息技术的物流信息管理以及物流信息系统的构建是现代物流的特征，因此，及时而准确的物流信息是物流企业管理中不可缺少的重要组成部分。

物流信息管理的目的就是在信息系统的支撑下，利用信息将物流企业的各种营运和决策综合起来，提高其市场竞争力。物流的信息管理就是对物流信息的收集、整理、存储传播和利用的过程。也就是将物流信息从分散到集中，从无序到有序，从产生、传播到利用的过程，同时对涉及物流信息活动的各种要素，包括人员、技术、工具等进行管理，实现资源的合理配置。信息的有效管理就是强调信息的准确性、有效性、及时性、集成性和共享性。所以在信息的收集、整理中要避免信息的缺损、失真和失效，要强化物流信息活动过程的组织和控制，建立有效的管理机制。同时要加强交流，信息只有经过传递交流才会产生价值，因此要有信息交流、共享机制，以利于形成信息积累和优势转化。

一、物流信息管理的理论基础

物流信息管理是信息管理科学的一个分支，信息管理科学就是认识信息和利用信息的科学。一般而言，信息管理科学有三个理论基础，即信息论、系统论和控制论。

1. 信息论

信息论是 20 世纪 40 年代美国数学家、贝尔电话研究所的香农提出的。香农认为通信系统就是信息传递过程，提出了通信系统的模型，定义了信源、信道和信宿。该模型科学地模拟了通信系统的结构和功能，如图 10.1 所示。

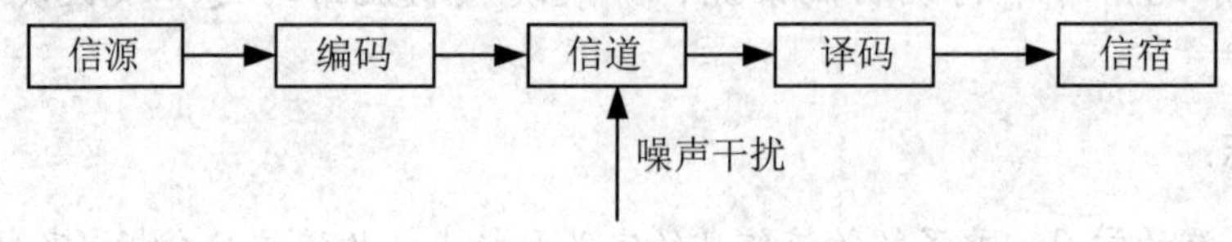

图 10.1　通信系统模型

香农提出的这个模型虽然是一个简单的通信模型，但也可以适用于非通信系统，可以反映出社会信息的单向流动状况。另外香农认为信息是可以度量的，提出了信息量的概念和计算的方法。信息论为信息管理科学的发展奠定了理念基础。

2. 系统论

系统论是以一般系统为研究对象的理论。系统论的主要创立者是贝特朗菲，他认为系统最显著的特征就是要素、结构、系统、功能和环境的五位一体关系。系统的结构就是系统各个要素相互作用的内在组织形式，与此相对应，系统与环境相互联系、相互作用的外在活动形式就是系统的功能。显然，信息是两者正常运作的保证。也就是说，要素与要素之间、要素与系统之间、系统和环境之间都是通过信息相互作用和相互联系的。

任何一个系统都是为了某个目的而建立的，正如从物流信息中得到某些物质和信息，同时又给环境以某些物质和信息。系统是一个活的实体，为了发展的需要，须依据客观现实和自身的条件不断调整自己。系统的目标正是在这种不断进行的输入和输出流动中实现或者体现的。

3. 控制论

所谓控制就是指施控主体对受控主体的一种能动作用。控制作为一种作用，至少要有作用者、被作用者以及作用的传递者三个因素。控制论着眼于从控制系统和特定环境的关系来考虑系统的控制功能。

控制论是在信息反馈理论的基础上建立起来的。反馈的内涵是指信息从授者到受者经过处理返回给授者的过程。信息机构通过控制系统把输出信息输送给信息系统的用户，就必然会引起信息用户的反响。是满意还是部分满意或不满意，反馈就是把信息用户的这些反响集中起来，经过分析、筛选，反馈给信息系统的管理者，以便对信息系统进行合理调控。控制的全过程都必须依赖信息的过程。控制机制正是依靠信息，具体地说是依靠信息

反馈来达到控制的目的。

总之，信息论与控制论以及系统论的结合构成了相对完整的信息理论体系，逐步形成了现代信息管理理论的基础。

二、物流信息的定义与特点

(一)信息与数据

信息和数据是我们经常使用的词汇和术语，也是信息系统中最基本的概念。信息系统处理的主要对象是大量的各式各样的信息和数据。当今社会已进入日新月异的信息时代，信息和数据已经被广泛地应用到社会生活的各个领域。数据是人们用来反映客观事物并可以记录、通信、识别的符号和数字的统称，是客观事物的基本表达，如字符(包括汉字、外文字母等)、数字、日期等。随着计算机多媒体技术的发展，计算机可处理的数据类型也越来越多，如图像、日期、声音等。

不同学科对信息有不同的定义。一般来讲，广义的信息提供了有关现实世界事务的消息和知识；狭义的信息是一种已经被加工为特定形式的数据，这种数据形式对于接收者来说是有意义的，而且对当前和将来的决策具有明显的或实际的价值。这里所说的加工(处理)，是指数学运算、逻辑判断、排序、合并、检索、制图、作表等各项操作。

信息与数据的关系可以看作是原料和成品的关系，换言之，信息是经处理系统加工过的数据(见图 10.2)。更确切地讲，处理系统能将不可用的数据形式加工成可用的信息。为方便处理和支持决策活动，通常要把众多数据按数据结构、文件结构或数据库等形式组织起来。例如，商店可以将顾客购买的物品统计成品种销售数、品牌销售数、规格销售数、总销售数量、销售额等对商店经营管理有意义的信息。

图 10.2　信息与数据的关系

信息与数据的这种原料和成品的关系是相对的，对某个人来说是信息，而对另一个人来说可能是数据。例如，你购买了一件衬衣，对你来说是信息，而对商店的管理人员来说是一种数据。正由于信息与数据之间存在既有区别又有紧密联系的关系，所以信息与数据这两个词常被人们交替使用。

总的来说，信息是加工后的数据，是一种经过选择、分析、综合处理后的数据，它使用户更清楚地了解正在发生什么事。如果说数据是原材料，信息就是加工后得到的产品，是数据要表达的含义。

(二)物流信息的定义

国家标准《GB/T18354—2001 物流术语》对物流信息的定义：“物流信息是反映物流各种活动内容的知识、资料、图像、数据、文件的总称。”物流信息是指与物流活动相关的信息，是反映物流各种活动内容的知识、资料、图像、数据和文件的总称。从信息的来源看，一部分直接来自物流活动本身，另一部分则来自商品交易活动和市场。物流信息包含的内容可以从狭义和广义两个方面来考察。

从狭义范围来看，它指直接产生于物流活动(如运输、保管、包装、装卸、流通、加工等)甚至生产活动的信息。在物流活动的管理与决策中，如运输工具的选择、运输路线的确定、每次运送批量的确定、在途货物的跟踪、仓库的有效利用、最终库存数量的确定、订单管理、如何提高顾客服务水平等，都需要详尽和准确的信息。

从广义范围来看，物流信息包括与其他流通活动有关的信息，如商品交易信息和市场信息等。商品交易信息是指与买卖双方的交易过程有关的信息，如商品销售和购买信息，订货和接受订货信息，发出货款和收到货款信息等；市场信息是指与市场活动有关的信息，如消费者的需求信息，竞争者或竞争型商品的信息，销售促进活动有关的信息和交通通信等基础设施信息。在现代经营管理活动中，物流信息与商品信息、市场信息之间相互交叉、融合，而且有着密切的联系。例如，零售商根据对消费者消费信息的分析、需求的预测以及库存状况制订订货计划，向批发商或直接向生产商发出订货信息，批发商在接到零售商的订货信息后，在确认现有库存水平的基础上，或指示物流部门发货，或组织货源。

(三)物流信息的特点

物流信息除了具有准确性、完整性、实用性、共享性、增值性等一般信息特点外，和其他领域的信息比较，其特殊性主要表现在以下三个方面。

1. 物流信息具有量大、分布广的基本特点

物流信息随着物流活动以及商品交易活动的展开而大量产生。随着现代物流的飞速发展，多品种、小批量、多批次和个性化服务等现代物流活动，使库存、运输、分拣、包装、加工、配送等物流信息大量产生，且分布在制造厂、仓库、物流中心、配送中心、运输路线、商店、中间商、用户等处。为了使物流信息适应企业开放性、社会性的发展要求，必须对大量的物流信息进行有效管理。信息的产生、加工和应用在时间、地点上不一致，在方式上也不相同，这就需要有性能较高的信息处理机构与功能强大的信息收集、传输和存储能力。

2. 动态性强、实时性高、时效性强、更新速度快

由于各种作业活动频繁发生，市场状况及用户需求变化多端，物流信息会在瞬间发生变化，因而信息的价值衰减速度很快。为了能适应企业物流高效运行的及时要求，要求系统对信息的及时性管理有较高的处理能力。

在现代物流活动中，信息价值的衰减速度正在逐渐加快，大量的信息会转瞬即逝。例如，现代物流的一个特点是物流服务供应商千方百计地满足客户个性化服务的需求，多品种、小批量生产，多额度、小数量配送。由此产生大量的新信息，不断更新原有的数据库，而且更新的速度越来越快。现代物流信息系统必须具有能够即时更新数据、分析数据，以适应现代物流信息的特点。

3. 物流信息种类多

物流活动的各个环节都会产生类型繁多的各种物流信息，不仅包括企业内部的物流信

息，而且包括企业间的物流信息和与物流活动有关的基础设施信息。各种物流信息的来源、发生处理地点、扩散范围都相对不同，这使得物流信息的搜集分类、统计分析等工作量明显较大。在物流企业内部，来源广泛的物流信息要求物流企业建立有效的信息收集和处理系统，实现企业内部的信息统一和信息共享。在供应链管理中，某个企业竞争优势的获得需要供应链各参与者同企业相互协调合作，通过 EDI 在各个企业间进行物流信息传输，实现资源共享，降低物流信息的处理成本，以推动物流活动的顺利开展。

物流信息不仅包括企业内部的各种管理和作业信息，而且包括企业间的物流信息和与物流活动有关的现代物流技术基础设施、法律、规定、条例等多方面的信息，这就使物流信息的分类、研究、筛选等的难度增加。

三、物流信息的内容和标准

(一)物流信息的内容

根据企业性质的不同，物流信息的具体内容不尽相同。但制定物流活动的决策以及对物流活动的协调和控制的管理，都需要详细、准确、直接的物流信息。物流信息的内容总是与企业物流各子系统对物流信息的需求相一致，各物流子系统有各自的信息内容，这些信息之间既有联系又有区别。

1. 运输功能的信息

运输连接着物流各节点，影响着物流的许多构成因素，而物流费用又直接受到供货厂商、仓库和用户之间的地理分布的影响。不同的运输方式有不同的特点，但无论哪种运输方式，对其及时、准确、经济和安全的要求都是一致的。

运输业务中主要的基础信息的载体是各种单证，各种运输单证为运输决策提供了各种信息。履行每一次运输活动都需要一些单证，其中最主要的单证类型有：提单、运单和运费清单等。单证中主要物品信息包含名称、数量、包装、相关物理属性、搬运要求等；运输信息包括发货时间、发货地点、运输距离、到货时间、到货地点、运输方式、运输工具、运输费用、运输人员、接收方、运输损耗等。例如，提单是购买运输服务所使用的基本单证，它对所装运的商品和数量起到了收据和证明文件的作用，有对货物唯一真实的受领人、交接方式、交货地点以及货物(类别、包装、数量等)进行精确描述的信息；运单是托运人向承运人办理的托运手续，它有托运物品、托运人和承运人及装卸地点等信息；运费清单是承运人收取其所提供的运输服务费用的一种凭证，它有运费的款项、金额和付费方式等信息。

运输信息处理系统要在充分分析运输距离、运输环节、运输工具、运输时间、运输费用“五要素”信息的基础上，制定出合理的实施方案，减少或避免空驶、对流运输、迂回运输、重复运输、倒流运输、过远运输、运力选择不当、运输方式选择不当等。要克服不合理运输，通常还需要掌握其他相关的信息，如各地交通信息、地理信息、货源信息、社会运力信息、在途物品信息和各种额外费用信息等。

2. 存储功能的信息

实现物流存储功能的场所主要是仓库。存储业务的基本信息分为描述仓库和描述库存物品的信息。仓库的基本信息包括仓库的地点、类型、面积、保管方式、储位信息等；库存物品的基本信息有存放地点、物品名称、结构、重量、形状、包装类别、数量、储存要求、入库时间、适用装卸方式等；其他信息包括物品需求情息、供应商信息。

为了充分利用仓库资源和提高服务水平，需要完成具体的信息分析，如出入库频率、物品需求预测、库存安全、订货周期、订货批量、占用资金、主被动的各种形态的储备、超储和积压等方面的分析，以便使储存进一步合理化。

3. 物流加工的信息

物流加工对物流起着补充、完善、提高和增强的作用。物流加工功能的主要作用表现在：适应多样化的顾客需求，进行方便用户的初级加工；提高原材料的利用率，提高加工效率及设备利用率；充分发挥各种运输手段的最高效率。

实现物流加工合理化主要考虑配送、配套、合理运输、合理商流和节约等几个方面的因素。由于加工需要加工设备、加工人员等资源，所以物流加工业务需要的主要信息有加工要求、加工时间、加工能力、加工流程、加工成本等，相关的辅助决策信息有加工方式、加工周期和加工报价。

4. 配送功能的信息

从物流来讲，配送几乎包括了所有的物流功能要素，是物流的一个缩影或在某小范围内物流全部活动的体现。一般的配送集装卸、包装、保管、运输于一身，通过这一系列活动的完成将货物送达目的地。特殊的配送则要以加工活动为支撑，所以包括的方面更广。但是，配送的主体活动与一般物流却有不同，一般物流是运输及保管，而配送则是运输及分拣配货。分拣配货是配送的独特要求，也是配送中特有的活动，以送货为目的的运输则是最后实现配送的主要手段。

配送功能的设置可采取物流中心集中库存、共同配货等形式，使用户或服务对象实现零库存，依靠物流中心的准时配送，而无须保持自己的库存或只需保持少量的安全储备，以减少物流成本的投入。对于不同类型的配送中心，由于其服务对象、配送技术和配送目的不同，形成的配送形式和运作方式也不同，从而使得该项业务所需要的基本信息和决策信息的重点也不同。

备货的基本信息包括货源供应信息与筹集情况(订货或购货、进货信息)及有关的质量检查、结算、交接等信息，需要进行的信息分析主要有备货成本、备货规模、供应商信息等，决策的问题主要包括备货规模、物资来源、配送方式、配送路线等。配送加工、分拣及配货根据用户的要求，包括品种、数量、包装、运送方式等。

配装是在单个用户配送数量不能达到车辆的有效载运负荷时，将不同用户的货物集中进行配送。这时需充分考虑如何进行有利的搭配装载，以充分利用运能、运力提高送货效率及降低送货成本。

配送运输属于运输中的末端运输和支线运输，具有配送用户多、距离较短、线路较复杂、规模较小、额度较高等特点，一般使用汽车做运输工具。因此，需要辅助的决策问题主要有选择最佳运输路线、配装和路线有效搭配等，它需要有关运输方面的信息支持。

送达服务是配送业务的最终环节，能保证圆满地实现配送物品的移交(包括卸货地点、卸货方式)，并有效、方便地处理相关手续并完成结算。

(二)物流信息的标准

物流活动是成交商品/产品的时间和空间效能的活动，它是国民经济正常运转的保障，是人类赖以生存的基础。随着电子商务的发展，物流系统的信息化要求日益迫切，与电子商务相配套的物流信息系统建设必须加大力度。在物流信息系统建设中，通过标准化来实现系统间的数据交换与共享已经成为电子商务的必然要求。因此，用现代化的信息技术来支撑现代物流活动具有重要的意义。

物流信息分类输码标准化是信息分类标准化工作的一个专业领域和分支，其核心是将信息分类输码标准化技术应用到现代物流系统中，实现物流信息系统的自动数据采集和系统间的数据交换与资源共享，促进物流活动的社会化、现代化和合理化，在实践中做到“货馈其流”。

所谓信息分类编码就是对大量的信息进行合理分类，然后用代码加以表示。将信息分类编码以标准的形式发布，就构成了标准信息分类编码，或称标准信息分类代码。物流信息分类编码标准体系旨在汇集与物流信息系统相关的现有国家标准，提出待制定的相关国家标准，一方面明确标准制定工作的需求，另一方面反映现有的标准化状况，为物流信息系统设计人员提供参考，为进一步采用国标标准和国外先进标准提供支撑。

四、物流信息的分类

在处理物流信息和建立信息系统时，对物流信息进行分类是一项基础工作。物流信息可以按不同的分类标准进行分类。

(一)按信息的领域分类

按信息产生和作用的领域，物流信息可分为物流活动所产生的信息和提供物流使用而由其他信息源产生的信息。一般而言，在物流信息工作中，前一类是发布物流信息的主要信息源，其作用是不但可以指导下一个物流循环，也可以作为经济领域的信息提供给社会；后一类信息则是信息工作收集的对象，是其他经济领域、工业领域产生的、对物流活动有作用的信息，主要用于指导物流。

(二)按信息的不同作用分类

1. 计划信息

计划信息指的是尚未实现的但已当作目标确认的一类信息。如运输量计划、仓储计划、物流量计划、仓库进出量计划、车皮计划、与物流活动有关的国民经济计划、工农业产品产量计划等。许多具体工作的预计、计划安排等，都是带有作业性质的，如协议、合同、投资等信息，只要尚未进入具体业务操作的，都可归入计划信息之中。这种信息的特点是带有相对的稳定性，信息更新速度较慢。

计划信息对物流活动有非常重要的战略意义。其原因在于，掌握了这个信息，便可对物流活动本身进行战略思考，如怎样在这种计划前提下规划自己战略的、长远的发展等。因此，计划信息往往是战略决策或大的业务决策不可缺少的依据。

2. 控制及作业信息

控制及作业信息是指物流业务操作过程中发生的信息，它具有很强的动态性，是物流活动必须发生的信息，是掌握物流状况必不可少的信息。如库存种类、库存量、载运量、运输工具状况、物价、运费、投资在建情况、港口船舶到发情况等。这类信息的特点是动态性非常强，更新速度很快，是掌握物流活动实时运动情况的重要信息。这种信息的作用是控制和调整正在发生的物流活动，并指导下一次即将发生的物流活动，以实现对物流活动各阶段的有效控制和管理。

物流活动过程中产生的信息，都是上一阶段过程结果的信息，但并不是此项物流活动最终结束后的信息。这种信息的主要作用是用以控制和调整正在发生的物流活动和指导下一次即将发生的物流活动，以实现对过程的控制和对业务活动的微调。

3. 统计信息

统计信息是物流活动整个流程结束后，对整个物流活动所做出的一种终结性、归纳性的信息。这种信息是一种恒定不变的信息，具有很强的资料性。虽然新的统计结果不断出现，使其在总体来看具有动态性，但是已产生的统计信息都是一个历史的结论，是恒定不变的。诸如上一年度、月度发生的物流量、物流种类、运输方式、运输工具使用量、仓储量、装卸量以及与物流有关的工农业产品产量、内外贸易数量等都属于这类信息。

统计信息具有很强的战略价值，其作用是用以正确掌握过去的物流活动及规律，以指导物流发展战略的制定。物流统计信息也是国民经济中非常重要的一类信息。

4. 支持信息

支持信息是指能对物流计划、业务、操作具有影响或有关的文化、科技、产品、法律、教育、民俗等方面的信息，如物流技术的革新、物流人才的需求等。这些信息不仅对物流的战略发展具有价值，而且也对控制、操作起到指导和启发的作用，是属于从整体上提高物流水平的一类信息。

(三)按信息加工程度的不同分类

物流空间广阔，时间跨度大，这就决定了信息发生源多、信息量大。因此，信息量过大所导致的使人难以吸纳、收集，无法从中洞察、区分有用信息和无用信息以及无法有效利用信息，这种所谓的“信息爆炸”情况严重影响着信息系统的有效性。为此，需要对信息进行加工。按加工程度的不同可以将信息分成以下两类。

1. 原始信息

原始信息是指没有经过加工的初级的物流信息，是信息工作的基础，也是最有权威性的凭证式的信息。一旦有需要，可从原始信息中找到真正的依据。原始信息是加工信息可靠性的保证。一般来说，原始信息是信息工作的基础，具有权威的凭证作用，没有原始信息的收集，就没有加工信息的分析结果。在物流的某些业务环节中，原始的物流信息也是非常重要的。

2. 加工信息

加工信息指对原始信息进行各种方式和各个层次加工分析处理后的信息。相对于原始信息，加工后的物流信息更具有辅助决策价值，而且加工后的物流信息更加简明扼要，便于利用和分析。这种信息是对原始信息的提炼、简化和综合，它可以大大缩小信息存量，并将信息整理成有使用价值的数据和资料。加工信息需要各种加工手段，如分类、汇总、精选、制档、制表、制音像资料、制文献资料、制数据库等，同时还要制成各种具有指导性的可用资料。

(四)按照信息产生的领域不同分类

物流各个不同的功能领域由于其活动性质不同，信息的内涵和特征也有所不同。按这些领域功能分类，有运输信息、仓储信息和装卸信息等，甚至更细化而分成集装箱信息、托盘交换信息、存量信息和汽车运输信息等。

按物流的不同功能领域将信息进行分类是物流管理具体化必不可少的一环。信息还可以从时间、使用频率、精确程度、流向、用途等方面来加以分类。

五、物流信息的作用

物流信息产生于物流活动和与物流活动相关的其他活动中，反映了商流和物流的运动过程，对商流和物流活动进行记录和控制，并为物流活动的正常开展提供决策基础。所以，物流信息是物流的核心，现代物流中的信息系统是物流企业的神经中枢。

物流信息是物流进步的基础，物流是连接供给和消费、克服空间和时间差异从而实现物的使用价值的综合活动。现代物流中一般包括运输、搬运、包装、加工等环节，而这些环节对于货物的流动来说，是在不同时间和场所进行的。尤其是物流活动的主要作用在于缩短货物的在途时间和仓储加工时间，及时供货和保证供应链的连续性、稳定性，从而实现货物的使用价值。物流信息是物流进步的基础，也是物流企业发展业务的基本平台。

物流信息是物流作业的关键因素，物流的订货管理、配送作业、运输仓储等活动产生大量的物流信息，这些信息的传递速度直接关系到工作程序的衔接和平衡，关系到作业过程中的时间控制，直接影响到物流活动的运作效率。因此，物流信息要真实、全面、及时传递和反馈，物流信息渠道要时刻保持畅通无阻。

物流信息是制订物流计划的保障。物流是一项系统性很强的活动，物流计划在物流系统中具有十分重要的作用。由于物流活动本身的特点，物流的需求计划如存储计划、补货量的预测等都需要提前制定，而充分、准确的物流信息是制订物流计划的有效保障。从物流信息的作用可以看出对它进行有效管理的重要性。

现代物流信息在物流活动中起着神经系统的作用，具有计划、协调和控制功能，“牵一发而动全身”。现代物流信息的作用主要是通过以下四个方面来实现的。

1. 支持市场交易活动

交易活动主要包括记录订单和接货内容、安排储存任务、作业程序选择、制定价格和相关内容查询等。物流信息的交易作用就是记录物流活动的基本内容。其主要特征是程序化、规范化和交互式，强调整个信息系统的效率性和集成性。

2. 支持业务控制

物流服务的水平和资源利用的管理，需要有信息的反馈并作相关的控制，要通过建立完善的考核指标体系来对作业计划和绩效进行评价和鉴别。这里强调了信息作为控制工作和加强控制力度的工具的作用。

3. 支持工作协调

在物流运作中，物流系统各环节、各子系统加强信息的集成与流通，有利于提高工作的质量与效率，减小劳动强度。

4. 支持决策和战略功能

物流信息管理有利于协调工作人员和管理层进行活动的评估和成本—收益分析，从而更好地进行决策。

总之，随着现代通信技术和网络技术的发展和应用，跨地域的实时信息传输和交换成为物流企业信息系统的重要功能。物流信息的及时传输扩大了物流企业的活动范围，促进了物流管理手段的不断改进和发展。

六、常见的物流信息管理方法

物流业内的专家一般将对物流信息的管理分成三个阶段，即手工管理阶段、电子计算机管理阶段和资源管理阶段。各个阶段企业管理物流信息的方法是不相同的。

1. 手工工作方法

手工工作方法是旧物流的产物，其核心为把握物流信息的源头。这种方法是以单据和卡片作为信息传递的基础，手工填报，通常采用邮政等一般通信方式进行传递及交换，定期举行分析会议，用手工分类及整理有关单据、卡片，以表格等形式反映最终整理结果，用文件夹等形式汇总装订单据、卡片、表格来进行信息储存。这种方式是物流信息系统管理的初级形式，虽简单易行，但效率低、效益差，远远不能满足现代化物流业发展的需要。这种方式是物流信息系统管理的初级形式，随着物流信息量的增大，这种依赖人工的方法必然会遭到淘汰。

2. 电子计算机方法

利用计算机处理、传递、储存信息是现代物流的一个显著标志，这种方法开始以物流信息的流程为核心。电子计算机具有存量大、处理速度快等特点。在这种方法下，计算机一般不单机使用，只有形成网络才能发挥其最大的效用。采用电子计算机可以有效处理手工难以解决的复杂问题，如果能把与物流相关的商流、经营管理等信息系统联系起来，其作用更能得到充分发挥。

3. 资源管理方法

物流信息的资源管理突出从经济角度进行管理，将技术的因素和人文的因素结合考虑进行综合管理，在战略和规划的高层次上强化信息管理。可以说资源管理是物流信息管理的最高阶段。

但是，值得注意的是，物流信息管理的这三个阶段并不是前后更替的。在物流管理的实践中，经常见到的是这三种方法并存的情况，这在我国尤其突出。其主要原因是我国企业物流管理的发展水平不均衡，各个地区之间有着很大的差异。

第二节　物流信息技术

物流是一个集中和产生大量信息的领域，由于物流的不断运动，物流信息也随时间不断发生变化，因此信息量较大。面对众多繁杂的信息，人们容易产生混乱，难以发现和获得管理和决策所需要的信息。因此，物流信息的处理方法和手段便是物流信息工作的重要内容。支持物流信息系统数据采集和传递的一系列现代信息技术是物流信息管理的关键。

物流管理离不开大量相关信息的处理，物流信息化是未来物流发展的方向。物流信息化主要表现为物流信息的商品化、物流信息收集的数据库化和代码化、物流信息处理的电子化和计算机化，物流领域网络化的基础也是信息化。这些都需要物流信息技术给予强有力的支持。

现代信息技术的发展是促进物流产业形成、发展的基础和条件。现代信息技术在经济中的广泛应用，不仅直接促进了传统产业的快速发展和结构调整，而且促使传统的物流活动成为一个新的专业化分工领域，形成从生产到消费的系统化的物流链条，实现了物流流程的优化和资源的合理配置，提高了全社会的流通效率和经济效益。

根据物流的功能和特点，物流信息技术主要包括电子数据交换(Electronic Data Interchange)、条形码(Bar Code)、反射频技术(Radio Frequency)、计算机网络技术(Computer Network)、多媒体技术(Multimedia)、地理信息技术(Geographical Information System)、全球卫星定位技术(Global Positioning System)、自动化仓库管理技术、智能标签技术、数据库(DB)及数据仓库技术(DW)、数据挖掘技术(DM)、Web 技术等。在这些信息技术的支撑下，形成了以移动通信、资源管理、监控调度管理、自动化仓储管理、业务管理、客户服务管理和财务管理等多种业务集成的一体化现代物流信息管理系统。

一、EDI 技术

EDI(即电子数据交换)技术是指通过电子方式，采用标准化的模式，利用计算机网络进行结构化数据的传输与交换。它是一种计算机应用技术，商业伙伴们根据事先达成的协议，对经济信息按照一定的标准进行格式化处理，并把这些格式化的数据通过计算机通信网络在他们的计算机系统之间进行交换和自动处理。

国际标准化组织 ISO 将 EDI 描述为：“将商业或行政事务处理按照一个公认的标准，形成结构化的事务处理或报文数据格式，是从计算机到计算机的数据传输方式。”

简单地说，EDI 是通过电子方式，采用标准化的格式，利用计算机网络进行结构化数据的传输和交换的一种信息技术。

由于 EDI 是以事先商定的报文格式形式进行数据传输和信息交换，因此，制定统一的

EDI 标准至关重要。EDI 标准主要有：基础标准、代码标准、报文标准、单证标准、管理标准、应用标准、通信标准和安全保密标准。在这些标准中最主要的是实现单证标准化，包括单证格式的标准化、所记载信息标准化以及信息描述的标准化。单证格式的标准化是指按照国际贸易基本单证格式设计各种商务往来的单证样式。目前，我国已制定的单证标准有：进出口许可证、原产地证书、装箱单、装运声明等。

EDI 作为计算机通信技术的一部分，其应用范围远不止通常意义上的贸易部门。实际上，它可以应用于各种经济部门之中，如制造业、运输业、零售业以及卫生保健和政府部门等。

EDI 的目的是通过建立企业间的数据交换网来实现票据处理、数据加工等事务作业的自动化、省力化、及时化和正确化。同时，做到有关销售信息和库存信息的共享，实现经营活动的效率化。在 EDI 中，传统贸易中使用的各种单据、票证全都被计算机内的数据传送所取代，原来由人工进行的单据、票证的核计、入账、结算及收发等处理，也全部由计算机来进行。由于数据的处理和传输全部依靠计算机和通信网络来进行，基本上取消了纸张信息，因此 EDI 常被称作电子贸易或无纸贸易。随着网络技术的飞速发展，EDI 应用的范围会越来越广。

二、EDI 的现状和前景

目前西方发达国家已普遍采用 EDI。美国早在 20 世纪 60 年代初期就在公路、铁路、海运和空运中应用 EDI，而且以每年 100%的速度增长；西欧各国已将 EDI 应用于汽车、化工、电子、运输、保险、分销零售业中；日本已在销售、贸易、运输和制造业中广泛使用 EDI；新加坡声称 95%的贸易使用 EDI 来实现。据悉，美国政府及欧洲共同体大部分国家的海关宣布，从 1992 年起，采用 EDI 方式办理海关业务；否则，其海关手续将被推迟办理，或不再选为贸易伙伴。

近年来，我国已开始重视和普及 EDI 技术，制定了 EDI 应用的总目标：“八五”抓基础、抓试点；“九五”建立起中国贸易网，尽快实现与国际贸易网的大联通，全面推行 EDI。

1996 年，亚洲六个国家和地区(中国、日本、印度、马来西亚、菲律宾和中国台湾)达成协议，将共同开发 EDI 系统，以便使这些国家和地区在进出口过程中能够实时地采集进出口数据，能有效地对客户进行管理，减少报关错误。这无疑会加快亚洲国家的 EDI 建设进程。

EDI 的电子传输的核心内容是商业信息单证，如订单、发票、付款通知、付款凭证、工作安排和交货凭证等。由于 EDI 在商业领域的大量使用，越来越多的商业单证是由计算机应用程序来生成。因此，EDI 变成了电脑应用程序之间所进行的信息交换。EDI 所支持的电子转账(EFT)和电子支付系统的广泛应用，支票和其他的传统纸面付款凭证将会大量减少。EDI 不仅大大简化了纸面单据的处理，节省了纸张，而且正在使银行的运做出现转型，网上银行的转账将会是未来的必然趋势。

三、条码技术

在全球范围内，每天都发生着无数笔商业交易，每一笔商业交易背后都伴随着物流和

信息流。计算机和网络技术的发展，彻底改变了人们的工作方式。但是如何解决计算机的快速录入问题和信息源的输入问题，一直是影响计算机应用的“瓶颈”。手工键盘输入速度慢、容易出错，而且工作强度大。到目前为止，先后涌现出了多种自动识别技术。尤其是以条码技术为首的自动识别技术，因其输入速度快、准确度高、成本低、可靠性强等原因，发展十分迅速，现已广泛应用于物流业的各个环节。在企业物料管理和流通活动中，为了能够迅速、准确地识别物品，自动读取商品信息，减轻劳动强度，降低成本，条形码技术得到了普遍运用。条形码是由一组规则排列的条、空及字符组成的，用以表示一定信息的代码，用来表示物品的各种信息，如名称、单价和规格等。条形码按照使用目的可以分为商品条形码和物流条形码。商品条形码直接为销售和商品管理服务，以个体商品为对象；物流条形码直接为入出库、运输、保管和分拣等物流作业管理服务，以集合包装商品为单位使用条形码。

1. 条码的发展

条码最早出现于 20 世纪 40 年代，美国的两位工程师开始研究用代码表示食品项目和相应的自动识别设备，并于 1949 年获得了美国专利。20 世纪 50 年代美国就有关于铁路车辆采用条码的报道。但是，条码技术得到普及应用和快速发展还是在电子技术及计算机技术迅速发展的最近 20 年。

1970 年，美国食品业工业委员会在食品杂货业进行了条码应用的尝试。1971 年，布莱西公司研制出“布莱西码”及相应的自动识别用于库存验算，这是条码技术第一次在仓库管理系统中的应用。

美国统一代码委员会于 1973 年成立，并从若干种条码方案中选定了 IBM 公司提出的 UPC(Universal Product Code，通用产品代码)作为美国产品的统一标识符号，从而为条码的应用、推广奠定了基础。

1976 年美国和加拿大在超级市场上成功地使用了 UPC 系统。1977 年，欧共体的法国、英国等 12 个国家在总结了 UPC 条码应用技术经验的基础上，发起组织成立了欧洲物品编码协会(European Article Numbering Association，EAN)，制定出了欧洲物品编码 EAN 码的通用规范。自此条码符号标识在商品流通领域以及物流系统中走向了实用化、标准化和国际化。到 1981 年，EAN 组织发展成为一个国际性组织，被称为“国际物品编码协会”，简称 IAN。但是由于历史的原因和习惯，该组织至今仍称为 EAN。EAN 为世界各国提供了一个唯一的编码体系和标识方法，为世界各国的贸易交换统一了形式，从而大大促进了各国之间的贸易往来，为电子订货(Electronic Ordering System，EOS)和电子数据交换(Electronic Data Interchange，EDI)提供了标准化和国际通用的统一标识。

在亚洲，几乎所有国家和地区都成立了物品编码协会(或物品编码中心)，并参加了 EAN 国际物品编码协会，加入了 EAN 系统。中国条码技术的研究始于 20 世纪 70 年代末到 80 年代初，而条码应用系统是在 80 年代末建立的。中国物品编码中心于 1988 年 12 月 28 日成立，于 1991 年 4 月 19 日正式加入国际物品编码协会。国际物品编码协会分配给中国的前缀码为 690、691 和 692。

2. 条码的分类

(1) 按码制分类。条码的码制是指条码符号的类型，每种类型的条码符号都是由符合特定编码规则的条和空组合而成的，都有固定的编码容量和条码字符集。如UPC码是一种定长、连续型、没有自校验的数字式码制，其字符集为0～9。它采用四种单元宽度，每个条或空是1、2、3或4倍单位单元宽度。

条码按码制一般分为九类：UPC条码、EAN条码、二五条码、三九条码、九三条码、库德巴条码、128条码、11码和其他码制。

(2) 按维数分为一维、二维和多维。

(3) 按使用目的分为商品条码和物流条码。

3. 条码技术与自动识别技术的比较

自动识别技术是信息数据自动识读、自动输入计算机的重要方法和手段，它是以计算机技术和通信技术的发展为基础的综合性科学技术。自动识别技术在物流过程中具有信息获取和信息录入功能，是指通过自动(非人工手段)获取项目标识信息并且不使用键盘即可将数据实时输入计算机、程序逻辑控制器或其他微处理器控制设备的技术。

近几十年来，自动识别技术在全球范围内得到了迅猛发展，初步形成了一个包括条码、磁条(卡)、光学字符识别、射频、生物识别及图像识别等集计算机、光、机电、通信技术为一体的高新技术学科。

条码技术是条形码自动识别技术的简称，是在当代信息技术基础上产生和发展起来的符号自动识别技术。它将符号编码、数据采集、自动识别、自动录入、存储信息等功能融为一体，能够有效解决物流过程中大量数据的采集与自动录入问题。

磁条技术应用了物理学和磁力学的基本原理。磁条就是一层薄薄的由定向排列的铁性氧化粒子组成的材料，将它和树脂黏合在一起并粘贴在如纸或塑料这样的非磁性基片上。

射频技术是以无线通信技术和储存器技术为核心的识别技术。射频系统的优点是不局限于视线，识别距离比光学系统远，射频识别卡具有可读写能力，可携带大量数据，难以伪造和有智能等。它适用的领域有物料跟踪、运载工具等要求非接触数据采集和交换的场合。由于射频标签具有可读写能力，对于需要频繁改变数据内容的场合尤为适用。

光学字符识别技术(OCR)是利用光学工作原理获取的文字字符图片信息，利用各种模式识别算法分析文字形态特征，判断出文字的标准编码，并按通用格式存储为计算机的文本文件。

条码与常用的几种自动识别技术的比较，如表10.1所示。

表10.1 条码与常用的几种自动识别技术的比较

项 目	条 码	OCR	磁条(卡)	射 频
输入12位数据的速度	0.3～2秒	4秒	0.3～2秒	0.3～0.5秒
误读率	1/15 000～1/100 000 000	1/10 000		
印刷密度(字符/英寸)	最大20	10～12	48	4～8000

续表

项　目	条　码	OCR	磁条(卡)	射　频
印刷面积(毫米)	15(长)×4(宽)	2.5(高)	6.4(高)	4(直径)×32(长)至54(纵)×86(横)
基材价格	低	低	中	高
扫描器价格	低	高	中	高
非接触识读	接触～5 米	不能	不能	接触～2 米
优点	输入速度快；设备便宜；设备种类多；可非接触式识读	可用眼阅读	数据密度高；输入速度快	可在灰尘、油污等情况下使用；可非接触式识读
缺点	数据不可更改；不可用眼直接阅读	输入速度慢；不能非接触式识读；设备价格高	不能直接用眼阅读；不能非接触式识读；数据可变更	发射、接收装置价格昂贵；发射装置寿命短；数据可改写

四、QR 和 ECR 技术

QR(Quick Response)即快速反应，是指物流企业面对多品种、小批量的客户，不是储备了“产品”，而是准备了各种要素，在客户提出需求时，以最快的速度提供条件，及时完成配送，提供所需的服务或产品。目的是缩短从原材料到客户的时间和整个供应链的库存，最大限度地提高供应链管理的运作效率。

QR 的核心是为了在以时间为基础的竞争中占据优势，建立一套对环境条件反应灵敏和快速的系统。QR 是物流信息系统和 JIT 物流系统结合在一起实现“快速时间内在指定地点将产品交付给客户”的产物。

QR 的实现主要依靠 IT 技术的发展，特别是 EDI(电子数据交换)、条形码和带有激光扫描的电子 POS 的使用，客户和供应商之间通过 POS 系统共享，不断地预测产品的发展趋势和开发新产品，以便对最终用户或消费者的需求做出更迅速的反应。在系统运作方面，双方利用 EDI 信息流，使得整个供应链所需时间和费用最小。QR 的着重点是对用户做出快速反应，将时间和成本最小化。

ECR(Efficient Consumer Response)即“有效客户反应”，是指以满足客户需求、最大限度地降低物流成本为原则，能及时做出快速、准确的反应，使提供的物品供应或服务流程最佳化而组成的协作系统。

五、ERP 技术

ERP(Enterprise Resource Planning)即企业资源计划，是在 MRP Ⅱ(Manufacturing Resource Planning，制造资源计划)的基础上通过前馈的物流和反馈的信息流、资金流，把客户需求、企业内部的生产经营活动以及供应商的资源整合在一起，体现完全按客户需求进行经营的一种供应链管理思想的功能网链结构模式。

ERP 的产生可追溯到 MRP(Material Requirements Planning，材料需求计划)和 JIT(Just In Time，及时生产)。JIT 的基本概念于 1953 年首先由日本丰田汽车公司提出，并随之应用于生产制造业。JIT 的思想是“按需求量，生产所需的产品”，由需求定产，追求一种无库存或库存最小的生产系统。即做到及时生产、及时管理和及时采购。

1. MRP 是 ERP 的核心功能

MRP 反映生产中所有零部件的结构关系和数量组成，确定产品和各个零部件的需要数量和时间等，描述生产的进度以及产品的库存量。即数量需求和时间需求以及库存管理，实现企业的产销存集成，解决缺货与库存之间的矛盾。MRP 是一种既不出现短缺又不出现积压库存的计划方法，它作为物资计划和生产计划控制是 ERP 最不可缺少的核心功能。

2. MRPⅡ是 ERP 的重要组成部分

MRP 不能反映企业的财务信息和企业的经营效益。MRPⅡ是 MRP 的延伸，是一个全面的生产管理系统，增加了企业的年度生产计划、经营计划和财务计划，并将计划执行的信息反馈到库存管理；不仅提供库存状态数据，而且进行物料入库与出库、库存更新等统计工作；加大了生产能力需求与调整功能，制订出合适的需求计划，保证材料与生产能力的平衡；计算出生产、采购所需的时间和数量，使“资金流”与“实物流”同步和一致，改变了资金信息滞后于材料信息的状况，便于实时决策管理。

ERP 的核心管理思想就是供应链管理。一般情况下，生产企业购入原材料和零部件，经过加工生产新商品，然后经批发商进入到零售领域。从生产到销售，其间经过了多个流通环节，这一物流过程称作“供应链”。供应链管理是对“物流一体化系统”实行有效管理的一个新概念。供应链通过整体合作与协调，在加快物流速度的同时，也有效地减少了各个环节的库存量；随着库存成本的降低，创造了供应链竞争的成本优势；通过以 Internet/Intranet 为技术平台，使得供应链上的成员实时获取信息，并对客户需求做出快速反应，实现即时出货、即时制造和即时供应，获取市场竞争的时间与空间优势；通过战略合作伙伴关系，充分利用不同成员的核心优势，提高整体的竞争能力。

3. ERP 未来前景展望

ERP 管理是一种全新的管理方法，体现出了资金流同物流信息的集成。传统的 MRP 包括的制造、供销和财务仍然是 ERP 的重要组成部分，MRPⅡ已经集成到 ERP。从 MRP 到 MRPⅡ再到 ERP，是企业集成的高度深化与体现，其每一次进展都是质的飞跃。ERP 还在不断吸收先进的管理技术和 IT 技术，如人工智能、B to C、B to B 和数据库等技术。未来的 ERP 将在动态性、集成性、广泛性和优化性方面得到更大的发展。

总之，借助 IT 技术的飞速发展与应用，ERP 系统得以将很多先进的管理思想变成现实。

第三节 物流信息系统

现代物流的重要特征是物流的信息化，现代物流也可以看作是物资实体流通与信息流通的结合。在现代物流运作过程中，通过使用计算机技术、通信技术和网络技术等技术手段，大大加快了物流信息的处理和传递速度，从而使物流活动的效率和快速反应能力得到提高。建立和完善物流信息系统，对于构筑物流系统、开展现代物流活动是一项极其重要的工作内容。

计算机和信息技术被用来支持物流已经有多年的历史。随着 20 世纪 80 年代微型计算机的引入，物流发展迅速，信息技术被视为影响物流增长与发展的关键因素。订单处理系统是物流系统的神经中枢；客户订货是启动物流运作的信息；信息流的速度和质量对总成本和效率有直接的影响；通信的缓慢和失误将导致客户丧失或运输、库存和仓储成本加大。并且，由此引起的生产线的频繁变动也可能导致生产的低效。订单处理与信息系统形成了物流和公司管理信息系统的基础，它是一个在改善物流绩效方面具有相当大的潜力的领域。各种类型的组织都在利用计算机来支持物流活动，尤其是行业中的领导者。这些公司大量应用计算机进行订单录入、订单处理、产成品库存控制、绩效衡量、货物审核付款和仓储管理。

随着物流系统的发展，物流信息量会变得越来越大，物流信息更新的速度也会越来越快，如果仍对信息采取传统的手工处理方式，则会引发一系列信息滞后、信息失真、信息不能共享等瓶颈效应，从而造成整个物流系统的效率低下。因此，为了提高物流系统的整体效率，建立基于计算机和通信技术的物流信息系统将成为现代物流系统的必由之路。

一、物流信息系统的定义及特点

物流信息系统是指为了实现物流目的而与物流作业系统同步运行的信息管理系统。物流作业系统的启动往往需要从物流信息系统得到信息，无论多好的物流作业系统，如果不能与信息系统相默契，也难以很好地运转。从物流信息系统的整体角度看，信息流和物流是同时进行的，关键是两者的内容要一致，必须信息先行。物流信息系统所要解决的问题主要包括以下八个方面。

(1) 缩短从接受订单到发货的时间。

(2) 库存适量化。

(3) 提高搬运和装卸的作业效率。

(4) 提高运输效率，使接受订货和发出订货更为省力。

(5) 提高接受订货和发出订货的精度。

(6) 防止发货、配送出现差错。

(7) 调整需求和供给，回答信息咨询。

(8) 提高成本核算与控制能力。

物流信息系统解决上述问题的目的是提高对顾客的服务水平和降低物流总成本。需要注意的是，提高服务和降低物流总成本之间存在“效益背反”关系，而物流信息系统起着控制物流各种机能并加以协调的作用。

物流信息系统是利用计算机硬件、软件、网络通信设备以及其他设备，进行物流信息的收集、传输、加工、储存、更新和维护，以支持物流管理人员和基层操作人员进行物流管理和运作的人机系统。物流系统内部的相互衔接是通过信息进行沟通的，资源的调度也是通过信息共享来实现的，因此，组织物流活动必须以信息为基础。

物流信息系统是整个物流系统的心脏，是现代物流企业的灵魂。对于物流企业来说，拥有物流系统在某种意义上比拥有车队、仓库更为重要。物流信息系统在物流运作的过程中非常关键，并且自始至终地发挥着不可替代的中枢作用。随着信息经济的发展，物流信息系统在现代物流中占有极其重要的地位。

物流信息系统的目的是辅助物流企业的管理者进行物流运作的管理和决策，并提供与此相关的信息支持。因此，物流信息系统必须同物流企业的管理体制、管理方法和管理风格相结合，遵循管理与决策行为理论的一般规律。为了适应管理物流活动的需要，物流信息系统必须具备处理大量物流数据和信息的能力，具备各种分析物流数据的分析方法，拥有各种数学和管理工程模型。

尽管物流系统是企业经营系统的一部分，物流信息系统与企业其他部门的管理信息系统基本上没有太大的区别。但是，由于物流活动本身具有时空上的特点，这使得物流信息系统具有以下五个特征。

1. 不同地域对象之间的系统

物流活动从发出和接受订货开始，发出订货的部门与接受订货的部门并不在同一个场所，如处理订货信息的营业部门和承担货物出库的仓库一般在地理上是分离的，发货人和收货人不在同一个区域等。这种在场所上相分离的企业或人之间的信息传递，就要借助于数据通信手段来完成。在信息通信手段还不发达的年代，运用信函邮寄、电话记录、传真的方式完成信息在两地之间的传递；随着计算机技术、数据通信技术和网络技术的进步，利用现代电子数据交换技术手段可以高效率地完成异地之间的信息传递和交换。

2. 不同企业之间的系统

物流系统不仅涉及企业内部的生产、销售、运输、仓库等部门，而且与供应商、业务委托企业、送货对象、销售客户等交易对象，以及在物流活动中发生业务关系的仓库企业、运输企业和货代企业等众多的独立企业之间有着密切关系，物流系统是由这些企业内外的相关部门和相关企业共同构成的。

这些相互独立的企业各自按照自己的方式推进系统化建设。在计算机的类型、所使用的软件、通信格式、使用线路的速度和质量规格等方面是不一样的，在票据格式、编码体系等交易规格方面也存在区别。解决这个问题的有效途径是使用电子数据交换(EDI)，实现不同企业之间数据交换的标准化。

3. 大量信息的实时处理

物流系统在大多数情况下需要一件一件地处理信息。即便是中等规模的批发商，一天要处理的订货票据也会超过 1000 件，而且在接受订单后的订单检查、信用检查、库存核对、出库指令和运输指示等都需要及时处理。如果发现信息不全面或者有错误的话，需要与客

户及时联系。

4. 对于波动的适应性

根据系统的一般理论，一个系统必须适应环境的变化，尽可能地做到当环境发生变化时，系统不需要经过太大的变化就能适应新的环境。这主要体现了系统的适应性，便于人们根据外界环境的变化对系统进行相应的修改。一般认为，流动式系统结构相对较易于修改。因此，物流信息系统也要具有对环境的适应性。当然，适应性强就意味着系统变动小，对系统用户来说自然方便可靠。

物流活动的一个特点是波动性较大，一天内的不同时间段、一周内的不同日期物流作业量具有较大差别。如在规定的截止时间前 1 个小时，订单数量会突然增加，达到高峰；在周一或周五出库量要大于其他日期。这种波动对于物流系统来说是不希望发生的，有必要将物流作业平均化，如通过按不同客户分别制定订单受理截止时间等。但是，出于消费者的购买倾向带来的物流作业的波动是无法消除的，如对于年末、节假日集中、大量采购带来的物流量波动，物流系统要具备适应能力。为此，必须要有对于波动性的预测能力，这是物流系统管理的任务。物流信息系统与生产管理等其他系统不同，即便可以事先预测到高峰期，但是无法事先处理。由于物流作业服务本身是及时性产品，生产过程也是消费过程，故无法进行事前储备。

5. 与作业现场密切联系的系统

物流现场作业需要从物流信息系统获取信息，用以指导作业活动。信息系统与作业系统的紧密结合，可以改变传统的作业方式，大大提高作业效率和准确性。如传统的货物检验方法是一边对照着打印出来的订货明细表，一边检查到货数量与订货数量是否一致。这种方法在数据与货物的核对上要耗费很多时间，效率低下。现在的先进做法是：在使用条形码的基础上，利用条形码读取包装上的条形码信息，手持末端机上就会立刻显示出该类商品的订货数量，检验员可根据屏幕显示的订货数量核对到货数量。这样做便省去查找数据或商品的时间，检验员可以根据商品的码放顺序逐一检验。

随着互联网技术的迅速发展，在物流信息系统的设计过程中也广泛地应用了网络化技术。通过 Internet 将分散在不同地理位置的物流分支机构、供应商、客户等联结起来，形成一个信息传递与共享的信息网络，便于各方实时了解各地业务的运作情况，提高了物流活动的运作效率。智能化是物流信息系统的发展方向，目前信息系统的发展正在向这个方向努力。例如，在物流决策支持系统中的知识子系统，通过智能化处理在决策过程中所需要的物流知识、专家决策知识和经验知识等，为管理者提供决策支持服务。

二、物流信息系统的基本功能

物流系统的各个层次以及不同作业环节之间是通过信息流紧密联系在一起的，因此，物流信息系统需要具备以下五项基本功能。

1. 数据的收集和录入功能

首先，物流信息系统用某种方式记录下物流系统内外的有关数据，集中起来并转化为物流信息系统能够接收的形式并输入到系统中。市场活动不断更新物流的内容，同时物流环境也不可能一成不变，环境信息的变化对物流将会产生新的影响，物流信息系统必须能准确、及时地收集信息。

2. 信息的处理功能

物流信息系统的最基本目标就是将输入的数据加工处理成物流信息。信息处理可以是简单的查询和排序，也可以是复杂的模型求解和预测，信息处理能力的强弱是衡量物流信息系统能力的一个重要方面。由于收集到的信息来源和用途不同，因此需要通过物流信息系统对物流信息进行加工和处理。对原始信息进行分类整理，使其变成二次信息，再进行分析、整理和加工，形成更具有价值的信息，真正反映物流和市场活动的全过程，以满足多元化的信息需求。

3. 信息的存储功能

在日常的经济管理过程中往往要产生大量的、各种类型的数据，其中有相当一部分数据需要重复使用，大量的经过加工处理而得到的有关信息和数据也要随时存储起来，以备将来使用和更新。使用信息系统这种存储数据的功能方便了管理者的日常业务处理，大大提高了工作效率。超大容量的光盘和硬盘的存在，为存储功能提供了技术保障。

4. 数据传输功能

传输功能不仅包括信息在企业内部的传输，而且包括物流信息在外部环境要素间的传递。物流信息系统是一个开放的系统。在物流过程中，由于作业场所的不断变更，必然产生传输信息的要求。运输途中的票据、凭证、通知书、报表、文件等的传递和交换，以及不同地区的物流企业的信息共享，都要求物流信息系统具有传输功能。

5. 信息检索查询和输出功能

为解决因信息数量的“爆炸”而给信息查询带来的困难，物流信息系统应具有检索功能和查询功能。同时由于使用者的目的不一样，要求具有多种检索方法和功能。对检索结果还应具有输出功能，用以反映信息管理的最终结果，经过信息的收集、加工、存储等活动，最终以报表、文字、图形等形式提供给决策者或管理者。

物流作业系统的运作需要从物流信息系统中得到信息，只有这两个系统很好地结合成为一个总体系统，才能成为一个真正的物流系统。

三、物流信息系统的结构

物流信息系统是以系统思想为主导建立起来的为了进行物流计划、操作、控制和决策的人机系统。一个经济实用的物流信息系统必须层次结构分明，不同层次上的部门和人员需要不同类型的信息。一个完善的物流信息系统主要有四个层次，自下向上分为：操作管理层、知识管理层、战术管理层和战略管理层。按照物流企业的管理职能，操作层又分为：运输管理、仓储管理、配送管理和报关管理等。

最基层的各职能岗位的作业信息中有关费用、业务量等信息通过系统传递到上一层的

输入端。如订单、价格等信息作为财务管理的输入，库存量、运输量和交易量等信息作为统计管理的输入，有关客户的信息作为客户管理的输入，中层管理者根据运行信息，协调、管理、监测和考评各岗位的工作，并控制服务质量。财务分析、统计管理数据与知识层的各种政策、市场信息通过系统作为决策层的输入，通过专家系统、决策模型等处理后，支持决策者分析，制订物流战略计划和实施方案，如车辆安排、库存水平、网络设施选址与配置等。

1. 概念结构

物流管理信息系统由四大部件组成，如图 10.3 所示。其中信息源是信息产生地；信息处理器担负信息的传输、加工、保存等任务；信息用户是信息的使用者，他们应用信息进行决策；信息管理者负责信息系统设计的实现，在实现以后，又负责信息系统的运行和协调。

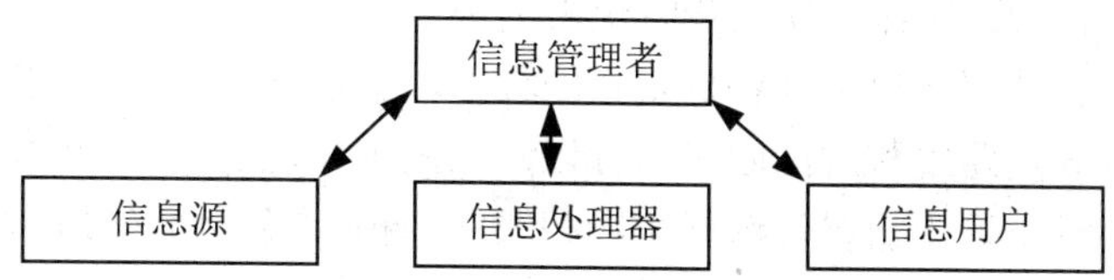

图 10.3 物流管理信息系统的总体结构

2. 层次结构

物流管理信息系统可分为四个层次，如图 10.4 所示。最底层的是业务操作层，使用这个层次的人员最多；其上是管理控制层，使用人员是中层管理人员；再上是决策支持层，使用人员是高级管理人员；最上边一层称战略规划层，与这一层打交道的是公司的最高管理人员。可见，自底层至最高层，从与系统打交道的人数来看，整个系统呈宝塔形。

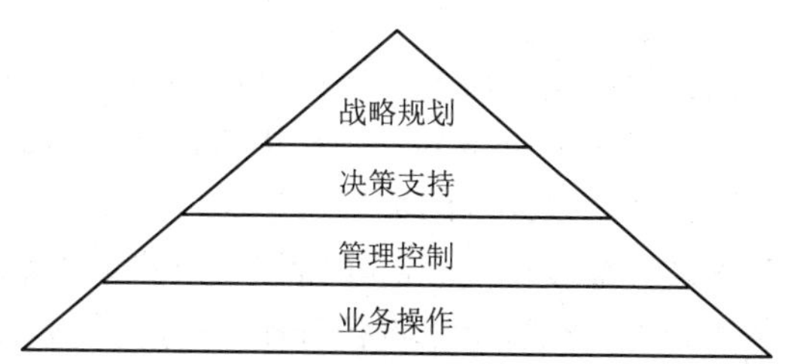

图 10.4 物流管理信息系统的层次结构

四、物流信息系统的类型

(一)接收订单和出库系统

1. 订单受理(登记)

从顾客那里接收订货信息，作为订货进行数据记录的业务称为订单登记。订单登记业务从接收订货信息，对订货信息的完整程度、准确程度进行检查开始；接下来是对客户的相关制约条件进行检查，如货款缴纳情况、信用情况等；在确定可以接受订货要求后，再按照订单进行库存确认。接受订单处理业务完成后，在必要的情况下，要将订货请求书转给客户确认。订单登记的信息处理要在下一步的货物拣选、出库、配送等业务开始之前完成，这些具体的物流作业活动都要基于订货信息处理结果之上来完成。

2. 出库处理

根据全面处理的订货信息，首先制作货物拣选明细。货物拣选明细要按照订货类别制作(摘果拣选方式)和先按照品种单位将全部订货集中在一起制作，然后把拣选出的商品再按客户类别进行二次分货(播种拣选方式)两种方法。

利用计算机信息处理技术、自动拣选、半自动拣选的信息提示等手段可以提高货物拣选的效率与合理化程度，但是，在订货处理和货物拣选作业之间的时间有限的情况下，难以实现自动化。

如果出现库存不足，不能按照订货数量拣选的情况，要将缺货部分的信息告知客户，由客户决定是取消订货还是在下次到货时优先供货。

对于拣选完毕、按照客户类别备好货物的订货，下达配送指示。配送方式有按照事先配备好的车辆，以固定路线和时间固定运行以及在满足配送要求的同时，本着物流成本最低的原则，根据当时车辆的状况，选择车辆和线路两种方式。选择哪种方式要根据商品的特性、与客户的关系以及配送车辆的获得能力等来灵活掌握。

送货时，一般要同时向客户提交装箱单、送货单和收货单等单据。但为了简化配送作业，也有在配送完了之后再送达有关信息的系统。送货单经客户确认盖章后，出货处理作业即告结束。

3. 送货结束后的处理业务

送完货确认之后，要进行费用结算，发出费用结算单据。

(二)库存管理系统

为了满足销售，必须在必要的场所备齐所需商品；为了保证制造活动的顺利进行，必须储备原材料和零部件。库存管理系统是为了满足销售在必要的场所备齐所需商品和使活动顺利进行储备原材料和零部件，以最少的数量满足需求的系统。

为了有效地进行库存管理，需要确定在哪个阶段设置物流据点、设置多少、备货保持在什么服务水平上等库存计划以及在哪个据点备有什么样的货物、配备多少货物等信息。

库存管理包含两个方面的含义：一是正确把握库存数量的“库存管理”；二是按照正确的数量补充库存的“库存控制”，为了避免与前面的“库存管理”相混淆，也称为“补充订货”。

库存管理的目的是使保管的库存与计算机掌握的库存相一致。有订货发生，在订货处理时点进行库存核对，计算机内的库存数量随之减少；有入库发生，从入库数据输入时点开始，计算机内的库存数量增加。如果任何地方都没有差错的话，实际库存与计算机内储存的库存数量应该是一致的。但实际上，拣选作业、数据输入等环节都会出现差错，需要在作业后及时核对货架上的货物，发现误送的商品应及时追回，同时对计算机内的数据进行修正。在商品种类繁多的情况下，每天都对所有的商品进行核对是不可能的，为了简化作业内容，可以只对当天的进货部分进行核对。根据业务特点，在一段期间内的某一天，对全部货物进行实物与计算机库存数据核对，即盘点。

与库存控制有关的信息系统的目的是防止出现库存不足，维持正常库存量而决定补充库存的数量。每一种商品都需要补充库存，采用手工作业效率低下，有必要利用信息系统支援。

(三)仓库管理系统

1. 保管场所系统

为了实现仓库管理的合理化，提高仓库作业的效率，防止出现作业差错，保管场所管理至关重要。保管场所管理的有效方法是对保管位置和货架按照一定的方式标明牌号，根据牌号下达作业指示。在计算机控制的自动化立体仓库中，没有货位的牌号标示是无法运作的。

通过对仓库货物保管位置标明区位号码来提高保管场所使用效率的方式称为保管场所系统。这种系统包括保管位置与保管物品相对一致的固定场所系统和保管位置与保管物品经常变动的自由场所系统两大类。

固定场所系统由于保管货物的位置相对固定，因而便于作业人员的识别查找，即使是业务不熟练的人员也可以迅速、准确地进行货物拣选。但是，货位的使用效率相对较低。当货物保管量少的时候，货位会出现闲置；反之，当货物量超出货位容量时，要采取其他措施弥补。

自由场所系统由计算机根据货位同货物的对应关系进行管理，由于货物存放的位置不是固定的，因而对于品种多而且更新快的商品保管，如书籍配送中心的书籍保管非常适用。自动化立体仓库使用自由货架，可以根据翌日出库计划，在前夜空闲时间将货物移动到出库口附近的货位，以提高出库时的作业效率。

2. 订货拣选系统

订货拣选系统分为全自动系统和人工半自动系统。全自动系统是从全自动流动货架将必要的商品移送到传送带的拣选系统；半自动拣选系统是在计算机的辅助下实现高效率拣选的系统，如电子标签拣选系统等。

(四)配送管理系统

配送管理的信息系统具有代表性的有固定时刻表系统和变动时刻表系统两种。固定时刻表系统根据日常业务的经验和客户要求的配送时间事先按照不同方向类别、不同配送对象群类别设定配送线路和配送时刻，安排车辆，根据当日的订货状况，进行细微调整的配送组织方式；变动时刻表系统根据当日的配送客户群的商品总量，结合客户的配送时间要求和配送车辆的状况，按照可以调配车辆的容积和车辆数量，由计算机选出成本最低的组合方式的系统。

(五)货物追踪系统

货物追踪系统是指在货物流动的范围内，可以对货物的状态进行实时把握的信息系统。物流业的货物追踪系统的对象主要是零担货物。

货物追踪系统信息处理的原理是：在货物装车或通过货物中转站时，读取货物单据上的条形码，单据上记载的条形码表示单据右上方的单据号码，这样就可以清楚地知道货物单据号码 x.x.x.x 号的货物通过什么地方、处于怎样的状态。当客户查询货物时，只要提供货单号码，就可以获知所运送货物的有关动态信息。动态信息包括货物已经启运、正在运输途中、正在配送途中、已经配送完了等。利用这个系统，对没有配送完了的货物也可以及时把握，在防止配送延误方面能起到重要的作用。

货物追踪系统开始是服务于利用宅配便进行大批量货物运输的客户。通过货主的计算机与物流业者的信息系统对接，提供货物的动态信息。随着互联网的普及，一些消费者的个人包裹配送信息也可以通过计算机终端进行直接查询，只要将货单的号码输入系统，就可以及时获得有关包裹配送的动态信息，即目前所托运的包裹处于什么状态。

(六)求车求货系统

在长距离大量货物运输的情况下，一般使用整车运输的方法。影响整车运输效率的主要问题是回程空载行驶，造成运输能力的浪费。由于网络没有形成，信息不通畅等原因，回程车辆空驶现象时有发生。为解决此问题，一是货主利用回程车辆运输货物；二是车主寻找回程货物。前者叫作“求车”，后者叫作“求货”。

求车求货成功与否，关键在于信息是否充分，是否能够及时获取信息。求车求货系统利用信息网络技术，为发布车源货源、查找车源货源提供了有效手段。在有业务合作的企业之间，利用这个系统相互提供车源货源，可以达到提高运输效率的目的。

五、物流信息系统的内容及其发展

随着工业和技术的不断进步，物流作业的方式发生了很大的变化，我们可以将其大致分为人工阶段、机械化阶段、自动化阶段、集成化阶段、合理化和计算机应用阶段、自动化信息整合阶段以及智能化信息整合阶段。在不同的阶段，物流信息系统具有不同的功能，发挥着不同的作用。

物流信息系统的发展，对于整个物流系统乃至整个企业的发展，都具有十分重要的意义。随着信息技术的发展，物流信息系统在技术方面将会得到很大的发展。特别是在今天，随着 Internet 的广泛应用，基于 Internet 的物流信息系统将是今后发展的一个主要趋势。

另外，对于企业自身来说，今后的物流信息系统将向社会系统化的方向发展。这样，随着社会的进步，各企业间的关系将日趋紧密，企业自身的发展要求企业之间从原先的竞争状态向合作状态发展。对物流系统来说，更是如此。企业的物流系统必须与供应商、批发商、零售商以及顾客紧密相连，并在这个网络中进行信息的传递与共享。这样，就必然会加强企业之间以及企业与客户之间的联系，同时，也标志着企业的物流系统必须建立在社会整体的物流系统之上。因此，物流信息系统的社会化趋势也就在所难免了。

六、物流信息系统的标准

1. 物流信息系统必须具有灵活性

为满足系统用户和顾客两个方面的需求，物流信息系统就必须具有灵活性。信息系统必须有能力提供能迎合特定顾客需要的数据。例如，有些顾客也许想要把订货、发货票跨

越地理或时间界限进行汇总。特别是零售商 A 也许想要每一个店的单数的发票，而零售商 B 却可能需要所有的商店汇总的总发票，一个灵活的物流信息系统必须有能力适应这两类要求。从内部看，信息系统要具有更新能力。

2. 物流信息系统必须具有可得性

迅速的可得性对于消费者做出反应以及改进管理决策是很有必要的。可得性的另一方面是存取所需的信息。

3. 物流信息必须具有精确性

物流信息必须精确地反映当前状况和定期活动，以衡量顾客订货和存货水平。精确性可以解释为物流信息系统的报告与实物计数或实际状况相比所达到的程度。例如，平稳的物流作业要求实际的存货与物流信息系统报告的存货相吻合的精确性最好在 99%以上。当实际存货和信息系统之间存在较低的一致性时，就有必要采取缓冲存货或安全的方式来适应这种不确定性。

4. 物流信息的提供必须及时

物流信息必须及时地提供快速的管理反馈。信息系统及时性需衡量系统状态以及管理控制的及时性，及时的管理控制是在还有时间采取正确的行动或使损失减小到最低程度的时候提供信息。概括地说，及时的信息减少了不确定性并识别了种种问题，减少了存货需求量，增加了反馈的精确性。

5. 以异常情况为基础的物流信息系统

物流信息系统必须以异常情况为基础，突出问题和机会。物流作业通常与大量的顾客、产品、供应商和服务公司竞争。例如，必须定期检查每一个产品-选址组合的存货状况，以便制订补充订货计划；另一个重复性活动是对于非常突出的补充订货状况的检查。在这两种情况中，典型的检查需要大量的产品或补充订货。通常，这种检查过程需要问两个问题，一是涉及是否应该对产品或补充订货采取任何行动。如果第一问题的答案是肯定的，那么，二就是涉及应该采取哪一种行动。许多物流信息系统要求手工完成检查，尽管这类检查正越来越趋向自动化。仍然使用手工处理的依据是有许多决策在结构上是松散的，并且是需要经过用户的参与来做出判断。于是，计划人员或经理人员就能够超越他们的精力，集中在最需要引起注意的情况或者能提供的最佳机会来改善服务或降低成本。

七、物流信息系统的开发原则

开发物流信息系统是一项规模较大的系统工程，它涉及计算机处理技术、系统理论、组织结构、管理功能、管理知识等各方面的问题，至今没有一种统一完备的开发方法。但是，每一种开发方法都要遵循相应的开发策略。物流企业内外方方面面的因素，会受到各种条件的影响和制约。从众多物流信息系统的开发实践来看，一个成功的物流信息系统开发必须遵循以下四项原则。

1. 高层管理人士的重视并参与

实践表明，企业高层领导对信息系统开发的介入程度，对系统的成功与否有着直接的影响和决定作用。为了更好地组织和领导新系统的开发工作，必须建立由企业高层领导参加的信息系统开发领导团队。随着信息技术的发展，企业信息系统将使企业各层管理者更加快速地了解、掌握企业的运作现状和运作环境。企业的物流信息系统对企业高层决策起着极为重要的作用，企业高层应当充分认识到该系统对企业发展的战略性作用，积极为系统的开发和设计创造良好的条件。

2. 必须是先进的企业管理

物流信息系统的建立，要求企业的管理工作必须跟上内外环境的变化，要求企业有合理的管理体制、完善的规章制度、稳定的业务程序、科学的管理方法和完整准确的基础数据。数据的完整、齐全和真实直接决定了信息的数量和质量。对于物流企业来说，应当保证物流信息和数据的采集、整理、分析等工作顺利开展，充分开发企业的物流信息资源，只有在良好的企业管理的大前提下，物流信息系统的开发和设计工作才能顺利进行。例如，企业的业务流程必须标准化、规范化，符合现代化的管理思想和理念。当现行的业务流程不适应现代企业的发展时，必须进行业务流程重组(Business Process Reengineering，BPR)，即按照适合的先进的现代化管理思想和理念，采用删除、合并、新增等方法，变革现行的企业业务流程，使之与市场环境相适应。

3. 制定可行的系统目标

系统目标是系统设计的出发点，制定切实可行的开发目标既可以防止总体规模过大、过高，导致难以实现，又可以避免盲目开发、低水平重复建设。系统目标应在调查研究的基础上，并以需求和约束两方面的情况为依据进行合理设计，要综合考虑实用性、先进性、可推广性、可扩充性，而不可一味求大、求全、求先进。目标可分为战略目标和战术目标，其中战略目标是长期的，要经过全体员工长期的努力才能达到；战术目标是短期可以达到的目标。制定目标应当根据本企业的实际状况和实力量力而行。若企业资本雄厚，技术力量强大，可综合设计、一步到位、全面开发；若目前企业能力有限、则可稳步推进、分步实施。

4. 培养技术开发团队

信息系统的开发和设计是一项复杂的系统工程，涉及管理、计算机、通信等多个学科。信息系统的设计和开发团队应当既懂得各种信息技术，又熟悉物流的业务运作流程。实践证明，信息系统的质量好坏与企业管理人员和信息开发人员相互配合的好坏成正向变动，只有管理人员和开发人员密切配合协调工作，才可能建立一个高质量的有效系统。因此，在系统开发团队的人员组成上，应当保持管理人员和开发人员人数之间合适的比例。在系统开发之前和之后，应进行人员的双向培训。一方面是对管理人员进行培训，了解信息系统的功能和使用；另一方面，对系统人员进行企业管理实务的培训，让他们熟悉企业运作流程的特点。最终，通过双方的交流合作，为信息系统的顺利开发和使用奠定基础。

八、物流信息系统开发方式的选择

1. 委托开发方式

委托开发方式是指将信息系统的开发任务承包给某一信息系统开发公司。这种方式适合于缺乏高层次系统分析员和信息系统开发人员的公司。负责系统开发的公司可以按照企业的要求和系统的特点在比较短的时间里开发出信息系统，但开发费用较高，而且在开发过程中企业必须经常监督和协调，为保证系统的正常运行做好准备。

2. 合作开发方式

合作开发方式是指企业与某一系统开发单位联合组织开发本企业的信息系统。这种方式能建成较准确地反映企业特点的信息系统。合作单位根据企业的要求，始终围绕企业的具体情况和环境进行联合开发，做到最大限度的协调和配合。此外，系统开发单位可以根据企业的具体特点和要求，帮助企业建立信息服务机构和培训人员，使信息系统管理操作人员和企业信息部门都对信息流通具有较强的适应性。

3. 自行开发方式

自行开发方式是指依靠本企业的技术力量来开发本企业的信息系统。这种方式需要强有力的领导和专家咨询网络。采用这种开发方式一般周期较长，但开发出的信息系统对本企业的适应性较强，体现了本企业的业务特点，方便了管理人员更好地运用本系统进行业务管理。但是，由于这种方式对企业技术能力要求较高，因此，如果开发能力不强的企业进行系统的自行开发，则会适得其反，造成不必要的损失。

4. 全部购买方式

全部购买方式是指全部购买现成的软件包方式。企业通过在市场上购买适合自己业务需要的软件，或直接将国内外其他企业成功的信息系统移植到自己的企业中。这种方式的特点是省时、省力，但也存在外部系统对企业自身系统的适应性问题，最好结合自身的特点，将外购的系统或对企业业务流程进行必要的改造和调整，以增强两者之间的适应性。

总之，上述四种开发方式各有利弊，具体采用哪种方式只能根据企业和部门的实际情况来决定。例如，为了避免重复工作，提高系统的开发效率，除了要按系统工程的思想和方法去开发系统外，也可以在自行或联合开发的基础上购买部分适合于本企业使用的应用软件。另外，在系统建设中促进本企业技术力量的成长将是具有长远战略意义的。

九、国内企业应用物流信息系统的现状

1. 基本现状

近几年来，由于 ERP 在大型企业的实施以及进销存软件在小型企业普遍应用，大多数经营产品的企业，尤其是大型企业均建立了基本的订单管理和库存控制系统。通过信息系统，企业能够了解自己拥有多少产品和原材料，了解这些物品大致在什么地方，并能够以订单为驱动管理物品的出入结果。然而，应用信息系统来管理运输过程仍然非常少见，即

便是国内领先的企业，也很少具备基本的预测及计划系统。因而，建立以计划预测系统为基础的现代物流体系对几乎所有的中国企业来说，确实意味着巨大的“第三利润源泉”。极少数企业已经开始尝试建立供应链伙伴之间的信息协作，VMI、QR、ECR 等基于协作的物流解决方案极少得到应用。企业从观念上还没有接受供应链协作是一种实际的系统，需要供应链伙伴之间的相互投资。

需要指出的是，经过近几年的概念普及，中国的企业家们开始普遍意识到企业需要建立新的物流体系，而物流信息系统则是其中最核心的组成部分之一。

2. 物流信息系统在中国的发展趋势

由于不同的技术和市场环境，中国的企业在物流信息系统方面将走出一条独特的发展路线。在未来几年里，企业对物流信息系统的投资将不再是以控制为中心，而是以创新的业务方案为中心，主要体现在 WMS 等提升运作效率的系统、CPFR 等提升供应链计划的系统以及企业间的信息协作系统三个方面。

物流信息系统在中国的应用才刚刚起步，发展的总体趋势和方向与其他国家不应该有什么不同。然而，在完全不同的市场环境、技术环境中，中国的企业必然不会走完全相同的道路。因而，我们应该遵循在发达国家已经得到验证的供应链理论、方法和技术，但是不应该照搬它们的具体方案和实施路线。中国企业有机会采用更廉价、更成熟、更直接的技术和系统，在几年内跨越国外企业几十年的发展路程。最显著的是由于 Internet 和电子商务技术的发展，传统的 EDI 在中国将不会也不需要如美国一般普及应用。然而，“CPFR”“协同计划、预测及补货”作为供应链的核心概念和相应的技术一定会在未来 2～3 年成为中国市场的主流。过去 5 年来，以管理规范化为主要目标、以 ERP 为主要工具的企业信息化在中国已经取得了初步的成效。然而，管理规范化只能帮助企业控制现有的业务，在此基础上，企业必须进行面向未来的投资。

今天，对于第三方物流企业而言，物流信息系统仅仅是它们提升物流服务跨越的手段。而在不远的将来，物流信息系统将成为它们为客户提供业务方案的核心部分，而且这些企业对信息系统的投资将超过对硬件设备的投资。

本 章 小 结

本章介绍了物流信息的定义和特点，物流信息技术，物流信息系统的定义、特点和功能等基本知识与理论。

信息论、控制论和系统论是物流信息管理的基础理论，对物流信息的定义从广义与狭义两个方面进行了介绍，并对物流信息的特点、分类和内容等作了翔实的理论展开。

对物流信息技术从 EDI、条码、ERP 等方面进行了详细的介绍，为了引出物流信息系统的开发原则和开发方式，对于物流信息系统的定义、功能、类型以及结构等理论也作了充分的铺垫。

复习思考题

一、单选题

1. 物流信息的特点有(　　)。

A. 信息量大　　B. 分布广　　C. 动态性强

D. 种类多　　E. 价值衰减速度慢

2. 物流信息系统具有(　　)的特点。

A. 集成化　　B. 模块化　　C. 实时化

D. 网络化　　E. 智能化

二、简答题

1. 简述物流信息系统的基本功能。
2. 简述物流信息系统的结构。
3. 如何进行物流信息系统开发方式的选择?
4. 常见的物流信息管理方法有哪些?
5. 物流信息技术的类型有哪些?

三、案例分析

2002 年 11 月，联华超市与光明乳业之间建立了自动补货系统。联华各门店在每天晚上 12 点之前汇总当天光明乳业的牛奶销售和库存信息，并在次日 9 点前将该数据传送到联华总部电子数据交换系统(EDI 系统)，这些数据处理后在当天 12 点加载到光明乳业有效客户反应系统(ECR)。光明乳业收到数据后，根据天气、销售、促销指标等因素进行订单预测。经预测的订单产生后，该公司开始做发货准备，并将订单数据发送到联华总部电子数据交换系统，联华门店当日晚上 9 点前将收到收货信息，光明乳业在第三天上午 6 点半以前将所订的牛奶送到联华各门店。联华门店在收到货物后，除了在收货单据上签收外，还必须在当日中午 12 点之前将收货信息自动导入管理信息系统(MIS)。

自动订货系统的推行，使牛奶这一冷饮商品在门店销售中既保证了鲜度又扩大了销售。利用这样的方式使“个性生鲜”的特点逐步在联华扎根生长。

阅读以上材料，请回答下面的问题。

(1) 什么是 EDI 系统？谈谈你对它的理解。

(2) 结合联华超市与光明乳业的成功经验，你认为 EDI 系统能给企业带来哪些收益?

参 考 文 献

1. 王立坤，孙明. 物流管理信息系统. 北京：化学工业出版社，2003
2. 于宝琴等. 现代物流信息管理. 北京：北京大学出版社，2004

3. 郑春藩. 物流信息管理. 杭州：浙江大学出版社，2004
4. 吴明. 物流信息管理实务. 北京：中国物资出版社，2003
5. 鲍吉龙，江锦祥. 物流信息技术. 北京：机械工业出版社，2003
6. 蔡淑琴. 物流信息系统. 北京：中国物资出版社，2004
7. 赵刚. 物流信息系统. 成都：四川人民出版社，2002
8. 尹涛. 物流信息管理. 大连：东北财经大学出版社，2005
9. 藤佳东. 管理信息系统. 大连：东北财经大学出版社，2002
10. 徐春燕. 物流信息管理. 北京：对外经济贸易大学出版社，2004

第十一章　国际物流

本章导读：

在全球经济一体化进程中，国际物流日益受到人们的关注和重视。我国已经加入世界贸易组织，我国经济将更为广泛地融入世界经济大潮之中，各行各业的对外贸易和跨国经营都将面临巨大的商机和严峻的挑战。为了使我国在世界贸易格局中占有自己的一席之地，对提高我国经济的竞争能力和成本优势，加强对国际物流系统的了解和研究，尤其具有重要的意义。

学习目标：

通过对本章的学习，了解物流国际化的背景及特点、作用，掌握国际物流与国际贸易的关系，理解跨国公司与国际物流，了解国际物流发展的过程、趋势及存在的问题等。

关键概念：

国际物流(International Logistics)
国际贸易(International Trade)
跨国公司物流(Transnational Corporations Logistics)

第一节　国际物流概述

一、国际物流的概念及产生的背景

国际物流是相对国内物流而言的，是指货物在国际的流动，也就是跨国界、跨地区的物流。

随着经济的日益全球化，越来越多的企业已经意识到，市场已经不仅限于国内，而且已覆盖了整个世界。一些有实力的企业大都在推行国际战略，在全世界范围内寻找贸易机会、最理想的市场和最好的生产基地，这就使企业的经济活动领域必然由个别地区、国家扩展到国际范围。这样一来，企业的国际物流发展战略也被提上了议事日程，企业必须为支持这种国际发展战略而更新自己的物流观念，扩展物流设施，并按国际物流的要求对物流系统进行改造。国际物流已成为现代物流发展的重要领域与趋势之一。

自 20 世纪 90 年代以来，贸易自由化、全球资本市场的成长和整合，以及信息和通信技术的进步，创造出了一个正在成长的全球市场。原来分割型的国家或区域市场正在逐渐演变成一个统一的全球市场。与市场全球化相对应，企业间的竞争也延伸到了全球范围，企业在世界市场上的竞争地位决定它在国内市场上的竞争地位已成为一种普遍的现象。一个企业要获得竞争优势，就必须要在全球范围内分配和利用资源，开展经营活动。随着市场的全球化和竞争的国际化，全球性的跨国企业也应运而生。今天，跨国企业和国际品牌支配着世界上的许多市场，跨国企业以品牌在全球市场销售产品是一种趋势，如著名的可口可乐、肯德基、戴尔、微软等。这些跨国企业不仅在不同国家或地区使用相同的品牌，而且其产品也趋于标准化。跨国企业为了获得竞争优势和增加盈利，在全球范围分配和利用资源，就必须协调其生产和流通活动。跨国企业最基本的战略是通过采购、制造、流通等方面的规模经济效益降低成本，同时通过开拓新市场和开发现有市场来扩大销售，以实现企业的增长和效益的增加。虽然市场全球化给企业带来了极大的发展机会，但同时也蕴藏着风险和挑战，对跨国公司全球物流活动的有效管理必定会成为企业全球经营能否成功的关键因素之一。产品和服务范围的不断扩展、产品的生命周期越来越短、全球市场的成长和全球供销渠道的大量增加都导致了全球物流活动更加复杂，从而对企业管理、协调和控制全球供应链的物流活动提出了更高的要求。

经济全球化格局最大的特点就是越来越多的生产经营活动和资源配置过程开始在整个世界范围内进行，这就构成了物流国际化的重要基础。世界各大跨国集团公司为了维护企业自身的市场份额和经济利益，在世界范围内开展了经济结构和产业结构的重大调整，呈现出了当今国际贸易和货物运输的新特征，并最终导致了物流业的国际化趋势。特别是在以国际互联网为基础的电子商务的推动下，物流活动更是呈现出了跨国性的特点。

物流的国际化至少表现为两方面的内容：一方面，其他领域的国际化产生的国际物流需求即国际化的物流；另一方面，物流领域本身的国际化。随着经济全球化的发展，将会有越来越多的跨国物流企业开展综合物流业务，从而实现国内物流和国际物流的一体化，或者进口物流和出口物流一体化。

国际物流已经逐渐成为世界各国普遍关注的问题之一，同时也成为当今经济竞争中的一个焦点。因此，只有广泛开展国际物流合作，才能促进物流业的繁荣。

二、国际物流的作用

国际物流最大的特点是物流跨越国界，物流活动是在不同国家之间进行的。所以国际物流的存在与发展可以促进世界范围内物的合理流动，使国际物资或商品的流动路线最佳、流通成本最低、服务最优、效益最高。同时，由于国际化信息系统的支持和世界各地域范围的物资交流，国际物流可以通过物流的合理组织促进世界经济的发展，改善国际的友好交往，并由此推进国际政治、经济格局的良性发展，从而促使整个人类的物质文化和精神文化朝着和平、稳定和更加文明的方向发展。

三、国际物流的特点

与国内物流相比，国际物流具有国际性、复杂性和风险性等特点。

1. 国际性

国际性是指国际物流系统涉及多个国家，系统覆盖的地理范围大，这一特点又称为国际物流系统的地理特征。国际物流跨越不同国家和地区，跨越海洋和大陆，运输距离长、运输方式多样，这就需要合理选择运输路线和运输方式，尽量缩短运输距离和货物的在途时间，加速货物周转并降低物流成本。

2．复杂性

在国际的经济活动中，生产、流通和消费三个环节之间存在着密切的联系。由于各国社会制度、自然环境、经营管理方法、生产技术和习惯的不同，在国际间组织货物从生产到消费的流动，是一项相当复杂的工作。国际物流的复杂性主要包括国际物流通信系统设置的复杂性、法规环境以及商业现状的差异性。

3．物流环境的差异性

国际物流所面临的环境相对于国内物流来说具有很大的差异性。这种差异来自各方面的因素，不同的国家和地区适用的法律法规不同，操作规程和技术标准不同，地理、气候等自然环境不同，风俗习惯等人文环境不同，经济和科技发展及各自消费水平不同，等等。这些具有显著差异的物流环境使得国际物流系统的建立必须同时适应多个不同的法律法规、人文、习俗、语言、科技发展程度及相关的设施。因此国际物流相对于国内物流来说，要形成完整、高效的物流系统，难度较大。

4．风险性

国际物流的风险主要包括政治风险、经济风险和自然风险。政治风险主要指由于经过国家的政局动荡，如罢工、战争等原因造成货物可能受到损害或灭失；经济风险主要指与国际物流有关的资金由于汇率和利率的变动等产生的风险；自然风险则是指物流过程中可能因自然因素如地震、海啸、暴雨等引起的风险。

5．先进性

国际物流所面对的市场变化快、稳定性小，对信息的提供、收集与管理具有更高的要求，因此必须要有国际化信息系统的支持。建立技术先进的国际化信息系统已成为发展现代国际物流的关键所在。同时它需要克服一系列困难，如管理技术难度高，投资数额巨大，世界各国、各地区信息技术水平参差不齐，只有逐一解决这些困难，才能建立起符合现代国际物流需求的物流信息支持系统。

6．统一性

要使国际的物流互相接轨并畅通起来，一个必需的条件就是标准统一。在国际流通体系中，应当推行国际基础标准、安全标准、卫生标准、环保标准及贸易标准的进一步统一，在此基础上制定并推行运输、包装、配送、装卸、储存等技术标准，提高国际物流的水平。

四、国际物流的发展

国际物流的概念虽然提出来的时间不长，但国际物流活动伴随着国际贸易和跨国经营已有相当的时日。第二次世界大战以后，国际经济贸易日益频繁，国际的贸易量越来越大，交易的水平和质量要求也越来越高，系统化的物流活动也因此进入了国际领域。国际物流活动的发展大致可划分为以下三个阶段。

(1)　20 世纪 50 年代至 80 年代初，是国际物流的萌芽阶段。在这三十年左右的时间里，物流技术和物流设施都得到了较大的发展，有些发达国家还建立了物流配送中心，出现了立体无人仓库；还有些国家建立了本国的物流标准化体系等。各国物流系统的改善促进了国际贸易的发展，物流活动已经明显超出了本国的范围，但物流的国际化趋势还没有引起人们足够的重视，国际物流还处于一种萌芽状态。

(2) 20世纪80年代初至90年代初，是国际物流的成长阶段。随着国际经济往来的日益扩大，物流的国际化趋势已经日益凸显出来。进入80年代后，美国的一些经济学家认为美国经济已经出现衰退的迹象，有可能进入长期倒退的状况，因此强调必须改善国际物流环境，以降低物流成本，提高其国际竞争力。与此同时，日本经济已进入成熟阶段，提出了“贸易立国”的主张，开始着手建立与其对外贸易相适应的国际物流体系和信息网络。这一阶段的物流国际化趋势主要体现在日本及一些欧美发达国家。

(3) 20世纪90年代初至今，是国际物流的繁荣阶段。在这一阶段，互联网、条码、卫星定位系统、地理信息系统在国际物流中得到了广泛应用，极大地提高了物流的信息化水平和服务水平，国际物流的理念和其重要性已得到各国政府的普遍认可。各国贸易活动的全球化，使其贸易伙伴遍及全球，这就必然要求物流国际化，即物流设施国际化、物流技术国际化、物流服务国际化、货物运输国际化、包装国际化和流通加工国际化等。世界各国在开展国际物流理论和实践的基础上已达成共识：只有广泛开展国际物流合作，才能促进世界经济的繁荣，物流是没有国界的。

五、国际物流系统的组成

国际物流是由多行业集成的一个有机系统，现代国际物流业越来越强调服务功能的完善化和系统化。除了传统的物流服务外，国际物流系统的外延向上扩展至市场调查与预测、采购及订单处理，向下延伸至配送、物流咨询、物流方案的选择与规划、库存控制策略建议、货款回收与结算、教育培训等增值服务。目前，国际物流系统主要由商品的包装、储存、运输、检验、流通加工和其前后的整理、再包装及国际配送等子系统组成。其中，储存和运输子系统是国际物流的基础和核心。国际物流通过商品的储存和运输，实现自身的时间和空间效益，以满足国际贸易和跨国经营的要求。

1．运输子系统

国际货物运输是国际物流系统的核心。国际运输主要是运输方式的选择、运输单据的处理以及投保等方面。国际运输方式有很多，如陆、海、空、多式联运等，以海运为主。国际货物运输具有路线长、环节多、涉及面广、手续繁杂、风险大、成本高、时间性强等特点。

2．仓储子系统

商品储存、保管使商品在流通中处于一种相对停滞的状态，这种停滞在国际物流中是完全必要的，是国际物流的基础条件。它主要是在各国的保税区、保税仓库、海关监管仓库、堆场进行的，主要涉及保税制度、保税仓库、堆场建设等方面的问题。从物流角度看，应尽量减少储存时间和数量，加速货物和资金的周转，保证客户的需要，实现国际物流的高效率运转。

3. 商品检验子系统

商品检验是国际物流系统重要的子系统，商品检验证是议付货款的重要单据之一。通过商品检验，确定交货品质、数量和包装条件是否符合合同规定，如发现问题，可分清责任，向有关方面索赔。

在国际货物买卖合同中，一般都制定商品检验条款，其主要内容有检验时间与地点、检验机构、检验证明、检验标准与检验方法等。

4. 流通加工子系统

流通加工是国际物流中具有特殊意义的物流形式，其作用是使商品更好地满足消费者的需求，主要是在出口工厂、保税区和保税仓库进行。包装加工是流通加工子系统的重要内容。国际市场和消费者是通过商品来认识企业的，而商品的商标和包装就是企业的面孔，它反映了一个国家的综合科技文化水平。

5. 信息子系统

国际物流信息的主要内容包括进出口单证的操作信息、支付方式信息、客户资料信息、市场行情信息等，其特点是信息量大、时间性强、交换频繁。信息的作用是使国际物流向更低成本、更高服务、更大量化、更精细化方向发展，许多重要的物流技术都是靠信息才得以实现的，国际物流活动的每个环节都要以信息为支撑。国际贸易中 EDI 的发展是一个重要的趋势，强调 EDI 在国际物流系统中的应用、建设国际贸易和跨国经营的信息高速公路、适应国际多式联运和“精细物流”的要求是国际物流信息子系统发展的方向。

6. 装卸、搬运与配送子系统

国际物流装卸、搬运与配送作业，相对于国际货物运输来讲，是商品短距离的搬移，是仓库、运输、交货等环节的纽带和桥梁，实现的是物流的空间效益。搞好国际物流中商品的装船(机)、卸船、进库、出库以及库内的清点、查库、转运和转装等，对提高国际物流效率十分重要，是降低物流成本的重要环节。

六、国际物流系统的运作模式

国际物流系统通过其所联系的各子系统发挥各自的功能，包括：采购功能、运输功能、储存功能、装卸搬运功能、包装功能、流通加工功能、商品检验功能以及信息处理功能等。它们相互协作，以实现国际物流系统所要求达到的低国际物流费用和高客户服务水平，从而最终达成国际物流系统整体效益最大的目标。

国际物流系统是以实现国际贸易、国际物资交流大系统总体目标为核心的。国际贸易合同签订后的履行过程，就是国际物流系统的实施过程，国际物流系统的运作流程如图 11.1 所示。

国际物流系统在国际信息流系统的支撑下，借助运输和储运等作业的参与，在进出口中间商、国际货代及承运人的通力协助下，借助国际物流设施，共同完成一个遍布国内外、纵横交错、四通八达的物流运输网络。

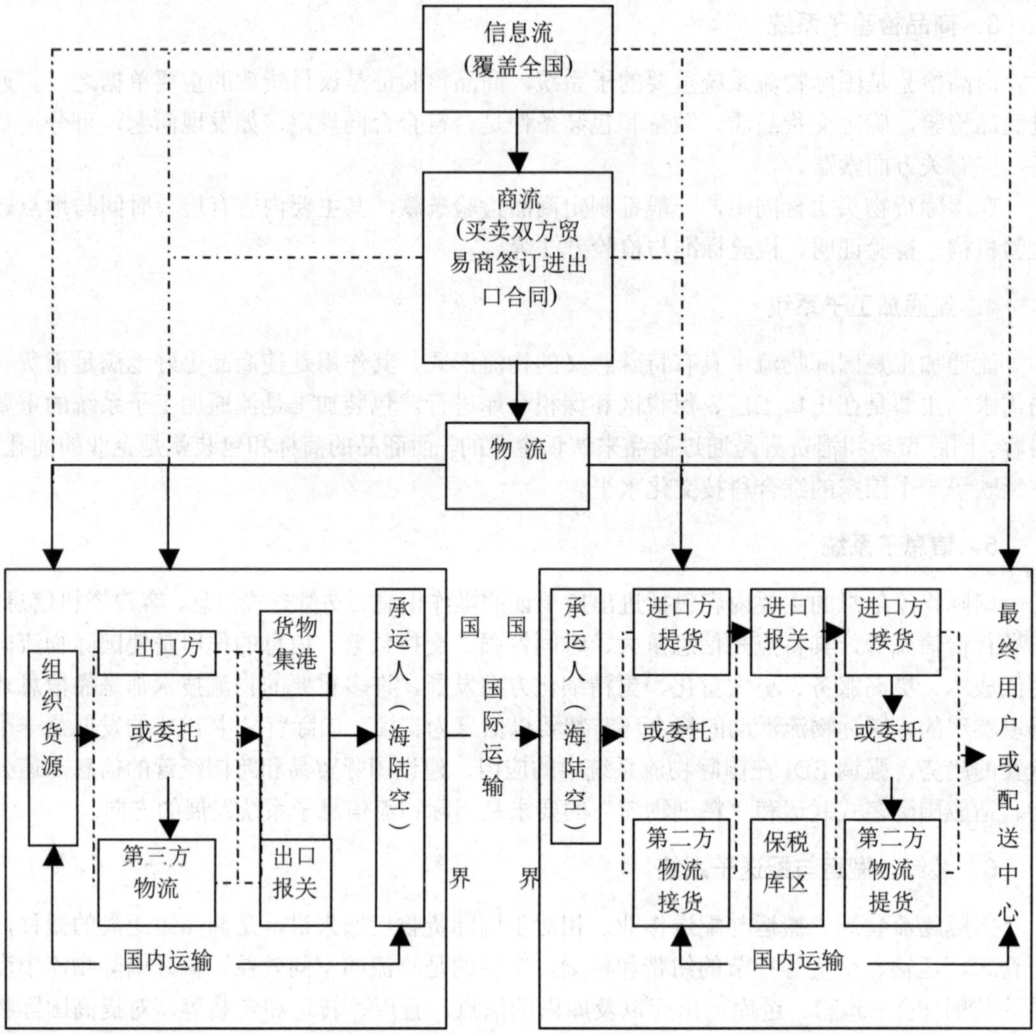

图 11.1　国际物流运作图

国际物流系统的一般运作模式包括：系统的输入部分、系统的输出部分以及将系统输入输出的转换部分，在系统运行过程中或一个系统循环周期结束时，有外界信息反馈回来为原系统的完善提供改进信息，以使下一次的系统运行有所改进。如此循环往复，使系统逐渐达到有序的良性循环。国际物流系统遵循一般系统模式的原理，构成了自己独特的物流系统模式。下面以国际货物出口为例，阐述国际物流系统的模式。

国际物流系统输入部分的内容有：备货，货源落实；到证，接到买方开来的信用证；到船，接到买方派来的船舶；编制出口货物运输计划；其他物流信息。

国际物流系统输出部分的内容有：商品实体从卖方经由运输过程送达买方手中；交齐各项出口单证；结算、收汇；提供各种物流服务；经济活动分析及理赔、索赔。

国际物流系统的转换部分包括：商品出口前的加工整理；包装、标签；储存；运输(国内、国际段)；商品进港、装船；制单、交单；报关、报验。此部分将涉及许多现代管理方法、手段和现代物流设施的介入。

除了上述三项主要功能外，还经常有许多外界不可控因素的干扰，使系统运行偏离原计划的内容。这些不可控因素可能是国际的、国内的、政治的、经济的、技术上的和政策法令、风俗习惯等方面的制约，是很难预计和控制的，它对物流系统的影响很大。如果物流系统具有较强的应变适应能力，遇到这种情况，马上就能提出改进意见，变换策略，那么，这样的系统就具有很强的生命力。

第二节 国际物流与国际贸易

一、国际贸易的概念

国际贸易(International Trade)指的是世界各国(地区)之间的商品、服务和技术交换活动，包括出口和进口。从一个国家的角度看，这种交换活动称为该国的对外贸易(Foreign Trade)；从国际上看，各国对外贸易的总和就构成了国际贸易，也称世界贸易(World Trade)；对外贸易与国际贸易都是指越过国界所进行的商品交换活动，前者着眼于具体的国家(或地区)之间的商品交换，后者包括世界上所有的国家(地区)。国际贸易产生的原因众多，归结起来主要表现在以下三个方面。

(1) 各国的生产要素禀赋存在差异。从世界范围来看，各国的生产要素禀赋状态是各不相同的，在产品的形成过程中所需要的生产要素比例也是各不相同的，具有不同生产要素的国家适合发展不同的产业，这样也就形成了国际社会的分工：各国按照自己的生产要素优势分工生产，然后进行贸易，这样既满足了国际的消费需求，又增加了全球的产品生产总量，促进了一国乃至世界经济的发展。

(2) 国际的生产要素流动存在着局限性。由于生产要素国际的流动较其在国内的流动更为困难，因此有必要通过商品和服务的国际贸易加以弥补，提高其流动性。

(3) 各国的科学技术发展水平参差不齐。世界各国的科技发展存在着较大的差异，所以只有通过国际贸易弥补短缺，满足其国内需要，并提高生活水平，促进经济的繁荣。

国际贸易的发展对于一国经济的发展有着极其重要的影响。一国的对外贸易不仅可以增加该国的要素供给，提高其就业水平，而且可以优化该国的资源配置，促进其规模经济的形成和知识经济的发展，带动该国乃至整个区域经济的增长，世界各国的贸易实践也证明了这一点。我国经过三十多年的改革开放，使中国经济的发展进入了快车道，整个国家的综合实力有了明显的提升。由此看来，国民经济的增长与对外贸易的发展是密不可分的，不仅不矛盾，而且是相互促进的。

二、国际物流与国际贸易的关系

国际贸易和国际物流是国际经济发展不可或缺的两个方面，国际贸易使商品所有权发生了改变，而国际物流则体现了商品在国际的物理性的实体转移，两者之间呈现出相互依赖、相互促进和相互制约的关系。国际物流是国际贸易的一个重要组成部分，国际贸易最终都将通过国际物流来实现。国际物流伴随着国际贸易的发展而产生和发展，国际物流的发展水平又反过来影响和制约国际贸易的进一步发展，因此国际贸易与国际物流之间存在着非常紧密的联系。

1．国际物流是国际贸易的基础和必要条件

只有国际物流工作做好了，才能保证各项交易的成功，确保各种商品及时、适地、按质、按量和低成本地送达，提高本国商品在国际市场上的竞争能力，扩大对外贸易。

2．国际贸易促进物流国际化

近年来，世界各国积极研究和应用新技术和新方法，促进专业化生产和集约经营，世界经济持续稳定地增长，国际贸易也迅速地发展。物流国际化已成为国际贸易和世界经济发展的必然趋势。

3．国际贸易对国际物流提出新的要求

世界经济的快速发展促进了国际贸易的迅速发展，对国际物流提出了更新、更高的要求。这些新的趋势和要求主要有以下四个方面。

(1) 质量控制。现代国际贸易中，除传统的初级产品、原料等贸易品种外，高附加值、高精密度商品流量不断增加，对物流工作的质量提出了更高的要求；由于国际贸易需求的多样化，物流出现了多品种、小批量化的特点，要求国际物流向优质服务和多样化发展。

(2) 提高效率。履行国际贸易合约的可靠性和效率是由国际物流的可靠性和效率来保证的。根据国际贸易商品的不同，采用与之相适应的专业运输和服务，对提高物流效率起着重要作用。

(3) 安全保证。组织国际物流时，必须选择适当的运输方式和运输路径，密切注意相关地区的气候、地理条件，以及有关政治局势、经济状况等因素，以防止因人为因素和自然因素造成货物灭失。

(4) 经济效益。控制物流费用对降低贸易成本具有很大影响。选择最佳物流方案提高物流经济性，可以降低物流成本、保证服务水平和提高竞争力。

三、国际贸易的分类

国际贸易根据不同的标准可进行以下分类。

1．按货物的流向分类

根据货物的流向不同，国际贸易可以分为出口贸易、进口贸易和过境贸易。

出口贸易是指将本国加工生产的产品销往他国市场的贸易活动；进口贸易是指将外国的商品运往本国市场进行销售的贸易活动；过境贸易是指贸易货物通过一国国境时未经任何加工而运往第三国的贸易。

2．按划分进出口的标准分类

根据划分进出口的标准不同，国际贸易可以分为总贸易和专门贸易。

许多西方国家划分进出口是以国境为标准的，凡是进入国境的商品一律列为进口，凡是离开国境的商品一律列为出口。前者叫作总进口，后者叫作总出口。总进口额加总出口

额就是一国的总贸易额。

以关境为标准划分进出口而统计的国际贸易称为专门贸易。只有从外国进入关境的商品或从保税仓库提出转关入境的商品才列为进口，称为专门进口；从国内运出关境的本国产品以及进口后未经加工又运出关境的商品列为出口，称为专门出口。专门出口额加上专门进口额就是专门贸易额。过境贸易不列入专门贸易。

3．按进出口商品的形态与内容分类

根据进出口商品的形态与内容的不同，国际贸易可以划分为有形贸易和无形贸易。

有形贸易是指国际贸易中实物商品的进出口；无形贸易是指非实物形态的进出口。如知识产权、劳务或其他非实物形态的商品进出口都是非实物形态的无形贸易。在无形贸易中，服务贸易是其最重要的组成部分。除此之外，无形贸易还包括跨国投资的利息、利润、股息等收付以及政府和个人款项的国际转移。

4．按贸易过程中有无第三国参与分类

按照贸易过程中有无第三国参与，可将国际贸易划分为直接贸易、间接贸易和转口贸易。

直接贸易是指商品从生产国直接销往消费国，没有第三国参与的贸易活动；间接贸易是指通过第三国或其他贸易环节将商品从生产国销往消费国的贸易活动；转口贸易是指国际贸易中进出口商品的买卖不是在生产国与消费国之间直接进行，而是通过第三国所进行的贸易。它属于再出口，是过境贸易的一部分。

5．按国际贸易的运输方式分类

按照国际贸易运输方式的不同，可以把国际贸易划分为陆路贸易、海路贸易、空运贸易和邮购贸易。

陆路贸易是指国际贸易采用陆路运输方式，常见的陆路运输方式有铁路运输和公路运输；海路贸易指采用海洋和内河运输方式，国际贸易的大部分货物都是通过海运方式实现的；空运贸易是指采用航空运输的方式来实现，它适合于贵重的或时间要求紧急的商品；邮购贸易是指通过邮政这种特殊的运输方式实现的贸易活动。

四、国际贸易业务

(一)国际贸易的主要方式

1．租赁贸易和补偿贸易

1)　租赁贸易

租赁贸易是指企业之间较为长期的动产租赁，它是在信贷基础之上发展起来的。具体是指出租人向承租人提供所需的设备，承租人向出租人按租赁合同的规定定期支付租金。设备的所有权归出租人，承租人只拥有设备的使用权。租赁贸易的承租期一般较长，是一种以融物的形式实现中长期融资的贸易方式。通过租赁，贸易供需双方都能获得各自的利益。租赁贸易的种类主要有融资租赁、经营租赁、转租租赁和回租租赁等方式。

2) 补偿贸易

补偿贸易是指交易的一方利用对方厂商提供的，或者利用该国出口信贷进口的生产技术设备加工生产产品以后，以返销该设备技术所生产的产品方式分期偿还对方技术、设备价款或者贷款本息的一种交易方式。

首先，企业在资金缺乏的条件下，通过补偿贸易引进国外先进的技术和设备，使企业产品得以更新换代，增强了市场竞争能力；其次，补偿贸易也是利用外商销售渠道的一种有效的方式，通过产品的返销出口分期偿还外商所提供的设备价款或贷款本息，使企业的产品得以进入国际市场。

2．包销、代理和寄售

1) 包销

包销指出口方与国外的经销商达成协议，该经销商在一定时期内获得指定的商品在指定地区的独家经销权。在该时间段及该区域范围内，该经销商不得再经销其他来源的同类或替代商品，对出口方来说可以利用经销商的资金和销售能力拓展市场；对包销商而言通过在一定地区取得独家经销权，可以避免市场多头竞争，有利于长期经营发展战略的实施。

2) 代理

国际贸易中的代理主要指销售代理。出口方与国外的代理商达成协议，由出口方作为委托人，授权代理商代表出口方签订合同、推销产品，在委托人授权的范围内所发生的权利和义务直接对委托人发生效力。

按照委托人授予代理人的权限不同，代理可以划分为总代理、独家代理和一般代理。

3) 寄售

寄售是指出口方委托国外代销商向用户进行现货买卖的一种交易方式。采用该种贸易方式，出口方应在寄售所在国选择寄售代理人，签订寄售协议后将货物运往该地区，由寄售代理商负责现货销售。

3．对外加工装配贸易

对外加工装配贸易指由国外委托方提供全部或部分原材料、辅料、零部件、配套件、包装物和元器件等，必要时提供设备，由承接方企业按对方的要求进行加工，装配成品交给对方销售，承接方只收取工缴费，委托方提供的作价设备价款，承接方用工缴费偿还的贸易方式。

4．招投标和拍卖

招投标是一种贸易方式的两个方面，招标是由招标人发出招标公告，提出招标的具体内容和要求，邀请投标人在规定的时间或地点提出自己的报价，招标人将所有的报价进行比较，从中选出最佳者达成交易；投标是投标人应招标人的邀请，在规定的时间和地点根据招标人所提的条件向其递盘竞争以争取交易。

拍卖是由专营拍卖业务的拍卖行接受货主的委托，在规定的时间和地点，按照一定的章程和规则将货物公开展示，以买主公开叫价的竞买方式实现商品交易的一种方式。拍卖的竞价方式包括增价拍卖、减价拍卖和密封递价拍卖等。

(二)国际贸易磋商

国际贸易磋商是指国际贸易的买卖双方为了协调双方的经济利益、达成共识、促进交易而进行的交易条件协商。在国际贸易中，交易磋商是一个重要的环节，买卖双方就交易条件进行协商，寻求经济利益的一致从而实现交易。国际贸易的合同磋商可以分为进口合同的磋商和出口合同的磋商。交易磋商的形式可以是口头的(面谈或电话)，也可以是书面的(传真、电传、信函、电子邮件)。交易磋商的一般程序为询盘、发盘、还盘和接受四个环节。

国际贸易合同的磋商内容如下。

1. 商品品名和品质

商品品名和品质是合同中不可缺少的重要的交易条件。对于某些商品应注意正确地选择品名以利于商品的归类，降低关税。

2. 商品的数量

商品的数量是国际货物买卖合同中的主要交易条件之一。如果卖方交货数量大于合同约定的数量，买方可以拒收多交的货物，也可以接受部分或全部货物，但必须按实际收取量支付货款；如果卖方交货数量少于合同约定的数量，卖方应在合同规定的交货期满前补足，且应保证买方未遭受不合理的损失。因此，在合同中正确制定数量条款对于买卖双方都非常重要。

3. 商品的包装

商品的包装是商品的重要组成部分，也是国际贸易合同中的主要条款之一。商品包装可以分为运输包装和销售包装两大类。运输包装又称为外包装，其主要作用是保护商品、方便储运和节省运费。由于采用不同的包装材料、包装技术和包装工艺，包装成本相差很大，因此在签订合同时，应根据国际贸易商品的性质及买方的需求选择合适的包装方式及材料，并在合同中注明。

4. 商品的价格

在国际贸易合同的磋商中，商品的价格始终是双方协商的核心条款，由于其直接关系到买卖双方的经济利益，因此很难达成一致。影响商品价格的因素有很多，但国际市场行情和买卖双方的购销意图是商品定价最主要的依据。表示单价时，必须表明四项内容：计量单位、单位价格金额、计价货币和贸易术语。通常贸易双方愿意选择汇率稳定的货币作为计价货币。

5. 货物运输保险

国际货物运输路线长、环节多，因此，在货物交付过程的各个环节都会遭遇各种风险而使货物发生灭损或品质发生改变。为了使货主将货物遇险时的损失降到最低，可以通过向保险公司投保的方式将不确定的货损转变为固定的费用，以便在风险发生时货主能在投保的范围内获得相应的经济补偿。为了明确责任，保险公司在其保险险别条款中，对不同险别所承保的风险和损失都作了规定。保险索赔的时效一般为两年。

6．商品检验

在国际贸易中，卖方所交货物的品质、数量、包装等必须符合合同约定，除非合同另有约定。当卖方履行交货义务后，买方有权对货物进行检验，如果发现货物与合同约定不符，而且确属卖方责任，买方有权向卖方表示拒收，并有权进行索赔。由于国际贸易运输路程长、环节多，大多数情况下买卖双方难以当面交接，因此需要有权威的商检机构对商品进行检验，以确认事实、分清责任，并出具商检证书作为证明文件。这种由商检机构出具的检验证书，已成为国际贸易中买卖双方交接货物、结算货款、索赔和理赔的主要依据。

7．违约和索赔

国际货物买卖合同确立了买卖双方的权利和义务，任何一方不履行或不完全履行合同约定的义务，即构成违约，合同的另一方可以根据自己利益受到侵害而因此造成的损失向对方索赔。

索赔必须是以对方违约的事实为基础，依据合同中的索赔条款和法律、惯例，由有资格的机构出具书面证明或旁证并在索赔期内进行索赔。索赔期限通常在合同中加以约定，超过约定的索赔期限，受损害的一方即失去索赔权。如果在合同中未规定索赔期限，则依照法定索赔期限，《联合国国际货物销售合同公约》规定自买方实际收到货物之日起两年之内有效。

8．不可抗力

不可抗力是指买卖合同签订后，不是由于当事人一方的过失或故意，发生了当事人在订立合同时不能预见、对其发生和后果不能避免并且不能克服的事件，以致不能履行合同或不能如期履行合同，遭受不可抗力的一方可以据此免除履行合同的责任或推迟履行合同，对方无权要求索赔。不可抗力条款是一种免责条款，一般应包括不可抗力事件的范围、事件发生后通知对方的期限、出具证明文件的机构以及不可抗力事件的后果等。

9．仲裁

在国际贸易中，履约双方在执行合同的过程中有可能发生争议，解决的方式主要有协商、调解、仲裁和诉讼四种方式。仲裁是双方当事人达成书面协议，自愿把争议提交给双方同意的仲裁机构，仲裁机构做出的裁决是终局的，对双方都有约束力。仲裁协议必须采用书面形式，它表明双方当事人愿意将他们的争议提交仲裁机构裁决，任何一方不得向法院起诉。仲裁方式具有解决争议时间短、费用低、能为当事人保密、裁决有权威性、异国执行方便等优点，在国际贸易实践中是最常用的一种方式。

(三)进出口贸易的支付方式

在国际贸易中买卖双方一般不可能做到当面钱货两讫。因此，卖方发货交单，买方凭单付款，以银行为中介，以汇兑方式或以汇票工具进行结算是国际贸易结算的主要特征。

1．结算票据的种类

国际贸易中以现金结算货款是极个别的，而且是限于小量的价款，通常信用工具——票据结算是主要的。在这些票据中，以汇票使用最多，本票、支票次之。

1) 汇票

汇票是由出票人向委托付款人签发的、无条件支付的书面命令，要求委托付款人在见票时或在指定的或在可以确定的将来某一日期支付确定的金额给收货人或者持票人的票据。常见的有商业汇票、银行汇票和跟单汇票等。

2) 本票

本票是出票人对收款人承诺无条件支付一定金额的票据。根据我国《票据法》对本票的定义："本票是出票人签发的，承诺自己在见票时无条件支付确定金额给收款人或者持票人的票据。"这里的本票主要指银行本票。

本票与汇票最大的区别在于当事人不同。汇票的当事人有三个：出票人、付款人和收款人；而本票只有两个当事人：出票人和收款人。本票的付款人即出票人本人。

3) 支票

支票是出票人(银行存款人)对银行签发的、授权银行在见票时无条件支付确定的金额给收款人或持票人的票据。支票的出票人必须是与付款银行没有往来存款账户的存户。出票人签发支票时，应在付款银行存有不低于支票票面金额的存款。如果存款低于票面金额，则会遭到银行拒付，这种支票称为"空头支票"，签发空头支票者应承担相应的法律责任。

2. 支付方式

支付方式涉及信用和支付的时间、地点等问题，目前在我国进出口业务中所使用的支付方式主要有三种：汇付、托收和信用证。其中，汇付和托收属于商业信用，信用证则属于银行信用。

1) 汇付

汇付是指付款人通过银行将款项汇交收款人，汇付通常有四个当事人：汇款人、汇出行、汇入行和收款人，如图 11.2 所示。

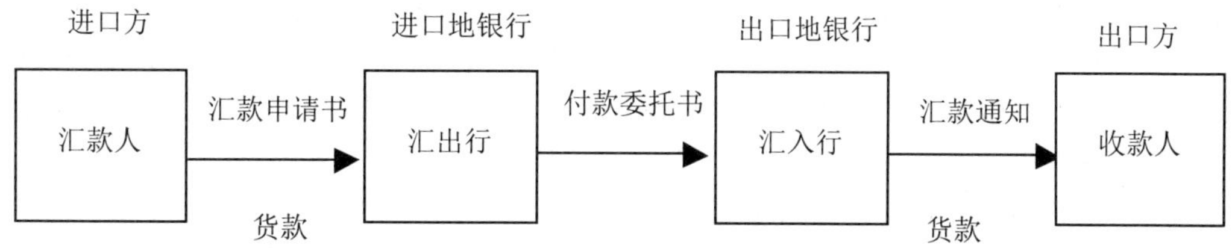

图 11.2 汇付流程简图

汇付方式根据汇出行向汇入行发出汇款委托方式的不同又可分为三种形式：电汇、信汇和票汇。

2) 托收

托收是债权人(出口方)在货物装运后开具汇票，连同全套货运单据，委托出口地银行(即托收行)寄往该行在进口商所在地的国外分行或代理行(代收行)，向债务人(进口商)收取货款的一种结算方式。

托收通常有四个当事人：委托人、托收行、代收行和付款人。托收根据所用的汇票不同，可分为光票托收和跟单托收。国际贸易中货款的收取大多采用跟单托收。跟单托收有两种交单方式：付款交单和承兑交单。

托收和汇付一样属于商业信用的一种方式。银行在办理托收业务时根据委托方的指令行事，既不承担强制付款人付款的责任，也没有检查单据的义务。尤其在承兑交单的条件下，进口人只要对远期汇票进行了承兑，即可取得货运单据并凭此提货。出口人的收款保障仅仅是进口人的信用，所以承兑交单比付款交单的风险要更大。

3) 信用证

(1) 信用证的含义

信用证是银行根据进口商的要求或以自身名义，向出口商开出的有条件的付款承诺，即出口商提供信用证规定的汇票和单据，开证银行保证付款。它是国际贸易不断发展的产物。在国际贸易中，通常存在进、出口商之间互不信任的矛盾。出口商担心在收到货款之前如将代表货物所有权的单据交给对方，货款可能全部落空，即使通过银行办理托收也可能遭到拒付，仍有较大风险；进口商则唯恐先付了款，对方不发货，或者不能如期得到预定的单据和货物。在这种情况下，为了顺利开展贸易，双方都需要一个可靠的第三方来作为转交货款和单据的中间人或担保人，因为银行信用往往比商业信用要可靠得多，中间人或担保人便由进、出口双方都能接受的银行担当了起来。

(2) 信用证的内容

每个银行开出的信用证都有不同的格式，但主要内容基本一致，一般包括以下各项：①信用证本身的固有内容，包括开证行名称、地址、信用证类型、名称、证号、开证日期、金额、受益人、开证申请人、通知行、有效期和开证文句等；②其他内容有汇票条款、单据、货物条款、装运条款、兑现方式、特别条款，以及开证银行保证付款的责任文句，根据信用证《统一惯例》开立文句，开证银行代表签字。

(3) 信用证的种类

① 跟单信用证和光票信用证。

根据付款依据何种凭证，信用证可分为跟单信用证和光票信用证两类：a. 跟单信用证是指付款凭证跟单汇票或仅凭单据的信用证。这里所指的单据是指代表货物所有权的单据，或证明货物已发出的单据。这在国际贸易中使用比较普遍。b. 光票信用证是指付款只依据光票向开证银行索取票款的信用证。即这些汇票不需随附代表货物所有权的单据，或证明货物已发出的单据。

② 可撤销信用证和不可撤销信用证。

从开证银行的保证性质来看，信用证可分为可撤销信用证和不可撤销信用证。这两类信用证在开证银行的保证责任和受益人所得到的保证方面有着本质的差别，这也是信用证最基本和最重要的划分方法。其区别是：a. 可撤销信用证是指开证银行可以不通过受益人同意，也不必事先通知受益人，有权随时取消信用证和修改信用证条款。由此可见，可撤销信用证对出口人来说，不一定是确定的付款承诺，开证银行几乎未提供什么保证，因此出口人不愿接受此类信用证。b. 不可撤销信用证是指信用证一经开出并经通知银行或转递银行通知或转递给受益人后，开证银行便承担了按照信用证条款履行付款的义务。信用证在有效期内，除非得到受益人和有关当事人的同意，否则开证银行不能片面地撤销或修改信用证的条款。

③ 保兑信用证和不保兑信用证。

在不可撤销信用证中，按其是否有其他银行保证兑付可划分为保兑信用证和不保兑信

用证。保兑信用证是指开出的信用证由另一家银行加以保证兑付的信用证。保兑一般是受益人对开证银行资信不够了解或不足以信托时，或对进口国家的政治、经济有顾虑时提出的这种要求，保兑银行所负的责任相当于本身开立信用证。不保兑信用证指开出的信用证未经另一家银行加以保证兑付的信用证。

④　即期信用证、远期信用证和预支信用证。

按付款时间的不同，信用证可分为即期信用证、远期信用证和预支信用证。即期信用证是指根据信用证规定的受益人，可凭即期汇票收取货款的信用证。其特点是受益人根据信用证的规定，将即期汇票及单据(或仅单据)直接或通过议付银行交付开证银行或代付银行之后，可以立即取得票款。即期信用证可细分为单到付款信用证和电报索偿条款信用证。远期信用证是指信用证规定受益人凭远期汇票取款，可细分为承兑信用证和远期兑现的议付信用证。迟期付款信用证也是远期信用证的一种。预支信用证是指受益人在装货前先行开具汇票向指定银行收款的信用证。它与远期信用证刚好相反，是进口人付款在先，而出口人交单在后。

从不同的用途和运用的方式来分，信用证又分为循环、对开、对背、可转让和当地信用证等多种。

(4)　信用证的特点

信用证支付方式有以下三个特点。

①　信用证是一种银行信用。开证银行承担首要付款责任，在单证符合信用证条件的情况下，开证银行向信用证的受益人进行付款，并承担独立责任。

②　信用证是一种自足文件。信用证虽然是以买卖合同为基础开立的，但是信用证一经开出就成为独立于买卖合同之外的另一种契约文件，不受买卖合同的约束，开证银行与参与信用证业务的其他银行只按信用证的规定办事，受信用证条款的约束。

③　信用证是一种单据买卖。在信用证方式下，实行的是凭单付款的原则，各有关方面处理的是进出口单据而不是与单据有关的货物、服务或其他行为，所以是一种纯粹的单据业务。银行必须仔细审核单据，以确定单据表面上是否符合信用证条款，而对单据形成的完整性、准确性、真实性以及仿造或法律效力等不负责任。

(5)　信用证的结算程序

在处理信用证业务时，虽然各种不同类型的信用证在具体细节上有所不同，但其基本结算程序大致相同，通常分六个环节。即开证人申请开立信用证、开证银行开立信用证、通知银行、转递银行通知、转递信用证、审查与修改信用证、议付和索偿、开证人付款赎单与提货。具体地说，信用证业务主要体现在以下程序：①进口人(开证人)与出口人订立买卖合同约定，以信用证方式支付货款；②进口人填写开证申请书，缴纳押金或提供其他担保，要求开证银行开证；③开证银行根据开证申请书的内容向出口人(受益人)开出信用证，并寄交出口人所在地的分行或代理行(通知银行)；④通知银行收到信用证后，应立即通知受益人；⑤受益人审核信用证与合同相符后，按信用证规定装运货物，备齐各种货运单据，开立汇票，并在信用证的有效期内，送交当地银行(议付银行)请求议付。⑥议付银行按信用证条款审核单据无误后，按照汇票金额扣除利息，把货款垫付给受益人。⑦议付银行将汇票和货运单据寄给开证银行或其指定付款的银行索偿。⑧开证银行或其指定付款的银行核对单据无误后，付款给议付银行。⑨开证银行通知开证人付款赎单，开证人验单无误后付款。⑩开证银行将单据交给开证人。

第三节　经济全球化背景下的国际物流

一、经济全球化概述

(一)经济全球化的概念

经济全球化的概念最初产生于 20 世纪 80 年代。它指的是全球经济活动被纳入一个以计算机、通信技术和网络技术联结起来的全球性网络，在全球范围内寻求生产资料、信息、资金和人力资源等生产要素的最佳配置和重组。

经济全球化是以科技革命、市场经济和跨国公司的大发展为驱动力，以生产要素在世界范围内的大规模流动为核心，以国际贸易、国际金融、国际投资、国际交通和通信的大发展为形式，使企业生产的内部分工扩展为全球性的分工，使生产要素在全球范围内优化组合，从而促进了各国和全球经济的共同发展。

经济全球化的进程使得世界各国的经济活动日益冲破本国家、本区域原有的孤立、封闭状态，而呈现出相互联系、相互影响、相互依存的趋势，在这种趋势下，世界各国的经济逐步联结成一个有机的整体。

从根本上说，全球化是世界经济发展的必然趋势，也是我们所处时代的基本趋势和基本特征之一，它对整个世界的经济发展产生了深刻的影响。研究经济全球化及中国企业的应对策略，对于中国企业抓住全球化机遇、迎接全球化挑战和提高国际竞争能力，具有十分重要的现实意义。

(二)经济全球化产生的原因

1．世界各国经济体制的趋同为经济全球化发展扫清了体制上的障碍

当今世界，越来越多的国家已经认识到，只有选择市场经济体制，才能加快本国经济发展的速度，提高本国经济的运转效率和国际竞争力。封闭经济由于缺少外部资源、信息与竞争，而呈现出经济发展的静止状态。计划经济体制则由于存在信息不完全、不充分、不对称和激励不足等问题，而导致资源配置与使用的低效率。所以，不管是传统的封闭经济，还是起源于苏联的计划经济都不约而同地走上了向市场经济转型的道路。由此而造成的各国在经济体制上的趋同，消除了商品、生产要素、资本以及技术在国家与国家之间进行流动的体制障碍，促成了经济全球化的发展。

2．科学技术的进步，尤其是信息技术的进步为经济全球化的发展创造了物质基础

目前的经济全球化有着重要的物质技术基础，这就是代表当代最新科技的信息技术。信息技术的进步，降低了企业的远距离控制成本。对于一个现代企业来说，其经济的活跃程度，表现为企业的经济活动半径，是与其所有权控制的成本呈负相关关系的。远距离控制成本主要是信息成本。由于多媒体技术的发展与因特网的诞生，使这种成本大幅度降低，以至于从理论上来讲，对于任何有能力进行全球扩张的企业，它的活动范围都可以达到全

球各地。

3．微观经济主体的趋利动机，是推动经济全球化发展的基本动因

商品与要素价格在全球不同地区的差异，被人们称为区位优势。区位优势的客观存在，为企业在全球范围内的“套利”活动提供了空间。于是，便有了对外投资、技术转让以及企业生产过程的分解与全球配置。在这种微观主体世界范围内的套利活动中，跨国公司逐渐扮演了主角，这是因为跨国公司本身具有“所有权优势”和“内部化优势”。所有权优势，使跨国公司可以凭借其独有的知识产权、技术诀窍、管理战略以及资金实力，一方面，利用发展中国家低成本的生产要素，将产品销售到价格更高的市场上进行套利；另一方面，将巨额剩余资本转向资本稀缺、投资回报率高的发展中国家进行资本套利。而内部化优势，使得跨国公司能够将生产和销售活动按照最有利的区位优势配置于世界各地，并将每一个分支机构及其所联系的企业在职能专门化的情况下，组成一个一体化的网络，通过在世界各地的生产、销售等活动而服务于母公司的发展战略。这样做的结果是，国际范围的分工与协作实际上变成了跨国公司内部的分工与协作。当跨国公司利用优势而大举进行全球性套利活动的时候，其客观的效应便推动了经济的全球化发展。

4．世界范围内商法体系的趋同为经济全球化的发展提供了相对统一的法律制度环境

众所周知，主导世界的两大法系是英美法系和大陆法系。近年来，两大法系发展的一个重要特征就是互相融合与趋同发展。另外，随着贸易一体化、投资一体化的发展，国际经济组织的统一立法活动深入开展，这为经济全球化的发展创造了统一的法制环境。

(三)经济全球化的特征

1．贸易自由化

贸易自由化表现在：国际贸易障碍逐步消除，贸易自由化程度提高，国际贸易量迅速增加；国际贸易手段、商品标准以及合同样式逐步统一和规范；WTO 多边贸易体制框架使得世界贸易进一步规范化。

2．生产全球化

跨国公司日益成为世界经济活动的主宰力量，其商品生产环节分布于不同的国家，并因此使相关各国间的经济关联程度提高。

3．资本流动国际化

跨国公司的发展、各国对外资管制的放松以及由投资基金和养老保险基金高速成长导致的国际游资的形成，使得资本的流动性进一步加大。

4．金融活动全球化

20 世纪 70 年代以来，以美国为首，各国相继放松了金融管制，推进了金融自由化，放松了外资金融机构进入和退出本国金融市场的限制，拆除了不同金融业务的隔离墙，加快了金融业的整合。自由宽松的法律与政策环境，加上计算机、通信和网络技术的广泛应用，促进了金融市场的全球化，从而形成了时间上相互接续、价格上相互联动的统一国际

金融大市场。

5．市场经济体制全球化

当今世界除个别国家外，都在为建立和完善市场经济体制而努力，这为经济全球化提供了统一的经济体制基础。

6．各国商法体系的国际化

如前所述，经济全球化的产生得益于两大法系的趋同发展。同时，经济全球化的发展反过来又促进了世界各国商法体系的国际化。

(四)经济全球化的效应

经济全球化主要有两种效应：其一是财富再分配；其二是通货收缩。

由于经济全球化是一个自发的市场机制发挥作用的过程，因此，在市场竞争机制的作用下，国际竞争力较弱的国家的财富必然会被国际竞争力较强的国家再分配。

经济全球化的通货收缩效应根源于全球化进程中世界总供给的增加。例如，当中国、苏联等计划经济体制国家通过经济转型而融入世界经济之中时，尽管世界的总需求增加了，但是世界总供给会增加得更快。这是因为在计划经济体制下，这些国家仅仅是在为本国居民而生产；而当它们进入国际分工体系之后，它们将为整个世界而生产，因此其供给必定会随着生产力的解放而增加。随着世界总供给的增加，物价就会下跌，通货便会随之收缩。

但是，在这里我们有必要来区分两种不同的通货收缩：一种是因为供给增加而引起的通货收缩，它属于那种好的通货收缩；另一种则是因为需求下降而引起的通货收缩，它属于那种不好的通货收缩。伴随着经济全球化而来的既有好的通货收缩，又有坏的通货收缩。哪种经济体可能面临好的通货收缩？哪种经济体又可能面临坏的通货收缩呢？这将取决于该经济体在经济全球化的第一种效应的作用过程中，是属于再分配型的经济体，还是属于被再分配型的经济体。例如，在 1997 年的东亚金融风暴中，东亚国家显然属于被再分配型的经济体。因此，它们所面临的通货收缩也就必定属于坏的通货收缩。

(五)经济全球化给我国带来的机遇

1．经济全球化为我国跨越式发展提供了机遇

经济全球化使资本、技术、人才等重要资源可以更加自由地在国际上流动，使我们有机会利用国际上的资源来促进我国经济的发展，使我国能充分利用资源优势、市场优势和后发优势。有人认为，中国是开放和全球化的最大受益者，2000 年中国的 GDP 是开放之初 1978 年的 7.4 倍。

2．经济全球化有利于加快国内市场经济体制的建立

经济全球化和我国加入世贸组织使我国逐步融入世界经济体系当中，使国内和国际市场接轨，使我国企业能够参与国际市场的竞争，这些都有利于我国熟悉市场经济运行和国际市场规则，建立市场经济机制。

3. 经济全球化有利于国内企业的成长和发展

经济全球化对国内企业成长和发展的有利影响体现在以下三个方面。

(1) 经济全球化使国内企业可以在全球范围内组织生产经营活动，实现资源的优化配置，降低成本，获得更多利润，从而促进企业的发展。

(2) 在经济全球化条件下，产品具有更广阔的市场，国内企业可以在更大的范围内获取经济利益。

(3) 在国际竞争的压力下，可以加速国内企业改革的步伐，加快建立现代企业制度，并促进企业积极引进国外先进技术、资金和管理经验，增强国内企业参与国际竞争的实力。

4. 经济全球化有利于提高我国社会福利水平

在经济全球化的条件下，由于关税和非关税壁垒的降低，可以避免人为因素对产品和生产要素流动的限制，以及产品价格和生产要素流动的扭曲，商品可以在世界范围内更加自由地流动，各国的消费者可以享受更加丰富的商品，进一步提高生活质量。中国加入世界贸易组织后，受益最大的就是消费者。

(六)经济全球化给我国带来的挑战

1. 经济全球化使我国的民族工业面临着巨大的压力和冲击

改革开放以来，我国的民族工业一直在不同程度上受到冲击。在我国加入 WTO 后，这种冲击对一些产业来讲更是一个严峻的考验。据有关方面分析，加入 WTO 后，汽车、制药、农业、电信、航空、计算机、金融七个方面受冲击较大。其中，汽车工业是受冲击最大的产业之一，主要表现在：第一，面临缺乏规模经济的冲击；第二，面临全球汽车生产能力过剩的冲击；第三，面临关税逐步下降的冲击。此外，汽车工业自主开发能力弱、劳动生产率低下、缺乏竞争优势等都使其在加入 WTO 后面临着巨大的压力。虽然中国的轿车工业可以作为幼稚产业进行保护，但保护的时间也只有五年左右，最多十年。那些规模小、成本高、技术水平落后的企业将难以生存。汽车工业进入大规模资产重组将是大势所趋。

2. 经济全球化可能使我国产业结构低级化和边缘化

经济全球化虽使我国的劳动和资源密集型产业得到了较大发展，但无法改变我国在国际分工中的不利地位，也无法实现产业结构的高级化和现代化。同时，过度发展劳动和资源密集型产业还会使自然资源受到污染、生态平衡遭到破坏、资源浪费严重。

3. 国际经济运行中“游戏规则”的适应问题

对于发达国家来说，它们适应以自己为主导制定的经济规则和经济秩序，没有制度和体制方面的限制，只有协调各利益集团方面的困难。而对处于经济转型期的我国来说，由于市场机制还没有充分建立，对市场制度的支持能力较弱，此时，适应不熟悉甚至不合理的国际经济规则显然是困难的。

4. 我国所处的经济发展起点和实力决定了我国在经济全球化中处于相对劣势

尽管全球化对发达国家有这样那样的挑战，但由于其具有经济发达、技术经验、产业结构优化等优势，且处于“中心”，因而能有效地避免全球化的挑战。而作为发展中国家的我国不具备上述优势，且处于“外围”，因而处于相对劣势。

5. 我国企业竞争力薄弱

在全球化趋势不十分明显的时期，我国企业在规模、效益和研发能力等方面表现得不尽如人意，此时，企业的竞争范围主要以本土为界。这就意味着本地企业由于长期的经营历史和对本地的深刻了解，以及国家和地方政府的一些保护政策，使企业处于优势。随着经济全球化的发展，企业将在更为广阔的国际市场上与更为强大的对手竞争。而我国企业竞争力薄弱是一个不争的事实，要想在国际市场上占有一席之地恐怕并非易事。

经济全球化与无边界化正成为世界经济不可逆转的发展趋势。尽管在这一过程中会出现这样那样的阻挠，如国家和地方保护主义的盛行、国际贸易保护政策的逆流、区域经济一体化的加剧、发展中国家的利益体现和保障问题等，但信息网络的无孔不入，电子商务的超时空、零距离交易，跨国公司全球化战略的实施，以及跨国采购中心的形成和发展都将进一步加快世界经济一体化的步伐。在此背景下，过去二十余年间亚洲的经济增长速度远高于世界上的其他地区。与此同时，亚洲的国际货运量也迅速增长，1991年起亚洲各国的国际海运货物进出口总量已超出世界各国国际海运货物进出口总量的四分之一。同时，欧共体、北美自由贸易经济区的经济与国际物流量也呈明显增长势头，表明这些地区已成为经济全球化和物流全球化发展的主要舞台。

二、跨国公司与国际物流

国际物流的实质是按照国际分工协作的原则、国际物流惯例和标准，利用国际物流网络、物流设备和物流技术，实现货物在国际的流动和交换，以促进世界资源的优化配置和区域经济的协调发展。国际物流的目的是为国际贸易和跨国经营服务的，即以最佳的方式和途径，以最小的费用和风险，保质、保量、适时地将货物由一国的供方运输到另一国的需方。有关国际物流具体内容前已论述，现谈谈跨国公司的物流业务。

(一)跨国公司物流

跨国公司物流是经济发展到一定程度，跨国公司出现后，这些公司为了适应自己的全球化战略，一方面为了满足自己的产品在全球范围内顺畅流动，提高客户服务水平；另一方面为使企业成本最小化而诞生的企业物流组织形式。

跨国公司物流是跨国公司构筑全球化战略，以一体化的物流管理和供应链管理在全球范围内寻求资源采购、生产装配、产成品分销和参与国际化竞争的手段，从而提高公司在国际市场的竞争力，并在全球性竞争中抢占有利位置。

(二)国际物流与跨国公司物流的联系

1. 跨国公司的发展离不开国际物流的支持

作为一个跨国公司，其产品无论是在原材料购入，还是在生产或销售阶段，面对的对象都是国外市场，在此过程中不可避免地会涉及国际物流的领域。

近十几年跨国企业发展迅速，在全世界寻找贸易机会、最理想的市场和最好的生产基地，这就将企业的经济活动领域必然由一个地区、一个国家扩展到国际之间。这样一来，企业的全球物流也提到议事日程上来，企业必须为支持这种国际贸易战略而更新自己的物流观念，扩展物流设施，并按全球化物流要求对原有的物流系统进行改造。对跨国公司来讲，国际物流不仅由商贸活动决定，而且也是其生产活动的必然产物。企业国际化战略的实施，使企业分别在不同国度中生产零件、配件，又在另一些国家组装或装配整机，企业的这种生产环节之间的衔接也需要依靠国际物流。

2．国际物流的发展是跨国公司发展国际贸易的结果

发生国际物流活动的企业，几乎都是跨国公司这样全球化程度很高的大企业，这些企业通过优势尽可能多地获取利润。随着在生产领域和销售领域降低成本的空间越来越小，跨国公司开始把寻求成本优势和差别化优势的视角转到物流上来，于是便自然而然地出现了国际物流活动。

(三)国际物流与跨国公司物流的区别

尽管国际物流与跨国公司物流有一些相似的地方，但是它们之间也有很多不同之处。

1．国际物流与跨国公司物流的立足点不同

国际物流是随着国际贸易的进一步发展和进出口商品总量日益增多不断发展和完善的。这就导致了：一方面，国际贸易是国际物流生存的前提和基础，国际贸易发展的速度和规模决定着国际物流发展的速度和规模；另一方面，国际物流的科学化、系统化和合理化是国际贸易发展的有力保障。因此，在发展国际物流时必须重视国际物流与国际贸易之间相互依存、相互制约的关系。而跨国公司物流作为跨国企业的企业物流组织形式，是为单个企业服务的，跨国公司物流的出现是企业经营全球化的要求。因此，跨国公司要清醒地意识到国际物流对企业的发展非常重要，但并非是其核心业务。

2．国际物流与跨国公司物流在物流中所处的领域不同

在物流领域中，按物流活动的主体可分为微观物流、中观物流和宏观物流。跨国公司物流作为企业物流的一种形态，在物流领域中应该属于微观物流领域。跨国公司物流是站在企业的角度，为了满足企业生产和销售的需要，而使其物流网络超越了一个国家。国际物流作为一种社会物流，则属于宏观物流领域，是从社会物流的角度，为了完成产品从一国到另一国顺畅地流动，而创造的社会物流环境。

3．国际物流和跨国公司物流的系统组成有别

通过对国际物流系统与全球化物流系统的组成结构的比较，我们不难发现，在系统结构组成上，国际物流系统比全球化物流系统多了商品检验子系统和报关子系统，而少了配送子系统。这主要是因为：如果要发生国际物流活动，必须要进行通关，这时作为通关的支持系统——报关子系统和商品检验子系统则必不可少。而企业物流则是以满足客户服务为最终目标的，因此，在跨国公司物流中配送子系统显得尤为重要。

4．国际物流与跨国公司物流所侧重的内容不同

国际物流系统是国家或地区政府为了便于控制和管理国际贸易活动，促进国家经济发展而设立的综合职能系统。这就造成了国际物流实际上是一种货物流，考虑的问题是大的国际运输系统，研究的范围只是运输系统的优化。跨国公司物流是企业内部的生产经营活动，其系统是促进企业在全球范围内实现资源的优化配置。跨国公司物流被跨国公司看作存货流来考虑，研究的是以库存为核心的存货流问题，即使处于运输中也是一种在途存货。

三、经济全球化背景下国际物流的发展趋势

受经济全球化的影响，国际物流的发展呈现出以下五个趋势。

1．信息化趋势

各种形式的信息处理手段不断数字化和相互融合，为全球物流信息带来新的发展趋势。各种信息手段的数字化，产生了一种新的现象——数据、音频、视频综合数据系统。继数据处理和数据交换的数字化之后，无线电讯号和电视讯号也出现了数字化的趋势，所有的音频和视频信号很快就会由计算机通过通信频道进行处理。这种计算机网络将接受、处理、储存、恢复、传输各种所有信号，在这种方式下，家庭和车间都将成为电话、电脑、传真、收音机、摄像机、影碟机、录音机、电视机、扫描仪、复印机等所有设备的数据交换场所。

2．物流服务的综合化趋势

全球综合物流系统(PILS)的迅速发展，将使现在的运输、仓储等物流外包服务大幅度延展。这就要求所有的物流服务都能够在全球范围内，在任何时间，从起始点到消费点之间迅速、经济地实现物流活动。全球综合物流系统将组合多式联运、全球仓储、清关、保险、存货管理、订单服务、金融、文件制作以及任何一种所需的物流服务功能，为发货人提供单一资源的物流服务。在这种情况下，越来越多的全球化运作的公司将发现把它们的物流服务外包给全球综合物流系统会更加经济，会获得更好的服务。

3．物流采购的国际化

企业要在任何一个市场上竞争，就必须在全世界范围内获取资源，以满足企业对最佳质量、最低成本的要求。这样做的结果是企业的工厂和仓库的设置越来越多地在全球范围内决定，而不是局限于一个地区、一个国家。

4．国际物流发展影响制造业的发展

生产过程中自动化程度的提高，使企业的盈亏平衡点不断降低，特别是在大多数行业，工厂的规模经济有越来越小的趋势。制造业自动化的结果，是固定成本作为总体成本的比例越来越低，企业设立的时间和成本越来越低。

自动化程度的提高，使企业不断提供多样化的产品，而使用的人力则不会由于产业的发展而增加。其结果是，企业发展的方向是及时生产、在全球范围内通过物流网络分配资源，工厂的规模越来越小、数量越来越多，而仓库越来越少、越来越小。除了这种趋势之外，不同的产业也呈现出不同的趋势。比如，固定成本、设立成本高的行业，产品及加工

过程基本稳定，产品的单位成本较低，主要包括加工工业、农业和冶金工业。

5. 国际物流运作呈现新趋势

国际企业的成功运作，离不开五个要素。每个要素出现的频率均要接近零，这样企业才能在竞争中生存。这五个要素称为“五个零要素”：零缺陷、零停顿、零延误、零存货和零文件。这五个要素影响到各种产品和服务的生产。出现上述情况的概率是不能用百分比来计量的，而要用十亿分之几来计量。

(1) 零缺陷。产品和服务的缺陷是不能接受的，质量必须接近完美。用户永远希望得到他们想要的产品，使产品表现合乎他们的要求，而且产品还必须按照准确的数量、在准确的时间送到准确的地点。

(2) 零停顿。任何生产的停顿都是不能接受的，客户希望按照绝对准确的条件得到商品或服务，因此生产过程是随时可以运作的，不能停顿。因此，产品或服务的供应商必须通过预防、检修措施，保证不间断的生产过程；否则，他们或者要累积大量存货，或者因违约失去客户。

(3) 零延误。在企业战略中，速度已经成为基本的竞争武器。客户不仅希望在正确的地点得到正确数量和质量的产品和服务，而且时间也要正确，不能有丝毫延误。

(4) 零库存。存货的成本变得越来越昂贵。存货的成本不仅在于财务成本、操作成本和储存费用，而且最主要的成本是过时。随着技术爆炸，在很多产业，新产品、新工艺推陈出新的速度越来越快。这样，昨天的存货今天就可能过时了，如果保留了存货，必然会产生严重的损失。

(5) 零文件。所有文件均电子化和具备可传输性，而不采用传统的邮递方式。纸面文件意味着延误、错误、多余的工作量，既浪费时间又浪费金钱。供应商必须对所有客户提供电子信息界面，使用 EDI 技术。

6. 国际物流管理的变化趋势

国际物流管理的变化趋势表现在以下九个方面。

(1) 物流战略全球化、长期化。即便是国内物流，也要求物流管理具有全球的眼光。忽略其他国家的对手，可能会带来灾难性的后果。

(2) 要求最佳的领导才能。管理者不能仅限于管理资源和企业行政，更重要的是领导质量，能够激发、提升为他工作的员工的动机。

(3) 跨文化管理。全球物流的团队可能来自不同种族和文化背景，因此，全球物流管理必须适应跨文化的多元化要求。

(4) 整体非集中化。所谓整体非集中化的含义就是将决策责任下放到有效果的最低层面，但是要用一种整体的、综合的、相互协调的方式。这样，战略决策就有尽可能多的人来同时执行。

(5) 高质量和多样性。高质量的产品和服务，以及丰富的多样化选择，已经成为众多行业成功的关键。

(6) 非常高的技术含量。技术的大规模应用，特别是信息技术在各个领域里的应用，要求管理者都必须具备非常高的技术水平。

(7) 非常高的生产率。高生产率提供了领先的竞争优势，不断追求高质量和高生产率，是保持世界级竞争力的必要手段。

(8) 非常高的速度。很多竞争能力强的企业，开发了高质量、多元化、高生产率的产品，因而竞争转向高速度的服务。

(9) 以客户为核心。产品和工艺技术含量的提高，推动企业向研发基础型战略转变。然而，只有以客户为起点、最终又回到客户的企业，才能在长期的全球竞争中立于不败之地。

本章小结

经济全球化已经成为世界经济发展的必然趋势，也是各国经济未来发展所依赖的外部环境。它给人类带来了前所未有的繁荣和发展机遇，同时也带来了巨大的风险和严峻的挑战。任何国家要取得本国经济的更大发展，除了依靠国内资源和国内市场外，还要善于利用国际资源和国际市场。

本章不仅介绍了国际物流的概念、作用、特点、组成和运作模式，还介绍了国际贸易的相关情况、国际物流与国际贸易的关系、经济全球化下国际物流的发展趋势等内容。现代物流业必然向着国际化的方向发展，我国要在日趋激烈的国际经济的竞争中站稳脚跟，必须大力培养出一支高素质的物流人才队伍，打造一批物流精英，建立一套完善、健全的物流体系，为我国参与国际经济的竞争提供优质、高效的服务，促进我国经济的快速增长，增强我国的综合实力，从而进一步提高我国的国际地位。

复习思考题

一、名词解释

1. 国际物流　2. 国际贸易

二、论述题

1. 与国内物流相比，国际物流有哪几个方面的特点？
2. 国际物流与跨国公司物流的区别是什么？

参考文献

1. 寇亚明. 国际物流学. 成都：西南财经大学出版社，2003
2. 杨长春，顾永才. 国际物流. 北京：首都经济贸易大学出版社，2003
3. 徐勇谋. 国际物流. 上海：上海财经大学出版社，2005
4. 陈永建，陈晓忠. 国际物流与全球化企业物流. 中国储运，2005
5. 王国文. 经济全球化与国际物流的发展趋势. 现代物流，2003

第十二章 绿色物流

本章导读：

随着全球经济一体化的发展，国际竞争将更加激烈和残酷，人们对环境的利用和保护越来越重视。中国物流业要在激烈的全球竞争中占有一席之地，绿色物流将是我们赢得市场空间和长远可持续发展的必然选择。在人类步入21世纪，物流的发展必然要求我们从环境保护的角度对物流体系进行改造，形成一种环境共生型的物流管理系统，改变原来经济发展与物流、消费生活与物流之间的单向作用关系，在抑制物流对环境造成危害的同时，形成一种能促进经济和消费生活健康发展的现代物流系统，即向绿色物流转变。现代绿色物流管理强调了全局和长远的利益，强调全方位对环境的关注，体现了企业的绿色形象，是一种新的物流管理趋势。

学习目标：

通过对本章的学习，了解绿色物流的理论基础，理解绿色物流的概念和成因，了解中国绿色物流的现状；掌握逆向物流、回收物流和废弃物流的概念，了解逆向物流绿色管理的有效途径。

关键概念：

绿色物流(Environmental Logistics)
逆向物流(Reverse Logistics)
废弃物物流(Waste Logistics)

第一节 绿色物流概述

随着生产经营活动的日益深入，人类的生存环境也遭到了层层破坏，而根据可持续发展的主旨，我们应从环保角度出发，发展绿色经济。绿色物流是指为了实现顾客满意，连接绿色供给主体和需求主体，克服空间和时间阻碍的高效、快速的绿色商品和服务流动的绿色经济管理活动过程。它是建立在可持续发展理论、生态经济学理论、生态伦理学理论、外部成本内部化理论，以及物流绩效评价理论基础之上的物流新的发展观，具有节约资源、能量消耗低、可循环利用等特点。这种物流管理系统改变了原来的单向作用关系，在抑制传统直线型物流对环境造成危害的同时，采取与环境和谐相处的态度和全新理念，去设计和建立一个环形的、循环的物流系统，使到达传统物流末端的废旧物质能回流到正常的物流过程中来。

一、绿色物流的理论基础

1. 可持续发展理论

可持续是一种经济状态，在这种经济状态下，人和商业对环境的需求在并不降低提供给后代的环境承载能力的条件下就能满足。可持续发展的原则之一，就是使现在的商品生产、流通和消费不至于影响未来商品的生产、流通和消费的环境及资源条件。绿色物流可以看作是可持续发展的一个重要方面，它与绿色制造、绿色消费共同构成了一个提倡环境保护的绿色经济循环系统。绿色制造是实现绿色物流和绿色消费的前提，绿色物流可以通过流通对生产的反作用来促进绿色制造，并通过绿色物流管理来满足和促进绿色消费，它们之间是相互渗透、相互作用的关系。

2. 生态经济学理论

生态经济学是研究再生产过程中，经济系统与生态系统之间的物质循环、能量转化和价值增值规律及其应用的学科。物流是社会再生产过程中的重要一环，在其运行过程中不仅涉及物质的循环利用和能源转化，而且还涉及价值的转移和实现。因此，物流也就必然联系起了经济效益与生态环境效益。传统的物流过多地强调了经济效益，而忽视了环境效益，导致了社会整体效益的下降。现代绿色物流以生态学为基础，将物流中的各种经济行为与生态系统联系起来研究，谋求经济与生态的最佳结合和协调发展，最终实现经济和生态的平衡发展。

3. 生态伦理学理论

生态伦理学是从道德角度研究人与自然关系的交叉学科，它根据生态学提示的自然与人相互作用的规律性，以道德为手段，从整体上协调人与自然环境的关系。当代人不仅要承担社会经济发展的责任，而且还要承担对后代人发展的道义上的义务。任何一项经济活动的运行都会或多或少地涉及资源的利用和消耗，也必然会对环境产生影响和破坏，这样下去不仅会影响当代人的自身发展，而且也会影响后代人的发展。基于这一原因，绿色物流势在必行。

二、绿色物流的成因

鉴于传统物流不可避免地造成环境污染的这一事实，我们应积极倡导并开展绿色物流。以下仅从环境与物流各环节的关系角度来谈谈绿色物流的成因。

1. 环境与运输

运输作为物流活动中最重要、最基本的活动，对环境的影响是不容小觑的。现在，大部分运输工具排放出的大量有害气体不仅对大气造成了严重的污染，还损害了道路周边植物的健康生存。如大家都熟悉的酸雨，破坏大气臭氧层，影响生态平衡。另外，交通运输工具在使用过程中还会给人类带来噪声污染，尤其是居住在道路附近的居民更是深受其害，这些都不利于人们的身体健康。

正是由于运输活动过程中存在着上述弊端，我们更要强调绿色物流的尽快发展。我们不仅要对货运网点、配送中心的设置作合理布局与规划，改进内燃机技术，使用清洁燃料，以提高效能；还应当减少运输过程中的尾气排放，减少对环境的破坏。要知道保护和爱护我们生存的环境也就是保护和爱惜我们自己。

2．环境与储存

作为一个看似简单的过程，储存活动与环境的关系较为密切。比如，一些危险品(如化学物品)如果保管不善或方法不当常常会产生爆炸或泄漏，对周边环境的污染和破坏是相当严重的。绿色储存就是要求对仓库进行合理布局，只有合理的布局才能使储存造成环境污染的可能性大大降低。

3．环境与包装

一方面是包装材料的污染。如人们熟知的白色塑料污染，这些白色物质不易降解，在自然界滞留的时间比较长，因而成为环境保护中重点处理的一个环节。另一方面是过度包装或重复包装造成的资源浪费。绿色包装就是要求包装材料要尽量避免难降解物质的使用，增加对可收回、再循环利用物质的使用；同时也要减少重复包装对资源造成的浪费。

4．环境与流通加工

作为提高商品附加值、促进商品差别化的重要手段之一，流通加工的重要性与日俱增。但不合理的流通加工方式会对环境造成负面影响。比如，流通中心的选址不合理，会引起费用的增加、有效资源的浪费，而且运输量的增加会产生新的污染：另外，过于分散的流通加工产生的边角废料难以有效回收再利用，从而不仅造成资源的浪费还会产生废弃物污染。绿色的流通加工针对存在的问题，要求加工中心的选址要恰当，要综合考虑到资源的利用效率和对环境产生影响的可能性大小。

5．环境与装卸搬运

装卸搬运贯穿物流的始终，当然会对环境产生影响。装卸不当，造成商品体的损坏，引起资源浪费和废弃物的产生。比如，化学液体商品的破漏，造成水体污染和土壤污染等；化学气体商品的破漏，造成大气污染和动植物污染等，这些污染不仅会带来经济上的亏损，而且也不利于我们进行环境保护。而绿色装卸搬运正是从节约资源和降低污染方面来考虑，这与我们可持续发展的总目标是紧密联系的。

6．环境与信息

作为使物流活动有效、顺利进行的信息活动，对环境几乎无损害或无直接的损害。但是绿色信息的提倡，保证信息在传送过程中准确无误，可以避免由于信息失真所引起的加工或搬运活动带来的成本或费用上的损失，在经济快速发展的今天，信息在人类活动中的作用越来越重要，绿色信息更是重中之重。

三、我国绿色物流的现状

(一)绿色物流发展的必要性

随着我国加入WTO，逐步取消了大部分产品的分销限制，外商可以分销进口产品及中国产品；而在物流服务方面，经过合理的过渡期后，也将取消大部分对外国股权的限制，不再限制外国物流企业进入我国市场。在这样的国际背景下，绿色物流不仅顺应了整个社会发展的潮流，而且是全球一体化的需要。

绿色物流可以最大限度地降低经营成本。据分析，产品从投产到售出，制造加工时间仅占 10%，90%的时间为储运、装卸、分装、二次加工、信息处理等物流过程。当前物流基本还是“高投入大物流，低投入小物流”的运作模式，而绿色物流强调的是“低投入大物流”的方式。显而易见，绿色物流更重视的是绿色化和由此带来的节能、高效、少污染，以及降低生产经营成本带来的直接经济效益。绿色物流的建立，更有利于尽快满足人们不断增长的绿色需求。物流作为生产和消费的中介，是满足人们物质和文化生活的基本环节；而绿色物流则是伴随着人们生活需要的进一步提高，随着绿色消费的提出应运而生的。可以说，绿色的生产和产品，如果没有绿色物流的维系就难以实现。

(二)我国发展绿色物流存在的问题

1. 我国发展绿色物流面临的硬件问题

(1) 法制建设缺乏。绿色物流是当今经济可持续发展的一个重要组成部分，它对社会经济的不断发展和人类生活质量的不断提高具有十分重要的意义。正因为如此，绿色物流的实施不仅是企业的事情，而且还必须从政府约束的角度对现有的物流体制强化管理，构筑绿色物流建立与发展的框架，做好绿色物流的政策性建设。

(2) 技术落后，管理水平较低。发展绿色物流的关键所在，不仅依赖于物流绿色思想的建立、物流政策的制定和遵循，更离不开绿色技术的掌握和应用。但我国目前的物流技术和绿色要求还有较大的差距。如我国的物流业还没有什么规模，基本上是各自为政，没有很好地规划，存在物流行业内部的无序发展和无序竞争状态，对环保造成了很大的压力；在机械化方面，物流机械化的程度和先进性与绿色物流要求还有距离；在物流材料的使用上，与绿色物流倡导的可重用性、可降解性也存在着巨大的差距；另外，在物流的自动化、信息化和网络化环节上，绿色物流更是无从谈起。

对于企业而言，还有一个问题值得我们注意，即绿色物流中供应链的运作和控制与传统物流模式下供应链的运作和控制比较，在技术上要求更高。由于绿色物流强调绿色设计、绿色材料、绿色工艺、绿色包装、绿色处理在产品生命周期内的有效集成，因此与传统模式下的供应链相比，绿色物流供应链的运作和控制的内容与范围要广得多。这加大了供应链管理的内容与难度，如在材料的选择上，不仅要考察其价格、质量等传统因素，而且要充分考虑其绿色度；其次，绿色物流模式强调在供应链成员内实现知识创新，而由于知识具有区别于传统的要素特征，因此，在其管理上对技术提出了更高的要求。

2. 我国发展绿色物流面临的软件问题

我国发展绿色物流面临的软件问题包括以下两方面。

(1) 人们的观念有待改变。一方面，各级领导和政府的观念有待转变，绿色物流的思想还没确立。部分政府领导对传统物流的推进尚且放任自流，更何况面向的是更先进的绿色物流，它们仅有物流的思想而没有绿色化的概念，缺乏发展的前瞻性，与时代的步伐存在差距。另一方面，经营者和消费者对绿色经营消费理念仍非常淡薄，绿色物流的思想几乎为零。经营者展现给我们的是绿色产品、绿色标志、绿色营销和绿色服务，消费者追求的是绿色消费、绿色享用和绿色保障，而对其中的绿色通道——物流环节谁也没有足够的重视和关心。因此，在发展物流的同时，要尽快提高认识、更新思想，把绿色物流作为世界全方位绿色革命的重要组成部分确认，面向绿色物流的未来。

(2) 利益分配上存在问题。绿色物流包含的范围非常广，几乎涉及供应链上的所有成员。如何在供应链的各个环节以及各个环节内的各个主体之间分配利益，存在着很多现实的问题。具体来说，由于私人收益(成本)与社会收益(成本)的不一致，使得供应链内成员的个体目标与供应链的整体目标存在冲突。从传统制造模式来看，其私人收益往往高于社会收益，而其私人成本要低于社会成本，同时现有的有关法律允许这种成本外部化存在。比如，在排污费的收取上，现有的排污费标准远低于污染的治理费用。因此，制造商往往选择直接交纳排污费的方式而不是治理其污染的方式，从而使成本外化。绿色制造的收益外化与传统制造模式的成本外化，使得绿色物流模式下的供应链成员个体目标与整体目标存在冲突，往往不能使与环境相容的原则在各成员间得到遵循。

另外一个问题是，绿色物流强调供应链成员的知识创新。但是，由于在目前的情况下，创新收益还不能完全归创新者所有，于是就存在供应链各环节的成员在创新动机上存在激励不足。同样由于上面的原因，即使某个成员实现了有效的创新，经济人的理性也会使其在一定范围内限制其创新成果的扩散，从而使其成果不能及时有效地在供应链成员间共享。

我国的绿色物流与发达国家的绿色物流尚有较大差距，物流绿色化对我们来说，还有相当漫长的一段路途。如今世界上一些大的物流公司进入中国，跨国物流企业纷纷抢滩中国市场。由于中国经济已经成为全球经济的一部分，故必须要加快物流的绿色化建设，物流企业必须加快调整和整合。如若不然，就会失去竞争力，一旦外国在物流业的绿色化上设置准入壁垒，我国稚嫩的物流业就将遭受巨大的打击。可以说，发展绿色物流是参与全球物流业竞争的重要基础。

(三)我国绿色物流的发展策略

1．要树立绿色物流意识

要想从长远来正确理解物流，就一定要注意“绿色”这一意识的培养。这一意识的培养不仅要求经营者有绿色营销的理念，在其经营过程中能够展现给我们特有的绿色标志和绿色服务，而且还要求消费者也追求绿色消费，实现商品从生产者到消费者进而到最后的处理这整个过程中都能保证产品的“绿色性”。

2．加快物流技术发展

论规模，我们的物流规模太小，且第三方物流的刚起步也没有解决这一问题；论自动化，目前的非自动化或半自动化更是与绿色物流不相匹配，更别谈和世界接轨了；论机械化，物流机械化的程度和先进性与绿色物流要求还相去甚远。总而言之，物流技术不能快速发展，现代物流就无法前进，绿色物流更是无从谈起。

3．注重对绿色物流的研究及物流人才的重点培养

物流人才的严重缺乏成为制约我国物流发展的重要“瓶颈”，绿色物流作为新生事物，在这一方面显得尤为突出。这就需要各大高校和科研机构为国家有针对性地培养和输送更多合格的物流人才，以促进我国绿色物流的快速、健康发展。

4．政府应该全面引导，发挥积极的作用

首先要对污染源进行控制。针对物流活动中引起的环境污染问题，政府应采取有效措施，从源头上控制物流企业的发展造成的环境污染。其次要对交通流实施控制，比如，建立立交桥、制定道路停车规则等。再次要对交通量进行限制，如督促企业选择合适的运输方式，建立现代化的物流中心，发展第三方物流企业等。

5．物流企业经营者要承担社会责任

首先，针对物流运输特别是公路运输造成的废气排放、噪声和交通阻塞等问题实施联合一贯制运输，削减总行车量，提高配送效率；其次是要开展共同配送。

6．消费者的绿色消费

积极倡导消费者的绿色消费，使得企业实施绿色物流管理，通过绿色消费舆论要求政府推行、规范绿色物流管理。

四、现代绿色物流管理的发展趋势

现代绿色物流管理作为一种新的物流管理方式，符合可持续发展的要求，代表了未来物流管理发展的方向和趋势。概括来说，21 世纪的绿色物流管理将至少呈现出以下四个方面的特征。

①绿色物流管理将更加有利于高效利用资源、维护地球环境和保护生态平衡；②绿色物流管理将是从生产到废弃物处理全过程效率化的、信息流与物质流循环化的物流管理；③信息技术、计算机技术将成为绿色物流管理的有力支持工具；④绿色物流管理将是融现代管理和现代科技为一体的物流管理。

因此，21 世纪的物流活动必须从系统构筑的角度，站在物流与环境共生即绿色物流的立场上，来不断推进物流管理的全方位发展，最终在整个经济社会建立起包括生产商、批发商、零售商和消费者在内的循环物流系统。绿色物流作为一种新的物流管理方式，符合时代发展的要求和人类生存发展的根本利益，因而必然会成为新世纪物流管理发展的方向。

第二节　逆 向 物 流

第一节介绍了绿色物流就是在物流的各个环节包括运输、储藏、包装、装卸、流通加工和废弃物处理等物流活动中，采用环保技术，提高资源利用率，最大限度地降低物流活动对环境的影响。因此，绿色物流可以分为绿色供应物流、绿色生产物流、绿色销售物流以及逆向物流。

很多企业迫于环保的压力，也为了在公众中树立良好的企业形象，以增强竞争力，在绿色物流理念的基础上，都纷纷开始把逆向物流提到企业发展的战略高度予以考虑。本节我们来介绍一下逆向物流。

一、逆向物流的内涵

1．逆向物流的概念

产品从开发到生产再到消费者手中，这一过程被称为正向物流。但产品到达最终消费者之后还可能面临被退回，或者产品失去原来的使用价值之后如何处置的问题，所以一个完整的供应链循环应包括正向物流和逆向物流。

对于逆向物流的内涵，并没有一个完备或公认的定义，甚至在我国的国家标准《物流术语》(GB/T 18354—2001)中也没有直接阐述，只是对回收物流(Retuned Logistics)和废弃物物流(Waste Material Logistics)进行了定义。

目前，对逆向物流比较权威的定义有以下三种。

(1) 美国物流管理协会下属的逆向物流执行协会(Reverse Logistics Executive Council) 1992 年的定义：为从不能用的物品中获取价值或对其进行处理，而从产品的最终目的地运往另一个地方的产品运输的过程。

(2) 2003 年，RevLog(欧洲逆向物流工作组)将逆向物流定义为：计划、实施和控制原材料、中间库存、终产品从制造、分销或使用点到恢复点或适当处置点的过程。

(3) 詹姆斯·斯多克则从企业物流角度和工程物流角度分别作了定义。前者的定义是：物流在产品回收、资源减量化(Resource Reduction)、再循环、物料替代与再利用、废料处理以及整修、修理和再制造等方面的作用；后者的定义为：为了在整个闭环供应链中更有利润，而在整个企业中应用最好的物流工程和管理方法的一个系统业务模式。

通过比较分析可以看出：逆向物流执行协会的定义着眼于为特殊目的而产生一种运输形态，其定义强调了逆向物流的目标，但未能与正向物流的过程清晰地区别开；欧洲逆向物流工作组和詹姆斯·斯多克的定义阐述较为完整，将逆向物流的目标、流向、作业环节和流体均包含在内。综合以上分析，可以将逆向物流界定为：为实现企业价值和社会目标，将原材料、中间库存、终产品从目的地沿传统供应链反方向物理性流动的过程。需要说明的是，物流的系统可以分社会层面和企业层面，而本书所讨论的逆向物流仅限于企业层面。

2．逆向物流的特点

逆向物流具有以下四个特点。

(1) 逆反性。即产品或报废产品通过逆向物流渠道从消费者流向经销商或生产商。

(2) 价值递减性。产品回收或退回产生的运输、仓储、处理费用会在一定程度上冲减产品原来的价值。

(3) 报废产品的价值递增性。报废产品对消费者虽然没有价值，但对生产商却不然，这些报废产品可以再次被投入生产，实现价值再造。

(4) 信息传递失真性递增。当产品从消费者手中退回时，产品的多级传递会造成信息失真，产生“牛鞭效应”。

3. 逆向物流的组成部分

逆向物流主要包括回收逆向物流和退货逆向物流两部分。回收逆向物流是指将最终消费者所持有的已失去原来价值，或虽有一定价值，但必须经过修复方能再次投入使用的废旧产品，回收到供应链上各节点企业所形成的物流，主要包括回收、检验、分类、再制造和报废处理等环节；退货逆向物流是指处于供应链下游的消费者，将不符合其要求的产品沿供应链退回给上游供应商所形成的物流。从图 12.1 可直观地看出回收逆向物流和退货逆向物流的流程。

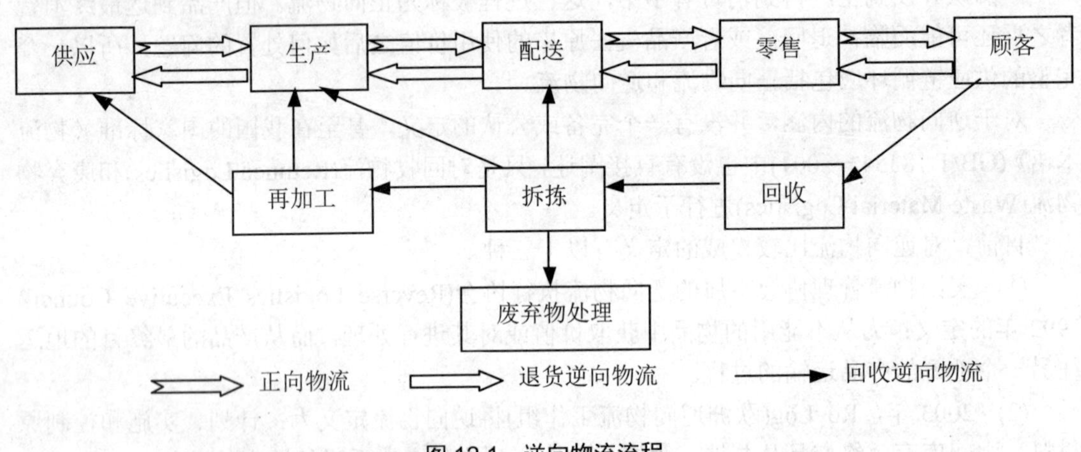

图 12.1 逆向物流流程

二、逆向物流体系的主要环节

作为从消费者向生产企业流动的物流，合理高效的逆向物流体系一般分为以下五个环节。

1. 回收旧产品

回收旧产品是逆向物流系统的始点，它决定着整个逆向物流体系是否能够盈利。旧产品回收的数量、质量、回收的方式以及产品返回的时间选择都应该在控制之下，如果这些问题不能得到有效的控制，那很可能使整个逆向物流体系一团糟，从而使得对这些产品再加工的效率得不到保证。

2. 旧产品运输

旧产品一旦通过批发商和零售商收集以后，下一步就是把它们运输到对其进行检查、分类和处理的车间。如何对其运输和分类，这要根据不同产品的性质而定。比如，对易碎品如瓶子、显示器等的处理方式和轮胎、家具等就完全不同。但是，需要注意的一点是不仅要考虑产品的运输和储藏成本，还要考虑产品随着回收时间延长的“沉没成本”，从而对不同产品在时间上给予不同的对待。

3. 检查与处置

回收产品的测试、分类和分级是一项劳动和时间密集型的工作，但是如果企业通过设

立质量标准，使用传感器、条形码以及其他技术，就可以改进这道工序。一般来说，在逆向物流体系中，企业应该在质量、产品形状或者变量的基础上尽早做出对产品的处置决策，这样可以大大降低物流成本，并且缩短再加工产品的上市时间。

4. 回收产品的修理或复原

企业从回收产品中获取价值主要通过两种方式来实现：第一是取出其中的元件，经过修理后重新应用；第二是通过对该产品进行全部的重新加工，再重新销售。但是，相对于传统的生产而言，对回收产品的修理和再加工有很大的不确定性，因为回收的产品在质量以及时间上可能差异很大。这就要求我们在对回收产品分类时，尽量把档次、质量及生产时间类似的产品分为一组，从而降低可变性。

5. 再循环产品的销售

回收产品经过修理或复原后就可以投入到市场进行销售。和普通产品的供求一样，企业如果计划销售再循环的产品，首先需要进行市场需求分析，从而决定是在原来的市场销售，还是开辟新的市场。在此基础上，企业就可以制定出再循环产品的销售决策，并且进行销售，这就完成了逆向物流的一个循环。

三、逆向物流体系通道的构建

逆向物流的流程与传统的物流流程相反，一个完整的逆向物流流程是一个由消费者或其他逆向物流源提供者逐级回溯，通过零售商、批发商、配送中心、生产商和供应商几个节点。由于现代信息技术的提高和销售终端建设的多元化，往往一个逆向物流过程只经过一个或几个阶段，有时候止于配送中心或批发商，甚至可能止于零售商这一层，减少了逆向物流的在途时间和路程。比如，在一些消费者因为产品功能的误解而发生的逆向物流中，有经验的零售商会引导消费者正确使用该功能从而将问题解决，逆向物流就止于零售商，为批发商、生产企业和社会节约了成本。在美国，平均大约 50%的回流产品返回到供应商和制造商，其余的 50%却返回到了下游的分销商或零售商。从国外经验来看，逆向物流通道的建设往往有以下四种方式。

1. 与正向物流共用一个通道

共用物流渠道的优点在于投入少、成本低，企业不必重新建设通道，节点之间相互熟悉，信息流畅，企业可以比较准确地了解市场的变化，同时增加了与上下游的业务往来，和彼此间的信任；缺点在于经常会出现两种流向的物流业务发生冲突，出现仓库、车辆、人员等资源不够等现象。大多数企业往往很关心管理物流的正向部分，而对管理逆向物流的投入却很有限，当两者发生冲突时，常常会放弃或弱化逆向物流，结果导致了企业隐性的损失。

2. 自建新通道

自建新通道的优点在于企业能够掌握第一手的市场资料，信息失真的程度大大降低，同时能够给顾客专业性的指导或服务，有利于提高顾客的忠诚度；缺点在于要开展组织新人员、设立机构、铺开网络、购买设备、宣传等活动，成本过高，一般的企业无力承担。

尤其是目前我国物流行业在某些地区利润率已很低，大部分企业根本没有资金来建设新的逆向物流通道。另外由于业务重叠的原因可能会与原有顺向物流渠道中的某些节点发生冲突，甚至失去原有的部分节点。

3．共建新通道

共建新通道是指与竞争对手一起出资，以合资、合作或股份制的方式组建新的通道，甚至组建新的公司，共同享用专业的逆向物流通道。其优势在于能够分担成本和风险，提供更为专业化的服务，信息把握得更准确，能够对整个行业的信息有一个更为清晰的认识，同时各个企业在一起互相合作，对于提高技术、优化产品设计也有裨益；缺点在于企业可能在合作的过程中流失掉自己内部的一些信息，被竞争对手利用，导致更加激烈的竞争，同时对新通道的管理也存在各个公司企业文化的融合障碍等问题。

4．业务外包

外包的优势主要在于使生产企业能够专心地投入到自己的核心业务中，使生产等业务进一步专业化，可以对人员有着多种选择，有更大的灵活性、自主性，甚至可以获得资产负债表上的会计好处；其缺点在于依靠外包会对外包产生依赖性，可能失去业务中一定的潜在控制权，同时不利于对终端信息的把握，也就不能真正有效地把握市场需求，长期下去会使企业的技术滞后，有时候为了让顾客满意甚至还不得不以自己的核心技术为代价。对于大部分中小企业而言，无力单独投资进行新的逆向物流系统的建设；部分大型企业，为了集中精力形成核心竞争力也非常有必要将部分或全部逆向物流活动外包。

四、绿色逆向物流管理

(一)废弃物最小化管理

理论上，工业物资循环可实现均衡的循环，但在现实中这种物资的循环流动是不能完全封闭的，即使在全球范围内也不能，在工业生产中一定的流失是不可避免的。因此，现阶段工业生产应以生产中的剩余物作为模式进化的目标。废弃物管理将成为未来工业生产活动的一个重要组成部分，并将成为工业生产模式进化的目标。

从基于高产量、高废物的线性流程到封闭线圈，生产系统不可能一步到位，向废弃物最小化和能源保护改进需要一个渐进的过程，通常描述为表12.1中的渐进层次。废弃物管理通常是对于工业生产过程中的剩余物进行最小化，有两个途径可实现废弃物的最小化：①从废弃物生成上预防废物的产生；②对已有废弃物实行“变废为宝”。其具体方法为减少废弃物数量(Reduce)、废弃物再利用(Reuse)、废弃物循环(Recycle)、废弃物回收(Recover)(将以上方法简称为4Rs)。

表12.1　4Rs的层次及处理方式、方法和举例

层　次	绿色处理方式	绿色处理方法	举　例
1	直接再利用(Reuse)	回收的物品不经任何修理可直接再利用(或要经过清洗或花费较低的维护费用)	集装箱、瓶子等包装容器

续表

层　次	绿色处理方式	绿色处理方法	举　例
2	修理(Repair)	通过修理将已坏产品恢复到可工作状态，但可能质量有所下降	家用电器、工厂机器等
3	再生(Recycling)	只是为了物料资源的循环再利用而不再保留回收物品的任何结构	从边角料中再生金属、玻璃及纸品等
4	再制造(Remanufacturing)	通过拆卸、检修、替换等工序使回收物品恢复到“新产品”的状态	如飞机、汽车发动机的再制造

4Rs 能够减少要处置的废弃物数量，相互之间有一定的逻辑层次和权衡关系，这种逻辑层次揭示了四种方法之间的优先顺序，其权衡关系如图 12.2 所示(资料来源：刘永清，肖忠东. 绿色逆向物流管理有效途径研究. 科技进步与对策. 2005)。

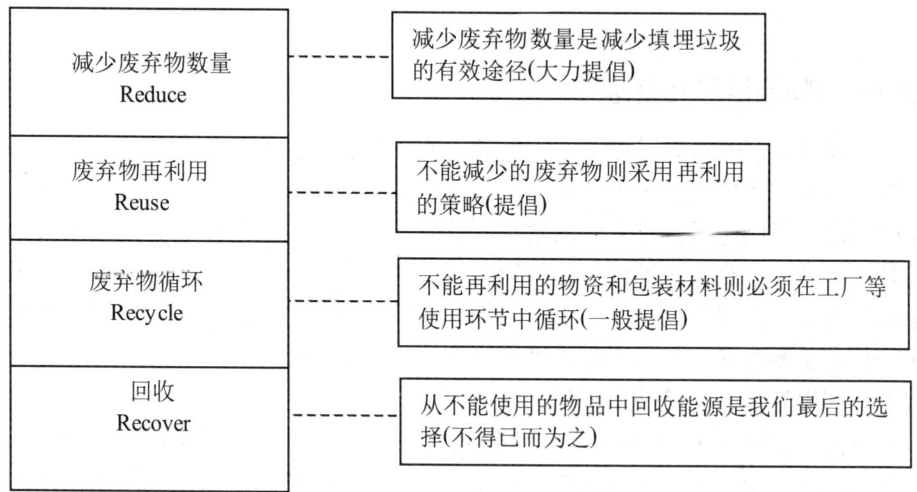

图 12.2　4Rs 的层次优先顺序和权衡关系结构

在通常情况下，减少使用资源产生的废弃物是最好的方法，力争在第一地点不要产生废弃物。如果废弃物已经产生，就必须想尽办法充分挖掘其内含的用途，如果可能，最好的办法就是再利用；如果不可行，则回收这些废弃物。最后，从不能减少、再利用和循环的废弃物中回收能源，实现“使资源得到最充分利用”的目标，为实现自然资源持续利用、促进可持续发展这一战略目标奠定坚实的基础。在工业生产中实现物质、能量的生态均衡必然成为我国工业制造理论研究的一个重要方向。

(二)商品回流量最小化管理

对工业制造企业的逆向物流管理的重点应放在废弃物管理上，即废弃物最小化管理；而对流通领域中的逆向物流管理则采取尽量减少商品的回流量，即商品回流量最小化管理。逆向物流管理首先要从阻止商品回流(即退货)的发生入手，尽管产品回流是不可避免的，但有些商品类型的回流是可以避免(或最小化)的。下面来看看终端客户退货和零售商退货的原因分析。

1．终端客户退回商品的原因

退回商品若是新产品，一般不外乎以下几个原因：产品有缺陷；发货时产品类型错或数量错；运输时产品受到损坏；顾客对售后服务不信任；等等。退回商品若是旧产品，一般是基于法定退回，或企业主动召回，或出于某种经济、社会利益和生态效益等原因(对此类商品回流应大力提倡)。

2．零售商退回商品的原因

零售商退回商品的原因主要是企业需要平衡库存；运输中商品受损；产品有缺陷；某些商品因季节性强而未销售完；产品功能和款式陈旧或企业不再生产或不再进行技术支持；等等。

基于上述原因可以得出，造成商品回流的主要原因是企业在工作中存在一些问题，如果企业从发展的战略高度去要求每一个员工，大多数类型的商品回流是可以避免或最小化的。

(三)逆向物流信息化管理

从逆向物流的运作模式可知，逆向物流具有不确定性和复杂性的特点，在实施逆向物流管理时，有关产品回收和再处理的信息也具有不确定性。例如，产品成分构成及产品回收数量的信息、再制造零部件及物料需求的信息、产品回收处理作业的信息等都是不确定的。信息的不确定性制约了逆向物流管理的效率和功效。从某种意义上说，信息化在逆向物流中的重要性要大于正向物流。因此，加强逆向物流信息化的力度，为可持续发展提供技术保障具有重要意义。具体来说，可从以下几方面来实现。

首先，利用先进的信息技术来帮助逆向物流实现其规范化。例如，利用条码技术可对产品的有关信息(如产品的基本资料、规格、生产厂商、质量状况、退货原因、验收人员等)进行管理，这样便于对进入逆向流通的商品进行有效及时的跟踪。其次，建立并完善逆向物流信息系统，对逆向物流从入口到最后处理的全过程进行信息跟踪和管理，能显著缩短逆向物流的处置周期。同时，基于EDI的信息系统还能实现制造商与销售商之间共享退货信息，为服务商提供包括质量评价和产品生命周期的各类营销信息，减少逆向物流过程中的不确定性，使退货在最短时间内分流，为企业节约大量的库存成本和运输成本。

五、逆向物流案例

密歇根州立大学研究者调查了七个非竞争性组织的返品管理实践，其目标是识别跨行业和跨公司的最佳实践方式。调研者进行了深度访谈，以研究公司逆向物流活动的以下五个方面：返品处理、再制造、再营销、再循环和垃圾处理。

在所选择的每个组织中，所有的优秀管理者都特别注意提升逆向物流活动。主管人员很强调“做好逆向物流”对公司战略和财务上的重要性，尽管在很多情况下，他们更为关注短期现象。在这些情况下，执行者不得不长时间地努力工作以证明积极的逆向物流管理的重要性。

现在，被调查的每个组织都利用公司的利润率和环境响应力等目标，来积极地追求和衡量公司的逆向物流能力。基于保密考虑，公司的名字是虚构的。

1. 计算机行业

Computer Atlantic 公司——一个做办公室计算机产品的公司，它的许多产品都是供别人租赁的。由于专注于租赁终端资产，Computer Atlantic 公司参与了逆向物流的以上所有五项活动。因为它所租赁的资产都是要回收的，所以公司很强调快速估计产品价值的重要性，并决定整个产品再出售的潜力，这与个人模块、元素和原材料的潜在价值有着极大的不同。

由于这个行业的产品生命周期都非常短，所以，Computer Atlantic 公司集中精力减少返品评估和重新配置的时间。那些能够重新利用和再制造的产品很快会被识别出来，并转化为可出售的产品。公司已经识别和建立了一系列的二手市场，所以再加工的产品就不会和公司的新产品形成竞争。Computer Atlantic 公司通过将再加工的产品尽快地投入二手市场，保持了低存货率，并最大化了公司收入——在已经意识到租赁产品所带来的巨大收入后。简而言之，Computer Atlantic 公司已经充分认识到返品在收入、成本和资产利用上，在整个生命周期中对公司的价值。

对那些不能再利用的产品，Computer Atlantic 公司先将产品进行分解，然后回收可再利用的元件和贵重金属，最后将塑料等垃圾扔进指定的再循环垃圾桶里。通过回收旧元件，公司发现所需购买的元件数量极大地减少(在电子部门，许多用过的零部件的价值其实和新更换的零部件并无差别)。另外，大西洋公司的一些元件本来事前就被服务部门设计成可重用的，因为公司已为其产品服务多年了。原来的设备有了稳定的零部件供应后，公司就可以以最小的新零部件存货投资来满足顾客的需求。

最后，由于只有不到 2%的返品被送往垃圾站，所以 Computer Atlantic 公司能够提高其环境响应能力。公司管理层相信，高效的返品管理极大地提高了公司的品牌价值，而且还通过增加未来的收入产生了极大的远期利益。在这些日子里，Computer Atlantic 公司的返品部门甚至变成了盈利部门。

2. 机车引擎再造行业

Motormaster 公司开发了一套很强的逆向物流能力，来重建机车引擎和设备的替代零部件。由于重型设备产品的生命周期可达数年甚至数十年，Motormaster 在销售了产品以后的很长时间里，还必须为顾客提供备品备件服务。为了做到这一点，公司与一家再制造商成立了一家合资企业，以管理其返品、再制造零部件和引擎。再制造元件相对于新获取的元件来说，公司的采购和存货成本削减了一大半。这种方法还可以通过多年的高水平顾客服务，来构筑坚实的顾客忠诚度。这样，Motormaster 就以盈利的方式管理了其返品。虽然机车引擎和元件再造在汽车、农用机械或重型机械部门不是一个新事物，但还是有很多经验教训可用于耐用消费品行业的。例如，随着电子耐用品的模块化，有越来越多的再加工和再销售机会，从而对高效物流的需求也会越来越大。

3. 消费品商家

Household Supreme Corp(HSC)公司生存在一个截然不同的环境里，其打包零售的消费品在价值上远远低于 Computer Atlantic 和 Motormaster 公司，因此其逆向物流的渠道也极为不同。HSC 的产品一般是消费品，因此在产品生命周期的尾部对产品回收的需求就很有限。

然而，作为一家目录和订单邮购公司，当HSC的产品不能被顾客所接受时，它也面临着大量的返品回收问题。

HSC开始意识到，并非所有的产品都需要回收。当顾客致电抱怨一种特定产品时，顾客服务代表就在详细的指导方针的指导下，来决定哪些产品应该被回收，而哪些不应该。接收某种返品的决策是基于详细的成本分析，也即比较产品回收、再处理的成本和重新制造的成本。满足预先确定的成本标准的产品是不会被回收的，消费者被告知可以保留这个产品，然后会得到公司的产品质量保证。这种前摄性的政策在劳动和运输处理方面，为公司节省了大笔金钱。为了这个计划的成功，公司必须为返品回收创造较高的可见度。它已经建立了一个回收机制认证(RMA)的流程，因此顾客必须同公司联系才能拿到回收认证。

HSC的顾客大部分都是独立的生意人，他们发现这种方式极大地提高了自己的现金流量，因此很高兴地买进了RMA流程。HSC通过决定被回收的产品来积极地影响公司的利润，这是因为处理的劳动成本和返品的运输费用得到了极大的削减。由于很少有产品被回收，以及RMA创造的高可见度，所以被回收的产品能够很快地得到处理。返品处理的循环时间的缩短，可以让公司以更快的速度将产品投入前向供应链。

如今公司与顾客的关系更加亲密，这同时也提升了与顾客关系的寿命和价值。

4．地毯制造业

在地毯制造行业，再加工的地毯日益成为一种可被接受的产品。实际上，WeaveCo公司很强调回收地毯的重新利用，为了获得竞争优势，公司的销售人员为顾客提供了地毯生命周期结束时的管理。由于顾客再也不用担心旧地毯的处理，所以他们感到相当满意，其中的费用差异也可以构筑进送给顾客的赠品中。反过来，WeaveCo在技术上进行投资，以再加工从顾客那里回收的旧地毯。公司在非竞争性的二手市场中，成功地重销售了加工后的地毯。

WeaveCo积极参与环境整治不是为了操纵商业规则以使管理当局在某些重大问题上做出让步，而是为所有的行业参与者构建一个统一的平台，并且保证美国各州立法方面的连续性。一个公司会帮助行业制定更多的法律制度吗？一个基本原则是：WeaveCo的管理团队相信，如果操纵环境法以使其沦为不同法系的拼凑物，运作成本会变得无法控制。在长期内，WeaveCo希望法律涉及逆向物流活动，并同立法者和非政府组织一起工作，以对公司的利润产生正面的影响。同时，公司还积极参与环境现场讨论，积极利用它从顾客那里获得的市场价值。

5．办公家具分销业

Deskmax公司采用一种与众不同的方法来处理返品，当安置新的家具时，也同时参与旧家具的移除。但是Deskmax的工作不仅限于此，它还关心顾客的其他需求，如当一个顾客重新装修他的办公室时，也常常会升级地板和电子设备。因此公司开始扩展其服务，如还从事电子设备的拆除，并且许多顾客都愿意为此付钱。另外，Deskmax还让顾客确认其坏损的硬盘是捐献给非营利机构，还是进行销毁。基本上可以说，公司已将返品管理看作是一个可以利用的新商业机会。公司在这个行业的经验和其扩展服务成为公司强大的卖点，它通过电子设备的再营销、再循环或者处理，提高了Deskmax公司的收入，并创立了一项

新的盈利业务。

6．军事代理处

军事代理处运用信息技术有效地管理其返品处理流程和成本，它运用复杂的基于网络的清单，将所有可重用的项目(和地点)罗列出来。当一个政府的代理处不再需要某种产品时，它会将其提供给世界上的其他代理处使用。

因为买者和卖者距离遥远，所以代理处开发了一个产品分类系统，以使它们能基于网络进行再销售，并且有能力管理和跟踪存货。代理处将产品放在“合适”的位置，并将它添加进数据库，直到一个“买者”索取时才移动它，而不是将产品千里迢迢地运到某个中心地点进行集中再销售(当产品从一个代理处运送到另外一个代理处时，其实其“购买”是免费的)，买者仅仅需要支付产品运送到重用地点的运输费用。通过保留产品直到知道下个运输目的地和利用基于网络的营销、交流技术，代理处极大地削减了管理返品的成本，同时提高了为其他代理处服务的水平。

7．电器制造行业

一个家用电器商——让我们叫它 Henderson 电器公司——最近开发了一套逆向物流系统，以管理其来自主要经销商的返品。尽管有一些产品是在顾客那里损坏的，但主要的损坏还是来自运送途中。作为逆向物流领域的一个新企业，公司为此从头开始设计了一个高效率信息系统，这对公司来说多少有点奢侈。这个系统帮助 Henderson 公司将每个顾客的每一个返品都同初始订单、初始制造厂和制造商的数据联系起来。公司的产品和质量工程师利用这些数据评定制造上的缺陷，提高流程，甚至重新设计包装以杜绝以后低劣产品的出现。公司的最终目标是消除运送途中造成的返品，因为这类返品的比率极高。例如，当某种类型的损坏时常发生时，工程师就会重新设计产品包装以防止运输途中类似情况的再发生。这种改革极大地节约了成本，提高了公司过去两年的收入。

在新系统中最有趣的是，它允许 Henderson 根据顾客所贡献的长期价值进行区别对待。管理层意识到，一些顾客的服务成本明显高于其他顾客。Henderson 能根据返品历史来评估经销商，这也可以帮助 Henderson 评估其经销商对公司的贡献。滥用 Henderson 返品政策的经销商会发现，它们不得不另寻供应商了。通过更有效的管理每个经销商在返品上给公司造成的服务成本，Henderson 已经看到明显的成本改进了。

Henderson 还在其逆向物流系统里构筑了另外一个复杂元素：极大化其返品利润的能力。收到损坏的返品后，产品工程师立即定位损坏之处，计算零部件的成本和将产品修复到初始状态所需耗费的劳动。例如，当一个冰箱因为底板损坏而不能使用时，工程师马上计算要花费多少费用，才能更换掉底板并使它能够重新被使用。基于以上的修复成本，Henderson 制定了电器是需要修复，还是在二手市场销售，或者是拆成备品备件的一般原则。通过这种方式，Henderson 能够最小化存货成本，并保证返品能够给公司带来最大的收入。

总的来说，对于收入和成本管理能给公司带来的正面影响，Henderson 有着充分的认识。而在不久以前，这家电器制造商还是简单的将其返品销毁掉。现在，修复处理和再营销已经成为公司有利可图的活动了。

第三节 废弃物物流

尽管我国是一个资源大国，然而由于生态保护意识的薄弱，致使近年来国内许多地方的生态平衡被严重破坏，而生产和生活废弃物对生存环境的影响日益严重，尤其是对大城市废弃物的收集处理已成为人们关注的焦点。当我们今天热衷于商品物流运作的时候，也要面对人类自己制造的废弃物物流，使那些物流企业介入这个产业，让废弃物得到妥善处置，以可持续发展的生态学观点，改善我们的生活环境，尽早结束我国依然持续着的“先污染，后治理”的局面，真正做到废弃物物流的产业化、减量化、无害化和资源化。

一、废弃物和废弃物物流的含义

废弃物是指在生产建设、日常生活和其他社会活动中产生的、在一定时间和空间范围内基本或者完全失去使用价值无法回收和利用的排放物。根据 GB 的规定，废弃物物流(Waste Material Logistics)是指将经济活动中失去原有使用价值的商品，根据实际需要进行收集、分类、加工、包装、搬运、储存等，并分送到专门场所时所形成的物品实体的流动。在实际生产活动中，人们关注的是使用价值依然存在的这部分商品，即回收物流。然而，在许多排放物中，一部分可以回收被循环使用称为再生性资源；一部分是已丧失再利用价值的排放物，只能进行焚烧和掩埋，被称为废弃物。再生性资源由于社会进步及其人们环保意识的增强，已逐渐地被回收，通过分拣、加工、分解，重新进入生产和消费领域。而对于生产和生活中产生的废弃物，目前国内的处理手段和重视程度还远远不够，因其使用价值的丧失使现代物流企业很少问津。当然，也与我国目前的环保体制不无关系。

二、废弃物的种类和特点

(一)按物理形态分类

废弃物按物理形态可分以下三类。

1．固体废弃物

固体废弃物一般称为垃圾，其形态是各种各样固体物的混杂体。这种废弃物物流一般采用专用垃圾处理设备，在无专用处理设备的地方，也可采用一般物流工具。

2．液体废弃物

液体废弃物一般称为废水废液，其形态是各种成分的液体混合物，这种废弃物物流采用的是管道方式。

3．气体废弃物

气体废弃物一般称为废气，主要是工业企业，尤其是化工企业的排放物，多种情况下是通过管道系统直接向空气中排放，其物流较简单。

(二)按来源分类

废弃物按其来源分类主要有以下三种。

1．生活垃圾

生活垃圾是人们生活中排放的各种混杂物，其主要成分有食品屑、水果屑、蔬菜帮叶及变质的各类食物等有机物，各种生活用品的包装物废料，建筑物、家具、用具损坏形成的无机物等。生活垃圾的物流特点是垃圾本身对环境卫生有很大影响，有污染，有异味，有细菌传播和蚊蝇滋生，而且数量大，是经常性排放物，需要专用的防止散漏的半密封物流器具储存和运输，且物流费用较高。

2．产业垃圾

产业垃圾是各种产业排放的最终废弃物，大多是尽可能再生之后不可再利用的最终废弃物。产业垃圾的产出源在各产业的各行业之中，每个行业都有其特点。例如，第一产业即农业最终废弃物为农田杂屑，大多不再收集处置，也很少有物流问题；第二产业最终废弃物则因行业不同而异，其物流方式也各异，基本是完成向外界的排放和向堆场、填埋场地的物流；第三产业的垃圾和生活垃圾类似，其处理方式也类似，基本建设产业的垃圾则主要是土、石、烂泥、砖屑等，由于量大体重，大多实行就近填埋。

3．环境垃圾

环境垃圾大多没有一定的产出源，而是来自总体环境，如街道上的灰尘、落叶和丢弃物等；也有些环境垃圾是其他产业或生活造成的，如向外部环境排放的废水和废渣等。环境垃圾产生面积大、来源广泛，对环境危害大。其物流特点有两个方面，一是收集；二是掩埋，即要完成收集的物流和至处理掩埋场的物流。另外，环境垃圾的特殊流通加工也是环境垃圾物流的特点，如废水处理厂。这种流通加工的目的和一般流通加工有着本质的区别，它不是为了增值而是为了减少危害。

三、废弃物物流的重要意义

废弃物物流具有以下三个重要意义。

1．从社会资源有限性分析

因人类社会所需要的各种物资均来自于自然界，随着人类社会的进步、人们生活水平的提高和消费需求的多样性，使人类对自然资源的采掘量增大，自然界一些不可再生资源在逐渐减少。因此，从资源稀缺性的角度考虑，人类必须考虑资源保护和对再生性废弃物的回收再利用，由此而形成的废弃物物流的研究与实践，对整个社会文明的发展具有积极的推动作用。

2．从环境保护的角度分析

因废弃物中除了一部分可回收利用外，其余部分已丧失了使用价值，而且很多生产垃圾中含有对人体有害的物质，如果不及时有效地处理，必将影响人们的整个生活环境。尤其是在城市这种人口密度大、企业数量多、废弃物排放量高的地方。不经过处理直接排放到自然界中的废弃物，会严重影响到农业土壤、植被和饮用水源。所以必须对其处理，使废弃物资源化，成为有利可图的产业，并逐渐市场化；不但实现废物再生产，同时增加就业人口。这些已经在一些发达国家开始实施，因此很有研究价值。

3．从可持续发展的观点分析

从宏观层次上看，可持续发展思想的实质是追求人与自然的和谐。1987 年世界环境与发展委员会在《我们共同的未来》的报告中对“可持续发展”给出的定义是：可持续发展就是在满足当代人的各种需要的同时，不会使后代人满足他们自身需要的能力受到损害。20 世纪 90 年代可持续发展成为全球的共识。正因为人们已经认识到社会资源的有限性，所以也就有了“循环经济”的提法，即“资源——产品——再生资源”。江泽民曾指出：“绝不能浪费资源，走先污染后治理的路子，更不能吃子孙饭，造子孙孽。”所以从国家长远发展的观点出发，废弃物的有效处理必须加强。

四、废弃物物流处理的几种方式

对废弃物物流的处理有以下四种方式。

1．垃圾掩埋

垃圾掩埋是指在一定的规划区域，利用原来的废弃坑塘或用人工挖坑，将垃圾倒入，达到一定数量后用土掩埋。掩埋之后的垃圾场，可以进行农业种植，也可以用于绿化或做建筑、市政用地。这种方式适于对地下水无毒害的固体垃圾。其优点是不形成堆场、不占地、不露天污染环境，可防止异味对空气的污染；缺点是挖坑、填埋要有一定的投资，在未填埋期间仍有污染。

2．垃圾焚烧

垃圾焚烧是指在一定的地区用高温焚毁来处理垃圾，可以防止污染及病菌、虫害滋生。这种方式适用于有机物含量高的垃圾。有机物的垃圾容易发生生物化学作用，是造成空气、水及环境污染的主要原因，而其本身又具有可燃性。因此，采取焚烧的办法是很有效的。

3．垃圾堆放

垃圾堆放是指在远离城市地区的沟、坑、塘、谷中，选择合适位置直接倒垃圾。这种物流方式一般距离较远，但垃圾无须再处理，通过自然净化作用使垃圾逐渐沉降风化，是一种低成本的处置方式。

4．净化处理加工

净化处理加工是指对垃圾(废水、废物等)进行净化处理加工，以减少对环境的危害。这种物流方式最典型的是废水的净化处理。在废弃物物流领域中，这种流通加工极具特殊性，因为它不是为了实现流通或衔接产需，而是为了实现废弃物无害排放的流通加工，因而特点显著。其主要特点是具有良好的社会效益而微观经济效益很差，一般流通加工有较大的投入产出比，而净化处理的流通加工的投入产出比却很低，因而这种物流活动主要是

社会活动而不是经济活动。

五、企业废弃物的物流合理化

企业废弃物的物流合理化必须从能源、资源及生态环境保护三个战略高度进行综合考虑，形成一个将废弃物的所有发生源包括在内的广泛的物流系统，如图 12.3 所示。

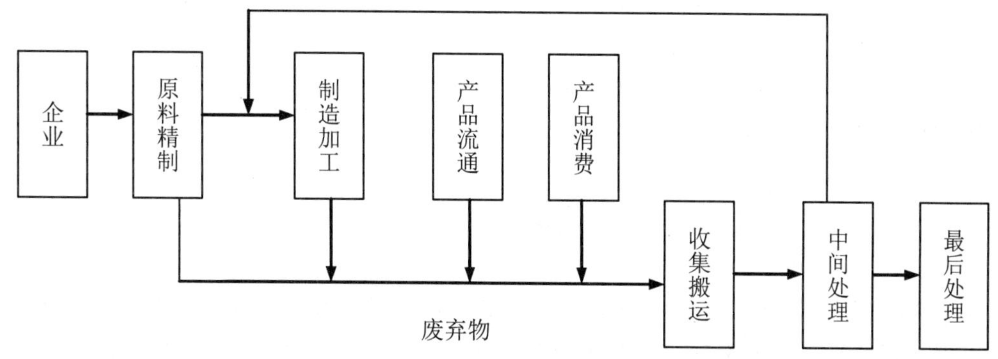

图 12.3　企业废弃物的产生、处理系统

这一物流系统实际包括三个方面：一是尽可能减少废弃物的排放量；二是对废弃物排放前的预处理，以减少对环境的污染；三是废弃物的最终排放处理。

1．生产过程中产生的废弃物的物流合理化

为了做到对生产过程中产生的废弃物的合理处理，实现废弃物物流合理化，企业通常可以采取以下四种做法。

(1)　建立一个对废弃物收集和处理的管理体系，要求企业对产生的废弃物进行系统管理，把废弃物的最终排放量控制在最小的限度之内。

(2)　在设计、研制产品开发时，要考虑到废弃物的收集及无害化处理的问题。

(3)　加强每道生产工序变废为宝的利用，并鼓励职工群策群力。

(4)　尽可能将企业产生的废弃物在厂内合理化处理。暂时不能在厂内处理的，要经过无害化处理后，再考虑向厂外排放。

2．产品进入流通、消费领域产生的废弃物的物流合理化

为了建立良好的企业形象，企业还应加强保护社会环境的意识，关注产品进入流通、消费领域产生的废弃物的物流合理化。

(1)　遵守政府有关规章制度，鼓励商业企业和消费者支持产品废弃物的收集和处理工作。如可以采取以旧换新购物等。

(2)　要求消费者将产品包装废弃物纳入企业废弃物的回收系统，不再作为城市垃圾而废弃，增加环境压力。如购买产品对回收部分收取押金或送货上门时顺便带回废弃物。

(3)　教育企业职工增强环境意识，改变价值观念，注意本企业产品在流通、消费中产生的废弃物的流向，积极参与物流合理化的活动。

3．企业排放废弃物的物流合理化

为了使企业最终排放废弃物的物流合理化，企业应注意做到以下五点。

(1) 建立一个能被居民和职工接受，并符合当地商品流通环境的收集系统。

(2) 通过有效的收集和搬运废弃物，努力做到节约运输量。

(3) 在焚烧废弃物的处理中，尽可能防止二次污染。

(4) 对于最终填埋的废弃物，要尽可能减少它的数量和体积，使之无害化，并保护处理场地周围的环境。

(5) 在处理最终废弃物的过程中，尽可能采取变换处理，把不能回收的部分转换成其他用途。如用焚烧废弃物转化的热能来制取蒸汽、供暖和供热水等。

本 章 小 结

本章介绍了绿色物流、逆向物流和废弃物物流的相关内容。实施绿色物流战略是一个系统工程，其意义重大而深远，它的成功实施需要政府的正确引导，也需要物流企业以及其他各行业的积极配合。不可否认的是，我国物流业虽然有了一定的发展，但就总体而言仍处于起步阶段，物流业本身的发展壮大也需要很长一段时间。但对发展物流业和治理伴随物流业而来的污染浪费这个问题应该采取什么样的态度。总的来说，应该边发展边治理。只有这样，才能使物流业从一开始就走上可持续发展的道路。

复习思考题

一、简答题

1. 简述绿色物流的成因。
2. 简述废弃物物流处理的几种方式。

二、论述题

1. 论述我国绿色物流发展中存在的问题。
2. 如何使企业废弃物物流合理化?

参 考 文 献

1. 刘永清，肖忠东. 绿色逆向物流管理有效途径研究. 科技进步与对策，2005
2. 张德新. 基于绿色物流体系的逆向物流分析. 上海经济研究，2006
3. 张宇婷. 浅议绿色物流. 中国储运网，2007
4. 张静芳. 对我国废弃物物流的现状分析与研究，物流技术. 2004
5. 杨茅甄. 现代物流(Logistics)理论与实务. 上海：上海人民出版社，2003
6. 肖红. 试论逆向物流. 物流科技，2006

第十三章　第三方物流

本章导读：

第三方物流自出现以来，因其独特的魅力受到企业的青睐而得到迅猛发展，被誉为企业发展的“加速器”“第三利润源泉”和21世纪的“黄金产业 ”，成为新的经济增长点和未来物流业发展的主流。

学习目标：

通过对本章的学习，掌握第三方物流的概念、第三方物流在管理中的优势；熟悉第三方物流的运作模式；明确第三方物流服务的评价标准、选择第三方物流企业的标准；了解第三方物流产生的背景，我国第三方物流的现状和存在的问题；了解第四方物流和发展第四方物流的条件等。

关键概念：

第三方物流(Third-party Logistics)
第四方物流(Fourth-party Logistics)
业务外包(Business Outsourcing)

第一节　第三方物流概述

一、第三方物流的概念

我国国家标准《物流术语》对第三方物流(Third-party logistics，3PL 或 TPL)所下的定义是：由供方与需方以外的物流企业提供物流服务的业务模式。

根据定义，第三方物流主要由以下两个要件构成：第一，主体要件，即在主体上是指“第三方”，表明第三方物流是独立的第三方企业，而不是依附于供方或需方等任何一方的非独立性经济组织；第二，行为要件，即在行为上是指“物流”，表明第三方物流从事的是现代物流活动，而不是传统意义上的运输、仓储等。

二、第三方物流产生的背景

第三方物流在我国的兴起来之不易，我国物流学是20世纪70年代末兴起的。自那时起，无论是物流学术界还是物流实业界，无论是政府还是企业，都为物流带来的发展倾注了不少心血和精力。各种各样的物流研讨会、各个地方大大小小配送试点，大家都奋力想创造物流业的辉煌。但是，经过十几年的努力，不但第三方物流没有出现，就连配送试点最后也名存实亡了。到了20世纪90年代中期，正当在人们对物流业悲观失望之际，第三方物流却悄悄地从东南沿海城市诞生了出来，而且逐渐发展壮大，蔓延到全国，直到形成现在的这股“第三方物流”热。这段历史，可以说是第三方物流的诞生史。仔细回顾这段历史，是耐人寻味的，人们从中可以得到许多启示，可以说，我国第三方物流的诞生，实属水到渠成，有它的必然性。下面分析我国第三方物流的产生背景及其启示。

1. 我国国民经济高速发展

我国自改革开放以来，国民经济就走上了持续、稳定、高速发展的道路，年均增长率在 8%以上。而从全国范围来看，发展最快的是我国东南沿海的一些省市，它们利用国家给经济特区的一系列优惠政策，大力实行改革开放，发展经济，率先实现了经济的超常规大幅度增长。其中出现了一批大型实力企业，像海尔、联想、国美等。经济的大幅增长，必然导致巨大的物质产品的流动，也就必然导致物流量的增加。这是经济发展的必然规律，也是物流业成长的必然规律。

20 世纪 50 年代的日本就是这样，那时其国民经济的年增长率是百分之七八左右，物资要运到日本全国各地和世界各地，或者从各地把货物运进来，它自然要从流通领域去挖掘利润源泉，于是走开发物流的路子。现在的中国也到了这个阶段，经济年均增长率达 8%左右，物质产品数量巨大、市场范围宽广，使物流的需求量猛增，对物流业的发展提出了迫切的希望。此时，物流业的发展成了生产发展的瓶颈，如果再不发展物流业，则必然会制约生产的发展。所以，这时要继续发展生产，就必须发展物流业。

反过来，如果没有经济的高速发展，就没有物流业的发展，也就不可能出现第三方物流。如 20 世纪 90 年代初我国在内地推行配送试点时，就出现了由于物流量小，一辆车子送一圈货连汽油费都收不回来的情况，有的企业连工资都发不出，谁还有能力去搞配送？因此，搞配送、搞第三方物流的前提条件，就是企业要有一定规模的物流量。而要有规模物流量，就意味着企业要有一定的市场。市场覆盖面越大，规模物流量就越大，配送和第三方物流等就越有用武之地，带来的效益也就越显著。而要做到市场覆盖面大、规模物流量大，就需要社会需求量大。只有这样，既有较大的供应，又有较大的需求，才有较大的市场，才可能发展配送和第三方物流；如果没有这些条件，即使勉强把配送和第三方物流搞起来，最后也还是要垮的。

2. 改革开放的结果

可以说，我国第三方物流的诞生是改革开放的结果，与改革开放具有直接的关系。我国第三方物流企业是 20 世纪 90 年代中期，首先由一些国内的外资企业率先促成的。人们不难从我国第三方物流的产生过程看出它有三个特点：①它是从东南沿海一些改革开放程度比较高的省市首先搞起来的；②它首先是由像宝洁、IBM 等这样一些国外的大公司促成我国的一些企业搞起来的；③第三方物流公司的业务最先主要是为国外这些大公司服务的物流业务。国外一些大公司得益于中国的改革开放，它们在中国国内开办了一些公司，这些公司有一些实力产品在中国市场需求量很大、市场覆盖面广，而且和国际市场紧密相连，因此物流量很大。靠它们自身来开拓中国的物流市场，进行物流处理，难度较大，也不合算，所以比较聪明的办法就是委托中国的一些企业来为它们完成物流业务。第三方物流的概念在 20 世纪 80 年代就有了，第三方物流的模式在它们看来已经很成熟了。它们很明白第三方物流所能够带来的效益，因此坚定不移地把第三方物流公司的模式灌输给了它们所委托的、当时还不太懂第三方物流的中国物流企业，使得中国早期的第三方物流公司由不

懂、不成熟，到慢慢地成熟起来，变成了中国最早的第三方物流公司。广东改革开放程度高，经济发展快，所以第三方物流首先是从广东开始兴起。

由此可以看出，第三方物流的产生得益于中国的改革开放。第三方物流实际上也可以看成是由于改革开放而从国外输入的一种物流管理模式和管理理念，是国外的一些实力企业在中国撒下了第三方物流的种子，又由自己在中国创造了一个第三方物流运作的平台，给我国第三方物流的大规模发展树立了一个样板。

3. 我国物流学发展的结果

我国第三方物流的发展有一个有趣的现象，就是一旦有了一个第三方物流的样板和模式，社会便很快在各个地方推广开来。特别是最近几年发展特别快，上海、北京、天津等城市且不说，武汉一下子就兴起了如中远、长江、中储、武储等大型第三方物流公司。出现这种现象可以说是中国物流学发展的结果，人们已经有了比较好的物流观念和物流学基础。

中国物流学产生于20世纪70年代末期，而大规模发展是在80年代中后期，当时的国家物资部在推进我国物流学发展和物流业的成长方面做了大量的工作。在学术方面，有早期的国家级的中国物流学会和现在的中国物资经济学会，各个大区、各个省市都有物资经济学会。包括世界物流会议、亚太物流会议以及各个大区、各个省市的物资经济讨论会在内，几乎每年都举行物流研讨的学术会议，在物流的基本理论、物资贸易中心、连锁、配送、代理等方面都进行了比较深入的研讨。在物流教育方面，在华中科技大学、北京物资学院、北方交通大学、陕西财经学院、北京商学院等高校开办了物流专业，各地的物资学校也培养了大批的物流人才。在物流实业方面，在物资贸易中心、连锁、配送、代理等各个方面都进行了大量的探索、试验和推行，取得了许多成绩。通过这么多年的学习和研究，无论是国家、各个省市政府，还是各个企业、学校以至于普通老百姓，物流的意识加强了，物流的素质提高了，对于物流新技术的敏感性加强了。平时他们都在为提高企业的物流效益冥思苦想，一旦有了物流新技术的信息，马上就学习模仿。这次第三方物流一出现，就在全国广泛流传就是一个例子。

正是在这种思想氛围下，我国各级政府对物流非常重视。深圳市政府1999年率先提出把深圳建成物流中心城市，接着上海、武汉等城市都提出要把物流作为支柱产业。我国这些年国民经济的高速发展，不光表现为企业经济的发展壮大，还不定期表现为物流基础建设的高速发展。多年来，国家特别重视物流基础设施建设。特别是铁路、公路的优先发展，取得了辉煌的成绩，已经形成了三横的全国骨干铁路网和四通八达的地方铁路网。还建成了连通全国各大中城市的高速公路网和各个乡村的地方公路网。铁路列车多次提速，大量列车实现夕发朝至；高速公路大大节约了长途运输的物流时间，使物流速度、物流量都大大提高，这些都为我国物流业的高速、高质量发展创造了基础条件，从而也为我国第三方物流的发展创造了必要的条件。

第三方物流是一种专业化的物流，第三方物流公司需要有专业化的物流水平。所谓专业化的物流水平，首先就要有好的物流基础，包括人员素质、企业物流基础设施能力等；其次需要有较先进的物流技术水平等，因为第三方物流都涉及较大规模的物流量，所以必须有比较大的仓储运输能力、装卸搬运能力和信息与通信处理能力等。而这些，都需要比较大的固定资产投资，这也是第三方物流企业的基本条件。传统的国有物资企业长期从事物资工作，在物流基础设施方面有比较多的投资和积累，在物流技术、物流市场方面都有一定的优势，它们可以努力争取成为第三方物流企业。

4. 信息技术发展的结果

20 世纪 90 年代以来，随着因特网技术以及各种信息技术的发展，为企业建设高效率的信息技术网络创造了条件，信息技术实现了数据的快速、准确传递。一方面提高了物流企业在仓库管理、装卸运输、采购、订货、配送发运、订单处理的自动化水平，促使订货、包装、保管、运输、流通加工一体化，使大规模、高质量、高服务水平处理物流企业与其他企业间的信息沟通交流、协调合作方便快捷；并能有效跟踪和管理物流渠道中的货物，精确计算物流活动的成本，这就使客户企业可以随时跟踪自己的货物，因而放心地把自己的物流业务交由第三方物流企业处理，这些环境条件都促使了第三方物流企业的产生。

5. 市场竞争的结果

第三方物流的产生是社会分工的必然结果。各企业为增强市场竞争力，而将企业的资金、人力、物力投入到其核心业务上，寻求社会化分工协作带来的效果和效率的最大化。专业化分工的结果导致许多非核心业务从企业生产经营中分离了出来。生产企业的核心业务就是生产，物流业务不是其核心业务，它们将物流业务委托给第三方专业物流公司负责，不但自己可以集中精力发展自己的核心竞争力、抓好生产，而且可以降低成本。而第三方物流则以物流为核心竞争力，它们依靠自己的物流实力，完善物流服务功能，参与市场竞争，取得市场竞争优势。这样，第三方物流的出现，实现了社会的合理分工和社会资源的合理配置，同时又使生产企业和物流企业的核心竞争力都得到了加强，效益显著提高，这充分显示了第三方物流的综合优越性。

三、我国第三方物流的特点

1. 地域性、行业性特点明显

从地域上讲，东部起步最早、发展最快、规模最大，特别是长江三角洲、珠江三角洲与环渤海地区；中部落后于东部，好于西部。从总体讲，东部已处于发展阶段，中西部则处于起步阶段。从行业讲，物流需求大的主要是中外合资与外商独资企业、连锁企业、日用化工品行业、家电行业、烟草行业、医药行业和汽车行业等。

2. 低市场份额

从不同企业的物流执行情况看，生产企业原材料物流的执行主体主要是供货方，占46%，其次是公司自身，占 36%，第三方只占 18%。商业企业物流执行主体 76.5%为公司自身，17.6%的企业由供货方执行，第三方参与比例仅为 5.9%，说明商业企业物流社会化程度不高。第三方物流占整个物流市场的份额大约在 2%，而美国是 8%，欧洲是 10%。

3. 低服务水平

第三方物流企业功能单一，仍以仓储、运输等基本物流业务为主。加工、配送、定制

服务等增值服务尚弱。生产制造企业对第三方物流企业不满意或不完全满意的比例仍高达30%以上，说明企业对第三方物流的要求越来越高，而第三方物流还不适应企业的要求。

四、我国第三方物流市场的行业结构分析

首先，从宏观上看，我国政治稳定，经济持续发展，前景看好，经济的发展能刺激物流需求的增长。国家非常重视物流业的发展，大力发展物流配送等现代流通方式。目前，各地政府都在制订一系列的物流政策、法规以及加紧对物流园区的规划，以推动第三方物流的发展。

其次，行业结构分析是制定企业经营战略最主要的基础。根据当代美国著名的战略管理学家迈克尔·波特(Michael Porter)的观点，在一个行业中，存在着五种基本的竞争力量，即潜在的进入者、替代品、购买者、供应者以及行业中现有竞争者间的抗衡，这五种基本竞争力量共同形成并左右着行业结构的发展方向。这五种竞争力原本来自对产业结构的分析，实际上是企业自身必须认真分析和处理的外部竞争关系。第三方物流市场是一个新兴行业，行业内的企业如何寻找发展机会、把握竞争态势，就要弄清行业的总体情况，分析各种竞争因素，从而更清楚地认识自己的行业位置。

1. 第三方物流的潜在进入者

对于一个行业来说，潜在进入者或新加入者会带来新的生产能力和资源，从而对已有的市场份额提出重新分配的要求。特别是那些进行多种经营的企业从其他的行业进入后，常常运用已有的资源优势对新进入的行业产生强有力的冲击。近年来，国际上不少大型的第三方物流企业看好中国市场，开始采取合资或独资形式开展业务。根据我国加入 WTO 的协议，将在五年内逐步放开外资进入物流业的限制，进入壁垒会逐步降低。外企主要在资金、人才、理念、管理方法、服务及技术尤其 IT 等方面具有优势，对我国物流企业造成了巨大的威胁。但在现阶段，外企刚进入我国市场，一时还难以适应，我国的市场网络还不完善，这给我国物流企业提供了一个调整适应的机会。因此，我国物流企业必须抓住这个机会，加快发展，才不会在激烈的市场竞争中被淘汰。

2. 替代品威胁

对第三方物流服务来说，其替代威胁主要来自物流服务需求方的物流策略的改变。由于受传统物流观念的影响，许多企业仍使用自营物流，但物流涉及企业的直接效益，随着企业对第三方物流认识的加深，这种威胁会逐步减小。

3. 第三方物流服务的供方和需方的讨价还价能力

供方和需方对物流企业的影响大小取决于它们与物流企业间的讨价还价能力。供方讨价还价能力强，将导致物流企业的经营成本上升、利润减小；需方讨价还价能力强将导致物流企业的利润直接下降。第三方物流的供应者是指能提供给第三方物流公司所需的运输工具或其他有关服务的供给者，如铁路、航空、公共仓库、物流设施和设备供应商、电子商务、信息技术和网络支持等相关部门。

调查显示，大约一半的企业有在未来 1～3 年添置各类物流设备与设施的打算，其中无

论生产制造企业，还是商贸或物流企业，都对仓库改造给予了很大的重视，许多企业还有建设立体仓库的意愿。需方是指第三方物流所服务的对象。调查显示，目前大多数企业物流需求量和物流费用都呈增加趋势，物流需求市场潜力较大，第三方物流业有较大的发展空间。随着需求方对第三方物流企业的业务依赖性提高、信息共享和透明度、转换成本相对较高，需方的讨价还价能力会随着合作的深入而下降。

4. 第三方物流行业内现有的竞争者

行业内部的抗衡是指行业内各企业之间的竞争关系与程度，常见的抗衡手段有价格战、广告战、引进新产品以及增加对消费者的服务等。我国的物流市场刚刚起步，是新的经济增长点。目前物流行业吸引力较大，国外许多物流企业和其他行业的公司纷纷将目标转向中国物流，加入者的数目日益增多，最新调查结果显示，中国现有的物流运作供给能力已大于物流市场需求。目前企业的经营能力差别并不十分明显，竞争对手之间模仿相对容易，竞争十分激烈。因此，物流企业若想继续生存，就必须不断增强自己的核心竞争力。

五、我国物流产业发展中存在的问题

1. 基础设施的“瓶颈”制约现象突出

基础设施的“瓶颈”制约现象集中体现在铁路运力偏紧和沿海水路运力偏紧与港口疏运能力不足两个方面。2013 年，我国煤炭、石油、焦炭、金属矿石、钢铁及有色金属、水泥等大宗基础原材料资源总量高达 87 亿吨，增幅达 23%。这些产品通过铁路运输不到 20 亿吨，只增长 3.2%，其他部分只能通过公路、水路运输解决，既增大了物流费用，同时由于运输批量小、速度慢，加剧了运力紧张的局面，同时也造成产品滞压、库存增长的现象。2013 年港口接卸进口铁矿石 4 亿吨，同比增长 15%，由于疏运能力不配套形成了压库压港。

2. 企业专业化程度不足，服务质量不高

目前，多数从事物流服务的企业只能简单地提供运输和仓储服务，而在流通加工、物流信息服务、库存管理、物流成本控制等增值服务方面，尤其在物流方案设计以及全程物流服务等更高层次的服务方面还没有全面展开。近两年我国第三方物流发展很快，但真正能够提供一体化服务的企业还不是很多。

3. 物流组织管理水平有待提高

我国物流业实行的是按照不同运输方式划分的分部门管理体制，从中央到地方也有相应的管理部门和层次。这种条块分割式的管理体制把物流过程分割开来，在相当程度上影响和制约了物流产业的发展。目前我国物流管理费用占总费用的 14%，远远高于美国的 3.8%，反映出我国无论社会物流专业水平还是社会物流组织能力和物流管理水平都还有待提高。

4. 我国物流专业人才短缺

我国在物流研究和教育方面还非常落后，物流知识远未得到普及，社会上缺乏规范的物流人才培育途径，企业的短期培训仍然是目前物流培训的主要方式。同时，物流企业对

人才也未予以足够的重视，导致从事物流的人员缺乏业务知识和技能，不擅于管理。

六、我国第三方物流发展的战略选择

战略是为了实现企业的总目标对所要采取的行动方针和资源的使用方向的一种总体规划。战略是一个总方向，它涉及企业向哪里发展的问题；战略还具有对抗的含义，它总是针对竞争对手的优势和劣势及其正在和可能采取的行动而制定的。其中，经营方向的选择是战略的核心问题。当今世界是一个迅速发展、急剧变化的世界，物流行业也一样，物流的经营环境正处在一个巨大的变革期，这种变化对物流的影响十分深远，而且这种环境变革仍在持续之中。因此，要想保证我国第三方物流健康、快速地发展，就必须树立战略领先的意识，要选择一些正确有效的发展战略。根据前文对物流产业的现状和市场环境的分析，现提出促进我国第三方物流发展的一些总体战略。

1. 产权转变战略：加快产权制度改革，激发企业活力

我国现有的第三方物流企业多数是从国有仓储、运输等企业转型而来的，带有许多计划经济的痕迹，不能适应市场竞争。因此，必须建立股权多元化的股份制企业和完善的法人治理结构，理顺权益关系，实行政企分开、所有权和经营权分离，保证企业按市场规则运作，并向现代企业和向现代物流转化。特别是规模较大的企业，一方面要进行内部的整合，优化内部资源配置；另一方面要借助资本市场的力量，进行企业改制上市，吸收和利用社会资金，克服资本不足的缺陷，促使企业快速成长，促进现代化企业制度的建立和运作。

2. 人才战略：树立现代物流企业人才意识，培养物流专业人才

现代市场和企业的竞争归根到底是人才的竞争。物流网络的建设涉及的范围非常广泛，包括运输、仓储、商检海关、信息化建设、企业管理、兼并重组等多个方面，这要求现代物流企业必须培养与引进一批高素质人才。要解决目前专业物流人才缺乏的问题，我国应积极普及物流知识的教育与研究，加深各个行业对物流重要性的认识；还要建立人才吸引和培训机制，提高企业现有人员的素质；并注意加强物流企业与科研院所的合作，使理论研究和实际应用相结合；加快物流专业技术人才和管理人才的培养，造就一大批熟悉物流运作规律并有开拓精神的人才队伍，为第三方物流的发展做出贡献。

3. 整合、重组战略：培育具有国际竞争力的物流集团，走集约化经营之路

根据物流业的发展趋势，那些拥有大量物流设施和健全网络、又具有强大的物流服务能力的混合型公司，才能把信息技术和设施能力融为一体，提供一站到位的整体物流解决方案。目前，我国许多第三方物流企业都有特定的服务领域，彼此间竞争不大。同国外的物流业巨头相比，我国第三方物流公司无论在资产实力还是在经营规模和服务能力上，均相距甚远。因此，必须打破业务范围、行业、地域、所有制等方面的限制，整合物流企业，合理配置资源，健全经营网络，鼓励强强联合，组建大型物流集团。这样，才能形成规模经营，提供全方位的服务，才能实现低成本扩张和规模效益，才能参与国际市场竞争。

4. 质量战略：立足客户，强化质量，发展战略同盟关系

中国仓储协会调查显示，企业在选择第三方物流企业时最看重的是企业的服务能力和作业质量。因此，物流企业在提供基本物流服务的同时，要根据市场需求不断细分市场，拓展业务范围，以客户增效为己任发展增值物流服务，广泛开展加工、配送、货代等业务，甚至还可提供物流策略、流程解决方案、搭建信息平台等，以专业化服务满足个性化需求，提高服务质量，以服务求效益。

实施服务质量战略，必须加快对第三方物流企业的改造，提高第三方物流企业的服务能力，实行全面的质量管理，加强质量监督，提高物流管理能力和水平。只有把好质量关，客户才会满意，才能使双方合作愉快，实现双赢。

还可通过提供全方位服务的方式，与大客户加强业务联系，增强相互依赖性，发展战略伙伴关系。一方面使用户减少物流经营成本，提高服务质量，有稳定的物流支持保障系统；另一方面物流企业有了可靠的货源保证，降低了经营风险。这样的模式，消除了供应链中的迂回、浪费和重复，提高了整个物流过程的效率，使双方在市场中的地位变得更加巩固。

5. 创新战略：创造新的竞争优势，走特色发展之路

创新是现代物流发展的核心动力，创新活动贯穿于现代物流发展的全过程，物流的发展过程就是一个不断创新的过程，企业要发展第三方物流更要不断创新。首先，要观念创新，打破传统思想，借鉴国际先进的物流管理思想，探索有特色的物流新思想和新方法。其次，加快企业体制创新，消除企业外包物流的体制障碍。一方面，国家应制定相应的法规、政策，鼓励企业将现有的物流服务资产和人员分离出去，成立独立核算的“物流中心”或“物流事业部”，或与专业物流企业合资成立物流经营公司。新公司在主要为企业自己的物流业务提供服务的同时也在市场上揽业务，以进一步提高服务能力利用率。另一方面，国家应实施相应的经济政策，来限制社会上那些自我服务的物流设施及其组织体系的扩充和扩展，通过限制生产企业自办物流、自建物流体系来推动企业将物流业务外包。最后，要组织创新，充分运用现代信息技术手段，建立网络化物流新型组织。

6. 品牌战略：物流企业发展第三方物流必须充分发挥品牌效应，获取良好效益

品牌是企业的无形资产，品牌资产越高，则企业的道德力量和市场公信力等关联资产越好，卓越的品牌可以为公司带来有力的竞争优势。确立品牌战略，首先要树立物流发展的精品名牌意识；其次要引进先进的技术手段，严格制定各项物流质量标准，不断提高物流服务水平；最后要强化物流技术与管理人员的素质培训，建立一支优秀的物流人才队伍，以确保企业品牌战略的实现。

7. 信息化战略：以信息技术应用为核心，加强网点建设

在加入 WTO 的新形势下，物流市场从国内扩展到国际，能否拥有四通八达的网络越发重要。信息化程度是衡量现代物流企业的重要标志之一，许多跨国物流企业都拥有“一流三网”，即订单信息流、全球供应链资源网络、全球用户资源网络和计算机信息网络。借助信息技术，企业能够整合业务流程，能够融入客户的生产经营过程，建立一种“效率

式交易”的经营管理模式。企业要双管齐下抓网络建设：一方面，要根据实际情况建立有形网络；另一方面，利用因特网、MIS 与 EDI 等构筑无形的信息系统，对物流各环节进行实时跟踪、有效控制与全程管理，形成相互依赖的市场共生关系。通过电子商务实现内部资源的网络化、信息的共享化、交易的简单化，从而降低交易成本，增强企业的竞争力。

第二节　第三方物流的业务价值

一、第三方物流的特点和格局对比

第三方物流从直观概念上讲是指由商品买卖双方之外的第三方来提供物流服务。第三方物流企业可以拥有自己的物质资源，也可以不拥有自己的物质资源。它通过合约关系，利用外部或者企业的自有资源来向商品买卖的双方提供服务，创造价值。第三方物流在一个完整的企业供应链中的位置与作用，如图 13.1 所示。

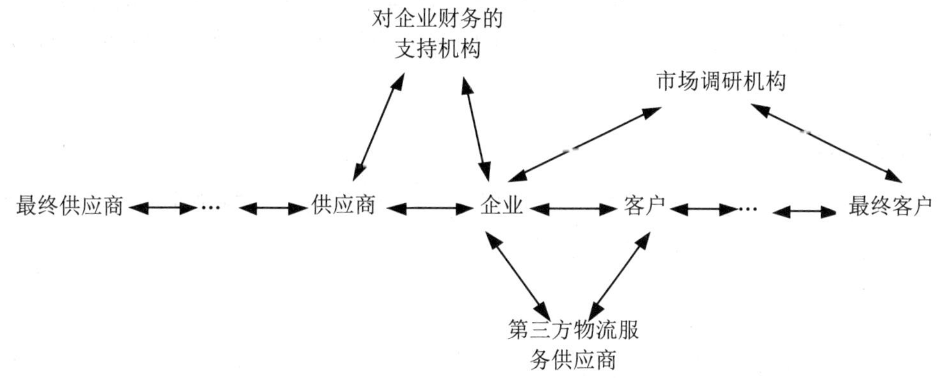

图 13.1　第三方物流在完整的供应链中的位置与作用

由于商业企业和生产企业正面临着范围不断扩大和程度不断加深的市场竞争，为了更好地提高顾客满意度，许多企业不得不专注于自己的核心能力而将物流业务外包。物流企业也为了不断拓宽业务范围，提供相关配套服务而努力。第三方物流有着传统物流所不具备的一些特点，发展第三方物流适应了物流行业发展和企业竞争的需要。第三方物流和一般自营物流的区别，如表 13.1 所示。

表 13.1　第三方物流与自营物流的区别

项　目	第三方物流	自营物流
合约关系	一对多	一对一
法人构成	数量少(对用户)	数量多(对用户)
服务功能	多功能	单功能
物流成本	较低	较高
增值服务	较多	较少

续表

项 目	第三方物流	自营物流
质量控制	难	易
运营风险	大	小
供应链因素	多	少

二、第三方物流在管理中的优势

管理技术优势是第三方物流与第二方物流区别的主要特征，也是第三方物流的核心竞争力所在。它主要体现在系统策划能力、个性化服务、信息系统支持、创新与改进能力等方面。

1．系统策划能力

随着竞争的加剧和顾客服务期望水平的提高，生产和服务模式发生了巨大变化。这种变化使物流的复杂性日益突出，经济全球化的进程延伸了供应链在空间上的分布，全球性的采购、生产、销售、服务为全球范围内供应链上的物流活动增添了相应的错综复杂的关系。

2．个性化服务

第三方物流企业一般在系统策划的基础上，增强服务内容上的弹性，为客户量身定做个性化物流方案，以满足物流市场的需求，提高企业的综合竞争优势。

3．信息系统支持

信息化既是现代物流的重要趋势，更是现代物流赖以存在的基础。第三方物流企业必须有相应的系统与客户系统进行数据交换，才能保证物流管理的效率性和准确性。

4．创新与改进能力

第三方物流企业为了维持自己在市场上的竞争优势，不断开创出新的服务种类，拓展服务内容，引进新的技术手段设备，并不断改进自己的管理和运作模式，以提高服务和降低成本。这种创新与持续改进能力是第三方物流的一个显著的特点。

三、降低成本的规模经济优势

企业通过整合客户与供应商形成规模经济优势，降低物流成本是第三方物流行业的发展空间所在。

1. 对客户的整合

第三方物流企业一般会同时为一定数量的客户提供物流服务。在服务过程中，对客户的物流业务进行整合，通过降低成本来创造价值主要体现在规模效益和互补效益上。规模效益是第三方物流通过为多家企业提供物流服务，来实现管理和运作的规模效益；互补效

益则是第三方物流企业在选择客户时考虑业务类型的搭配，通过货物的轻重搭配、均衡货流、季节互补等手段，实现物流的互补效益。

2. 对供应商的整合

对供应商的整合即对运输、仓储等供应商进行整合，并在此基础上为客户提供综合物流服务，以达到降低成本的目的。这主要体现在议价能力和整合效益中。议价能力是指第三方物流企业在同第二方物流的协商中会显示出更强的议价能力，因此可以获得更加优惠的价格。整合效益：第三方物流一般通过将业务进行分类，然后按路线整合，选取优势路线，不但可以获得比较低的价位，而且运输的时效性也容易得到保证。另外，还可以按地域和产品种类进行仓储的整合，按不同地域选择在当地有价格优势和专业作业优势的供应商能够显著提高作业效率并降低运输仓储成本。

四、第三方物流给企业带来的效益

第三方物流主要给企业带来以下七个方面的效益。

1. 有助于增强企业的核心竞争力

企业要把资源集中在构建核心竞争力上，以获得最大的投资回报，而物流通常不是某些企业的核心能力。事实证明，企业要想提高市场竞争力，降低物流费用，可以利用第三方物流降低物流成本，提高服务质量。

2. 有助于减少资本投入、降低风险

通过第三方物流，制造企业可以降低因拥有运输设备、仓库和其他物流过程中所必需的投资，从而改善公司的盈利状况，把更多的资金投在公司的核心业务上，以实现资金价值的最大化。

3. 有助于客户服务水平的提高

在产品质量和成本相同的条件下，客户服务水平成了公司的竞争优势之一。许多客户服务功能和范围与物流活动直接相关。按时交货、缩短订单时间使产品更具可得性、使用户及时了解订单信息等都与供应链上物流的复杂程度和实施能力息息相关。有 43%的公司希望经过物流外包来改善客户服务水平。

4. 有助于建立与本地市场的关系

利用第三方物流公司专家，帮助企业熟悉和适应政府的有关法规，并与政府保持良好的关系。同时，对于某些物流还处于管制状态的地区，利用第三方物流服务，可以开展自身无法开展的物流业务。

5. 有助于加快市场响应速度

在最短的时间内以最低的成本提供最大的价值，这是信息时代的又一种竞争优势。这些因素促使公司采取更快的措施利用第三方物流将产品推向市场，以获取竞争优势。

6. 有助于信息的获得和利用

信息处理、信息加工和发掘技术，成为企业提高竞争能力的重要手段，也是第三方物流的重要新型服务项目。采用第三方物流服务，可以利用其信息技术、信息分析和管理优化的能力，将原始数据转化为可指导工作的信息。

7. 有助于企业降低物流成本

专业的第三方物流服务提供者利用规模生产的专业优势和成本优势，通过提高各环节能力的利用率节省费用，使企业能从分离费用结构中获益。

第三节　第三方物流的运作模式

物流业已经成为现代社会的支柱产业之一，作为连接供给和需求的渠道，物流环节的改善对整个生产消费链有着十分重要的意义。20 世纪 90 年代以来，“第三方物流”服务因其对物流业务整合及由此带来的效率的提高而在全球范围内蓬勃兴起。大力发展第三方物流不仅为企业带来了更多的增值服务，提升了物流业的专业化和现代化水平；同时，也促进了大流通经济，为整个经济从生产制造型向流通服务型的转变创造了条件。

一、物流模式研究

物流是现代社会赖以生存的基本经济活动之一，企业的物流活动包括从原材料的供应到产品销售的全部物流活动。现代社会对物流的要求可以用 7R 来总结，即：以最少的成本，在正确的时间(Right Time)、正确的地点(Right Location)、正确的条件(Right Condition)、将正确的数量(Right Quantity)、正确的商品(Right Goods)以正确的价格(Right Price)送到正确的顾客(Right Customer)手中。从具体的活动来看，有需求预测、原材料获得、零部件支持和物料管理、厂址选择、库存管理、运输配送、包装、订货处理以及客户服务等各种活动。

物流理论的研究起源于 20 世纪 30 年代，作为解决世界范围内的经济危机的一种手段而受到重视。随着经济的不断发展、商品流通范围的不断扩大，人们对物流的重视程度不断加大，理论研究也不断深入，先后产生了物流“黑大陆”说、“第三利润源泉”说、“后勤工程”说等学说。通过研究物流的理论和实践的现状，可以总结物流企业的几种运作模式。具体有：①第三方物流；②自营物流；③物流联盟；④物流代理等四种。

目前，按形成途径划分，我国主要有以下几类第三方物流企业，它们在国内第三方物流市场中各自拥有一定的份额，如表 13.2 所示。

第一类就是从传统储运企业转型而来的物流企业，在国内整个第三方物流市场份额中占据了半壁江山。

第二类是民营物流企业，它们由于机制灵活、管理成本低等特点，发展迅速，是我国物流行业中最具朝气的第三方物流企业，拥有约 25%的市场份额。如广州的宝供物流集团，是从 1992 年承包铁路货物转运站开始，经过几年的开拓创新，已在澳洲、泰国、中国香港地区及国内主要城市设有 40 多个分公司或办事处，为 40 多个跨国公司和一批国内企业提供国际性物流服务的物流集团公司。

表 13.2　不同类型的第三方物流企业

项目	国有的运输与仓储企业	新兴的物流公司	生产与流通企业内部物流部门	国外物流公司
优势	· 大型国有企业，拥有全国性的网络和运输、仓储资产 · 与中央或地方政府有关系	· 私有或合资企业，业务地域、服务和客户相对集中 · 效率很高、增长极快	· 主要为内部客户服务，有专长 · 资产有限，但网络覆盖性良好	· 很强的海外网络 · 丰富的行业知识和实际运营经验 · 与国际物流客户有良好关系 · 有先进的 IT 系统 · 有来自总部的强有力的财务支持
劣势	· 冗余人员比例很高，效率很低 · 注重内部的企业文化而不是以客户和绩效为导向	· 只有有限的固定资产 · 对市场扩张缺乏有力的财务支持 · 内部管理和体系是高速增长的主要阻碍	· 难以吸引更多的外部客户 · 战略和未来的定位受到公司的极大影响	在中国缺少网络系统，中国的业务还很有限，且相对成本较高
目标	· 借用广泛的网络和资产优势加速物流增长 · 通过重组以增加功能，提高效率	依靠引入战略合作伙伴或投资者保持高增长率	或加强或剥离物流部门	通过收购或合作，加强在中国市场的地位

第三类是外资和港资物流企业，它们一方面为原有客户——跨国公司进入中国市场提供延伸服务；另一方面用它们的经营理念、经营模式和优质服务吸引中国企业，逐渐向中国物流市场渗透，如马士基物流公司等。

第四类是新创办的国有或国有控股的新型物流企业，它们是现代企业改革的产物，管理机制比较完善，发展比较快。

从总体上看，传统的企业尚处在转变之中，新兴的企业刚刚起步，外资企业只得到有限的发展，真正拥有可以信任的品牌、庞大的物流网络、先进的管理体制、高素质的人才队伍和丰富运作经验的物流龙头企业尚未出现。从地区分布上看，中国第三方物流业的发展很不平衡，企业数量以及服务收入绝大部分来自东部地区。据调查，珠江三角洲地区集中了 24%的第三方物流企业，获得了 30%的服务收入；以沪、宁、杭为中心的长江三角洲地区集中了企业的 28%，获得了 35%的服务收入；京、津、唐环渤海地区集中了企业的 27%，获得了 32%的服务收入。

从第三方物流企业服务的对象和领域上看，目前中资及外资物流服务商在运营过程中各有侧重。据调查，外资第三方物流公司主要关注进出口物流业务，该部分业务约占其收入的 70%，其客户企业 98%是外商独资或中外合资企业。中资第三方物流公司主要为国内改制后的国有企业服务，该部分业务收入占其总收入的 88%。

二、物流模式选择分析

通过以上对企业物流模式的研究分析可以看出，综合来看一个企业要获取物流服务，有三种方式：购买、建立和借用。企业通过第三方物流属于购买的方式，自营物流属于建立的方式，而物流联盟可以归结为借用的方式获取物流服务。物流代理则分别结合了这三种方式的一些特点。建立物流体系可以使企业加强对物流业务和终端的控制，它的主要障碍在于建立成本和运作能力。购买第三方物流可以使企业获得高效率的物流服务，但是随着物流业务外包程度的扩大和重要程度的上升，企业对物流的控制以及运营情报泄露的风险加大。借用的主要问题是有失控的风险及效率不高。

从企业的角度来看，选择第三方物流意味着选择了外包(Outsourcing)，企业是否要选择外包以及哪些业务应该采用外包而哪些业务应该企业自己运营控制，这是一个涉及企业战略的问题。一般来说，由企业自己完成的业务应该有以下五个方面。

(1) 能够形成企业的独特性并提高企业的竞争力。

(2) 企业需要控制的战略价值流和开发的核心能力。

(3) 在企业内部可以较快的速度与较低的成本完成。

(4) 需要与客户保持密切接触。

(5) 可以获得较高的投资回报等。

综合起来认为，企业是否选择外包、是选择第三方物流还是自营或是采用其他方式来完成物流，主要要考虑两个因素：企业对物流的控制能力与要求和企业完成物流的成本，如图 13.2 所示。

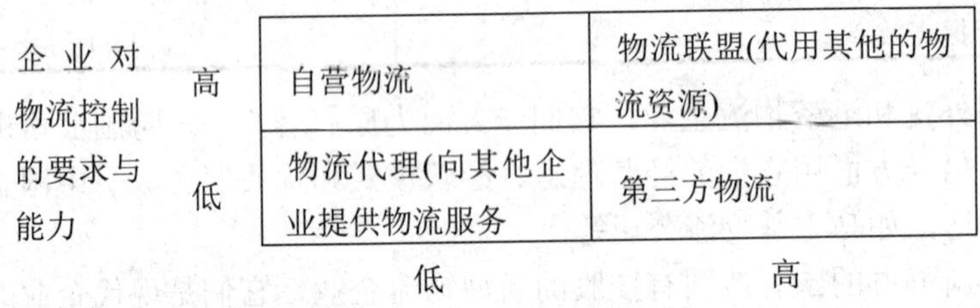

图 13.2　不同的物流方式

由图 13.2 中可知，根据企业对物流的控制要求与能力的高低和完成物流的成本的高低，分别对应不同的物流方式。对于那些对物流的控制要求较高、内部能力强，而且能以较低的成本完成物流的企业来说，建立自营物流有很多好处：可以加强本企业对终端客户和渠道的控制，可以减少物流外包带来的风险，也可以减少各种运营情报泄密的风险，还可以克服现有的第三方物流市场和企业发育不成熟以及由此带来的物流服务商的讨价还价能力(Bargain Ability)的不利影响，比如，春兰、海尔。国际上如实力雄厚的麦当劳公司，每天必须把汉堡等保鲜食品运往世界各地的连锁分店，为保证供货的准确、及时，就组建了自己的货运公司。对于那些内部物流能力较低、对终端客户控制的要求不强和采用本企业完成物流成本较高的企业来说，选择第三方物流有较大的优势；对完成物流成本高但有较强的物流控制要求与能力的企业，可以采用物流联盟的形式，借用其他企业的优势资源，

建立稳固的业务联盟，借此满足降低成本和加强控制的要求、还有些企业在这两个方面都有不足，对它们而言，可以采用买方或者卖方物流代理。

三、第三方物流的运作模式

(一)第三方物流是物流专业化的重要形式

企业竞争优势的途径之一在于成本优势，而成本优势的建立和保持必须以可靠和高效的物流作保证。国有大中型企业要走出困境，不仅需要生产适销对路的产品，采取正确的营销策略以及强有力的资金支持，更需要“品质经营”，强调“时效性”，其核心在于服务、产品、信息和决策反馈等的及时性。这些都必须以强有力的物流能力作保证。以生产企业为例，有关调查研究的数据显示，物流对企业的影响是公认的，90%以上的人认为较重要，其中42%的人认为很重要，仅有9.2%认为不重要。随着市场竞争的不断深化和加剧，企业建立竞争优势的关键，已由节约原材料的“第一利润源泉”、提高劳动生产率的“第二利润源泉”转向建立高效的物流系统的“第三利润源泉”。

第三方物流随着物流业的发展而发展，是物流专业化的重要形式。物流业发展到一定阶段必然会出现第三方物流的发展，而且第三方物流的占有率与物流产业的水平之间有着非常规律的相关关系。西方国家的物流业实证分析证明，独立的第三方物流要占社会的50%物流产业才能形成。所以，第三方物流的发展程度反映和体现着一个国家物流业发展的整体水平。

专业化、社会化的第三方物流的承担者，就是物流企业。综观国内外物流业的现状，物流企业种类繁多。现介绍以下两种分类方法，这对于认识和指导第三方物流是十分有益的。

(1) 按照物流企业完成的物流业务范围的大小和所承担的物流功能，可将物流企业分为“综合性物流企业”和“功能性物流企业”。

功能性物流企业也可叫单一物流企业，它仅仅承担和完成某一项或几项物流功能。按照其主要从事的物流功能，可将其进一步分为运输企业、仓储企业、流通加工企业，等等。综合性物流企业能够完成和承担多项甚至所有的物流功能，一般规模较大、资金雄厚并且具有良好的物流服务信誉。

(2) 按照物流企业是自行完成和承担物流业务还是委托他人进行操作，可将物流企业分为物流自理企业和物流代理企业。

物流自理企业就是平常人们所说的物流企业，它可进一步按照业务范围进行划分。物流代理企业同样可以按照物流业务代理的范围，分成综合性物流代理企业和功能性物流代理企业。功能性物流代理企业包括运输代理企业(即货代公司)、仓储代理企业(仓代公司)和流通加工代理企业等。

在西方发达国家有关第三方物流的实践中，有三点值得注意的经验：①物流业务的范围不断扩大。一方面，商业机构和各大公司面对日趋激烈的竞争，不得不将主要精力放在核心业务上，将运输、仓储等相关业务环节交由更专业的物流企业进行操作，以求节约和高效；另一方面，物流企业为提高服务质量，也在不断拓宽业务范围，提供配套服务。②很多成功的物流企业，根据第一方、第二方的谈判条款，分析比较自理的操作成本和代理费用，灵活运用自理和代理两种方式，提供客户定制的物流服务。③物流产业的发展潜力大，具有广阔的发展前景。

第三方物流和物流一体化的理论，为中国的国有大中型企业带来一次难得的发展机遇和契机，我们要探索适合中国国情的第三方物流运作模式，降低生产成本，提高效益，加强竞争力。

(二)适合中国国情的综合物流代理模式

结合上述理论，根据中国的实际情况加以分析，中国物流产业应积极采取代理形式的客户制定物流服务的第三方物流模式。目前中国物流企业在数量上供大于求，供给数量大于实际能力；在质量上有所欠缺，满足不了需求的质量；物流网络资源丰富，利用和管理水平低；缺乏有效的物流管理者。

因此，物流企业完全可以不进行固定资产的再投资，而采用委托代理的形式，运用自己成熟的物流管理经验和技术，为客户提供高质量的服务。我们将这种方式概括为以综合物流代理为主的第三方物流运作模式。也就是说，中国物流业在物流一体化和第三方物流上存在着很大的空白，国有大中型企业不景气的现状，为这种物流模式的产生和发展提供了低成本、高扩张的坚实基础。因此，大力推广和发展综合物流代理运作模式正逢其时。

(三)如何开展适合中国国情的综合物流代理

国际著名的第三方物流企业如美国的联合包裹，2006年营业收入达到475亿美元；丹麦的马士基，2006年营业额达到352亿美元。

中国专业化的物流企业主要是一些原来的国家大型仓储运输企业和中外合资独资企业，如中国储运公司、中外运公司、大通、敦豪、天地快运、EMS、宝隆洋行等。近年来，各公司的营业额均在亿元以上，营业范围涉及全国配送、国际物流服务、多式联运和邮件快递等。

其实，上述公司都已经在不同程度进行了综合物流代理运作模式的探索实践。尤其是一些与外方合资或合作的物流企业，充分发挥了国外公司在物流管理经验、人才、技术、观念和理论上的优势，率先进行了综合物流代理运作。

1. 从事综合物流代理业务的主要思路

从事综合物流代理业务的主要思路包括以下四个方面。

(1) 不进行大的固定资产投入，低成本经营的原则；

(2) 将主要的成本部门及产品服务的生产部门的大部分工作委托他人处理，注重建立自己的销售队伍和管理网络；

(3) 实行特许代理制，将协作单位纳入自己的经营轨道；

(4) 公司经营的核心能力就是综合物流代理业务的销售、采购、协调管理和组织设计的方法与经验，并且注重业务流程和组织机制的创新，使公司经营不断产生新的增长点。

2. 措施

为了提高管理效率，降低成本运作，不但要提出具有竞争力的服务价格，而且必须采取以下措施。

(1) 坚持品牌经营、产品(服务)经营和资本经营相结合的系统经营。

(2) 企业的发展和目标与员工、供应商、经营商的目标和发展充分结合。

(3) 重视员工和外部协作经营商的培训，协助其实现经营目标。

(4) 建立和完善物流网络，分级管理，操作和行销分开。

(5) 开发建设物流管理信息系统，应用 EDI、GPS、RF、EOS、Internet、CODE BAR 等新技术对货物进行实时动态跟踪和信息自动处理。

(6) 实行优先认股的内部管理机制，促进企业不断发展。

(7) 组建客户俱乐部，为公司提供一个稳定的客户群。

(四)从四个方面探索第三方物流的运作方式

第三方物流诞生后，西方管理界对第三方物流的运作方式进行了较多的调查研究。比较著名的调查活动，是 1993 年 Robert C.Lieb 等人对欧美 500 家最大的工业企业的调查。通过这些调查材料可以大致了解第三方物流的运作方式。

1. 第三方物流是合同导向的一系列物流服务

被调查的欧美企业，几乎都与第三方物流企业签订了专门的合同，而且都包括一定的惩罚措施，43%的西欧企业还制定了一定的激励条约，而美国只有 25%的企业是这样做的。合同签订时间一般是 1～3 年。欧美企业在利用第三方物流服务中，除了最常见的仓储、共同运输和车队管理外，还利用其他服务，诸如产品回收、订单履行、运价谈判和物流信息系统等。

从物流服务提供者角度看，第三方物流公司可以管理整个物流过程或可选择的几项活动，如报关、运价谈判、库存管理、承运人选择等近 30 种第三方物流服务项目，仅 15%的公司服务项目低于 10 种，67%以上公司服务项目高于 20 种，这都证实了第三方物流能提供一系列的服务。

2. 第三方物流是个性化的物流服务

从第三方物流服务提供者看，第三方物流服务提供者与他们的客户之间的成功因素有 25 项之多，排前三位的分别是：为顾客着想(17.1%)、整个公司的投入(11.4%)和节约成本(11.4%)。可见，第三方物流正从过去的面向社会提供服务的传统外协，进化到面向个别企业的个性化服务阶段。也就是说，物流企业的经营理念，从“我能提供什么服务就提供什么服务”转向了“顾客需要什么服务，我就提供什么服务”。

3. 物流企业与生产企业之间是动态联盟关系

与美国企业相比，西欧企业更倾向于使用第三方物流服务。西欧 76%的企业表明它们正在使用第三方物流服务，其中 77%的使用者最少也有 3 年时间的经历，而 60%的使用者甚至还在 5 年以上。

但无论是美国还是西欧，都很少采用全部委托的方式。企业普遍认为，内外结合的方式更便于控制，更有柔性，也更能相互提高服务水平。这表明，第三方物流区别于传统外协的市场交易关系，企业寻找的是长期稳定的合作关系；也表明企业不愿把物流业务内部化，而采用合并或垂直一体化的组织形式，采用的是物流联盟的中间组织形式。

4. 第三方物流建立在现代电子信息技术基础上

信息技术的发展是第三方物流出现的必要条件，信息技术实现了数据的快速和准确传递，提高了仓库管理、装卸运输、采购、订货、配送发运、订单处理的自动化水平，使订货、包装、保管、运输、流通加工实现一体化；企业可以更方便地使用信息技术与物流企业进行交流和协作，企业间的协调和合作有可能在短时间内迅速完成；同时，电脑软件的飞速发展，使混杂在其他业务中的物流活动的成本能被精确计算出来，还能有效管理物流渠道中的商流，这就使企业有可能把原本在内部完成的作业交由物流公司运作。信息共享是第三方物流提供者与使用者之间成功物流的关键。常用于支撑第三方物流的信息技术有：实现信息快速交换的 EDI 技术、实现信息快速输入的条形码技术和实现网上交易的电子商务技术等。

四、第三方物流运作模式案例

(一)宝供物流发展模式

企业要在全球化经济的浪潮中脱颖而出，并保持可持续发展，必须要有长远的眼光和正确的服务理念。宝供物流企业集团的历程证明了现代物流企业“理念为先”的发展道理。

早在经营转运站的时候，“宝供”就以当时绝无仅有的“24 小时服务”特色吸引了客户，创造了诸多商机。而今，宝供物流企业集团作为最早在中国提供一体化增值服务的第三方物流供应商，严格遵循“控制运作成本，降低客户风险，全面提升物流服务质量，使客户集中精力发展主业，增强核心竞争和可持续发展能力，成为客户最佳战略联盟伙伴”的超前物流服务理念，向客户提供具有个性化优势的特色物流服务。

1. 大力推行“量身定做，一体化运作，个性化服务”模式

宝供打破了传统业务分块经营模式，在各大中心城市设立分公司或办事处，建立强大的、遍布全国的物流运作网络，将仓储、运输、包装、配送等物流服务广泛集成，为客户“量身定做”，提供“门到门”的一体化综合服务，以及其他的增值型服务。

通俗地讲，第三方物流就是当好客户的“管家”。因此，第三方物流要根据客户的生产及销售模式全面规划物流服务模式，优化业务流程，整合物流供应链，支持灵活多变的市场营销策略，以降低物流成本，提供客户核心竞争力。如在为北京某公司服务时，宝供营运管理部通过与对方物流部沟通，根据企业的要求与实际情况，设计了一个全面的物流运作方案：将原有的全国 20 多个仓库以及管理机构简化至十几个，从原材料的采购、运输方式、仓库管理、配送、包装等进行一条龙规划与运作管理，并为客户提供基于因特网的全国货物实时查询的物流信息服务，支持客户“零库存”策略，高效扩充分销渠道，以“低成本、高效率”赢得了客户的高度评价。

2. 广泛采用具有国际水准的 SOP 运作管理系统和质量保证 GMP 体系

宝供有一套完整而严格的运作管理系统和质量保证体系，确保为客户提供优质高效的专业化物流服务，即 SOP 标准操作程序及 GMP 标准质量保证体系。

为了规划业务部门的运作标准，宝供建立了系统化、规范化和标准化的各类标准操作

程序，即 SOP。任何岗位上的任何事，SOP 都有详细的规定。通过 SOP 的正确执行，确保业务运作不会因个人的因素造成服务品质的不同，确保 GMP 质量体系的实施和实现。

GMP 标准是由美国食品和药物管理局颁布的有关产品生产质量控制的法规性条例。宝洁公司采用的就是 GMP 质量管理体系，它要求所有运作过程必须严格符合 GMP 标准。在与宝洁公司的合作中，当时为了适应宝洁公司严格的质量要求，也为了建立健全宝供自身严格的服务质量体系，1996 年，宝供公司以 GMP 质量为蓝本，根据 GMP 的 13 个关键要求，制定了一套相应的系列化质量管理标准体系，将每项要素的具体标准、要求汇编成《质量管理手册》并全面施行。同时，在公司总部专门设立质量管理部，具体落实贯彻《质量管理手册》，从而使每一项业务运作，从作业开始就有质量控制和跟踪，充分保证业务运作质量稳定可靠。此外，在公司内部还大力宣传“重质量、讲管理”的风气，要求每位员工都要树立明确的质量意识，人人都有质量职责，使 GMP 成为宝供的服务标准和品质保证，成为宝供的品牌形象。

几年来，公司的铁路运输货物缺损率控制在万分之一左右，公路运输和仓储缺损率为零，铁路运输时间达标率在 95%以上，获得了客户的一致赞许。2001 年年初，宝洁严格按照国际标准，对宝供刚刚运行半年的姬堂 2 仓进行了 GMP 评估，宝供取得了 96 分的优异成绩。

3．重点提供中国领先的基于 VPN 系统的物流信息服务

早在 1997 年，宝供就在中国率先推出并建成了基于 Internet/Intranet 的全国联网的物流信息管理系统，使宝供总部、6 大分公司、40 多个运作点实现了内部办公网络化、外部业务运作信息化，并实现了仓储、运输等关键物流信息的实时网上跟踪。

1998 年，宝供完成了关键客户与宝供信息系统的对接工作，客户可通过宝供信息系统实时管理和控制不同区域、不同仓库、不同类型和不同产品的库存，制定最佳的营销策略。同时，实现了“客户电子订单、一体化运作”的电子商务初步目标，极大地简化了商务流程，提高了业务运作效率。宝供信息系统也因此被 Intel、IBM、Microsoft 等信息技术的巨头们称为“B to B 的电子商务典范”，并在亚洲地区进行经验推广，成为许多大型国际信息技术研讨会研究讨论的重要内容。

1999 年，宝供建立了业务成本核算系统和 VPN 电子数据交换平台，采用 XML 技术进一步提高与客户的电子数据交换水平，实现数据无缝交换与链接，为客户“量身定制”个性化的物流信息服务，如各类报表、运作咨询服务。

2000 年，宝供在现有系统的基础上构筑了联盟化、集成化、网络化的 VPN 物流综合服务信息平台，大力开发整合客户供应链和支持电子商务运作的新系统，在通过 XML 技术与客户进行电子数据交换方面取得了重大突破，使宝供的信息服务和业务运作向自动化、智能化方向迈出了重要的一步。

4．可贵的“中国心、民族情”

随着世界经济一体化进程的加快和中国加入 WTO，中国刚刚起步的物流业将面临前所未有的挑战。为了使中国的民族物流业在激烈的竞争中占得先机，宝供做了大量的社会性工作，用以推动中国物流业的共同发展。

从1997年起，宝供和北京工商大学合作，每年召开一次“物流技术与管理发展高级研讨会”，邀请国内外物流界专家和一些客户代表为中国物流业的发展出谋划策，以期扩大物流业内部的信息交流与沟通，为推广物流理念、促进物流业的发展做出了不可磨灭的贡献。

2000年8月18日，宝供在北京钓鱼台国宾馆召开新闻发布会，独家设立中国第一个由企业出资、面向物流领域的公益性“宝供物流奖励基金”，每年出资100万元，用于奖励科技界、企业界和新闻界对中国物流业做出重要贡献的团体和个人。另外，它还将筹资1000万～2000万元用于对有关物流研究项目的资助。

5. 宝供的未来之路

21世纪，宝供积极研究制定了新的发展战略，具体包括以下五个方面。

1) 观念领先战略

企业的发展离不开观念的更新。要在中国乃至世界物流业中赢得领先地位，首先要在观念上领先。宝供将投入相当资金创办一流的物流学校和一流的物流研究中心，通过广泛的物流研究与学术交流，深入揭示物流理论的深刻内涵，研究现代物流的运作模式，改革和更新物流理念，并指导物流实践，“用一流的观念，创造一流的物流服务”。

2) 科技支持战略

21世纪是知识和科技的时代，专业化、细致化和科学化的物流知识将成为客户物流体系改革、整合、规划和设计的重要依据，现代科学技术如各种条码技术、自动识别技术、自动分拣技术、卫星定位技术等将成为物流运作的重要工具，“知识化和科技化物流”将成为宝供服务的主要特征。

3) 服务创新战略

服务创新战略表现在：一方面，引导物流服务朝综合化、一体化方向发展，把物流诸多环节、服务类型进行系统整合，将不同货运公司、仓储公司以及社会资源进行物流资料整合，为客户提供一种具有长期的、专业的、综合的高效物流服务；另一方面，为适应21世纪个性化消费和个性化服务的需要，改变传统企业的单一成本竞争策略，为差异型、个性化的物流提供特色服务。

4) 人才效益战略

公司将遵循、发挥“以人为本”的经营理念，突出“人才效益”优势，广泛汇集和吸引一批包括教授、博士、硕士在内的高层次专业人才，提供科技化、现代化的优质高效的物流服务。未来公司的管理人员要百分之百具有本科或硕士以上学历。公司内部要严格贯彻执行完善的培训和激励制度，不断增强企业的凝聚力，吸引和留住优秀人才；选拔、晋升和奖励工作成绩显著的员工，将公司利益与个人发展紧密结合，建设一支灵活精干、协作高效的知识型人才队伍。

5) 联盟发展战略

强调在供应链的诸节点之间植入“优势互补、利益共享”的共生关系，实施企业联盟化战略。宝供将在其他第三方物流企业、客户服务群和相关行业之间广泛寻找战略合作伙伴，通过联盟的力量获得竞争优势。

总之，21世纪的宝供将凭借规模经营优势、专业化优势、知识人才优势和个性化服务

优势，有效地为客户节省投资和费用，减少库存、降低风险，提供增值服务，使企业集中精力于主业，增强核心竞争力，全面提升企业形象，从而成为客户获得竞争优势的重要战略伙伴。

(二)美国 UPS 公司的物流信息系统

1. UPS 概况

美国 UPS 联合包裹运送服务公司成立于 1909 年，总部设在美国佐治州亚特兰大，是 ITTA 成员，也是美国经济的支柱企业。该公司从事快运业务已 90 余年，自推进国际业务网络建设开始，经过一连串的积极收购和订立合伙服务协议，建立起了一个完善的全球速递网络。经过近 1 个世纪的运作之后，UPS 已成为世界最大的包裹运送公司和世界最大的货运航空机队，拥有 238 架飞机，租用 384 架飞机；拥有近 16 万辆各种运送包裹的车辆，在全球 200 多个国家和地区服务。该公司在数字时代来临时，紧紧抓住了发展电子商务的机遇，实现了由传统物流企业向电子物流企业的跨越。

自从 UPS 于 20 世纪初开始在西雅图百货商店之间穿梭运送福特 T 型车辆和摩托车以来，这家以深棕色为代表颜色的公司，一直遵循着自己成功的业务模式，拥有自己牢固的商业同盟。该公司的创业者信奉一些名言——“客户所关心的事情就是我们所关心的事情”，“如果你关照客户，那客户也会关照你”，而快捷、高质的服务就是关照客户的核心。

该公司根据承运货物的品类、重量、价值、取货时间、托运出发站和目的地等条件，规定送达目的地的日期和具体时间；为提高效率，还按照“泰勒法”制定了以分钟为单位的效率标准；如果担保的货物未能按时运抵，公司或者退款，或者免收运费。

2. UPS 在我国的发展

该公司的海外业务在整个业务中发展极为迅速。1988 年 10 月进入亚太区市场，经营业务每年以 50%的增长率持续发展，短短 10 年时间，就创造了在亚太区的航空速递市场占有率高达 15%～20%的佳绩。该公司 1988 年 10 月正式进入我国；1994 年 5 月，在我国北京、广州和上海 3 个城市分别开设了办事处；同年 12 月，UPS 中国外运集团公司与上海海关签署了实验使用者协议，对航空速递进口邮件实施 EDI 数据交换系统(目前，已在上海、北京海关使用该系统)；1995 年 4 月，先后与中国外运集团公司、中国外运集团上海公司签署了备忘录和意向书，准备在北京、广州和上海建立合资公司；1996 年 5 月，与中国外运北京空运公司合资成立了中国外运北空联合包裹国际快运有限公司。中国外运北京空运公司成立于 1981 年，是专门从事国际货物运输和快递服务的国有企业，也是国内成立资格较久、规模较大的航空货运代理企业。双方设立合资公司的合营期限为 20 年，主要经营范围是从事国际进出口快递服务和国际进出口空运业务；宗旨是“重服务、守信誉、讲效率”，以优质服务、先进的管理技术和完善的国内国际网络为中国对外贸易和经济建设服务，为中外客户和货主服务，为国际经济合作和友好交往服务。

2001 年，UPS 开通了中美直航业务，进一步拓展了中国内地市场；2002 年的业务增长率达到 45%，远远高于在亚洲其他国家的发展水平；2003 年，UPS 主要负责中国内地、中国香港、澳门地区及日本、蒙古等国市场业务规划和发展的大中华区总部，已从香港移至上海，进一步密切了中国香港、台湾、澳门等地区与中国内地市场之间的业务运作。

3. 信息系统

UPS 的全球业务能取得成功扩展，主要得益于先进的网络与信息技术。早在 20 世纪 80 年代，UPS 就决定创立一个强有力的信息技术系统。在最近的 10 年中，在技术方面投入 110 亿美元，配置了主机、PC、手提电脑、无线调制解调器、蜂窝通信系统等，并招聘了 4 000 多名程序工程师及技术人员，建立了先进的电脑联网和快速的免费查询系统。这种投入，不仅使 UPS 实现了与 99%的美国公司和 96%的美国居民之间的电子联系，同时也实现了对每件货物运输即时状况的掌握。

UPS 建立了电脑化的清关系统，该系统率先与美国的自动化代理接口实现连接，并将资料预先传送至目的地国家海关，以加速清关过程；还建立了环球通信网络，通过该网络可以与 1 200 个投递点(其中包括 80 个国际大城市)保持联系。通过条码及扫描技术，UPS 能够根据其全球信息网络，对每日来往于世界各地的 1 360 万个邮包进行实时电子跟踪。例如，一个出差在外的销售员在某地等待某些样品的送达，他通过在 UPS 安排的网络系统中输入 UPS 运单跟踪号码，就可以知道货物在哪里。当需要将货物送达另一个目的地时，可再次通过网络以及附近的蜂窝式塔台，找出货物的位置，并指引到最近的投递点。UPS 的司机携带一块电子操作板，凭它可同时取得和发送运货信息甚至行驶路线的塞车情况。一旦用户签收了包裹，信息将会在网络中传播，寄件人可以登录 UPS 网站了解货物情况。

1999 年，能提供 16 种语言服务的 UPS 网站被评为世界五大商业网站之一，每天约有 200 万人登录该网站进行跟踪查询。http://www.UPS.com 网址可以让客户完成以下工作。

(1) 包裹行踪跟踪。可以提供包裹行踪的详细信息，说明包裹在 UPS 的整个运送过程中所处的位置。

(2) 计算运送费用。下载可用于客户自己网址上的 UPS 功能性软件。

(3) 下达供货订单，确定转运次数，计算 UPS 服务项目的费用并进行比较。

(4) 当要求派人去提取包裹时，寻找包裹送达中心——地图上详细标明 5 万个这样的中心位置，以便于查找。

(5) 向 UPS 客户服务处等部门发送文件时可用 14 种语言和方言跟踪包裹。

UPS 拥有的软件功能包括打印联合包裹提单、客户发票、国家至国家始发站与目的地运单，除此之外，还能编制个人管理报表、货运汇总表、发运站实时访问发运信息，配以联合包裹在线跟踪技术，可监控每一次货运过程。

第四节 第三方物流服务的选择

在专业化分工越来越广泛的今天，企业将物流外包给第三方物流企业的情况也越来越多，然而随之也产生了许多问题，从而导致了物流外包的失败。

所谓物流外包(Logistics Outsourcing)，是指生产或销售等企业为集中精力增强核心竞争能力，而将其物流业务以合同的方式委托于专业的物流公司运作。外包是一种长期的、战略的、相互渗透的、互利互惠的业务委托和合约执行方式。

第三方物流企业是指本身不拥有货物，而是为外部客户的物流作业提供管理、控制和专业化作业服务的公司和企业。由于第三方物流的经营方式通常是与客户签订较长时间段

的物流服务合同，因此也称为“合同物流(Contract Logistisc)”。

在实践过程中，物流外包总是不能令物流发包企业满意，而最终导致物流外包的失败。其中的原因有多种，如技术的缺陷、人为的失误等。但最重要的是在物流外包中发包企业对第三方物流企业的考核和选择过程中不够周全，往往只考虑了价格因素就签订了合同，结果是低价格往往带来低的服务质量，从而使得发包企业的生产和销售受到影响。因此，第三方物流企业的评估和选择是极其重要的。

一、第三方物流企业的选择标准

由于第三方物流企业提供的产品是服务，所以我们在对第三方物流企业进行评估和选择时主要考虑两个选择标准：一个是服务价格(产品价格)，另一个是服务质量(产品质量)。服务价格的比较是容易的，而服务质量的比较则是困难的，因为服务产品具有难以标准化、时间性强、在消费过程中提供，同时具有无形性、不可分割性和不可储存性等特点。

顾客购买服务的过程实质上是感知服务的过程，其伸缩性很强。同一服务，有的人会感到满意，而有的人却会不满意。客户满意度是指客户对企业以及企业产品/服务的满意程度。客户满意度仅是一个概括的指标，要对其进行比较就要对其进行细分和量化。

二、第三方物流企业的客户满意度评价指标体系

第三方物流企业的客户满意度评价指标体系(见表 13.3)，按时间主要分为三大类：交易前、交易中和交易后。

表 13.3　第三方物流企业满意度综合评价体系

交易前					交易中									交易后					
企业信誉	技术能力	财务状况	组织结构	企业设备设施	下订单的方便性	订单满足率	订单响应时间	订单处理正确率	平均运送时间	订单跟踪	价格正常率	货损率	货差率	准时回单率	订单完成率	运输准点率	客户投诉率	客户投诉处理时间	赔付及时性

每一类又可以分为几个具体的考核指标。其中包括以下 15 项。

(1) 下订单的方便性：指客户通过多种方式进行订货的可能性和每种方式的方便程度。

(2) 订单满足率：指一定时期内满足订单的数量与订单总数的比率。

(3) 订单响应时间：指从接到订单到答复能否满足订单的平均时间。

(4) 订单处理正确率：指一段时期内无差错的订单处理总数与订单总数的比率。

(5) 平均运送时间：指在规定的两地间，从提货到到达目的地的平均时间。

(6) 订单跟踪：指对订单货物所处的状态进行跟踪的能力。

(7) 价格正常率：指按合同价格执行订单的次数和总订单次数的比率。

(8) 货损率：指在物流服务作业过程中发生损坏或灭失的货物金额数与货物金额总数的比率。

(9) 货差率：指在物流服务作业过程中发错货物的数量与货物总数量的比率。

(10) 准时回单率：指回单按时到达的次数与总回单的次数的比率。

(11) 订单完成率：指完成的订单数量与总的订单数量的比率。

(12) 运输准点率：指运输在规定时间运送货物到指定地点的次数与总运输次数的比率。

(13) 客户投诉率：指客户投诉的次数与总的服务次数的比率。

(14) 客户投诉处理时间：指企业对客户投诉进行调查、采取补救措施，达到客户要求的总时间。

(15) 赔付及时性：指从损失的确认到赔付的时间。

而每一个考核指标在实际考核中又可以根据企业的实际需求细分为众多的分指标。例如：企业的设备设施又可以细分为运输车辆的数目、总运力、仓库面积等。

货损率包括运输货损率和仓库货损率等。

三、第三方物流服务供应商的选择过程

使用第三方物流服务可以给企业带来集中主业、减少投资、降低成本、获得灵活性和提升企业形象等诸多好处，但前提是企业必须正确地选择第三方物流作为合作伙伴。如果第三方物流企业选择不当，则企业的物流外包策略不仅不能很好地实现预期目标，反而会给企业带来战略机密泄露、客户关系管理失控、解除合作关系等风险。因此，正确地选择第三方物流供应商是企业物流外包中的一个关键问题。一般来说，企业决定使用第三方物流服务后，可按下列步骤选择合适的第三方物流供应商。

1. 物流外包需求分析

物流外包需求分析是制定外包策略的基础。在决定是否选择第三方物流服务时，首先应该对企业本身的物流过程进行分析，以确定当前的优势和存在的问题，从而明确物流外包活动的必要性与可行性。由于大多数第三方物流决策对企业目标的实现关系重大，所以通常对物流外包的需求分析要花费较长时间。

2. 确立物流外包目标

确立物流外包目标是选择第三方物流服务供应商的指南。首先应该根据企业的物流服务需求特点确定选择的目标体系，并能有效地抓住几个关键目标，这也是后面企业对第三方物流服务供应商绩效考核的主要依据。

3. 制定物流服务供应商的评价准则

在选择物流服务供应商时，首先必须制定科学、合理的评估标准。目前企业在选择物流服务供应商时，主要从物流服务的质量、成本、效率与可靠性等方面考虑。

此外，由于第三方物流服务供应商与企业是长期的战略伙伴关系，因此，在考核第三方物流供应商时，企业也非常关注降低风险和提高服务能力的指标。如经营管理水平、财务状况、运作柔性、客户服务能力和发展能力等指标。

4. 组成跨职能选择团队

虽然企业物流部门一般明显地参与对第三方物流供应商选择的决策，但企业其他部门如财务、制造、营销、信息系统、人力资源等也常常参与其中，如表 13.4 所示。

表 13.4 其他参与决策的部门所占比例

职能部门	西欧/%	美国/%
财务	64	70
管理信息系统	32	35
人力资源	28	22
生产	24	48
营销	34	39

另外，公司总裁参与选择决策也是常见的。美国田纳西大学对谁是外协的主要支持者或促进者的调查结果表明，物流与运输经理占 64%，财务占 58%，总裁占 50%，制造部占 24%，营销部占 20%。所以，企业要从其财务、营销、制造、质量控制、信息系统以及物流等部门抽调人员组成选择团队，并使每一个人都参与到整个选择过程。

5. 列出候选人名单

候选者应具有与企业相似的业务方向并能提供所必需的地理覆盖范围的服务。为选定潜在的合作伙伴，团队可以与专业组织联系、与供应商和顾客交流，以及在因特网上查找等。从欧美 500 家最大的工业企业的经验来看，主要通过两个渠道：与其他物流同行的交流以及对第三方物流供应商的销售拜访，如表 13.5 所示。

表 13.5 获取供应商信息的渠道

信 息 源	西欧/%	美国/%
与其他物流同行交流	77	46
第三方物流公司销售拜访	69	54
国内物流会议	19	19
专业广告	19	11
当地物流会议	15	14
直邮广告	15	11

另一个值得注意的趋势是，企业开始更注重专业刊物上的广告和其他途径，如专业刊物上的文章、咨询项目和私下的人际交往等方式。

6. 发出招标书及收回投标书

企业向有资格的且对该项目感兴趣的第三方物流供应商发出招标书。招标书应对企业的外包目标及物流需求作详细说明，详细到假设潜在卖方对本企业情况(如产品线、运送量、销售量预测、所处行业等)一无所知，且对各个潜在卖方一视同仁。当然，为便于竞标者编制预算，一些基本的专业信息是要做出说明的，如：工作范围、最终客户需求、信息技术需求、附加值服务需求、场所和专门设备需求等。应选者的投标书中应包括一些特定信息，如组织结构、能力、现有顾客、报价模式和选择。

7．初评及现场考察

在初步评审投标书的基础上，将候选者的范围缩至4～5家，现场考察其作业情况。通过考察让团队了解候选者的管理设施、程序和职员情况。在考察时应依据标准的检查表，并安排相同的团队成员对候选者的能力进行一对一的比较。

8．候选者资格评审

团队应研究有关资料和投标书的细节，使用检查单和现场考察完成调查表，评审候选者的财务状况、信息技术能力、服务柔性和战略符合程度及经营理念。

9．物流服务供应商的综合评价与选择

有效的评价方法是正确选择第三方物流服务供应商的前提，只有采用合理、有效的评价方法进行综合评价，才能保证选择结果的科学性。根据评价准则初步选出符合条件的候选供应商，注意控制在可管理的数量之内；然后采用科学、有效的方法，如层次分析法、模糊综合评判法、仿真等方法进行综合分析评价，通过这些评价方法可以确定2～3家分值靠前的供应商。要确定最终的第三方物流服务供应商，还需要注意企业与供应商的共同参与，以保证所获取数据及资料的正确性和可靠性，并对物流服务供应商进行实地考察，最后对各供应商提供的方案进行比较权衡，从而做出最终的选择。

10．关系的实施

经过对供应商的考核评价并做出选择后，双方应就有关方面起草并签订合同，建立长期的战略合作伙伴关系。在与第三方物流企业签订物流合同以后，企业应从以下四个方面努力，致力于对第三方物流进行优化，以建立长期的伙伴关系，达到互惠互利的目标。

(1) 密切与第三方物流企业的战略合作关系。第三方物流合同的签订，使得企业与第三方物流企业的利益捆绑在一起。对于企业而言，第三方物流企业的运作效率直接关系到其供应链总成本和响应速度，关系到其竞争的成败。有鉴于此，企业必须密切与第三方物流企业的战略伙伴关系，信守承诺，努力克服自身的机会主义行为。

(2) 强化与第三方物流企业的信息沟通。信息沟通不畅是许多企业物流外包效率低下的主要原因之一。因此，企业首先应完善自身信息系统的建设，并强化基础数据的收集、存储和维护工作。在对第三方物流企业进行选择时，需要考虑到双方信息系统的有效兼容问题。在与第三方物流企业签订物流合同后，双方应就信息系统联网中可能遇到的问题展开深入调研和讨论，并提出有效的解决方案，以实现信息系统的无缝衔接。

(3) 共同设计物流操作指南。由于不同企业之间的物流要求千差万别，企业实施物流外包不能一包了事，应与第三方物流企业就各项具体的物流活动进行详细讨论，以确定合理的业务流程和信息沟通渠道，编制物流操作指南，供双方参考使用。物流操作指南能够使双方对口人员在具体的作业过程中保持步调一致，减少偏差与失误；同时，也为检验对方作业是否符合要求提供了标准和依据。

(4) 对第三方物流企业进行动态的考核。货主企业应对第三方物流企业的服务态度、

服务质量、服务费用等方面进行动态的综合评价。对于各方面都比较满意的第三方物流企业，续签第三方物流合同；对于某些方面未能令人满意的第三方物流企业，按照物流合同的条款要求其限期整改；而对于主要的条款未能令人满意的第三方物流企业，则应考虑更换物流服务提供商。

四、企业选择第三方物流应警惕的问题

我国物流从起步到发展，经历了一个由供不应求到过分建设、绝对供给超过需求的过程。虽然第三方物流企业绝对数量偏多，但大多为规模小、实力差、服务水平低的中小型企业，而满足企业实际需求的高品质物流服务还是存在供给缺口。

1. 第三方物流企业建设不能满足需求

无论什么样的物流企业，甚至生产企业和流通企业，都想通过原有业务功能的延伸来扩大自己的地盘，朝着综合物流服务的方向发展，从而导致了企业的商业模式类同、市场定位宽泛，在同一个市场上打价格战、搞恶性竞争，不能满足客户的专业化需求。

另外，物流业发展的相关技术水平较低，制约着第三方物流企业的发展。以信息化为例，第三方物流意味着要处理来自多个企业的不同种类和数量的商品的传递。由于传统的大量生产方式向多品种、小批量的生产方式转变以及电子商务的发展，对第三方物流服务的要求往往也是个性化的。然而，我国企业信息化起步较晚，物流业信息化和网络化程度比较低，信息技术的应用状况不容乐观，一些物流企业所提供的物流服务在及时性、准确性、可靠性以及多样性等方面还处在较低水平。

2. 市场信用体系的制约

物流服务的行为实际上是一系列委托与被委托的关系，是完全以信用体系为基础的。生产经营企业以合同方式将物流活动委托给第三方物流企业，第三方物流企业又以合同方式汇集了众多仓储、运输合作伙伴，其交易和结算主体往往涉及多方面的物流参与者，其中任何一个物流提供者出现信用问题，都将会影响物流服务的效率。而在我国现阶段，一方面，企业普遍存在信用问题；另一方面，缺少一个良好的信用保障体系。因此，企业应慎重考虑，选择合适的物流经营模式和物流企业。

3. 认真对待信息交流

企业和第三方物流供应商之间的信息交流一定要做到清晰和准确。在选择第三方物流供应商时，必须在机密性、双方的义务和责任及其履行、承包商、仲裁、如何结束合作关系等问题上做好充分的准备。花费时间和精力明确、详细地制定物流服务要求明细是非常重要的，它决定着物流活动在实际操作中细节问题的解决方法，而这些方法可能导致企业经济利益的重大变化。

4. 聘请外部顾问

美国著名物流专家 Jack Roser 认为：在处理外包时，专业物流顾问与技术工人一样，他的作用比企业领导更重要。他需要去管理维护公司项目、设计规划的过程，提供物流需求以及项目数据，而这些事情常常与外包的成败相关联。企业领导仅仅扮演监督员的角色，

如果缺乏具有项目设计和作业操作技能的专业人才，外包营销将无从谈起。

5．树立共赢目标

在实际经济工作中往往是货主企业的部分物流实行外包，而余下部分则由本企业自营。货主企业决定是否将物流业务外包及外包的程度，第三方物流企业决定如何接受物流业务，其判断准则就是各自的成本效益分析，最终追求的目标是达到双方都满意的物流业务代理价格，实现双赢。同时，合作双方的共赢意味着合作中双方共享信息、共御风险，从而双方都获得更多利益，具有更强的竞争力。当合作中由于市场环境变化或其他因素引起某一方的合理利益受损，合作双方应秉着公平与灵活的原则进行适当变更，以确保合作共赢目标的实现。

第五节 第三方物流与第四方物流

关于第四方物流，一种定义是指集成商们利用分包商来控制、管理客户公司的点到点式供应链运作；另一种定义是一个集中管理自身资源、能力和技术并提供互补服务的供应链综合解决办法的供应者。我们认为，所谓第四方物流，就是供应链的集成者、整合者和管理者，主要是通过对物流资源、物流设施、物流技术的整合和管理，提出物流全过程的方案设计、实施办法和解决途径。简单地讲就是集成商利用分包商来控制和管理公司的点到点式的供应链运作，不仅控制和管理特定的物流服务，而且对整个物流过程提出策划方案，并通过电子商务将这个过程集成起来。

一、第三方物流和第四方物流的比较分析

1．第四方物流对第三方物流的影响

为了第三方物流自身的发展，第三方物流的定义应该将业务内容单一的社会运输企业、仓储企业等排除在外；而第四方物流概念的产生又硬生生地将供应链管理优化这一物流功能从第三方物流手中抢走，第三方物流处于被前后夹击的境地。但是，安盛咨询公司所提出的第三方物流对供应链管理能力的欠缺却及时地指出了第三方物流发展过程中的问题。安盛公司认为的第四方物流在客户和它的物流、信息供应商之间充当唯一的“联系人”的角色，与第三方物流的服务综合化趋势、一站式一体化综合物流服务方式也是吻合的；而第四方物流强调的依靠业内最优秀的第三方物流供应商、技术供应商、管理咨询顾问和其他增值服务商，为客户提供独特的和广泛的供应链解决方案的资源整合和最优化思想，在物流服务日益全球化的趋势下也是可以实现的，它代表着第三方物流未来的发展方向。

2．两者的比较分析

第三方物流的提出可以说是物流业的一次革命，在世界范围内引起了广泛关注，其根本原因在于其独特的作用。

它能够帮助客户获得价格、成本、利润、服务、供货速度、准确及时的信息及新技术的采用等诸多潜在的优势，具体体现在以下五个方面。

(1) 有利于企业集中核心业务，培育核心竞争力；
(2) 具有专业化水平和相应的物流网络；
(3) 规模经济效益；
(4) 信息技术优势；
(5) 有助于提高企业形象和拓展市场。

第三方物流为客户提供综合物流服务或一部分供应链物流服务，以获取一定的利润。第三方物流公司提供的服务范围很广，它可以简单到只是帮助客户安排一批货物的运输，也可以复杂到设计、实施和运作一个公司的整个分销和物流系统。从这个层面上看，与第三方物流相比较，第四方物流关注更多的是其客户企业的本身物流发展的规划，并不涉及整个供应链，所以是一个局部的概念。这也正是第三方物流的优势所在，使其可以更专注地发展以上五个方面的优势。

第四方物流发展的另一个瓶颈是与第三方物流的合作关系，二者的合作关系很容易由信任关系转化为竞争关系。作为第三方物流，出于对商业机密的考虑，无法接受第四方物流与自己共享所有信息，特别是物流服务的价格和服务特色。因为，如果掌握了这些信息，第四方物流就很容易利用这些信息抢走第三方物流的客户。这些诱因的存在往往使合作变成竞争。另一个方面，第四方物流不但要为客户设计一个价位合理的供应链解决方案，更重要的是在这个价位的基础上，实现整个供应链各个节点的正常运转。但是，第四方物流的“虚拟运作模式”就有可能无法实现以上的承诺，这也正是第四方物流最大的难点，即客户难以很放心地将其对供应链物流的控制权交给第四方物流服务商。第四方物流是在解决企业物流的基础上，整合社会资源，解决物流信息充分共享、社会物流资源充分利用的问题，同时也是在推进我国现代物流产业发展，发挥政府职能所能做的唯一切入点。

二、发展第四方物流的前提

1．着力发展第三方物流企业，为第四方物流的发展提供基础

第四方物流的发展必须在第三方物流行业高度发达和企业供应链业务外包极为流行的基础之上才能够发展起来。第四方物流所倡导的物流运作新思路、新理念，即为企业设计融合物流技术与通信的整体物流秩序，无缝连接下游经销商和上游供应商，以提高企业物流全环节运作效率、降低物流整体费用为中心的经营方针是第四方物流思想的精髓和希望所在。第四方物流只有与第三方物流在服务上实现更多的互补和合作，才能做到物流成本最小化，提高运营效率。因此，只有大力发展第三方物流企业，第四方物流才有发展的基础。

2．加快信息技术发展

随着信息管理的日益重要，企业需要制定一个合适的信息技术策略，通过信息技术实现各个供应链职能的加强。一是企业内部技术的提高。目前，亟待提高企业内部物流信息管理和技术手段，如条形码技术、数据库技术、EDI 技术、全球卫星定位系统(GPS)、制造资源计划(MRP)和企业资源计划(ERP)等物流信息技术，加强其在物流领域中的应用。二是整个供应链技术的提高。加强供应链信息技术的开发与利用，使得供应链的参与者可以真正能够对整个供应链有一个全面、实时的“全景式”扫描。供应链信息技术应该可以覆盖

影响企业竞争能力的诸多方面，包括产品流的可视性。事件管理和绩效管理等技术所能够提供的实时信息，帮助企业在必要的时候能够重新调整产品流，并且预测内向和外向的流量；它还可以帮助用户对供应链上的各个层次的绩效数据进行量化和对绩效进行跟踪，同时寻找机会进行持续改善。这样，虚拟企业完全可以由虚拟的物流外包商来提供端到端的供应链服务。这些新兴技术将会有助于第四方物流为服务供应商、客户及其供应链伙伴提供一整套高效的集成解决方案。

3．政府要统筹规划，搞好物流基础建设工作

第三方物流企业本身是物流业的利润点，依靠企业自身的发展规律就能生存，唯有发展第四方物流才应该是政府重点发展的对象。为此，政府要加强统筹规划，搞好物流配送的基础建设工作。由于物流基础设施建设投资额大、投资回收期长，因此应建立以政府资金为主导，引导外资、民间资金形成多元化的物流投资体系；并借鉴国外的经验，改革物流设施投资的纯现金回报制度，让物流企业低成本运作，适当发行物流建设债券，或者放宽科技含量高的物流公司发行股票并上市的条件，为物流建设筹资；加强对交通运输、仓储设施、信息通信、货物包装与搬运等物流基础设施和装备的改进力度，为发展物流产业奠定必要的物质基础。

本 章 小 结

本章介绍了第三方物流的概念、产生的背景、行业结构分析、业务价值、运作模式、物流服务的选择策略和第四方物流的相关内容。所谓第三方物流，是指由供方与需方以外的物流企业提供物流服务的业务模式。随着物流业的发展，第三方物流是物流专业化的一种重要形式，物流业发展到一定阶段必然会出现第三方物流，而且第三方物流的占有率与物流业的水平有着非常紧密的相关性。目前而言，我国的物流水平尚处于萌芽阶段，有无穷之潜力同样也有无穷之挑战。

第三方物流的业务价值主要体现在它的管理技术优势、降低成本的规模经济优势以及给企业带来的诸多效益，正因为有了这些优势，第三方物流才有无穷之发展潜力。

复习思考题

一、选择题

1. 现代物流管理是以(　　)为中心的。

   A. 服务　　B. 利润　　C. 信息　　D. 速度

2. 第三方物流提供的是(　　)。

   A. 物流服务　　B. 全方位的物流服务

   C. 货物速递　　D. 仓储

3. 通过第三方物流可以整合(　　)。

   A. 单个物流企业　　B. 单个供应链上企业的物流

C.　多个供应链上企业的物流　　　D.　整个社会的物流

4.　第三方物流服务延续的时间(　　)。

A.　较短　　B.　不定　　C.　较长　　D.　固定

5.　第三方物流企业是客户的(　　)。

A.　物流承包商　　　B.　战略合作伙伴

C.　物流运营商　　　D.　货代公司

6.　第三方物流首要考虑的因素是(　　)。

A.　第三方物流企业特长　　　B.　第三方物流企业资源

C.　花费成本　　　D.　物流服务

7.　第三方物流企业为客户提供(　　)的服务。

A.　多样化目的　　　B.　固定化

C.　定制化　　　D.　标准化

8.　第三方物流的最大优势是(　　)。

A.　综合服务　　　B.　降低作业成本

C.　准时及时服务　　　D.　专业化

二、判断题(正确的用√表示，错误的用×表示)

1. 第三方物流是物流专业化的一种形式，可以整合不同企业的物流管理和运作，在实现自身效益的同时，实现社会物流的合理化。　(　　)

2. 选择第三方物流时，最好选择服务资源丰富的企业。　(　　)

3. 第三方物流是中间物流企业。　(　　)

4. 第三方物流企业为企业提供采购服务。　(　　)

5. 第四方物流是第一、第二、第三方物流之外的物流。　(　　)

三、论述题

按照物流活动的承担主体分类，现代物流可以分成企业自营物流、专业子公司物流和第三方物流三类。请结合实际，谈谈三者各自的特征与区别。

参 考 文 献

1. 陈水坤. 第三方物流的组织与管理. 苏州：苏州大学出版社，2004
2. 陈子侠. 现代物流习题与解答. 北京：机械工业出版社，2004
3. 孔伟. 第三方物流与第四方物流的比较分析. 物流科技，2006
4. 梁建. 第三方物流企业的评价和选择. 华东经济管理，2004
5. 陈军霞. 第三方物流价值分析研究. 商场现代化，2006

第十四章　供应链管理

本章导读：

供应链管理(SCM)是近年来在国内外逐渐兴起并日益受到重视的一种新的管理理念与模式。早期的供应链管理研究主要进行供应链的局部性研究，诸如多级库存控制、分销运作、物料供应等基于业务活动的管理问题。随着经济全球一体化，供应链管理在理论和实践上已从早期基于业务活动的经济关系，扩展到了一种所有加盟供应链企业的长期合作关系，使供应链从一种作业性的管理工具上升为管理理念的方法体系。

学习目标：

通过对本章的学习，理解供应链管理的概念和内涵；了解我国当前供应链管理存在的问题；掌握牛鞭效应的成因、危害及对策；掌握当今经济全球化下供应链的发展趋势。

关键概念：

供应链管理(Supply Chain Management)
纵向一体化(Longitudinal Integration)
横向一体化(Lateral Integration)
牛鞭效应(Bullwhip Effect)

第一节　供应链管理概述

一、供应链管理概念溯源

供应链的概念自从 1982 年由管理咨询师 Booz 和 Hamilton 提出以来，迄今为止，供应链管理的概念仍然纷争不断。Cooper 和 Ellram 将供应链管理定义为“是对从供应商到最终用户的整个分配流程的系统管理的哲学”；而 Harland 则强调供应链应当是“网状的”而非“线状的”，其定义为“供应链管理是对与最终用户所需求的产品和服务的组合有关的相互交联的商业网络的管理”；Frazelle 也认同供应链管理是一个网络的管理，是“关于供应链网络的管理，其网络包括设施(如仓库、工厂、车站、码头、商店等)、设备(如卡车、火车、飞机、轮船等)，以及与供应商和客户相联的物流信息系统”，该定义更多地从实务角度对供应链管理进行了诠释。此外，该研究者还对供应链管理和物流管理的术语进行了辨析，认为在供应链中的各物流活动(如客户反应、库存管理、采购、运输及仓储等)相互联系、相互作用。供应链管理与物流管理的概念不尽相同，物流活动可被比喻为发生在供应链这一竞技场的各项比赛活动，该分析方法清晰、生动，对物流管理和供应链管理的概念的理解不失为一个良好的开端。

由于涵盖了物料和信息的流动以及供应链成员的伙伴关系的管理，Handifeld 和 Nichols

关于供应链管理的界定在国外相关文献中获得了较多的赞同，这一定义表明“供应链包括从原材料阶段到最终用户阶段的与货物的流动与转化有关的一切活动，供应链管理就是通过增强供应链成员间的关系来整合这些活动，以达到可持续发展的战略优势”。这一定义无论是从战略层面还是从运作层面均较好地界定了供应链管理的要素。

二、供应链管理的相关理论

1. 经济学理论——交易成本分析

在经济学的理论中，交易成本与交易环境的相关性是一个经常被讨论的命题。科斯在《社会成本问题》中认为，任何不同经济主体在交易过程中所进行的搜集信息、商务谈判等活动都产生费用，并称为交易成本。在科斯理论的基础上，威廉姆森进一步发展了交易成本分析(Transaction Cost Analysis，TCA)理论，并将交易费用进一步细分为事前的交易费用和事后的交易费用。

前者包括起草、谈判和维护契约的成本，即与市场相联系的交易费用，如研究信息的成本、谈判和决策成本、检验和履行成本；后者则包括以下四个方面。

(1) 当交易偏离了所要求的准则而引起的不适应成本；

(2) 为了纠正事后的偏离准则而引起争论的成本；

(3) 伴随建立和运作管理机构的成本，如管理机构解决交易纠纷的成本；

(4) 保证生效的抵押成本。

该理论认为影响交易成本的主要因素是人的有限理性和机会主义的存在，它对涉及人力、物质资本投入的经济行为具有特别重要的意义。交易成本理论认为，交易的困难、在交易中接受不利的交易条件，以及交易不成造成损失导致的交易成本的增加等，实际上都是交易者的有限理性和机会主义行为造成的。这使得交易各方对谈判过程中契约的达成要求更高的条件，并在契约的执行过程中需采取更强的执行力度，以便强化契约的履行，譬如严格的商检标准、索赔条款、抵押标准等。交易成本理论提出在交易各方中机会主义出现的概率受一些因素的影响，即影响交易成本的三个变量是：资产专用性、不确定性和交易的频率。

供应链管理的模式是介于市场治理(纯粹的价格杠杆)和公司内部治理(纵向一体化)之间的一种治理模式。供应链治理模式的产生、存在和发展是企业旨在降低交易成本的结果，交易成本的大小在一定程度上决定了企业供应链的规模尺寸和构建模式。供应链中各成员企业间的交易成本受到三个变量——资产专用性、不确定性和交易频率的影响，而前两个因素的影响更为关键，当资产专用性或不确定性越高，交易成本也就越高。总而言之，在不同的商业环境中，三个变量不同程度的组合对交易成本的大小造成不同的影响。

衡量供应链存在的合理性关键之一在于度量其交易成本的大小。在供应链实践中若要提高供应链管理的效率，应当采用一定的技术手段来降低资产的专用性和不确定性以便降低交易成本。同时，供应链企业应当对其他交易伙伴的机会主义行为有所预见，并适当地对资产的专用性加以利用以增加沉没成本，这将有助于降低机会主义行为，以便稳定供应链的合作关系。

2．管理学理论——资源基础论

管理学理论将企业视为一个资源的集合体，企业资源是指受企业控制的并有助于企业规划、实施战略的一切资产、能力、组织流程、信息和知识等。随着竞争的不断演变，企业正是通过将不同用途的资源进行合理配置来获取竞争优势的。基于各种资源对企业战略规划的贡献，企业资源可分为实物资本资源、人力资本资源及组织资本资源三个类别。实物资本资源包括企业所采用的技术、工厂及装备、地理位置和对原材料的获取等；人力资本资源是企业的战略规划者以及企业员工的经验、教育、判断能力、智力水平、关系及远见卓识等；而组织资本资源包括企业正式的组织结构、正式的或非正式的计划、控制和协调的系统、企业内各部门的非正式关系，以及企业在其商业环境中与其他组织的各种关系。

资源基础理论(Resource-based View，RBV)认为，只有当企业资源具备以下特性：有价值性、稀缺性、难以模仿性和难以替代性时，企业才具有其他竞争对手所没有的竞争优势(Competitive Advantage)。这种竞争优势若能受到模仿壁垒的保护，就可能经受住竞争对手模仿的考验，而成为可持续发展的竞争优势(Sustained Competitive Advantage)。这种模仿壁垒既保护其不被企业现有竞争对手模仿，也保护其不被潜在的竞争对手复制，竞争者仅仅通过复制的手段是无法将具有可持续竞争优势的企业逐出竞技场的。该理论将可持续的竞争优势视作动态的，而在此之前的研究认为可持续的竞争优势是保持静态平衡的，且在持续一段时间后一旦被复制就失去了原先的意义。资源基础理论的动态观还认为，可持续竞争优势的这种动态性是随着商业环境的变化而变化的，对一个企业来说曾经是资源的劣势也可能成为企业的优势；反之亦然。

当代商业环境的动态变迁性表现在诸多方面：在全球化浪潮的背景下，企业可以在日益广阔的地理区域范围内进行资源的配置；由于比较优势的存在，劳动分工呈现日益精细化的趋势；由于信息技术的逐步导入，组织内和跨组织的沟通交流变得更加便利、适时。因此，在这一动态的商业环境中，出现了单个企业的规模日趋变小而企业间的合作日趋加深的趋势，企业能够从以往较为有限的资源配置范畴转向更广阔的配置空间。供应链管理模式使企业在供应链范围内而不是单个企业内部进行资源配置，这一模式能够将链条中各企业的核心资源进行重新甄别、整合及平衡，使企业的竞争力转变为供应链的竞争力。供应链竞争力具有比单个企业竞争力在结构上更为复杂、更难以模仿、更难以替代的特性，所以，拥有供应链竞争力的企业将可能获得更加持续的发展优势。

然而，获得供应链竞争力的先决条件是供应链的各成员在战略层面上达成一致，即供应链合作的终极目标是以较低的成本为最终用户(消费者)提供较高的服务水平。换言之，供应链成员的利润效益来源于对这种低成本和高服务水平的兼顾，只有供应链各成员在这一目标上达成共识，合作伙伴间才能实现资源共享和资源重整，才能实现利益共享、风险共担。而当供应链成员在合作过程中出现无法避免的矛盾时，共同的供应链终极目标将能起到调解矛盾、缓和关系的作用。在供应链实践中，评估供应链管理的绩效应当考察成员间资源的共享程度和整合程度，同时对供应链管理的终极目标的实施水平进行量化。

3．社会学、社会经济学理论——网络组织理论

现代组织理论以层级结构为基础，同时又汲取了社会学(社会心理学)中关于群体的观

点，将行为科学引入组织设计中。其代表观点有以下三个。

(1) 系统理论。将组织视为一个开放的系统，与社会因素具有一定的联系；认为组织是一个整合的有机系统，需要以一定的技术手段来解决各子系统间的协调与配合。

(2) 行为科学理论。将行为科学引入组织设计中，强调人是组织设计和运作的主体，主张从社会学和心理学的角度研究组织的行为特点和规律。

(3) 权变理论。认为不存在某种普遍适用的组织设计模式，主张应设定根据情况而变化的组织结构；指出主要的权变因素来自于企业的商业环境、技术力量、人力资源、规模尺寸以及发展战略。

网络组织理论(Network Perspecitve，NP)借用了计算机和生物学的概念，扩大了传统意义上的组织概念，模糊了单个组织的边界，使单个组织可以自由出入网络组织这一群体。该理论虽未明确给出企业网络组织的界定，但它将企业网络组织视为企业间凭契约关系或非契约关系而存在的一种生存群体状态，这种生存状态是企业通过合作关系而产生的，并成为企业间经济活动的一种非制度性的安排。网络组织中的企业依靠长期的认同感和信任感，并通过不断演变，逐步形成一体化的“准组织”形式。所以，对这一组织形式的研究不仅应当从现代组织理论的视角进行探讨，还应超越这一理论而从跨组织的文化、关系等做出深入的考察。

供应链管理的关键之一是对其网络组织的管理，其核心内容是对组织成员间关系的管理，更好地协调供应链关系应当被视为提高供应链管理水平极为重要的利器之一。物流专家 Seuring 提出供应链管理应包括两个维度：产品维度(包括物料和信息流的管理)和关系维度(主要是供应链成员间的互动关系的管理)。事实上，产品维度的管理更大程度上依赖于关系维度的管理。假如供应链成员本身缺乏相互信任的精神，那么成员间的互动(Interaction)是无法升华为合作(Cooperation)的。

在供应链管理的应用实践中，信任关系的建立并非一蹴而就，而是需要一个逐步累积的构筑过程。这一过程包括：信任关系的形成、信任关系的发展及信任关系的维护三个阶段。在这三个阶段中，不同程度上的激励机制与约束机制的有机结合对于信任机制的构筑是很关键的。而激励机制和约束机制的建立是具有一定组织性的行为，需要由供应链中的一个或多个拥有较多权威的企业(可被称为核心企业)进行组织设计、制定规则、协调运作和解决争端。在不同性质的供应链中，核心企业既可以是生产性的企业也可以是流通性的企业，其在供应链网络中所行使的“话语权”并非来源于传统意义上的层级结构组织，而是通过网络成员间的契约、口头契约、行规、默认等多种方式的认可。

三、供应链管理模式与传统管理模式的比较

传统管理模式下，企业出于对资源占有和直接控制生产的需要，常采用的策略是扩大自身规模或参股其他企业，与为其提供原材料、半成品或零部件的企业是一种所有关系，即为“纵向一体化”管理模式。该管理模式在企业处于相对稳定的市场环境中时非常有效。但在企业竞争日益激烈、顾客需求不断变化的形势下，该管理模式会暴露出以下缺点。

(1) 增加投资负担。无论是投资建新厂，还是控股其他公司，都需要企业自行筹措必要的资金。

(2) 承担丧失市场机会的风险。即使决策正确，项目建设也需要一定周期，而市场行

情不断变化，有可能错过进入市场的最佳时机。

(3) 迫使企业从事不擅长的业务活动。管理人员往往花费相当多的时间和精力从事辅助性管理工作，可能导致辅助性管理工作做不好，也不能发挥关键性业务核心作用的结果，这样企业就会失去竞争特色。

(4) 在每个业务领域都直接面临众多竞争对手。在企业各种资源都十分有限的情况下，四面出击的结果很可能带来严重的损失。

供应链管理模式是“横向一体化”管理模式，即利用企业外部资源快速响应市场需求，而本企业只抓住最核心的东西——产品的方向和市场。至于生产，只抓住关键零部件的制造，有时甚至全部委托其他企业加工。其好处是利用其他企业的资源促使产品快速上马，避免自己投资带来的基建周期长等问题赢得产品在低成本、高质量、早上市等方面的竞争优势。供应链管理把企业资源的范畴从过去的单个企业扩大到整个社会，使企业之间为共同的市场利益而结成战略联盟。供应商以满足客户、为客户服务为目标；客户以供应商为依托，在供应商和客户之间建立一种长期的依存关系。

供应链管理所强调的快速反应市场需求、高柔性、低风险、成本—效益目标、战略管理等优势吸引了众多的学者和企业界人士的研究和实践。惠普公司、IBM公司、戴尔计算机公司在供应链管理实践中取得了巨大的成就，使人们坚信供应链管理是21世纪后企业适应全球竞争的一种有效途径。

四、供应链中的牛鞭效应

(一)什么是牛鞭效应

牛鞭效应(Bullwhip Effect)也叫信息曲解(Information Distortion)现象，指的是当供应链上的一种需求变异突然放大时，由于信息流从最终客户端向原始供应商端传递时，无法有效地实现信息的共享，使得信息扭曲而逐级放大，导致了需求信息出现越来越大的波动。这种信息扭曲的放大作用在图形显示上很像一根甩起的赶牛鞭，因此被形象地称为牛鞭效应。

(二)研究牛鞭效应的目的

牛鞭效应导致的信息扭曲如果和企业制造过程中的不确定因素叠加在一起，将会导致巨大的经济损失。因此，研究牛鞭效应就是为了消除或减少牛鞭效应产生的对供应链的不利影响，把其对供应链的经济损失降至最低。

(三)牛鞭效应产生的原因

1. 需求信号的处理

为了安排生产进度、计划产量、控制库存和计划物料需求，供应链中的企业通常都会预测产品需求。而预测通常是基于企业直接接触顾客的购买历史进行的，当下游企业订购时，上游企业的经理就会把这条信息作为将来产品需求的信号来处理，基于这个信号，上游经理会调整需求预测；同时上游企业也会向其供应商增加订购，使其做出相应的调整。因此，这种需求信号的处理是牛鞭效应产生的主要原因。

2．批量订购

在供应链中，每个企业都会向上游企业订货，并且会对库存进行一定程度的监控。由于入库的物料在耗尽以后，企业并不能马上从其供应商那里获得补给，因此，企业经常会进行批量订购，而且在再次发出订购之前保持一定的存货。当卡车满负荷载重时，单位产品运输成本最低，因此当企业向供应商订购时，他们都会倾向于大批量订货以降低单位运输成本。订单通常都是随机分布，甚至是相互重叠的。当顾客的订货周期重叠时，很多顾客会在同一时间订货需求高度集中，从而导致牛鞭效应高峰的出现。

3．价格波动

价格波动会促使提前购买。制造商通常会进行周期性促销，如价格折扣、数量折扣、优惠券等，这会促使其分销商提前购买日后所需的产品。而提前购买的结果是顾客所购买的数量并不反映他们的即时需求，这些批量足以供他们将来使用一段时间。当制造商的价格恢复正常水平时，顾客由于有足够的库存，因此在其库存消耗完之前不会再购买。结果，顾客的购买模式并不能反映他们的消耗和消费模式，并且使其购买数量的波动较其消耗量波动大，从而产生牛鞭效应。

4．限量供应和短缺博弈

当产品供不应求时，制造商常根据顾客订购的数量按照一定的比例进行限量供应，而客户会在订购时夸大实际的需求量；当供不应求得到缓和时，订购量会突然下降，大批客户会取消订单。博弈的结果是，供应商无法区分这些增长中有多少是由于市场的真实需求而增加的，有多少是零售商害怕限量供应而虚增的，因而不能从顾客的订单中得到有关产品需求情况的真实信息。

5．供应链间、各个环节间信息不透明

上游企业如果仅根据下游企业的订单来安排生产量和库存量，而未查明或无法查明产生该订单的原因是什么，以及订单反映的数额是否反映下游企业的实际需求，供应链间、各个环节间信息不透明是导致牛鞭效应产生的根本原因。

(四)牛鞭效应产生的后果

1．增加物流成本

上游企业一般根据订单安排生产。由于牛鞭效应的存在使上游企业接到的订单具有变动性，为了应付这种变动性，上游企业就不得不增加生产能力或者增大库存，这势必会增加单位生产成本和库存成本。

牛鞭效应还会导致企业生产预测差。由于无法及时处理积压订单，增加了生产计划的不确定性，如过多地修订计划、增加补救措施的费用等。

2．给供应链的各节点企业带来负面影响

出现牛鞭效应后，各个节点的企业都会把责任归咎于其他公司，导致企业间的不信任，会影响各个企业间未来的协调与合作。

(五)如何消除牛鞭效应造成的影响

1．实现上游下游企业的无缝链接

1)　实现信息共享

这是减小牛鞭效应不利影响最有效的措施之一。供应链各成员间通过 Internet/EDI 来实现实时交流和共享信息，减少和消除信息的不对称性，准确把握下游的实际需求。抑制牛鞭效应就要准确预测。要想实现准确预测，一方面需要预测时综合考虑历史资料、定价、季节、促销和销售额等多种因素；另一方面要避免供应链中消费数据的重复，解决这两个问题都需要实现信息共享。

要想实现信息共享，建立供应链战略伙伴关系是必经之路，供需双方在战略联盟中相互信任，才能公开业务数据真正实现信息共享。

2)　业务集成

供应链各成员间实现业务紧密集成，形成顺畅的业务流，这既能减少下游的需求变动，又能掌握上游的供货能力，安心享受供给保障，不再虚增需求。

3)　利用 SCM 消除牛鞭效应

供应链通常强调准确和协同，采购和排产要准确，供应链的各方要彼此协同。但在如今快速变化的市场中，计划常常跟不上市场变化，速度在供应链管理中变得比以往更重要。所以，解决牛鞭问题还有一种思路就是将 SCM(Supply Chain Management)系统与 CRM(Client Relation Management)系统有效对接，实现将物料计划发给各个供应商，才保证了供货充足而又不会大量占用资金与仓库。

2．订货分级管理

根据二八定律，划分分销商，即将 80%的焦点精力集中在 20%重要的事情上，就不会一事无成了。即对下游企业分别对待，通过管住关键销售商来减少变异概率。

3．缩短提前期

订货提前期越短，订量越准确。据调查，如果提前 26 周进货，需求预测误差为 40%；提前 16 周进货，需求预测的误差为 20%；而在销售时节开始时进货，则需求预测的误差为 10%。因此，缩短提前期能够显著减小牛鞭效应。

4．采用业务外包

外包服务也可以抑制牛鞭效应。例如，采用第三方物流策略机制可以缩短提前期和实现小批量订货，无须再向一个供应商一次性大批订货，减少了运输风险。

5．加强库存管理

利用库存控制方法消除牛鞭效应，有以下三种方式。

1)　VMI 库存控制

VMI 管理系统就是指由供应厂商管理用户库存(Vendor Managed Inventory)，是连续补货的方式之一。所谓连续补货，是供应商与零售商建立伙伴关系，两者共享零售商的库存数据和销售信息及目前的存货水准，供应商根据这些数据和信息以及预先制定的存货水准

对零售商进行补货的过程。

2) 联合库存控制

联合库存是基于协调中心的联合库存管理模式，供应商、分销商和零售商采用联合库存的方式合理地分担库存，一旦某处出现库存短缺，可立即从其他地点调拨转运来保证供货。这既防止了需求变异的放大，又实现了共担风险，降低了整体库存，有效抑制了牛鞭效应。

3) 第三方物流管理库存

第三方物流系统使企业之间的物流活动更加经济和高效化。第三方物流的物流咨询、广泛的市场信息使企业能获得更准确的需求信息，面向协调中心的第三方物流系统使供需双方都取消了各自独立的库存，提供的需求信息更为准确，增加了供应链的敏捷性和协调性。

6．打破批量订购

批量订购会产生牛鞭效应，企业偏好大批量、低频率采购策略的原因是实行小批量、多次订购会使采购成本、运输成本高昂，即使通过 EDI 可使订购成本下降，但订购的效率仍会受满负荷与否所限制。解决这个问题的一个方法就是制造商鼓励其分销商同时订购多种不同的产品，这样货车一次就可从同一制造商那里满载多品种的产品，而不是满载同一品种。这样对每一产品来说其订购的频率大了，而发送的频率不变，但仍可获得运输的规模经济性。

7．稳定价格

控制由于提前购买或转换而引起的牛鞭效应的最好方法是减少对批发商的折扣频率和幅度，制造商可通过制定稳定的价格策略以减少对提前购买的激励。

8．消除短缺情况下的博弈行为

当供应不足时，供应商可根据顾客以前的销售记录按比例、限额定量供应，而不是根据订购的数量供应，这样就可以防止顾客为了获得更多的供应而夸大订购量；当供不应求时，与顾客共享生产能力和库存状况的有关信息，能减轻顾客的忧虑，从而减少其参与博弈。

9．建立惩罚约束机制

如果缺少惩罚机制，零售商会不断夸大他们的需求，在供给过剩的时候再退货或取消订单，而采用限制性订货条款，对频繁取消订货的企业进行处罚可以消除零售商的夸大订单额度。根据回款比例安排物流配送，是消除订货量虚高的一个好办法。因为这种方法只是将初期预订数作为一种参考，具体的供应与回款挂钩，从而保证了订购和配送的双回路管理。

其实我们可以发现，牛鞭效应在某种程度上是无法避免的，我们所要做的是要尽量减少整个供应链系统受到牛鞭效应的影响。为此各企业间要建立诚信机制，实现资讯共用，使各节点企业能从整体角度进行决策，实现各个企业的共赢，才能促进整个物流行业健康有序地发展。

五、实施供应链管理在我国面临的问题

凭借出色的供应链管理获得优势的企业并不少见，但是成功的供应链管理并不是管理模式的简单移植。供应链管理不仅仅是简单的模式，由于超越了单个企业的范畴，其实施所涉及的内容同样广泛。

在我国，目前供应链仍处于理念先行的阶段。传统的中国企业是纵向发展的，即“大而全”“小而全”，从采购、生产到包装再到出货都是企业自己做。而供应链管理强调协同性，需要企业从传统封闭的纵向思维中跳出来，向开放的横向思维转变。在协同商务中，供应商、分销商、零售商和服务提供商以互惠互利、互信互补的原则一同去面对市场竞争。鉴于我国的国情，推动协同商务会有相当大的难度。

我国企业的采购和供应环节，人为因素占很大分量，要推行供应链管理，会有各种主客观因素加以阻碍。企业若想建立一条以自己为主的供应链，首先必须在行业里有相当的规模和主导地位，没有一定的号召力不可能取得其他行业的配合。目前，我国的很多大型企业已进行了一些探索，但相对而言，企业基础信息措施缺乏，从供应链的角度看，单个企业的进入是没有意义的，建立运作良好的信息交换平台才是关键。

供应链协同合作，标准问题很重要，统一数据格式和流程是必要条件。标准的形成有三条途径：权威的认可、技术发展走向和市场选择。国外标准的发展依据是市场的选择。在我国，由于市场广大、应用水平不均衡以及行业和部门之间的条块分割，在标准的制定过程中，权威的作用尤为重要。目前这方面的工作还没有真正全面地启动。

第二节　供应链管理中的物流管理

英国著名供应链专家马丁·克里斯多夫在书中写道：“市场上只有供应链而没有企业。”20 世纪 90 年代以来，供应链这个从价值链发展而来的概念正日益取代传统物流概念而受到越来越多的企业的关注。因此，有必要强调供应链与企业物流网络的整合，并在供应链管理这个大环境下进行物流管理创新。同时，企业物流管理创新的实践，将促使其在供应链管理中地位的提升，进而推动物流客户服务战略以及供应链管理战略本身的发展。

一、供应链管理环境下物流管理的地位

与企业传统的物流管理的意义和做法不同，在供应链管理环境下，物流管理是为实现供应链企业之间的一体化、并行化和柔性化运作以及增强快速响应市场的能力提供保障的基础性要素，具有举足轻重的作用。欧美等一些国家学者甚至认为，物流具有战略性，它决定着企业的生存和发展。

1. 物流管理是企业供应链管理发挥整体竞争优势的前提和基础

过去，制造企业的物流活动是分散在各个传统职能部门中的，通过预测下游企业的需求来进行各项作业的安排，其目的只是保证生产过程的连续性。然而，在供应链管理模式

下，顾客关系的维护与管理变得越来越重要，集中表现为物流的物理性满足向增值顾客服务的转变。此外，在追求更大的市场机会和持续竞争力的驱动下，要求企业的物流系统具有与制造系统协调运作的能力，以保证供应链上下游企业之间的同步化、并行化运作，实现快速响应市场的能力。所以，在供应链一体化基础上的物流管理是企业赢得整体竞争力的有效手段。

2. 现代物流管理可以优化供应链价值创造过程

在供应链中，物料从采购开始逐渐向市场移动的过程中，因加工、包装、运输、销售等作业而增加价值，其价值的增加一直持续到能在特定时间、特定地点、具有特定价格且可满足特定需求的产品或服务转移给最终顾客的时候。因此，为消除一切不增值的活动，供应链管理客观上要求将物流、信息流和资金流有效集成并保持高效运作。其中有效地管理好物流过程，对于提高供应链的价值增值水平将起到关键作用。

二、供应链管理环境下企业物流管理创新

(一)物流服务的创新

1．导入先进的物流服务理念

树立客户需求至上的理念，建立适合于需求多样化、个性化定制的新的物流服务。

(1) 制定市场导向型的物流服务水平。通过与顾客面谈、顾客需求调查、第三方调查等途径，制定出能根据市场环境和竞争格局的变化及时加以调整，增强快速响应市场的物流服务内容。

(2) 以全面提升客户价值作为物流服务的目标。在寻求供应链整体价值最大化的前提下，充分考虑不同顾客群体对本企业的贡献度以及潜在能力，并结合对竞争企业服务水平的分析，制定出为顾客提高经济效益、实现资源优化配置的物流服务组合。

2．物流服务内容的创新

(1) 现代物流管理必须以顾客为导向，在运输、仓储、配送等功能性服务的基础上不断创新服务内容，强化增值服务，以个性服务内容表现出与市场竞争者的差异性。

(2) 要在物流管理层面的服务内容上做文章，实现物流服务向信息流和资金流服务延伸。企业要与客户形成战略伙伴关系，通过与客户建立有效的沟通渠道，变传统的“一单一结”交易方式为与客户共同制定物流解决方案的现代服务方式，实现对客户的一站式服务。

(二)企业物流组织创新

1．物流组织由职能化向一体化转变

一体化的物流组织是在一个高层物流经理的领导下，将采购、储运、配送、物料管理等物流功能整合到一个组织中去，通过管理物流过程而不是物流功能来提高物流效率。它强调企业内部和企业之间的协同和利益互换，以使整个企业物流系统的运作效率得到提升。

2．建立以流程为导向的水平组织结构

针对传统企业物流活动固有的效率损失，企业必须形成以顾客为中心的流程导向型物流组织，要能跨越职能部门、分支机构或不同企业的既有边界来有效地组织物流活动。同时，压缩企业组织的管理层，缩短信息沟通渠道，消除机构臃肿、反应迟钝的现象，实现物流组织由垂直化向扁平化的转变，从而实现在物流成本、质量、服务和速度方面的改善。

3．物流组织虚拟化

随着信息技术的发展，许多物流程序中的作业可以透过信息的电子网络予以有效整合。在这种组织结构中，企业借助自身物流运作的核心能力通过电子网络连接整合上下游供应链成员来共同完成重要的物流活动。因而，跨组织的物流信息系统建设便是虚拟组织能顺利运转的关键。

4．缔结物流战略联盟，以供应链的整体优势参与竞争

物流战略联盟是为有效利用组织和市场双重优势的一种组织创新。因此，中国的大型制造企业、商业企业要迅速从大而全的经营误区中解脱出来，不失时机地与合适的供应商、储运商等结成战略联盟，通过合作成为核心企业长期的、稳定的战略伙伴，以供应链的整体优势参与国际竞争，提高产品在国内、国际市场的竞争能力和市场份额。

(三)物流管理技术创新

1．积极使用高科技物流设施、设备，改善管理技术

发达国家的经验表明，提高企业物流管理水平和效率的一个很大的方面，就是诸如自动化立体仓库、综合物流中心专用车辆等先进的装卸、仓储工具等物流设备的使用。所以，我国企业要抓住入世的机遇，在积极发展物流的同时，积极引进国外的资金、先进技术和管理经验来改造我们的物流设施、设备。这将有助于破除企业只盯着眼前的既得利益，把精力放在低水平的扩张及对本部门的垄断保护等方面落后的观念，从而大大缩小我国物流业与现代物流的差距。

2．利用信息网络技术优化供应链管理

我国企业物流管理创新应以网络和电子商务为依托，通过集约化和现代化管理，改造传统物流的业务流程，利用 ERP、电子商务和 CRM 等技术将上下游企业组成一个动态的、虚拟的全球网络化的供应链网络，实现从产品设计、需求预测、外购、制造、分销、储运和客户服务每个过程最合理的增值。

3．以物流管理信息化带动物流管理现代化

现代化的物流管理主要体现在物流信息化的开发与应用上。为此，企业应加大投入，建立计算机支持的物流信息系统。如利用 RFID 技术、条形码技术、自动仓储管理技术、电子数据交换、电子订货系统和自动分拣/存取跟踪系统等，实现可视化的货品排库功能，还可为客户提供物品运送的实时查询。

(四)物流管理体制创新

建立健全新型物流管理体制，就是从企业组织上保证物流管理职能始终贯穿于物流服务的建设、计划、组织和协调等各个方面。如成立物流领导小组、设立物流处等专司物流管理的部门，行使产前、产中和产后的物流管理职能，并对供应链实施具体的规划设计和组织管理。

(五)物流人才培养模式的创新

企业要加强与管理咨询公司的通力合作，积极参加咨询公司组织举办的高水平物流培训班，培养一批高级物流技术人才，还可以建立物流操作示范区，培养技术骨干，并努力在物流系统建立人员竞争机制，实行优胜劣汰；要加强理论与实际工作者的广泛交流，加强对发达国家物流管理先进经验的学习和借鉴，培养一批具有创新能力的物流管理人才，开辟独立的科研课题，提高科研水平和培养科研人才，为物流的发展提高理论支撑程度。

总之，在新的市场环境下，企业只有提高物流管理水平，进行物流管理创新，从而更加敏捷地应对市场环境和消费者需求的变化，做到柔性化经营，才能获得市场存在的依据和持续发展的动力，也才能使物流管理真正成为继自然资源、劳动力资源之后的“第三利润源泉”。

第三节　供应链管理的运作模式

准时制造(JIT)、弹性制造、物料需求计划(MRP)、企业资源计划(ERP)和客户关系管理(CRM)等管理技术的出现，使企业在改善内部作业流程的同时更加注重加强与供应商等利益相关者的联系。以往对于供应链的研究多是以生产商为核心企业，而针对以中间商和零售商为核心企业的供应链管理模式的研究少之又少。根据核心企业的不同，可将供应链管理模式划分为以生产商为核心企业的供应链管理模式、以中间商为核心企业的供应链管理模式和以零售商为核心企业的供应链管理模式。

一、以生产商为核心企业的供应链管理模式

生产商是工业时代传统的供应链核心企业，在以生产而非消费为主导的时代尤为如此。虽然伴随着以客户为中心的管理思潮的兴起，零售商在供应链中发挥着越来越重要的作用，但是在很多产业目前还是以生产商为主导，尤其是在制造过程中技术含量比较高的产业中。一个很好的生产企业供应链再造的例子，就是美国克莱斯勒实施的供应成本削减计划(SCORE)。这一计划的主要目的是在不损害供应商利益的前提下，全面降低供应商和克莱斯勒公司的生产成本。于 1989 年开始实行这一计划，通过本计划的实行，克莱斯勒公司成功地完成了供应商管理的变革。

以生产商为核心企业的供应链模式，其主要的优势在于技术专家的优势。此外，它还在产品信息汇集方面具有一定的优势，这一方面得益于生产商对于产品的技术优势，同时也得益于生产商在供应链中处于中间位置。因此，一般来讲，在供应链信息共享和协作不完全的情况下，这种供应链模式更为普遍。

二、以中间商为主导的供应链管理模式

这里的“中间”是相对于生产商和零售商而言的。比如，著名运动品牌耐克(Nike)作为供应链的核心企业，除了从事供应链管理，它只担任开发设计和市场营销的职能，而把制造等其他职能全部外包。因此，严格地讲，很难称其为生产商，它只是把部分职能专业化而独立了出来。

近年来，物流职能逐渐独立，一些第三方物流公司成为供应链的管理者，从而演化为所谓的第四方物流公司。所谓第四方物流是供应链的整合者和管理者，它主要是通过对物流资源、物流设施和物流技术的整合和管理，提出物流全过程的方案设计、实施办法和解决途径。第四方物流是第三方物流的发展，物流服务商从单纯的物流提供商升级为供应链的设计者和管理者。由于物流在供应链中的重要地位，以第四方物流公司为核心企业的供应链模式也是以中间商为核心企业的供应链管理模式的一种。

还有一种比较普遍的核心企业形式是采购代理。数量众多的生产和零售企业有赖于采购代理作为买卖双方的中介，利丰公司就是其中的佼佼者。

利丰公司是中国香港地区最大的贸易公司，该公司一直致力于供应链管理的创新，已经成功地由传统的采购代理转变为供应链管理者。公司在接受订单以后，执行所谓“分散生产”的策略。即先进行价值链(生产过程)分解，然后对每一步进行优化，并在全球范围内进行生产。例如，公司在中国香港地区进行高附加值的前期和后期工作，而把劳动密集型工作放到泰国和中国大陆等地，如图 14.1 所示。

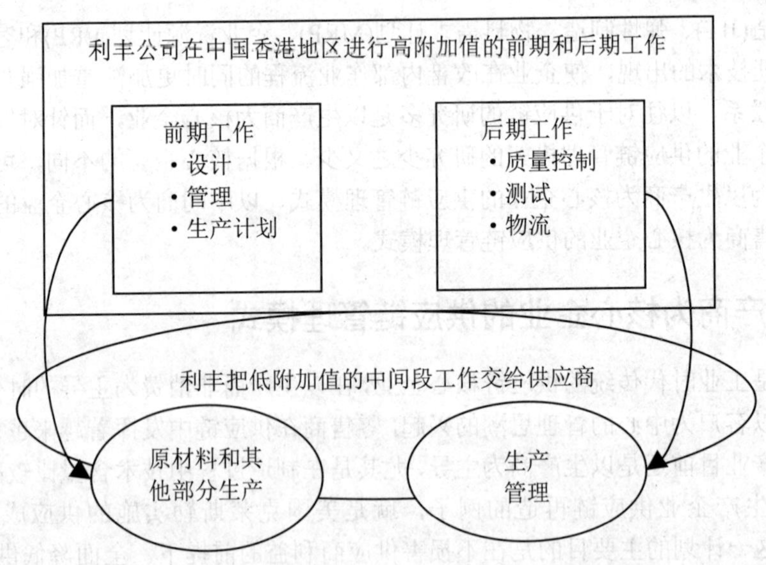

图 14.1　供应链管理——利丰公司是如何创造价值的

这种以采购代理为主导的供应链管理模式的主要优势在于采购信息汇集方面。采购代理商凭借手中的客户资源，灵活地组织供应链，使得产品在成本最低的地方生产，而在顾客最需要的地方销售。在经济全球化的背景之下，这种以采购代理为主导的供应链管理模式必然有其生存和发展的空间。

三、以零售商为核心企业的供应链管理模式

在传统意义上零售商也是中间商之一。但近年来零售商在供应链中的地位日益加强，使得有必要把零售商从中间商中分离出来单独研究。以零售商为核心企业的供应链管理模式在实践中早已有成功之作，英国的马狮集团就是其中的典范。

在 20 世纪 20 年代初，西蒙·马克在曼彻斯特创办了马狮公司。当时普遍认为零售商的核心竞争力是高超的采办货物的能力，但马狮公司却认为，零售商比生产商更了解顾客的需求，因此，可以在供应链中发挥更大的作用；应该由零售商而不是生产商来设计、开发产品；零售商应该去寻找能够按其设计产品生产和满足自己成本要求的生产商。这种观点体现了供应链中以零售商为核心企业的管理模式，这在当时是绝无仅有的。

马狮公司出售其自创的“圣米高”牌产品，包括服装、食品及酒类、鞋类、家庭陈设品、化妆品、书籍以及家居点缀植物。在英国，“圣米高”品牌已被公认为优质与物有所值的象征。90%以上“圣米高”品牌的商品是由在英国的大大小小的 800 多家供应商制造的，马狮在全英 200 多家商店中出售全部“圣米高”品牌的货品，所有的货品都是由马狮自己设计或是与制造商合作设计的，并不像其他百货公司那样，仅从供应商那里购入已制成的货品。马狮依据对市场需求的预测，将设计好的、适销对路的产品交由独立的制造商来制造(马狮并未拥有他们的任何股权)。制造商按照马狮提供的严密规范进行生产，目的是要确保货品具有高级而稳定的品质。为了达到此目的，马狮雇有 350 多名技术人员驻于总部，与制造商紧密合作，在选料、应用生产程序和技术、品质控制等方面提出意见并做出监察。由于对每一类货品都这样一丝不苟地认真对待，所以，尽管它在店中出售的货品比其他连锁店少得多，但是，它出售的每种货品都能得到品质保证。这种零售商主导的供应链管理模式的好处便是能提供顾客所需的货品，而不是任由制造商或批发商决定供应什么。马狮所建立的零售商主导的供应链管理模式获得了极大的成功，被誉为“经营管理的典范”。

以零售商为核心企业的供应链管理模式的主要优势在于供应链对于市场需求信息的收集和反应方面。零售商是供应链中最靠近顾客的一环，能直接得到市场的需求信息。如果以零售商作为供应链的核心企业，则供应链对于需求信息的获取和反应都会快捷得多。而且由于零售商掌握实时的需求信息，做出的关于供应链管理的各种决策也更加理性。这种模式更加适应市场需求拉动型的供应链，在顾客地位越来越重要的趋势下，以零售商为核心企业的供应链管理模式必将获得更快的发展。

第四节　供应链管理的发展趋势

20 世纪 80 年代以后，物流国际化逐渐成为世界性趋势。西方主要国家为了实现与对外贸易不断扩张相适应的物流国际化，采取了建立物流信息网络、加强物流全面质量管理等一系列措施，提高了物流国际化的效率。到了 20 世纪 90 年代，国际物流的概念和重要性已为各国政府和外贸部门所普遍接受。贸易全球化必然要求物流国际化，即物流设施国际化、物流技术国际化、物流服务国际化、货物运输国际化、包装国际化和流通加工国际化，等等。人们已经形成共识：只有广泛开展国际物流合作，才能促进世界经济的繁荣——物流无国界。

一、供应链管理与国际物流

面对入世后的严峻挑战，管理仍然是目前国内物流企业最迫切需要解决的问题。从供应链管理的角度来考虑企业的整个生产经营活动，形成这方面的核心能力，对广大企业提高竞争力将是十分重要的。

供应链的概念是从扩大的生产(Extended Production)概念发展而来的，它将企业的生产活动进行了前伸和后延。譬如，日本丰田公司的精益协作方式中，将供应商的活动视为生产活动的有机组成部分而加以控制和协调，这就是向前延伸；后延是指将生产活动延伸至产品的销售和服务阶段。因此，供应链就是通过计划(Plan)、获得(Obtain)、存储(Store)、分销(Distribute)、服务(Serve)等这样一些活动而在顾客和供应商之间形成的一种衔接(Interface)，从而使企业能满足内外部顾客的需求。实际上，自古以来供应链就已经客观存在了。从本质上说，只要有商品交换，就有供应链和供应链管理。企业从原材料和零部件的采购、运输、加工制造、分销直至最终送到顾客手中的这一过程被看作是一个环环相扣的链条，这就是供应链。但现代供应链不仅是一条连接市场、客户到制造、销售和服务的信息链、物料链和资金链，而且更是一条增值链。信息和物料在供应链上因客户分析、研发、采购、制造、包装、运输和服务等过程的运作而增加其价值，并给供应链上的相关企业都带来收益，从而全面提升供应链的竞争力，为股东获取更大的利润。

全球化条件下的供应链是一个范围更广的企业结构模式。它以市场需求为导向，以客户需求为中心，以核心企业为盟主，将客户、研发中心、供货商、制造商、分销商、零售商和服务商按协同产品商务(CPC)和双赢模式连成一个完整的功能网链结构，强调供应链上的各节点企业是一个不可分割的有机整体。要特别指出的是，供应链并不是我们通常理解的机械上的链式结构，而是一种复杂庞大、交叉纵横的网络系统，是对商品生产供需关系的系统工程的形象表达。

在供应链管理中，合作是其管理的核心。但由于供应链中各企业自身内部的业务调整变化或外部环境的变动，供应链成员之间的合作是不稳定的，经过一定的时间就要及时做出调整，重新进行选择和优化。所以供应链不是一成不变的，而是动态的。

造成供应链成员合作不稳定的因素是多方面的。例如，合作伙伴选择不当、信息不对称、利益分配不公以及激励机制不合理，等等。供应链成员的关系很复杂，成员之间的关系极可能是竞争性的也可能同时又是合作性的。这种关系被称作“竞合”关系：成员之间因利益的冲突而竞争，因共同利益的存在而合作，成员都会从这种竞合关系中获益。

二、适应国际物流发展需要的供应链管理

(一)供应链管理的特点

适应国际物流迅速发展的供应链管理与传统的物料控制及储运管理等常规物流活动相比较，有其自身的特点。

(1) 供应链是一个整体，它是围绕着整体物流目标而建立起来的一种具有高度适应性

的、跨企业的“合作——竞争”模式，而不单单是由采购、制造、分销、销售等活动所构成的一些分离的功能块。

(2) 供应链管理要求对整个供应链进行动态的战略决策，并最终依靠这种动态的战略决策进行管理。

“供应”活动是整个供应链上各个功能部门的共同目标。坚持这一点具有战略意义，因为它对整个供应链的成本及供应链的市场份额具有重大影响。

(3) 在供应链管理中，库存活动并不一定是一项必需的功能，它只是起平衡产销作用的最后工具。

(4) 作为跨企业管理，供应链管理要求采用系统的、集成化的管理方法来统筹管理整个供应链的各个功能。

第五，支撑供应链管理顺利进行的是现代化的网络信息技术。

(二)供应链管理的目标和科学的管理思路

1. 供应链管理中降低物流成本侧重于非价值增值环节的成本

供应链管理中降低物流成本侧重于非价值增值环节的成本，如库存成本、在途制品成本和运输成本。

在现代化的网络信息支撑下，原本看似从销售商到制造商再到供应商逐个完成的环节可以“同时”进行。这就使原来存在于它们之间的因需求不确定而建立的缓冲库存被取消，而在供应商与制造商之间建立转运中心，在制造商与销售商之间建立配送中心。这种中心集中管理各供应链的库存，降低了原来链中分散的各企业单独仓库的库存成本，通过库存的集成管理，最终达到降低整个库存成本的效果。此外，转运中心和配送中心还可以统一组织运输，完成供应商、制造商和销售商之间的库存中转任务，极大地降低整个供应链的运输成本，加快物流周转速度。

2. 供应链管理过程充分体现及时生产的思想

在供应链的及时生产体系下，供应商及时将原料(配件)送至制造商，制造商及时将产品送至销售商。供应链准时生产的基础是在快速电子信息的条件下，三者制定同步的生产、发货计划。另一基础是链中核心制造商的生产能力和生产柔性。因为它把握着链中物流的节奏，其生产能力决定是否准时向需要供货的销售商运输产品，其生产柔性决定能否随需求变化而变化生产。

3. 运用价值链思想进行供应链管理

一体化物流(Integrated Logistics)是20世纪末最有影响的物流趋势之一。其基本含义是指不同职能部门之间或不同企业之间通过物流上的合作，达到提高物流效率、降低物流成本的效果，包括垂直一体化、水平一体化和物流网络。其中应用最广泛的是垂直一体化物流。它要求企业将提供产品或运输服务等的供货商和用户纳入管理范围，并作为物流管理的一项中心内容，为解决复杂的物流问题提供了方便。随着垂直一体化物流的深入发展，对物流研究的范围不断扩大，在企业经营集团化和国际化的背景下，美国人Michael Porter首先提出了“价值链”的概念，并在此基础上，形成了比较完整的供应链理论。

价值链把企业看作是一个综合了设计、生产、销售、配送和管理等活动的集合体。企业要生存发展，必须要为企业的股东和其他利益集团创造价值。企业的增值活动就是一系列互不相同但又关联的经济活动，其总和即构成企业的“价值链”，而每一项经营管理活动就是这一“价值链条”上的一个环节，它们都对企业的竞争优势和核心能力产生直接的影响。

企业所创造的价值来自企业价值链上特定的价值活动，是企业价值链的“战略环节”，企业的竞争优势尤其是能够长期保持的优势，就来自于战略环节。而物流在价值链的主体和辅助活动中以及上、下游环节里占据着重要地位。采购、内部物流、外部物流等活动都与企业供应链管理密切相关，是企业的增值活动，当然就是企业的战略环节。事实证明，企业运用价值链思想对其自身进行物流供应链管理，具有获取成本优势以及生产率优势的巨大潜力，同时赢得市场竞争优势的前景也很大。

总之，随着信息技术的发展与管理思维的创新，有效的供应链管理和现代物流正取而代之成为公司赢得竞争优势的重要源泉。以前的竞争是企业与企业之间的竞争，以后的竞争将是供应链与供应链之间的竞争。

(三)供应链管理中几个不可忽略的关键环节

建立科学的供应链管理，以下四个环节将是至关重要和必不可少的。

1. 建立基础数据库

供应链管理计划是保证供应链及时响应用户需求、保证链中各企业的正常运转、降低物流成本、提高物流效率的基础。因此，它必须以充分、准确的信息为条件，这就使建立各企业的基础数据库成为供应链管理中的基础环节。

2. 编制管理计划

企业通过网络互访数据库，获得编制计划的信息，并结合本企业情况编制计划，这一过程一般是从销售商开始的。

销售商根据用户需求和实际库存等信息编制销售计划；配送中心根据销售商的需求计划和自己实际库存等信息编制配送计划；制造商根据配送计划、销售计划并结合自身能力编制生产计划；运转中心根据生产计划和现有库存等信息编制运转计划；供应商根据运转计划、生产计划和自己供货力编制供应计划，这样一步步地完成从销售商到供货商的计划编制。

3. 核心企业相对集权

当市场需求变化时，需求信息通过网络传递给各企业，进而反映在各自的计划中，此时各企业都是计划中心兼控制中心。其中，在需求变动较大时，核心企业相对集权对供应链进行协调和控制。

4. 供应链合作伙伴关系的建立

要通过供应链管理获取竞争优势，就需建立上下游企业之间的合作关系，并使其保持

异质的特征。就此而言，合作意愿是前提，能力互补是基础，异质投资是条件，有效治理是保证。进一步讲，实施供应链管理所必需的前提条件，就是树立合作竞争的经营理念，并确立面向合作的企业文化。作为合作基础的资源与能力的互补性，则是上下游企业间资源与能力的固有特性。由于上下游企业间的合作不仅产生新的、为竞争者难以观察和模仿的异质资源与能力，而且对竞争也产生一定的限制作用，供应链管理尤其适合关系租金的产生。当合作企业将其互补资源与能力进行结合，并使其产生协同效果时，就可使这种结合变得更有价值、更稀有和更难以模仿。

一般而言，协同效果越大，其结合就越有价值、越稀有、越难以模仿，相应地，其产生关系租金的潜力就越大。

三、供应链管理的发展趋势

经济全球化和一体化发展迅速，产品的生产和消费不再局限于同一地理范畴，而是来自世界的不同地方，因而导致供应链越来越长，且越来越复杂，对供应链管理的要求也随之改变。由于环境、网络通信技术、全球动态联盟的发展及相关要求的提出，供应链管理也将向全球化、敏捷化和绿色化方向发展。

1．供应链全球化

随着供应、生产和销售关系的复杂化，在供应链过程中涉及的不同地域的厂家越来越多，最终呈全球性。全球供应链的形成，将使物流、信息流和资金流变得更加通畅，因此它不仅将增大整个供应链的总体效益，还能使单个企业借助庞大供应链的整合优势在竞争中更主动。然而全球供应链的形成将导致更长的采购和运输时间，供应链的时延将会更长。同时一条供应链中参与的经济实体越多，供应链的集成和协调的难度也将越大。

2．供应链敏捷化

基于 Internet/Intranet 的全球动态联盟、虚拟企业和敏捷制造已成为制造业变革的大趋势。敏捷供应链以企业增强对变化莫测的市场需求的适应能力为导向，以动态联盟的快速重构为基本着眼点，以促进企业间的合作和企业生产模式的转变、提高大型企业集团的综合管理水平和经济效益为主要目标，着重致力于支持供应链的迅速结盟、优化联盟运行和联盟平稳解体。实现供应链敏捷性的关键技术，如基于网络的集成信息系统、科学管理决策方法、高效的决策支持系统将成为深入研究的课题。

3．供应链绿色化

绿色供应链是绿色制造和供应链的学科交叉，是实现可持续制造和绿色制造的重要手段。供应链绿色化的目的是使整个供应链对环境的负面影响最小、资源效率最高。目前，对绿色供应链研究的主要内容是，建立绿色供应链系统的理论体系和进行绿色供应链的决策支持技术、运作和管理技术、集成技术。

本章小结

本章介绍了供应链管理的概念、供应链管理中的物流管理、供应链管理的运作模式和供应链管理的发展趋势等内容。

供应链管理是近年来一个热点的管理学研究课题。所谓供应链，可以简单地描述为由供应商、制造商、分销商、零售商直到最终用户所组成的网络。在这个网络中，过去处于支配地位的生产商发现，强大的中间商和零售商在二者的互动博弈中已经逐渐占据了上风。在当今经济一体化、企业相互依赖、用户需求个性化的环境下，供应链管理日益成为企业新的竞争战略。从供应链的角度来考虑，企业的经营管理在我国还处于起步阶段，目前在研究和应用上都很缺乏。因此，我国企业和学术界都应高度重视，根据我国国情和企业厂情，开展有自己特色的供应链管理的研究和实践。

复习思考题

一、单选题

1. 供应链的基本要素包括(　　)。
   A. 供应商和生产厂家
   B. 供应商、生产厂家、批发及物流和零售行业
   C. 生产厂家、批发及物流和零售行业
   D. 供应商和流通业
2. 供应链的内容涵盖了(　　)。
   A. 生产理论、物流理论和营销理论三大理论
   B. 物流理论、信息论和营销理论三大理论
   C. 物流理论、营销理论和金融理论三大理论
   D. 生产理论、物流理论和信息论三大理论
3. 供应链管理的基本内容包括(　　)。
   A. 采购、储存、销售
   B. 采购、运输、储存、销售
   C. 采购、制造、运输、储存、销售
   D. 采购、设计、制造、运输、储存、销售
4. 以下关于供应链的叙述中，不正确的是(　　)。
   A. 供应链是指商品进入消费者手中之前行业与行业之间的联系
   B. 供应与需求是不可分割的两部分，可把供应链与需求链的概念结合起来统称为“供需链”
   C. 供应链就是原材料的供应渠道
   D. 供应链涵盖从原材料的供应商经过开发、加工、生产、批发、零售等过程到达用户之间有关最终产品或服务的形成和交付的每一项业务活动

二、判断题(正确的用√表示，错误的用×表示)

1. 供应链包括的范围比物流小。　(　　)
2. 供应链包括物流。　(　　)
3. 采购是企业向供应商获取商品和服务的一种商业行为，但采购不是企业物流管理的起始点。　(　　)
4. 供应链是企业生产和将产品送达用户的物流活动。　(　　)

三、论述题

试论述牛鞭效应的成因、危害及对策。

参考文献

1. 徐琳. 供应链管理环境下的企业物流管理创新. 中国民营科技与经济，2006
2. 王海萍. 供应链管理理论框架探究. 经济问题，2007
3. 封为. 供应链管理趋势与对策. 物流技术与应用，2005
4. 麻佳莉. 关于供应链管理中的牛鞭效应. 中国水运，2006
5. 孔文. 国际物流发展趋势下的供应链管理. 江西财经大学学报，2005
6. 葛琪明. 谈供应链管理模式的创新. 镇江高专学报，2006
7. 董蕊. 供应链管理与第三方物流策划. 北京：中国经济出版社，2003

第十五章　现代物流与电子商务

本章导读：

21 世纪以来，现代物流进入了一个新的发展时期，特别是以网络为基础的电子商务的出现，对现代物流提出了新的发展要求。现代物流是电子商务的基础，同时为电子商务提供了交易实现的保证；而电子商务为现代物流的运作提供了物质技术条件，为其发展提出了更高的要求。因此，在电子商务环境下，如何理解电子商务与现代物流的关系，建立并选择合适的电子商务物流管理模式，成为现代物流亟须研究和解决的问题。

学习目标：

通过对本章的学习，重点掌握电子商务基本理论的核心内容和电子商务与现代物流之间的影响关系，并在此基础上了解电子商务环境下现代物流的管理模式。

关键概念：

电子商务(Electronic Commerce)

第一节　现代物流与电子商务概述

一、电子商务的基本理论

(一)电子商务的概念

作为一种全新的商务模式，电子商务(Electronic Commerce)是运用现代电子技术、通信技术和信息技术，利用计算机网络从事的各种商务活动，即利用电子手段进行的商务活动。最早提出电子商务概念的是美国经济学家托马斯・马龙教授，他曾把电子商务分为狭义的电子商务和广义的电子商务。狭义的电子商务指的是电子化的商务过程，是基于数据(文本、声音、图像)处理和传输，通过开放的网络进行的商业交易，也就是通常所说的电子交易或网上交易；广义的电子商务指的是商业活动中所有的方面都得到了信息技术的支持，这些活动不仅包括电子交易，而且还包括市场调查与分析、资源调配、生产经营计划安排和企业经营管理等。

电子商务促使交易的方式发生了革命，大大降低了交易成本，节约了交易时间，同时电子商务技术将促使组织间知识的传递更加快捷，传送的成本降低，它将成为信息共享的主要通道。从商务活动的角度分析，电子商务可以在多个环节实现，由此可以将电子商务分为两个层次：较低层次的电子商务，包括电子商情、电子贸易、电子合同等；高层次的电子商务是利用因特网进行全部的商务活动，即在网上将信息流、商流、资金流和部分的物流完整地实现，这就是说，公司可以从寻找客户开始，一直到洽谈、订货、在线付款、开具电子发票以至电子报关、电子纳税等通过因特网一气呵成。要实现完整的电子商务会

涉及很多方面，除了买方和卖方外，还需要有金融机构、政府机构、认证机构、配送中心等机构的加入才能顺利进行。由于参与电子商务中的各方是互不谋面的，因此网上银行、在线电子支付等条件和数据加密、电子签名等技术在电子商务中发挥着重要的作用。

电子商务概念模型如图 15.1 所示，它是对现实世界中电子商务活动的一般抽象描述，由电子商务实体、电子市场、交易事务和信息流、商流、资金流、物流等基本要素构成。

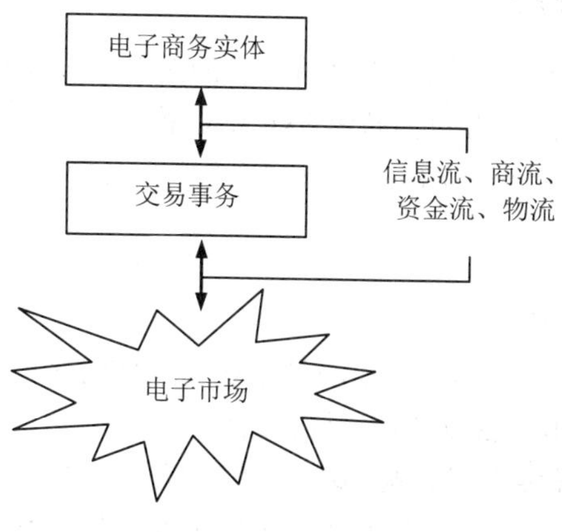

图 15.1 电子商务概念模型

电子商务实体是指能够从事电子商务的客观对象，可以是企业、银行、商店、政府机构和个人等。电子市场是指电子商务实体从事商品和服务交换的场所，它由各种各样的商务活动参与者利用各种通信装置，通过网络连接成一个统一的整体。交易事务是指电子商务实体之间所从事的具体商务活动的内容，例如，询价、报价、转账支付、广告宣传和商品运输等。

在电子商务概念模型的建立过程中，强调信息流、商流、资金流和物流的整合。其中，信息流最为重要，它在一个更高的视角上实现对流通过程的监控；必须依托电子商务实现消费者、生产者之间需求信息快速有效的传输。

(二)电子商务的影响

电子商务是因特网飞速发展的直接产物，是网络技术应用的全新发展方向。因特网本身所具有的开放性、共享性、全球性、低成本、高效益的特点，也成为电子商务的内在特征。并且电子商务大大超越了作为一种新的贸易形式所具有的价值，它不仅会改变公司本身的生产和经营活动，而且将影响到整个社会的经济运行与结构。

具体而言，电子商务将传统的商务流程电子化和数字化，一方面以电子流代替了实物流，可以大量减少人力和物力，降低了成本；另一方面突破了时间和空间的限制，使得交易活动可以在任何时间、任何地点进行，从而大大提高了效益。

电子商务所具有的开放性和全球性的特点，为公司创造了更多的贸易机会；同时电子商务也促使公司可以以较低的成本进行全球电子化市场，使得中小公司有可能拥有和大公司一样的信息资源，提高了中小公司的竞争能力。

此外，电子商务重新定义了传统的流通模式，减少了中间环节，使得生产者和消费者的直接交易成为可能，从而在一定程度上改变了整个社会经济运行的模式；它一方面破除了时空的壁垒，另一方面又提供了丰富的信息资源，为各种社会经济要素的重新组合提供了更多的可能，这将影响到社会经济的布局和结构。

电子商务的这些影响是深远的，它将给我们带来巨大的经济利益和促进社会生产力的大幅度提高，并改变人类的工作和生活方式。

(三)电子商务的运作模式

电子商务的运作模式有很多，如企业对消费者的 B (Business) to C (Consumer) 模式、企业对企业的 B to B 模式、消费者对消费者的 C to C 模式、消费者对企业的 C to B 模式，以及企业内部公司对员工的 C to E (Employee)模式等。其中主要是 B to C 和 B to B 两种模式。

1. B to C 模式

企业对消费者(B to C)的电子商务，指的是企业与消费者之间进行的电子商务活动。这类电子商务主要是借助于国际互联网所开展的在线式销售活动。最近几年随着国际互联网的发展，B to C 电子商务的发展异军突起。例如，美国著名的网络书店——亚马逊(Amanzon)网络书店，到 1999 年年底已经拥有 1560 万的顾客群体，比 1998 年年底增加了两倍。亚马逊成功地从书店转向零售商，顾客在 amanzon.com 购买了价值大约 14 亿美元的书籍、CD、玩具等，amanzon.com 这个品牌已经获得了 1.18 亿美国人的认可。与亚马逊同样具有骄人战绩的国内网上零售大王——8848 网络商城也是 B to C 模式的典范，1999 年 11 月，其月销售额即突破了 1 000 万元人民币大关。

B to C 电子商务是近年来各类电子商务中发展较快的一种模式，其主要原因是国际互联网的发展为公司和消费者之间开辟了新的交易平台。随着全球上网人数的不断增加，国际互联网的使用者已经成为公司进行电子商务的主要对象。从技术角度看，公司上网面对广大的消费者，并不要求双方使用统一标准的单据传输，在线零售和支付行为通常只涉及信用卡、电子货币或电子钱包。另外，国际互联网所提供的搜索浏览功能和多媒体界面，使消费者更容易查找到自己需要的产品，并能对产品有更深入的了解。

因此，开展商业机构对消费者的电子商务障碍最少，应用潜力巨大。就目前发展来看，这类电子商务仍将持续发展，是推动其他类型电子商务活动的主要动力之一。

2. B to B 模式

B to B 模式电子商务是指企业与企业之间进行的电子商务活动。具体而言，它是指采购商与供应商通过因特网完成谈判、订货、签约、接受发票和付款以及索赔处理、商品发送管理和运输跟踪等整个的商务过程。这一类电子商务已经存在多年。特别是企业通过私营或增值计算机网络(Value-added Network，VAN)采用 EDI(电子数据交换)方式所进行的商务活动。

作为支持企业对企业电子商务的 EDI 技术，是指企业之间通过计算机网络所进行的统一结构和标准信息的交换。该技术支持计算机系统之间信息的直接交换，利用比较成熟的、简化的计算机技术和通信技术，最大限度地减少甚至消除人为因素的介入和信息录入工作，提高数据传输的速度和准确性，降低运营成本。目前，EDI 技术的应用为企业间的电子商务奠定了基础，积累了经验。

目前，B to B 模式电子商务的贸易金额是 B to C 模式的 10 倍。按照权威机构预测，2001 年因特网上进行的电子商务金额高达 2200 亿美元。据赛迪顾问网统计，2005 年我国 B to B 模式电子商务规模已达 6446 亿元人民币，占电子商务市场交易总额的 95%，2004 年同比增长 41.7%。

(四)电子商务的发展及现状

电子商务诞生于 20 世纪 80 年代末，尽管诞生得比较晚，但由于它具有高效益、低成本、高效率、范围广等特点很快遍及全世界。电子商务已成为全球经济最具活力的增长点之一，它的应用和推广将给社会和经济发展带来巨大的变革和收益。

目前，在我国 1.5 万家国有大中型企业中大约有 50%进入了 Internet，其中一些企业拥有了自己的网页和 WWW 服务器，而一部分有进出口权的企业能熟练地进行国际电子商务。越来越多的企业转向开展 Web 商的业务，并建立自己的电子商务网站；各大软件公司也纷纷涉足电子商务领域，IBM、Microsoft、联想、长城等公司都推出了自己的电子商务解决方案，并将其应用于自己的网站中；随着我国计算机网络技术的蓬勃发展，一些高科技信息管理人才也得到了培养和锻炼，从而优化了企业价值链、提高了生产效率、增加了商业机会以及提高了自身的经营管理水平，电子商务日益成为企业商务活动的必然选择。这些都是中国推动电子商务的有利条件和保证。

二、电子商务与现代物流的关系

(一)现代物流对电子商务的影响

随着电子商务的兴起与发展，人们开始逐渐意识到，物流与电子商务是密不可分的。

1．物流是电子商务的基石

物流是电子商务概念的重要组成部分。电子商务是通过 Internet 进行商务活动的新模式，代表了未来商务的发展方向。其流程可表述如下。

(1)　企业将商品信息通过网络展示给客户。

(2)　厂方通过订单确认客户，告知收费方法，同时通知自己的应用系统组织货源。

(3)　客户通过电子支付与金融部门交互执行资金转移。

(4)　金融部门通过电子邮件(或其他电子方式)确定买卖双方资金转移的结果。

(5)　厂方组织货物并送到客户手中。

由此可见，电子商务中的任何一笔交易，都是集信息流、商流、资金流、物流于一体的贸易过程。电子商务交易过程的实现，需要这“四流”的协调和整合。信息流自始至终贯穿于整个商务交易过程，它提供包括诸如商品和服务的信息、促销行情的信息；商流是指商品在购、销之间进行交易以及商品所有权转让的过程；资金流主要是指交易资金的安全程度，具体包括付款、转账和结账等过程，它涉及整个交易的安全程度。随着信息技术的发展和网上银行的出现，信息流、商流和资金流已经可以借助信息技术和通信网络实现快速流动；而物流作为电子商务实现过程中一个必不可少的实物流环节，具体包括诸如物品的储运、包装、运输配送和装卸检验等各项活动。它直接服务于最终顾客，物流服务水平的高低决定了顾客的满意程度，同时也决定了电子商务能否成功地实现。因此，物流构成了电子商务的重要组成部分，缺少了现代化的物流支持，电子商务过程就不可能最终实现。

物流虽然包含在电子商务之中，但是人们对电子商务过程的认识往往只限于信息流、商流和资金流的电子化、网络化，而忽略了物流的电子化过程，似乎对于大多数商品和服务而言，物流仍然可以经由传统的经销渠道。这是因为，电子商务概念的提出首先是在美国，而美国的物流管理技术发展至今已有 80 多年的历史，它通过多种机械化、自动化工具、计算机和通信设备，早已日臻完善。作为电子商务前身的电子数据交换技术(EDI)的产生是为简化烦琐、耗时的订单处理等过程，以加快物流的速度，提高物资的利用率。电子商务的提出最初是为了解决信息流、商流和资金流处理上的烦琐对现代化物流过程的延缓，进一步提高现代化的物流速度。因而，美国只需将电子商务与其强大的现代化物流进行对接即可，而并非电子商务过程不需要物流的电子化。

2．物流是实现电子商务的保证

我国作为一个发展中国家，物流基础设施较为落后，明显滞后于快速发展的电子商务技术。1999 年 9 月在我国 CTC(China Talent Contest)组织了一次“72 小时网络生存”试验。参加试验的人员在网上购物时出现了一系列的麻烦：有的网上商店有名无实；有的费尽周折填好订单，商品却迟迟不到；有的索性在网上向朋友求援；更有甚者，因饿得晕头涨脑顶不住了，中途告退……上述现象集中反映的问题是“物流”，即没有有效的物流支持，即使完成了商品所有的交易，商品实物也不能真正转移到消费者手中。网民的数目在我国日益增多，到 2005 年底，上网人数达 1.11 亿人之多。各种五花八门的网上商品在我国也是应有尽有，但真正到网上商店购物的网民却是少之又少，仅占上网人数的 9%左右。据调查证实，其原因主要也是物流问题。试想，在电子商务环境下，消费者上网浏览后，通过轻松点击完成了网上购物，但所购货物却迟迟不能送到手中，甚至出现了买电视机送茶叶的情况，其结果可想而知。在电子商务中，商品所有权在点击购销合同的那一刻起，便以商流的形式由供方转移到需方，但商品实体并没有因此而自动转移。在传统的交易过程中，除了非实物交割的期货交易，一般的商品都必须伴随着相应的物流活动，即按买方的需求将商品实体由卖方以适当的方式向买方转移。电子商务也一样，在买方通过上网点击完成商流过程后，电子商务的过程并未结束，只有当商品和服务真正转移到消费者手中时，商务过程才告以终结。如果没有现代化的物流支持，电子商务给消费者带来的购物便捷就等于零，任何轻松点击的商务活动都是纸上谈兵的游戏。

从另一方面来看，无论是在传统的商务模式下，还是在电子商务的模式下，生产都是商品流通之本，而生产的顺利进行需要各类物流活动的支持。生产的全过程从原材料的采购开始，便要求有相应的供应物流将所采购的原材料供应到位，否则生产就难以进行；在生产的各工艺流程之间，也需要原材料、半成品的生产物流过程；部分余料、可重复利用的物资的回收，需要所谓的回收物流；废弃物的处理则需要废弃物流。可见，整个生产过程实际上就是系列化的物流活动过程。合理的现代化物流，保障了现代化生产的高效进行。相反，缺少了现代化的物流，生产将难以顺利进行；同样，缺少了现代化物流，无论电子商务使用多么快捷的贸易形式，都会是无米之炊，难以实现商品交易的目的。

因此，物流是实现电子商务过程的基础和保证，它提高了电子商务的效益和效率，扩大了电子商务的市场范围，协调电子商务的目标。

3．物流是电子商务发展的瓶颈

随着科技的发展，网上结算、网络安全都不会构成瓶颈。中国1000多家上市公司，几百亿人民币的网上交易已经成功运作多年就是很好的证明。而物流却是电子商务实实在在的发展瓶颈。这种瓶颈目前表现为：在网上实现商流之后，没有一个有效的物流配送系统对实物的转移提供适时、适量、低成本的转移服务。其主要原因涉及以下五个方面。

(1) 社会上重电子轻商务、重商流轻物流、重信息网轻物流网的建设。

(2) 适合电子商务发展的物流体系没有建立起来。

(3) 物流管理手段落后。

(4) 第三方物流服务滞后。

(5) 传统储运的观念、体制及方法对现代物流的发展存在巨大阻力。

我们还可以从两个方面对物流瓶颈进行理解：一方面，互联网可以优化物流，但无法解决物流问题，虽然互联网可以解决商流、信息流、促销流和资金流。物流问题的解决，尤其是社会化物流平台的构建，需要大规模的基本建设。另一方面物流本身发展滞后，与电子商务的发展相比，即使是发达国家的物流，其发展速度也难以与电子商务的发展速度并驾齐驱。这是因为物流的底子是基础性的东西，需要一点一滴地建设和积累。要改变目前我国电子商务不合理的发展现状，首先就需要改变原有的“重信息流、商流和资金流的电子化，而忽视物流电子化”的观念。我们应该认识到，在电子商务条件下，信息流、商流和资金流的完善容易通过信息技术和通信网络来实现，而物流的完善则需要经历一个较长的时期。就目前而言，物流已成为我国电子商务发展过程中的“瓶颈”。我们应大力发展物流产业，以促进电子商务的更好发展。

(二)电子商务对现代物流的影响

1．电子商务提高了物流的地位

电子商务将导致一场深刻的革命，这也是一次高科技和信息化的革命。它一方面把商店、产品、广告、订货、购买、货币、支付、认证等实物和事务处理虚拟化、信息化，使它们变成脱离实体而能在计算机网络上处理的信息；另一方面又将信息处理电子化，将所有信息都通过计算机网络用计算机、电子邮件、文件传输、数据通信等电子手段来处理，强化了信息处理，弱化了实体处理，用信息处理来控制、指挥实体处理，使实体处理更科学化和效率化。因此，这样做将能充分发挥信息对经济发展的价值，充分利用人类的知识和智慧，更科学合理地组织、运用有限的资源，创造最大的经济效益。具体而言，电子商务对现代物流所产生的影响涉及以下三个方面。

(1) 对现代物流理念的影响。电子商务为现代物流创造了一个虚拟性的运作空间，在这一空间里，借助网络平台，利用电子商务技术和手段，物流的各种职能和功能将通过虚拟化的方式得以体现；物流运作中以顾客需求为核心的运作理念将会越来越重要，而信息在其中的控制和主导作用也将会越来越明显；企业将逐渐意识到以自身的专业化优势，积极投入到联盟式企业群的协同运作中的重要性。这一切思想理念的改变均表明，电子商务在很大程度上积极引导着现代物流理念的延伸和发展。

(2) 对现代物流运营模式的影响。在电子商务环境下，借助飞速发展的网络信息技术，以及以顾客为中心、面向过程的管理方法，传统的物流模式发生了一定程度的变化，供应链管理的思想和运营模式越来越受到广泛关注和应用。这极大地促进了顾客与企业之间以及企业与企业之间的信息共享和业务合作，提高和优化了物料采购、生产、营销、运输等所有相关过程中对顾客、市场的响应速度和确定性，让资源在每一个运营过程中都实现增值，进而提高整体运作效率和效益。可以说，电子商务客观上一方面要求对物流实施供应链管理，另一方面，电子商务也为实施物流的供应链管理提供了条件。

(3) 电子商务引导现代物流的发展。首先，电子商务提供现代物流发展所需的现代化平台和网络化技术，以利于提高物流效率、保持信息畅通，并及时准确反馈、传递和处理物流运作各环节所需要的信息，从而积极引导企业构建高效的物流信息网，实施网络化和规模化经营。条码技术(BarCode)、电子订货系统(EOS)、快速反应(QR)、有效客户反应(ECR)及企业资源计划(ERP)等先进技术与管理策略的应用必将促进企业物流的信息化。其次，网络时代所造就的电子商务将会给人类带来一场深刻的革命，这场革命所引致的产业大重组把现代物流产业提升到前所未有的高度。原有的一些行业、企业和单位将逐渐消亡，而网络广告业、信息服务业、物流业、通信业等一些新型行业、企业和单位将迅猛扩张。这将从根本上改变企业的内部运作、外部合作与交流的机制，前所未有地提高整个社会资源的运行效率。

虽然电子商务本身不能实现最终的物流，但它以一种最直接的方式引导着社会物质的流向、流速和流量，并在电子商务技术促进物流活动中交易与物流分离的同时，通过电子商务的发展形成的强大物流需求引导和促进现代物流的信息化、网络化和社会化发展。尤其是在电子商务环境下，物流企业将会逐渐强化，其任务将更加繁重。它不但要把虚拟商店的货物送到用户手上，还要从生产企业那里及时进货入库。物流公司既是生产企业的仓库，又是用户的实物供应者。而且，随着绝大多数和商店、银行的虚拟化、商务事务处理信息化，多数生产企业柔性化，整个市场剩下的就只有实物物流处理工作了。物流企业成了代表所有生产企业及供应商对用户的唯一最集中、最广泛的实物供应者，是进行区域市场实物供应的唯一主体。可见，电子商务环境已为现代物流提供了空前发展的机遇。

2. 电子商务对物流提出了更高的要求

电子商务在极大地提高了物流地位的同时，也提高了对物流的要求。在电子商务时代，由于电子工具和网络通信技术的应用，使交易各方的时空距离几乎为零，信息流、商流、资金流容易以电子为媒体在网络间迅速流动；而物流由于其实物的特点，在流动上难以与以上“三流”同步。为使电子商务真正具有跨时域和跨地域的特点，物流应呈现以下五个特点。

(1) 信息化。物流信息化是物流现代化管理的基础。现代物流的信息化表现为物流信息的商品化、物流信息收集的数据库化和代码化、物流信息处理的电子化和计算机化、物流信息传递的标准化和实时化、物流信息存储的数字化等。此外，数据库技术、电子订货系统(EOS)、电子数据交换(EDI)、快速反应(QR)、有效的顾客反应(ECR)等技术与观念在未来的物流管理中将会得到普遍应用。

(2) 自动化。在信息化基础上，自动化的核心是机电一体化，其外在表现是无人化，其效果是省力化。另外，物流自动化还可以扩大物流作业能力、提高劳动生产率和减少物

流作业的差错等。目前，在发达国家已普遍使用的物流自动化设施很多，如条形码/语音/射频自动识别系统、自动分拣系统、自动存取系统、自动导向车，以及货物自动跟踪系统等。这些设施在发达国家已普遍用于物流作业流程中，而我国也正在研究开发、推广应用这些自动化设施。

(3) 网络化。网络化是物流业的支撑。在信息化基础上，现代物流的网络化有两种趋势：一是物流配送系统的计算机通信网络化，其中包括配送中心与供应商、制造商之间联网和配送中心与下游顾客之间的联网。订货过程将会是用计算机通信方式，借助于增值网(VAN)上的 EOS 和 EDI 来自动实现。二是物流组织网络化，即在全球范围内将各种制造资源、需求资源、供应资源和人力资源组织起来，以得到充分的利用。

(4) 智能化。现代物流的智能化是自动化、信息化的一种更高层次的应用。由于物流作业过程所涉及的自动分拣机的运行、物流配送中心经营管理的决策支持等问题都需要借助于大量的知识才能解决，所以，在物流自动化过程中，物流的智能化是人们不可回避的技术难题。随着专家系统、机器人等相关技术在国际上的推广、普及，智能化必将是现代物流的一种发展趋势。

(5) 柔性化。柔性化是基于“以顾客为中心”理念在生产领域提出的。20 世纪 90 年代，国际生产领域纷纷提出弹性制造系统(FMS)、计算机集成制造系统(CIMS)、制造资源系统(MPRII)以及供应链管理的观念和技术。这些概念和技术的实质是要将生产、流通进行集成，并根据需求端的需求组织生产，安排物流活动。因此，现代物流的柔性化正是适应生产、流通与消费的需求而表现出来的一种发展趋势。这就要求物流配送中心要根据消费需求“多品种、小批量、多批次、短周期”的特色，灵活地组织和实施物流作业。

此外，物流设施和商品包装的标准化，物流的社会化、共同化也都是电子商务环境下物流模式的新特点。

第二节 电子商务环境下的物流管理模式

一、电子商务物流管理

在传统的商务活动中，基本上不存在所谓的物流问题。因为在传统的商务活动中，货款的支付与取货是同时完成的，除少数大件商品外，大部分商品都由消费者自己带回，企业无须考虑售后问题，只有运输、仓储分散的物流功能。而电子商务活动则不同，它是通过 Internet 进行商务活动的新模式，集信息流、资金流和物流于一体。它的优势之一就是能大大简化业务流程，降低企业运作成本。物流虽然包含在电子商务之中，但信息流、资金流在电子工具和网络通信技术的支持下，通过轻轻点击可瞬息完成，而物流——物质资料的空间移动——即具体的运输、储存、装卸、保管、配送等各种活动是不可能直接通过网络传输的方式来完成的。电子商务企业成本优势的建立和保持必须以可靠和高效的物流运作为保证，这也是现代企业在竞争中取胜的关键。

电子商务物流管理是指在社会再生产过程中，根据物资资料实体流动的规律，应用管理的基本原理和科学方法，对电子商务物流活动进行计划、组织、指挥、协调、控制和决策，使各项物流活动实现最佳的协调和配合，以降低物流成本，提高物流效率和经济效益。

电子商务物流管理的内容主要涉及以下五个方面。

1. 电子商务物流组织管理

电子商务物流组织管理是保证企业有效运行所必不可少的条件。建立和健全物流管理组织必须遵循有效性、统一指导性、管理层次扁平化、职责与职权对等和协调等原则，通过人力资源管理把企业组织和员工的目标结合起来，在组织和员工之间塑造出企业共同体的情感。

2. 电子商务物流系统管理

电子商务物流系统管理要求实现服务目标、节约目标、规模化目标和库存调节目标等。实现物流系统化，可以对用户的订货很快进行配送；提供保障物流活动流畅进行的物流信息系统，能够及时反馈信息，减少生产费、物流费等相关成本。

3. 电子商务物流信息管理

在电子商务物流管理中加强对现代物流信息系统和信息技术的有效管理，以利于在经济活动中实现物畅其流，实现“四流”高效率、低成本的有效衔接。

4. 电子商务物流经济管理

在电子商务物流管理中，运用物流经济学和物流运筹学的理念与应用技术，研究现代物流各环节的流转规律，寻求获得最大的空间时间收益，并有利于明确如何缩短流通时间、降低流通费用、减少物品库存、降低资金积压以及节约运输能力等问题。

5. 供应链管理

供应链管理是近年来在国内外逐渐受到重视的一种新的管理理念和模式。目前在电子商务物流管理中，人们越来越关注引入供应链管理的思想和方法来完善物流运作流程，促使电子商务物流管理逐渐实现一体化，从而在市场竞争日益激烈、用户需求不确定性和个性化日益增加、高新技术迅猛发展、产品更新日益迅速的今天，提高企业的运作成效和最终收益。

二、电子商务物流管理模式的发展

在不同的竞争环境和电子商务物流发展阶段，融合组织管理、系统管理、信息管理、经济管理和供应链管理的理念和方法，企业建立和采用了不同的电子商务物流管理模式，从而加强了对电子商务物流过程的监控和管理。从事电子商务的企业多选用自营物流的模式。选用自营物流，可以使企业对物流环节有较强的控制能力，易于与其他环节配合，能更好地服务于本企业的运营管理。

在现代物流条件下，以网络为平台的信息流极大地加快了物流信息的传递速度，为客户赢得了宝贵的时间，使货物提高了运输效率，缩短了中间存储的中转时间，加速了商品的流动，大大降低了运输成本，加快了商品使用价值的实现。其发展经历了以下四个阶段。

1. 企业自营物流管理模式

企业借助于电子商务的先进经验开展物流业务，即电子商务企业自身经营物流，简称自营物流。

自营物流是物流产业的基础。发展物流产业主要应在企业自营物流的基础上，通过理念的更新、结构的调整、流程的分解和供应链的分析，把企业的运作物流变成自觉的运作物流，从而促进分工的细化，激发物流的需求，培育物流的市场。

虽说是企业自营物流，但是在该方式下，企业也会向仓储企业购买运输等服务。不过这些服务往往只限于分散的物流功能，而且是临时性的单纯的市场交易的服务，物流公司并不按照企业独特的业务流程提供独特的服务。

2. 企业物流联盟

20 世纪 80 年代，发展伙伴关系和联盟关系的思想已成为最佳物流实践的基础。许多物流联盟以提供有效的业务系统，把买方和卖方联系起来为目的，这些联盟围绕特定的服务厂商的能力被建立了起来。

物流联盟是两个或两个以上的经济组织，为实现特定的物流目标而采取的长期联合与合作。企业之间不完全采取导致自身利益最大化的行为，也不完全采取导致共同利益最大化的行为，只是在物流方面通过契约形成优势互补、要素双向或多项流动的中间组织。

3. 第三方物流

第三方物流是物流专业化的重要形式。物流业发展到一定阶段必然会出现第三方物流，而且第三方物流的市场占有率与物流产业发展的水平有着非常规律的相关关系。

世界第三方物流的市场具有潜力大、渐进性和高增长率的特征。这种状况使第三方物流业拥有大量的服务提供者，大多数第三方物流服务公司是以传统的“类物流”业为切入点而发展起来的，如仓储业、运输业、空运、海运、货运和企业内的物流部门等。它们根据客户的不同需要，通过提供各种特色的服务获得成功。

4. 物流一体化

物流一体化是当前国际跨国公司管理的重要内容，是将企业内部经营的所有业务单元，如订单、采购、库存、计划、生产、质量、运输、市场、销售、服务等以及相应的财务活动和人事管理纳入一条供应链进行的统筹管理。它是以客户及客户满意度为中心，降低库存和物流成本，增强企业核心竞争力的先进物流管理方式。

三、国外电子商务物流管理模式

20 世纪 80 年代，当电子商务规模不大时，从事电子商务的企业多选用自营物流的模式。选用自营物流，可以使企业对物流环节有较强的控制能力，易于与其他环节配合，能更好地服务于本企业的运营管理。

20 世纪 80 年代末，当公司的电子商务规模逐渐变大时，公司自营物流的方式使公司物流总成本居高不下，不利于企业的纵深发展，于是大部分公司接受了物流一体化和供应链的理念，将其物流服务外协给第三方物流公司，选择了外协物流。目前，物流一体化的趋势和专业第三方物流乃至第四方物流的发展，已成为世界各国和大型跨国公司所关注、探讨和实践的热点。

(一)物流一体化

20 世纪 80 年代，西方发达国家如美国、法国和德国等提出了物流一体化的现代理论指导物流发展，并取得了明显的效果，使它们的生产商、供应商和销售商均获得了显著的经济效益。美国十几年的经济繁荣得以保持是与该国重视物流一体化的理论研究与实践、加强供应链管理、提高社会生产的物流效率和物流水平分不开的。物流一体化是利用物流管理使产品在有效的供应链内迅速移动，使参与的各个企业都能获益，使整个社会获得明显的经济效益。

所谓物流一体化就是以物流系统为核心，由生产企业，经由物流企业、销售企业，直至消费者供应链的整体化和系统化，是物流业发展的高级和成熟阶段。该阶段物流业高速发展，物流系统完善，物流业成为社会生产链条的领导者和协调者，能够为社会提供全方位的物流服务。

1. 物流一体化的三种形式

物流一体化包括三种形式：垂直一体化物流、水平一体化物流和物流网络。在这三种一体化物流形式中，目前国外应用最广的是垂直一体化物流。

1) 垂直一体化物流

垂直一体化物流要求企业将提供产品或运输服务等的供货商和用户纳入管理范围，并作为物流管理的一项中心内容。要求企业利用自身条件建立和发展与供应商、物流公司和用户的稳固的合作关系，使物流在各环节不会发生不通畅的现象，形成联合力量，赢得竞争优势。

2) 水平一体化物流

水平一体化物流是通过同一行业中多个企业在物流方面的合作而获得规模经济效益和物流效率。

3) 物流网络

物流网络是垂直一体化物流和水平一体化物流的综合体。当一体化物流每一环节同时是其他一体化物流系统的组成部分时，以物流为纽带的企业关系就形成了一种网络关系。物流网络是一个开放的系统，企业可以自由地加入或退出，尤其在业务最繁忙的季节最有可能利用这个系统。物流网络能发挥规模经济作用的条件是一体化、标准化和模块化。实现物流网络首先要有一批优势物流企业率先与生产企业结成共享市场的同盟，把过去那种直接分享利润的联合发展成优势联盟，共享市场，进而分享更大份额的营销体系，并与电子商务紧密结合起来，帮助生产企业开拓销售市场。竞争对手成了同盟军，物流网络就成了一个生产企业、电子商务企业和物流企业多方位、纵横交叉、互相渗透的协作有机体。

2. 物流一体化的三个层次

物流一体化可进一步划分为三个层次：物流自身一体化、微观物流一体化和宏观物流一体化。物流自身一体化是指物流系统的观念逐渐确立，运输、仓储和其他物流要素趋向完备，子系统协调运作、系统化发展；微观物流一体化是指作为市场主体的企业将物流提

高到企业战略的地位，并且出现了以物流战略作为纽带的企业联盟；宏观物流一体化是指物流业发展到这样的水平：物流业占国民总收入的一定比例，处于社会经济生活的主导地位，它使跨国公司从内部职能专业化和国际分工程度的提高中获得规模经济的效益。

物流一体化是物流产业化的发展形势，必须以第三方物流充分发展和完善为前提和基础。其实质是一个物流管理的问题，即专业化物流管理人员和技术人员充分利用专业化物流设备、设施，发挥专业化物流运作的管理经验，以求取得整体最佳的效果。同时，物流一体化的趋势为第三方物流的发展提供了良好的发展环境和巨大的市场需求。

(二)第三方物流管理模式

第三方物流是物流业发展到一定阶段的产物，是物流专业化的重要形式，其占有率与物流产业的发展水平有着非常规律的相关关系。西方国家的物流业实证分析证明，独立的第三方物流要占到社会的 50%物流产业才能形成。第三方物流的发展程度反映和体现着一个国家物流业发展的整体水平。

国外的电子商务公司与第三方物流企业的合作关系更为紧密。1999 年美国国内第三方物流业营业收益为 460 亿美元，净收益为 5%，第三方物流的纯利润为 25 亿美元。而根据阿姆斯特朗对占美国物流产业营业额一半的 38 家物流企业领导人的调查，2000 年美国第三方物流服务营业额增长了 16.5%，其中，国内运输管理及制定承运业增长了 18%，以仓储为主的综合服务业增长了 16%，预计在今后 30～40 年内美国的物流产业每年将以 15%～20%的速度持续增长。欧洲第三方物流的发展也很快，据了解，德国物流市场达到 346 亿美元，其中，第三方物流企业的营业额为 80 多亿美元，占到德国总物流市场份额的 23.33%；法国的比例比它稍高一点，为 26.9%；英国达到 34.48%；意大利占 12.77%；西班牙占 18%；在欧盟其他国家中，第三方物流在整个物流市场中所占的比重基本上为 10%～35%。社会化配送发展得最好的是日本，其第三方物流业在整个物流市场的比重则高达 80%。

以上数字表明，国外第三方物流的占有比例较大。由于第三方物流有现成的物流解决方案，比客户自己做起来更为合理、高效，因此客户更倾向于将物流业务外包给第三方物流企业，从而使第三方物流企业与客户之间形成一种不可分割的供应链关系。

(三)第四方物流管理模式

信息技术以及电子商务的飞速发展，带来了物流模式的不断变革，当第三方物流被世界物流界普遍认同时，一种全新的物流理念——第四方物流又在物流界备受瞩目。第四方物流成功的关键在于为客户提供最佳的增值服务，即迅速、高效、低成本和人性化等的服务。

第四方物流(4PL)的概念是由安德森咨询公司首先提出的，并注册了该术语的商标。第四方物流是一个供应链的集成商，它对公司内部和具有互补性的服务供应商所拥有的不同资源、能力和技术进行整合和管理，提供一整套供应链解决方案。从概念上看，第四方物流是有领导力量的物流提供商，能通过整个供应链的影响力提供综合的供应链解决方案，也为其客户带来更大的价值。第四方物流不仅控制和管理特定的物流服务，而且对整个物流过程提出策略方案，并通过电子商务将这个过程集成起来。第四方物流正日益成为一种帮助企业实现持续运作、成本降低和区别于传统的外包业务的真正的资产转移。

第四方物流具备供应链管理、运输一体化和供应链一体化等多项基本功能，其特点主要体现在以下两个方面。

首先，提供一个综合性供应链解决方案，以有效地适应需方多样化和复杂的需求，集中所有资源为客户完美地解决问题。主要表现在以下四个方面。

(1) 供应链再建。通过供应链的参与并将供应链的规划与实施同步进行，或利用独立的供应链参与者之间的合作提高规模和总量。供应链再建改变了供应链管理的传统模式，将商贸战略与供应链战略连成一线，创造性地重新设计了参与者之间的供应链，使之达到一体化标准。

(2) 功能转化。主要是销售和操作规划、配送管理、物资采购、客户响应以及供应链技术等，通过战略调整、流程再造、整体性改变管理和技术，使客户间实现供应链运作的一体化。

(3) 业务流程再造。将客户与供应商信息和技术系统一体化，把人的因素和业务规范进行有机结合，使整个供应链规划和业务流程能够有效地贯彻实施。

(4) 开展多功能、多流程的供应链业务。其范围远远超出传统外包运输管理和仓储运作的物流服务。企业可以把整条供应链全权交给第四方物流运作，第四方物流可以为供应链功能或全部流程提供完整的服务。

其次，通过影响整个供应链来获得价值的增加。即与类似外包的供应链的区别之一在于其能够为整条供应链的客户带来利益，它充分利用了一批服务提供商的能力，包括第三方物流、信息技术提供商、合同物流供应商、呼叫中心、电信增值服务商等，再加上客户的能力和第四方物流自身的能力来实现这个增值的过程。具体表现为以下四点。

(1) 利润增长。第四方物流的利润增长取决于服务质量的提高、实用性的增加和物流成本的降低。

(2) 运营成本降低。运营成本降低可以利用运作效率提高、流程增加和采购成本降低来实现，即通过整条供应链外包功能以达到节约的目的。流程一体化、供应链规划的改善和实施将使运营成本和产品销售成本降低。

(3) 工作成本降低。采用现代信息技术、科学的管理流程和标准化管理，使存货和现金流转次数减少，而又得到占总成本地区30%的工作成本的降低。

(4) 提高资产利用率。客户通过第四方物流减少了固定资产占用并提高了资产利用率，使客户通过投资研究设计、产品开发、销售与市场拓展等获得经济效益的提高。

第四方物流的主要应用模式涉及知识密集型模式、方案定制模式和整合模式。知识密集型模式是第四方物流为第三方物流工作，并提供第三方物流缺少的技术和战略技能；方案定制模式是第四方物流为货主服务的模式，是与所有第四方物流提供商及其他提供商联系的中心；整合模式是第四方物流通过对同步与协作的关注，为众多的产业成员运作供应链的模式。无论第四方物流采用哪种模式，都是在解决企业物流的基础上，整合社会资源，解决物流信息充分共享、社会物流资源充分利用的问题。因此，它也是发挥政府职能、推进现代物流产业发展所能做的唯一切入点。

四、我国电子商务物流管理模式

电子商务的具体实施有多种模式可以选择。由于从事的专业不同，目前我国进行电子商务的企业主体分为：普通商务企业、ISP(网络服务提供商)和ICP(网络内容提供商)组建的

电子商务公司和物流企业三类，它们在电子商务背景下实施不同的物流模式。实际上，完整的电子商务应该完成商流、物流、信息流和资金流四方面，在商流、信息流、资金流都可以在网上进行的情况下，物流体系的建立应该被看作是电子商务的核心业务之一。

(一)普通商务企业的电子商务物流管理方式

普通商务企业的核心业务是商品开发、设计和制造，分销商的主要业务是流通，拥有完善流通渠道的制造商或经销商开展电子商务业务，比ISP和ICP经营者更加方便。因此，这类企业可以建立基于Internet的电子商务销售系统，同时可以利用原有的物流资源，承担电子商务的物流业务。国内从事普通销售业务的公司主要包括制造商、批发商和零售商等。对这些企业来讲，批发商和零售商应该比制造商更具有组织物流的优势，因为它们的主业就是流通。在美国如Wal-Mart，在国内如北京的翠微大厦、西单商场等都开展了电子商务业务，其物流业务都与其一般销售的物流业务同时进行。

另外，还有一些普通商务企业从事电子商务时，仅保留自己的核心专长，而将其物流业务外包给第三物流企业，以便更好地培养自己的核心能力。

(二)ISP、ICP的电子商务物流管理方式

由于从事的产业不同，ISP、ICP及其他信息服务提供商考虑更多的是如何建立电子商务服务网络、如何提供更多的信息内容、如何保证网络的安全性、如何方便消费者介入以及如何提高信息传输速度，而建立保障电子商务交易的物流体系问题则涉及另外一个完全不同的领域，解决起来困难较大。因此，ISP、ICP组建的电子商务公司，解决物流和配送系统问题的办法主要有以下两种。

1. 自己组建物流公司

因为国内的物流公司大多是由传统的储运公司转变过来的，还不能真正满足电子商务的物流需求，因此国外企业借助其在国外开展电子商务的先进经验在中国开展物流业务。但是，因为电子商务的信息业务和物流业务是截然不同的两种业务，新组建的物流公司必须按照物流的要求来运作才有可能成功。在电子商务发展的初期以及物流、配送体系还不完善的情况下，不要把电子商务的物流水平定得太高。另外，可以多花精力寻找、培养和扶持物流服务供应商，让专业物流服务商为电子商务提供物流服务。

2. 外包给专业物流公司

外包给专业物流公司，即利用社会化的物流、配送服务将物流外包给第三方物流公司，是跨国公司管理物流的通用做法。按照供应链的理论，将不是自己核心业务的业务外包给从事该业务的专业公司去做，这样从原材料供应到生产，再到产品的销售等各个环节的各种职能，都是由在某一领域具有专长或核心竞争力的专业公司互相协调和配合来完成的，这样所形成的供应链具有最大的竞争力。

(三)物流企业的电子商务物流管理方式

物流企业具有物流网络上的优势，它们既可以像进行普通商务的企业那样建立自己的电子商务网站，独立从事电子商务业务；也可以为电子商务企业提供物流、配送服务，物

流作业要配合电子商务企业的要求。在通常情况下，当物流企业发展到一定规模后，会将其业务沿着主营业务向供应链的上游或下游延伸。向上延伸到制造业，向下延伸到销售业，建立自己的电子商务系统，参与电子商务竞争。

在我国，第三方物流企业和第四方物流企业正处在发展阶段。近年来，代表全球先进物流模式的第三方物流，虽在国内市场的规模以年增 30%的速度发展，但开支却仅占物流业开支总额的 3.2%，远低于美国和欧洲的 8%～10%。并且多数第三方物流企业的服务还限于简单的传统运输、仓储等基本业务，增值服务有限。据统计，目前我国第三方物流服务商的收益 85%来自上述基础性服务，其他增值服务只占 15%。根据中国的实际情况，应在物流企业中积极推动第三方物流模式。目前，物流企业在数量上供大于求，但在质量上却有所欠缺，物流网络资源丰富，利用和管理水平低，缺乏有效的物流管理者。

2002 年广州安得供应链技术有限公司正式成立，这是国内第一家第四方物流公司。同年，海尔集团物流有限公司与寰宇空港物流签订北京首都机场的物流合作项目协议，标志着海尔物流进入了第四方物流领域。可见，第四方物流公司在我国已经出现，但其发展还存在一定的局限性，它们独立生存的能力都不强，分别与第三方物流有着不同程度的结盟，以提高其自身的生存能力。由于第四方物流需要对客户的需求和社会的物流资源具有深刻的理解，同时更重要的是需要其具有调动社会物流资源、实现最佳供应链方案的能力，而目前我国像这样的第四方物流供应商很难找到。因此，就我国第四方物流市场而言，供应方和需求方都尚未成熟。另外，目前我国第三方物流企业或脱胎于传统物流企业或来源于国外独资企业和合资企业，而且尚处于转型发展期，在短期内不可能成为具有整合物流资源的“有领导力量的物流提供商”。

五、电子商务物流管理的发展趋势

1．电子商务物流管理的运作趋势

随着电子商务的发展，目前电子商务物流管理越来越呈现出以下七个方面的运作趋势。

1) 由顾客服务转向顾客管理

过去物流管理着重在企业内部作业与组织的整合，对下游顾客的对应仍以服务平台为主要管理中心。因此，评价其管理绩效多数为订单周期的实际速度、供货率等。然而在电子商务供应链管理模式发展下，企业逐渐转向强调跨企业界限的整合，使得顾客关系的维护与管理变得越来越重要。随着电子商务时代客户关系管理理念的出现，物流管理已从物的处理提升到物的价值方案管理。

2) 由对立转向协同

在传统商业通道中，企业多以自我为中心，追求自我利益，因此企业间存在一定程度的对立和竞争。然而在追求更大竞争力的驱动下，许多企业开始寻求在各个商业流通技能上的整合，并通过协同规划与运作，形成高度整合的电子商务供应链通道体系，使通道整体绩效大幅度提升。

3) 由预测转向终测

传统的流通模式通过预测下游通道的资源来进行各项物流作业活动，但预测的准确性不高，因而浪费了商业资源。新兴的物流管理趋势是强调通道成员的联合机制，成员间愿

意互换营运及策略的信息，尤其是内部需求及生产资料，使得上游企业无须去预测。因此，流通模式逐渐由预测基础转向终测基础发展。

4) 由功能整合转向程序整合

在渠道竞争日益激烈的环境中，企业必须更快响应上、下游顾客的需要，因此必须有效整合各部门的营运，以程序式的操作系统来运作。物流作业与活动具有跨功能、跨企业的特性，故程序式整合是物流管理成功的必要条件。

5) 由垂直整合转向虚拟整合

在传统渠道中，一些大型企业会进行通道的垂直整合，以期掌握和联合更大的力量。事实证明这并不成功，反而分散了企业的资源，并将主业削弱。今后企业必须将非核心业务委托给专业管理公司，形成虚拟企业整合体系，为主体企业提供更好的产品和服务。在虚拟整合驱使下，供应链体系得以成功发展，物流产业也得到了很大的支持，继而配合主体企业商流的需要，不断开发新的增值服务项目，形成更专业的第三方物流和第四方物流，为市场提供更好、更多和更有价值的服务。

6) 由信息保密转向信息分享

在供应链管理结构下，供应链内相关企业必须将供应链整合所需的信息与其他企业分享，否则无法形成有效的供应链体系。

7) 完善对物流科学的研究

物流科学是融合了技术科学和经济科学的综合科学，其内容相当广泛，包括系统科学、管理科学、环境科学、流通科学、运输科学、仓储科学、营销科学、再生科学及机械、电子等方面的专门技术。物流科学是现代大生产、大流通的必然产物。

2. 电子商务物流管理的其他趋势

此外，就整体而言，电子商务物流管理也日益呈现系统化、信息化、社会化、标准化和共同化等趋势，具体来说表现在以下五个方面。

1) 现代物流管理的系统化趋势

物流系统化即总体物流、综合物流，促使企业物流和整个社会大物流有机地结合在一起。物流系统化包含了产品从形成到消失的整个物理性的流通全过程，它是通过统筹协调、合理规划来控制整个商品的流通，以达到效益最大和成本最小，同时满足客户需求不断变化的客观要求，从而适应全球“经济一体化”“物流无国界”的发展趋势。物流的系统化可以形成一个高效、通畅、可调控的流通体系，减少流通环节，节约流通费用，实现科学的物流管理，提高流通的效率和效益。

2) 现代物流管理的信息化和网络化趋势

通过物流管理的信息化加速信息快捷、准确的传递和即时共享，从而提高整个物流系统的经济效益。现代物流在信息系统的支撑下，借助于各种储运、运输等系统和物流设施，共同构建了纵横交错、四通八达的物流网络，促使规模经济效益日益显现，极大程度地降低了社会物流管理成本。

3) 物流管理的社会化趋势

物流管理社会化是指原先由企业内部完成的物流过程通过和约方式外部化，即企业将分销、生产、供应等过程需要的运输、装卸、报关等职能交由专业化的公司来完成，从而形成企业间紧密的联系。将原来属于企业内部职能的活动通过市场来完成，这既是一种企业概念的创新，又是一种企业流程的创新，也是一种市场组织的创新。物流社会化的原因主要是信息技术的发展，从而促使企业的优势更多体现在知识的积累与应用上。物流社会化一方面可以实现合理化物流，大量节约物流费用；另一方面可以节约大量的社会流动资金，实现资金流动的合理化，既提高经济效益，又提高社会效益。

4) 现代物流管理的标准化趋势

随着全球经济一体化的不断发展，各个国家都很重视本国物流与国际物流相衔接，在本国物流管理发展初期，就要力求使本国物流标准与国际物流标准化体系相一致。若不如此，不但会加大国际交往的技术难度，更重要的是在本来就很高的关税及运费基础上又增加了与标准化系统不统一所造成的损失，使外贸成本增加。因此，物流管理标准化问题将日益受到重视。

5) 现代物流管理的共同化趋势

物流管理共同化是指通过企业间的结合，共同组建物流体系来处理企业营运中有关物品流动的相关作业，解决单一企业对物流系统投资的不经济或低效率等问题。共同型物流与社会化物流不同，它是通过签订合同为一家或数家企业提供长期服务，而不是为所有客户服务。这种配送中心有的由社会化配送中心来进行管理，也有由企业自行管理的，但主要是提供服务企业由其所有权属于生产厂家或零售企业或批发企业，交专门的物流公司进行管理。共同化物流系统对商业企业的好处是：可以最大限度地利用有限资源，降低风险和运营成本，维持一定的物流服务水准，共同进货以获取规模效益并尽快实现物流管理现代化。因此物流的共同化也是物流发展的一个新趋势。

本 章 小 结

本章介绍了电子商务的基本理论。电子商务是运用现代电子技术、通信技术和信息技术，利用计算机网络从事的各种商务活动。它是网络经济和现代物流一体化的产物，实现了商务流程的电子化和数字化，重新定义了传统的流通模式，在一定程度上改变了整个社会经济运行的方式，为各种社会经济要素的重新组合提供了更多的可能，从而影响到整个社会经济的布局和结构，最终带动了社会生产力的大幅度提高，也为整个社会带来了巨大的经济利益。

电子商务交易过程的实现，均需要信息流、商流、资金流、物流的协调和整合。其中，物流是电子商务的重要组成部分，是实现电子商务的重要保证。重视物流电子化理念，强化其与信息流、商流、资金流的相互融合，是支持电子商务交易活动顺利进行的一个最为重要的关键因素。

同时，电子商务的发展也对现代物流有着至关重要的影响。其影响主要涉及针对物流理念、物流运营模式的影响。此外，网络时代的电子商务也将带来一场深刻的革命，引发产业大重组，从根本上改变企业内部运作、外部合作与交流的机制，前所未有地提高整个社会资源的运行效率。由此电子商务将大大提高物流的地位，并积极引导现代物流具备信息化、自动化、网络化、智能化和柔性化等多项特点，从而真正满足和迎合电子商务发展的需要。

电子商务的具体实施有多种模式可供选择。其中发达国家通常采用的有物流一体化、第三方物流模式、第四方物流模式；在我国存在三种主要的电子商务物流管理模式，即普通商务企业的物流模式、ISP(网络服务提供商)和 ICP(网络内容提供商)组建的电子商务公司的物流模式，以及第三方、第四方物流企业的物流电子化模式。

随着电子商务的逐渐发展和成熟，物流管理也日益呈现出系统化、信息化、社会化、标准化和共同化等趋势。迎合发展趋势，大力完善物流管理体制，提高物流管理成效是商务环境下企业物流运作的关键和重点。

复习思考题

一、简答题

1. 如何理解电子商务的两种模式？
2. 阐述电子商务与现代物流之间的影响关系。
3. 简述电子商务环境下现代物流的特点。

二、论述题

1. 试论述电子商务环境下的物流管理模式。
2. 试论述电子商务物流管理的发展趋势。
3. 试论 EDI 概念及特点。

参考文献

1. 田源. 物流管理概论. 北京：机械工业出版社，2006
2. 黄中鼎. 现代物流管理学. 上海：上海财经大学出版社，2004
3. 胡怀邦，郝渊晓等. 物流管理学. 广州：中山大学出版社，2006
4. 屈冠银，李冰等. 电子商务物流管理. 北京：机械工业出版社，2006
5. 徐丹. 基于电子商务的物流管理模式研究. 黑龙江：哈尔滨工程大学，2005
6. 魏莺. 电子商务物流管理. 北京：清华大学出版社，北京交通大学出版社，2006
7. 陈文汉. 电子商务物流. 北京：机械工业出版社，2005
8. 张锋，周建勤. 电子商务物流管理. 北京：高等教育出版社，2006
9. 陈修齐. 电子商务物流管理. 北京：电子工业出版社，2006
10. 兰丕武，曹翠珍. 现代物流管理导论. 北京：经济科学出版社，2005

第十六章　世界各国的物流产业

本章导读：

进入20世纪80年代以来，美、日、欧盟、中国等发达国家/发展中国家和地区开始了一场对各种物流功能、要素进行整合的物流革命。截至目前，这些发达国家和地区已相继形成了由完善的物流基础设施、高效的物流信息平台和比较发达的第三方物流一起组成的社会化物流服务体系。现代物流产业对经济发展、社会发展乃至全球经济的发展贡献越来越大。

学习目标：

通过对本章的学习，重点了解和掌握美国、日本、欧盟各国物流产业的发展现状；同时了解中国物流产业的发展历程、发展现状及其发展趋势。

关键概念：

物流产业(Logistics Industry)

第一节　美国物流产业的发展现状

一、美国物流产业的发展阶段

美国是最早提出“物流”概念并将其付诸实践的国家之一。从美国物流研究与实践的发展历史来看，美国物流的产生大致可分为以下四阶段。

1. 物流观念的萌芽和产生阶段(20世纪初至40年代)

1901年J. F. Growell在美国政府报告《关于农产品的配送》中，第一次论述了对农产品配送成本产生影响的各种因素，揭开了人们对物流认识的序幕。1916年，A.W.Shaw在他的《商业问题的对策》中讨论了物流在流通战略中的作用。同年，L.D.H.Weld在《农场产品的市场营销》中论述了市场营销的效用包括时间效用、场所效用、所有权效用和营销渠道的概念，从而肯定了物流在创造产品的市场价值中的时间价值及场所性价值中的重要作用。1922年，F. H. Clark在《市场营销原理》中将市场营销定义为影响商品所有权转移的活动和包括物流的活动。1927年R.Borsodi在《流通时代》一文中首次用Logistics称呼物流，为后来的物流概念奠定了基础。从实践发展的角度看，1941—1945年第二次世界大战期间，美国军事后勤活动的组织为人们对物流的认识提供了重要的实证依据，推动了战后对物流活动的研究以及实业界对物流的重视。1946年美国正式成立了全美输送物流协会(American Society of Traffic Logistics)，这是美国第一个关于对专业输送者进行考察和认证的组织。这一时期是美国物流发展的萌芽和初级阶段。

2．物流管理的实践与推广阶段(20 世纪 50 年代至 70 年代末)

这个时期，美国对物流的重视程度有了很大提高，物流特别是物流配送得到了迅速的发展。其背景是市场营销观念的形成，彻底改变了企业经营管理的行为，使企业意识到顾客满意是实现企业利润的唯一手段，顾客服务成了经营管理的核心要素，而物流则起到了为顾客提供服务的重要作用。1954 年在美国波士顿商业委员会所召开的第 26 届流通会议上，P.D.Converse 作了《市场营销的另一半》的演讲，其意义在于通过一个商业和教育的领导机构，来指出教育界和实业界都需要研究和重视市场营销中物流的重要作用，从而为物流管理学的形成及对物流的研究起到积极的推动作用。1956 年，H. T. lewis、J. W. Culliton 和 J. D. steel 等人出版了《物流中航空货运的作用》一书，首次介绍了物流总费用分析的概念，指出物流总费用由多个环节的费用组成，它们是相互影响的。由于物流管理的最终目的之一是从节省成本出发提高企业利润，因而，总费用分析的概念对物流管理有着十分重要的指导意义。20 世纪 60 年代美国物流得到了一定规模的发展，1961 年，E.Smykny、D. Bowersox 和 F. Mossman 合著了《物流管理(Physical Distribution Management)》一书，这本书从整个系统或企业范围角度，对物流进行了分析和论述，并讨论了总成本分析的概念。

20 世纪 60 年代，随着世界经济环境的变化，美国现代市场营销的观念逐步形成，顾客服务成为企业经营管理的核心要素，物流在为顾客提供服务上起到了重要作用。物流，特别是配送得到了快速的发展。1960 年，美国的 Raytheon 公司建立了最早的配送中心，结合航空运输系统为美国市场提供物流服务。

20 世纪 60 年代早期，密歇根州立大学及俄亥俄州立大学为本科生及研究生设置了物流课程，开始了正式针对物流从业者及教育人员的教学计划。1963 年，美国成立了国家实物配送管理委员会(National Council of Physical Distribution Management)，集中了物流实业界及教育界的专家，通过对话和讨论，促进了对物流过程的研究和理解、物流管理理论的发展，以及物流界与其他组织的联系与合作。这一时期最重要的研究成果之一是物流总成本分析概念的形成。20 世纪 60 年代后期至 80 年代，关于物流管理的研究和讨论相当活跃，出版了大量物流管理的教材、论文、杂志，召开了大量相关的各种物流管理的会议。最早把会计学与物流学联系起来的是 M. SChiff，他在 1972 年出版的专著《物流管理中的会计管理和控制》中说明了会计与财务资讯对物流活动具有极其重要的影响。1976 年，B. J. Lalonde 和 P. H. Zinszer 发表了他们的最新研究成果《客户服务的定义及评估》，首次详细论述了顾客服务的方方面面，企业要发展，需要全面理解客户服务的含义及对企业服务水平的评价，才能真正满足客户对物流服务的需求。

3．物流管理逐步走向现代化(20 世纪 70 年代末至 80 年代中期)

美国物流业的发展与政府在物流业的相关法规建设上不断完善是分不开的。其法规包括经济法规和安全法规两方面内容。到 20 世纪 70 年代末，由于其经济法规对非定期的运输业的发展起到了不良的影响，因此，政府对一系列运输的经济法规进行了修订，以鼓励承运人在市场上自由竞争。1977—1978 年的《航空规制缓和条款》、1980 年提出的有关铁路和汽车运输的条款、1984 年的航运条款分别去除或修改了在航空、铁路、公路及远洋运输中以往经济法规中不利于市场竞争的因素，在市场准入、运价、运输路线等方面给运输企业以更大的自主权；而对于货主来讲，由于有更多的选择机会，使其从承运方面得到的物流效率及服务水平都得到了提高，这些都大大促进了运输业的发展。70 年代到 80 年代中期，电脑技术特别是微电脑技术及应用软件的发展，为企业提供了有效的辅助管理手段；电脑的普及应用，使 MRP、MRPII、DRP、DRPII、Kanban 和 Just in Time 等先进的物流管理技术产生并得到不断完善，在生产调度、存量控制和订单处理等一系列活动中得到应用，从而推动了物流活动一体化的进程。1984 年，G. Sharman 在《哈佛商业评论》中发表了文章《物流的再认识(The Rediscovery of Logistics)》，指出对企业高层管理人员来说，认识到物流在公司中的重要性是很必要的，应重视物流在企业规划和战略决策中的重要作用。这段时期，随着电脑技术、系统分析方法、定量分析技术的发展，以及物流总费用分析概念的逐步形成及在企业中的应用，使物流的作用在社会及企业中进一步得到确认。同时，从许多公司的管理实践中发现、在企业的制造、市场及物流三个重要方面，能为公司提高利润的最有效手段是降低物流成本。因此，物流一体化管理是公司保持持续发展的最有效的途径。

4．物流国际化、资讯化及迅速发展的阶段(20 世纪 80 年代中期至今)

20 世纪 80 年代，物流管理的内容已由企业内部延伸到企业外部，其重点已经转移到对物流的战略研究上；企业开始超越现有的组织结构界限而注重外部关系，将供货商(提供成品或运输服务等)、分销商以及用户等纳入管理的范围；利用物流管理建立和发展与供货厂商及用户稳定、良好、双赢、互助的合作伙伴关系，物流管理已经意味着企业应用先进的技术、站在更高的层次上管理这些关系。电子数据交换(EDI)、准时制生产(JIT)、配送计划以及其他物流技术的不断涌现和应用发展，为物流管理提供了强有力的技术支持和保障。

20 世纪 90 年代，电子商务在美国如火如荼地发展，促使现代物流上升到了前所未有的重要地位，第三方物流(TPL)在美国得到迅速发展，整个美国 TPL 的收入从 1994 年的约 160 万元增长到 1995 年的 250 亿美元。目前的发展表明，电子商务交易额中 80%是商家对商家(B2B)的交易。据统计，1999 年美国物流电子商务的营业额达到了 80 亿美元以上。电子商务是在互联网络开放环境下，一种基于网络的电子交易和在线电子支付的新型商业运营方式，它带来的这种交易方式的变革，使物流向信息化并进一步向网络化方向发展。此外，专家系统和决策支持系统的推广使美国的物流管理更趋于智能化。

近年来，随着美国服务经济(Service Economy)的发展，即美国经济增长的百分比主要归功于提供服务而不是商品制造，使物流对国民经济和企业的发展起到更重大的作用，也使大多数物流领域围绕着产品有序流动的组织和管理来发展，服务存在于国际、国内市场中，存在于运输、仓储等物流服务之中，然而，目前服务经济发展的服务不只是货物的流动，可能服务的提供者是要流动的，或者被服务者是流动的。过去，物流过程的服务离不开存储，但目前有的服务需求如资讯咨询服务是不能被储存的。另外，服务工厂(Service Factory)概念的产生，企业柔性制造、小批量、多品种的生产方式及顾客对物流业快速反应的要求，也对物流业的服务水平提出了更高的要求。这些都促使了物流业向资讯化、自动化及决策上的智慧化(如专家系统的应用)方向发展。为了满足物流国际化、服务形式多样化和快速反应的要求，物流资讯系统和电子资料交换(EDI)技术，以及 Internet、条码、卫星定位系统(GPS)及无线电射频技术在物流领域中得到越来越广的应用。

目前，美国物流产业规模约为 9000 亿美元，几乎为高技术产业的 2 倍之多，占美国国

内生产总值的10%以上。全球物流产业规模约为3.43万亿美元。1996年，美国物流产业合同金额为342亿美元，并在此后3年以年平均23%的速度增长。在1996年到2000年间，物流产业压减了500多亿美元，分摊到美国公司每年支出的库存利息有40多亿美元，支付的税金、折旧费、贬值损失及保险费用有80多亿美元，仓库费用有20多亿美元；整个物流活动占制成品成本的15%～20%，将近75%的美国制造商和供应商使用或正在考虑使用合同物流服务，这一数字还将继续上升。

在美国，物流服务的外部化趋势与物流服务供需双方面临的压力有关。首先，从物流服务的需求方看，成本节省和获得高水平的服务，是导致美国企业把资本集中在主要的、能产生高效益并获得竞争力的业务上的主要诱因。有近60%的公司认为物流不是它们的主业，使用外部物流合同承包商不仅可减少物流设施的新投资，而且解放了在仓库与车队上所占用的资金，使其可以用在更有效率的地方。同时，采用第三方物流还可使企业获得物流管理专业公司的专业技能，克服内部劳动力效率不高的问题。其次，从物流供给方的角度看，一方面，随着第三方物流服务业的壮大成长，其提供服务的标准已大大提高，作业效率也有了较大改进，为客户需求定制的各类新型的服务得到了充分发展；另一方面，由于公路运输等传统行业竞争越来越激烈，使得很多企业资金回报下滑，利润率降低，通过改造成综合物流公司，规模较大的承运人能对服务增加价值，形成进入门槛较高的细分市场，以保证与客户的长期合同。这也是促成第三方物流综合服务业快速成长和增加利润的因素。第三方物流服务公司的营销能力变得更加强有力和纯熟，许多传统的运输和仓储公司都演变成了开展广泛物流服务的供应商。

在美国物流产业的发展中，人才的使用和培养发挥着重要的作用，对物流的认识及物流的地位已经上升到了战略的高度。这一点可以反映在美国公司设立高层物流主管的增长比例中，如图16.1所示。

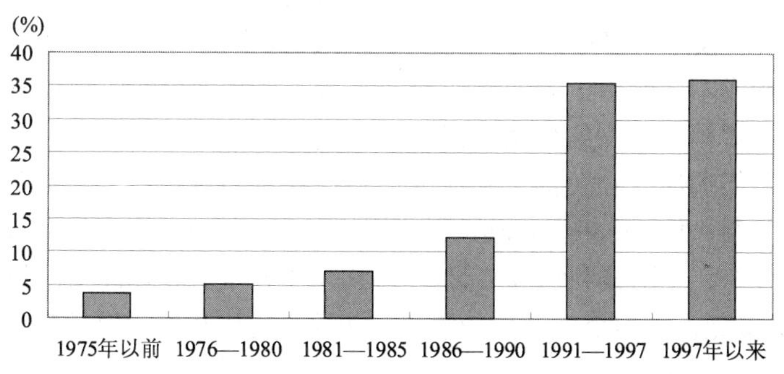

图16.1　美国公司设立高层物流主管的比例

据美国奥尔良州立大学调查表明：1990年，物流管理人员的年薪酬水平稳定在6.4万美元左右，物流主管则在8～8.4万美元这个水平上略有上浮；副总裁的薪酬涨幅最大，现在平均达12.5万美元。这在美国同时期各行业的年收入水平中属于中等偏上，可能与物流从业人员的受教育程度较高、责任范围广有一定的关系。

在物流人才需求的推动下，美国已经形成了较为合理的物流人才教育培训体系。首先，建立了多层次的物流专业教育，包括研究生、本科生和职业教育等多个层次。许多著名的高等院校中设置了物流管理专业，并为工商管理及相关专业的学生开设了物流课程。其次，在美国物流管理委员会的组织和倡导下，全面开展物流在职教育，建立了美国物流业的职业资格认证制度，如仓储工程师、配送工程师等若干职位。所有物流从业人员必须接受职业教育，经过考试获得上述工程师资格后，才能从事有关的物流工作。据美国奥尔良州立大学调查，物流管理者的受教育程度和专业结构情况是：大约 92%的被调查者有学士学位，41%的人有硕士学位，22%的人有正式的资格证书。具体的专业结构为：本科毕业生的专业及结构分别为物流的 12%，商科为 52%，工程为 12%，其他各类专业为 24%。

二、美国物流产业管理的特点

1. 政府管制宽松，积极促进物流产业发展

从 20 世纪 80 年代开始，美国政府制定了一系列法规，逐步放宽了对公路、铁路、航空和航海等运输市场的管理，取消了运输公司在进入市场、经营路线、联合承运、合同运输、运输费率和运输代理等多方面的审批与限制，通过激烈的市场竞争使运输费率下降、服务水平提高；1991 年颁布《多式联运法》，大力提倡多式联运的发展；1996 年出台的《美国运输部 1997—2002 年财政年度战略规划》，提出建设一个世界上最安全、方便和经济有效的物流运输系统。这些政策法规的推行，为确立美国物流在世界上的领先地位提供了保障。

2. 物流企业全面发展

(1) 物流设施现代化程度高。美国物流除了拥有主要由政府提供的先进、完备的基础设施外，物流企业的经营设施均实现了高度的机械化、自动化和计算机化。企业的物流作业中铲车、叉车、货物升降机和传送带等机械的运用程度较高；配送中心的分拣设施和拼装作业安排犹如生产企业的生产流水线一样，非常先进，有的已经使用数码分拣系统。计算机管理系统、条码技术被普遍应用，信息传输快捷而准确，大大降低了企业的单据处理、人事和库存等运行成本，改善了企业和客户的关系，提高了企业的市场竞争力。

(2) 物流企业规模化、网络化程度高。物流高技术的运用，客观上需要物流企业的规模化和网络化与之相适应。在美国，物流的高科技含量与规模化、网络化之间形成了相辅相成的正向促进关系。如 Menlo Worldwide 物流公司，在 200 多个国家设有办事机构，现有营业网点 600 多个，专用或共享物流设施面积 74.4 万平方米，雇员超过 15 000 人，年营业收入高达 27 亿美元，成为全球领先的物流、运输、货代和供应链管理等综合物流业务的集成商。

规模化和网络化消化了高科技所需的高资本投入，高科技保证了物流服务的高质量，又进一步促进了物流企业的规模化和网络化的发展。

3. 大力发展第三方物流

美国企业物流合理化的一个重要途径，是将物流服务外包给第三方物流公司。美国第三方物流市场规模由 1996 年的 308 亿美元上升到 2002 年的 650 亿美元，但只占物流服务支出的 6900 亿美元的 9.3%，增长潜力巨大。美国第三方物流的作用已从单纯的降低客户物流成本转变为多方面提升客户价值。其前提是美国的第三方物流已从提供运输、仓储等功能性服务向提供咨询、信息和管理服务延伸，UPS、FEDES、APLL 和 RYDER 等一批物

流企业致力于为客户提供一体化解决方案，与客户结成双赢的战略合作伙伴关系。

4. 第四方物流服务商(4PL)凸显市场

第四方物流的主要作用是：对制造企业或分销企业的供应链进行监控，在客户和它的物流、信息供应商之间充当唯一的“联系人”的角色。近两年，“第四方物流”的概念开始在国内流行，但实际操作还尚需时日。美国物流市场上的第四方物流提供商已经正式进入市场，并显现出强大的生命力。同样以前述的 Menlo Worldwide 物流公司为例，该公司旗下的 Vector SCM，战略分布在通用公司的物流链管理中所扮演的正是典型的第四方物流角色——唯一联系人。通用公司每年的物流费用支出大约超过 50 亿美元，针对公司物流业务量大、第三方物流公司众多和供应链系统复杂等现状与问题，通用提出了进一步整合第三方物流及简化其物流系统的要求，Vector SCM 应时而生。从 2000 年公司成立以来，Vector SCM 公司通过整合通用公司的第三方物流商，优化供应链解决方案，不仅从通用公司的运输、仓储和库存管理等多个环节的优化中获得利润空间，而且通过业绩评估，可直接参与通用公司主营业务的利润分成，成为通用公司真正的战略合作同盟。

5. 物流产业后备人才的培育

目前美国已经形成了较为合理的物流人才教育培训体系：建立了多层次的物流专业教育，在众多著名的高等院校开设物流管理专业，并为工商管理及相关专业的学生开设物流课程；此外，在美国物流管理委员会(American Council of Logistics Management)的组织和倡导下，全面开展物流在职教育。该委员会成立于 1985 年，它的前身是美国国家产品分销管理委员会(National Council of Physical Distribution)。它成立的宗旨之一就是开展学术交流，进行物流培训，促进物流业的发展。这些均为培育物流产业的后备人才提供了强有力的保障。

三、美国发展物流产业的启示

美国物流产业运作、发展的特点及经验可以给其他发展物流产业的国家带来一定程度的启示，具体体现在以下四个方面。

1. 物流产业应合理分工、细分市场

美国的物流产业经过近 20 年的发展，逐步形成了综合的第三方物流服务商，专业的运输、仓储服务商和区域配送服务商分工合作的产业形态。各类物流服务商面向细分的市场培育核心能力，客户可以选择功能性物流服务商，也可以通过第三方物流服务商来整合功能性服务商，提供一体化物流解决方案。然而我国的物流业却存在片面强调发展第三方物流的倾向，导致企业的商业模式类同、市场定位宽泛，在同一个市场上打价格战、搞恶性竞争。因此，应提倡各类运输与仓储企业扬长避短、细分市场，形成分工合作的物流服务体系。

2. 第三方物流企业要规模化发展

目前，美国的第三方物流企业承担客户大约 20%的供应链服务，但客户需求在服务地域和服务范围上不断增长，因而并购是近年来美国物流业的主题，预计现有的一流物流企

业五年后只有一半能独立发展，而企业生存发展的前提是资金、技术、网络覆盖和人员优势。相比之下，我国第三方物流市场规模在600亿～700亿元，不仅规模小，而且高度分散；在1万～1.5万家第三方物流企业中，没有一家企业能占上2%以上的市场份额，大多数物流公司只局限在供应链功能的一小部分，无法满足客户的一体化物流服务需求。因此，我国物流企业应通过重组与并购，逐步形成少量拥有成熟的商业模式、核心能力和服务产品，在特定物流市场处于领先地位的大型第三方物流企业。

3. 加强政府监管与行业自律

美国政府放宽了对物流市场准入的管制，但注重对物流企业的规范运作进行监管。与此同时，美国的物流行业协会也制定了绩效指标体系与行业基准，供物流企业和客户企业参照。

4. 积极推进工商企业物流合理化

美国工商企业物流内部一体化，产生了物流整体外包的需求，使物流企业从功能性服务向一体化解决方案延伸；工商企业进行供应链管理，需要物流服务由实物流服务向信息流和资金流服务延伸，出现了第四方物流。可以说，美国物流服务业的发展，得益于工商企业物流的合理化；而工商企业物流合理化，又依赖于物流服务业的发展，两者形成了良性互动的关系。

第二节　日本物流产业的发展现状

一、日本物流产业的发展阶段和背景

日本物流业的发展在亚洲地区起步较早，自1956年从美国全面引进“现代物流”的理念后，日本就开始着手大力建设本国的现代物流产业，并为扶持物流产业的发展给予了有力的宏观政策导向，将物流产业改革作为国民经济中最为重要的核心课题予以研究和发展，使日本的物流产业在很短的时间内已经发展到世界领先水平。

日本的物流产业主要有五大体系：企业物流体系、配送中心体系、专业物流体系、流通业自身的物流体系及个体运输户和中小物流企业体系。回顾日本物流产业的发展历程，可以总结出其发展经历了以下四个主要阶段。

1. 物流概念的引入和形成阶段(1953—1963年)

1956年日本开始从美国引入物流概念，在对国内物流状况进行调查研究的基础上，将物流称为“物的流通”。1964年通产省为了降低产业的总体成本，提出要推动除生产、流通费用之外的第三种成本的削减，即搬运、保管、包装等物流成本。日本还把“物的流通”视为一种包括运输、配送、装卸、仓储、包装、流通加工和信息传递等多种活动的综合行为。该时期政府加强了对物流基础设施的建设，1953—1958年日本的交通运输投资占公共投资总额的19.2%，而1959—1963年交通运输投资已占公共投资总额的29.5%，物流基础设施的建设为日本物流产业的发展打下了良好稳健的基础。

2．以流通为主导的发展阶段(1964—1973 年)

以流通为主导的发展阶段是物流事业大力发展的时代，也是日本经济高速增长的时期之一，商品流通量大增。随着这一时期生产技术向机械化、自动化方向发展以及销售体制的不断扩充，物流已成为了企业发展的制约因素。因此，日本在这一时期开始进行较大规模的物流设施建设，在全国范围内建成高速道路网、港口设施、流通聚集地等各种基础建设。与此同时，各厂商也开始高度重视物流，并积极投资物流体系的建设；各企业都建立了相应的专业部门，积极推进物流的基础建设。可以说，这一时期日本厂商的共同战略是增大物流量和扩大物流处理能力，以适应商品流通的需求。另外，如果说此前日本的物流是可以用“人工装卸”来形容的低级化物流的话，那么进入近代化的大量生产、大量销售时代后，为了解决仓库不足、出入库时间长、货车运输欠缺、大量生产的产品无法顺利流向市场等问题，开始广泛采用叉车等机械化装卸设备和自动化仓库，灵活运用托盘和集装箱实现货物的单元成组装卸。同时建立物流中心应积极推行物流联网系统，开发 VSP、配车系统等物流软件。1970 年日本同时成立了两个最大的物流学术团体：日本物流管理协议会(JLMA)和日本物流管理协会(JCLM)，开展全国和国际性的物流学术活动。

3．物流合理化阶段(1974—1983 年)

随着社会物流的发展，人们开始注意环境问题，特别提出了节省资源的问题。企业由此纷纷建立配送中心和无人仓库，并积极强化计算机管理，建立了物流标准化体系，从而真正从系统整体的观点来开展降低物流成本的运动。在推进物流合理化的过程中，全国范围内的物流联网也在蓬勃发展。其宗旨在于推进订货、发货等业务的快捷化，以及削减物流人员、降低劳动成本。特别是以大型饭店为中心的网上订、发货系统的应用在这一时期最为活跃。一般较大的物流公司在全国各地都设有自己的分公司或分社，面向全国乃至国外开展物流业务，如通运公司、大和运输等，这样，在日本就形成了多渠道、多层次、多形式和工商齐办的现代化物流系统网络。

此外，日本积极开发物流服务新项目，重点是为了方便居民生活，如开始城市之间和市内的送货、路线配送、集中配送、取送货到家等。这些都大大提高了物流企业的服务水平，并使物流工作渗透到社会的各个方面。

4．物流现代化阶段(1984 年—至今)

自 1984 年以来，日本物流业进入快速的现代化发展阶段。1990 年，日本颁布了《物流法》，这对日本物流业的发展起到了极大的推动和保障作用。物流业的发展极大地推动了公路运输、铁路运输、航空运输和海洋运输等运输业的发展，很多物流公司和卡车公司、铁路公司、航空公司及海运公司一起，组成了庞大的立体物流网络。1997 年 4 月，日本内阁颁布了《综合物流施政大纲》(又称《平成 9 年大纲》)，该大纲是日本物流现代化发展的指针，对日本物流管理的发展具有历史意义。大纲中提出了到 2001 年物流发展的三项基本目标：第一，向亚太地区提供最便利和高度魅力的物流服务；第二，以不妨碍产业布局竞争力水平的成本，提供物流服务；第三，解决好与物流相关的能源问题、环境问题以及交通安全问题。大纲颁布后，政府调整了与物流业相关联的预算计划，并要求相关省、厅制定实施对策，从此，物流业的效率化问题作为一个研究课题被提上了日本政府的议事日程。目前，这三大目标已逐步得到落实。为了更好地迎接世界经济一体化和信息化的挑战，创造出一个在国际上有魅力的事业环境和生活环境，进一步增强产业竞争力，日本内阁又于 2000 年 12 月制定了经济结构改革与创造行动计划，该计划提出了修订和重新评价《平成 9 年大纲》的方针。在此基础上于 2001 年 7 月制定通过了《新综健物流施政大纲》，这将全面构筑起日本整体启效运行并具有国际竞争力的物流体系，以及迎合社会效益、有利于国民生活的物流系统，这也预示着日本物流国际化、现代化进入了一个崭新的阶段。

此外，商品生产向轻、薄、短、小发展，这就是物流业提出的新的课题，必须使用新的方法和手段。就配送作业活动而言，开始进入以“多品种、多频度、数量少、时间快”为特点的物流时代。

二、日本现代物流发展的经验

日本现代物流发展迅猛，其经验可归结为以下六个方面。

1．物流基础设施的完善，注重统筹安排

日本政府十分注重物流基础设施及物流配送基地的建设，考虑到其国土面积较小，国内资源和市场有限，商品进出口量大，因此各级政府对物流的发展都很重视。在大中城市、港口和主要公路枢纽都对物流设施用地进行了规划，形成了大大小小比较集中的物流基地。这些物流基地集中了多个物流企业，它们积极致力于港口、码头、机场、铁路、高速公路和仓库等建设，建立起铁路、公路、水路、空运和管道的综合运输体系，成为日本现代物流发展的基础，而不断完善的物流产业的立法与相关政策又为物流业的快速发展提供了法律上的保障。

2．物流配送的社会化、组织化程度较高

日本物流配送社会化、组织化和网络化程度较高。社会化程度高表现在生产企业、商业流通企业不都自设仓库等流通设施，而是将业务交给专业物流企业去做，以达到减少非生产性投资、降低成本的目的。如岗山市的一些企业把生产需要的原材料和产成品放在专业物流企业的仓库里，交由物流企业保管和运送，自己不设仓库；日本菱食公司的配送中心面向 1.2 万个连锁店、中小型超市、便利店配送食品，这些连锁店、超市自己都不设配送中心，而是全部交由菱食公司的配送中心实行社会化配送。物流配送的社会化表现的另一个方面是专业物流企业也并不是一切都自己搞，许多物流配送企业的运输车辆等也是根据需要向社会租用的。另外，日本的大型物流企业比较注重网络的发展，在日本物流配送行业排名第五的日立物流株式会社在国内设有 124 个网点，在海外不同国家设有 62 个网点。由于拥有比较完善的物流配送网络，在发展和承揽业务、满足客户需求、降低物流成本等方面就具有较大的优势。

3．注重物流实用技术和方法的创新与应用

日本的物流企业十分注重不断提高服务质量、降低成本、增强在市场上的竞争力，把电子信息通信技术广泛应用于物流领域，发展该领域的系统化和网络化技术，并使其适时更新换代，从而全方位地提高和保证交通运输的安全性和物流的准确、快速、节省和高效。

为了实现这一战略目标，日本在未来10年将大力建立起适应物流“循环型”经济社会所需求的交通运输系统，提高海、陆、空立体网络运输体系的安全可行性，并使交通运输适应物流业大发展所提出的多样化、灵活应变和技术不断升级的需求，以此拉动交通运输和物流领域整体经济效益的提高。在日本政府的大力推动下，为与日本新世纪物流技术战略相适应，日本的一些大公司如日本通运公司、电信通信公司等将跨越不同行业间的鸿沟，联手建立电子物流信息市场。计划新设立的法人公司将有 3 000 多家公司参加，这将是涵盖整个日本国内的一个包括一切物流分支部门的大市场，使日本电子物流信息市场的规划、构筑和运行走在世界的前列。

在国际上，日本将凭借本国在电子信息通信技术领域的领先地位，努力推动和促进物流领域的信息通信技术形成国际统一标准，并力求在国际统一标准的制定过程中发挥主导作用，从而提高日本物流业在全球的国际竞争力和影响力。

此外，日本的物流产业注意研究和探索物流配送的新技术、新方法，并注意引进、学习美国等国家的物流新技术和先进方法，如引进美国的物流管理软件等，可拆卸式货架、移动式商品条码扫描设备都很普及，也比较方便实用。在日本物流企业的物流作业中，铲车、叉车、货物升降机、传送带等机械应用程度较高，计算机管理系统应用比较普遍。日本菱食株式会社电脑系统投资达70亿日元，许多物流企业已经开始应用数码分拣系统，大大提高了工作效率和准确性。物流科技的应用与发展为日本的物流业发展上水平、上台阶提供了重要手段和途径。

4．重视增值加工服务

日本的流通企业比较注重商品流通中对商品的加工增值服务，按照消费者和客户的需要对商品进行分拣、包装、拼装，使生产企业或进口的商品更能适合本国客户和消费者的要求。这些流通领域的中间加工作业一般都是在物流配送过程中、在物流企业的仓库中进行的。这些中间作业主要为：一是进行商品的分拣、拼配，一般的物流配送企业都有这个功能；二是改换商品的商标标签，如日本菱光仓库就对进口商品更换日文商标标签，以适合国内销售的要求；三是变更包装，将大规格、大箱包装的商品变成小规格、小箱包装，便于零售，以方便顾客。

5．注重提高劳动效率

日本的物流企业都比较注重降低人工成本，提高劳动效率。一般日本的物流企业用人较少。如日本辰已物流株式会社早岛仓库有两栋仓库，仓储面积总计为2万平方米，现年仓储收入约3亿日元，但全部员工包括经理、货物保管、管理、装卸、文秘等仅有10人，有的身兼两职或多职。人员虽少，但劳动效率却比较高。如日立物流株式会社千叶仓库客户晚上预订的服装，第二天早上就要送到，最多一天要送1万多件，而且是以悬挂式运送；菱光仓库株式会社只有 90 人，但每月收发并进行装箱、掏箱、检验、包装等物流作业的20英尺集装箱达200个。

6．注重物流人才的培养

日本物流产业的迅速发展与对物流人才培养的高度重视是分不开的。日本物流企业与大学、科研机构的合作越来越多，合作范围越来越广。三菱电机物流公司，承担着在日本的外资大型超市家乐福的家电商品的配送业务。该公司与东京商船大学流通信息专业进行学生见习制合作，每年夏季接收两名学生接受物流部门的培训，结束后由学生作相关的培训报告，该公司还从技术部门派出人员作为讲师在这所大学承担有关物流的课程。另外，对新员工，日本各物流公司都有详尽的培训计划，有些培训时间长达 1 年；有的企业为让新员工对现场结构、人员调整有实际接触，首先让他们接受 3 个月的现场培训，体验账票流程、配货、货物流转过程等；有的企业除进行现场实习、计算机系统培训外，还要进行海外物流培训。正是因为对物流人才培养的重视，才使日本物流产业的持续发展有了保障。

第三节　欧盟物流产业发展现状

一、欧盟现代物流产业的发展阶段

欧洲是引进“物流”概念较早的地区之一，而且也是较早将现代技术用于物流管理的先锋。欧洲现代物流产业发展的显著特点是服务和覆盖范围的不断扩大，从而形成了不同的物流发展阶段。

1．工厂物流(Factory Logistics)阶段(20 世纪 50～60 年代)

20 世纪中期，欧洲各国为了降低产品成本，便开始重视企业范围内物流过程的信息传递，对传统的物料搬运进行变革，对企业内的物流进行必要的规划，以寻求物流合理化的途径。当时制造业(工厂)还处于加工车间模式，工厂内的物资由厂内设置的仓库提供。企业为了实现客户当月供货的服务要求，在内部实施密切的流程管理。这一时期的管理技术还相对落后：信息交换通过邮件，产品跟踪采用贴标签的方式，信息处理的软硬件平台是纸带穿孔式的计算机及相应的软件。这一阶段的储存与运输是分离的，各自独立经营，可以说是欧洲物流的初级阶段。

2．综合物流(Integrate Logistics)阶段(20 世纪 70 年代)

20 世纪 70 年代是欧洲经济快速发展的时期。随着商品生产和销售的进一步扩大、多家企业联合的企业集团和大公司的出现、成组技术(GT)的广泛采用、物流需求的增多，客户期望实现当周供货或服务等，工厂内部的物流已不能满足企业集团对物流的要求，因而形成了基于工厂集成的物流。仓库已不再是静止封闭的储存式设施，而是动态的物流配送中心。要求信息不只是凭订单，而主要是从配置中心的装运情况获取。这一时期的信息交换采用电话方式，通过产品本身的标记(Product Tags)实现产品的跟踪，进行信息处理的硬件平台是小型计算机，企业(工厂)一般都使用自己开发的软件。

3．供应链物流(Supply Chain Logistics)阶段(20 世纪 80 年代)

随着经济和流通的发展，不同的企业(厂商、批发商、零售商)都在进行各自的物流革新，建立相应的物流系统。其目的是在追求物流系统集成化的过程中，实现物流服务的差别化，发挥各自的优势与特色。由于流通渠道中各经济主体都拥有不同的物流系统，必然会在经济主体的联结点处产生矛盾。为了解决这个问题，20 世纪 80 年代在欧洲就开始应

用物流供应链的概念，发展联盟型或合作型的物流新体系；供应链物流强调在商品的流通过程中企业间加强合作，改变原来各企业分散的物流管理方式，通过供应链物流这种合作型(或称共生型)的物流体系来提高物流效率，创造的成果由参与企业共同分享。为此，欧洲各国出现了半官方的组织协作物流委员会(Corporate Logistic Council)，以推动供应链物流的发展。这一时期制造业已采用准时生产(JIT)模式，客户的物流服务需求已发展到可同一天供货(或服务)，因此供应链的管理进一步得到加强，实现了供应的合理化。如组织好港站库的交叉与衔接、零售商管理控制总库存量、产品物流总量的分配等。这时期物流需求资讯可直接从仓库出货点获取，并通过传真方式进行资讯交换，产品跟踪采用条码扫描。值得一提的是，这一时期的欧洲第三方物流开始兴起。

4．全球物流(Globalization Logistics)阶段(20 世纪 90 年代)

全球物流阶段，全球经济一体化的发展趋势十分强劲，欧洲企业纷纷在国外，特别是在劳动力比较低廉的亚洲地区建立生产基地，甚至根据市场的预测和区位的优势分析在国外建立总装厂。由于从国外生产基地直接向需求国发送的商品增加迅速这一趋势，大大增加了国与国之间的商品流通量，促使国际贸易迅速增长，全球物流应运而生。全球物流就是全球消费者(一般指国家)和供货源之间的物流和资讯流，整体性提高产品和物流服务的能力越来越受到实践界的重视。此时，欧洲制造业已发展到精良制造(Lea Manufacturing)，同期物流中心的建设迅速发展，并逐渐形成了一批规模很大的物流中心。在供应链管理上采用供应链集成的模式，供应方和运输方通过交易寻求合作伙伴。由于主导者和主导权是供应链管理的前提条件，如果主导权模糊不清，就无法维系整个供应链的运转，无法建立起强有力的管理组织。因此，20 世纪 90 年代欧洲提出设立首席物流主管(Chief Logistics Officer)作为供应链管理的主导者。这一时期物流的需求资讯直接从顾客消费点获取，资讯交换采用 EDI，产品跟踪应用射频标识技术和资讯处理，同时广泛应用 Internet 和物流服务方提供的软体，该时期是欧洲实现物流现代化的重要阶段。

5．电子物流(E-Logistics)阶段(20 世纪 90 年代末至 21 世纪初)

目前，基于互联网和电子商务的电子物流正在欧洲兴起，以满足客户越来越苛刻的物流需求，例如，要求在同一小时供货。物流的来源由电子商务服务、供应方提供，并实现供应或运输交易的最优化。供应链管理进一步扩展，可实现物流的协同规划、预测和供应；组织机构采用横向供应链管理模式；需求资讯直接从顾客消费点获取；采用在运输链上实现组装的方式，使库存量实现极小化；信息交换采用数位编码分类技术和无线因特网；产品跟踪利用激光制导标识技术。

二、欧盟现代物流产业的发展特点和经验

欧洲物流业的发展与美国相比，呈现出不同的特点。特别是最近几年来，欧洲在物流产业上具有明显的特色。从结构上看，欧洲物流市场主要分为三个部分：第三方物流、空运和海运货代、卡车货运网络(包括拼车与整车运输)。

欧洲 Datamonitor 公司曾作的一份报告《1999 年的欧洲物流：不断合并市场中的机会》中指出：1998 年欧洲物流市场的总值(包括企业内部物流和合同物流)达 1460 亿美元，其

中德国占27.8%，物流业务总值达400亿美元；法国和英国则分别占19.9%和17.4%，如图16.2所示。可见，整个欧洲物流市场发展很不平衡，其结果造成在不同的领域和不同的国家中提供给物流供应商的机会也相差甚远。

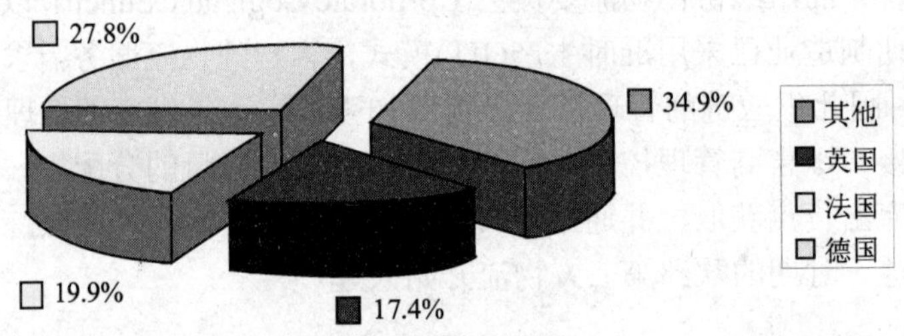

图16.2 欧洲物流市场的分布

目前，欧洲合同物流的市场总值已达380亿美元，占欧洲整个物流业的26%。从1999年到2003年，欧洲合同物流的市场规模将以年均8%的速度增长，到2003年年底，其规模将达572亿美元。物流供应商正在不同地区和领域积极寻找那些对物流需求增长迅速的地区。目前，医药、高科技、汽车和电子业对物流需求最高。在合同物流方面，德国是欧洲最大的市场，1998年市场总值达到104亿美元；英国则处于第2位，市场总值为95亿美元，占整个国内物流市场的37.5%；希腊是欧洲最小的物流市场，其合同物流业仅占该国物流市场总值的12%。

由于越来越多地将非核心业务外派给专门公司，以及对即时服务和跨欧洲物流的需求不断增长，合同物流在欧洲日益繁荣。由于物流公司开始进行跨领域扩张，使得欧洲物流市场发生了根本性的改变。

欧洲物流产业大面积起步发展的历史并不长。在20世纪80年代之前西班牙物流产业是很落后的，从80年代开始，随着政府对铁路、公路、港口的全面开放，物流产业才得到了迅猛发展。德国从80年代开始，计划在全国建设40个物流中心，现已建成20个并已投入使用。这些物流中心为什么能迅速发展壮大，其根本原因在于社会经济发展的客观需要。

欧洲的大部分物流中心同时也是配送中心，物流与配送实际上是密不可分的。当然，配送的功能是不尽相同的，归纳起来大概有以下四种。

(1) 企业自身的配送中心。在不来梅由西门子、德马泰克和欧洲强力物流集团合资建设的法林波斯特(卡夫)配送中心，是一个投资1亿马克建设、占地4 500平方米的现代化立体配送中心，其主要功能是专为全球著名的卡夫食品提供存储和配送服务，因此可以称为企业自身的配送中心。卡夫生产出的产品首先进入配送中心，由配送中心分拣、存储，再根据卡夫用户(全国各地的批发商、连锁店、超市等)通过电脑联网指定的品种和数量配送至客户手中。

(2) 为社会公众服务的配送中心。例如，西班牙马德里内陆港物流配送中心，有几十幢大大小小的现代化仓库，存储、配送的商品既有原材料和工业用品，也有私人的包裹和邮件等，甚至连报纸的印刷、配送也在其中。

(3) 面向全球服务的配送中心。据介绍，不来梅物流中心现有52家物流企业，其中较大的企业有14家。流经不来梅市的威悉河两岸有242家物流企业，不来梅港到不来梅市的沿途则有1400多家从事运输、仓储和配送的企业。像我们前面提到的不来梅物流集团公司，

依托不来梅港口的优势，开拓全方位的物流服务。其服务的业务种类繁多，同时服务范围也不受地域的限制，遍及世界各主要港口。

(4) 定点加工类型的配送中心。这种配送中心一般是由生产企业指定，专为其组织、加工、配送原材料和零部件。在德国的法兰克福，我们重点考察了英国阿波罗金属有限公司设在这里的加工配送中心。阿波罗公司是英国最大的独立钛金属分销企业，也是全球第二大铝金属板材分销企业，它被英国宇航局(BAE)、美国波音飞机制造公司、空中客车公司指定专为其加工、配送民用客机和军用飞机所需的铝材制品。阿波罗公司每年为这些制造企业采购、加工并配送到岗位上的零部件达 10 万件以上。正是由于该公司优质的服务，从而赢得了世界级大公司的信赖。2001 年 7 月，英国国防部与该公司签署协议，将部分国防所需金属材料的采购、加工和配送都交由该公司操作。

第四节　中国物流产业的发展现状

一、我国物流产业的发展现状

我国物流产业正在日新月异的发展，呈现出以下五个特点。

1．基础设施快速发展

经过改革开放三十多年的建设，目前我国已经在交通、仓储设施、信息通信、货物包装与搬运等物流基础设施和装备方面取得了长足的发展，为物流产业的发展奠定了必要的物质基础。基本建成了由铁路、公路、水运、民航和管道运输组成的物流运输基础设施体系。

2．现代物流技术逐步得到应用

随着买方市场的形成，企业对物流领域中存在的“第三利润源”开始有了比较深刻的认识，优化企业内部物流管理、降低物流成本成为目前国内企业最为强烈的愿望和要求。为了适应市场竞争的需要，很多大型工业企业开始重视现代物流技术的应用，以订单为中心改造现有的业务流程，在生产组织、原材料采购及产品销售、配送和运输等方面实行一体化运作，以降低库存，减少资金占用。商业企业则加快改制重组，发展连锁经营、统一配送和电子商务。而信息通信技术的快速发展也使得 EDI、ERP、MRP、GPS 等一些围绕物流信息交流、管理和控制等技术的应用成为可能，在一定程度上提高了我国物流信息管理的水平，促进了物流效率的提高。

3．专业化物流企业迅速发展

近年来，物流的服务功能增强，服务水平提高，各类物流企业发展迅速，专业化的物流服务需求已经出现且发展势头极为迅速。通过改造传统国有运输和仓储企业，加快业务重组与资源整合的步伐，大力发展民营物流企业，积极引进外资物流企业，以及实现生产流通企业物流社会化等途径，使专业化物流企业发展迅速，逐步形成了不同所有制形式、不同经营模式和不同经营规模的专业物流企业共同发展的格局。

4. 全社会物流总成本占 GDP 的比重逐步降低

根据西方发达国家的实践经验，物流越发达，物流成本越低，物流总成本占 GDP 的比例也就越低。社会物流总支出占 GDP 比例持续下降，表明我国的物流管理质量有所改善。而一批采用现代物流技术的工商企业，物流成本降低的幅度更大。

5. 物流需求呈多元化趋势

目前，物流需求主体仍以制造和商贸类的外资企业、新兴企业为主。以高新技术、连锁经营和电子商务为代表的新兴企业，对物流服务的及时性、准确性要求较高，正成为第三方物流服务需求的重要来源。汽车、医药、通信电子等行业物流需求快速增长。物流需求已从运输、仓储等传统业务向物流控制管理、配送等增值服务发展，部分企业开始要求全程物流服务。

二、我国物流产业存在的问题及发展战略

1. 我国物流产业存在的问题

目前我国物流产业正在迅速发展，但其运作仍受到众多因素的制约，主要体现在以下七个方面。

(1) 物流相关的立法和规章没有到位。虽然从政策和舆论上给物流的发展提供了非常广阔的空间和支持，但是在其执行中，仍然缺乏物流相关的法律和规章来界定或保护物流企业的发展。特别是到目前为止，中国物流产业仍然是分散的或多元的管理方式，涉及铁路总公司、交通运输部、民航局、外经贸部、能源部、农业部等专业部和国家计委、经贸委等综合部门。由于体制没有理顺，各部门之间分工又有交叉，造成了在物流产业管理中存在着条块分割、部门分割、重复建设等问题，物流资源浪费巨大。

(2) 第三方物流公司仍然只限于提供低水平的物流服务，包括仓储和运输服务。能够为用户提供一体化服务的第三方物流企业所占的比重更小。与物流有关的包装、流通加工等物流服务项目涉及较少，这反映了市场需求还保持在较低水平上。

(3) 服务水平和客户的要求之间存在差异。在很多情况下，物流公司的客户满意度为 67%，委托第三方物流企业的满意度为 54%。对第三方物流企业不满意的原因主要集中在信息不及时、不准确，作业速度慢、差错率高等方面。

(4) 绝大多数物流公司还属于城市范围、区域性公司。公司规模较小，没有国际化经营的能力。据调查，目前国内绝大多数物流企业仍然以手工或半机械化作业为主，企业平均员工数量为 259 人，运输车辆平均 18.1 辆，网点平均仅为 5 个。

(5) 中国企业外包物流业务较少，制约了第三方物流企业的发展。物流业务由公司内部处理主要是计划经济体制遗留下来的问题。据统计，中国工业企业的原材料物流只有 18%、制成品仅有 16%是由第三方物流企业处理的，中国第三方物流占整个物流市场的份额大约在 2%，而美国在 8%，欧洲在 10%左右。

(6) 物流从业人员素质较低，缺乏精细化物流运作的能力。除了跨国公司外，绝大多数物流人才是在传统运输业、仓储业的基础上发展起来的，对现代化物流运作缺乏相关的技能。此外，信息技术推广的速度仍然缓慢。据调查，目前国内只有 39%的物流企业拥有

物流信息系统，而企业的主要投资仍然集中在物流基础设施中，而没有放在物流信息的传递和有效利用上。这就导致了整个行业，尤其是国有企业，对信息技术的应用较少，物流信息标准化程度低，各个环节孤立，缺乏相应的行业标准采用。物流系统设计与物流信息技术是企业最大的两项需求，企业却对物流咨询的价值缺乏更多认识。

(7) 流通业的统计数字和相关调研缺乏。我国还没有有关物流行业的专业性统计资料，同时由于行业规范尚未建立，各企业内部的统计数字缺乏可比性。

2．我国物流产业的发展战略

1) 从国外物流发展过程中得到的启示

从国外物流发展的过程意识到我国物流产业应做到以下三个方面。

(1) 物流和物流业的发展必须在政府的宏观指导下进行。政府对物流发展做出规划和提出实施原则，以指导行业的发展，同时制定必要的政策法规加强监控、协调和管理，从而积极促进物流经济及物流业的发展。从美国、日本、欧洲物流发展的过程中可清楚地看到，政府在上述方面所起到的强有力的作用。例如，美国物流现代化发展的指南《美国运输部 1997—2002 财政年度战略规划》；日本政府于 1997 年制定的《综合物流施策大纲》成为日本物流现代化发展的指标；欧洲提出首席物流主管模式解决供应链管理中的主导者和主导权问题，强化了政府对物流的管理。

(2) 相应的物流管理组织，对物流业发展起了良好的促进作用。物流管理组织可以是政府组织的，也可以是行业民间组织的。如美国成立的国家实物配送管理委员会(后更名为国家物流管理协会)和欧洲成立的协作物流委员会等。

(3) 政府重视物流基础设施的规划与建设，采用政府投资和社会集资相结合的方式，有重点地加快物流基础设施的建设。物流业的发展不仅取决于经济的发展水平，而且也取决于科学技术的发展水平，欧洲物流发展的五个阶段就充分说明了这一点。如果没有网络和电子资讯技术，电子物流可能就不会出现。

2) 我国物流企业的发展对策

针对我国物流业的现状和存在的问题，借鉴世界各国现代物流业的发展经验，提出以下发展对策。

(1) 实现政府统一规划和指导。从国际经验看，日本较好地实行了政府主导。我国有计划经济的管理经验，应尽快制定全国统一的物流法规，设立全国统一的管理物流行业的政府部门，打破地区封锁和行业垄断，使物流企业运作与国际接轨。

(2) 加大对基础设施的投入。重视对物流基础设施的规划与建设，加大投入，尽快形成配套的综合运输网络、完整的仓储配送设施和先进的信息网络平台。国际上比较成功的大型综合物流企业的发展实践也证明了这一点。

(3) 企业内部与社会资源优化配置。第三方物流企业发展的三要素是规模、现代化管理和 IT 技术。物流企业发展拼的是整合能力、管理水平和资本运作水平，如果没有这些能力，即使物流摊子铺开了，最后企业还得收缩、削减。

(4) 发展综合物流代理业务。注重建立自己的销售队伍和管理网络，实行特许代理制，将协作单位纳入自己的经营轨道，并且注重业务流程创新和组织机制创新，使公司经营不断产生新的增长点。

(5) 为客户提供定制化服务。第三方物流业的竞争大有愈演愈烈之势，物流服务提供商要将提供定制化服务作为制胜的法宝之一，提供有特色的物流服务。

(6) 大力培养物流管理人才。西方发达国家在发展第三方物流方面积累了丰富的经验，经实践证明，发展现代物流的关键是具备一支优秀的物流管理和策划的人才队伍，要求其管理者具备较高的经济学和物流学专业知识，要多种渠道并举培养物流人才。

3) 我国现代物流产业的发展前景和特点

中国的市场经济进程是从混合经济形式向成熟的市场经济渐进的过程。过去企业发展的模式是“小而全”“大而全”，随着经济全球化和专业化分工的发展，现代物流产业尤其是第三方物流在中国会有长足发展，跨入21世纪的中国是目前世界上唯一能创造经济奇迹的国家，我们有理由相信中国现代物流产业也将是创造奇迹的领域。

此外，在电子商务时代，物流发展到集约化阶段，一体化的配送中心不单单是提供仓储和运输服务，还必须开展配货、配送和各种提高附加值的流通加工服务项目，也可按客户的需要提供其他服务。现代供应链管理即通过从供应者到消费者供应链的综合运作，使物流达到最优化。企业追求全面的、系统的综合效果，而不是单一的、孤立的片面效果。供应链也是一种产品，而且是可增值的产品。其目的不仅是降低成本，更重要的是提供用户期望以外的增值服务，以产生和保持竞争优势。从某种意义上讲，供应链是物流系统的充分延伸，是产品与信息从原料到最终消费者之间的增值服务。同时，很多新技术，包括准时制和销售时点信息管理系统，使商店将销售情况及时反馈给配送中心，有利于厂商按照市场需求调整生产，以及配送中心调整配送计划，使企业的经营效益跨上一个新的台阶。

供应链系统物流完全适应了流通业经营理念的全面更新。因为，以往商品经由制造、批发、仓储、零售等各环节间的多层复杂途径，最终到消费者手里；而现代物流业已简化为由制造商配送中心送到零售店，使未来的产业分工更加精细，产销分工日趋专业化，大大提高了社会的整体生产力和经济效益，使流通业成为整个国民经济的活动动脉。

物流产业发展的目标在于既服务于本地区，又要服务于长距离地区。首先在概念上变革，由“推”到“拉”，配送中心应更多地考虑客户要求提供哪些服务；其次要更快、更好地提高配送中心的作业水平，实现优质和系统的服务。从而借助配送中心直接与客户联系，能及时了解客户的需求信息，并将这些信息反馈给厂商，及时调整采购、生产、运营等业务流程。

三、现代物流产业的发展趋势

综合美国、欧洲、日本和中国的情况来看，国际上现代物流总体发展趋势具有以下特征。

1. 物流技术高速发展，物流管理水平不断提高

国外物流企业的技术装备已达到相当高的水平，目前已经形成以信息技术为核心，以信息技术、运输技术、配送技术、装卸搬运技术、自动化仓储技术、库存控制技术和包装技术等专业技术为支撑的现代化物流装备技术格局。其发展趋势表现为以下四个方面。

(1) 信息化——广泛采用无线互联网技术、卫星定位技术(GPS)、地理信息系统(GIS)、射频标识技术(RF)和条形码技术等。

(2) 自动化——自动引导小车(AGV)技术和搬运机器人(Robot System)技术等。
(3) 智能化——电子识别和电子跟踪技术、智能交通与运输系统(ITS)。
(4) 集成化——集信息化、机械化、自动化和智能化于一体。

当前，世界公路交通科技发展呈现出三大趋势，公路交通技术研究集中于五大热点。

三大趋势分别如下。

(1) 提高通行能力，加强环境保护，开展智能化运输和环保专项技术的研究。
(2) 以人为本，重点开展交通安全技术的研究。
(3) 确定经济合理的目标，促进新材料的广泛应用和开发。

世界各国公路交通科技研究五大热点如下。

(1) 利用全球定位系统(GPS)实现测试自动化。
(2) 利用交通地理信息系统(GIST)促进公路建设管理现代化。
(3) 发展计算机辅助设计技术(CAD)达到智能化。
(4) 利用高科技检测技术促进工程质量监测和道路养护智能化。
(5) 智能化运输系统(ITS)广泛应用。

2．专业物流形成规模，共同配送成为主导

国外专业物流企业是伴随制造商经营取向的变革应运而生的。由于制造厂商为迎合消费者日益精细化、个性化的产品需求，而采取多样、少量的生产方式，因而高频度、小批量的配送需求也随之产生。目前，在美国、日本和欧洲等经济发达的国家和地区，专业的物流服务已形成规模。这有利于制造商降低流通成本，提高运营效率，并将有限的资源和精力集中于自身的核心业务上。

共同配送是经长期的发展和探索优化出的一种追求合理化配送的配送形式，也是美国、日本等一些发达国家采用较广泛、影响面较大的一种先进的物流方式，它对提高物流运作效率、降低物流成本具有重要意义。从整个社会的角度来讲，实现共同配送主要有以下好处：减少社会车流总量和闹市卸货妨碍交通的现象，改善交通运输状况；通过集中化处理，有效提高车辆的装载率，节省物流处理空间和人力资源，提升商业物流环境进而改善整体社会生活品质。总而言之，共同配送可以最大限度地提高人员、物资、金钱和时间等物流资源的使用效率(降低成本)，以取得最大效益(提高服务)，还可以去除多余的交错运输，并取得缓解交通、保护环境等社会效益。

共同配送是物流配送发展的总体趋势。当然，共同配送涉及很多具体的细节问题，在实施过程中难免会出现一些困难点。首先，各业种经营的商品不同，有日用百货、食品、酒类饮料、药品、服装乃至厨房用品、卫生洁具，等等，不同的商品特点不同，对配送的要求也不一样，共同配送存在一定的难度；其次，各企业的规模、商圈、客户、经营意识等方面也存在差距，往往很难协调一致，还有费用的分摊、泄露商业机密的担忧，等等。

3．物流企业向集约化、协同化和全球化方向发展

国外物流企业向集约化、协同化方向发展主要表现在两个方面：一是大力建设物流园区；二是物流企业兼并与合作。

物流园区是多种物流设施和不同类型的物流企业在空间上集中布局的场所，是具有一定规模和综合服务功能的物流集结点。日本是最早建立物流园区的国家，至今已建立了20

个大规模的物流园区，平均占地面积约 74 万平方米；荷兰统计的 14 个物流园区，平均占地面积为 4.5 万平方公里；德国不来梅的货运中心占地在 100 万平方米以上；纽伦堡物流园区占地已达 7 平方公里。物流园区的建设有利于实现物流企业的专业化和规模化，发挥它们的整体优势和互补优势。

由于世界上各行业大型企业之间的并购浪潮和网上贸易的迅速发展，使国际贸易的货物流动加速向全球化方向迈进。为适应这一发展趋势，欧美的一些大型物流企业跨越国境，展开连横合纵式的并购，大力拓展国际物流市场，以争取更大的市场份额。

不久前，德国国营邮政出资 11.4 亿美元收购了美国大型的陆上运输企业 AEI。AEI 公司 l998 年的销售额达 15 亿美元，是美国排列前 10 位的大型物流运输公司。德国邮政公司的这一举动，目的是把自己的航空运输网与 AEI 在美国的运输物流网合并统一，增强竞争力，以与美国 UPS 和联邦快递相抗衡。

美国的 UPS 则并购了总部设在迈阿密的航空货运公司——挑战航空公司。该公司与南美 18 个国家签订了领空自由通航协议，它与这 18 个国家的空运物流量在美国同行业中居第一。UPS 计划将自己在美国的最大物流运输网与挑战航空公司在南美洲的物流网相结合，从而实现了南北美洲两个大陆一体化的整体物流网络。

美国联邦快递公司投资 2 亿美元，在法国的戴高乐机场建设小件货物仓储运输设施。其目的是将欧洲 38 个城市的空中物流和陆地物流连为一体，发展 38 个城市间的空中和陆地一体化快递服务，使欧洲主要城市间的邮递物流业面貌一新，因为欧洲整个邮政市场将分阶段地逐步实现完全自由化。

据不完全统计，1999 年美国物流运输企业间的并购数已达 23 家，并购总金额达 6.25 亿美元。德国邮政公司在最近两年间并购欧洲地区的物流企业达 11 家，现在已发展成为年销售额达 290 亿美元的欧洲巨型物流企业。在 1999 年 11 月份，UPS 宣布要增资发行新股，收购美国和欧洲的物流企业。

1999 年欧洲物流企业并购呈现出另外一个特点，就是国营企业并购民营企业。如英国国营邮政公司并购了德国大型的民营物流企业 PARCE；法国邮政收购了德国的民营敦克豪斯公司。德国、英国和法国的邮政公司为了争夺欧洲物流市场，竞相收购民营大型物流运输企业，并在欧洲地区展开联合和并购活动，将下一步并购目标和物流市场目标直接指向北美洲等地区。

国际物流市场的专家们认为，世界上各行业企业间的国际联合与并购，必然会带动国际物流业加速向全球化方向发展，而物流业全球化的发展趋势，又必然推动和促进各国物流企业的联合和并购活动。新组成的物流联合企业、跨国公司将充分发挥互联网的优势，及时、准确地掌握全球的物流动态信息，调动自己在世界各地的物流网点，构筑起本公司全球一体化的物流网络，节省时间和费用，将空载率压缩到最低限度，战胜竞争对手，为货主提供优质廉价的服务。

4．电子物流需求强劲，快递业“冲锋陷阵”

基于互联网络(World Wide Web，WWW)的电子商务的迅速发展，促使了电子物流(E-logistics)的兴起。

企业通过互联网加强了企业内部、企业与供应商、企业与消费者、企业与政府部门的

联系与沟通、相互协调和相互合作，消费者可以直接在网上获取有关产品或服务的信息，实现网上购物。这种网上的“直通方式”是企业能迅速、准确、全面地了解需求信息，实现基于客户订货的生产模式(Build to Order，BTO)和物流服务。此外，电子物流可以在线跟踪发出的货物，联机地实现投递路线的规划、物流调度以及货品检查等。可以说电子物流已成为21世纪国外物流发展的大趋势。一方面，电子物流的兴起，刺激了传统邮政快递业的需求和发展；另一方面，新兴的快递业发展迅猛，触角伸向全球各地。

长期以来，由于世界许多经济发达大国的经济萧条，使全球传统邮政业都不景气。有专家预测，在电子商务快速发展的背景下，短期内邮政业的一些传统功能可能会很快消失，但作为因特网时代一个必不可少的通信工具，邮政业的功能将以其他方式很快重现出来。因为通过因特网所进行的电子商务通常都是交易双方的距离比较遥远，比如，通过电话销售、电视直销等方式促成的交易，这就为包裹邮寄和快递业务提供了巨大的发展机遇。正如在经过彩页促销、电话营销、直销、电视直销和互联网展示后，产品最终要以邮寄的方式送达用户手中一样。因此，电子商务刺激了传统邮政业向电子物流方向发展。

除了传统邮政业将自己的业务向电子物流方向拓展外，一些国际著名的快递企业在电子物流中充当着前锋。如美国联邦快递、UPS等已将自己的触角延伸到世界各国，大有抢占电子物流市场先机之势；一些新兴的物流企业也将视角瞄准电子商务这一新的物流需求市场而迅速崛起。

5. 绿色物流将成为新增长点

物流在促进经济的发展的同时也会给城市环境带来负面的影响，如运输工具的噪声、污染排放、对交通的阻塞等，以及生产和生活中废弃物的处理不当所造成的对环境的影响。为此，21世纪对物流提出了新的要求，即绿色物流。

绿色物流主要包含两个方面，一是对物流系统污染进行控制，即在物流系统和物流活动的规划与决策中尽量采用对环境污染小的方案，如采用排污量小的货车车型、近距离配送和夜间运货(以减少交通阻塞，节省燃料和降低排放)等。发达国家的政府倡导绿色物流的对策是在污染发生源、交通量、交通流等三个方面制定了相关政策。绿色物流的另一方面就是建立工业和生活废料处理的物流系统。

6. 物流专业人才需求增长，教育培训体系日趋完善

在物流人才需求的推动下，一些经济发达国家已经形成了较为合理的物流人才教育培训体系。如在美国，已建立了多层次的物流专业教育，包括研究生、本科生和职业教育等许多著名的高等院校都设置了物流管理专业，并为工商管理及相关专业的学生开设了物流课程，像美国的西北大学、密歇根州立大学、奥尔良州立大学和威斯康星州立大学等，或设立了独立的物流管理专业，或附属于运输、营销和生产制造等其他专业；佐治亚技术学院广泛开展了物流职业教育，培养物流管理专业的专科生；部分高等院校还设置了物流方向的研究生课程和学位教育，形成了一定规模的研究生教育系统；美国商船学院的全球物流与运输中心和佐治亚技术学院的物流所开展了物流方面的科学研究。除去正规教育外，在美国物流管理委员会(American Council of Logistics Management)的组织和倡导下，还建立了美国物流业的职业资格认证制度，例如，仓储工程师、配送工程师等若干职位。所有物流从业人员都必须接受职业教育，经考试获得上述工程师资格后，才能从事有关的物流工作。

本章小结

在经济全球化的今天，物流产业的发展已经成为衡量国家或地区综合竞争力的重要标志，是推动国家经济发展、构筑地域性国际竞争力的关键要素。可以说在这个时期，每个国家都在积极借助各种政策和经济手段大力推动本国物流产业的发展，从而呈现出不同的物流产业发展特点，积累了各自的物流发展经验。其中较典型的是美国、日本、欧盟和中国。

本章主要针对美国、日本和欧盟物流产业的发展历程、发展现状及其特点给予了详细介绍，进一步分析了中国物流产业的发展历程及发展现状，总结了物流产业发展中存在的问题，并结合美国、日本等国家的发展经验，指出了中国物流产业的发展战略。

从美国、日本、欧盟和中国物流产业的发展来看，目前国际上电子物流需求强劲，物流人才需求倍增，现代物流产业的运作及其发展越来越重视物流技术和管理水平的提高，注重物流的规模化、集约化、协同化、全球化和绿色化发展，所有这些均在一定程度上极大地促进了各国现代物流的大力发展。

复习思考题

1. 简述美国物流产业发展特点及对我国大力推进和发展物流产业的启示。
2. 简述日本物流产业的发展经验。
3. 简述我国物流产业发展中存在的问题及其发展战略。
4. 阐述物流产业的发展趋势。

参考文献

1. 兰丕武，曹翠珍. 现代物流管理导论. 北京：经济科学出版社，2005
2. 张锋，周建勤. 电子商务物流管理. 北京：高等教育出版社，2006
3. 王成竹. 美国的物流及配送中心. 中国商贸，2000
4. 汪旭晖. 日本物流产业的发展及对中国物流业的启示. 现代日本经济，2003
5. 张永杰，陈海泳. 国内外现代物流产业发展综述. 山东交通科技，2002
6. 许雯. 国外物流产业发展的经验与启示. 哈尔滨商业大学学报，2003
7. 袁平红，武云亮. 我国物流产业发展的国外经验借鉴. 物流科技，2004
8. 张金良. 我国现代物流产业发展现状与对策研究. 商场现代化，2006

第十七章　物流管理相关法律与政策

本章导读：

尽管物流是一门新兴学科，但由于它与国民经济的发展和企业综合实力的提高有着极为密切的关系，因此备受实践界和学术界的高度重视，该领域秩序的建立同样需要法律的调整和大力辅助。众所周知，现代物流起源于美国，发展于日本，成熟于欧洲，拓展于中国，这是现代物流历史发展的一条公认的轨迹。相对于我国而言，国外一些发达国家的物流法律及政策比较规范和成熟，如何借鉴和学习这些有关物流管理的相关法律与政策的制定及实施经验，制定适合本国经济及企业发展的调整物流活动的相关法律法规，进一步完善我国物流管理法律体系，是当前我国发展物流产业、提高物流管理成效所必须关注的问题。

学习目标：

通过对本章的学习，重点了解有关现代物流法的基本概念、特点和范围等核心内容；掌握现代物流法的法律渊源、基础体系、物流法与其他法律的关系及物流政策等核心内容；在此基础上了解美国、日本、欧盟及我国现代物流的政策制定及实施情况。

关键概念：

物流法(Logistics Legal)
法律渊源(Legal Sources)
物流政策(Logistics Policy)

第一节　现代物流法律基础

一、现代物流法概述

(一)现代物流法的概念

物流活动涉及生产和流通等各个方面，必然会受到各种法律法规的规范和调整。所谓物流法是指调整在物流活动过程中产生的、与物流活动有关的社会关系的法律法规的总称。目前我国对物流法的研究尚处于起步阶段，还未形成独立的物流法律部门，因此并无物流法的法定概念。物流活动中所涉及的法律面非常广泛，按活动的范围可分为全球(国际)物流和国内物流，这两种物流形态适用于不同的法律体系。随着全球经济一体化的进程，这两种物流在很多情况下又互有交叉和重叠。具体表现为以下五个方面的内容。

(1) 物资的流动受到法律的制约。物资本身的流通要受到国家法律法规的约束，有的物资可以自由流通，有的物资法律限制其流通，还有的物资被法律禁止流通；有的物资可以在国内流通，却不能在国外流通；有的物资的流通要根据政府间的协议满足一定的条件才能流通等。

(2) 运输工具的运行要遵守相应的规则。运输作为物流的重要环节，受到法律法规的制约。运输工具在水上、陆上和空中等各种通道中运行要遵守一定的规则。

(3) 承运人与托运人的行为要有规范。运输行为中为规范承运人和托运人的行为，一方面各国有运输法规进行制约，国际上也有针对不同运输方式的公约可以适用；另一方面承托双方要根据各自的意愿进行磋商和签订运输合同。这样，运输合同双方的行为便在法律规定和合同约定的范围内得到规范，双方的利益也在相当程度上达到了平衡。

(4) 货物和运输工具进出国境受到口岸法规的制约。国际物流必须要经过口岸进出国境，任何对货物或运输工具的监管，都会影响物流的实现并影响物流的速度和效率。

(5) 物流活动的其他环节同样受到法规的制约。物流活动的其他环节，指储存、装卸、搬运、包装、流通加工、配送和信息处理等，由于这些活动主要是在国内进行，因此更多地受到国内法规的制约。但这也不是绝对的，比如，包装活动的要求就需要根据贸易和运输的具体情况适用于不同的规定。此外，在信息处理中既要适用国内的法规又要符合国际通用的准则。

(二)现代物流法的特点

现代物流法具有广泛性、复杂性、技术性、国际性等特点，具体内容表述为以下四个方面。

1. 广泛性

物流系统的运行过程和物流活动内容的多样性决定了物流法的广泛性。具体体现在以下三个方面。

(1) 内容的多样性。物流活动包括物品从原材料经过生产环节的半成品、产成品，最后经过流通环节到达消费者手中的全过程，同时，还包括物品的回收和废弃物的处理过程，涉及运输、储存、装卸、搬运、包装、流通加工、配送和信息处理等诸多环节。物流法应当对所有这些环节中产生的社会关系进行调整，因此涉及的内容非常广泛。

(2) 表现形式多样化。物流活动内容的多样性决定了物流法不可能仅限于某一效力层次，或是某一种表现形式。物流法规有许多表现形式，有国家最高权力机关正式颁布的宪法和法律，有国家最高行政机关颁布的行政法规，有省、自治区、直辖市机关发布的地方性法规，有国务院各主管部门制定的规章、办法，有国际组织、团体制定的国际条约和国际惯例，还有相关的技术标准和技术法规等。不同的表现形式使物流法规表现出不同的效力层次，其中，法律具有最高效力；其次，部门规章起到补充和保护法律实施的作用，当物流活动在世界范围内进行时，会受到国际条约或国际管理的制约，技术标准和技术法规则根据不同的情况而在使用中具有不同的效力。

(3) 物流活动的参与者众多。物流活动的参与者涉及不同行业和部门，如仓储经营者、包装服务商、各种运输方式下的承运人、装卸作业者、承揽加工业者、配送商和信息服务供应商等。

2. 复杂性

物流活动的广泛性和复杂性决定了物流法规的复杂性。它具体表现在以下四个方面。

(1) 物流法规包括横向的民事法律法规和纵向的行政法律规范，以及各种技术法律规范。

(2) 即使在同一类法律规范中，由于物流活动所涉及的环节众多，包括运输、仓储、装卸和加工等环节，各环节中又会发生不同的情况，所以，不同主体的权力、义务和责任都不相同，也将适用不同的法律规范。

(3) 物流活动参与者的多样性使得物流法律关系变得复杂。而且，同一物流服务提供者经常处于双重或多重法律关系中，因而将适用不同的法律规范。

(4) 随着国际物流的发展，跨国公司的物流活动会涉及很多国家，将会受到各个国家法律规范的约束和调整，于是就产生了各国关于物流国际立法的协调、平衡等问题，从而使得物流法呈现出复杂性的特点。

3. 技术性

由于物流活动是由运输、包装、仓储和装卸等技术性较强的多个物流环节组成的，而且整个物流活动过程都需要运用现代信息技术和电子商务，所以物流活动自始至终都体现出较高的技术含量。物流法规作为调整物流活动的法律规范，必然涉及物流活动的专业术语和技术标准等，因而具有技术性的特点。

4. 国际性

现代物流是经济全球化、一体化发展的产物。国际物流的出现和发展，使得物流超越了一国和区域的界限，走向了国际化。与国际物流相适应，物流法规也呈现出国际化的趋势。具体表现为在一些领域内出现了全世界通用的国际标准。

(三)现代物流法的范围

由于物流活动本身涉及很多社会关系，所以与物流活动有关的法律规范的范围比较广，大致包括物流组织法律制度、物流行为法律制度和物流经济调控法律制度三个部分，具体内容表现为以下三个方面。

1. 物流组织法律制度

物流组织是指从事物流业经营和参与物流活动的各方组织。所有调整和规范物流组织，包括组织的法律性质、地位、设立条件、组织结构、解散、破产的规范性法律、法规、规章以及有关组织的强制性标准和管理规则的总和，即为所谓的物流组织法。从法律意义上而言，物流组织法实际上解决的是形形色色的物流活动承载体的法律主体资格及其相关问题。

物流活动具体涉及各类参与者，包括来自不同行业和部门的仓储经营者、包装服务商、公共网络经营者，等等。根据参与者的法律地位来分析，大致存在三种划分方法。从注册登记地划分，分为国内物流组织和国际物流组织，后者还包括跨国公司设在国内的分公司。从组织机构和所有制性质上划分，分为法人型组织和非法人型组织，前者包括公司制、全民所有制和外商投资制等，后者包括个人独资制、合伙制甚至个体工商户。从作用的不同层面来划分，可分为实体组织法和程序组织法。

在法律上，至今国内尚未制定关于物流组织的综合性法律或法规，国内极少有有关物流组织法律规范框架的论述，多是从物流活动的流程内容来界定和规范物流组织。适用的法律法规及相关规定包括：《中华人民共和国公司法》《中华人民共和国中外合资经营企业法》《中华人民共和国民事诉讼法》《外商投资国际货运代理企业审批管理办法》《道路货物运输企业经营资质管理办法(试行)》《商品代理配送行业管理若干规定》和《关于开展试点设立外商投资物流企业工作有关问题的通知》等。

2．物流行为法律制度

物流行为可以理解为物流服务行为，具体包括采购、销售、运输、流通加工和配送等服务行为。这些行为在法律上基本属于民商事行为性质。物流行为法律制度是指调整物流企业在采购、仓储、包装、流通加工、运输、装卸、配送和保险等各个物流行为环节中发生的社会关系的法律规范。也可以理解为是调整各种物流商事组织之间因各种物流行为的设立、变更、终止而发生的各种关系的法律规范的总称。物流行为法律制度所包含的法律规范也因此基本上属于民商法律规范，它主要涉及相关的国内法规和国际公约。相关的国内法规主要包括《中华人民共和国对外贸易法》《中华人民共和国合同法》《中华人民共和国产品质量法》《中华人民共和国进出口商品检验法》《中华人民共和国海商法》《中华人民共和国铁路法》《中华人民共和国民用航空法》《公路货物运输合同实施细则》《水路货物运输合同实施细则》《航空货物运输合同实施规则》和《中华人民共和国海关法》等。相关的国际公约主要包括《海牙规则》《维斯比规则》《汉堡规则》《华沙公约》《国际铁路货物运输合同公约》和《国际公路货物运输合同公约》等。

具体而言，在物流行为方面我国已经颁布了不少民商法律规范，如《民法通则》《中华人民共和国合同法》《海商法》和《保险法》等。这些法律虽不是直接涉及物流业，但却是物流行为法律制度之根本或基础，民商事的基本规范都适用于调整各种物流行为关系。

采购与销售是现代物流系统中的两个重要环节。我国《中华人民共和国合同法》第九章专门对买卖合同做出了规定，这是我国在采购与销售方面最基本的法律制度。采购和销售可以通过不同的方式来实现，例如，团购、批发、招投标和拍卖等。我国没有专门的法律法规对团购进行规范，但对于招投标和拍卖，因为其涉及的领域广、程序复杂，因此有相应的《招投标法》和《拍卖法》对其加以限制和规范。《政府采购法》主要针对政府采购进行调整和规范。

仓储是现代物流的核心环节，其首要任务就是建立物流仓库及相关设备或设施。在实践中，物流仓库及相关设施可以通过自建或租赁取得。租赁房产是构建物流仓储的一种主要方式，其实质是一种租赁合同行为，我国《中华人民共和国合同法》第十三章专门对租赁行为作了规定。对于仓储和保管，我国《中华人民共和国合同法》也有专章作了规定。

流通加工是指物品在从生产地到使用地的过程中，根据运输、销售或消费使用的需求而进行的包装、分割、计量、分拣、刷标志、拴标签和组装等简单作业的总称。流通加工可以由物流业者自行完成，也可以通过签订承揽合同，将部分或整个工作发包出去，由别的企业或个人来完成。我国《中华人民共和国合同法》专门对承揽合同作了明确的规定。对流通加工中的包装环节，我国颁布的单行法规和规章有《危险化学品包装物、容器定点生产管理办法》《药品包装、标签规范细则》《药品包装管理办法》《公路、水路危险货物包装基本要求和性能试验》《林木种子包装和标签管理办法》和《铁路运输出口危险货

物包装容器检验管理办法(试行)》等。

运输是物流业最基本的业务和环节。我国已颁布了不少有关运输的法律法规。我国《中华人民共和国合同法》《公路法》《铁路法》《航空法》《海商法》和《邮政法》等基本法律都对运输合同、各种运输责任及赔偿等做出了规定。同时，我国也颁布了不少单行法规或规章，如《汽车货物运输规则》《铁路货物运输管理规则》《国内水路货物运输规则》《中华人民共和国国际海运条例》和《中国民用航空货物国内运输规则》等。

3. 物流经济调控法律制度

物流经济调控法律制度是指调整国家对物流经济进行调控，以及对物流市场进行微观管理的过程中发生的物流经济关系的法律规范的总称。物流经济调控法律制度包括：物流经济宏观调控法律制度与物流市场微观管理法律制度。物流经济宏观调控法律制度是指调整国家在对物流经济进行宏观调节与控制时发生的物流经济关系的法律规范的总称。大多国民经济宏观调控法对物流经济的宏观调控也同样适用，如计划法、投资法、税收法、外汇法、价格法和对外贸易法等。当然，物流经济的宏观调控也有其独自的法律规范或制度，如公路法、铁路法、航空法、港口法和邮政法等。物流市场微观管理法律制度是指调整国家在对物流市场进行微观管理时发生的物流经济关系的法律规范的总称。一般的市场微观管理法通常包括反不正当竞争法、产品质量法、消费者权益保护法、广告法和反垄断法等。具体而言包括《中华人民共和国消费者权益保护法》《中华人民共和国反不正当竞争法》《中华人民共和国反垄断法》《中华人民共和国价格法》和《中华人民共和国广告法》等。与物流市场联系紧密的法律规范有计量法、标准化法等。

4. 物流争议救济程序法律制度

物流争议救济程序法律制度是指在解决物流发生争议时用以调整各种社会关系的法律规范。它主要包括《道路交通事故处理办法》和《海事诉讼特别程序法》等。

二、现代物流法的渊源

物流法的渊源是指物流法规借以表现和存在的形式。它是对物流行为有约束力的法律规范效力的来源，是物流活动的法律根据。目前，我国物流法的渊源最主要的是制定法。具体来说，物流法的渊源大致可以包括以下八种。

1. 法律

法律作为我国的法的渊源，是由全国人民代表大会及其常设机关制定、颁布的规范性文件。在有关物流的法律规范的各种表现形式中，法律的效力位阶最高，具有最重要的地位。现在我国虽没有成文的物流法，但是仍有一些相关的法律对物流活动进行规范。

2. 行政法规

行政法规是由国务院制定的规范性文件。行政法规不能与宪法和法律相违背，其法律地位和法律效力仅次于宪法和法律。目前，我国有关物流方面的行政法规有直接规范物流活动的法规，以及规范与物流活动有关事项的法规。我国物流法方面的行政法规的内容基本上属于运输管理、企业管理和合同管理等方面的法规。

3．地方性法规、自治法规和经济特区法规

地方性法规是指地方行政权力机关及其常设机关为保证宪法、法律和行政法规的遵守和执行，结合本行政区内的具体情况和实际，依照法律规定的权限，通过和发布的规范性法律文件；自治法规包括自治条例和单行条例，它是由民族自治的地方自治机关根据宪法和法律的规定，依照当地民族的政治、经济和文化的特点制定的规范性法律文件；经济特区法规是指我国经济特区根据授权法所制定的规范性法律文件。地方性法规、自治区法规和经济特区法规的法律效力低于行政法规，只在地方政府管辖范围内有效，即受地域范围的限制。

4．规章

规章是指国务院各部委、省级人民政府以及一些具有规章制定权的市人民政府依照法定程序制定的规范性文件，可分为行政规章和地方性规章。

5．国际条约

国际条约是指两个或两个以上的国家关于政治、经济、文化、贸易、法律以及军事等方面规定其相互之间权利和义务的各种协议的总称。涉及物流法律关系的国际条约有很多，但并不是所有的国际条约都可以无条件地在我国生效，成为我国的法律渊源。只有经我国政府签署、批准或加入的有关物流的国际条约，才对我国具有法律约束力，成为我国物流法规范的渊源。

6．国际惯例

在物流活动中，国际惯例多体现为任意性惯例，即只有在当事人通过协议方式在有关协议中明确表示采用该规则时，才对当事人具有法律约束力。国际惯例作为物流法的一种表现形式，可以弥补我国国内立法和国际条约规范的不足。但适用国际惯例不得违背中华人民共和国的社会公共利益。

7．技术标准

技术标准是物流法领域的一种特殊渊源。技术标准可以分为国家标准和国际标准。国家标准由国家质量技术监督管理部门组织制定、批准和发布。其中有一些强制性标准属于国家的技术法规，这明显属于物流法渊源的范畴；一些标准本身不具有强制性，但因标准的某些条文由法律赋予强制力而补救有关技术法规不足的性质。国际标准由国际组织制定，本身没有强制力，一般均为推荐性标准。但是，国际公约常常将一些国际标准作为公约的附件，从而使其对缔约国产生约束力。

8．其他渊源

其他渊源主要涉及判例、权威学说与法理主张。我国不承认判例是法的渊源，但是在人民法院审理同类案件时，案例却在实际上起到了借鉴的作用。目前我国物流法律制度在尚未建立的情况下，法院对物流活动引起的新类型纠纷，可以参考其他领域出现的类似的案例并做出判决，而这些新类型案例的判据，则又将形成新的案例，对解决以后同类纠纷产生借鉴作用。

在我国，任何一种学说与法理主张，无论具有多大权威，在它还没有依照立法程序上升为法律之前，不具有法律约束力，不应被看作物流法的渊源。但在我国物流法刚刚起步的阶段，权威学说与法理主张在很大程度上能推动我国对物流法研究的推进，加快我国的立法进程。

三、现代物流法律的基础体系

物流的法律框架是由物流活动本身的内涵和外延决定的。物流跨越众多行业，涉及面非常广泛。物流与供应链的结合更使物流的外延触及厂商的供应和销售。在构成物流活动的系统和子系统中，各项活动所涉及的法律法规和公约共同构成了物流活动的法律框架和基础体系。

1．与物流主体相关的法律规范

与物流主体有关的法律规范主要包括《中华人民共和国公司法》《中华人民共和国中外合资经营企业法》《中华人民共和国中外合作经营企业法》和《中华人民共和国外资企业法》等。

2．与货物销售相关的法律规范

与货物销售相关的法律规范主要涉及国内法律、国际公约和国际惯例。国内法律主要包括《中华人民共和国合同法》分则的买卖合同部分《中华人民共和国对外贸易法》《中华人民共和国产品质量法》和《中华人民共和国进出口商品检验法》等。国际公约和国家惯例主要包括《联合国国际货物销售合同公约》《2000 年国际贸易术语解释通则》和《跟单信用证统一惯例》等。

3．与货物仓储有关的法律规范

与货物仓储、流通加工有关的法律规范主要有《中华人民共和国合同法》分则的报关仓储合同部分和《海关对保税仓库及所存货物的管理规定》等。

4．与货物运输有关的法律规范

与货物运输相关的法律也可以分为国内法律、国际公约和国际惯例。

与货物运输相关的国内法律规范主要包括《中华人民共和国合同法》分则的运输合同部分《中华人民共和国海商法》《铁路法》《中华人民共和国航空法》《公路汽车货物运输规则》《中华人民共和国道路运输条例》《国内水路货物运输规则》《中华人民共和国国际海运条例》《铁路货物运输管理规则》和《中国民用航空货物国内运输规则》等。

与货物运输相关的国际公约和国际惯例主要包括《海牙规则》《维斯比规则》《汉堡规则》《华沙公约》《国际铁路货物运输合同公约》和《国际公路货物运输合同公约》等。

5．与货物搬运装卸有关的法律规范

由于运输与搬运装卸之间不可分割的关系，因此与货物搬运装卸有关的法律规范常常都在与货物运输相关的法律规范中直接给出规定，例如，《汽车货物运输规范》的第四章为搬运装卸与交接。此外，还有单独或主要对货物搬运装卸做出规范的法律规范，例如，

《铁路装卸作业安全技术管理规则》和《港口货物作业规则》等。

6．与货物包装有关的法律规范

与货物包装有关的法律规范更多表现为技术标准，如《一般货物运输包装通用技术标准》(GB9174)《运输包装件尺寸界限》(GB/T16471)《危险货物运输包装通用技术条件》等。此外，《中华人民共和国合同法》及一些运输法律规范中也对货物包装进行了一定的规范。

7．与口岸管理有关的法律规范

由于口岸管理涉及国家的重大利益，因此与口岸管理有关的法律规范是物流法律框架中的重要组成部分。

目前与物流相关的口岸管理方面的法律有《中华人民共和国海关法》《中华人民共和国国境卫生检疫法》《中华人民共和国食品卫生法》《中华人民共和国进出境动植物检疫法》和《中华人民共和国进出口商品检验法》。

其法规主要有《中华人民共和国海关法行政处罚实施细则》《中华人民共和国进出口关税条例》《中华人民共和国海关稽查条例》《保税区海关监管办法》《中华人民共和国海关关于转关货物监管办法》《中华人民共和国海关对暂时进口货物监管办法》《关于大型高新技术企业适用于便捷通关措施的审批规定》《中华人民共和国国境卫生检疫法实施细则》《中华人民共和国进出境动植物检疫法实施条例》《进口许可制度民用商品入境验证管理办法》《进出境集装箱检验检疫管理办法》《中华人民共和国商品检验法实施条例》和《出口食品卫生管理办法》等。

与口岸管理有关的国际公约有《国际卫生条例》《协商商品名称和编码制度的国际公约》《货物暂准进口报关手册的海关公约》《伊斯坦布尔公约》《关于货物实行国际转运或过境运输的海关公约》《国际公路车辆运输规定》《集装箱关务公约》《关于简化和协调海关业务制度的国际公约》及其附约和《关于设立海关合作理事会的公约》等。

四、物流法与其他法律的关系

物流法与其他法律相互关系的理论研究，对于建立和完善物流法体系、协调物流法与其他法律之间的关系，具有重要的意义。

1．物流法与民商法

物流法中大量的法律规范都直接或间接来自民商法。物流法律关系主要包括物流组织关系、物流行为关系和物流经济关系等。在物流组织关系和物流行为关系中，其关系主体主要表现为各种物流企业、生产商、销售商和消费者。物流企业的设立、变更、终止等除了要符合物流法律规范外，还必须符合民商事法律规范的一般性规定。物流行为主要包括物流组织的采购、运输、存储、包装、加工和配送等。物流组织在从事物流行为中形成的各种商事关系直接由民商法律规范来调整。民商法律规范是物流法律制度之基本，物流法律制度的大部分法律规范其本身就是民商法律规范，物流法律制度的相当内容是由民商法律规范构成的。

2．物流法与经济法的关系

经济法是调整国家在协调国民经济运行并对其进行宏观调控和干预的过程中发生的各

种经济关系的法律规范的总称。物流业作为一种新兴而独立的行业，在国民经济中具有举足轻重的地位和作用，各国政府都将其纳入了国民经济发展规划之中。物流法中有不少经济法的法律规范，但不能由此就将物流法归入经济法的范畴。两者的区别在于：在调整对象上，物流法调整物流活动中产生的社会关系，主要是平衡物流法律关系主体之间的关系，而经济法所调整的社会关系则主要偏重政府的宏观调控和干预所涉及的社会关系；在调整方法上，物流法更多地适用民商法领域的意思自治原则，而经济法则信守国家统治原则；在体系构成上，物流法主要包括物流主体法律规范以及物流环节相关的法律规范，而经济法则以价格、金融、投资及公平交易为内容。

3. 物流法与行政法

物流法兼有私法规范和公法规范的内容，而其公法规范的内容则主要体现为行政法律规范。两者存在一定区别：行政关系是根据国家意志产生，而物流活动中形成的关系则更多是基于各主体意志而产生的；行政法律关系中至少有一方为国家行政管理机关，而物流法中则仅有一部分关系涉及行政主体；行政法中行政主体的权利是与其职责结合在一起的，而物流法中主体的权利在多数情况下是主体个人意志的结果。

第二节　国内外物流政策

一、物流政策概述

物流政策是为指导、影响物流经济活动所规定并付诸实施的准则和措施。物流政策的构成包括政策的制定主体(国家或地方政府)、执行对象(物流产业等)、实施目标、实施手段与执行期限等项。

国家物流政策具有整体性、超前性和合法性等特征。从整体而言，发展现代物流的政策体现在物流政策是一个体系，政策的配套和政策与国家其他经济、法律政策的协调是必须考虑的；从超前性看，发展现代物流的政策体现在物流政策的导向性上应考虑符合我国未来一定时期的经济发展要求；从合法性看，发展现代物流的政策体现在政策本身的合法性和政策制定过程的合法性上。

制定发展物流政策应遵循以下四个基本原则。

1. 针对性原则

物流政策应具有较强的针对性，往往是一个国家基于国际物流的发展趋势，根据各行业的特色和结构，分析物流发展中存在的弊端，制定与物流经济活动的相关政策与准则，在充分发挥市场机制的同时，大力发展物流产业。

2. 系统性原则

在制定物流政策时，应正确处理内部与外部、整体与局部的关系，并从动态发展的角度解决问题。

3. 预测原则

在整个制定过程中，首先要估计未来可能会发生的种种情况，对可能发生的事件认真考虑，以适应未来的多种变化。

4．协调原则

物流政策应从社会的整体利益出发，从整体上协调物流业与国家的关系、物流业同其他产业的关系等。

同时，在制定物流政策的过程中，还需要明确物流政策问题、物流政策目标、物流政策方案、物流政策资源、物流政策评价标准、物流政策效果和物流政策环境等基本要素。具体而言，制定物流政策首先需要制定该项物流政策的原因及环境条件等，说明政策的制定背景。其目的是为了使政策的实施对象及执行者对该项政策的制定能有较多地了解并愿意配合执行，以保证其有效执行。

其次，明确制定该项政策所要解决的主要问题，如为维护物流秩序、协调物流系统工作、提高物流服务水平、为物流业的发展筹集资金、推广新的物流技术、节约能源、减少污染以及物流据点布局、物流规划等项。

物流政策的实施手段主要有经济手段、法律手段和行政手段三种形式。其中，经济手段是采用与价值范畴相联系的经济杠杆及其与经济利害关系的后果，去影响和控制物流产业活动。执行物流政策的方法——法律手段，即依靠国家政权，采取法律规范的形式来影响物流产业活动。执行物流政策的方法——行政手段，是依靠权力并通过各级行政管理机构，采用指令、指标、下达任务等形式直接指挥和影响物流产业活动。

二、国外物流政策

(一)美国现代物流政策

美国是西方资本主义国家中唯一长期实行运输、仓储等物流业私有化的国家。美国的物流市场错综复杂，又十分活跃，得益于它有一套完善的物流市场管理及法制管理体系。联邦层次的管理机构主要有各种管制委员会。其中州际商务委员会负责铁路、公路和内河运输的合理运用与协调，联邦海运委员会负责国内沿海和远洋运输，联邦能源委员会负责州际石油和天然气管道运输，而联邦法院则负责宪法及运输管制法律的解释、执行、判决和复查各管制委员会的决定，各有关行政部门如交通部、商务部、能源部和国防部等负责运输管理的有关行政事务。立法机构是总的运输政策的颁布者、各管制机构的设立者和授权者，它们和州级相应机构一起构成了美国全国物流市场的管理机构体系。

美国自建国以来，一直设有州际商务委员会，其主要职责是制定除法律之外的规章制度，协调州与州之间的贸易矛盾、商业与进出口事务、消费者权益以及交通运输等方面的事宜，为交通运输企业提供咨询服务。美国联邦政府交通部负责公路建设、管理与维护等工作，而如何使用好公路、做到合理运输、确保运输安全等，则属州际商务委员会的职责。仓储设施建设安全由仓储公司自己规划决定，联邦政府不予管理。

作为发达的市场经济国家，美国倾向于通过法律对物流服务产业进行引导和管理。在物流法规方面，美国是以运输业为中心进行立法的。其中影响较大的有：1980年卡特尔总统签署的《汽车承运人规章制度改革和现代化法案》和《斯塔格斯铁路法》、1977—1998年制定的《航空规制缓和条款》、20世纪90年代的《机场费率法》和《机场航空改善法》、

1984 年颁布的《航运法》、1998 年新修订的《航运改革法》、90 年代初期颁布的《卡车运输业规模制度改革法案》、1991 年美国政府通过《陆路多式联运效率法》，等等。这些法规的出台结合在一起就造就了一种运输改革的环境，解决了范围很广的行政诉讼和司法诉讼，进一步放松了由公共承运人和契约承运人提供的有关服务、价格，以及承担义务方面的限制，改变了允许私人运输的范围。这在一定程度上减少了联邦法案的约束，推动了运输业更接近“自由市场的体系”。

这些制度的实施，对物流业产生了重大的社会影响。一方面是对托运人和承运人的作业产生的经济影响；另一方面是解除管制的结果对探索物流的整体效应，对供应链过程一体化提供了可行的解决办法。而美国近年来第三方物流的发展也得益于美国完善的合同法体系。

此外，在美国还有相应的辅助性的行政类政策措施来配合法律条款共同支持和配合物流产业的迅速发展，具体表现在以下三个方面。

1．提供良好的宏观物流管理体制

美国政府中不存在一个专门的联邦机构对物流服务产业进行管理，其实行的是分摊管理模式，不设置统一的管理机构，物流管理职能分布在各个运输管理机构中。如在运输方面，美国运输部统辖国家公路交通安全管理局、联邦公路管理局、联邦运送管理局和海运管理局等政府机构，依运输方式的不同，各负其责，表现出很高的效率。

在美国物流管理体制中，行业协会也扮演着极其重要的作用，其主要任务是通过发展、创新和传播物流知识来服务物流行业。美国主要的行业协会管理组织有美国物流管理协会(The Council of Logistics Management，CLM)和美国逆向物流执行委员会(Reverse Logistics Executive Council，RLEC)。

2．建立高效的运输体系

美国从 20 世纪 80 年代开始，就将先进的信息技术、数据通信技术、电子控制技术及计算机处理技术等，有效地综合运用于地面交通管理体系，从而建立起一种大范围、全方位发挥作用的，实时、准确、高效的智能交通系统。1995 年 3 月，美国正式出版了《国家智能交通系统项目规划》，规范了出行和交通管理系统、电子收费系统等 7 大领域和 30 个用户服务功能，初步估计该系统每年可节省成本 200 亿美元。作为物流的一项重要内容和推动运输物流发展的政府政策，美国运输部长罗德纳·斯拉特曾提出了《美国运输部 1997—2002 财政年度战略规划》，成为美国物流现代化发展的指南之一。规划指出，在 1997—2002 年作为跨越 20 世纪到 21 世纪桥梁的 5 年中，美国将面对全球化的市场、环境的挑战、跨越国界的安全威胁和通信与信息革命等环境要素的变化。其目的是建立一个以国际为所及范围、以多种运输方式的联合运输为形式、以智能为特征，并将自然环境包含在内的运输系统。可以说，这个规划是美国物流管理发展的又一个里程碑。

3．完善物流人才的培养和教育

在美国物流管理委员会的组织和倡导下，美国已经形成了较为合理的物流人才教育培训体系。首先，建立了包括研究生、本科生和职业教育等多层次的物流专业教育。例如，美国西北大学、密歇根州立大学、奥尔良州立大学等，或设立了独立的物流管理专业，或附属于运输、营销和生产制造等其他专业；佐治亚技术学院广泛开展了物流职业教育，培养物流管理专业的专科生；部分高等院校还设置了物流方向的研究生课程和学位教育，形成了一定规模的研究生教育系统。其次，全面开展物流在职教育，并建立了美国物流业的职业资格认证制度，如仓储工程师、配送工程师等职位。所有物流从业人员都必须接受职业教育，经专业考试获得上述工程师资格后，才能从事有关的物流工作。

美国政府在物流高度发达的经济社会环境下，不断通过政府宏观政策的引导，确立以现代物流发展带动社会经济发展的战略目标，其近期、远期目标都十分明确。美国在其到2025年的《国家运输科技发展战略》中，规定交通产业结构或交通科技进步的总目标是："建立安全、高效、充足和可靠的运输系统，其范围是国际性的，形式是综合性的，特点是智能性的，性质是环境友善的。"从而在具备了国际性、综合性、智能性和环境适应性的基础上，适应经济增长和贸易发展的需要，提高美国在本地区和国际上的竞争力。其远期目标是：适应经济增长和贸易发展的需要，通过建立高效和灵活的运输系统，促进美国经济的增长及在本地区和国际上的竞争力；改进机动性和可达性，确保运输系统的畅达、综合、高效和灵活等。其近期目标是：改进运输系统结构的完善性，使国家运输基础设施新增通行能力，与其运营效率保持平衡等。

(二)日本现代物流政策

在日本，作为国家经济政策的物流政策在1960年左右初次出现。在此之前就有包括道路、港湾、空港等社会基础设施的整合，运输企业的管理及保护等运输、交通政策，同样很早以前就存在着与流通业及制造业市场活动有关的商业及流通政策等也是事实，但在这个阶段"物流的试点"是不存在的。

在对物流概念及物流系统认识的基础上，首次采用物流政策是在20世纪60年代。首先出台物流政策的是通商产业省(即现在的经济产业省)和运输省(即现在的国土交通省)。大臣的咨询机关"产业构造审议会"在运输经济恳谈会上首次提出了"物流系统化"的概念，制定了流通阶段整体近代化即"流通系统化"政策，通过实行多式联运和建设综合枢纽等来努力达到"货物运送体制一体化"的目标。1964年，在通商产业省所发表的具体政策中，第一次使用了"物流"一词，随即被社会所认同。日本的物流政策从此开始得到了开展。

从20世纪60年代到70年代，政府的物流政策得到了积极的开展。其具体内容是：对物流近代化的直接投资，积极扶持民间企业在物流方面的改善，援助每一个业界在物流基础设施建设上的改造工程，并将物流纳入整个社会标准开始实行。主要有以下七项政策。

(1) 在港湾整合计划及道路整合计划中引进物流要素。

(2) 在汽车货物运输及铁路货物运输中，引进新的组织及技术(比如，铁路货运中的集装箱专用列车与集装箱船的引进等)。

(3) 物流基地的选址政策(汽车站场法、与流通市镇地域相关的法律等)。

(4) 积极促进各个业界的物流合理化(共同配送及批发团地的基地集合化)。

(5) 整体性的引进集装箱化、托盘化、成套装运方式。

(6) 推进商品条形码、托盘尺寸等的标准化。

(7) 其他相关政策。

该阶段的目标是以硬件为中心的物流功能的强化与扩大。但是，经济进入了低速成长

及稳定成长时期后，国家的物流政策方向开始发生变化。为了追求高效率的物流系统，日本在基础设施的建设上倾注了很大力气，特别是在信息系统的建设上，更能体现出对高效率的追求。为了构筑物流信息网络，开放了电话线路的使用，实行了与运输相关经济的规制缓和，促进了与物流有关企业的市场竞争。

其间，物流政策在不同业界主要是以物流近代化为目标所展开的，不同物资由不同的政府部门担当，并以各自不同的形式展开。另外，每一个地域的经济政策中都包含着物流政策，作为地域政策的物流政策得以实施。

日本物流业之所以发展迅速，与日本政府对物流业的宏观政策的引导有着直接的关系。日本政府认为，物流业的高速发展对提高国家经济活力有着重要的战略意义，为此，政府在 1997 年即出台了发展物流业的政策措施。该政策的基本目标是到 2001 年，在日本国内进一步完善物流基础设施建设，实现国际水平的物流运作。具体提出了三项目标：①提供亚太地区最方便且有魅力的服务；②降低物流成本，使其不妨碍产业的竞争力；③降低环境的负荷。

为了实现上述三项基本目标，政府还确定了政策实施方面的三项原则：①以相互合作为基础的综合性施政方式；②满足客户多样化需求(全方位的施政方式)；③促进竞争，搞活市场。在这三项原则的指导下，在物流的各个领域进一步设立了努力的目标，包括政策实施中的一些具体目标值。如货物的托盘使用率、临时停留场所的滞留时间等关键性控制值。

在日本政府出台的物流产业发展政策中，将建设和完善物流基础设施作为重点内容加以提出。由于目前日本已基本形成良性的物流市场和运作机制，物流基础设施也已初具规模，因此政府认为需要通过宏观政策调控，将投资重点着眼于一些重点基础设施的建设和完善上，包括：①满足客户需求的拥有多种选择方式的基础设施(强调基础设施间的合作)；②消除物流的瓶颈环节；③建设和完善国际中心港湾和中心机场。如建设高规格的干线公路、地区性高规格公路、港湾和机场的铁路支线；增强主要干线铁路的货物运输力；国际海上集装箱集散地、多功能国际集散地、国内贸易集散地；大都有市区据点机场的建设等。

在宏观规划重点建设基础设施的同时，为了进一步提高物流运作效率，日本政府着手进行了一系列政策方面的改革，进一步放宽了对物流业的规制，使其完全按照市场运作的规律更加富有活力地发展。这些放宽的政策包括：①废止物流业的供需调整，即对过去各种限制新增项目的法律法规进行了放宽(如新建项目只要符合国家规定的安全和技术标准，即可更加容易地获准)；②对安全规定进行了调整(如对国际性的调和、技术标准的提高等方面)；③灵活实施货物运输事业法。除此之外，日本政府还着手物流系统的技术升级，包括：①物流系统的信息化：进出口和港口手续无纸化、一条龙服务，物流 EDI 的推进；②物流系统的标准化：集装箱、托盘的 JIS 国际整合、全程托盘化运输的推进；③其他技术开发和商业惯例的改善等。

为了确保综合物流政策得以实施、落实，日本政府有关部门通力合作建立了一套政策推进体制，以确保中央部门、地方政府、物流企业和货主等各方面能够合作，以实施有关政策。这一体制包括中央政府各有关部门之间的合作和地方政府之间的合作(区域物流的未来结构)，并根据实施状况每年进行跟踪调查。

(三)欧盟现代物流政策

欧洲各国的物流管理体制基本采取的是政府监督控制、企业自主经营的市场运作模式。它有以下五个特点。

1．政府在物流管理中的作用——监督控制

以德国为例，德国货运管理的部门是联邦货运交通局(BAG)。联邦货运交通法中规定，联邦货运交通局的任务就是监督和控制。为了更好地实行监督功能，联邦货运交通局对所有参加运输的人员不仅在办公室内而且在室外(公路、高速公路、停车场等)进行监督，其中包括发货人、中介人或运输公司。联邦货运交通局规定，如违反规定，要受到主管局的惩罚或联邦货运交通局的制裁。

2．基础设施——政府兴办，民间经营

德国的货运中心是为了提高货物运输的经济性和合理性，以发展综合交通运输体系为主要目的。德国的货运中心建设遵循以下三项原则：联邦政府统筹规划、州政府扶持建设和企业自主经营的发展模式。具体内容如下。

(1) 联邦政府统筹规划。联邦政府在统筹考虑交通干线、主枢纽规划建设的基础上，通过广泛调查生产力布局、物流现状，根据各种运输方式衔接的可能，在全国范围内规划物流园区的空间布局、用地规模与未来发展。为引导各州按统一规划建设物流园区，德国交通主管部门还对规划建设的物流园区给予资助，而未按规划建设的则不予资助。

(2) 州政府扶持建设。州政府提供建设所需要的土地、公路、铁路和通信等交通设施，把物流园区场地出租给物流企业，与其按股份制形式共同出资，由企业自己选举产生咨询管理委员会。该委员会代表企业与政府打交道，与其他物流园区加强联系，但不具有行政职能；同时该委员会还负责兴建综合服务中心、维修保养厂、加油站、清洗站等公共服务设施，为成员企业提供信息、咨询和维修等服务。

(3) 企业自主经营。入驻企业自主经营、照章纳税，依据自身经营需要建设相应的库房、堆场、车间，并配备相关的机械设备和辅助设施。

以不来梅市货运中心为例，除德国政府设立海关负责进出口货物验关外，政府在货运中心不再另设其他管理机构，企业自主经营、照章纳税，政府亦不再从中心成员那里征收除法定税费以外的任何税费。货运中心自身的经营管理机构采取股份制形式，市政府出资25%，中心50户经营企业出资75%，由经营的企业选举产生咨询管理委员会，推举经理负责中心的管理活动。这实际上是采取了一种企业“自治”的方式。企业按实有工作人员每人每月向中心交380德国马克管理费，此外中心不再收取任何费用。中心的职能主要是为成员企业提供信息、咨询、维修等服务，代表50家企业与政府打交道，与其他货运中心联系，不具有行政职能。提供良好的公共设施和优良的服务，是中心全面活动的宗旨。因此，中心一般都建有综合服务中心、维修保养厂、加油站、清洗站和餐厅等，有的还开办驾驶员培训中心等实体，提供尽可能全面的服务。这些实体都作为独立的企业实行经营服务。良好的设施、优质的服务，使中心不仅取得了显著的社会效益，而且取得了巨大的经济效益。不来梅市货运中心的投入产出比为1∶6，投资2.03亿德国马克，而实现的效益为12.18

亿德国马克。

3. 整体运输安全计划

欧洲最近提出了一项整体运输安全计划，目的是监控船舶状态。通过测量船舶的运动、船体的变形情况和海水的状况，就可以提供足够的信息，避免发生事故，或者是在事故发生之后，确定导致事故的原因。

4. 统一标准，协调发展

为提高欧洲各国之间频繁的物流活动效率，欧盟组织之间采取了一系列协调政策与措施，大力促进物流体系的标准化、共享化和通用化。如由全欧铁路系统及欧盟委员会提出的“在未来20年内，努力建立欧洲统一的铁路体系，实现欧洲铁路信号等铁路运输关键系统的互用”，就是这一努力的具体体现。

另外，为了优化整个欧盟地区的物流资源，使之实现资源共享，欧洲还建立了欧洲空运集团(European Air Group)。它由7个成员国(比利时、法国、德国、意大利、荷兰、西班牙和英国)组成，并拟在荷兰的空军基地建立空运联合协调中心(Air Transport Coordination Cell)，该中心在2002年正式开始运作。协调中心的职责是规划并协调空中运输支持、紧急事件处理、空中加油机、重要人物运输和医疗抢救等任务。

5. 扩大行业影响力——行业协会的作用

欧洲的运输与物流业组织——欧洲货代组织(FFE)在本年度的董事会年会上决定，为了整个行业的利益和长远大计，将积极在欧洲乃至国际上扩大行业影响力，且欧洲货代组织(FFE)的成员中包括了当今世界上9家最大的货代企业和物流企业。

为达到扩大行业影响力的目的，该组织决心紧跟国际潮流，全面采用IT管理，进一步扩大在本行业和相关行业的影响力。为此，本届年会制定了今后的工作重点是：与TAPA(技术财产保护协会)成员洽商高科技产品在运输、装卸、管理过程中的安全要求，并达成一致意见；向欧盟委员会提交有关行业建议，要求欧盟在交通运输政策“白皮书”中反映出欧洲交通运输行业尤其是物流业的利益；运用先进的经营管理手段(包括IT管理)维护客户的利益，巩固与客户的合作关系。

三、国内物流政策

(一)我国现代物流政策的现状

随着物流概念的引入，现代物流的发展日益受到各级政府、产业界和理论界的高度重视，全国人大、国务院及其所属各部门、各级地方政府陆续出台了一系列与物流发展相关的政策法规，力求积极、切实推进现代物流的发展。东北财经大学的夏玉春教授认为，目前我国物流政策的基本形式主要有两类：一类是有关物流的各种法律和法规；一类是有关物流的各种“意见”和“通知”等行政类政策。

我国与物流有关的各种法律、法规、条例、规定、规则有很多。这些繁多的法律、法规又可进一步分为两类：一类是适用于各个部门、各个领域的，进而也适用于物流领域的法律、法规；一类是适用于铁路、公路、水路、航空和管道等交通运输领域的法律、法规。如表 17.1 所示。

表 17.1　我国法律类物流政策表

颁布单位		文件名称	内容摘要	文　号	颁布时间	实施时间
铁路方面	全国人大常委会	中华人民共和国铁路法	规范铁路的概念、铁路工作主管部门及其管理权限、铁路运输企业及其职能、铁路运输营业、铁路建设、铁路安全与保护等事项	主席令第 32 号	1990-09-07	1991-05-01
	铁道部	铁路集装箱运输管理规则	规定铁路内部集装箱运输作业要求，加强集装箱运输管理工作，提高集装箱运输效率和效益	铁运〔1989〕82 号	1989-10-01	1989-10-01
		铁路货物运输管理规则	详细规定货物运输基本作业、货物交接、检查和换装整理、货场管理、货运监察等事项，有利于提高铁路货运管理水平、工作效率和工作质量，安全、迅速、经济、便利地组织货物运输	铁运〔2000〕90 号	2000-11-01	2000-11-01
公路方面	全国人大常委会	中华人民共和国公路法	规范我国公路的概念、公路的等级、公路工作主管部门及其管理权限、公路规划、公路建设、公路养护、路政管理、收费公路、监督检查、法律责任	主席令第 86 号	1997-07-03	1998-01-01
	全国人民代表大会	中华人民共和国道路交通安全法	为了维护道路交通秩序，预防和减少交通事故，保护人身安全，保护公民、法人和其他组织的财产安全及其他合法权益，提高通行效率，规定道路通行条件、道路通行规定、交通事故处理、执法监督以及法律责任等几方面的内容	主席令第 8 号	1997-07-03	1998-01-01

续表

颁布单位		文件名称	内容摘要	文　号	颁布时间	实施时间
公路方面	国务院	城市道路管理条例	有关城市道路规划、建设、养护、维修和路政管理的规定	国务院令第 198 号	1996-06-04	1996-06-04
		中华人民共和国道路交通安全法实施条例	有关加强道路交通管理，维护交通秩序、保障交通安全畅通的规定	国务院令第 405 号	2004-04-30	2004-05-01
		中华人民共和国道路运输条例	有关维护道路运输市场秩序、保障道路运输安全、保护道路运输有关各方当事人的合法权益的规定	国务院令第 406 号	2004-04-30	2004-07-01
		道路运输车辆维护管理规定	有关加强道路运输车辆管理、保持车辆技术状况良好、确保运行安全、保护环境、降低运行消耗、提高运输质量的规定	交通部令〔1998〕2 号	1998-03-04	1998-04-01
	国务院	汽车货物运输规则	为维护正常的道路货物运输秩序、保护汽车货物运输当事人的合法权益，对承运人、托运人、收货人以及其他有关方权利、义务和责任的规定	交通部令〔1999〕5 号	1999-11-15	2000-01-01
	原外经贸部	外商投资道路运输管理规定	明确外商投资道路运输业的形式、申请步骤、应符合的条件等内容，目的是促进道路运输业的对外开放和健康发展，规范外商投资道路运输业的审批管理	对外贸易经济合作部〔2001〕9 号	2001-11-20	2001-11-20
水运方面	全国人大常委会	中华人民共和国港口法	为加强港口管理、维护港口安全与经营秩序、保护当事人的合法权益、促进港口的建设与发展，规范港口规划、建设、维护、经营管理及其相关活动	主席令第 5 号	2003-06-28	2004-01-01
	国务院	中华人民共和国航道管理条例	有关加强航道管理、改善通航条件，以及保证航道畅通和航行安全的规定	国务院令第 78 号	1987-08-22	1987-10-01

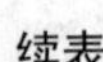

续表

颁布单位		文件名称	内容摘要	文号	颁布时间	实施时间
水运方面	国务院	中华人民共和国河道管理条例	有关加强河道管理、保障防洪安全、发挥江河湖泊综合效益的规定	国务院令第3号	1988-06-03	1988-06-10
		中华人民共和国船舶登记条例	为加强国家对船舶的监督管理，对船舶登记的有关规定	国务院令第155号	1994-06-02	1995-01-01
		中华人民共和国水路运输管理条例	规范水路运输的概念、种类，以及水路运输事业的主管部门及其权限	国务院令第237号	1997-12-03	1997-12-03
		中华人民共和国内河交通安全管理条例	加强内河交通安全管理，维护内河交通秩序，涉及停泊和作业、危险货物监管、渡口管理、通航保护、救助、事故调查处理、监督检查等内容	国务院令第355号	2002-06-28	2002-08-01
	交通部	水路货物运输管理规则	规定承运人和港口经营人之间的分工和责任	交水发第221号	1995-03-15	1995-03-15
		水路货物滚装运输规则	规定承运人与托运人、港口经营人之间的权利、义务和责任	交通部第6号	1997-07-16	1997-10-01
		国内水路货物运输管理规则	规定运输合同当事人的权利义务、运输单证、货物的接收与交付等内容	交通部第9号	2000-08-28	2001-01-01
民航方面	全国人大常委会	中国人民共和国民用航空法	规定民用航空器国籍、权利、航空人员、民用机场、空中航行、公共航空运输企业和公共航空运输等内容	主席令第56号	1995-10-30	1996-03-01
	中国民用航空总局	中国民用航空货物运输规则	规定境内航空货物运输管理	民航总局令第50号	1996-02-29	1996-03-01

续表

颁布单位		文件名称	内容摘要	文　号	颁布时间	实施时间
民航方面	中国民用航空总局	中国民用航空货物国际运输规则	规定公共航空运输企业使用民用航空器运送货物，而收取报酬的国际航空运输和免费的货物国际航空运输等内容	民航总局令第 91 号	2000-04-21	2000-08-01
海运方面	全国人大常委会	中华人民共和国海关法	规定进出境运输工具、货物法人、关税、海关事务担保、海关的权限及隶属关系、执法监督	主席令第 35 号	2000-07-08	2001-01-01
海运方面	全国人大常委会	中华人民共和国海商法	规范船舶、船员、海上货物运输合同、海上拖船合同、船舶碰撞、海难救助、共同海损、海事赔偿责任限制等内容	主席令第 64 号	1992-11-07	1993-07-01
海运方面	全国人大常委会	中华人民共和国海上交通安全法	规定海上交通管理以及保障船舶、设施和人民财产安全等内容	主席令第 7 号	1983-09-02	1984-01-01
海运方面	国务院	中华人民共和国国际海运条例	规定国际海上运输及其辅助性业务的经营者、经营活动，外商投资经营国际海上运输及其辅助性业务的特别规定、调查及处理	国务院令第 335 号	2001-12-11	2002-01-01
海运方面	交通部	中华人民共和国国际海运条例实施细则	对管理国际海上运输经营活动和与国际海上运输相关的辅助性经营活动加以规定	交通部令〔2003〕1 号	2003-01-20	2003-01-20

除此以外，有关物流方面的《通知》《意见》和《办法》也是非常重要的物流政策。这些政策往往具有比较强的时效性，也很具有针对性，对全社会的物流活动具有直接干预的作用。

其中部门性的物流政策主要有：2014 年 9 月 24 日，商务部出台《关于促进商贸物流发展的实施意见》，鼓励生产和商贸流通企业剥离或外包物流功能，支持商贸物流企业专业化、规模化，强化第三方物流服务能力(有条件可以向第四方物流发展)，并在此基础上提高物流企业国际化水平，提出要大力发展电子商务物流、加强冷链物流建设、加快生产资料物流转型升级，政府将在财税土地政策上加大扶持力度。2014 年 11 月 18 日国家发改委、交通部、商务部、国家铁路局、中国民航局、国家邮政局及国家标准委联合印发《关于我国物流业信用体系建设的指导意见》(以下简称《意见》)。《意见》表示，建立健全物流业信用体系，可以有效约束和规范企业的经营行为，营造公平竞争、诚信经营的市场环境；有利于建立统一开放、竞争有序的现代物流市场体系，发挥市场在物流资源配置中的决定性作用和更好地发挥政府作用，促进物流业加快转型升级；对于降低社会物流成本，提高物流效率，提升经济运行的质量和效益具有重要意义。2015 年 10 月 23 日，国务院发布关于促进快递业发展的若干意见，为促进快递业健康发展，进一步搞活流通、拉动内需，服务大众创业、万众创新，培育现代服务业新增长点提供了基础支撑。

综合性的物流政策主要有：2012 年 8 月 3 日，国务院发布了关于深化流通体制改革加快流通产业发展的意见，提出要加强现代流通体系建设、积极创新流通方式、提高保障市场供应能力、全面提升流通信息化水平、培育流通企业核心竞争力、大力规范市场秩序、深化流通领域改革开放等主要任务。2014 年 9 月 12 日，国务院印发《物流业发展中长期规划》。这是自 2009 年 4 月发布《物流业调整和振兴规划》以来，国务院下发的又一物流行业政策纲领性文件。2015 年 5 月 25 日商务部等 10 部门发布了《全国流通节点城市布局规划(2015—2020 年)》，《规划》根据国家区域发展总体战略及“一带一路”、京津冀协同发展和长江经济带战略等战略部署，结合国家新型城镇化规划、全国主体功能区规划等，确定 2015—2020 年“3 纵 5 横”全国骨干流通大通道体系，明确划分国家级、区域级和地区级流通节点城市，并提出完善流通大通道基础设施、建设公益性流通设施、提升流通节点城市信息化水平、建设商贸物流园区、完善城市共同配送网络、发展国家电子商务示范基地、提升沿边节点城市口岸功能、促进城市商业适度集聚发展、强化流通领域标准实施和推广等九项重点任务。

(二)我国现代物流政策的分类

基于物流政策的效力大小、功能强弱、调整对象、适用领域和使用范围不同，可将我国主要物流政策法规进行如下归纳划分。

1. 基于政策的效力

按政策的效力大小主要分为法律规范和规范性文件两大类。法律规范具有强制性效力，属于中国法的正式渊源。它包括法律、行政法规、地方性法规、国务院部门规章、地方性政府规章以及我国已加入的国际条约等。规范性文件具有指导性效力，一般不作为司法审判的主要依据。它包括特定时期各级政府制定的一些物流规划、国务院各部门的有关通知、意见，地方政府各部门制定的一些规定、办法，行业协会制定的一些行规、标准和职业守则等，如《“十五”商品流通业结构调整规划纲要》。

2. 基于政策的功能

按照政策的强弱主要分为综合性政策、专项性政策和辅助性政策。综合性政策调整总体物流发展，如国家经贸委等六部委联合印发的《关于加快我国现代物流发展的若干意见》(2007)，是我国政府部门颁布的第一个关于发展现代物流的指导性文件。专项性政策调整某一物流环节，如专门调整公路、铁路、海运、航空等交通运输领域的政策法规。这类政策法规典型的有中国人大常委会制定通过的调整海上运输关系和船舶关系最权威的法律规范《中华人民共和国海商法》(1992)。辅助性政策调整与物流相关行为并对物流活动具有平衡和补充作用，如《中华人民共和国进出口商品检验法》《中华人民共和国土地管理法》

(1998)、《中华人民共和国环境噪声污染防治法》(1996)等。这些法律法规分别对物流的跨国运营、物流设施与节点的建设、物流设备(特别是车辆与船舶)对环境的影响等方面进行了法律规制。

3．基于政策的调整对象

按政策的调整对象主要归纳分类如下。

(1) 物流组织政策，如《道路货物运输企业经营资质管理办法(试行)》(2007)等。

(2) 物流运作政策，如《汽车货物运输规则》(1999)等。

(3) 物流发展促进政策，如《关于加快发展我国集装箱运输的若干意见》等。

(4) 物流活动调控政策，如《中华人民共和国道路交通安全法》(2003)等。

(5) 物流设施供给政策，如《中华人民共和国海关对保税物流中心(A 型)的暂行管理办法》(2005)等。

(6) 物流争议救济政策，如《中华人民共和国海事诉讼特别程序法》(1999)等。

4．基于物流政策的适用领域

按政策的适用领域主要分为两大类。一类是普遍调整各个部门、各个领域的，进而也适用于物流领域的通用型政策法规，如《中华人民共和国公司法》《中华人民共和国标准化法》(1988)和《中华人民共和国反不正当竞争法》(1993)等。

另一类是以发展现代物流为目的、专门用于调整物流行业的政策法规，如《关于促进运输企业发展综合物流服务的若干》(2001)，《物流企业分类与评估指标》(2005)等。这些政策法规的制定和完善将会有力地推动我国现代物流的健康发展。

5．基于政策的使用范围

按政策的使用范围主要分为国家性的物流政策和地方性的物流政策两大类。国家性的物流政策，如国家发展和改革委员会等联合颁布的《关于促进我国现代物流业发展的意见》(2004)，这是目前我国最为综合的国家性物流政策，也是促进我国现代物流发展的最高纲领和行动指南。

地力性的物流政策，如福建省人民政府的《关于加快现代物流业发展的意见》(2005)，厦门人民政府的《关于加快发展厦门现代物流业的意见》(2003)等。地方性物流政策大多与国家性的物流政策相配套和协调，但也有个别地方政府进行了较大幅度的政策创新。

(三)我国现代物流政策的局限性

我国现行的政策法规对维护传统物流业的经济秩序发挥了一定的作用，但仍存在不少政策层面的制约因素，需要我们不断按照市场经济规律和现代物流发展的客观实际加以更新和改进。

1．缺乏系统性

现代物流是跨部门、跨地区和跨行业的复合型产业，与社会经济生活的许多层面都有不同程度的关联。我国现代物流的发展涉及国家发改委、商务、交通、铁道、民航、邮政、海关、质检、公安、信息等政府相关部门，各部门颁布的物流政策法规缺乏统筹规划和整体协调，难以达到现代物流业发展所要求的系统性和专业性，甚至出现职能重叠、政策冲突，使执行机关和物流企业无所适从，难以认识和把握物流政策的精髓规律，难以整合物流各环节和各功能之间的关系，不利于形成产业优势推动我国现代物流的发展，最终也影响了政策法规的权威性。

此外，由于物流是一个包括多个构成要素的系统，而且这些构成要素之间往往存在着复杂的相互制约、相互影响的关系，因此，单独对某个物流要素进行规范，是不能发挥物流系统的整体效率的。但从现行的法律类物流政策来看，其重点是对物流基础设施中的铁路、公路、航路、管道、港口、车站、机场的规划、建设与布局。即主要是对物流系统构成要素中的“运输”要素进行规范，而对其他物流系统构成要素，如物流标准化、信息化的立法几乎没有。

2．时效性不强

我国目前执行的某些物流政策法规仍在延续原计划经济体制的做法，既难以适应市场经济环境下现代物流业的发展，更难以适应物流国际化的需要。例如，针对物流服务产业新出现的服务业态、重复纳税等问题，目前的物流政策还并未及时做出明确规定。因此，建立一个专业性强、有前瞻性地体现社会主义市场经济要求和现代物流特性的政策法规体系势在必行。

3．可操作性不强

我国传统的物流政策法规在技术上普遍缺乏对物流实践的具体指导和调整作用，宏观调控能力和微观约束能力不足，直接具有操作性的物流法规层次较低，法律效力不大。目前，我国尚无直接具有可操作性的现代物流综合性政策法规，各部委或地方多以“办法”“意见”“通知”等形式颁布一些促进现代物流发展的规范性文件，缺乏法律强制效力，只适合作为司法审判的参照性依据，在具体运用中缺乏可操作性，不利于调整各物流主体之间的相互关系，减少了对物流主体行为的引导与制约作用。

目前我国最权威、最综合的行政类物流政策主要有国家经贸委六部委联合颁布的《关于加快我国现代物流发展的若干意见》和国家发展和改革委员会以及商务部等九部委正式下发的《关于促进我国现代物流业发展的意见》。这两个《意见》涉及的内容较为全面，但缺乏系统性，且执行过于“抽象”。例如，《意见》将物流服务产业发展的目标和方针、具体政策等一起列举出来，缺乏系统性地具体指导物流服务产业的整体发展；对于如何完善物流服务产业管理体制、培育物流服务市场等问题，并没有指明究竟应如何具体操作。

4．存在政策真空

现代物流是集运输、仓储、装卸搬运、包装、流通加工、配送和物流信息等在内的多功能、一体化的综合服务。但是，我国现有的一些物流政策法规无法对所有的物流活动进行有效的规范。例如，物流运营商因不同物流环节的业务性质，可以作为代理人、承运人、仓储经营人或批发商等，从而具有不同的法律身份。法律关系种类繁多，甚至性质迥异。这些法律在责任构成、责任形式、责任范围、诉讼时效、诉讼管辖、举证责任等方面均有一定的差异，会使物流运营人产生不同的法律风险，承担不同的法律后果。对此，我国目前尚无相关的政策法规对物流运营商的法律地位加以调整与规范。

5．缺乏鼓励物流技术创新的政策

在物流业的发展进程中，物流关键技术的发展是至关重要的。物流技术包括硬技术和软技术，涉及诸多方面，如条形码技术、电子数据交换、卫星定位系统、高速快捷的运输方式和运输规划等。现代物流发展除了企业发展战略的调整以及企业物流服务能力的进一步开发之外，更重要的是来自技术的因素尤其是信息技术。现代信息技术提供了对物流中大量、多变的数据进行快速、准确、及时采集并迅速分析处理的能力，大大提高了信息反馈功能，进而提高了控制管理能力、客户服务水平和物流运营的效率。因此，应尽快推出相关的物流技术促进政策，实现物流业关键技术的迅速发展和广泛应用，以技术进步来推动物流业的快速、高效发展。

(四)我国现代物流政策的构建目标

我国必须加强对物流业相关配套政策法规的研究。配套的、具有前瞻性和系统化的政策法规是规范和推动物流业发展至关重要的制度保证。因此，我们要加强对政策的作用机理、政策实施效果、政策系统性和科学性的研究，树立科学发展的政策导向，制定相配套的并具有可操作性的物流政策，为物流业创造良性发展的制度环境。

首先需要加快制定物流产业政策，从产业发展的角度来统筹规划、整合资源，以实现物流业的整体推进。物流的产业化发展是趋势，是社会分工专业化的需要，也是实现规模经济的需要。物流组织活动只有在规模经营和网络化运作的基础上才能产生预期的效益。因此，工业及商业企业寻求物流服务的外部支持或构建供应链已是大势所趋，企业物流管理与专业物流经营也将进一步融合和渗透。当前物流业正处于快速发展的时期，我国必须从产业发展的角度来制定物流业的产业政策，这将有利于与物流发展相关的各行业及经济管理部门，按物流产业化发展的内在要求进行政策设计与推进，避免无谓的部门权力纷争。制定物流产业政策还将进一步促进不同领域相关行业在发展现代物流进程中的协调和配合，强调整体性发展，达到共同发展、提高效率的目的。

产业政策是政府为了实现某种经济和社会目标，以产业为直接对象，通过对全产业的保护、扶植、调整和完善，直接或间接干预本产业企业的经济活动以及商品、服务、金融市场的相关政策的综合。产业政策是政府对未来产业结构变动方向的干预，同时也是为弥补市场机制失灵而采取的补救措施。通过实施产业政策，可以明确产业的发展方向，规划产业结构，规范产业市场，整合多方资源，提升本产业产品的竞争力，实现资源的优化配置和高效率。产业政策的主要作用在于弥补市场的缺陷；实现产业的超常规发展，缩短赶超时间；促进产业结构合理化与高度化，实现产业资源的优化配置；增强产业的国际竞争力等。因此，制定有效的产业政策是进一步推动物流业产业化发展的必然选择。

(1) 物流发展的产业政策，应当包括产业促进政策、产业组织政策、企业布局规划、相关行业协调政策以及相配套的土地政策、税收政策、市场准入政策和金融政策等。在制定物流产业政策时，应将物流产业确定为一定时期内重点发展的产业；明确中心城市物流的政策定位；政策的目标在于培育和健全物流市场；以物流技术政策为核心，鼓励技术开发和关键技术创新；要强调发挥行业协会的作用，实现各相关行业的有效整合，进而全方位推进物流产业化的发展；建立政策实施的保障体系。

(2) 要树立物流业发展正确的政策导向，提升政策的科学性和透明度。任何一项政策的制定与实施，都必须找准“切入点”，同时配合具体的相应措施。这样的政策才称得上是科学、严谨的，才能真正发挥其应有的效用。首先，要树立正确的政策观念。即要树立产业政策的观念，重视物流基础设施建设观念，实施适度开放与保护政策的观念以及科学的行业管理政策的观念，要加强基础性政策的引导和扶持。其次，要明确物流业发展的目标和重点。根据地区经济发展的总体规划，来确定物流业的发展规划，明确发展目标和重点——建立现代物流体系，构建高效率的区域物流网络，建立物流技术标准，促进物流系统的合理布局、物流园区的有序建设等。再次，要明确政府职能，即为物流业的发展构造良好的制度环境，积极引导和扶持物流业的规范发展，协调各部门之间的关系和利益分配，实现各方资源的整合、统筹调度，以高效率地提供物流服务。

应倡导物流业的专业化发展以及规模经济效益，给第三方物流企业以必要的优惠政策，努力提高物流的产业化水平。政策的落脚点是企业，要加快物流企业的改制、重组和转型，形成能实现规模经济的大型物流企业，推进物流企业的规范化、制度化建设，实现物流服务的社会化、经营的规模化、运输组织高效化、流通加工一体化，形成综合、高效的物流体系。

(3) 构建物流业的市场准入制度。物流业的规范发展有赖于一个规范的市场。构建物流业的市场准入制度是非常重要的制度建设内容，为此要明确物流企业的分类，明晰物流服务业的经营内涵，界定物流服务企业的范围；要建立市场监管体系，制定相应的标准，从严审批，从严管理，从源头规范企业的各种行为，进而实现整个物流市场的规范发展；要充分发挥行业协会的作用，加强行业的管理和自律。

(4) 要借鉴发达国家物流发展的经验，提升物流管理的水平。

(5) 建立必要的政策效用评估体系。通过评估，可以评定现行政策的实际效果，其标准主要涉及政策的有效性、经济效率、管理与执行成本、资金配置和动态影响等几个方面。以此给政策的制定者提供比较、鉴别及评判的依据，并依此决定对现有政策的选择、调整、完善、推广、创新，或者放弃。

就目前而言，近期我国物流政策的构建目标关键在于制定物流发展的综合性政策，并对现行物流政策法规进行针对性的修订或增补，彻底消除物流政策体系中的“冲突点”和“空白点”；积极建立物流发展协调机制和我国物流发展纲要；积极推进物流标准化体系建设等几个方面的突破和改进。

在此基础上，在我国物流发展机构的统一协调下，理顺各种与物流发展相关的政策法规间的层级结构与逻辑脉络，初步建立现代物流发展的政策体系，为制定统一的法典化的综合性物流法律做准备，力求进一步完善中国物流的政策法规体系。

本章小结

物流法是指在调整物流活动过程中产生的、与物流活动有关的社会关系的法律规范的总称，它具有广泛性、复杂性、技术性和国际性等特征。由于物流活动本身涉及很多社会关系，所以与物流活动有关的法律规范的范围比较广，主要涉及物流组织法律制度、物流行为法律制度和物流经济调控法律制度三个方面。物流法的渊源是物流法规借以表现和存在的形式，就目前而言，物流法的渊源涉及法律、行政法规、地方性法规、自治区法规和

经济特区法规、规章、国际条约、国际惯例和技术标准，等等。物流的法律框架是由物流活动本身的内涵和外延决定的。在构成物流活动的系统和子系统中，各项活动所涉及的法律法规和公约共同构成了物流活动的法律框架和基础体系。

为配合和支持物流的发展，各国相应制定了各类物流政策，它是为指导、影响物流经济活动所规定并付诸实施的准则和措施。本章在介绍美国、日本、欧盟等国家现代物流政策的基础上，详细分析了我国现代物流政策的现状、分类、局限性及构建趋势。

复习思考题

1. 简述物流法的概念、特征及范围。
2. 阐述现代物流的法律渊源。
3. 阐述现代物流法律基础体系。
4. 理解物流政策概念及其制定原则。

参 考 文 献

1. 于定勇，国红亮. 现代物流法律制度. 广州：暨南大学出版社，2003
2. 李玉峰. 物流法理论与实务. 北京：电子工业出版社，2006
3. 罗闽，叶晓鹰. 物流法规概论. 上海：立信会计出版社，2006
4. 成耀荣，胡小文. 物流政策的制定及其评估方法研究. 综合运输，2004(2)
5. 逢锦聚，严建援. 从日本政府的物流政策导向看日本物流业的发展. 现代物流，2001(1)
6. 日本政府. 综合物流施策大纲，1999
7. 日本政府. (新)综合物流施策大纲，2002
8. 中田信哉，著. 物流在日本的发展历程与未来趋势. 孙前进，译. 中国流通经济，2003(11)
9. 林勇，王健. 我国现代物流政策体系的缺位与构建. 综合运输，2006(1)
10. 张玲. 我国物流服务产业性质及政策研究. 上海海事大学，2005

第十八章　物流管理战略

本章导读：

核心竞争力是组织中集体学习技能，特别是如何协调各种不同的生产技能和整合不同的技术流。物流企业的核心竞争力主要体现在整合能力、快速反应和灵活多变的能力、组织协调能力、高超的企业信息化水平和高素质的物流人力资源等五个方面。作为企业战略的重要组成部分，物流战略管理是有效提高物流企业的核心竞争力、保持物流企业竞争优势的重要手段，是在对企业外部环境和内部条件分析的基础上，为求得企业生存和发展而做出的长远性谋划。通过对物流运作过程所涉及的外部环境和企业内部资源条件的分析，选择合适的物流战略并将其付诸实施，最终提高企业物流战略实施成效。随着物流战略实施范围的延伸，物流联盟应运而生，并迅速发展起来。在当前竞争态势下如何认识物流联盟的运作优势及其适用模式，如何对其进行有效管理，是物流企业寻求生存和发展过程中需要了解和认识的关键问题。

学习目标：

通过对本章的学习，重点掌握核心竞争力理论的核心内容；掌握物流战略理念及物流战略计划的思想及其相关核心内容；在此基础上了解物流战略联盟的产生及其发展的有关内容。

关键概念：

核心竞争力(Core Competence)
物流战略(Logistics Strategy)
物流战略计划(Logistics Strategy Plan)
战略联盟(Strategy Alliance)

第一节　物流与企业核心竞争力

一、核心竞争力

1. 核心竞争力理论的产生背景

战略管理的一个基本命题是如何通过资源的适当调配创造竞争优势。以波特(M. E. Porter)为代表的、以行业结构分析为基础理论的行业结构分析学派认为企业的外部环境特征是战略管理的主要因素，超额利润由外部环境特征决定。该学派的理论成功解释了 20 世纪 60 至 80 年代外部环境对美国企业战略行动的主要影响，其意义深远。

随着竞争环境的不断升级，逐渐衍生了资源学派。资源学派是 20 世纪 80 年代开始兴

起的，它的理论与行业结构分析学派相反，认为战略管理过程的主要因素来自企业的内部环境，持续竞争优势可通过组合和整合企业内部一系列资源获得。该学派将焦点转向企业内部能力战略资源投向、成本和绩效的分析。该学派的主要代表是美国学者 C.K.普拉哈拉德和英国学者 G.哈默。1990 年，以他们在《哈佛商业评论》(Harvard Business Review)上发表的划时代文章《企业的核心能力(The Core Competency of the Corporation)》为标志，正式确立了企业核心能力在战略管理理论上的地位，标志着新一代战略管理理论的确立，即企业资源观战略管理理论。该理论对美国企业面临的新问题做出了解释，认为战略管理最重要的原则是通过资源积累与配置赋予所占有资源异质性，从而获得“持续租金”，也就是获得持续竞争优势。

2. 核心竞争力概念界定

自 C.K. 普拉哈拉德和英国学者 G.哈默将核心能力概念引入战略管理理论以来，对企业核心能力的研究便成为战略管理理论研究的前沿课题。核心竞争力(Core Competence)，又称核心能力、核心竞争优势，目前被普遍认可的仍是首创者 C.K.普拉哈拉德和英国学者 G.哈默所提出的定义，即“核心竞争力是组织中群体学习，特别是如何协调各种不同的生产技能和整合不同的技术流”。管理学家福克纳和鲍曼认为核心竞争力是公司专有的、优异的、扎根于组织之中的和适应市场机会的，更有可能实现可持续竞争优势，获得超平均水平利润的一种复合性、整合性的能力。麦肯锡则将核心能力定义为：某一组织内部一系列的技能和知识的结合，它具有使一项或多项业务达到世界一流水平的能力。并认为核心能力包括“洞察力、预见力”和“业务一线的实施能力”。

这些关于企业核心能力的界定均包含一个基本观点，即知识是企业核心能力的基础，知识和能力的组合就构成了企业的核心能力。核心能力是使企业独具特色并为企业带来竞争优势的知识体系。企业是一个知识的集合体，企业的知识存量决定了企业配置资源等创新活动的能力。企业核心能力的知识体系并不是短时期内形成的，而是企业在经营过程中长时间的积累，是组织内部富有个性化技能和经验知识的体现。

目前关于核心竞争力的观点较多，有“资源论”“能力论”“消费者剩余论”“体制与制度论”和“创新论”等观点。国内学者在对国外核心能力理论做了大量研究的基础上，将对核心能力理论的研究归纳成八种观点，即整合观、网络观、协调观、组合观、知识载体观、平台观、技术能力观和元件构架观。

众所周知，客户是物流企业提供服务产品的吸收器，只有得到客户的认可和接受的物流服务，才具有市场价值。可以说，客户是物流企业利润的来源和发展的外部基石，物流企业只有拥有一定数量的客户资源，才能实现盈利和发展。因此，我们认为物流企业核心竞争力的本质是一种在竞争中生存的能力，也是一种超越竞争对手获得客户忠诚度的能力。具体地说，物流企业的核心竞争力是指企业在物流规划、仓储、加工、包装、装卸和运输等服务环节上所具有的、明显优于其他竞争对手并难于被模仿的独特能力。企业依靠这一能力能够提供客户所看重的价值，从而更为有效地满足客户的需要，争夺客户资源。

企业在经营过程中形成的、不易被竞争对手效仿的，并能给企业带来长期稳定竞争优势的独特能力，可称为企业的核心竞争力或核心专长。核心能力是企业最重要、最关键、最根本的能力。核心竞争力的强弱决定了企业在市场竞争中的地位和命运。

核心竞争力之所以成为企业持续竞争优势之源，是由于它是企业的一种异质性资源。这种异质性具体表现为核心能力的价值性、稀缺性、动态延展性、难以模仿性和难以替代性等方面。

价值性是指核心能力不仅通过产品与服务实现其对顾客的价值，而且还为顾客创造价值；稀缺性是指核心能力是一个企业所特有的、独树一帜的资源；动态延展性是指核心能力不局限于现有业务，并且可以作为企业进入其他业务领域获取竞争优势的基础，可通过不断地自我完善、自我发展，逐步在战略上得到升级；难以模仿性是指核心能力是企业特有的、竞争对手不论通过何种途径都获取不到的，或即使得到也是代价昂贵的；难以替代性是指核心能力提供给企业的竞争优势是竞争对手用其他资源难以获取的。因此，企业的核心竞争能力也可以理解为一个企业在能力上与竞争对手的区别，是在限定的战略空间中使企业比竞争对手的经营性更为有效的能力。

具体而言，企业的核心竞争力具有以下四个重要特征。

(1) 企业核心竞争力是企业的综合实力。这体现在在现有产品或业务单位上同竞争对手相比具有的竞争优势，更体现在动态发展过程中持续的创新和发展能力，需要有目的地利用现有资源、寻求未来资源，优化资源分布与能力分布，达到资源、能力与环境的最佳匹配，以建立并不断保持竞争优势的能力。

(2) 客户价值性。企业的核心竞争力并非抽象的概念，而是在产品市场上，尤其在最终产品、中间产品、核心产品及服务中体现出来的更为有效地为顾客创造价值。其价值是通过最终顾客的购买行为来实现的。

(3) 相对性。企业竞争力是独立经营的企业在市场经济环境中相对于竞争对手所表现出来的生存能力和持续发展能力的总和。具体而言，企业竞争力就是企业在市场竞争中，在有效利用甚至创造企业资源的基础上，在产品设计、生产、销售等经济活动领域以及在产品和服务方面能够比竞争对手更好、更快地满足顾客的需求，为企业创造利润，进而促进企业持续发展的能力。

(4) 动态性。随着科技迅猛的发展，企业间的竞争日益激烈，如果企业不求创新，则其竞争力就会随着时间的推移而减弱，从而丧失竞争优势。因此，不断维持和创造企业自身的核心竞争优势，保持核心竞争力的动态性，是把握市场机遇、应对瞬息变化的竞争态势的重要手段。

二、物流企业的核心竞争力

(一)核心竞争力的特征

物流企业核心竞争力是蕴含在企业内部支撑企业生存、发展和壮大的能力体系。物流企业较为重要的能力主要涉及规划能力、运输能力、仓储能力、信息技术及处理能力、管理能力、物流网络等。

1. 物流企业核心竞争力的外部特征

实际上，这些能力要素本身也是客户在考察评估候选物流服务商、选择合作伙伴的重要依据。因此，物流服务商要更为有效地满足客户的需求，超越竞争对手争夺客户资源，

并提高客户的忠诚度，其核心竞争力应包含体现这些能力。具体而言，物流企业的核心竞争能力的外部特征可归纳为三个方面。

1)　实现客户价值

只有能为客户提供核心价值的能力，才能称为企业的核心竞争能力。如中国物资储运总公司基于在全国拥有的仓库网点的配送服务能力、中国邮政基于在全国投递服务网点的投递服务能力和中国远洋运输集团公司的远洋运输能力等可分别称为上述三个物流企业的核心竞争力。物流企业的客户是决定物流企业核心竞争力的最终裁判。物流企业的核心竞争力必须对物流企业所重视的价值有关键性的贡献。

目前很多企业都力图通过现代物流低成本地实现零库存、零距离和零营运资本。

对企业来讲，零库存意味着没有大量的物资储备，不会因储备这些物资而修建仓库、购置设备、配备人员，从而大大减少资金占用，加速资金周转，同时还可以为产成品的零缺陷铺平道路。因为物资都是采购最好的和最新鲜的，它可以为保证质量提供非常牢靠的基础。

零距离就是，企业在拿到用户的订单后，以最快的速度满足用户的需求，从供应物流的角度来说，企业要求的是各种原材料、零配件的及时供应和即时供应。当然，零距离的实现还需要有快速、柔性的生产过程，以及快速的销售配送中心，可及时地将产品配送到用户手中。

零营运资本就是零流动资金占用。因为有零库存和零距离，企业可以在各供货的付款期到来之前，先把用户应该支付的货款收回来。可见，向客户提供的供应物流服务，物流企业的核心竞争力主要表现为低成本条件下的及时和个性化配送服务。此外，从销售物流的角度来看，客户力图实现的目标主要是高效地实现商品转移到自己的顾客手中，并努力提高顾客的满意度。具体而言，其价值目标主要有：交货时间短、交货可靠性高、订货准确率高、信息知晓度高、货物损失率低、便利性强和增值服务等。

2)　竞争差异化

企业的某项能力必须具有独特性，不易被竞争对手模仿，才能成为该企业的核心竞争能力。如果某项能力已经普及化但具有大力开发改进的余地，且客户对于这种改进具有一定程度的需求和期待，那么也可以认为这种改进很有可能成为企业的一种核心竞争能力。显然，除物流企业的客户外，物流企业的竞争对手也是决定物流企业的核心竞争能力的最终裁判。

3)　业务延展性

企业的某项能力只有具有业务发展的延展性，能够成为开拓新市场的基础，才能称为核心竞争能力。如中国物资储运总公司最显著的优势在于拥有遍布全国各主要城市、布局合理的仓库网站，利用这一巨大的网络资源优势，以全国各仓储中心为节点，可逐步发展成现代化的配送中心，形成全国性的物流配送网络，使企业在物流配送领域显现出巨大的竞争优势。

2．物流企业核心竞争力可变性、系统性和知识性

1)　可变性

物流企业的核心竞争能力并非是一成不变的，物流企业现阶段的核心竞争能力若干年

后有可能变为一般能力。如20世纪70年代和80年代，以每辆车的运输快递准确率来衡量物流运输服务的质量，无疑是日本物流企业的核心竞争能力，但到了20世纪90年代，以每辆车的运输快递准确率来衡量物流运输服务的质量，已经是各个物流企业提供运输配送服务的基本条件。

2) 系统性

核心竞争力是一组技能和技术的集合体，而非单个分散的技能或技术。核心竞争力由企业内部许多不同单位或个人相互作用产生，其载体是整个企业，企业核心竞争力的形成，必然是企业整体优化的结果。

3) 知识性

核心竞争力的本质是物流企业特有的知识和能源，是物流企业在经营中不断地通过学习、总结和实践得出的具有系统化的知识体系。

3．如何分析物流企业的核心竞争力

分析物流企业的核心竞争能力，首先，要看物流企业是否具有明确的主营领域、是否有稳定的市场前景以及在行业中的地位如何。如果没有明确的主营领域，而经营内容又过于分散，一般很难形成核心竞争能力。其次，要对物流企业在本领域中的主要业务项目进行分析，如果一个物流企业根本没有过硬的核心物流服务项目，则很难说明该企业具有较强的核心竞争能力。再次，物流企业核心竞争能力的分析。其主要内容包括：明确支持物流企业主营业务的优势技术和专长；了解这种技术和专长的难度、先进性和独特性如何；企业是否能够巩固和发展自身的专长；它能够为企业带来何种竞争优势、强度如何等。物流企业核心竞争能力的独特性和持久性在很大程度上由它赖以存在的基础条件所决定。最后，成长能力的分析。物流企业要具有长久的竞争优势，就必须不断保护和发展自身的核心竞争能力，包括对现有核心竞争能力的关注以及新核心竞争能力的培育和保持。

(二)核心竞争力的构成

物流企业的核心竞争力主要由整合能力、快速反应和灵活多变的能力、组织协调能力、高超的企业信息化水平和高素质的物流人力资源五个方面构成。这五个要素也可以认为是构建物流企业核心竞争力的重要因素。

1．整合能力

在核心竞争力的构建中，要形成以一个或若干个关键环节为主导、能对各种要素不断进行有机整合的能力。这种整合能力不但表现为核心竞争优势的整合以及人才，思维与管理等要素的集成，更多表现为消除烦琐、落后的程序，创造1+1>2的增值放大效应。

2．快速反应和灵活多变的能力

面对瞬息万变的竞争态势和众多未知的信息，企业要能够看清市场、技术、需求等的变化及其发展趋势，并根据这些变化不断进行创新和迎合，这种应变能力是使企业在复杂的竞争环境中得以取胜的关键。

3．组织协调能力

企业的核心竞争力是“组织中的积累性学识，特别是关于如何协调不同的生产技能和

有机结合多种技术流派的学识”。组织协调能力涉及物流企业的组织结构、权利分配、信息传递、企业文化和激励机制等因素，其作用在于通过管理过程的制度化、程式化，将物流企业的技术知识和运作技巧等融进企业核心竞争力之中。企业组织效率的高低决定了企业将其技术优势向市场优势转换的效率。

4．高超的信息化水平

现代物流企业的最大特点之一就是对计算机和信息技术的应用。电子商务的兴起，以及客户对于物流服务的准时、高效、安全等要求，都使得信息化是现代物流企业发展的必然趋势；与此同时 GPI、EDI、GIG 和条形码技术等各种通信技术的广泛应用使得物流信息化成为可能。现代物流企业的信息化除了满足客户的需求以外，还用于控制企业运营成本，降低物流运作成本。

5．高素质的物流人才

现代物流企业的高效运营离不开高素质的综合性物流人才的筹划与实施。因此，现代物流企业核心竞争力的形成离不开高素质的物流人才。

第二节　物流战略计划概述

一、物流战略

(一)物流战略的内涵

“战略”原是军事术语，源自希腊 Strategos，含义是“将军”，原意为指挥军队的艺术和科学。将战略思想运用于企业经营管理中，即为企业战略的概念。企业的物流战略是指在对企业外部环境和内部条件分析的基础上，为求得企业生存和发展而做出的长远谋划，通过对物流运作过程所涉及的外部环境和企业内部资源条件的分析，选择合适的物流战略并将其付诸实施，最终提高企业物流战略的实施成效，提高企业的竞争能力。

物流战略是物流企业对自身总体和长远发展以及相应经营活动的分析和规划，而战略管理则是物流企业管理中的重要组成部分，它对物流企业的生存和发展起着决定性的作用。物流企业战略管理是指为达到某个目标，物流企业在特定时期、特定市场范围内，根据某种组织结构，利用某种方式，向某个方向发展的全过程的管理。战略是对企业总体发展的规划，而计划是用于战略实施工作的具体细节表现。

随着网络信息技术的发展，物流管理战略有了新的目标和方向。具体体现在以下四个方面。

1．应提供及时互动和个性化服务

在电子商务环境下，传统的大规模、标准化产品已经不能满足消费者的需要，从大批量生产转变为批量定制的物流战略变得越来越重要，企业应积极利用现代信息技术，实现客户优化管理信息系统。

2. 物流系统由供给推动变为需求拉动

传统的市场营销模式是根据购买者的某些特征，将市场区分为若干相关群体，以确定目标市场，生产的起点在于企业在预测的基础上向消费者的主动供给。而在网络信息技术发达的电子商务环境下，生产的起点在于顾客的订单，是由顾客的需求拉动的。面对目前现代管理的对象品种繁多、路径复杂，所需要的管理技术和管理能力都应该迅速增强。

3. 供应链运营以物流信息管理为基础

企业越来越意识到以其商品的专业化比较优势，组成以核心企业为龙头的一体化的供应链系统的重要性。供应链体系在纵向和横向上的扩展要求企业在联盟化的同时实现更深度的专业化，而联盟化和专业化是互为表里并统一在物流一体化之中的。

4. 应合理调整物流设施的布局、结构和任务

由于网上客户可以直接面对制造商并可以获得个性化服务，所以传统物流渠道中批发商和零售商等中介将逐渐淡出，或转变为供应链的一部分。同时由于网上时空的“零距离”特点与现实世界的反差增大，客户对于产品的可得性的预期加大，以至于企业交货速度的压力变大。加之现代信息技术的广泛运用，物流信息系统作用的增强，对货物的控制能力得到加强，存货的数量得到有效的压缩。因此，传统物流设施的布局、结构和任务需要加以合理调整。

(二)物流战略的构成

物流战略的基本内容包括：物流系统的宗旨(使命)、物流战略目标、物流战略导向、物流战略优势、物流战略类型、物流战略态势、物流战略措施和物流战略步骤等内容。其中物流战略导向、物流战略优势、物流战略类型和物流战略态势又称为物流战略的基本要素。

物流战略作为一个企业的战略系统，主要涉及四个方面的核心内容。

1. 战略思想

战略思想，也称战略哲学。战略思想一般由制定和实施战略的基本思路和观念构成，如系统思想、竞争思想和创新思想等。对于物流企业，战略思想的具体化就形成物流企业运作的战略方针、战略目标和战略重点，因而，战略思想贯穿于物流企业的全部战略之中，是物流战略管理决策的灵魂。

2. 战略目标

战略目标即企业经过战略的实施并经受风险，预期达到的总体经营成果指标。战略目标的制定要有前瞻性，要预测未来规划期内社会、经济、科技、环境、人口和市场等诸多方面的重大变化及其影响，考虑相应对策，从而使战略有相当的适应性。另外，也要考虑企业资源的约束和环境的影响，以适度原则考虑企业发展的可持续性。物流企业确定了战略目标，也就确定了未来的发展方向、经营范围、经营规模和经营成果。

3. 战略方针

战略方针即为实现战略目标而制定的行为规范和政策性决策。在物流企业发展的不同

时期，物流企业的战略方针不同。物流企业不同时期的战略方针体现了物流企业的战略重点，是一定期物流企业活动的行动纲领。

4．战略规划

战略规划即为实施企业战略而制定的影响企业全局和未来的重要措施和基本步骤，是战略目标的具体化和战略方针的措施化。物流企业的战略规划既是物流战略的一个重要组成部分，又是指导物流战略实施的纲领性文件。

(三)物流战略的类型

按照不同的分类标准，物流战略可划分为不同的战略类型。

1．基于战略目的分类

基于战略目的划分，可分为成长战略和竞争战略。

1) 成长战略

成长战略是指物流企业为了适应其外部环境的变化，有效利用其内部资源，研究以成长为目标的新的物流领域或新的业务增长点，为保证物流企业获得成长机会所采取的战略。

2) 竞争战略

竞争战略是指物流企业在特定物流服务与市场范围内，为了获得优势，维持和扩大市场占有率所采取的战略。该战略是由物流企业自身所处地位决定的，处于优势地位的物流企业，通过该战略来扩大这一优势；处于劣势地位的物流企业，以竞争战略去改变或缩小与优势物流企业的差距。竞争战略的重点就在于提高市场占有率。

2．基于竞争企业服务的范围广度和功能整合性分类

基于竞争企业服务的范围广度和功能整合性划分，可分为先驱型、功能结合型、缝隙型和运送代理型物流战略。

1) 先驱型战略——综合物流

先驱型企业是一种功能整合度高、物流服务广的企业，属于物流业界的先驱，是一种综合性物流企业。该企业的业务范围往往达到全国乃至世界规模，即从事国际物流。

2) 功能结合型战略——系统化物流

该战略指功能整合度高、物流服务范围窄的企业，通过系统化提高功能整合度来发挥优势。其关键在于以对象货物为核心，导入系统化的物流，通过推进货物分拣和货物追踪系统来提供高效、迅捷的输送服务，同时从集货到配送等物流活动全部由企业自身承担，实现高度的功能整合。

3) 缝隙型战略——差异化、低成本物流

这种战略适合于功能整合度低、物流服务面窄的企业，通过集中为特定顾客层提供附加服务，可以成功实现差异化，靠与众不同的服务获得竞争优势。

4) 运送代理型战略——柔性物流

该战略适合物流服务范围广、功能整合度低的企业，主要是物流市场中的运输代理者。其优点在于企业经营具有柔性，物流企业可以根据客户需求来构筑最佳的物流服务

体系。

二、物流战略计划

(一)物流战略计划概述

物流战略管理是指物流组织根据已制定的物流战略，付诸实施和控制的过程。具体而言，物流战略管理是物流经营者在物流系统过程中，通过物流战略计划、物流战略实施、战略评价与控制等环节，调节物流资源、组织结构等，最终实现物流系统宗旨和战略目标等一系列动态过程的总和。

计划是对未来客观事物的发展做出科学的预见和规划，并经一定机构审批而形成的、具有一定约束力或指导性的文件。战略与计划的区别在于战略是对企业总体发展的设想，而计划是对于战略实施工作的具体细节表现。战略实施是物流战略管理的重要阶段。成功的战略计划有赖于经营远见、敏锐的行业和竞争分析以及良好的资源匹配关系；而成功的战略实施则依靠于领导、与其他人一起工作、配置资源、建立和增强竞争能力、推行支持战略的政策以及使企业运营其核心业务活动的方式与很好地实施战略的需求相符合等方面的出色工作。

做好物流战略计划与管理需要从以下四个方面考虑。

1．基于管理角度发展物流

现代物流管理是科学的系统管理，所以企业在发展物流的时候，必须基于管理角度发展物流。随着科学技术的进步与发展，企业经营的战略计划与管理中需要融入更多新思想、新方法，从而增强企业应变市场的能力。可以预见，现代物流技术的高效应用，将成为企业赢得竞争优势的重要手段。

2．坚持物流战略计划原则。

企业物流战略的研究制定、物流管理活动的组织开展和物流职能与其他职能的相互协调，都必须要有战略思想作科学指导。因此，企业物流战略家户应遵循一定的原则，具体涉及：总体协调发展原则、长期计划，分段实施原则、适度超前原则、多元推进原则、管理创新原则等。

3．坚定物流在企业中的战略地位。

现代物流是一个企业流通组织形式和服务方式的重要组成部分，一个企业的物流发展水平反映了该企业对流通和产品服务组织化、系统化的程度。可以说，它是企业竞争力的重要组成部分，与经营、生产紧密相连，已成为支撑企业竞争力的三大支柱之一。企业内部和外部的物流系统成为一个企业重塑竞争力的重要手段和方式。企业物流战略计划与管理战略构建企业核心竞争力的关系，如图 18.1 所示。

4．合理计划与设计

贯穿于生产和流通全过程的物流，在降低企业经营成本、创造第三利润源泉的同时，也在全球市场环境下发挥着举足轻重的作用。若要获得高水平的物流绩效，创造顾客的买

方价值和企业的战略价值，必须了解一个企业物流系统的各构成部分如何协调运转与整合，并进行相应的物流战略计划。企业物流战略计划与管理的环形图，如图 18.2 所示。

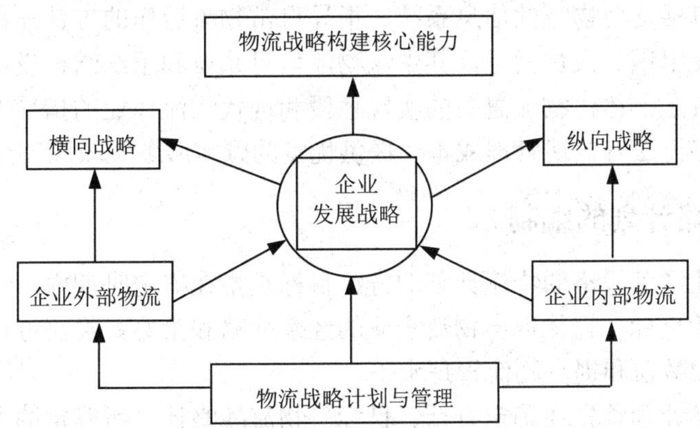

图 18.1　物流战略计划与管理战略构建企业核心竞争力

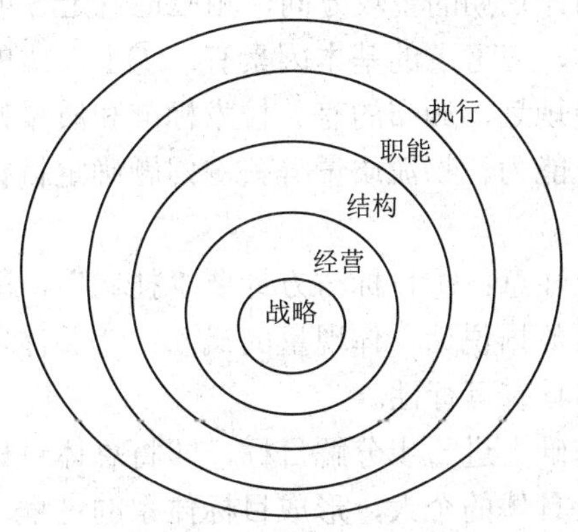

图 18.2　企业物流战略计划与管理环形图

其中，基于物流战略层，确立物流对企业战略的协助作用，建设基础设施平台和信息平台、信息网络系统和物流配送系统。

在物流经营层主要通过顾客服务确定战略方向。明确物流活动存在的重要目的是要向内部和外部顾客提供及时、准确的交货，无论交货是出于何种动机或目的，接受服务的顾客始终是形成物流需求的核心与动力。

在物流结构层，明确物流系统的结构部分包括渠道设计和设施网络战略。渠道体系设计需要在渠道目标的制定、渠道长度和宽度的评价、市场、产品、企业以及中间商因素的研究、渠道成员的选择及职责、渠道合作等方面认真分析与判断，因为体系一旦实施，就难以更改。而企业物流设施的网络战略主要解决设施的功能、成本、数量、地点、服务对象、存货类型及数量、运输选择和管理运作方式等。网络战略与渠道战略应以顾客价值最大化为原则进行整合。

物流战略计划的职能部分主要是对企业物流作业管理的分析与优化。运输分析包括承运人选择、运输合理化、货物集并、装载计划、路线确定及安排、车辆管理、回程运输或承运绩效评定等方面的考虑。仓储方面的考虑包括设施布置、货物装卸搬运技术选择、生产效率、安全和规章制度的执行等。在物料管理中，分析可以着重于预测、库存控制、生产进度控制和采购上的最佳运作与提高。

物流执行层包括支持物流的信息系统、指导日常物流运作的方针与程序、设施设备的配置及维护，以及组织与人员问题。其中，物流信息系统和组织结构设计是最为重要的内容。物流信息系统是一体化物流思想的实现手段和现代物流作业的指导方法。没有先进的信息系统，企业将无法有效地管理成本、提供优良的顾客服务和获取物流运作的高绩效。

(二)物流战略计划的编制

实现物流企业经营战略的物流计划的方针目标是指在一定时期内，物流管理活动的纲领和要达到的预期目标。它体现出物流企业的经营战略和策略。物流方针目标的主要内容是提高质量、增加效益和提高物流管理水平。

编制物流战略计划首先要确定方针、目标。物流战略计划所确定的方针，必须要考虑有关的国家政策、法律和法规的基本要求；而所制定的目标，则应以完成各种计划任务和根据物流业本身的特点作为计划期的主攻方向，相应地规定各项任务的指标。

具体制定方针、目标时，应考虑的基本因素有：①上一级的指令和下达的计划，主要有国家对物流业提出的发展规划，颁布的有关技术标准和质量标准；②要了解客户需求，掌握市场动向；③针对物流能力、物流质量等关键问题确定目标值；④考虑并体现出企业长期规划的要求。

同时，确定方针目标应注意：①目标与方针要“挂钩”，即所确定的目标一定要能体现方针的精神和要求；②用数据说话，体现量的概念；③要体现物流业的特点；④体现针对性；⑤体现出激励性；⑥具有可行性。

在确定方针和目标的基础上进一步分解目标，即将总体目标在纵向、横向或时序上分解到各个层次、各部门以至具体的个人，形成目标体系的过程。目标分解时应满足以下四个要求。

(1) 按照“整分合”原则进行。就是将总体目标分解为不同层次、不同部门的分目标，而各分目标的综合又体现总目标，并保证总目标的实现。

(2) 分目标与总目标要保持一致、上下贯通。

(3) 充分考虑各分目标所需要的条件及其限制因素，并设法加以满足。

(4) 各分目标在内容和时间上要协调、平衡。

在设定具体计划方案时，应具体涉及预期达到的目标，指标体系，人力、物力、财力的配置，对完成计划的时间要求，所采取的主要措施等。不同层次、不同类别的计划具有不同的内容。

(三)物流战略计划的实施

实施战略是将企业的战略计划转变成行动，再转变成结果。相对战略计划的制订而言，战略的实施更为不易和复杂。

1. 战略实施模式

总体而言，战略实施模式主要有五种方法，如表18.1所示。

表 18.1 五种战略实施模式

模 式	总经理所研究的战略问题	总经理角色
指令型	应如何制定出最佳战略	理性行为者
转化型	战略已成熟，现在该如何实施	设计者
合作型	如何让高层管理人员从一开始就对战略承担一定的责任	协调者
文化型	如何使整个企业都保证战略的实施	指导者
增长型	如何激励管理人员去执行完美的战略	评判者

1) 指令型模式

指令型模式具有极为正式的集中指导倾向，依靠最佳战略和有权威的日常指导确保战略实施的成功。在该模式里，总经理起着“理性的行为者”的作用，并以权威的资格发出指令。指令型模式假定物流企业战略较容易实施，在采取行动之前，就已经进行了大量分析，并且要求总经理拥有相当大的权力和相当准确的信息。该模式也有一定的缺点，体现在由于把决策者和执行者分开，容易产生执行者缺乏动力和创造精神的现象。

2) 转化型模式

转化型模式是基于指令型模式转变而来，强调战略实施问题，是对指令型模式的完善与补充。其重点考虑如何运用组织结构、激励手段和控制系统去促进战略实施。转化型模式通过阐述“已经有一个战略，现在该如何通过组织实施这个战略”这一问题。

转化型模式的前提条件是物流企业已掌握了一定程度的经济分析工具，并且为了增大战略实施成功的可能性，又在原有分析工具的基础上增加了三种行为科学的方法：①运用组织结构和参谋人员，明确传递物流企业有限考虑的事物，把注意力集中在所需要的领域之中；②建立规划系统、效益评价以及激励补偿等机制，支持实施战略的行政管理系统；③运用文化调节的方法促进整个系统发生变化。

该模式的缺点是如果过分强调组织体系和结构，有可能失去战略的灵活性。因此，该模式比较适合于环境确定性比较好的物流企业。

3) 合作型模式

合作型模式把战略决策范围扩大到物流企业高层管理集体之中，调动了高层管理人员的积极性和创造性，力图解决“如何使高层管理集体帮助制定和支持一系列完好的目标和战略”这一问题。其重点是高层管理的集体决策和战略制定过程。为调动高层管理人员的能动性，可采用“头脑风暴法”使持有不同观点的经理为战略制定过程做出各自的贡献。该模式的缺点在于战略是不同观点、不同目的参与者协商后的产物，可能会降低战略的经济合理性。该模式较为适合复杂而缺少稳定性环境的企业。

4) 文化型模式

文化型模式即要在组织里灌输一种适当的文化，使战略得到实施。文化型将合作型的参与成分运用到组织的较低层次上，从高层管理的集体参与转向全体人员的参与，试图解决“如何才能使整个组织支持既定的目标和战略”这一问题。在该模式中，总经理通过沟通和灌输企业的使命来指导物流企业组织，允许物流企业中的每个人根据物流企业使命，参与制定自己的工作程序。一旦战略计划形成，总经理便起着“指导者”的作用，管理每个决策者执行这一计划的具体细节。

该模式的局限性体现在：企业的职工必须有较高的素质；企业采用该模式要耗费较多的人力和时间；强烈的企业文化可能会掩盖企业某方面的问题。

5) 增长型模式

增长型模式运用委托代理形式考察战略，并对将企业划分为“战略制定者”与“战略实施者”的传统观点提出了新的挑战。在该模式中，企业战略总是从基层经营单位自下而上地产生，围绕着总经理的能力而展开企业战略制定的各种问题。战略实施就是要创造和维持良性平衡，即下层经营单位的“自主战略行为”和高层控制的“总经理对策”之间的平衡。该模式的关键在于总经理必须勇于承担责任，适当放弃某些控制，促进战略机会的产生，并保证战略实施获得成功。

其局限在于：对总经理的要求很高，能够正确评判下层的各种建议，淘汰不适当的方案。

上述战略计划的实施模式存在一定差异，但并不互相排斥。运用这些模式的条件主要取决于物流企业多种经营的程度、发展变化的速度以及目前的文化状态。文化型和增长型对于多种经营程度不高的物流企业来说可能更为合适，而指令型、转变型和合作型则更侧重于战略制定。

2. 战略实施的主要任务

实施战略所涉及的主要任务具体有以下八项。

(1) 建立实施战略的组织。三种形式的组织建设是最重要的：①为关键的位置挑选有能力的人才；②确定组织具有其需要的技能、核心能力、管理人才、技术秘诀、竞争能力和资源力量；③以有利于成功实施战略的方式组织经营过程、价值链活动和制定决策，将组织结构与战略相匹配。

(2) 合理预算资金。企业各部门都需要足够的预算以执行战略计划中的任务，增强现有能力和发展新能力必须有大量的资金，开展战略关键性活动的部门必须配备足够合适的人员，并给予足够的运营资金以熟练地开展工作，投资必备的运营系统、装备和设施。新的战略通常要求预算进行重大的重新分配，对其战略关键性的活动分配大量资源。

(3) 建立支持战略的政策和程序。政策和程序有利于在整个组织内实现行动和行动与战略的密切配合，对独立的行动加以限制，帮助加强地理上分散的运营单位在进行某些战略关键性活动时所采取方式的一致性。

(4) 最佳运作价值链活动。如果要使价值链活动尽可能有效和高效地进行，每个部门都需要将自己运作某一特定任务和活动的方式与行业中的最佳者或世界上的最佳者进行比较。对找出和采纳最佳实践经验的强有力的支持是有效实施战略的必不可少的因素，尤其是对于那些具有战略关键意义和金额巨大的活动，在这些活动中，更好的质量和更低的成本对底线业绩具有很大的影响。

(5) 建立信息、通信与运作系统。先进、现代化的网络技术支持系统不仅更好地促进了战略实施活动，且能够加强组织实力使之足以产生相对于对手的竞争优势。安装适当的信息系统，可进行业绩的追踪和控制，精确、定时的信息使组织成员可以监督进展状况并采取即时性纠正行动。

(6) 将报酬和激励与企业业绩目标、实施战略紧密联系。奖励制度的作用在于使组织

成员从帮助企业实施其战略、争取顾客满意和实现企业远景等方面获得个人满意和经济利益。战略实施的最大挑战之一是采用激励性技巧以在员工中建立全心的承诺和取胜的态度。成功的战略实施孤立并挑战员工，使其在工作中竭尽所能，让员工接受战略并支持它发挥作用。判断个人、团队和组织是否已很好地完成了工作的标准是：他们是否达到了与有效的战略实施相一致的业绩目标。

(7) 创立支持战略的工作环境和企业文化。企业文化是指一个企业的价值观、理念、传统、经营风格和内部工作环境。企业文化与战略间的紧密结合会通过以下两个方面引导和影响员工，使其按照支持战略的模式进行工作：①符合实施战略条件的工作环境的文化，为如何经营和怎样做好自己的工作提供了一种非正式的规则制度和周围监督的压力；②建立支持战略的文化能培养和激励员工以有助于有效实施战略的方式进行工作，建立有道德、鼓励员工竭尽所能的文化对企业的长期战略成功有积极的影响。

(8) 发挥领导作用，提高战略实施水平。成功的战略实施需要管理者承担重要的领导角色，充分发挥领导作用，通过领导的言行强化企业文化，鼓励员工的创造性和革新精神，支持员工提出新方法和新观念，强化高尚的道德标准，并且能积极促进采取修正行为，从而改善战略执行状况和整体的战略业绩。

3．战略实施控制

在物流企业的战略计划实施过程中，如果环境急剧变化，战略计划自身的缺陷或战略行为的失当均可能会引起战略实施的失控。因此，必须强化控制，从而确保战略实施的成功。

1) 战略实施控制的程序

企业战略控制过程是一个确定目标、实施监督与评价和不断改进的过程。在对企业战略实施过程进行控制时，一般应包括以下五个程序。

(1) 分解战略目标。为了能实施有效的战略控制，首先应将企业发展的总体目标分解成业务单位、各职能部门的具体目标，为控制系统中评价标准的建立奠定基础。

(2) 确定评价标准。评价标准是对战略实施过程中的一些对实施效果影响较大的关键控制点提出的具体可衡量的指标。

(3) 建立报告和检查系统。在战略实施过程中，报告和检查系统是进行控制的中心环节，是战略实施信息的集中地。完善的报告和检查系统是战略成功的保证。

(4) 评价实施绩效。评价实施绩效是将报告与检查系统收集到的信息进行分类整理，并与战略实施评价标准进行比较，找出实施绩效与评价标准的差距，分析形成的原因，解决战略实施过程中存在的问题。

(5) 提出改进方案。在评价实施绩效的基础上，积极制订改进方案，具体规定下一轮战略实施过程中如何改进，以及改进后的战略目标有哪些调整，存在哪些改进措施。

2) 战略计划实施控制的方法

在战略计划实施中，为了协调企业各部门行为以及让战略实施绩效与企业战略相一致，企业需要借助一定的控制手段和方法。具体涉及以下四种。

(1) 目标和计划控制。目标和计划是战略管理中最有效的控制工具，在战略制定中是预先控制的手段，在战略计划实施中又是过程的手段。目标为企业战略实施提供方向，计划则为企业战略实施提供规范。

(2) 信息系统控制。充分的信息是正确决策的前提。企业信息系统在战略实施过程中，收集、反馈与企业战略相关的信息，揭示战略实施过程中存在的问题，不断提出改进建议，控制战略实施的方向和进程。信息的准确与及时是信息系统控制的关键。

(3) 管理人员控制。管理人员在战略控制中，首先，引导和教育员工理解与支持企业战略，为战略成功实施尽职尽责；其次，管理人员要激励和约束员工行为，调动为战略实施做贡献的积极性；再次，管理人员要协调员工行为以及不同部门的关系，使全体员工为战略目标的实现而努力工作。

(4) 争议解决控制。在战略实施过程中，不同单位、部门之间出现矛盾和争议是不可避免的。争议解决控制的目的有两个：一是在战略实施中建立预防机制，避免争议的产生；二是在战略实施过程中设法协调矛盾、解决争议。通过争议解决控制，规范各个战略实施单位的行为，实现企业的战略目标。

第三节　物流战略联盟

联盟是介于独立的企业与市场交易关系之间的一种组织形态，是企业间由于自身某些方面发展的需要而形成的相对稳定的、长期的契约关系。物流战略联盟是以物流合作为基础的企业战略联盟，强调两个或多个企业之间为了实现自己的物流战略目标，通过各种协议、契约而结成的优势互补、风险共担、利益共享的松散型网络组织。在现代物流中，是否组建物流战略联盟，作为企业物流战略的决策之一，其重要性是不言而喻的。狭义的物流战略联盟存在于非物流企业之间；广义的物流战略联盟涵盖了整个物流的外包业务，包括第三方物流、一般意义的物流联盟、第四方物流等。

20世纪80年代的10年，标志着发展伙伴关系和联盟关系的思想逐渐成为最佳物流实践基础的时期已经到来。联盟发展超越了各种范围广泛的研究，并超越了业务组织之间及其与政府组织之间的作业领域，由于美国 1984 年制定的《国家合作研究和开发条例》(National Cooperative Research and Development)以及1993年的《生产修正案》(Production Amendment of 1993)，使发展合作性作业安排的普遍想法制度化。这部法规及其随后的修正案发出信号，表示司法部门所执行的传统的反托拉斯法发生了根本性的变化。厂商们对此迅速做出反应，采取了各种范围很广的创新安排。20 世纪 80 年代中期，基于物流联盟已成为最可观的合作安排的例子之一，专家们选择了物流活动作为其外延实践，而使之迅速发展。许多物流联盟是以提供有效的作业系统，把买方与卖方联系起来为目的，围绕着特定的服务厂商的能力建立起来的。

一、物流战略联盟的产生及优势

1. 物流战略联盟产生的原因

其一是实现根本利益。物流市场及其利润空间是巨大的，而企业之间拥有共享的利益则成为物流战略联盟形成的基础。生产运输企业通过物流或供应链的方式形成联盟有利于

提高每个企业的物流效率，实现物流效益的最大化。

其二是借助联盟形式，企业可以专注于其核心业务，增强其核心竞争力。物流战略联盟可以实现企业之间的强强联合，形成所谓的“扩展企业”。在这一组织形式内，每个企业都能发挥其各自的优势，从而达到扩展企业内各个企业“共赢”的效果。

其三借助联盟方式，中小企业期望能解决自身能力的不足，提高整体服务水平。随着竞争态势的变化和人们消费水平的提高，零售业得到了迅猛发展，这为物流业带来了发展机遇，同时也带来了新的挑战。在这一局势下，很多企业往往不能迅速适应新的竞争需求，需要借助联盟的方式逐渐解决这一矛盾。

其四从交易的过程看，物流战略联盟的建立有利于联盟伙伴之间在交易过程中减少相关的交易费用。物流战略联盟的建立使得联盟内成员企业的交易对象较为固定，可以节省交易搜寻费用；联盟内成员企业通过彼此提供个性化物流服务而建立起来的相互信任和承诺，可以减少交易过程中的各种违约风险，从而节约交易费用。

其五国际互联网技术的广泛应用使跨地区的物流企业联盟成为可能。由于信息高速公路的建成，使得世界各地的距离大大缩短，异地物流企业利用网络也可以实现信息资源的共享，为联盟提供了有利的条件。

2．物流战略联盟的优势

物流战略联盟的优势主要体现在以下三个方面。

(1)　大企业可以通过物流战略联盟迅速开拓全球市场，完成其全球物流配送，从而使其业务在全球范围内开展。许多企业在进军国外以及全球市场时都会遭遇渠道问题，由于其投资和风险较大，所以它往往成为这些企业市场开拓的瓶颈。要解决这一问题，就需要那些具备该市场渠道的企业结成联盟，加强彼此间的合作。

(2)　长期供应链关系发展成为物流战略联盟形式，有助于降低企业的风险。单一企业的力量是有限的，如果若干个企业联合起来，在不同的领域分头行动，就会减少风险。而且联盟企业在行动上也有一定的协同性，因此对于突如其来的风险，能够共同分担，这样便减少了各个企业的风险，提高了企业抵抗风险的能力。

(3)　借助物流战略联盟，企业可以有效降低物流成本，提高企业竞争能力。

二、物流战略联盟的模式

物流战略联盟主要涉及纵向联盟、横向联盟和混合联盟三种模式。

1．纵向战略联盟

纵向物流战略联盟即垂直一体化，这种联盟方式是基于供应链管理一体化的基础而形成的，即从原材料到产品生产、销售和服务形成一条龙的合作关系。垂直一体化联盟能够在按照最终客户的要求为其提供最大价值的同时，使联盟总利润最大化。但这种联盟一般不太稳固，主要是在整个供应链上，不可能每个环节都能同时达到利益最大化，因此打击了一些企业的积极性，使它们有随时退出联盟的可能。

2．横向战略联盟

横向战略联盟即水平一体化，是由处于平行位置的几个企业结成的物流战略联盟。这种联盟能使分散物流获得规模经济和集约化运作，降低物流运营成本，并且能够减少社会重复劳动。但要充分发挥联盟的整合作用和集约化的处理优势，就需要大量企业的加盟，运作于大量的商品，有效解决不同种类商品的配送方式的继承和标准化问题。

3．混合战略联盟

混合战略联盟是指处于上下游位置的物流企业和处于平行位置的物流企业共同参与，共同结成战略联盟。混合战略联盟既有纵向和横向联盟的优势，也相应具有这两个联盟的缺点。

三、物流战略联盟的管理

对于成功联盟的发展至关重要的因素主要涉及：广阔的渠道的透视、选择匹配、信息共享、角色特定、基本规则和退出条例。如果联盟的目标模糊、信托不当、只采取口头承诺、人员意见不协调、运作框架不当或绩效衡量不当，只要存在上述其中一方面的问题，就很有可能导致联盟的失败。因此加强对物流战略联盟的管理至关重要。物流战略联盟管理的指导方针主要包括三个步骤：创建联盟、实施联盟和绩效维持。

1．创建联盟

成功创建联盟的一个关键影响因素在于发起企业足够认识和评价企业自身政策、文化、变革和合作能力、管理能力以及授权方式，基于以市场为基础的特殊的竞争态势，准确定位，灵活运作，把握联盟发展的方向。

联盟初始涉及的一体化所能带来的竞争优势，如提高生产率或对客户订单做出快速反应等，只有通过广泛的信息共享才能取得。因此，有关系统能力水平、数据收益、分析、绩效衡量和训练等问题的回答信息，必须在联盟伙伴间及时沟通、精确共享。

2．实施联盟

成功实施联盟的关键在于明确选择一个伙伴。合作伙伴必须具有相容的企业文化、共同的战略远见和相互支持的运作理念。企业文化并不必须是一致的，而战略意图和理念必须是相容的，以保证核心能力和力量是互补的。

联盟成员的领导层要相对稳定。如果联盟成员经常更换领导层，后一任领导可能不认同前一任领导的决策，则导致联盟不稳定性加大。

此外，联盟应当以小的规模开始，从而能较易成功并取得早期的胜利。重要的是这种早期的胜利可以大大地推动并建立起对联盟绩效的信心。

3．绩效维持

维持联盟生命力，确保联盟绩效需要借助三个关键环节的运作：共同战略和运作目标、双向的绩效衡量方法，以及正式和非正式的反馈机制。

在实施联盟前，必须共同决定战略和共同目标。

在实施过程中，应建立双向的绩效衡量方法以及正式和非正式的绩效反馈机制，即时反馈与监督实施成效。为了便于进行连续的绩效追踪和评定，必须将所定的联盟目标转换成专门的绩效指标。对于所使用的绩效指标和测量频率应该由联盟各方共同决定，并且应

该是双向的。

绩效的反馈可以通过正式的或非正式的方式进行，正式方式主要指年度、季度和月度审计，其主要目的在于检查和更新战略目标，追踪和审视战略目标、物流运作绩效；非正式方式主要指每周、每日的跟踪测试和检查，主要目的在于解决实际物流问题和确认潜在的改进机会。

四、物流战略联盟的发展策略

物流战略联盟的发展策略有以下五个方面。

(1) 实现“共赢”利益。联盟采取的每项措施都要考虑每个联盟成员的利益，使联盟的每个成员都是受益者，并能协调处理成员间的矛盾，从而提高客户服务能力并有效地降低物流运营成本。

(2) 培养合作伙伴之间相容的企业文化、共同的战略远见和相互支持的运作理念。企业文化并不必须是一致的，而战略意图和理念必须是相容的，以保证核心能力和力量是互补的。

(3) 基于小规模开始发展，降低联盟风险并较早取得合作经验，为日后更大规模的联盟做好准备，树立联盟绩效的信心。

(4) 构建稳定的联盟领导层。如果联盟成员经常更换领导层，后一任领导可能不认同前一任领导的决策，则导致联盟不稳定性加大。因此，领导层的相对稳定是联盟长期稳定发展的重要因素。

(5) 建立和完善双向的绩效衡量方法以及正式和非正式的绩效反馈机制。

本 章 小 结

核心竞争力是“组织的积累性学识”，特别是如何协调各种不同的生产技能和整合不同的技术流。物流企业核心竞争力是蕴含在企业内部支撑企业生存、发展、壮大的能力体系，它体现在整合能力、快速反应和灵活多变的能力、组织协调能力、高超的企业信息化水平和高素质物流人力资源等五个方面。物流战略是有效提高物流企业的核心竞争力、保持物流企业竞争优势的重要手段，是在对企业外部环境和内部条件分析的基础上，为求得企业生存和发展而做出的长远性谋划，通过对物流运作过程所涉及的外部环境和企业内部资源条件的分析，选择合适的物流战略并将其付诸实施，最终提高企业物流战略的实施成效。物流战略管理是物流经营者在物流系统过程中，通过物流战略计划、物流战略实施和战略评价与控制等环节，调节物流资源、组织结构等最终实现物流系统宗旨和战略目标等一系列动态过程的总和。随着物流战略实施范围的延伸，物流联盟应运而生，并迅速发展了起来。物流战略联盟是以物流合作为基础的企业战略联盟，强调两个或多个企业之间为了实现自己的物流战略目标，通过各种协议、契约而结成的优势互补、风险共担、利益共享的松散型网络组织。物流战略联盟的产生有其深刻的现实背景和意义，其管理和运作模式的发展也将日益受到理论界和业界的广泛关注。

复习思考题

1. 阐述物流企业的核心竞争能力的外部特征。
2. 阐述核心竞争能力的构成。
3. 阐述物流战略的内涵、构成及类型。
4. 简要阐述战略计划与战略的区别。
5. 如何有效管理物流战略联盟？

参 考 文 献

1. 吴晓波，耿帅. 供应链与物流管理. 杭州：浙江大学出版社，2003
2. 鞠小虎. 中小物流企业核心竞争力研究. 南京理工大学硕士论文，2005
3. 辛广茜，吴美香. 物流企业核心竞争力构成要素分析. 商场现代化，2006 (2)
4. 王核成. 基于动态能力观的企业竞争力及其演化研究. 浙江大学博士论文，2005
5. 唐纳德 J. 鲍尔索克斯，戴维 J. 克劳斯，著. 物流管理——供应链过程的一体化. 林国龙，等，译. 北京：机械工业出版社，1999
6. 樊宏，吴海民. 新编物流管理教程. 广州：华南理工大学出版社，2004
7. 吴清烈，孙志宏. 物流企业管理. 苏州：苏州大学出版社，2005
8. 田源. 物流管理概论. 北京：机械工业出版社，2006